CLASSIQUES JAUNES

Littératures francophones

Romans et nouvelles

Tome I

Réimpression de l'édition de Paris, 1967.

Prosper Mérimée

Romans et nouvelles

Tome I

Édition critique par Maurice Parturier

PARIS
CLASSIQUES GARNIER
2019

Homme de lettres, historien et érudit, Maurice Parturier a plus particulièrement consacré ses travaux littéraires à Prosper Mérimée. Il est l'éditeur scientifique, avec Pierre Josserand et Jean Mallion, de la magistrale *Correspondance générale* en dix-sept volumes de l'écrivain romantique. Il éclaira l'amitié littéraire unissant Mérimée et Ivan Tourgueniev. Il fut également l'auteur d'études biographiques et critiques sur Louis Edmond Duranty.

ISBN 978-2-8124-1632-3
ISSN 2417-6400

INTRODUCTION

PENDANT longtemps ce fut un lieu commun de parler de la sécheresse de cœur de Prosper Mérimée, de qui l'ironie glacée, la hauteur du caractère avaient déconcerté ses contemporains, quand elles ne les avaient pas irrités. A la légende d'un écrivain dur et sec, s'est ajoutée celle d'un auteur au souffle un peu court, d'un nouvelliste à l'art concentré, mais limité. Sans doute sa situation à l'égard du second Empire a été pour beaucoup dans le silence quelque peu dédaigneux dont on a entouré son œuvre. On l'excusait à la rigueur d'avoir été académicien, mais on ne lui pardonnait pas d'avoir été sénateur, ami de l'Impératrice. L'Université le boude encore, comme elle a boudé Balzac et Baudelaire, et il a été longtemps mal connu, malgré les ouvrages d'Augustin Filon, Maurice Tourneux, Félix Chambon, ceux plus récents de Pierre Trahard, du marquis de Luppé, de Robert Baschet et d'André Billy.

Hormis Filon, de qui le *Mérimée et ses amis* est un chef-d'œuvre d'intelligente sympathie, peu de gens avaient compris que, sous le masque de l'impassibilité, Mérimée cachait un fonds de sensibilité et de timidité, joint à un sens aigu du réel et du ridicule. Toujours il sut réprimer, comme il l'écrivait à son ami Stendhal, « le besoin de parler que les âmes de papier mâché éprouvent surtout dans le malheur ». Par un effort de volonté il avait soumis les mouvements de son cœur au rythme de sa raison; à la manière du Saint-Clair de son *Vase étrusque* « il se fit une étude de supprimer tous les dehors de ce qu'il regardait comme une faiblesse déshonorante ». Déçu dans son ardeur généreuse par l'hypocrisie du monde, par la faillite de quelques élans amoureux, il devait se transformer en un personnage impassible.

Nerveux, impressionnable, souvent susceptible, la fierté de son caractère dissimulait mal sa bonté, car il était bon, mais il n'aimait pas qu'il y parût. Et même il ne lui déplaisait pas qu'on le crût méchant, dans un monde où la bonté passe souvent pour de la naïveté et de la bêtise. L'horreur de la sottise, la crainte d'être dupe aussi, ont pu paralyser ses élans, éveiller sa verve caustique, mais sa colère et son mépris ne sont jamais tapageurs. C'est avec mesure et le plus souvent avec un malicieux sourire qu'il se raille des égarements humains, étudiant en philosophe les réactions du « bipède homme » et son « viscère nommé cœur », aussi calmement que les réflexes d'un bernard-l'hermite ou d'une mante religieuse.

Homme de jugement net, écrivain sobre et précis, Mérimée découvrira tous les ressorts, tous les mobiles, et, comblé d'honneurs, il méprisera les conventions, les hypocrisies d'un monde pour lequel, sauf à de rares exceptions, il avait peu d'estime. Il saisissait à coup sûr les travers, les faiblesses et les fautes de la société où il vivait et il les soulignait d'un trait parfois féroce, avec au plus haut degré cette indépendance d'esprit qui fut autrefois une qualité et qui est devenue presque un défaut. Il ne restait intraitable que dans son mépris pour le formalisme de l'Église, pour la politique religieuse qui menait, croyait-il, à la démagogie dont il avait horreur; anticlérical d'ailleurs, plus qu'antireligieux.

Assurément il ne voyait en beau ni les choses ni les hommes; cela ne veut pas dire qu'il ait été un observateur infidèle. Il ne croyait guère qu'à l'amitié qui tempérait sa pudeur morale et sa dureté apparente. Il fut en effet, pour qui lui plaisait, l'un des hommes les plus aimables et les plus sûrs. Il ne se reprenait plus quand, une fois, il s'était donné. Il ne marchandait pas son dévouement, et il sut un jour, en défendant, contre toute évidence, le fameux Libri, savant et voleurs de livres, payer la rançon d'un amour de jeunesse.

Né à Paris, le 28 septembre 1803, Mérimée se signale par

une étonnante précocité. Après quelques courts essais (*La Bataille,* 29 avril 1824), une tragédie manquée et restée inconnue *(Cromwell),* l'épisode d'un roman inédit et sans doute inachevé, il imagine plaisamment une actrice espagnole, auteur de *saynètes* dont il donnera la traduction supposée. Il n'a pas encore vingt-deux ans lorsque sous le nom de Joseph Lestrange il publie la remarquable supercherie du *Théâtre de Clara Gazul.* Il est jeune, plein de verve, d'ironie, de malice, d'espièglerie et sous le masque de Clara Gazul, il dit leur fait à ceux qu'il déteste, avec audace, voire avec insolence. C'est un brûlot politique, une bombe libérale que le jeune Mérimée lance au gouvernement de Charles X, engagé dans la guerre d'Espagne, au duc d'Angoulême qui écrase le mouvement insurrectionnel, pour rétablir Ferdinand VII sur son trône et l'on comprend pourquoi l'épigraphe des *Espagnols en Danemarck* est empruntée à l'hymne révolutionnaire de Riego. Pour corser sa supercherie, Mérimée avait joint à son volume un portrait de l'actrice imaginaire, mais sous la mantille de la comédienne, grâce à la superposition d'une vignette découpée, il était aisé de reconnaître la physionomie narquoise et le gros nez, à bout carré, du véritable auteur. La jeunesse libérale et romantique fit un succès à l'ouvrage, exagérant les éloges, mais la renommée de l'écrivain ne dépassa guère le cercle de quelques milieux littéraires.

Mis en goût par la réussite de sa supercherie, Mérimée mystifie de nouveau le public avec sa *Guzla* (juillet 1827), présentée comme un authentique recueil de poésies illyriennes, auquel le poète russe Pouchkine se laissa prendre, mais qui fit dire à Gœthe (car il ne fut pas dupe [1]) : « Ce Mérimée, c'est un fameux lapin. » Bientôt il prendra plaisir à « scandaliser les gens moraux » avec les scènes cruelles de *la Jaquerie;* avec *la Famille de Carvajal,* intrigue épouvantable sous le ciel de la Nouvelle-Grenade.

Mérimée est alors âgé de vingt-cinq ans. Il n'est pas encore le mauvais sujet, le « vaurien » qu'il affectera d'être. Il vit

1. Voyslav M. Yovanovitch. *La Guzla de Prosper Mérimée,* Paris Hachette, 1911, pp. 462-471.

dans sa famille auprès de sa mère et de son père, le peintre Léonor Mérimée, secrétaire de l'École des Beaux-Arts. « Toujours élevé à la maison, dit celui-ci, il a de bonnes mœurs et de l'instruction. »

Naturellement l'amour et les femmes tiennent leur place dans ses préoccupations, comme il convient à cet âge. Vers 1826, il fut épris d'une jeune fille, Julia Garnett, qui devait épouser un érudit allemand, Georg-Heinrich Pertz, mariage dont il fut, dit-on, fort ému, laissant percer sa sensibilité extrême. « Je passe pour un sceptique, dira-t-il, mais je suis sentimental comme un poète souabe. »

C'est alors que dans le salon libéral de Mme Davillier, 15 rue du Faubourg-Poissonnière, il fit connaissance de la nièce de la maîtresse de maison, Émilie Hémart, âgée de vingt-neuf ans, femme de Félix Lacoste. Le ménage rentrait d'Amérique où le mari faisait du commerce et s'occupait du *Courrier des États-Unis*. Là-bas, elle avait été la maîtresse du comte de Survilliers, Joseph Bonaparte, à l'endroit de qui Félix Lacoste paraît avoir été assez accommodant. Coquette, gracieuse, spirituelle, Émilie Lacoste devait plaire à un jeune homme de vingt-quatre ans. Elle était à l'âge où les rêveries romanesques ne suffisent pas et où, comme la prude du *Misanthrope,* les femmes « ont de l'amour pour les réalités ». Elle détestait son mari et Prosper Mérimée avait du tempérament. Au début de janvier 1828, Lacoste revint à l'improviste et surprit une lettre révélatrice. Aussi, vers le 9 janvier, dans les fossés du château de Saint-Ouen, il se battit en duel avec Mérimée qui eut le poignet brisé. La liaison semble pourtant avoir encore duré jusqu'au jour, où soit prudence, soit infidélité, Émilie Lacoste signifia assez durement son congé à Mérimée, ce qui ne laissa pas de confirmer dans une attitude de méfiance le jeune homme qui prit pour devise: « Souviens-toi de te méfier. » Quand, fort triste de cette rupture, il publiera plus tard *le Vase étrusque,* où Mathilde de Coursy est évidemment Mme Lacoste, il affectera de plaisanter et il écrira à la belle-fille du célèbre Cuvier, Sophie Duvaucel : « Je n'en reviens pas que mon héroïne ne vous enchante pas. Au fond, c'est une très honnête femme, puisqu'elle avait son amant pour le bon motif. Tout son tort c'est de n'avoir pas calculé assez exactement le temps de son veuvage et elle avait des remords si l'on m'a bien instruit [1]. » Émilie Lacoste en effet aurait été dévote et aurait cherché à convertir Mérimée, engagé très avant dans les milieux protestants. Elle n'est donc pas sans ressemblance avec Diane de Turgis, l'héroïne de la *Chronique du temps de Charles IX,* et le duel raconté dans ce roman, est évidemment fait d'un souvenir personnel.

Certes Mérimée, de son propre aveu, avait beaucoup aimé Walter Scott, et en écrivant son roman il suivait la mode de son époque, mais il la suivait à sa manière. « Il a suivi librement, écrit Gustave Planche, la pente de son esprit et n'a pas engagé la lutte avec un génie justement populaire [2]. » Alors qu'il écrivait la *Chronique,* il est d'ailleurs évident qu'un mouvement de réaction se dessinait déjà contre le roman historique à la manière de Walter Scott, contre les excès du romantisme, dont le système est ébranlé [3]. La littérature tendait à reprendre peu à peu le caractère qui appartient au tempérament national.

Un an après *la Jaquerie,* Mérimée est beaucoup plus sobre, presque classique dans sa concise et moqueuse désinvolture, corrigeant tous les défauts romantiques. Il est français, plus que personne depuis Voltaire de qui il a l'ironie, l'esprit vif et tranchant, s'attaquant comme lui au fanatisme religieux, ne reculant pas devant la hardiesse des idées.

La *Chronique du temps de Charles IX,* parue le 5 mars 1829, est assurément, comme le reconnaît Louis Maigron [4], le meilleur roman de ceux qui furent inspirés par le succès de Walter Scott. Il est très supérieur, par exemple, au *Cinq-Mars* d'Alfred de Vigny car il s'abstient « de donner un rôle à des personnages dont la vie est trop connue pour qu'il

1. *Correspondance générale;* t. I, pp. 60-61.
2. « Écrivains modernes de la France. Prosper Mérimée. » *Revue des Deux Mondes,* septembre 1854, p. 1216.
3. Voir *Notice,* p. 4.
4. Louis Maigron. *Le Roman historique à l'époque romantique,* Paris, Hachette, 1898.

soit permis d'y ajouter quelque chose[1] ». Dans cette esquisse des mœurs des Français, sous Charles IX, il n'a mis au premier plan que des personnages d'invention, placés dans un milieu très étudié, avec un sens de l'exactitude historique qui ira en s'accentuant avec l'âge. Son roman est encore celui d'un jeune homme mais il est plein de promesses pour l'avenir.

On lui a reproché de n'avoir pas relié assez solidement toutes les parties de sa composition, mais, dans l'ensemble, cette composition est habile et les dialogues sont aisés et rapides. Le caractère atroce des luttes du temps qui partageaient la France en deux camps ennemis et devaient aboutir à la Saint-Barthélemy, ce caractère est bien mis en relief par les deux frères George et Bernard de Mergy, l'un protestant, l'autre catholique, et aussi par le combat qui se livre, dans le cœur du huguenot Bernard, entre ses sentiments religieux et son amour pour la catholique et passionnée Diane de Turgis.

C'est alors que Mérimée ouvre brillamment, avec un court chef-d'œuvre, la série de ces nouvelles admirables qui ont fait sa réputation. Voici d'ailleurs plus de cent ans qu'elles durent, qu'on les réimprime et le mot d'Hippolyte Taine reste vrai, l'édifice est toujours intact[2].

Dans *Mateo Falcone,* remarquable par sa concision et sa vivacité, l'auteur tire le plus riche parti d'une anecdote assez simple dans sa cruauté. La nouvelle le plaçait déjà parmi les écrivains les plus habiles. *L'Enlèvement de la redoute,* puis *Tamango* et *la Partie de trictrac* devaient confirmer cette impression. C'est pourtant *le Vase étrusque* qui a conduit Mérimée au premier rang.

Sa sobriété naturelle convenait aux sujets qu'il a choisis. Son style que d'aucuns ont trouvé un peu maigre est net, précis, exact, correct sans raideur, familier sans bassesse, et nonobstant de rares expressions désuètes, il n'a pas vieilli.

Chaque mot de ses descriptions, courtes d'ailleurs,

---

1. *Journal des Débats,* 5 mars 1829. Trait de Mérimée dirigé contre A. de Vigny.

2. Introduction aux *Lettres à une inconnue* (1873), p. XXVIII : « Presque tous ces petits édifices sont aussi intacts qu'au premier jour. »

éveille une idée, fait une image et laisse une impression qui ne s'efface pas. Il y a beaucoup d'art dans ces brefs récits, presque tous parus en l'espace de deux ans, et qu'il réunira en 1833 dans le recueil de la *Mosaïque*. Il y a aussi une émotion que le lecteur éprouve mais que Mérimée affecte de ne pas partager.

On peut dire de lui ce qu'il a dit de Pouchkine : « Simplicité de la fable, choix habile des détails, merveilleuse sobriété d'exécution. Ses images, toujours pleines de vérité et de vie, sont plutôt suggérées que développées et c'est avec un goût tout à fait hellénique qu'il dirige l'attention du lecteur [1].»

Cette simplicité, cette discrétion de son talent, cette mesure délicate des nuances, lui ont fait du tort auprès de certains critiques. « La peur de tomber dans la rhétorique, disait Sainte-Beuve, le jette [...] trop souvent dans l'excès contraire qui frise la stérilité[...] trop *exempt* par système : il l'est, à la longue, devenu par nature[2]. » Il s'en rendait compte lui-même et il a écrit un jour à son ami Tourguéniev : « Mon défaut à moi a toujours été la sécheresse; je faisais des squelettes » (*Corr. gén.*, t. XII, p. 603).

Un peu de férocité et de cruauté ne lui déplaisaient pas; il ne marie guère ses héros et ses héroïnes, il se rit de leurs larmes et il les tue sans pitié. C'est qu'il s'est intéressé surtout à l'homme de tous les temps, dans sa nature primitive, avant que la société l'ait policé et lui ait enlevé sa spontanéité et la violence de ses passions. « L'énergie, a-t-il écrit, même dans les mauvaises passions, excite toujours un étonnement et une espèce d'admiration involontaire. » Son goût et son indulgence pour les bandits sont bien connus; il assiste, impassible à la lutte des êtres qu'il a créés, leur laissant la liberté et la responsabilité de leurs actes. Il y a dans son œuvre du meurtre et du carnage, moins pourtant que dans les tragédies d'Eschyle, de Sophocle et d'Euripide.

Est-ce à dire que Mérimée fut romantique, « Mazeppa d'une armée dont Victor Hugo était le Charles XII »? Alors que le romantisme, dans son effort de nouveauté, s'était

1. *Portraits historiques et littéraires,* Paris, Michel Lévy, 1874, p. 322.
2. Sainte-Beuve, *Mes Poisons,* pp. 99-100.

pris à l'étrange et au bizarre, au mirage de la couleur locale, Mérimée n'avait pas tardé à s'aviser qu'il y a dans l'esprit français des habitudes de raison railleuse. A la suite de son ami Stendhal, l'écrivain du « petit fait vrai », il retrouve bientôt les grands classiques de qui il est nourri, Molière en tête, et la tradition du XVIIIe siècle, Voltaire et Diderot, vitupérant Rousseau. Trop indépendant pour s'enrôler sous une bannière quelconque, il a un sens du réel qui le garde des déclamations romantiques, tout de même qu'il évitera plus tard les excès du réalisme. Sa tendance naturelle à la recherche du vrai qui lui vient de son tempérament d'observateur, s'affirmera dans sa vocation d'érudit, dans son métier d'archéologue qu'il mettra, comme dans *la Vénus d'Ille* par exemple, au service de ses œuvres d'imagination.

Il n'a jamais perdu de vue l'admirable précepte d'Horace qu'il faut avoir devant les yeux le modèle de la vie et des mœurs et en exprimer les images vivantes, mais, à la façon des anciens, il ne sépare pas le vrai et le beau. « Si parfois, dit-il, les anciens ont voulu exprimer la laideur, ils se sont attachés à la rendre *terrible*, évitant qu'elle parût *dégoûtante* [1]. » Aussi recherchera-t-il la grandeur et la magnificence que la nature offre à qui sait choisir, plutôt que le laid dont le goût est, selon lui, la maladie de son temps.

Choisir, c'est le mot qui, pour Mérimée, exprime le grand secret de l'art. Il l'a dit et répété à plusieurs reprises : « L'art de choisir, parmi les innombrables sujets que nous offre la nature, est après tout bien plus difficile que celui de les observer avec attention et de les rendre avec exactitude. » Réaliste, si l'on veut, mais ennemi de l'« École réaliste » qui fait du réalisme comme il ne l'aime pas.

Le laid et le triste existent si souvent dans la nature qu'il ne faut pas les rechercher avec une inlassable curiosité. Il y a des laideurs à cacher, des vérités à taire parce qu'elles sont d'un ordre trop bas, indignes de l'attention d'un artiste. C'est ainsi qu'il louera Ivan Tourguéniev de ne pas sentir

---

1. *Notes d'un voyage dans le Midi de la France*, p. 127.

« ce plaisir malicieux qu'ont certains critiques à surprendre les faiblesses et les platitudes humaines [1] ». Dans l'ensemble l'œuvre de Mérimée est chaste, jamais elle ne choque, jamais elle ne flatte les mauvaises passions. Ce n'est que dans sa correspondance, et encore avec certains de ses amis, qu'il se permet des gaillardises et des mots crus, laissant aux femmes, comme dit Montaigne, « la vaine superstition des paroles ».

Toujours il est resté le modèle de l'esprit français, dans ce qu'il a de délicat, de sensé, de sain aussi, car si on a pu taxer Mérimée d'immoralité, pareille accusation prête à sourire.

Sensible autant que sensuel, il ne lui suffisait pas de satisfaire à ses sens; il lui fallait contenter les besoins du cœur. Or au numéro 19 de la rue des Petits-Augustins, en face de l'École des Beaux-Arts, se trouvait l'appartement du fameux docteur François-Joseph Double; de ses fenêtres, Mérimée pouvait apercevoir celle de la fille du docteur, Mélanie Double, alors âgée de dix-huit ans. Il eût voulu l'épouser mais on le trouva sans fortune et trop petit personnage. D'abord promise à Villemain, elle épousera, le 23 juin 1832, le riche avocat, Athénodore Collin, qui mourra le 26 avril 1849, et devenue veuve se remariera vers le mois de mai 1850, avec le fameux Libri, ce qui explique l'attitude chevaleresque de Mérimée, prenant la défense d'un homme de qui la culpabilité ne pouvait pas lui échapper.

Profondément meurtri par le refus qu'il avait éprouvé, il se durcit à partir de ce jour, se replia sur lui-même et comme le Saint-Clair de son *Vase étrusque,* « dans le monde il obtint la triste réputation d'insensible et d'insouciant; et dans la solitude, son imagination inquiète lui créait des tourments d'autant plus affreux qu'il n'aurait voulu en confier le secret à personne. »

Pour combattre son chagrin, il décida, d'accord avec ses parents, de partir pour un voyage en Espagne, en juin 1830. On a cru que la cause de ce voyage était Mme Lacoste; il est probable qu'il s'agissait de Mélanie Double. « Je ne

1. *Portraits historiques et littéraires,* 1874, p. 356.

pourrais plus être amoureux, écrit-il à Jenny Dacquin, parce que mes illusions m'ont procuré bien des *desengaños* [désillusions] sur l'amour. J'allais être amoureux quand je suis parti pour l'Espagne. C'est une des belles actions de ma vie. La personne qui a causé mon voyage n'en a jamais rien su. Si j'étais resté j'aurais peut-être fait une grande sottise : celle d'offrir à une femme digne de tout le bonheur dont on peut jouir sur la terre, de lui offrir, dis-je, en échange de la perte de toutes les choses qui lui étaient chères, une tendresse que je sentais moi-même très inférieure au sacrifice qu'elle aurait peut-être fait. Vous vous rappelez ma morale; l'amour fait tout excuser, mais il faut être bien sûr qu'il y a de l'amour [1]. »

Mérimée n'ignorait plus que dans la société qui fréquentait chez le docteur Double, il était, comme il écrit dans *la Double Méprise,* de son héros Darcy, un « être sans conséquence, c'est-à-dire que l'on savait... les mères savaient — que sa fortune ne lui permettait pas de songer à leurs filles. » Il se souviendra de sa mésaventure quand après avoir écrit *le Carrosse du Saint-Sacrement,* il publiera *l'Occasion :* « Pour un enlèvement, y lit-on, il faut autre chose que de l'amour; il faut ce dont les romanciers ne parlent pas, de l'argent, et beaucoup d'argent. » Mérimée n'était pas riche; il prit le parti de s'enfuir.

Le 27 juin 1830, il part donc pour l'Espagne, précédé de sa réputation de libéral frondeur, et fréquente à Madrid, dans la *calle del Sordo,* chez la comtesse de Montijo, alors âgée de trente-six ans, entourée de ses deux fillettes. Paca, qui deviendra la duchesse d'Albe, est l'aînée; la cadette âgée de quatre ans, espiègle en diable, de qui Mérimée caresse la chevelure d'or est Eugénie, la future impératrice des Français. C'est là aussi qu'il se lie avec Serafin Estebanez Calderon qui prépare alors ses *Escenas Andaluzas* et qui le renseigne sur les règles de la tauromachie, tout en le guidant dans les bas quartiers de Madrid. Par Cordoue et Séville, puis Algésiras, Ronda, il arrive à Grenade, parcourant l'Andalousie. Dans cette randonnée sur la terre classique des voleurs, il eût

1. *Correspondance générale,* t. I, p. 184.

bien voulu en rencontrer quelques-uns, mais on ne lui vola rien du tout. Il eut toujours des muletiers et des toreros pour amis et, s'il faut le croire, il aurait même entre Grenade et Baylen, bu à la même outre qu'un galérien. Il avait du goût pour ces rudes hommes du peuple, ardents et courageux jusqu'à la témérité, pour ces Espagnols qui ont dans l'âme un mélange de gravité, de religion, d'insouciance du péril, de nonchalance, de passion de la gloire et d'amour du danger. Il aimait à retrouver en eux la survivance des rudesses ingénues et des passions primitives.

Il revint à Paris, par Valence, où il assista à l'exécution d'un pauvre valencien qui ne méritait sans doute pas un sort si cruel, et il nous conte cette pendaison avec une émotion contenue et véritable.

A son retour d'Espagne, Mérimée est en retard pour recueillir, comme il dit, « le bénéfice de la représentation [1] » qui vient de se jouer en juillet. Ses amis du *Globe* sont tous pourvus, depuis Vitet, nommé inspecteur des Monuments historiques, jusqu'à Romieu, qui commence à Quimperlé son étonnante carrière préfectorale. Mais la faveur du duc Decazes, l'amitié de Mareste, cousin du comte d'Argout, récompensèrent bientôt le libéralisme de Mérimée qui, le 2 février 1831, fut nommé chef de bureau du secrétariat général de la Marine. Certes les titres qu'il a pour cette fonction sont minces et c'est peu, pour les justifier, que d'avoir écrit deux scènes maritimes : *Tamango* et *la Partie de trictrac*. Aussi *la Quotidienne* plaisante : « M. Prosper Mérimée [...] vient d'être nommé chef du bureau du Secrétariat général de la Marine. Il vaque, dit-on, une place à la division des Lettres, au ministère de l'Intérieur. Nous espérons qu'on la donnera à un officier de Marine [2]. »

Quelques semaines plus tard le ministère Laffitte tombe; Casimir Périer prend le pouvoir et Mérimée le suit avec le comte d'Argout, au ministère du Commerce et des Travaux publics, auquel est rattachée la division des Sciences, Beaux-Arts et Belles-Lettres dont le chef est

1. *Correspondance générale*, t. I, p. 71.
2. *La Quotidienne*, 5 février 1831.

Hippolyte Royer-Collard, son ami. Il a le titre de chef de cabinet; il n'a pas encore la croix qu'on lui donnera le 6 mai 1831 et il attend avec impatience le titre de maître des requêtes qui lui ouvrirait la carrière diplomatique.

C'est alors qu'il commence cette vie de plaisirs qui doit lui donner une très mauvaise réputation, entretenue d'ailleurs par sa liaison avec une petite actrice des Variétés, Céline Cayot.

Byron lui plaît par son insolence de grand seigneur, par ses audaces envers la société, par son affectation de blasphème, de débauche et de scandale. Comme le *Lara* du poète cher aux romantiques : « une douceur parfois apparaissait dans son regard, mais dès qu'il en avait conscience, il semblait s'en vouloir d'une telle faiblesse, indigne de son orgueil [1]. » Dandy railleur, négateur impénitent, Mérimée s'applique à dissimuler sa vraie nature et à maintenir par des propos cyniques la réputation qu'on lui a faite de « second Voltaire ». Et pourtant, il n'est l'homme d'aucun excès; il aime et il pratique avant tout la mesure; il est au fond sensible avec délicatesse et pudeur, toujours maître de soi. Le dévergondage qu'il affiche pourrait bien être beaucoup plus verbal qu'actif. S'il remplit ses lettres de polissonneries, cela ne veut pas dire qu'il en mette autant dans sa vie; pour donner le change à ses amis, pour étonner Stendhal par exemple, pour paraître aussi byronien qu'il convient en ce temps-là, quelques propos obscènes sont de rigueur et le dandysme a ses exigences.

Évidemment il s'amuse, comme le comportent sa morale et son âge, mais en voluptueux, en gourmet qui sait choisir et mesurer ses plaisirs. Jamais il ne négligera le travail et il y a bien de la méthode dans ce qu'il appelait lui-même une existence de vaurien. Dans les cabarets à la mode, aux *Frères provençaux,* au *Rocher de Cancale,* au *Café anglais,* à la *Rotonde du Palais-Royal,* il soupe avec de jolies filles, demoiselles de petite vertu, mais c'est en compagnie d'hommes d'esprit, Henry Beyle, Adolphe de Mareste, Eugène Delacroix, Alfred de Musset. Il y goûte cette liberté du

1. Cf. Byron. *Lara,* I, 17.

langage que ne permettaient pas alors les salons, et dans les moments les plus vifs, il demeure à n'en pas douter un débauché des plus corrects. Mais à force de nier son cœur, de refréner son imagination, l'habitude en fut bientôt prise. Il trouvera un malin plaisir à passer aux yeux des gens pour un monstre d'immoralité. « Boutonné jusqu'au menton » comme le Saint-Clair du *Vase étrusque*, avec son œil rond et froid, un peu dur sous l'ombre des sourcils épais, grand, droit et pâle, il avait l'apparence d'un Anglais. Il savait garder à tout moment cet air froid et distant qui écarte toute familiarité et rien qu'à le voir on sentait le flegme acquis, l'empire de soi, la volonté et l'habitude de ne pas donner prise.

Cependant il est triste; ses aventures amoureuses ne sont guère que des désillusions; il s'efforce de se distraire sans aimer, sans être aimé et il s'ennuie. Sa rencontre rapide avec George Sand a été un échec dont le souvenir l'irrite; avec Valentine Delessert, tour à tour « faux diamant » ou « perle des femmes », il en est encore aux longues et poignantes péripéties qui n'aboutiront qu'en 1836. Quelques passades comme Mlle Manterola, Espagnole réfugiée, quelques filles d'Opéra ou de boulevard, sont un remède à ses chagrins et suffisent aux ardeurs de sa jeunesse; la petite actrice des Variétés, Céline Cayot, enfin, l'amusera par sa fantaisie et son entrain. Sans doute lui faut-il autre chose qu'une « réunion qui serait insipide, sans l'idée qu'on y attache ». Il y a bien Jenny Dacquin qui pourrait peut-être satisfaire un besoin d'aimer, dégagé des intérêts et des conventions du monde. Trouverait-il, auprès de cette jolie jeune fille de Boulogne, qui s'est jetée à sa tête, la fraîcheur de cet amour qu'il a rêvé autrefois avec Julia Garnett, qui lui a été refusé avec Mélanie Double?

Étudiant l'amour de tête, il en a connu le désappointement et les chagrins. Lorsqu'il imagine *la Double Méprise*, il a certainement subi les tourments qu'il décrit.

Ce court roman, Mérimée ne l'aimait pas; « un de mes péchés, dit-il, fait pour gagner de l'argent [1]. » Il a été

1. *Correspondance générale*, t. VIII, p. 345.

cependant mis, de nos jours, au premier rang, à une époque qui se plaît au raffinement des analyses psychologiques. Tout de même, dans *les Ames du Purgatoire* passent, à peine voilés d'ironie, l'écho des regrets que laissent les plaisirs mondains ainsi que l'idée chrétienne du pardon.

Le 4 avril 1834, le départ de son ministre, Apollinaire d'Argout, laissant Mérimée disponible, Thiers, ministre de l'Intérieur, s'occupe, suivant une tradition qui s'est toujours maintenue, de le caser et lui donne, le 17 mai, la place d'inspecteur général des Monuments historiques, devenue vacante par la démission de Ludovic Vitet, nommé secrétaire général du ministère du Commerce.

Il s'en fallait de beaucoup que le nouvel inspecteur eût les connaissances nécessaires pour bien remplir sa mission ; mais il est encore jeune, naturellement observateur et il se met au travail avec zèle. Pour lui, c'est une vie nouvelle, un champ d'études inexploré dans lequel il se lance avec ardeur. Il devient « cuistre » et, dit-il, il éprouve un plaisir indicible à l'être. La littérature d'imagination ne sera plus désormais pour lui qu'un délassement d'archéologue, et l'on s'étonne, lorsque ayant fouillé les archives de son service on a mesuré le labeur qu'il a fourni, qu'il ait encore trouvé le loisir d'écrire *la Vénus d'Ille, Colomba* et *Carmen*. N'a-t-il pas dit lui-même : « Il ne faut pas prendre exemple sur moi qui ai passé ma vie à faire autre chose que ce que je voulais et devais faire. Il se peut que je sois né avec quelque chose d'exploitable dans la tête. Mais d'abord, au moment où j'avais le plus à cœur cette exploitation, une révolution s'est faite dans mon pays, dont le résultat le plus net a été de me tenir pendant mes quatre plus belles années de verdeur et de jeunesse, à l'attache dans un ministère. J'en suis sorti, un peu abruti, pour faire de l'archéologie pendant quinze ans et vous savez le reste. » (*Corr. gén.*, t. XII, pp. 345-346.)

Dans ces lignes écrites vers la fin de sa vie, Mérimée pousse les choses au sombre. En réalité, c'est avec entrain que le jeune écrivain de *Mosaïque* devait poursuivre des services archéologiques d'un détail infini, qui exigeaient des déplacements continuels, une sagacité infatigable, et qui allaient sauver de la ruine quantité d'édifices intéressants, menacés et méconnus.

De sa première tournée archéologique, en 1834, il rapporta *la Vénus d'Ille,* un de ses contes les plus réussis, et celui sans doute qu'il préférait. Son métier d'archéologue ajoutait encore à son sens positif, à son souci d'exactitude et à son besoin de contours précis qui l'arrêta souvent dans l'élan des larges compositions car il allait au fond des choses et ne sut jamais rien imparfaitement. Il n'a que trente-quatre ans et il s'est fait dans les salons et dans les cénacles littéraires une réputation enviable, à laquelle il ne manque que la consécration de la popularité qu'il obtiendra avec sa *Colomba.*

Sous prétexte de quelques clochers à inspecter, il s'était embarqué pour Bastia, le 16 août 1839, fort content d'aller vérifier la couleur locale dont il avait dix ans auparavant, dans *Mateo Falcone,* paré la Corse et le maquis. A ses notes quotidiennes d'inspecteur des Monuments historiques il ajoute ses impressions personnelles dont il fera un tableau complet et animé. Il recueille des récits de *vendette* auprès de Colomba Bartoli, qu'il a rencontrée à Fozzano, ou à Olmeto, et qu'il rajeunira pour en faire son héroïne; il fouille à Bastia les dossiers de la Cour royale, interroge l'avocat Étienne Conti, le futur secrétaire de Napoléon III, ainsi que Jérôme Roccasserra qui lui raconte la vendetta terrible à laquelle il est en butte, pour avoir tué deux de ses ennemis d'une seule main, en deux coups de fusil dans des circonstances exactement semblables à celles que Mérimée a décrites dans *Colomba.*

La nouvelle a été composée assez vite, comme par délassement, en marge des travaux d'érudition auxquels elle fait un discret et malicieux écho par des références assez inattendues à l'*Histoire de Corse* de Pietro Filippini; car si Mérimée, archéologue, entend bien que le lecteur sache qu'il est un faiseur de contes, il ne veut pas, par ces contes, faire oublier à messieurs de l'Académie des Inscriptions qu'il reste archéologue et candidat.

De retour à Paris, dans les premiers jours du mois de décembre 1839, il se hâte de classer ses notes de voyage et de rédiger le rapport que lui a demandé Tanneguy Duchâtel. Que rapportait Mérimée? Peu de chose au point de vue archéologique et ce n'est qu'avec beaucoup d'artifice qu'il parvint à donner à ses *Notes d'un voyage en Corse* un développement suffisant pour en tirer un volume, assez mince d'ailleurs.

En revanche, le conteur avait déjà dans son esprit le sujet de *Colomba*. Les maquis qui réduisent les redingotes en lanières, les montagnes, les sites monotones, les forêts assez piètres, ce n'est pas cela qui lui a plu surtout, mais « la pure nature de l'homme », et la passion de la vendetta. Un petit nombre de détails précis, dont l'impression persiste, suffit à Mérimée pour évoquer le pays corse, la bonne odeur du maquis et créer le climat de *Colomba*. Comment on vit, comment on aime, comment on tue, dans la rude nature où l'instinct ne connaît pas d'obstacles, où les passions agitent des cœurs sans hypocrisie, voilà ce qu'il a été chercher en Corse, et qu'il a offert, comme un discret reproche, peut-être, à la femme de qui il n'a connu l'amour que dans la contrainte et les conventions du monde, c'est-à-dire à Valentine Delessert qui fut d'ailleurs consultée sur la nouvelle, qui fit modifier le dénouement et « outrer la passion de la vendetta ». (*Corr. gén.*, t. II, p. 463.)

A l'hypocrisie des adultères reçus et considérés, à l'amour composant avec les préjugés mondains, Mérimée, se justifiant auprès de sa maîtresse, opposera l'amour vrai, profond qui nous émeut dans *Arsène Guillot* malgré la dépravation de l'héroïne ramenée à Dieu par la souffrance. Considérée cependant comme une apologie du vice, *Arsène Guillot*, devait causer un scandale quand elle parut au lendemain de l'élection de Mérimée à l'Académie française, le 14 mars 1844.

En mai 1845, Mérimée écrivait *Carmen*. Peut-être se rappelait-il la jolie petite Valencienne qu'il avait rencontrée à Murviedro, dans un cabaret isolé[1], mais surtout il utilisait un récit que la comtesse de Montijo lui avait fait en 1830.

Le sujet fourni par la comtesse était assez mince. Il a suffi

---

1. Voir t. I. p. 434.

à l'écrivain pour une nouvelle dont l'action reste fort simple et qu'il a ramassée en une phrase d'un raccourci saisissant : « On devient coquin sans y penser. Une jolie fille vous fait perdre la tête, on se bat pour elle, un malheur arrive, il faut vivre à la montagne et de contrebandier on devient voleur avant d'avoir réfléchi. »

Pour étoffer ce récit, Mérimée avait ses souvenirs d'Espagne et c'est dans la *tierra de Jesu,* dans les montagnes d'Andalousie parcourues en 1830, qu'il a situé sa nouvelle. Certes il a pu préciser ses souvenirs par des lectures, comme celle du marquis de Custine, il a utilisé les livres de George Borrow (*les Zincalis* et *la Bible en Espagne)*, mais la nouvelle n'a pris corps, avec sa tournure originale, que le jour où il a eu l'idée de faire son héroïne bohémienne, non pas de race très pure car il fallait que Carmen fût jolie et qu'elle eût cette grâce voluptueuse et provocante, ce *salero* que Mérimée, étudiant en même temps l'histoire de don Pedro, aime à reconnaître chez Maria de Padilla, mais pourtant vraie fille du diable.

Carmen n'est pas en effet une bohémienne de fantaisie, comme toutes ces gypsies qui, de la Preciosa de Cervantes à la Esmeralda de Victor Hugo, ne sont que des filles volées aux plus aristocratiques familles et d'une finesse délicieuse. Carmen est une bohémienne authentique sans circonstances atténuantes, jolie bête de proie, cruelle, voleuse, impudique, ivre de liberté, comme la Zemfira de Pouchkine. Elle est ignorante de notre morale, obéissant aux lois de sa race, faisant le mal sans aucune conscience de sa perversité. C'est un être primitif, irresponsable. Mérimée l'a voulue ainsi, forte, franche et cyniquement *desalmada,* avec tant d'abandon et on dirait presque avec tant de candeur qu'elle ne repousse pas la sympathie. Sa mort résignée et vaillante nous attendrira. « Pauvre enfant, dira l'auteur, ce sont les *calés* qui sont coupables de l'avoir élevée ainsi. »

A qui lit *Carmen* pour la première fois, il reste une vision précise des tableaux de ce drame qui se déroule à Séville, à Cordoue, à Grenade, dans un monde pittoresque de soldats, de gitanos, de jaques, de contrebandiers, de bandits, tous pleins de vie et de vérité. On n'oubliera plus jamais la *plaza de toros,* le coupe-gorge de Triana, la venta misérable et isolée dans la montagne, le coucher du soleil et l'angélus sur la rive droite du Guadalquivir. Et pourtant quand plus tard, on relit la nouvelle afin de chercher par quels artifices l'auteur est parvenu à nous laisser une vision si nette des choses, on est surpris de s'apercevoir que tout y est en effet indiqué, mais que rien n'est à la vérité décrit. Les taureaux de Cordoue, le portrait de Carmen, la mort atroce du Remendado, le duel au couteau de José et de Garcia, tout cela tient en quelques lignes et cependant reste profondément dans l'esprit. La plus longue description de l'ouvrage, la seule où Mérimée a dessiné un paysage, n'a pas plus de trente lignes. C'est, au début de *Carmen,* la prairie et la plaine de la Carchena, aux environs de Montilla. L'image est gravée en quelques traits de plume, avec le minimum de mots et suffit à créer l'atmosphère, dès le début de ce récit où il s'agit avant tout de faire vivre et agir des hommes. Tout est ainsi fait de traits précis et caractéristiques du pays où se passe l'action et on ne les oublie plus. Cette bohémienne farouche et rusée, on la chercherait en vain dans l'opéra-comique de Georges Bizet. C'est une Espagnole trop conventionnelle qui chante et qui danse chez Lillas Pastia. Carmen y est dépouillée de son caractère, l'aventure est vidée de son pathétique, de son coloris, de sa puissance.

Après *Carmen,* Mérimée n'écrira plus rien sur l'Espagne. Il en avait plusieurs fois traduit le caractère dans des pages d'une profonde vérité. Il en avait vécu la vie, partagé les passions, les espoirs et les peines, observateur attentif et intelligent de ses mœurs, de son histoire, de sa littérature, de son art. Sa nature le portait d'ailleurs à comprendre les hommes et les choses de ce pays et à les traduire, dans un style nerveux et sec qui, selon la juste expression d'Azorin, « a l'austère noblesse d'un panorama de la Castille ».

En 1853, il dut accepter, à son corps défendant, une nomination de sénateur (23 juin) qui le sépara de la société qu'il aimait et qui précipita sa rupture avec Valentine Delessert. « On le récompensait d'avoir fait des morales et sauvé des pénitences à une jolie femme qu'il avait connue quand elle était enfant[1] ».N 'avait-il pas écrit dans *l'Abbé Aubain :* «Saint Thomas de Cantorbéry n'accepta-t-il pas les châteaux de Henri II? »

A part cette malicieuse bluette parue, sans signature, en 1846, dans le *Constitutionnel,* Mérimée va délaisser la littérature d'imagination, se limitant à l'histoire et à l'érudition. De 1852 à 1868, il est de plus en plus attiré vers les grands drames de l'histoire de Russie qui satisfont son goût de la violence, des passions, des hommes énergiques, aux instincts primitifs, en lutte contre la société tout entière. Il traduira et adaptera les auteurs russes, études nouvelles qui vont absorber la plus grande partie de son activité.

Il écrivait ses nouvelles pour plaire à la femme qu'il aimait; désormais il n'a plus de but et il paraît se résigner. Il est cependant toujours « le même animal mélancolique ... pensant toujours au temps passé et s'étonnant que les cœurs vieillissent. » (*Corr. gén.*, t. XVI, p. 357.) Sa santé est d'ailleurs chancelante et chaque année, il ira dans sa paisible retraite de Cannes, chercher le soleil qu'il aimait tant.

En novembre 1866, Mme Delessert, désabusée sur le compte de Maxime Du Camp, rendit son amitié à Mérimée. C'est l'époque où il retrouvera un peu de son activité de conteur et où il écrira *la Chambre bleue* qu'il a terminée en bouffonnerie, mais qu'il juge avec assez de complaisance. « Ce n'est pas ce que j'ai écrit de plus mal, dit-il, bien que cela ait été écrit fort à la hâte[2]. » Il tente, aussi en 1866, sans qu'on sache s'il y réussit, de reprendre une nouvelle qu'il avait écrite en 1846 et dont il avait offert le manuscrit à Mme Odier, la sœur de Mme Delessert, *Il Viccolo di Madama Lucrezia.*

Puis, pour trouver quelque chose de plus atroce que les absurdes romans qu'on lisait à Fontainebleau, Mérimée prend le sujet le plus extravagant qu'il ait pu trouver et il écrit *Lokis,* se documentant avec soin auprès d'Ivan Tourguéniev et de Charles Edmond, joignant à son talent de conteur ses ressources d'érudition.

---

1. *Correspondance générale,* t. VII, p. 78.
2. *Ibid.* t. XIII, p. 279. *Ibid.* t. VII, p. 79, n. 2.

En avril 1870 enfin, il avait terminé *Djoûmane* imaginée d'après le rêve d'une anguille qui devenue « une magnifique anguille à la tartare », est à l'origine du serpent Djoûmane.

Jusqu'à la fin de sa vie, il ne cessera pas d'écrire, et ce n'est que dans les derniers mois que sa main tremble et que son écriture se déforme. La catastrophe est proche qu'il voit venir avec lucidité ; la France est vaincue, l'Empire s'est écroulé. A Cannes, assis dans son fauteuil, il a encore assez de force pour écrire quatre billets très courts. Baigné d'une sueur froide, il doit se mettre au lit et sans agitation et sans souffrances, il meurt, à neuf heures du soir, le 23 septembre 1870, âgé de soixante-sept ans.

Avec lui disparaissait une des figures les plus originales de son temps. Il a été diversement jugé dans son caractère comme dans son œuvre. Il a pu déplaire, irriter parfois et il a été calomnié souvent, par un Maxime Du Camp, aigri de jalousie, par un Auguste Barbier, agité de rancunes académiques, par un Victor Hugo, gonflé de vanité. En revanche de nombreux témoignages, comme ceux de Gasparin, d'Alexis de Valon, de Circourt, de Hetzel, attestent, contre de stupides jalousies et de vaines inimitiés, l'existence de son cœur. « Pourquoi, disait l'un d'eux, a-t-il passé sa vie, lui si bon, à faire croire aux autres qu'il était très mauvais? »

M. PARTURIER.

CHRONOLOGIE SOMMAIRE[1]

1803. — 28 SEPTEMBRE : Naissance de Mérimée à Paris, 7 Carré Sainte-Geneviève.

1804. — 18 MAI : Napoléon Ier est proclamé empereur.

1820. — JANVIER : M. traduit, avec J.-J. Ampère, les poèmes d'Ossian.

1822. — FIN : M. lit son *Cromwell* chez Viollet-le-Duc.

1823. — SEPTEMBRE : M. commence un roman dont il ne reste qu'un épisode.

1824. — 29 AVRIL : M. signe le manuscrit de *la Bataille.*

1825. — 27 MAI : Publication du *Théâtre de Clara Gazul.*

1826. — 12 AVRIL : Publication des *Barricades* de L. Vitet.

1827. — FIN JUILLET : Publication de *la Guzla.*

1828. — DÉBUT JANVIER : Duel de Mérimée avec Félix Lacoste.
7 JUIN : Publication de *la Jaquerie, Scènes féodales, suivies de la Famille de Carvajal.*

1829. — 5 MARS : La *Chronique du temps de Charles IX* paraît chez Alexandre Mesnier.
3 MAI : *Mateo Falcone* paraît dans la *Revue de Paris.*
14 JUIN : *Le Carrosse du Saint-Sacrement* paraît dans la *Revue de Paris.*
26 JUILLET : *Vision de Charles XI* paraît dans la *Revue de Paris.*
SEPTEMBRE : *L'Enlèvement de la redoute,* paraît dans la *Revue française.*
29 SEPTEMBRE : M. assiste chez Mme Hugo à la lecture d'*Hernani.*

---

1. Une chronologie détaillée sur tout ce qui touche à la vie de Mérimée et de son temps se trouve en tête de chacun des quinze premiers volumes de la *Correspondance générale.*

4 Octobre : *Tamango* paraît dans la *Revue de Paris*.
15 Novembre : *Federigo* paraît dans la *Revue de Paris*.

1830. — 14 Février : *Le Vase étrusque* paraît dans la *Revue de Paris*.
19 Février : *Rondino*, paraît dans le *National*.
25 Février : Première de *Hernani* au Théâtre-Français.
13 Juin : *La Partie de trictrac* paraît dans la *Revue de Paris*.
27 Juin : Mérimée part pour l'Espagne.

1831. — 2 Janvier : La première lettre d'Espagne [*les Combats de taureaux*] paraît dans la *Revue de Paris*.
2 Février : M. est nommé chef de bureau du secrétariat général de la Marine.
13 Mars : M. est chef du cabinet du comte d'Argout au ministère du Commerce et des Travaux publics.
La deuxième lettre d'Espagne [*Une exécution*] paraît dans la *Revue de Paris*.
23 Avril : Céline Cayot débute aux Variétés.
6 Mai : Mérimée est nommé chevalier de la Légion d'honneur.

1832. — 3 Avril : M. est nommé commissaire spécial pour l'exécution des mesures sanitaires contre le choléra.
23 Juin : Mariage de Mélanie Double avec l'avocat Collin.
25 Aout : *1572. Chronique du règne de Charles IX* (seconde édition) est enregistrée à la *Bibliographie de la France*.
26 Aout : La troisième lettre d'Espagne [*les Voleurs en Espagne*] paraît dans la *Revue de Paris*.
21 Septembre : Mort de Walter Scott.
Novembre : M. est nommé maître des requêtes.
3 Décembre : M. part pour l'Angleterre.
29 Décembre : Première entrevue de M. avec Jenny Dacquin à Boulogne-sur-Mer.
31 Décembre : M. chef de cabinet du comte d'Argout au ministère de l'Intérieur.

1833. — Vers Avril : M. et George Sand manquent l'expérience d'une nuit.
4 Juin : Publication de *Mosaïque*.
7 Septembre : Publication de *la Double Méprise*.
29 Décembre : La quatrième lettre d'Espagne [*les Sorcières espagnoles*] paraît dans la *Revue de Paris*.

1834. — 27 Mai : M. est nommé inspecteur des Monuments historiques.

31 JUILLET : M. part pour sa première tournée d'inspection dans le Midi de la France.

15 AOUT : *Les Ames du Purgatoire* paraissent dans la *Revue des Deux Mondes*.

1835. — 10 JANVIER : Création du Comité historique des lettres, philosophie, science et arts.

24 JUILLET : Publication des *Notes d'un voyage dans le Midi de la France*.

1836. — 16 FÉVRIER : Mme Delessert devient la maîtresse de M.

5 MAI : M. quitte l'École des Beaux-Arts pour la rue des Marais-Saint-Germain, n° 20.

14 MAI : M. part pour son voyage en Alsace et en Rhénanie.

4 AOUT : M. rencontre Stendhal à Laon.

24 SEPTEMBRE : *Les Ames du Purgatoire* sont réimprimées dans le *Dodecaton*.

27 SEPTEMBRE : Mort de Léonor Mérimée, père de l'écrivain.

22 OCTOBRE : Les *Notes d'un voyage dans l'Ouest de la France* sont enregistrées à la *Bibliographie de la France*.

1837. — 15 MAI : *La Vénus d'Ille* paraît dans la *Revue des Deux Mondes*.

25 MAI : M. part pour l'Auvergne.

29 SEPTEMBRE : Création de la Commission des Monuments historiques.

1838. — 15 AVRIL : M. a quitté la rue des Marais-Saint-Germain pour la rue des Beaux-Arts, n° 10.

20 JUIN : M. part pour sa tournée d'inspection dans l'Ouest et le Sud-Ouest.

27 OCTOBRE : Les *Notes d'un voyage en Auvergne* sont enregistrées à la *Bibliographie de la France*.

1839. — 15 MARS : Mort du comte de Montijo.

29 JUIN : M. part pour le Midi et la Corse.

15 AOUT : M. s'embarque à Toulon pour Bastia.

7 OCTOBRE : M. s'embarque à Bastia pour Livourne.

1840. — 28 MARS : Publication des *Notes d'un voyage en Corse*.

1er JUILLET : *Colomba* paraît dans la *Revue des Deux Mondes*.

5 JUILLET : M. part pour le Poitou, la Saintonge, la Gascogne et l'Espagne.

1er SEPTEMBRE : Révolution à Madrid.

21 OCTOBRE : M. de retour d'Espagne est à Bayonne.

15 DÉCEMBRE : Funérailles de Napoléon aux Invalides.

1841. — 29 Mai : Publication de *Colomba* chez Magen et Comon.
4 Juin : M. part pour la Normandie, la Bretagne et la Creuse.
25 Aout : M. s'embarque à Marseille pour la Grèce et l'Asie Mineure.
16 Décembre : M. s'embarque à Malte pour Marseille.

1842. — 9 Mars : Élie Lapierre et Dentu renoncent aux droits sur la *Chronique du règne de Charles IX*.
19 Mars : M. signe une convention avec G. Charpentier pour la publication de ses œuvres.
28 Juin : M. part pour le Midi de la France.
13 Aout : La *Chronique du règne de Charles IX* (édition Charpentier) est enregistrée à la *Bibliographie de la France*.
20 Aout : *Colomba* (édition Charpentier) est enregistrée à la *Bibliographie de la France*.

1843. — 18 Février : *Tra los montes* par Théophile Gautier *(Voyage en Espagne)* est enregistré à la *Bibliographie de la France*.
Fin Juin : Arrivée à Paris de la comtesse de Montijo et de ses filles. Elles repartiront pour Madrid en octobre.
31 Juillet : M. part pour la Bourgogne et le Jura.
17 Novembre : M. est élu membre libre de l'Académie des Inscriptions et Belles-Lettres.

1844. — 14 Mars : M. est élu membre de l'Académie française.
15 Mars : *Arsène Guillot* paraît dans la *Revue des Deux Mondes*.
22 Août : M. part pour le Sud-Ouest de la France.

1845. — 6 Février : Réception de M. à l'Académie française.
16 Mai : M. a terminé *Carmen*.
5 Août : M. part pour la Dordogne, le Languedoc et la Provence.
1er Octobre : *Carmen* paraît dans la *Revue des Deux Mondes*.

1846. — 24 Février : *L'Abbé Aubain* paraît dans le *Constitutionnel*.
27 Avril : Mérimée a terminé *Il Viccolo di Madama Lucrezia*.
27 Juin : La *Bibliographie de la France* enregistre une réimpression de *Colomba*.

1847. — Début : *Carmen,* avec *Arsène Guillot* et *l'Abbé Aubain* paraît chez Michel Lévy frères.
29 Mai : *Carmen* est enregistrée à la *Bibliographie de la France*.
6 Septembre : Mérimée et Léon de Laborde sont chargés d'une mission en Afrique française.

22 Septembre : M. part en tournée pour la Picardie et la Normandie.

1er Décembre : Première livraison dans la *Revue des Deux Mondes* de l'*Histoire de Don Pèdre, roi de Castille.*

1848. — 25 Février : Proclamation de la République.

19 Mars : Publication du rapport Boucly, sur les vols de Libri.

18 Mai : M. reçoit Jean-Jacques Ampère à l'Académie française.

1er Décembre : M. est nommé membre correspondant de la *Real Academia de la Historia.*

10 Décembre : Le prince Louis-Napoléon est élu président de la République.

1849. — 6 Septembre : M. part en tournée pour la Touraine, le Poitou, la Charente et le Périgord.

22 Octobre : Gustave Flaubert part pour l'Égypte.

1850. — 13 Mars : Première représentation du *Carrosse du Saint-Sacrement.*

26 Mai : M. part pour Londres.

16 Septembre : M. part pour l'Auvergne, la Provence et le Languedoc.

19 Octobre : La brochure *H. B* est enregistrée à la *Bibliographie de la France.*

1851. — 18 Octobre : M. part pour Gand, Amsterdam, Rotterdam.

2 Décembre : Coup d'État.

20 Décembre : Succès du plébiscite.

1852. — 21 Janvier : M. est promu officier de la Légion d'honneur.

Vers le 14 Avril : Les *Nouvelles* paraissent en librairie.

15 Avril : « Le Procès de M. Libri » par M. paraît dans la *Revue des Deux Mondes.*

30 Avril : Mort de Anne-Louise Mérimée, née Moreau, mère de M.

26 Mai : Mérimée est condamné à quinze jours de prison, pour insulte à la magistrature.

6 Juillet : M. se fait écrouer à la Conciergerie.

2 Décembre : Proclamation de l'Empire.

15 Décembre : « *Le Faux Démétrius,* scènes dramatiques », paraît dans la *Revue des Deux Mondes.*

25 DÉCEMBRE : *Épisode de l'histoire de Russie. Les Faux Démétrius* est enregistré à la *Bibliographie de la France.*

1853. — 26 JANVIER : M. signe un reçu de 450 frs pour la réimpression à 1500 exemplaires de la *Chronique du règne de Charles IX.*

7 JUIN : M. lit sa traduction de *la Dame de pique* de Pouchkine à l'Académie française.

23 JUIN : M. est nommé sénateur.

1er SEPTEMBRE : M. part pour Madrid.

18 DÉCEMBRE : M. est de retour à Paris.

1854. — 21-23 JUIN : *Les Cosaques de l'Ukraine* paraissent dans *le Moniteur universel.*

16 JUILLET : M. part pour Londres.

23 AOÛT : M. part pour Munich et Vienne.

20 SEPTEMBRE : Bataille de l'Alma.

29 DÉCEMBRE : Valentine Delessert renvoie à Mérimée les lettres qu'elle avait reçues de lui.

1855. — 10 février : Les *Mélanges historiques et littéraires* sont enregistrés à la *Bibliographie de la France.*

21 JUILLET : Les *Aventures du baron de Faeneste,* par Th. Agrippa d'Aubigné, nouvelle édition revue et annotée par P. Mérimée sont enregistrées à la *Bibliographie de la France.*

8 SEPTEMBRE : Prise de Sébastopol.

1856. — 13 JUIN : « Baptême du prince impérial » paraît dans *le Moniteur universel.*

16 JUILLET : Départ de M. pour Édimbourg.

23 NOVEMBRE : Départ de M. pour Cannes.

1857. — 9 JUIN: M. part pour Londres et Manchester (Exposition de Manchester).

25 JUIN : Mise en vente des *Fleurs du mal,* de Baudelaire.

1858. — 31 JANVIER : Mort de Gabriel Delessert.

27 MARS : Rapport de M. sur les modifications à introduire dans la Bibliothèque impériale.

20 JUIN : M. part pour la Suisse, l'Allemagne et l'Autriche.

2 OCTOBRE : Le tome I des *Œuvres complètes de Branthôme* est enregistré à la *Bibliographie de la France.*

11 DÉCEMBRE : Le tome II des *Œuvres complètes de Branthôme* est enregistré à la *Bibliographie de la France.*

26 DÉCEMBRE : M. part pour Cannes.

1859. — 3 Mai : Guerre avec l'Autriche.
26 Mai : Ivan Tourguéniev arrive à Paris.
4 Juin : Bataille de Magenta.
16 Août : Décret d'amnistie politique.
29 Septembre : M. part pour Madrid.
17 Novembre : M. quitte Madrid pour Paris.
4 Décembre : M. part pour Cannes.
10 Décembre : Le tome III des *Œuvres complètes de Branthôme* est enregistré à la *Bibliographie de la France.*

1860. — 18 Juillet : M. part pour Londres.
11 Août : Mérimée est promu commandeur de la Légion d'honneur.
16 Septembre : Mort de la duchesse d'Albe.
15 Novembre : M. part pour Cannes.

1861. — Juillet : « La Révolte de Stenka Razine », compte rendu par M. paraît dans le *Journal des Savants.*
11 Juillet : M. part pour Londres.
10 Septembre : M. arrive à Biarritz.

1862. — 25 Mars : M. est de retour à Cannes.
5 Mai : M., membre du jury pour l'exposition universelle de Londres, arrive à Londres.
25 Novembre : M. part pour Cannes.

1863. — Janvier : Le premier article sur *Bogdan Chmielnicki* paraît dans le *Journal des Savants.*
20 Avril : M. est de retour à Paris.
14 Mai : M. a reçu un exemplaire de *Pères et Enfants,* roman d'Ivan Tourguéniev.

1864. — 29 Juin : M. part pour Londres.
Septembre : Premier article de M. sur l'*Histoire du règne de Pierre le Grand,* par Oustrialov. (Procès du tsarévitch Alexis.)
8 Octobre : M. part pour l'Espagne.
23 Novembre : M. est arrivé à Cannes.

1865. — 5 Février : *Les Cosaques d'autrefois* paraissent chez Michel Lévy.
1er Octobre : Le compte rendu de M. sur le tome premier de l'*Histoire de Jules César* paraît dans le *Journal des Savants.*

1866. — 15 JUIN : « Apparitions » par Ivan Tourguéniev, traduit par M., paraît dans la *Revue des Deux Mondes.*
3 JUILLET : Bataille de Sadowa.
14 AOÛT : M. est promu grand officier de la Légion d'honneur.
1er SEPTEMBRE : M. part pour Biarritz.
SEPTEMBRE : M. écrit *la Chambre bleue.*
21 OCTOBRE : M. quitte Biarritz pour Paris.
30 OCTOBRE : M. envoie le manuscrit de *la Chambre bleue* à l'impératrice Eugénie.
31 OCTOBRE : M. lit *la Chambre bleue* à Mme Delessert qui lui rend son amitié.
7 NOVEMBRE : M. part pour Cannes.

1867. — 26 AVRIL : *Fumée,* roman d'Ivan Tourguéniev a paru dans le fascicule III du *Rousskii Viéstnik.*
19 JUIN : Maximilien est fusillé à Queretaro.
3 NOVEMBRE : Bataille de Mentana.

1868. — 20-27 JANVIER : Articles de M. sur « Alexandre Pouchkine » dans *le Moniteur universel.*
28 MARS : *Fumée,* roman par Ivan Tourguéniev est enregistré à la *Bibliographie de la France.*
15 AVRIL : M. part de Cannes pour Montpellier.
25 MAI : « Ivan Tourguéneff », par P. Mérimée paraît dans *le Moniteur universel.*
3 SEPTEMBRE : M. a terminé *Lokis.*
25 Septembre : M. déjeune chez Mme Delessert et lui lit *Lokis.*
29 SEPTEMBRE : Isabelle II est détrônée.

1869. — 29 JANVIER : M. refuse de publier *Lokis.*
30 JANVIER : M. se propose de reprendre et de corriger *Il viccolo di Madama Lucrezia.*
25 AVRIL : M. quitte Cannes pour Paris.
30 MAI : Les *Nouvelles moscovites* de Tourguéniev, traduites par celui-ci et Mérimée, viennent de paraître.
Testament de Mérimée.
22 JUILLET : M. a lu *Lokis* devant l'Impératrice et ses demoiselles d'honneur.
15 SEPTEMBRE : « Le Manuscrit du professeur Wittembach (Lokis) » paraît dans la *Revue des Deux Mondes.*
21 NOVEMBRE : M. a terminé sa *Notice sur Cervantes.*

1870. — 21 Janvier : M. a commencé *Djoûmane*.
10 Février : M. écrit *Djoûmane*.
1er Mars : *Étrange histoire,* nouvelle d'Ivan Tourguéniev, traduite par M., paraît dans la *Revue des Deux Mondes*.
18 Mars : M. a utilisé un rêve dans *Djoûmane*.
21 Mars : M. demande le nom d'un gué pour *Djoûmane*.
7 Avril : M. réserve *Djoûmane* pour ses œuvres posthumes.
8 Mai : Plébiscite.
19 Juillet : M. retourne à Hetzel les dernières épreuves de sa *Notice sur Cervantes*.
18 Août : Première entrevue de Thiers et de M.
20 Août : Deuxième entrevue de Thiers et de M.
2 Septembre : Capitulation de Sedan.
10 Septembre : M. part pour Cannes.
23 Septembre : Mort de Mérimée.

BIBLIOGRAPHIE

Sur la vie et les œuvres de Prosper Mérimée, voir principalement :

— *Correspondance générale* de Prosper Mérimée établie et annotée par Maurice Parturier, Le Divan, Paris 1941-1947; Édouard Privat, Toulouse, 1953-1964, 17 volumes.

— HAUSSONVILLE (Comte Othenin d'). *Études biographiques et littéraires. Prosper Mérimée.* Hugh Elliot. Paris, Calmann-Lévy, 1885.

— FILON (Augustin). *Mérimée et ses amis,* avec une bibliographie des œuvres complètes de Mérimée par le Vte de Spoelberch de Lovenjoul. Paris, Librairie Hachette et Cie, 1894; nouvelle édition en 1909.

— *Les Grands Écrivains français. Mérimée.* Librairie Hachette, 1898; deuxième édition en 1922.

— CHAMBON (Félix). *Notes sur Prosper Mérimée.* Paris. Aux frais de l'auteur. 1902.

— TRAHARD (Pierre). *La Jeunesse de Prosper Mérimée* (1803-1834). Paris, Honoré Champion, 1925, deux volumes.

— *Prosper Mérimée de 1834 à 1853.* Paris, Honoré Champion, 1928.

— *La Vieillesse de Prosper Mérimée,* Paris, Honoré Champion, 1930.

— LUPPÉ (Marquis de). *Mérimée,* Paris, Albin Michel, [1945].

— MALLION (J.) et PARTURIER (M.). *Mérimée. Morceaux choisis.* Paris, Didier, 1952.

— *Bibliothèque Nationale. Prosper Mérimée.* Exposition organisée pour célébrer le cent cinquantième anniversaire de sa naissance. Paris, 1953.

— BASCHET (Robert). *Du Romantisme au Second Empire. Mérimée (1803-1870).* Paris, Nouvelles éditions latines [1958].

— BILLY (André). *Mérimée.* Paris, Flammarion [1959].

Outre la bibliographie qui est jointe à certains ouvrages précédents, on consultera :

Bibliographie des œuvres de Prosper Mérimée, par Pierre Trahard et Pierre Josserand, Paris, Honoré Champion, 1929.

I. CHRONIQUE DU RÈGNE DE CHARLES IX

— 1572. CHRONIQUE DU TEMPS DE CHARLES IX, par l'auteur du *Théâtre de Clara Gazul.* Paris, Alexandre Mesnier, libraire, place de la Bourse, 1829. Couv. jaune ocre impr. (Impr. de H. Fournier, rue de Seine, n° 14).

En août 1832, la *Revue de Paris* écrit (t. XLI, p. 132) : « M. Fournier éditeur, qui a sous presse mainte publication du plus haut intérêt, prépare entre autres une seconde édition de la *Chronique de Charles IX*, par M. Mérimée. »

— 1572. CHRONIQUE DU RÈGNE DE CHARLES IX, par l'auteur du *Théâtre de Clara Gazul*. Seconde édition. Paris, H. Fournier jeune, libraire, rue de Seine, n° 29, 1832. (Impr. de H. Fournier, rue de Seine, n° 14.)

A partir de 1842, la *Chronique du règne de Charles IX,* est réimprimée par Charpentier, dans le format in-12, et est suivie de *la Double Méprise* et de *la Guzla*.

Une édition critique, la seule valable, a paru en 1933 : Prosper Mérimée. *Chronique du règne de Charles IX*. Texte établi et présenté par Gustave Dulong. Société les Belles-Lettres. Paris, 1933.

II. MOSAIQUE

MOSAIQUE, par l'auteur du *Théâtre de Clara Gazul*. Paris, H. Fournier jeune, libraire, rue de Seine, n° 14 bis, 1833 (Imprimerie de H. Fournier, rue de Seine, n° 14).

Une couverture bleue porte : « *Mosaïque,* recueil de contes et nouvelles, par Prosper Mérimée, auteur du *Théâtre de Clara Gazul* et de la *Chronique du règne de Charles IX*. »

Le livre a paru le 4 juin 1833 ; il est enregistré à la *Bibliographie de la France* le 8 juin 1833 (n° 3012).

Deux contrefaçons ont paru en Belgique, imprimées par A. Wahlen, l'une chez J.-P. Méline, à Bruxelles (1833); l'autre chez G. Vervloet, à la Haye (1833). Ces deux éditions sont identiques et seule l'indication de la firme a été changée.

Plusieurs comptes rendus ont paru sur l'ouvrage : *Figaro,* 5 et 28 juin 1833 ; *Revue de Paris*, juin 1833 (t. LI, p. 124); *l'Artiste,* 1833, 2e semestre, t. VI, p. 106 ; *Le National,* 10 septembre 1833 ; *Le Temps,* 31 octobre 1833.

Mérimée a réuni dans ce recueil ses nouvelles publiées antérieurement :

— *Mateo Falcone, mœurs de la Corse,* « Revue de Paris », 3 mai 1829, t. II, 1re livraison, pp. 32-48.

— Un manuscrit de *Mateo Falcone* a été conservé et a fait partie de la collection de Gabriel Hanotaux où Maurice Levaillant et nous-même avons pu l'examiner. Aujourd'hui disparu. Il se terminait par les mots grecs suivants : Μετὰ ναὶ ἐφ[ίλησκ] τὴν Καλ[ῃν] μου, τρέις φορ[ες] 1829.

Ce manuscrit a été reproduit très exactement dans : Prosper Mérimée. *Mateo Falcone*, publié d'après le manuscrit autographe de l'auteur. A Paris, chez Charpentier, libraire-éditeur, Rue de Grenelle Saint-Germain, 73, 1876 (Imprimerie D. Jouaust).

— *Vision de Charles XI.* « Revue de Paris », 26 juillet 1829, t. IV, pp. 255-262.

— *L'Enlèvement de la redoute.* « Revue française », septembre 1829, n° XI, pp. 100-116.

— *Tamango.* « Revue de Paris » 4 octobre 1829, t. VII, pp. 43-64.

— *Federigo.* « Revue de Paris », 15 novembre 1829, t. VIII, pp. 153-164.

— *Le Vase étrusque.* « Revue de Paris », 14 février 1830, t. XI, pp. 83-108.

— *La Partie de trictrac.* « Revue de Paris », 13 juin 1830, t. XV, pp. 158-175.

— *Correspondance. Au Directeur de la* Revue de Paris, *Madrid, 25 octobre* [Les Combats de taureaux]. « Revue de Paris », 2 janvier 1831, t. XXII, pp. 30-43.

— *Correspondance. Au Directeur de la* Revue de Paris. *Valence, 15 novembre 1830,* [Une exécution]. « Revue de Paris », 13 mars 1831, t. XXIV, pp. 93-106.

— *Les Voleurs en Espagne. Au directeur de la* Revue de Paris, *Valence, 1830.* « Revue de Paris », 26 août 1832, t. XLI, pp. 211-223. Réimprimé le 18 mai 1842 dans *Feuille de Fécamp,* journal de L. Vitet.

Le titre des Lettres sur l'Espagne ne figure qu'à la table du volume.

MOSAIQUE contenait en outre *le Fusil enchanté,* les *Ballades* (le Ban de Croatie, le Heyduque mourant, la Perle de Tolède) et *les Mécontens.*

Une lettre intitulée *Beaux-Arts. Musée de Madrid* a paru dans *l'Artiste,* en mars 1831, t. I, pp. 73-75. Elle a été reproduite, sous le titre : *les Grands maîtres au Musée de Madrid,* dans *l'Artiste* en septembre 1871, p. 341. Outre une légère variante au début, la seconde version ajoute la phrase suivante :

« Mais j'ai vu trop de belles choses à la fois, mes yeux se brouillent, il ne faut pas regarder le soleil en face; or c'est trop en un jour de regarder tous les astres de la peinture surtout dans la région des coloristes. »

Maurice Levaillant a recueilli cette lettre dans son édition de *Mosaïque* (Paris, Champion, 1933), mais elle n'a pas sa place dans un recueil de Romans et nouvelles.

III. La Double Méprise

La Double Méprise, par l'auteur du *Théâtre de Clara Gazul.* Paris, H. Fournier, rue de Seine, nº 14, 1833. (Imprimerie de H. Fournier, rue de Seine, nº 14.)

Des extraits du roman (ch. VI à IX) précédés d'un éloge de Prosper Mérimée parurent le 25 août 1833 dans la *Revue de Paris,* t. LIII, pp. 224-249.

Annoncée dans le *Feuilleton du Journal de la Librairie* (nº28), le 24 août 1833, comme étant sous presse et devant paraître la semaine suivante, *la Double Méprise* a été enregistrée à la *Bibliographie de la France,* le 7 septembre 1833 (nº 4779) et fut mise en vente le 10 septembre 1833.

IV. Colomba

Colomba, par Prosper Mérimée. Paris, Magen et Comon, libraires, éditeurs des Œuvres de George Sand, 21 quai des Augustins, 1841. (Imprimerie de Maulde et Renou.)

L'ouvrage annoncé comme mis en vente, dans le *Feuilleton du Journal de la librairie* (nº 22), le 19 mai 1841, n'a été enregistré à la *Bibliographie de la France* (nº 3065) que le 3 juillet 1841.

Le recueil contenait à la suite de *Colomba* les nouvelles suivantes : « *les Ames du Purgatoire* et *la Vénus d'Ille.* »

— *Colomba* a paru dans la *Revue des Deux Mondes,* le 1er juillet 1840. Ce texte a été reproduit dans l'édition de *Colomba,* Paris, Droz, 1947, par M. Pierre Jourda, qui donne des variantes des éditions de 1841 et de 1867. Un article d'Étienne Conti a paru dans le *Journal de la Corse,* le 26 août 1840.

— *Les Ames du Purgatoire* ont paru dans la *Revue des Deux Mondes,* le 15 août 1834. Elles ont été réimprimées dans le *Dodecaton, ou le Livre des Douze,* Paris, Victor Magen, 1837, et dans *Soirées du faubourg Saint-Germain,* Paris, Lacoste, 1842.

Le manuscrit ayant servi à l'impression dans la *Revue des*

Deux Mondes est conservé à la Bibliothèque nationale (Nouvelles acquisitions françaises, 25071, 155 feuillets.)

— *La Vénus d'Ille* a paru dans la *Revue des Deux Mondes,* 15 mai 1837.

Le manuscrit de *la Vénus d'Ille* a été conservé; il fait partie de la collection du comte A. de Suzannet. Les variantes de ce manuscrit ont été relevées dans l'article : « Manuscrit de la Vénus d'Ille de Prosper Mérimée », par Roger Alexandre. *Bulletin du Bibliophile,* 1898, pp. 15-24.

Plusieurs comptes rendus ont été publiés en 1841 : *le National,* 23 juillet 1841; *la Quotidienne,* (Pontmartin), 15 août 1841; *la Presse,* 25 juillet 1841 (Pelletan?) ; *Revue des Deux Mondes,* 1er octobre 1841 (Sainte-Beuve) et 15 février 1841 (p. 573).

A partir de 1842, *Colomba* suivie de la *Mosaïque* a été réimprimée dans la collection Charpentier. Une édition de *Colomba* (avec *Mateo Falcone, Vision de Charles XI, La Vénus d'Ille)* a été publiée par Maurice Levaillant (Paris, Larousse, 1927).

Une contrefaçon belge parue en 1840, sous plusieurs firmes différentes, a été considérée parfois comme l'édition originale.

V. Carmen

Carmen, par Prosper Mérimée. Paris, Michel Lévy frères, libraires éditeurs des Œuvres d'Alexandre Dumas, Louis Reybaud, Jules Sandeau, Madame Charles Reybaud, etc. Rue Vivienne, 1, 1846. La couverture jaune imprimée porte la date de 1847. (Impr. de E. Dépée, à Sceaux (Seine.)

Le volume a paru au début de l'année 1847 et il ne sera enregistré à la *Bibliographie de la France* que le 29 mai 1847 (no 2313). Il réunissait *Carmen, Arsène Guillot* et *l'Abbé Aubain.*

— *Arsène Guillot* paraît le 15 mars 1844, dans la *Revue des Deux Mondes.*

— *Carmen* paraît le 1er octobre 1845, dans la *Revue des Deux Mondes.*

Il existe un tirage à part dont le seul exemplaire connu, avec un envoi en grec à Boissonade, fait partie de la collection Suzannet. Il a été décrit dans le *Bulletin du Bibliophile,* 1er avril 1925, p. 220, et il a figuré à l'exposition de la Bibliothèque nationale en 1953 (*Catalogue,* p. 100, no 281).

— *L'Abbé Aubain* paraît le 24 février 1846 dans *le Constitutionnel.*

— *Nouvelles* de Prosper Mérimée, de l'Académie française. Carmen, Arsène Guillot, l'Abbé Aubain. La Dame de pique. Les Bohémiens. Le Hussard. Nicolas Gogol. Paris, Michel Lévy frères, libraires éditeurs. Rue Vivienne, 2 bis (Impr. de Mme Ve Dondey-Dupré, rue Saint-Louis, 46).

Le volume in-18 avait paru vers le 14 avril 1852, (*Corr. gén.*, t. VI, p. 305), mais il ne fut enregistré à la *Bibliographie de la France* que le 29 mai 1852 (n° 3139). Trois éditions ont paru en 1852. L'ouvrage a été réimprimé plusieurs fois. La 6e édition est de 1866.

Deux éditions critiques sont à signaler :
— *Carmen, Arsène Guillot, l'Abbé Aubain,* texte établi et annoté avec une introduction par Auguste Dupouy. Préface de Gérard d'Houville Paris, H. Champion, 1927.
— *Carmen, Arsène Guillot, l'Abbé Aubain,* texte établi et présenté par Maurice Parturier. Editions Fernand Roches, Paris, 1930.

VI. Éditions Charpentier

Le 19 mars 1842, Mérimée signe une convention avec G. Charpentier pour la publication de ses œuvres et le 25 juin de la même année il remet à Charpentier un reçu de 800 francs. Le *Théâtre de Clara Gazul, comédienne espagnole,* suivi de *La Jaquerie, scènes féodales* et de *La Famille Carvajal* est enregistré à la *Bibliographie de la France* (n° 3380), le 2 juillet 1842.

Viennent ensuite :
— *Chronique du règne de Charles IX* suivie de *la Double Méprise* et de *la Guzla,* par Prosper Mérimée. Nouvelles éditions revues et corrigées. Paris, Charpentier, libraire-éditeur, 29 rue de Seine, 1842 (Imprimé par Béthume et Plon).
Enregistrée à la *Bibliographie de la France* (n° 3938) le 13 août 1842, cette édition a été réimprimée, avec des variantes en 1847 (enregistrée le 1er juillet 1848) et en 1853 (enregistrée le 12 février 1853 (n° 956). Le texte étant alors fixé, plusieurs réimpressions auront lieu, en 1856, 1858, 1860, 1865, 1869, du vivant de Mérimée.
— *Colomba suivi* (sic) *de la Mosaïque et autres Contes et Nouvelles,* par Prosper Mérimée. Nouvelles éditions revues et corrigées. Paris, Charpentier, libraire-éditeur, 29 rue de Seine, 1842.

Enregistré à la *Bibliographie de la France* (n° 4068) le 20 août 1842.

Ce volume reproduit avec des variantes l'édition de *Colomba,* 1841, et celle de *Mosaïque,* 1833. Cependant on n'y retrouve plus *Federigo* qui sera réimprimé dans *Dernières Nouvelles,* non plus que *le Fusil enchanté* et *le Ban de Croatie.*

L'ouvrage sera réimprimé avec des variantes en 1845, 1846 (enregistré le 27 juin, n° 2856) en 1850, en 1851 (enregistré le 4 janvier 1851, n° 18). A partir de 1850, le texte est fixé et dix réimpressions seront publiées du vivant de Mérimée.

Celui-ci écrivait à Jenny Dacquin, le 22 juin 1842 : « Il faut vous dire que je passe mes soirées à relire mes œuvres qu'on réimprime. Je me trouve bien immoral et quelquefois bête. Il s'agit de diminuer l'immoralité et la bêtise sans se donner trop de peine, d'où il résulte pour moi beaucoup de *blue devils.* (*Corr. gén.,* t. III, p. 176.) Le 29 octobre 1856, il écrira à Mme de la Rochejaquelein : « Je corrige en ce moment des épreuves d'une réimpression d'une de mes sottises d'autrefois. Il se fait dans mon esprit un commentaire perpétuel à ce sujet. Cela me rajeunit et me fait souffrir parce que je lis entre les lignes. » (*Corr. gén.,* t. VIII, p. 150.)

Dernières Nouvelles

Dernières Nouvelles de Prosper Mérimée, de l'Académie française. « Lokis. Il Viccolo di Madama Lucrezia. La Chambre bleue. Djoûmane. Le Coup de pistolet. Federigo. Les Sorcières espagnoles. » Paris, Michel Lévy frères, éditeurs. Rue Auber, 3, Place de l'Opéra. Librairie nouvelle. Boulevard des Italiens, 15, au coin de la rue de Grammont, 1873. (Imp. Eugène Heutte et Cie, à Saint-Germain.)

Annoncé dans *l'Événement* du 29 septembre 1873, le volume sera enregistré à la *Bibliographie de la France* le 3 janvier 1874.

— *Federigo,* publié le 15 novembre 1829, supprimé dans les éditions Charpentier de *Mosaïque,* reparaît ici.

— *Il Viccolo di Madama Lucrezia,* est imprimé ici pour la première fois. Le manuscrit autographe daté du 27 avril 1846 fait partie de la collection Suzannet.

— *Les Sorcières espagnoles* ont paru dans la *Revue de Paris,* le 29 décembre 1833, t. LVII, pp. 288-299. La *Revue de Paris,* en publiant *les Sorcières espagnoles* ajoutait le 29 décembre 1833 (t. LVII, p. 321) : « La *Revue* qui termine justement l'année par un article d'un de ses conteurs les plus admirés, M. P. Mérimée, espère en recevoir au moins deux autres avec la même signature dans le courant du prochain trimestre. » Mérimée au contraire quitta la *Revue de Paris* pour la *Revue des Deux Mondes*. Cette quatrième lettre d'Espagne n'a pu paraître dans *Mosaïque*, publiée depuis le 4 juin 1833.

— *Le Manuscrit du professeur Wittembach* a paru dans la *Revue des Deux Mondes*, le 15 septembre 1869.

Le titre véritable de la nouvelle est *Lokis*. Mérimée écrit en effet, le 11 septembre 1869 (*Corr. gén.*, t. XIV, p. 608) : « *Lokis* paraîtra dans la prochaine *Revue*. Le successeur de M. de Mars est venu hier m'apporter les épreuves et me dire qu'il était impossible de mettre *Lokis* en titre courant au haut des pages parce que ce mot était trop court... »

— *La Chambre bleue*.

Le manuscrit autographe a été conservé. Il a figuré à l'exposition de la Bibliothèque nationale en 1953 (*Catalogue*, p. 139, n°472). Ce calepin de 45 pages, relié en maroquin vert foncé est celui qui a été offert à l'Impératrice par Mérimée. (*Corr. gén.*, t. XIII, p. 270).

— Un jeu d'épreuves, paginées 110-128, imprimées par l'Imprimerie nationale se trouve à la Bibliothèque de l'Institut. Elles étaient destinées à la publication des *Papiers et correspondance de la famille impériale*, mais ce texte jugé trop peu sérieux fut écarté.

— La première édition, qui ne fut pas tirée et dont il ne reste que quelques jeux d'épreuves, a été composée en 1871, par J. Claye, pour Philippe Burty. Un exemplaire de ces épreuves, 53 pages, a figuré à la vente Paul-Louis Arnauldet : 636. *La Chambre bleue*, nouvelle dédiée à Madame de la Rhune. Biarritz, septembre 1866; in-16, mar. vert clair, chiffre au dos et aux angles de la reliure, tr. supér. jasp., ébarbé (R. Petit).

Cet exemplaire qui se trouve actuellement à Chantilly, a été acheté par le vicomte Spoelberch de Lovenjoul et payé 110 f. 25. Le titre n'a pas été imprimé, et l'on trouve (p. 47) une reproduction en fac-simile d'un croquis et de la signature de Mérimée.

Sur la curieuse histoire des vicissitudes de la publication de *la Chambre bleue*, voir plus loin la notice, t. II, p. 495.

— *La Chambre bleue* a paru dans *l'Indépendance belge*, les 6 et 7 septembre 1871. Le texte a été repris le 12 septembre 1871, par *la Liberté* qui fut attaquée par l'*Avenir national* du 24 septembre 1871. Elle a paru également dans *l'Artiste*, 1872, p. 109.

— *La Chambre bleue*, nouvelle dédiée à Madame de la Rhune. Bruxelles, librairie de la place de la Monnaie. 1872.

Une seconde édition augmentée a paru la même année.

Djoûmane a paru dans *le Moniteur universel* du 9 au 12 janvier 1873. Le manuscrit ayant appartenu à Paul Dalloz a été mis en vente en 1933, et n'a pas été retrouvé.

Cf. *Dernières Nouvelles,* texte établi et annoté avec une introduction, par Léon Lemonnier. Paris, H. Champion, 1929.
— Raymond Schmittlein. *Lokis.* La dernière nouvelle de Prosper Mérimée. 1949. Éditions Art et Science. Bade.

NOTE SUR L'ÉTABLISSEMENT DU TEXTE

Pour l'établissement de la présente édition on a adopté, en suivant l'ordre chronologique de leur publication, les derniers textes imprimés du vivant de l'auteur. On a relevé toutes les variantes depuis le manuscrit, lorsqu'il existe, et les publications séparées dans les revues, jusqu'au tirage où le texte a été considéré comme définitif.

Il résulte de ce travail de collation que :

1° Pour la *Chronique du règne de Charles IX* et *la Double Méprise,* le texte est fixé en 1853. Nous donnons les variantes des éditions antérieures.

2° Pour les nouvelles composant la *Mosaïque,* le texte est fixé en 1850. Nous donnons les variantes des revues, des éditions antérieures, et celles du manuscrit de *Mateo Falcone.*

3° Pour *Colomba, les Ames du Purgatoire, la Vénus d'Ille,* le texte est fixé en 1850. Nous donnons les variantes des manuscrits de *la Vénus d'Ille* et des *Ames du Purgatoire* et celles des revues et des éditions antérieures.

4° Pour *Carmen, Arsène Guillot* et *l'Abbé Aubain,* le texte est fixé en 1852 et nous donnons les variantes des revues et des éditions antérieures.

5° Pour les *Dernières Nouvelles* nous avons suivi la *Revue de Paris,* pour *les Sorcières espagnoles;* la *Revue des Deux Mondes,* pour *Lokis;* les manuscrits pour *Il Viccolo di Madama Lucrezia* et *la Chambre bleue;* pour *Djoûmane, le Moniteur universel.*

Aucun de ces textes n'ayant pu être corrigé par Mérimée, ils ne comportent pas de variantes et nous avons négligé les corrections apportées en 1873 aux textes des *Dernières Nouvelles.*

Les éditions sont désignées par leur date; les revues et journaux par les initiales : RM = *Revue des Deux Mondes;* RP = *Revue de Paris;* RF = *Revue française;* C = *Constitutionnel;* M = *le Moniteur universel;* les manuscrits sont désignés par : Ms.

CHRONIQUE
DU RÈGNE
DE CHARLES IX[1]

Les notes de bas de page, appelées par des lettres, sont de Mérimée. Les variantes, appelées par des numéros, et les notes appelées par des astérisques, se trouvent en fin de volume.

NOTICE

Après le *Théâtre de Clara Gazul* (1825) qui commença sa réputation, après la supercherie de *la Guzla* et les scènes dramatiques de *la Jaquerie* qui n'obtinrent qu'un succès plus réservé, Mérimée, suivant le goût de son temps, n'hésita pas à entreprendre un ouvrage d'invention sur un sujet historique. La mode était en effet à l'histoire. Alfred de Vigny avait étudié le règne de Louis XIII, dans *Cinq-Mars* (1826) qui allait atteindre sa quatrième édition (17 mars 1829); L. Vitet avait raconté le règne de Henri III dans les scènes de ses *Barricades* (12 avril 1826), puis des *États de Blois,* qui s'achèveront par *la Mort de Henri III* (15 mai 1829); Alexandre Dumas père remportait un grand succès au Théâtre-Français avec *Henri III et sa cour* (11 février 1829).

« C'est une chose fâcheuse, dira la *Revue française* [1], que cette manie de romans historiques qui s'est emparée de tant de jeunes écrivains. » Mérimée ne pouvait pas ignorer le danger qu'il courait, n'ayant pas encore acquis, comme Walter Scott « à force de gloire, de séduction et même de connaissances, le droit de brouiller, sans qu'on ose souffler, les temps, les lieux, et bien d'autres choses encore [2] ».

Une traduction de *Old Mortality,* parue en 1816, sous le titre *Les Puritains d'Écosse* avait commencé en France la réputation de l'auteur de *Waverley*. Les *Puritains* de

1. T. VIII, mars 1829, p. 331.
2. *Ibid.*, t. VIII, 1829, p. 330.

Walter Scott devinrent aussitôt à la mode dans les salons et l'exemple de ce succès fit illusion pendant longtemps à une foule d'écrivains « bien persuadés, écrit *le Globe* en 1826 [1], qu'avec des noms empruntés aux chroniques et aux mémoires, avec des descriptions plus ou moins exactes des costumes de leurs héros et des citations poétiques en tête de chaque chapitre, ils suivaient la route tracée par l'illustre écrivain. »

L'immense popularité de Walter Scott, l'engouement pour ses romans historiques, devaient durer pendant une dizaine d'années, car si, à la fin de 1826, l'illusion persistait encore dans le public, de bons esprits en appelaient à la raison et Théodore Jouffroy, par exemple, pouvait écrire dans *le Globe* [2] : « Entre l'auteur de *Waverley* et nous la lune de miel est passée et avec elle le bandeau de l'amour est tombé de nos yeux. » Et il ajoutait : « On peut enchanter son siècle et ennuyer la postérité. » En 1827, à propos de la *Vie de Napoléon Bonaparte,* Sainte-Beuve publia une sévère critique [3] doutant de « l'extrême fidélité historique qu'on a trop exclusivement célébrée dans les romans [de W. Scott] ». Tout de même, peu de temps avant la mort de Walter Scott (21 septembre 1832), parlant des romans d'Edward Bulwer-Lytton, Mérimée pourra écrire : « Ils sont excellents, bien supérieurs aux ripopées de W. Scott dont la réputation sera, je le suppose, de bien courte durée. Nous avons été bien mystifiés par cet Écossais-là. C'est un financier pour tout potage [4]. » Telle était aussi l'opinion de Stendhal qui avait écrit dans *le National* (19 février 1830) : « Une immense troupe de littérateurs est intéressée à porter aux nues sir Walter Scott et sa manière. L'habit et le collier de cuivre d'un serf du moyen âge sont plus faciles à décrire que les mouvements du cœur humain [...]; je dirai franchement que je

1. *Le Globe,* t. IV, nº 33, p. 175.
2. *Ibid.* t. IV, nº 36, 4 novembre 1826, p. 188.
3. *Ibid,* t. V, nº 50, p. 265 et nº 62, p. 329.
4. *Correspondance générale,* t. XVI, p. 34.

suis convaincu que dix ans suffiront pour faire tomber de moitié la réputation du romancier écossais. »

Les critiques du *Globe* n'avaient pas pu échapper à Mérimée; il connaissait Jouffroy; il était l'ami de Stendhal et de Sainte-Beuve et rien d'ailleurs ne ressemble moins à un roman de Walter Scott que celui de Prosper Mérimée. On croirait plutôt qu'il a voulu prendre le contrepied du célèbre Écossais, en se raillant malicieusement des procédés du roman historique, en particulier de ceux du *Cinq-Mars* de Vigny. Celui-ci, dans une préface à la quatrième édition de son livre, publia ses *Réflexions sur la vérité dans l'art,* « poétique du roman imaginé pour le livre même, et pour en excuser les défauts » [1]. A quoi L. Vitet riposta dans sa *Mort de Henri III,* au nom de la vérité historique, par ces lignes qu'on pourrait appliquer à Mérimée et à sa *Chronique* : « Reproduire avec un peu plus de vivacité que par un simple récit l'image d'une époque passée, recueillir quelques souvenirs, ranimer, dans de feintes conversations, quelques caractères échappés à un complet oubli, tel a été notre but [2]. »

Mérimée n'avait-il pas, à l'égal de Walter Scott, le don de conter, la connaissance et l'intelligence du passé, le goût et le respect de l'Histoire? Sans doute pensait-il déjà, en composant son roman, ce qu'il écrira plus tard à Ivan Tourguéniev : « Je ne suis pas très partisan du roman historique tel que Walter Scott l'a mis à la mode. Il donne des entorses à l'histoire et rapetisse tous les grands caractères, témoin son Louis XI de *Quentin Durward* et son Cromwell de *Woodstock.* Je conçois le roman historique de tout autre façon. Il faut chercher à expliquer les faits connus, trouver les motifs des actions des grands hommes dans leur caractère. Il s'agit, comme dans une équation algébrique de dégager une inconnue. » (*Corr. gén.,* t. XII, p. 347.)

Mérimée choisit donc, dans le règne de Charles IX,

1. *Le Globe,* 25 avril 1829, t. VII, n° 33, p. 264.

2. L. Vitet. *La Mort de Henri III,* Paris, H. Fournier jeune, 1829, p. XI.

la terrible année 1572, qui convenait à ses tendances. Son indéniable partialité pour la religion réformée n'était-elle pas celle des milieux qu'il fréquentait, celle des Monod, des Stapfer, des Cuvier, des Delessert, tous protestants? Et lui-même? N'écrira-t-il pas à Viollet-le-Duc [1] : « Je déclare dans mon testament que j'appartiens à la confession d'Augsbourg, et je vous prierai de veiller à ce qu'on ne me porte pas à Saint-Thomas d'Aquin. » Sans doute la préférence qu'il a accordée aux œuvres d'Agrippa d'Aubigné, parmi les sources qu'il a indiquées lui-même, est aussi pour quelque chose dans le climat du roman, favorable dans l'ensemble aux huguenots.

Outre d'Aubigné, il a utilisé surtout, comme on le verra dans nos notes, les œuvres de Brantôme et les *Mémoires* de l'Estoile. Il a évidemment parcouru tous les Mémoires de la collection Petitot, Montluc, Tavannes, La Noue, Vieille-Ville etc. Il a lu l'*Apologie pour Hérodote* d'Henri Estienne; il a présenté, en tableaux successifs, un extrait de ces ouvrages, et « cet extrait il espère l'avoir fait fidèle ».

A ces sources avouées, qui lui ont fourni les anecdotes qu'il préfère, il n'est pas impossible d'en ajouter d'autres, qu'il s'est bien gardé de signaler. Il est difficile de croire qu'il n'ait pas lu le *Réveille-matin des François* de Nicolas Barnaud et surtout les *Mémoires de l'estat de France sous Charles neuvième*. Pour le déroulement des événements historiques de l'année 1572, pour le détail des combats de religion, pour la trame de son roman enfin, Mérimée ne pouvait guère se fier à Mézeray, mais il avait un guide excellent dans « l'illustre de Thou », exact et fidèle historien qui écrivait sans faveur et sans haine. Mérimée a étudié l'*Historia mei temporis,* dans sa traduction française probablement [2] et il l'a utilisée avec adresse. Sur le siège de la Rochelle il a lu encore l'*Histoire de la ville de la Rochelle et*

1. *Correspondance générale,* t. XII, p. 315.

2. Nos citations sont faites d'après l'*Histoire universelle* de Jacques-Auguste de Thou... le tout traduit sur la nouvelle édition latine de Londres. A La Haye, chez Henri Scheurleer, 1740. (11 volumes in-4°). Le tome quatrième contient les événements de 1567 à 1573.

du pays d'Aunis, par M. Arcère (La Rochelle 1756-1757). Peut-être faut-il signaler aussi *la Vie de François de la Noue,* par Mr Moyse Amirault (Leyde, 1661), l'*Histoire de la Saint-Barthélemy,* par Audin (Paris, 1826), sans compter d'autres lectures, comme, par exemple, *la Bible* [1].

La *Chronique du temps de Charles IX* a été composée dans le courant de l'année 1828. Le 16 décembre Mérimée écrivait à son ami Albert Stapfer : « Je fais un méchant roman qui m'ennuie, mais que je veux finir parce que j'ai bien d'autres plans en vue. Si Dieu m'est en aide, je noircirai du papier en 1829 [2]. »

Le 26 décembre, il a communiqué son manuscrit à Stendhal qui lui reproche son « style un peu portier » et « la peur d'être long », non sans lui conseiller de ne pas se presser de publier et, pour bien juger, « d'oublier le roman pendant un mois [3] ». Cependant Alexandre Mesnier, éditeur de la *Revue française* fait annoncer dans cette revue, en janvier 1829 (t. VII, pp. 302-306), que le volume est sous presse et il y fait publier le chapitre xvii (« L'Audience particulière »)

Le livre fut mis en vente le 5 mars 1829 [4], avec un grand effort de publicité [5]. Mérimée précisait qu'il s'était attaché plutôt à la peinture des mœurs qu'au récit des événements historiques. Le 6 mars *le Moniteur universel* annonçait le volume, donnait un extrait du placard publicitaire, et le

---

1. Les sources de la *Chronique* ont été étudiées par Henri David. « *Fœneste* et *la Chronique du règne de Charles IX* », *Revue d'histoire littéraire de la France,* 1912, pp. 884-894. M. Gustave Dulong les a étudiées dans l'édition de la *Chronique* qu'il a donnée aux Belles-Lettres, Paris, 1933, et il a signalé un certain nombre d'emprunts à P. de l'Estoile dans les *Mélanges Lanson* (1922, pp. 363-371). M. Pierre Trahard, dans sa *Jeunesse de Prosper Mérimée,* 1925, t. II, appendice 13, semble avoir poussé trop loin la recherche des sources.

2. *Correspondance générale,* t. I, p. 33.

3. *Correspondance de Stendhal,* Paris, Le Divan, t. VI, p. 257.

4. *La Quotidienne,* 5 mars 1829.

5. Un placard publicitaire, rédigé par Mérimée, a paru dans *le Journal des Débats, le Constitutionnel, le Courrier Français,* le 5 mars 1829; puis le 6 mars dans le *Messager des Chambres.* Voir plus loin, p. 547, note de la page 11.

7 mars, le roman était enregistré à la *Bibliographie de la France* sous le titre suivant : *Quinze cent soixante douze. Chronique du temps de Charles IX,* par l'auteur du « Théâtre de Clara Gazul ». A Paris, chez Alexandre Mesnier, place de la Bourse (in-8°). En même temps *le Globe* (t. VII, n° 19, p. 149) publiait un important extrait (ch. xxv, « La Noue »). Le 3 avril 1829, Stendhal écrira à Sutton Sharpe : « Mérimée vient de publier « 1572 », ouvrage plein d'esprit à la Voltaire », et Sainte-Beuve à Loudierre, le 23 avril 1829 : « Mérimée, auteur de *Clara Gazul* et qui est fort de mes amis, a publié un charmant livre, mi-roman, mi-chronique, sur la cour de Charles IX en 1572 [1]. »

Le succès du livre est indiscutable, tout au moins dans les milieux littéraires; presque aussitôt paru il fut traduit à New York, traduction, dit Mérimée (*Corr. gén.,* t. XVI, p. 13) « on ne peut plus absurde », sous le titre : « *Fifteen hundred and Seventy-two* ». La presse fut en général élogieuse [2]. Elle signalait que cette composition attachante était remplie d'un intérêt toujours croissant; que l'auteur avait su se faire le contemporain des hommes du XVIe siècle, pour en peindre les mœurs empruntées avec intelligence aux récits originaux; elle le louait de s'être montré neuf et original et dans un temps d'imitation servile de n'avoir pas donné dans la puérile manie d'imiter Walter Scott.

Parmi les nombreux comptes rendus, celui de Charles Magnin, dans *le Globe,* est à coup sûr le plus intéressant. Le critique montre que le livre « daté en gros caractères, 1572, [peint] des mœurs de trente ans postérieures et bien

---

1. *Correspondance de Stendhal,* Paris, Le Divan, t. VI, p. 273. — *Correspondance générale de Sainte-Beuve,* Paris, Stock, t, I, p. 128.

2. *Le Globe,* 7 mars 1829 (t. VII, n° 19, p. 149); 25 avril, t. VII, p. 259, et 30 mai t. VII, p. 340, articles de Ch. Magnin; *Figaro,* 4e année, n° 80, 21 mars 1829; *la Quotidienne,* n° 82, lundi 23 mars 1829, signé J[ules] J[anin]; *Courrier français,* 28 mars 1829; *Revue française,* n° VIII, mars 1829, p. 319; *Journal des Débats,* 30 avril 1829; *Journal des Savants,* avril 1829, p. 249; *Revue encyclopédique,* t. XLII, avril 1829, p. 213, (signé H. Patin); *Album national,* 6 mai 1829; *Mercure de France au XIXe siècle,* t. XXIV, pp. 477 et 505; *le Temps,* 6 janvier 1830.

moins les modes du temps de Charles IX, que celles du commencement de la régence de Marie de Médicis ». C'était un anachronisme évident, par exemple, que de mêler au duel de Bernard de Mergy « les usages des braves et des raffinés » tels que Mérimée les avait trouvés dans les *Aventures du baron de Fœneste,* écrites alors que la veuve de Henri IV gouvernait la France au nom de Louis XIII. Magnin remarque aussi le « raisonnement, rajeuni par plusieurs saillies spirituelles » qui amène Mérimée à conclure « qu'un massacre au XVIe, siècle n'est point le même crime qu'un massacre au XIXe, différence qui excuse un peu à ses yeux les auteurs de la Saint-Barthélemy ». Mérimée, dans sa préface, veut que le massacre ait été le fait d'une émeute populaire, d'une insurrection nationale; et pourtant, dans le roman, « tout semble partir du Louvre et de la volonté de Charles IX ».

Ce que Charles Magnin a bien compris, c'est que « le véritable héros de l'ouvrage, celui qu'au fond l'on aime et l'on estime le plus, à tel point que, lui mort, l'auteur n'a plus qu'à prendre congé du public, c'est George ». Le capitaine George, sceptique et athée, ennemi de toutes les superstitions, catholiques ou protestantes, c'est Mérimée lui-même, plaidant contre le fanatisme religieux [1].

Environ trois ans plus tard, le roman, imprimé par Henri Fournier, 14 rue de Seine, fut réédité par son frère cadet Hippolyte, 29 rue de Seine. Le titre avait été modifié et pour éviter le pléonasme entre « Temps » et « Chronique », il était devenu : *1572. Chronique du règne de Charles IX.* La *Bibliographie de la France* enregistrera l'ouvrage le 25 août 1832 (no 4128); un compte rendu paraîtra dans *le Temps* du 12 octobre 1832, où sont repris les arguments de Charles Magnin dans ses articles du *Globe.*

---

1. Charles Magnin publie le *Discours du Roy Henry troisième à un personnage d'honneur et de qualité estant près de sa Majesté* [le médecin Miron], *des causes et des motifs de la Saint-Barthélemy;* il reproche à Mérimée de n'avoir pas utilisé ce récit. Dans *la Saint-Barthélemy et la critique moderne,* Genève-Paris, 1879, p. 52, Henri Bordier conteste l'authenticité de ce discours.

Après la mort d'Hippolyte Fournier, et après quelques pourparlers avec le libraire Dentu, Mérimée signera avec Gervais Charpentier, le 19 mars 1842, une convention pour la publication de ses œuvres. La *Chronique du règne de Charles IX,* suivie de *la Double Méprise* et de *la Guzla* (nouvelles éditions revues et corrigées), paraîtra ainsi vers le 13 août 1842 (*Bibliographie de la France,* n° 3928) dans le format Charpentier. Elle a été rééditée en 1847 (*Bibliographie de la France,* 1er juillet 1848, n° 3369) et en 1853, édition dont le texte est définitivement fixé (*Bibliographie de la France,* 12 février 1853, n° 956). Cinq rééditions, de 1856 à 1869, ont eu lieu du vivant de Mérimée.

M. P.

PRÉFACE

Je venais de lire [2] un assez grand nombre de mémoires et de pamphlets relatifs à la fin du seizième siècle. J'ai voulu faire un extrait de mes lectures*, et cet extrait, le voici.

Je n'aime dans l'histoire que les anecdotes, et parmi les anecdotes je préfère celle où j'imagine trouver une peinture vraie des mœurs et des caractères à une époque donnée. Ce goût n'est pas très noble; mais, je l'avoue [3] à ma honte, je donnerais volontiers Thucydide pour des mémoires authentiques d'Aspasie ou d'un esclave de Périclès; car les mémoires, qui sont des causeries familières de l'auteur avec son lecteur, fournissent seuls ces portraits de l'*homme* qui m'amusent et qui m'intéressent. Ce n'est point dans Mézeray*, mais dans Montluc, Brantôme, d'Aubigné, Tavannes, La Noue, etc., que l'on se fait une idée du *Français* au seizième siècle. Le style de ces auteurs contemporains en apprend autant que leurs récits.

Par exemple, je lis dans l'Estoile cette note concise :
« La demoiselle de Châteauneuf, l'une des mignonnes du « roi avant qu'il n'allât en Pologne, s'étant mariée par « amourettes avec Antinotti, Florentin, comite des galères « à Marseilles, et l'ayant trouvé paillardant, le tua virilement « de ses propres mains*. »

Au moyen de cette anecdote et de tant d'autres, dont Brantôme est plein, je refais dans mon esprit un caractère, et je ressuscite une dame de la cour de Henri III.

Il est curieux, ce me semble, de comparer ces mœurs avec les nôtres, et d'observer dans ces dernières la décadence des passions énergiques au profit de la tranquillité et peut-être du bonheur. Reste la question de savoir si nous valons mieux que nos ancêtres, et il n'est pas aussi facile de la décider [4]; car, selon les temps [5], les idées ont beaucoup varié au sujet des mêmes actions.

C'est ainsi que vers 1500 un assassinat ou un empoisonnement n'inspiraient pas la même horreur qu'ils inspirent [6] aujourd'hui. Un gentilhomme tuait son ennemi en trahison; il [7] demandait sa grâce, l'obtenait, et reparaissait dans le monde [8] sans que personne pensât à lui faire mauvais visage. Quelquefois même, si le meurtre [9] était l'effet d'une vengeance légitime, on parlait de l'assassin [10] comme on parle aujourd'hui d'un galant homme, lorsque, grièvement offensé par un faquin, il le tue en duel.

Il me paraît donc évident que les actions des hommes du seizième siècle ne doivent pas être jugées avec nos idées du dix-neuvième. Ce qui est crime dans un état de civilisation perfectionné n'est que trait d'audace dans un état de civilisation moins avancé, et peut-être est-ce une action louable dans un temps de barbarie*. Le jugement qu'il convient de porter de la *même action* doit, on le sent, varier aussi *suivant les pays,* car entre un peuple et un peuple il y a autant de différence qu'entre un siècle et un autre siècle [a].

Méhémet Ali, à qui les beys des mameluks disputaient le pouvoir en Égypte, invite un jour les principaux chefs de cette milice à une fête dans l'enceinte de son palais. Eux entrés, les portes se referment. Des Albanais les fusillent à couvert du haut des terrasses, et dès lors Méhémet Ali règne seul en Égypte*.

Eh bien! nous traitons avec Méhémet Ali; il est même estimé des Européens, et dans tous les journaux il passe pour un grand homme : on dit qu'il est le bienfaiteur de l'Égypte* [11]. Cependant quoi de plus horrible que de faire tuer des gens sans défense? A la vérité ces sortes de guets-apens sont autorisés par l'usage du pays et par l'impossibilité de sortir d'affaire autrement. C'est alors que s'applique la maxime de Figaro : *Ma per Dio, l'utilità* !*

---

a. Ne peut-on pas étendre cette règle jusqu'aux individus? et le fils d'un voleur, qui vole, est-il aussi coupable qu'un homme *éduqué* qui fait une banqueroute frauduleuse*?

Si un ministre que je ne nommerai pas, avait trouvé des Albanais disposés à fusiller à son ordre, et si dans un dîner d'apparat il eût dépêché les membres marquants du côté gauche, son action eût été dans le *fait* la même que celle du pacha d'Égypte, *et en morale* cent fois plus coupable. L'assassinat [12] n'est plus dans nos mœurs. Mais ce ministre destitua beaucoup d'électeurs libéraux, employés obscurs du gouvernement; il effraya les autres, et obtint ainsi des élections à son goût*. Si Méhémet Ali eût été ministre en France, il n'en eût pas fait davantage; et sans doute le ministre français en Égypte aurait été obligé d'avoir recours à la fusillade, les destitutions ne pouvant produire assez d'effet sur le moral des mameluks [a].

La Saint-Barthélemy fut un grand crime, même pour le temps; mais, je le répète, un massacre au seizième siècle n'est point le même crime qu'un massacre au dix-neuvième. Ajoutons que la plus grande partie de la nation y prit part, de fait ou d'assentiment : elle s'arma [13] pour courir sus aux huguenots, qu'elle considérait comme des étrangers et des ennemis [14].

La Saint-Barthélemy fut [15] comme une insurrection nationale*, semblable à celle des Espagnols [16] en 1809* : et les bourgeois de Paris, en assassinant des hérétiques, croyaient fermement obéir à la voix du ciel.

Il n'appartient pas à un faiseur de contes comme moi de donner dans ce volume le précis des événements historiques de l'année 1572; mais, puisque j'ai parlé de la Saint-Barthélemy, je ne puis m'empêcher de présenter ici quelques idées qui me sont venues à l'esprit en lisant cette sanglante page de notre histoire.

A-t-on bien compris les causes qui ont amené ce massacre? A-t-il été longuement médité, ou bien est-il le résultat d'une détermination soudaine ou même du hasard?

A toutes ces questions, aucun historien ne me donne de réponse satisfaisante.

Ils admettent comme preuves des bruits de ville et de

---

a. Cette préface a été écrite en 1829 [17].

prétendues conversations, qui ont bien peu de poids quand il s'agit de décider un point historique de cette importance.

Les uns font de Charles IX un prodige de dissimulation; les autres le représentent comme un bourru, fantasque et impatient. Si, longtemps avant le 24 août, il éclate en menaces contre les protestants,... preuve qu'il méditait leur ruine de longue main; s'il les caresse,... preuve qu'il dissimulait.

Je ne veux citer que certaine histoire qui se trouve rapportée partout, et qui prouve avec quelle légèreté on admet tous les bruits les moins probables.

Environ un an avant la Saint-Barthélemy, on avait déjà fait, dit-on, un plan de massacre. Voici ce plan : on devait bâtir au Pré-aux-Clercs une tour en bois; on aurait placé dedans le duc de Guise avec des gentilshommes et des soldats catholiques, et l'Amiral avec les protestants aurait simulé une attaque [18], comme pour donner au roi le spectacle d'un siège. Cette espèce de tournoi une fois engagé, à un signal convenu, les catholiques auraient chargé leurs armes et tué leurs ennemis, surpris avant qu'ils eussent le temps de se mettre en défense*. On ajoute, pour embellir l'histoire, qu'un favori de Charles IX, nommé Lignerolles, aurait indiscrètement dévoilé toute la trame en disant au roi, qui maltraitait de paroles des seigneurs protestants : *Ah ! sire, attendez encore. Nous avons un fort qui nous vengera de tous les hérétiques*. Notez, s'il vous plaît, que pas une planche de ce fort n'était encore debout. Sur quoi, le roi prit soin de faire assassiner ce babillard. Ce projet était, dit-on, de l'invention du chancelier Birague* à qui l'on prête cependant ce mot, qui annonce des intentions bien différentes : *que, pour délivrer le roi de ses ennemis, il ne demandait que quelques cuisiniers*. Ce dernier moyen était bien plus praticable que l'autre, que son extravagance rendait [19] à peu près impossible. En effet, comment les soupçons des protestants n'auraient-ils pas été réveillés par les préparatifs de cette petite guerre, où les deux partis, naguère ennemis, auraient été ainsi mis aux prises? Ensuite, pour avoir bon marché des huguenots, c'était un mauvais moyen que de les réunir en troupe et de les armer. Il est évident que, si l'on eût complоté alors de les faire tous périr, il valait bien mieux les assaillir isolés et désarmés.

Pour moi, je suis fermement convaincu que le massacre n'a pas été prémédité, et je ne puis concevoir que l'opinion contraire ait été adoptée par des auteurs qui s'accordent en même temps pour représenter Catherine comme une femme très méchante, il est vrai, mais comme une des têtes les plus profondément politiques de son siècle.

Laissons de côté la morale pour un moment, et examinons ce plan prétendu sous le point de vue de l'utilité. Or, je soutiens qu'il n'était pas utile à la cour, et de plus qu'il a été exécuté avec tant de maladresse, qu'il faut supposer que ceux qui l'ont projeté étaient les plus extravagants des hommes [20].

Que l'on examine si l'autorité du roi devait gagner ou perdre à cette exécution, et si son intérêt était de la souffrir.

La France était divisée en trois grands partis : celui des protestants, dont l'Amiral était le chef depuis la mort du prince de Condé; celui du roi, le plus faible, et celui des Guises ou des ultra-royalistes du temps.

Il est évident que le roi, ayant également à craindre des Guises et des protestants, devait chercher à conserver son autorité en tenant ces deux factions aux prises. En écraser une, c'était se mettre à la merci de l'autre.

Le système de bascule était dès lors assez connu et pratiqué. C'est Louis XI qui a dit : « *Diviser pour régner* [21]. »

Maintenant examinons si Charles IX était dévot; car une dévotion excessive aurait pu lui suggérer une mesure opposée à ses intérêts. Mais tout annonce au contraire que, s'il n'était pas un esprit fort, il n'était pas [22] non plus un fanatique. D'ailleurs sa mère, qui le dirigeait, n'aurait jamais hésité à sacrifier ses scrupules religieux, si toutefois elle en avait, à son amour pour le pouvoir [a].

a. On a cité comme un trait de dissimulation profonde, un mot de Charles IX, qui ne me paraît au contraire qu'une boutade grossière d'un homme fort indifférent en matière de religion. Le pape faisait des difficultés pour donner les dispenses nécessaires au mariage de Marguerite de Valois, sœur de Charles IX, avec Henri IV, alors pro-

Mais supposons que Charles ou sa mère, ou, si l'on veut, son gouvernement, eussent, contre toutes les règles de la politique, résolu de détruire les protestants en France, cette résolution une fois prise, il est probable qu'ils auraient médité mûrement les moyens les plus propres à en assurer la réussite. Or ce qui vient d'abord à l'esprit comme le parti le plus sûr, c'est que le massacre ait lieu dans toutes les villes du royaume à la fois, afin que les réformés, attaqués partout par des forces supérieures [a], ne puissent se défendre nulle part. Un seul jour aurait suffi pour les détruire. C'est ainsi qu'Assuérus* avait conçu [24] le massacre des Juifs. Cependant nous lisons que les premiers ordres du roi pour massacrer les protestants sont datés du 28 août, c'est-à-dire quatre jours après la Saint-Barthélemy, et lorsque la nouvelle de cette grande boucherie avait dû précéder les dépêches du roi et donner l'alarme à tous ceux de la religion. Il eût été surtout nécessaire de s'emparer des places de sûreté des protestants. Tant qu'elles restaient en leur pouvoir, l'autorité royale n'était pas assurée. Ainsi, dans l'hypothèse d'un complot des catholiques, il est manifeste qu'une des plus importantes mesures aurait été de s'emparer de La Rochelle [25] le 24 août, et d'avoir en même temps une armée dans le midi de la France, afin d'empêcher toute réunion des réformés [b].

Rien de tout cela ne fut fait.

Je ne puis admettre [26] que les mêmes hommes aient pu concevoir [27] un crime, dont les suites devaient être si importantes, et l'exécuter si mal [28]. Les mesures furent si mal prises en effet, que quelques mois après la Saint-Barthélemy la guerre éclata derechef [29], que les réformés

---

testant : « Si le Saint-Père refuse, dit le roi, je prendrai ma sœur Margoton sous le bras, et j'irai la marier en plein prêche *. »

a. La population de la France était d'à peu près vingt millions d'âmes. On estime que lors des secondes guerres civiles les protestants n'étaient pas plus d'un million cinq cent mille; mais ils avaient proportionnellement plus de richesses, plus de soldats et plus de généraux [23].

b. Aux secondes guerres civiles, les protestants s'emparèrent le même jour, et par surprise, de plus de la moitié des places fortes de France. Les catholiques pouvaient en faire de même.

en eurent certainement toute la gloire, et qu'ils en retirèrent même des avantages nouveaux.

Enfin l'assassinat de Coligny, qui eut lieu deux jours avant la Saint-Barthélemy, n'achève-t-il pas de réfuter la supposition d'un complot? Pourquoi tuer le chef avant le massacre général? N'était-ce point le moyen d'effrayer les huguenots et de les obliger à se mettre sur leurs gardes?

Je sais que quelques auteurs attribuent au duc de Guise seul l'attentat commis sur la personne de l'Amiral; mais, outre que l'opinion publique accusa le roi de ce crime [a], et que l'assassin en fut récompensé *par le roi,* je tirerais encore de ce fait un argument contre la conspiration. En effet, si elle eût existé, le duc de Guise devait nécessairement y prendre part; et alors pourquoi ne pas retarder de deux jours sa vengeance de famille, afin de la rendre certaine? pourquoi compromettre ainsi la réussite de toute l'entreprise, seulement sur l'espoir d'avancer de deux jours la mort de son ennemi?

Ainsi, tout me paraît prouver que ce grand massacre n'est point la suite d'une conjuration d'un roi contre une partie de son peuple. La Saint-Barthélemy me semble l'effet d'une insurrection populaire qui ne pouvait être prévue, et qui fut improvisée*.

Je vais donner en toute humilité mon explication de l'énigme.

Coligny avait traité trois fois avec son souverain de puissance à puissance : c'était une raison pour en être haï. Jeanne d'Albret morte*, les deux jeunes princes, le roi de Navarre et le prince de Condé, étant trop jeunes pour exercer de l'influence, Coligny était véritablement le seul chef du parti réformé. A sa mort, les deux princes, au milieu du camp ennemi, et pour ainsi dire prisonniers, étaient à la disposition du roi. Ainsi la mort de Coligny, et de Coligny seul, était importante pour assurer la puissance de Charles, qui peut-être n'avait pas oublié un mot du duc d'Albe : *Qu'une tête de saumon vaut mieux que dix mille grenouilles**.

a. Maurevel fut surnommé *le tueur du roi.* Voyez Brantôme*.

Mais, si du même coup le roi se débarrassait de l'amiral et du duc de Guise, il est évident qu'il devenait le maître absolu [30].

Voici le parti qu'il dut prendre : ce fut de faire assassiner l'Amiral, ou, si l'on veut, d'insinuer cet assassinat au duc de Guise, puis de faire poursuivre ce prince comme meurtrier, annonçant qu'il allait l'abandonner à la vengeance des huguenots. On sait que le duc de Guise, coupable ou non de la tentative de Maurevel, quitta Paris en toute hâte, et que les réformés, en apparence protégés par le roi, se répandirent en menaces contre les princes de la maison de Lorraine.

Le peuple de Paris était à cette époque horriblement fanatique. Les bourgeois, organisés militairement, formaient une espèce de garde nationale, qui pouvait prendre les armes au premier coup de tocsin. Autant le duc de Guise était chéri des Parisiens pour la mémoire de son père et pour son propre mérite, autant les huguenots, qui deux fois les avaient assiégés, leur étaient odieux. L'espèce de faveur dont ces derniers jouissaient à la cour, au moment où une sœur du roi épousait un prince [31] de leur religion, redoublait leur arrogance et la haine de leurs ennemis. Bref, il suffisait d'un chef qui se mît à la tête de ces fanatiques et qui leur criât [32] : *Frappez*, pour qu'ils courussent égorger leurs compatriotes hérétiques.

Le duc, banni de la cour, menacé par le roi et par les protestants, dut chercher un appui auprès du peuple. Il assemble les chefs de la garde bourgeoise, leur parle d'une conspiration des hérétiques, les engage à les exterminer avant qu'elle n'éclate, et alors *seulement* [33] le massacre est médité. Comme entre le plan et l'exécution il ne se passa que peu d'heures, on explique facilement le mystère dont la conjuration fut accompagnée et le secret si bien gardé par tant d'hommes; ce qui autrement semblerait bien extraordinaire, *car les confidences vont bon train à Paris* [a].

Il est difficile de déterminer quelle part le roi prit au

a. Mot de Napoléon.

massacre; s'il n'approuva pas, il est certain qu'il laissa faire. Après deux jours de meurtres et de violences, il désavoua tout et voulut arrêter le carnage [a]. Mais on avait déchaîné les fureurs du peuple, et il ne s'apaise point pour un peu de sang. Il lui fallut plus de soixante mille victimes. Le monarque fut obligé de se laisser entraîner au torrent qui le dominait. Il révoqua ses ordres de clémence, et bientôt en donna d'autres pour étendre l'assassinat à toute la France.

Telle est mon opinion sur la Saint-Barthélemy, et je dirai avec lord Byron en la présentant :

« I only say, suppose this supposition. »
D. JUAN, cant. I, st. LXXXV

1829.

---

a. Il attribuait l'assassinat de Coligny et le massacre au *duc de Guise* et aux princes de la maison de Lorraine.

1572

CHRONIQUE DU RÈGNE DE CHARLES IX

CHAPITRE PREMIER

LES REITRES*

« The black bands came over
The Alps and their snow,
With Bourbon the rover
They passed the broad Po. »

LORD BYRON : *The deformed transformed**.

NON loin d'Étampes, en allant du côté de Paris, on voit encore un grand bâtiment carré, avec des fenêtres en ogive, ornées de quelques sculptures grossières. Au-dessus de la porte est une niche qui contenait autrefois une madone de pierre; mais dans la révolution elle eut le sort de bien des saints et des saintes, et fut brisée en cérémonie par le président du club révolutionnaire de Larcy*. Depuis on a remis à sa place une autre vierge, qui n'est que de plâtre à la vérité, mais qui, au moyen de quelques lambeaux de soie et de quelques grains de verre, représente encore assez bien, et donne un air respectable au cabaret de Claude Giraut.

Il y a plus de deux siècles, c'est-à-dire en 1572, ce bâtiment était destiné, comme à présent, à recevoir les voyageurs altérés; mais il avait alors une tout autre apparence. Les murs étaient couverts d'inscriptions attestant les fortunes diverses d'une guerre civile. A côté de ces mots : *Vive monsieur le prince*[a] *!* on lisait : *Vive le duc de Guise ! mort aux huguenots !* Un peu plus loin, un soldat avait dessiné, avec du charbon, une potence et un pendu, et, de peur de méprise, il avait ajouté au bas cette inscription : *Gaspard de Châtillon**. Cependant il paraissait que les protestants avaient ensuite dominé dans ces parages, car le nom de leur chef avait été biffé et remplacé par celui du duc de Guise [34]. D'autres inscriptions à demi effacées, assez difficiles à lire, et plus encore à traduire [35] en termes décents, prouvaient que le roi et sa mère avaient été aussi peu respectés que ces chefs de parti. Mais c'était la pauvre madone qui semblait avoir eu le plus à souffrir des fureurs civiles et religieuses. La statue, écornée en vingt endroits par des balles, attestait le zèle des soldats huguenots à détruire ce qu'ils appelaient « des images païennes ». Tandis que le dévot catholique ôtait respectueusement son bonnet en passant devant la statue, le cavalier protestant se croyait obligé de lui lâcher un coup d'arquebuse; et, s'il l'avait touchée, il s'estimait autant que s'il eût abattu la bête de l'Apocalypse et détruit l'idolâtrie.

Depuis plusieurs mois, la paix était faite entre les deux sectes rivales*, mais c'était des lèvres et non du cœur qu'elle avait été jurée. L'animosité des deux partis subsistait toujours aussi implacable. Tout rappelait que la guerre cessait à peine, tout annonçait que la paix ne pouvait être de longue durée.

L'auberge du *Lion-d'Or* était remplie de soldats. A leur accent étranger, à leur costume bizarre, on les reconnaissait pour ces cavaliers allemands nommés *reîtres*[b] qui venaient offrir leurs services au parti protestant, surtout quand il était en état de les bien payer. Si l'adresse de ces étrangers à manier leurs chevaux et leur dextérité à se servir des armes à feu les

a. Le prince de Condé.
b. Par corruption du mot allemand *reuter*, cavalier.

rendaient redoutables un jour de bataille, d'un autre côté, ils avaient la réputation, peut-être encore plus justement acquise, de pillards consommés et d'impitoyables vainqueurs. La troupe qui s'était établie dans l'auberge était d'une cinquantaine de cavaliers : ils avaient quitté Paris la veille, et se rendaient à Orléans pour y tenir garnison.

Tandis que les uns pansaient leurs chevaux attachés à la muraille, d'autres attisaient le feu, tournaient les broches et s'occupaient de la cuisine. Le malheureux maître de l'auberge, le bonnet à la main et la larme à l'œil, contemplait la scène de désordre dont sa cuisine était le théâtre. Il voyait sa basse-cour détruite, sa cave au pillage, ses bouteilles, dont on cassait le goulot sans que l'on daignât les déboucher; et le pis, c'est qu'il savait bien que, malgré les sévères ordonnances du roi pour la discipline des gens de guerre*, il n'avait point de dédommagement à attendre de ceux qui le traitaient en ennemi. C'était une vérité reconnue dans ce temps malheureux, qu'en paix ou en guerre, une troupe armée vivait toujours à discrétion partout où elle se trouvait.

Devant une table de chêne, noircie par la graisse et la fumée, était assis le capitaine des reîtres. C'était un grand et gros homme [36] de cinquante ans environ, avec un nez [37] aquilin, le teint fort enflammé, les cheveux grisonnants et rares, couvrant mal une large cicatrice qui commençait à l'oreille gauche, et qui venait se perdre dans son épaisse moustache. Il avait ôté sa cuirasse et son casque, et n'avait conservé qu'un pourpoint de cuir de Hongrie, noirci par le frottement de ses armes, et soigneusement rapiécé en plusieurs endroits. Son sabre* et ses pistolets étaient déposés sur un banc à sa portée; seulement il conservait sur lui un large poignard, arme qu'un homme [38] prudent ne quittait que pour se mettre au lit.

A sa gauche était assis un jeune homme, haut en couleur, grand et assez bien fait. Son pourpoint était brodé, et dans tout son costume on remarquait un peu plus de recherche [39] que dans celui de son compagnon. Ce n'était pourtant que le cornette du capitaine.

Deux jeunes femmes de vingt à vingt-cinq ans leur tenaient compagnie, assises [40] à la même table. Il y avait un mélange de misère et de luxe dans leurs vêtements, qui n'avaient pas été faits pour elles, et que les chances de la guerre semblaient avoir mis entre leurs mains. L'une portait une espèce de corps* en damas broché d'or, mais tout terni, avec une simple robe de toile. L'autre avait une robe de velours violet avec un chapeau d'homme, de feutre gris, orné d'une plume de coq. Toutes les deux étaient jolies; mais leurs regards hardis et la liberté de leurs discours se ressentaient de l'habitude qu'elles avaient de vivre avec les soldats [41]. Elles avaient quitté l'Allemagne sans emploi bien réglé. La robe de velours était bohême* : elle savait tirer les cartes et jouer de la mandoline. L'autre avait des connaissances en chirurgie, et semblait tenir une place distinguée dans l'estime du cornette.

Ces quatre personnes, chacune en face [42] d'une grande bouteille et d'un verre, devisaient ensemble et buvaient en attendant que le dîner fût cuit.

La conversation languissait, comme entre gens affamés, quand un jeune homme d'une taille élevée, et assez élégamment vêtu, arrêta devant la porte de l'auberge le bon cheval alezan qu'il montait. Le trompette des reîtres se leva du banc sur lequel il était assis, et, s'avançant vers l'étranger, prit la bride du cheval. L'étranger se préparait à [43] le remercier pour ce qu'il regardait comme un acte de politesse; mais il fut bientôt détrompé, car le trompette ouvrit [44] la bouche du cheval, et considéra ses dents d'un œil de connaisseur; puis, reculant de quelques pas, et regardant les jambes et la croupe du noble animal, il secoua la tête de l'air d'un homme satisfait : — Beau cheval, montsir, que vous montez là! dit-il en son jargon; et il ajouta quelques mots en allemand qui firent rire ses camarades, au milieu desquels il alla se rasseoir.

Cet examen sans cérémonie n'était pas du goût du voyageur; cependant il se contenta de jeter un regard de mépris sur le trompette, et mit pied à terre sans être aidé de personne.

L'hôte, qui sortit alors de sa maison, prit respectueusement la bride de ses mains, et lui dit à l'oreille, assez bas pour que les reîtres ne l'entendissent point [45] :

— Dieu vous soit en aide, mon jeune gentilhomme! mais vous arrivez bien à la male heure; car la compagnie de ces parpaillots, à qui saint Christophe puisse tordre le cou! n'est guère agréable pour de bons chrétiens comme vous et moi.

Le jeune homme sourit amèrement : — Ces messieurs, dit-il, sont des cavaliers protestants?

— Et des reîtres, par-dessus le marché, continua l'aubergiste. Que Notre-Dame les confonde! depuis une heure qu'ils sont ici, ils ont brisé la moitié de mes meubles. Ce sont tous des pillards impitoyables, comme leur chef, M. de Châtillon, ce bel amiral de Satan.

— Pour une barbe grise comme vous, répondit le jeune homme, vous montrez peu de prudence. Si par aventure vous parliez à un protestant, il pourrait bien vous répondre par quelque bon horion. Et, en disant ces paroles, il frappait sa botte de cuir blanc avec la houssine dont il se servait à cheval.

— Comment!... quoi!... vous huguenot!... protestant! veux-je dire, s'écria l'aubergiste stupéfait. Il recula d'un pas, et considéra l'étranger de la tête aux pieds, comme pour chercher dans son costume quelque signe [46] d'après lequel il pût deviner à quelle religion il appartenait. Cet examen et la physionomie ouverte et riante du jeune homme le rassurant peu à peu, il reprit plus bas : — Un protestant avec un habit de velours vert! un huguenot avec une fraise à l'espagnole! oh! cela n'est pas possible! Ah! mon jeune seigneur, tant de braverie ne se voit pas chez les hérétiques. Sainte Marie! un pourpoint de fin velours, c'est trop beau pour ces crasseux-là!

La houssine siffla à l'instant, et, frappant le pauvre aubergiste sur la joue, fut pour lui comme la profession de foi de son interlocuteur.

— Insolent bavard! voilà pour t'apprendre à retenir ta langue. Allons, mène mon cheval à l'écurie, et qu'il ne manque de rien.

L'aubergiste baissa tristement la tête, et emmena le cheval sous une espèce de hangar, murmurant tout bas mille malédictions contre les hérétiques allemands et français; et si le jeune homme ne l'eût suivi pour voir comment son cheval serait traité, la pauvre bête eût sans doute été privée [47] de son souper en qualité d'hérétique.

L'étranger entra dans la cuisine et salua les personnes qui s'y trouvaient rassemblées, en soulevant avec grâce le bord [48] de son grand chapeau ombragé d'une plume jaune et noire. Le capitaine lui ayant rendu son salut, tous les deux se considérèrent quelque temps sans parler.

— Capitaine, dit le jeune étranger, je suis un gentilhomme protestant, et je me réjouis de rencontrer ici quelques-uns de mes frères [49] en religion. Si vous l'avez pour agréable*, nous souperons ensemble.

Le capitaine, que la tournure distinguée et l'élégance du costume de l'étranger avaient prévenu favorablement, lui répondit qu'il lui faisait honneur. Aussitôt mademoiselle Mila, la jeune bohême dont nous avons parlé, lui fit place sur son banc, à côté d'elle; et, comme elle était fort serviable de son naturel, elle lui donna même son verre, que le capitaine remplit à l'instant.

— Je m'appelle Dietrich Hornstein, dit le capitaine choquant son verre contre celui du jeune homme. Vous avez sans doute entendu parler du capitaine Dietrich Hornstein? C'est moi qui menai [50] les Enfants-Perdus* à la bataille de Dreux* et puis à celle d'Arnay-le-Duc*.

L'étranger comprit cette manière détournée de lui demander son nom; il répondit : — J'ai le regret de ne pouvoir vous dire un nom aussi célèbre que le vôtre, capitaine; je veux parler du mien, car celui de mon père est bien connu dans nos guerres civiles. Je m'appelle Bernard de Mergy*.

— A qui dites-vous ce nom-là! s'écria le capitaine en

remplissant son verre jusqu'au bord. J'ai connu votre père, monsieur Bernard de Mergy; je l'ai connu depuis les premières guerres, comme l'on connaît un ami intime. A sa santé, monsieur Bernard.

Le capitaine avança son verre et dit quelques mots en allemand à sa troupe. Au moment où le vin touchait ses lèvres, tous ses cavaliers jetèrent en l'air leurs chapeaux en poussant une acclamation. L'hôte crut que c'était un signal de massacre, et se jeta à genoux. Bernard lui-même fut un peu surpris de cet honneur extraordinaire; cependant il se crut obligé de répondre à cette politesse germanique, en buvant à la santé du capitaine.

Les bouteilles, déjà vigoureusement attaquées avant son arrivée, ne pouvaient plus suffire pour ce toast nouveau.

— Lève-toi, cafard, dit le capitaine, en se tournant du côté de l'hôte qui était encore à genoux; lève-toi, et va nous chercher du vin. Ne vois-tu pas que les bouteilles sont vides?

Et le cornette, pour lui en donner la preuve, lui en jeta une à la tête. L'hôte courut à la cave.

— Cet homme est un insolent fieffé, dit Mergy, mais vous auriez pu lui faire plus de mal que vous n'auriez voulu si cette bouteille l'avait attrapé.

— Bah! dit le cornette en riant d'un gros rire.

— La tête d'un papiste, dit Mila, est plus dure que cette bouteille, bien qu'elle soit encore plus vide.

Le cornette rit plus fort, et fut imité par tous les assistants, et même par Mergy, qui cependant souriait à la jolie bouche de la bohême plus qu'à sa cruelle plaisanterie.

On apporta du vin, le souper suivit, et, après un instant de silence, le capitaine reprit, la bouche pleine :

— Si j'ai connu M. de Mergy! il était colonel des gens de pied* lors de la première entreprise de M. le Prince. Nous avons couché deux mois de suite dans le même logis pendant le premier siège d'Orléans*. Et comment se porte-t-il présentement?

— Assez bien pour son grand âge, Dieu merci! Il

m'a parlé bien souvent des reîtres, et des belles charges qu'ils firent à la bataille de Dreux.

— J'ai connu aussi son fils aîné... votre frère, le capitaine George*. Je veux dire avant...

Mergy parut embarrassé.

— C'était un brave à trois poils, continua le capitaine; mais, malepeste! il avait la tête chaude. J'en suis fâché pour votre père, son abjuration aura dû lui faire beaucoup de peine.

Mergy rougit jusqu'au blanc des yeux; il balbutia quelques mots pour excuser son frère; mais il était facile de voir qu'il le jugeait encore plus sévèrement que le capitaine des reîtres [51].

— Ah! je vois que cela vous fait de la peine, dit le capitaine; eh bien! n'en parlons plus. C'est une perte pour la religion, et une grande acquisition pour le roi, qui, dit-on, le traite fort honorablement.

— Vous venez de Paris, interrompit Mergy, cherchant à détourner la conversation; M. l'Amiral est-il arrivé [52]? Vous l'avez vu sans doute? Comment se porte-t-il maintenant?

— Il arrivait de Blois avec la cour comme nous partions*. Il se porte à merveille; frais et gaillard. Il a encore vingt guerres civiles dans le ventre, le cher homme! Sa Majesté le traite avec tant de distinction, que tous les papaux en crèvent de dépit.

— Vraiment! Jamais le roi ne pourra reconnaître assez son mérite.

— Tenez, hier j'ai vu le roi sur l'escalier du Louvre, qui serrait la main de l'Amiral. M. de Guise, qui venait derrière, avait l'air piteux d'un basset qu'on fouette; et moi, savez-vous à quoi je pensais? Il me semblait voir l'homme qui montre le lion à la foire; il lui fait donner la patte comme on fait d'un chien; mais, quoique Gilles* fasse bonne contenance et beau semblant, cependant il n'oublie jamais que la patte qu'il tient a de terribles griffes. Oui, par ma barbe! on eût dit que le roi sentait les griffes de l'Amiral.

— L'Amiral a le bras long, dit le cornette. (C'était une espèce de proverbe dans l'armée protestante.)

— C'est un bien bel homme pour son âge, observa mademoiselle Mila.

— Je l'aimerais mieux pour amant qu'un jeune papiste, repartit mademoiselle Trudchen, l'amie du cornette.

— C'est la colonne de la religion, dit Mergy, voulant aussi donner sa part de louanges.

— Oui, mais il est diablement sévère sur la discipline*, dit le capitaine en secouant la tête. Son cornette cligna de l'œil d'un air significatif, et sa grosse physionomie se contracta pour faire une grimace qu'il croyait être un sourire.

— Je ne m'attendais pas, dit Mergy, à entendre un vieux soldat comme vous, capitaine, reprocher à M. l'Amiral l'exacte discipline qu'il faisait observer dans son armée.

— Oui, sans doute, il faut de la discipline; mais enfin on doit aussi tenir compte au soldat de toutes les peines qu'il endure, et ne pas lui défendre de prendre du bon temps quand par hasard il en en trouve l'occasion [53]. Bah! chaque homme a ses défauts; et, quoiqu'il m'ait fait pendre, buvons à la santé de M. l'Amiral.

— L'Amiral vous a fait pendre! s'écria Mergy; vous êtes bien gaillard pour un pendu.

— Oui, *sacrament !** il m'a fait pendre; mais je ne suis pas rancunier [54], et buvons à sa santé.

Avant que Mergy pût renouveler ses questions, le capitaine avait rempli tous les verres, ôté son chapeau et ordonné à ses cavaliers de pousser trois hourras. Les verres vidés et le tumulte apaisé, Mergy reprit :

— Pourquoi donc avez-vous été pendu, capitaine?

— Pour une bagatelle : un méchant couvent de Saintonge pillé, puis brûlé par hasard.

— Oui, mais tous les moines n'étaient pas sortis, interrompit le cornette en riant à gorge déployée de sa plaisanterie.

— Eh! qu'importe que pareille canaille brûle un peu

plus tôt ou un peu plus tard? Cependant l'Amiral, le croiriez-vous, monsieur de Mergy? l'Amiral s'en fâcha tout de bon; il me fit arrêter, et, sans plus de cérémonie, son grand prévôt jeta son dévolu sur moi. Alors tous ses gentilshommes et tous les seigneurs qui l'entouraient, jusqu'à M. de Lanoue, qui, comme on le sait, n'est pas tendre pour le soldat (car Lanoue, disent-ils, noue et ne dénoue pas*), tous les capitaines le prièrent de me pardonner, mais lui refusa tout net. Ventre de loup! comme il était en colère! il mâchait son cure-dent de rage; et vous savez le proverbe : *Dieu nous garde des patenôtres de M. de Montmorency et du cure-dent de M. l'Amiral !** — Dieu m'absolve! disait-il, il faut tuer la picorée* tandis qu'elle n'est encore que petite fille; si nous la laissons devenir grande dame, c'est elle qui nous tuera. Là-dessus arrive le ministre, son livre sous le bras; on nous mène tous deux sous un certain chêne... il me semble que je le vois encore, avec une branche en avant, qui avait l'air d'avoir poussé là tout exprès; on m'attache la corde au cou... Toutes les fois que je pense à cette corde-là, mon gosier devient sec comme de l'amadou.

— Voici pour l'humecter, dit Mila; et elle remplit jusqu'au bord le verre du narrateur.

Le capitaine le vida d'un seul trait, et poursuivit de la sorte :

— Je ne me regardais déjà ni plus ni moins qu'un gland de chêne, quand je m'avisai de dire à l'Amiral : — Eh! monseigneur, est-ce qu'on pend ainsi un homme qui a commandé les Enfants-Perdus à Dreux? Je le vis cracher son cure-dent, et en prendre un neuf. Je me dis : — Bon! c'est bon signe. Il appela le capitaine Cormier, et lui parla bas; puis il dit au prévôt : — Allons, qu'on me hisse [55] cet homme. Et là-dessus il tourne les talons [56]. On me hissa tout de bon, mais le brave Cormier mit l'épée à la main et coupa aussitôt la corde, de sorte que je tombai de ma branche, rouge comme une écrevisse cuite*.

— Je vous félicite, dit Mergy, d'en avoir été quitte à

si bon compte. — Il considérait le capitaine avec attention, et semblait éprouver quelque peine à se trouver dans la compagnie d'un homme qui avait mérité justement la potence; mais, dans ce temps malheureux, les crimes étaient si fréquents qu'on ne pouvait guère les juger avec autant de rigueur qu'on le ferait aujourd'hui*. Les cruautés d'un parti autorisaient en quelque sorte les représailles, et les haines de religion étouffaient presque tout sentiment de sympathie nationale. D'ailleurs, s'il faut dire la vérité, les agaceries secrètes de mademoiselle Mila, qu'il commençait à trouver très jolie, et les fumées du vin qui opéraient plus efficacement sur son jeune cerveau que sur les têtes endurcies des reîtres, tout cela lui donnait alors une indulgence extraordinaire pour ses compagnons de table.

— J'ai caché le capitaine dans un chariot couvert pendant plus de huit jours, dit Mila, et je ne l'en laissais sortir que la nuit.

— Et moi, ajouta Trudchen, je lui apportais à manger et à boire : il est là pour le dire.

— L'Amiral fit semblant d'être fort en colère contre Cormier; mais tout cela était une farce jouée entre eux deux. Pour moi, je fus longtemps à la suite de l'armée, n'osant jamais me montrer devant l'Amiral, enfin, au siège de Longnac*, il me découvrit dans la tranchée, et il me dit : — Dietrich, mon ami, puisque tu n'es pas pendu, va te faire arquebuser. Et il me montrait la brèche; je compris ce qu'il voulait dire, je montai bravement à l'assaut, et je me présentai à lui le lendemain, dans la grande rue, tenant à la main mon chapeau percé d'une arquebusade. — Monseigneur, lui dis-je, j'ai été arquebusé comme j'ai été pendu; il sourit et me donna sa bourse en disant : — Voilà pour t'avoir un chapeau neuf. Depuis ce temps nous avons toujours été bons amis. Ah! quel beau sac que celui de cette ville de Longnac! l'eau m'en vient à la bouche rien que d'y penser!

— Ah! quels beaux habits de soie! s'écria Mila.

— Quelle quantité de beau linge! s'écria Trudchen.

— Comme nous avons donné chez les religieuses du grand couvent ! dit le cornette. Deux cents arquebusiers à cheval logés avec cent religieuses !...

— Il y en eut plus de vingt qui abjurèrent le papisme, dit Mila, tant elles trouvèrent les huguenots de leur goût*.

— C'était là, s'écria le capitaine, c'était là qu'il faisait beau voir nos argoulets [a]* allant à l'abreuvoir avec les chasubles des prêtres sur le dos, nos chevaux mangeant l'avoine sur l'autel, et nous buvant le bon vin des prêtres dans leurs calices d'argent !*

Il tourna la tête pour demander à boire, et vit l'aubergiste les mains jointes et les yeux levés au ciel avec une expression d'horreur indéfinissable.

— Imbécile ! dit le brave Dietrich Hornstein en levant les épaules. Comment peut-il se trouver un homme assez sot pour croire à toutes les fadaises que débitent les prêtres papistes ! Tenez, monsieur de Mergy, à la bataille de Moncontour* je tuai d'un coup de pistolet un gentilhomme du duc d'Anjou; en lui ôtant son pourpoint, savez-vous ce que je vis sur son estomac ? un grand morceau de soie tout couvert de noms de saints. Il prétendait par là se garantir des balles. Parbleu ! je lui appris qu'il n'y a point de scapulaire que ne traverse une balle protestante.

— Oui, des scapulaires, interrompit le cornette; mais dans mon pays on vend des parchemins qui garantissent du plomb et du fer.

— Je préférerais une cuirasse bien forgée, de bon acier, dit Mergy, comme celles que fait Jacob Leschot, dans les Pays-Bas.

— Écoutez donc, reprit le capitaine, il ne faut pas nier qu'on puisse rendre dur; moi, qui vous parle, j'ai vu à Dreux un gentilhomme frappé d'une arquebusade au beau milieu de la poitrine; il connaissait la recette de l'onguent qui rend dur*, et s'en était frotté sous son

---

a. Éclaireurs, troupes légères.

buffle ; eh bien ! on ne voyait pas même la marque noire et rouge que laisse une contusion.

— Et ne croyez-vous pas plutôt que ce buffle dont vous parlez suffisait seul pour amortir l'arquebusade ?

— Oh ! vous autres Français, vous ne voulez croire à rien. Mais que diriez-vous si vous aviez vu comme moi un gendarme silésien mettre sa main sur une table, et personne ne pouvoir l'entamer à grands coups de couteau ? Mais vous riez et vous ne croyez pas que cela soit possible ? demandez à Mila. Vous voyez bien cette fille-là ? elle est d'un pays où les sorciers sont aussi communs que les moines dans ce pays-ci ; c'est elle qui vous en conterait des histoires effrayantes. Quelquefois, dans les longues soirées d'automne, quand nous sommes assis en plein air autour du feu, les cheveux m'en dressent à la tête, des aventures qu'elle nous conte.

— Je serais ravi d'en entendre une, dit Mergy ; belle Mila, faites-moi ce plaisir.

— Oui, Mila, poursuivit le capitaine, raconte-nous quelque histoire pendant que nous achèverons de vider ces bouteilles.

— Écoutez-moi donc, dit Mila ; et vous, mon jeune gentilhomme, qui ne croyez à rien, vous allez, s'il vous plaît, garder vos doutes pour vous seul.

— Comment pouvez-vous dire que je ne crois à rien ? lui répondit Mergy à voix basse ; sur ma foi, je crois que vous m'avez ensorcelé, car je suis déjà tout amoureux de vous.

Mila le repoussa doucement, car la bouche de Mergy touchait presque sa joue ; et, après avoir jeté à droite et à gauche un regard furtif pour s'assurer que tout le monde l'écoutait, elle commença de la sorte :

— Capitaine, vous avez été sans doute à Hameln ?

— Jamais.

— Et vous, cornette ?

— Ni moi non plus.

— Comment ! ne trouverai-je personne qui ait été à Hameln ?

— J'y ai passé un an, dit un cavalier en s'avançant.

— Eh bien! Fritz, tu as vu l'église de Hameln?

— Plus de cent fois.

— Et ses vitraux coloriés?

— Certainement.

— Et qu'as-tu vu peint sur ces vitraux?

— Sur ces vitraux?... A la fenêtre [57] à gauche, je crois qu'il y a un grand homme noir qui joue de la flûte, et des petits enfants qui courent après lui.

— Justement. Eh bien, je vais vous conter l'histoire de cet homme noir et de ces enfants *.

Il y a bien des années, les gens de Hameln furent tourmentés par une multitude innombrable de rats qui venaient du Nord, par troupes si épaisses que la terre en était toute noire, et qu'un charretier n'aurait pas osé faire traverser à ses chevaux un chemin où ces animaux défilaient. Tout était dévoré en moins de rien; et dans une grange, c'était une moindre affaire pour ces rats de manger un tonneau de blé que ce n'est pour moi de boire un verre de ce bon vin.

Elle but, s'essuya la bouche et continua.

— Souricières, ratières, pièges, poison étaient inutiles. On avait fait venir de Bremen un bateau chargé de onze cents chats; mais rien n'y faisait. Pour mille qu'on en tuait, il en revenait dix mille, et plus affamés [58] que les premiers. Bref, s'il n'était venu remède à ce fléau, pas un grain de blé ne fût resté dans Hameln, et tous les habitants seraient morts de faim.

Voilà qu'un certain vendredi se présente devant le bourgmestre de la ville un grand homme, basané, sec, grands yeux, bouche fendue jusqu'aux oreilles, habillé d'un pourpoint rouge, avec un chapeau pointu, de grandes culottes garnies de rubans, des bas gris et des souliers avec des rosettes couleur de feu. Il avait un petit sac de peau au côté. Il me semble que je le vois encore.

Tous les yeux se tournèrent involontairement vers la muraille sur laquelle Mila fixait ses regards.

— Vous l'avez donc vu? demanda Mergy.

— Non pas moi, mais ma grand-mère; et elle se souvenait si bien de sa figure qu'elle aurait pu faire son portrait.

— Et que dit-il au bourgmestre?

— Il lui offrit, moyennant cent ducats, de délivrer la ville du fléau qui la désolait. Vous pensez bien que le bourgmestre et les bourgeois y topèrent d'abord. Aussitôt l'étranger tira de son sac une flûte de bronze; et, s'étant planté sur la place du marché, devant l'église, mais en lui tournant le dos, notez bien, il commença à jouer un air étrange, et tel que jamais flûteur allemand n'en a joué. Voilà qu'en entendant cet air, de tous les greniers, de tous les trous de murs, de dessous les chevrons et les tuiles des toits, rats et souris, par centaines, par milliers, accoururent à lui. L'étranger, toujours flûtant, s'achemina vers le Weser; et là, ayant tiré ses chausses, il entra dans l'eau suivi de tous les rats de Hameln, qui furent aussitôt noyés. Il n'en restait plus qu'un seul dans toute la ville, et vous allez voir pourquoi. Le magicien, car c'en était un, demanda à un traînard, qui n'était pas encore entré dans le Weser, pourquoi Klauss, le rat blanc, n'était pas encore venu. — Seigneur, répondit le rat, il est si vieux qu'il ne peut plus marcher. — Va donc le chercher toi-même, répondit le magicien. Et le rat de rebrousser chemin vers la ville, d'où il ne tarda pas à revenir avec un vieux gros rat blanc, si vieux, si vieux, qu'il ne pouvait plus se traîner. Les deux rats, le plus jeune tirant le vieux par la queue, entrèrent tous les deux dans le Weser, et se noyèrent comme leurs camarades. Ainsi la ville en fut purgée. Mais, quand l'étranger se présenta à l'hôtel de ville pour toucher la récompense promise, le bourgmestre et les bourgeois, réfléchissant qu'ils n'avaient plus rien à craindre des rats, et s'imaginant qu'ils auraient bon marché d'un homme sans protecteurs, n'eurent pas honte de lui offrir dix ducats, au lieu des cent qu'ils avaient promis. L'étranger réclama : on le renvoya bien loin. Il menaça alors de se faire payer plus cher s'ils ne maintenaient leur marché au pied de la lettre. Les bourgeois firent de grands éclats de rires à cette menace, et le mirent à la porte de l'hôtel de ville, l'appelant *beau preneur de rats !* injure que répétèrent les enfants de la ville en le suivant par les rues jusqu'à la Porte-Neuve. Le vendredi suivant, à l'heure de midi, l'étranger reparut sur la place du marché, mais cette fois avec un chapeau de couleur de pourpre, retroussé d'une façon toute bizarre. Il tira de son sac une flûte bien différente de la première, et, dès qu'il eut commencé d'en jouer, tous les garçons de la ville, depuis six jusqu'à quinze ans, le suivirent et sortirent de la ville avec lui.

— Et les habitants de Hameln les laissèrent emmener? demandèrent à la fois Mergy et le capitaine.

— Ils les suivirent jusqu'à la montagne de Koppenberg, auprès d'une caverne qui est maintenant bouchée. Le joueur de flûte entra dans la caverne et tous les enfants avec lui. On entendit quelque temps le son de la flûte; il diminua peu à peu; enfin l'on n'entendit plus rien. Les enfants avaient disparu, et depuis lors on n'en eut jamais de nouvelles.

La bohémienne s'arrêta pour observer sur les traits de ses auditeurs l'effet produit par son récit.

Le reître qui avait été à Hameln prit la parole et dit :

— Cette histoire est si vraie que, lorsqu'on parle à Hameln de quelque événement extraordinaire, on dit : Cela est arrivé vingt ans, dix ans, après la sortie de nos enfants... le seigneur de Falkenstein pilla notre ville soixante ans après la sortie de nos enfants.

— Mais le plus curieux, dit Mila, c'est que dans le même temps parurent, bien loin de là, en Transylvanie, certains enfants qui parlaient bon allemand, et qui ne pouvaient dire d'où ils venaient. Ils se marièrent dans le pays, apprirent leur langue à leurs enfants, d'où il vient [59] que jusqu'à ce jour on parle allemand en Transylvanie.

— Et ce sont les enfants de Hameln que le diable a transportés là? dit Mergy en souriant.

— J'atteste le ciel que cela est vrai! s'écria le capitaine, car j'ai été en Transylvanie, et je sais bien qu'on y parle allemand, tandis que tout autour on parle un baragouin infernal.

L'attestation du capitaine valait bien des preuves comme il y en a tant.

— Voulez-vous que je vous dise votre bonne aventure? demanda Mila à Mergy.

— Volontiers, répondit Mergy en passant son bras gauche autour de la taille de la bohémienne, tandis qu'il lui donnait sa main droite ouverte.

Mila la considéra pendant près de cinq minutes sans parler, et secouant la tête de temps en temps d'un air pensif.

— Eh bien! ma belle enfant, aurai-je pour ma maîtresse la femme que j'aime?

Mila lui donna une chiquenaude sur la main : — Heur et malheur, dit-elle; des yeux bleus font du mal et du bien. Le pire, c'est que tu verseras ton propre sang.

Le capitaine et le cornette gardèrent le silence, paraissant tous les deux également frappés de la fin sinistre de cette prophétie.

L'aubergiste faisait de grands signes de croix à l'écart.

— Je croirai que tu es véritablement sorcière, dit Mergy, si tu peux me dire ce que je vais faire tout à l'heure.

— Tu m'embrasseras, murmura la bohémienne à son oreille.

— Elle est sorcière! s'écria Mergy en l'embrassant. Il continua de s'entretenir tout bas avec la jolie devineresse, et leur bonne intelligence semblait s'accroître à chaque instant.

Trudchen prit une espèce de mandoline, qui avait à peu près toutes ses cordes, et préluda par une marche allemande. Alors, voyant autour d'elle un cercle de soldats, elle chanta dans sa langue une chanson de guerre, dont les reîtres entonnèrent le refrain à tue-tête. Le capitaine, excité par son exemple, se mit à chanter, d'une voix à faire casser tous les verres, une vieille chanson huguenote*, dont la musique était au moins aussi barbare que les paroles :

« Le prince de Condé,
« Il a été tué;
« Mais monsieur l'Amiral
« Est encore à cheval
« Avec La Rochefoucauld,
« Pour chasser tous les papaux
« Papaux, papaux, papaux. »

Tous les reîtres, échauffés par le vin, commencèrent à chanter chacun un air différent. Les plats et les bouteilles couvrirent le plancher de leurs débris; la cuisine retentit de jurements, d'éclats de rire et de chansons bachiques. Bientôt cependant le sommeil, favorisé par les fumées du vin d'Orléans, fit sentir son pouvoir à la plupart des acteurs de cette scène de bacchanale. Les soldats se couchèrent sur des bancs; le cornette, après avoir posé deux sentinelles à la porte, se traîna en chancelant vers son lit; le capitaine, qui avait observé* [60] encore le sentiment de la ligne droite, monta sans louvoyer l'escalier qui conduisait à la chambre de l'hôte, qu'il avait choisie comme la meilleure de l'auberge.

Et Mergy et la bohémienne? Avant la chanson du capitaine, ils avaient disparu l'un et l'autre.

CHAPITRE II

LE LENDEMAIN D'UNE FÊTE

UN PORTEUR.
Je dis que je veux avoir de l'argent tout à l'heure.
MOLIÈRE, *les Précieuses ridicules**.

Il était grand jour [61] depuis lontemps quand Mergy s'éveilla, la tête encore un peu troublée par les souvenirs de la soirée précédente. Ses habits étaient étendus pêle-mêle dans la chambre, et sa valise était ouverte à terre.

Se levant sur son séant, il considéra quelque temps cette scène de désordre en se frottant la tête, comme pour rappeler ses idées. Ses traits exprimaient à la fois la fatigue, l'étonnement et l'inquiétude.

Un pas lourd se fit entendre sur l'escalier de pierre qui conduisait à sa chambre. La porte s'ouvrit sans que l'on eût daigné frapper, et l'aubergiste entra avec une mine encore plus refrognée que la veille; mais il était facile de lire dans ses regards une expression d'impertinence qui avait remplacé celle de la peur.

Il jeta un coup d'œil sur la chambre, et se signa comme saisi d'horreur à la vue de tant de confusion.

— Ah! ah! mon jeune gentilhomme, s'écria-t-il, encore au lit? Çà, levons-nous, car nous allons avoir nos comptes à régler.

Mergy, bâillant d'une manière effrayante, mit une jambe hors du lit : — Pourquoi tout ce désordre? pourquoi ma valise est-elle ouverte? demanda-t-il d'un ton au moins aussi mécontent que celui de l'hôte.

— Pourquoi, pourquoi? répondit celui-ci; qu'en sais-je? Je me soucie bien de votre valise. Vous avez mis ma maison dans un bien plus grand désordre. Mais, par saint Eustache, mon bon patron, vous le me payerez.

Comme il parlait, Mergy passait son haut-de-chausses d'écarlate, et, par le mouvement qu'il faisait, sa bourse tomba de sa poche ouverte. Il faut que le son qu'elle rendit lui parût autre [62] qu'il ne s'y attendait, car il la ramassa sur-le-champ avec inquiétude et l'ouvrit.

— On m'a volé! s'écria-t-il en se tournant vers l'aubergiste.

Au lieu de vingt écus d'or que contenait sa bourse, il n'en trouvait que deux.

Maître Eustache haussa les épaules et sourit d'un air de mépris.

— On m'a volé! répéta Mergy en nouant sa ceinture à la hâte. J'avais vingt écus d'or dans cette bourse, et je prétends les ravoir : c'est dans votre maison qu'ils m'ont été pris.

— Par ma barbe! j'en suis bien aise, s'écria insolemment l'aubergiste; cela vous apprendra à vous anger* de sorcières et de voleuses. Mais, ajouta-t-il plus bas, qui se ressemble s'assemble. Tout ce bon gibier de Grève, hérétiques, sorciers et voleurs, se hantent et frayent ensemble.

— Que dis-tu, maraud? s'écria Mergy, d'autant plus en colère qu'il sentait intérieurement la vérité du reproche; et, comme tout homme dans son tort, il saisissait aux cheveux l'occasion d'une querelle.

— Je dis, répliqua l'aubergiste en élevant la voix et mettant le poing sur la hanche, je dis que vous avez tout cassé dans ma maison, et je prétends que vous me payiez jusqu'au dernier sou.

— Je payerai mon écot et pas un liard de plus. Où est le capitaine Corn... Hornstein?

— On m'a bu, continua maître Eustache, criant toujours plus haut, on m'a bu plus de deux cents bouteilles de bon vieux vin, mais vous m'en répondez.

Mergy avait fini de s'habiller tout à fait.

— Où est le capitaine? cria-t-il d'une voix tonnante.

— Il est parti il y a plus de deux heures, et puisse-t-il aller au diable ainsi que tous les huguenots en attendant que nous les brûlions tous!

Un vigoureux soufflet fut la seule réponse que Mergy put trouver dans le moment.

La surprise et la force du coup firent reculer l'aubergiste de deux pas. Le manche de corne d'un grand couteau sortait d'une poche de sa culotte; il y porta la main. Sans doute quelque grand malheur serait arrivé s'il eût cédé au premier mouvement de sa colère. Mais la prudence arrêta l'effet de son courroux en lui faisant remarquer que Mergy étendait la main vers le chevet de son lit, d'où pendait une longue épée. Il renonça aussitôt à un combat inégal, et descendit précipitamment l'escalier en criant à tue-tête : — Au meurtre! au feu!

Maître du champ de bataille, mais fort inquiet des suites de sa victoire, Mergy boucla son ceinturon, y passa ses pistolets, ferma sa valise, et, la tenant à la main, il résolut d'aller porter sa plainte au juge le plus proche. Il ouvrit sa porte, et il mettait le pied sur la première marche de l'escalier, quand une troupe ennemie se présenta inopinément à sa rencontre.

L'hôte marchait le premier, une vieille hallebarde à la main; trois marmitons, armés de broches et de bâtons, le suivaient de près; un voisin, avec une arquebuse rouillée, formait l'arrière-garde. De part et d'autre on ne s'attendait pas à se rencontrer si tôt. Cinq ou six marches seulement séparaient les deux partis ennemis.

Mergy laissa tomber sa valise et saisit un de ses pistolets. Ce mouvement hostile fit voir à maître Eustache et à ses acolytes combien leur ordre de bataille était vicieux. Ainsi que les Perses à la bataille de Salamine, ils avaient négligé de choisir une position où leur nombre pût se déployer avec avantage. Le seul de leur troupe qui portât une arme à feu ne pouvait s'en servir sans blesser ses compagnons qui le précédaient; tandis que les pistolets du huguenot, enfilant toute la longueur de l'escalier, semblaient devoir les renverser [63] tous du même coup. Le petit claquement que fit le chien du pistolet quand Mergy l'arma retentit à leurs oreilles, et leur parut presque aussi effrayant qu'aurait été l'explosion même de l'arme. D'un mouvement spontané la colonne ennemie fit volte-face et courut chercher dans la cuisine un champ de bataille plus vaste et plus avantageux. Dans le désordre inséparable d'une retraite précipitée, l'hôte, voulant tourner sa hallebarde, l'embarrassa dans ses jambes et tomba. En ennemi généreux, dédaignant de faire usage de ses armes, Mergy se contenta de lancer sur les fugitifs sa valise, qui tombant sur eux comme un quartier de roc, et, accélérant son mouvement à chaque marche, acheva la déroute. L'escalier demeura vide d'ennemis, et la hallebarde rompue restait pour trophée.

Mergy descendit rapidement dans la cuisine, où déjà l'ennemi s'était reformé sur une seule ligne. Le porteur d'arquebuse avait son arme haute et soufflait sa mèche allumée. L'hôte, tout couvert de sang, car son nez avait été violemment meurtri dans sa chute, se tenait derrière ses amis, tel que Ménélas blessé derrière les rangs des Grecs. Au lieu de Machaon ou de Podalire*, sa femme, les cheveux en désordre et sa coiffe dénouée [64], lui essuyait la figure avec une serviette sale.

Mergy prit son parti sans balancer. Il marcha droit à celui qui tenait l'arquebuse, et lui présenta la bouche de son pistolet à la poitrine.

— Jette ta mèche ou tu es mort! s'écria-t-il.

La mèche tomba à terre, et Mergy, appuyant sa botte sur le bout de corde enflammé, l'éteignit. Aussitôt tous les confédérés mirent bas les armes en même temps.

— Pour vous, dit Mergy en s'adressant à l'hôte, la petite correction que vous avez reçue de moi vous apprendra sans doute à traiter les étrangers avec plus de politesse : si je voulais, je vous ferais retirer votre enseigne par le bailli du lieu; mais je ne suis pas méchant. Voyons, combien vous dois-je pour mon écot?

Maître Eustache, remarquant qu'il avait désarmé son redoutable pistolet, et qu'en parlant il le remettait à sa ceinture, reprit un peu de courage, et, tout en s'essuyant, il murmura tristement :

— Briser les plats, battre les gens, casser le nez aux bons chrétiens... faire un vacarme d'enfer... je ne sais comment, après cela, on peut dédommager un honnête homme.

— Voyons, reprit Mergy en souriant. Votre nez cassé, je vous le payerai ce qu'il vaut selon moi. Pour vos plats brisés, adressez-vous aux reîtres; c'est leur affaire. Reste à savoir ce que je vous dois pour mon souper d'hier.

L'hôte regardait sa femme, ses marmitons et son voisin, comme s'il eût voulu leur demander à la fois conseil et protection.

— Les reîtres, les reîtres! dit-il... voir de leur argent, ce n'est pas chose aisée; leur capitaine m'a donné trois livres, et le cornette un coup de pied.

Mergy prit un des écus d'or qui lui restaient. — Allons, dit-il, séparons-nous bons amis. Et il le jeta à maître Eustache, qui, au lieu de tendre la main, le laissa dédaigneusement tomber sur le plancher.

— Un écu ! s'écria-t-il, un écu pour cent bouteilles cassées ; un écu pour ruiner une maison ; un écu pour battre les gens !

— Un écu, rien qu'un écu ! reprit la femme sur un ton aussi lamentable. Il vient ici des gentilshommes catholiques qui parfois font un peu de tapage, mais au moins ils savent le prix des choses.

Si Mergy avait été plus en fonds, il aurait sans doute soutenu la réputation de libéralité de son parti.

— A la bonne heure, répondit-il sèchement, mais ces gentilshommes catholiques n'ont pas été volés. Décidez-vous, ajouta-t-il ; prenez cet écu, ou vous n'aurez rien. Et il fit un pas comme pour le reprendre.

L'hôtesse [65] le ramassa sur-le-champ.

— Allons ! qu'on m'amène mon cheval ; et toi, quitte cette broche et porte ma valise.

— Votre cheval, mon gentilhomme ! dit l'un des valets de maître Eustache en faisant une grimace.

L'hôte, malgré son chagrin, releva la tête, et ses yeux brillèrent un instant d'une expression de joie maligne.

— Je vais vous l'amener moi-même, mon bon seigneur ; je vais vous amener votre bon cheval. Et il sortit, tenant toujours la serviette devant son nez. Mergy le suivit.

Quelle fut sa surprise quand, au lieu du beau cheval alezan qui l'avait amené, il vit un petit cheval pie, vieux, couronné, et défiguré encore par une large cicatrice à la tête ! Au lieu de sa selle de fin velours de Flandre, il voyait une selle de cuir garnie de fer, telle enfin qu'en avaient les soldats.

— Que signifie ceci ? où est mon cheval ?

— Que votre seigneurie prenne la peine d'aller le demander à messieurs les reîtres protestants, répondit l'hôte avec une feinte humilité ; ces dignes étrangers l'ont emmené avec eux : il faut qu'ils se soient trompés à cause de la ressemblance.

— Beau cheval ! dit un des marmitons ; je parierais qu'il n'a pas plus de vingt ans.

— On ne pourra nier que ce soit un cheval de bataille,

dit un autre : voyez quel coup de sabre il a reçu sur le front.

— Quelle superbe robe! ajouta un autre : c'est comme la robe d'un ministre, noir et blanc.

Mergy entra dans l'écurie, qu'il trouva vide.

— Et pourquoi avez-vous souffert qu'on emmenât mon cheval? s'écria-t-il avec fureur.

— Dame! mon gentilhomme, dit celui des valets qui avait soin de l'écurie, c'est le trompette qui l'a emmené, et il m'a dit que c'était un troc arrangé entre vous deux.

La colère suffoquait Mergy, et, dans son malheur, il ne savait à qui s'en prendre.

— J'irai trouver le capitaine, murmurait-il entre ses dents, et il me fera justice du coquin qui m'a volé.

— Certainement, dit l'hôte, votre seigneurie fera bien; car ce capitaine... comment s'appelait-il [66]?... il avait toujours la mine d'un bien honnête homme.

Et Mergy avait déjà fait intérieurement la réflexion que le capitaine avait favorisé, sinon commandé le vol.

— Vous pourrez, par la même occasion, ajouta l'hôte, vous pourrez ravoir vos écus d'or de cette jeune demoiselle; elle se sera trompée, sans doute, en faisant ses paquets au petit jour.

— Attacherai-je la valise de votre seigneurie sur le cheval de votre seigneurie! demanda le garçon d'écurie du ton le plus respectueux et le plus désespérant [67].

Mergy comprit que plus il resterait, plus il aurait à souffrir des plaisanteries de cette canaille. La valise attachée, il s'élança sur sa mauvaise selle; mais le cheval se sentant un maître nouveau, conçut le désir malin d'éprouver ses connaissances dans l'art de l'équitation. Il ne tarda pas beaucoup cependant à s'apercevoir qu'il avait affaire à un excellent cavalier, moins que jamais disposé à souffrir ses gentillesses; aussi, après quelques ruades bien payées par de grands coups d'éperons fort pointus [68], il prit le sage parti d'obéir et de prendre un grand trot de voyage. Mais il avait épuisé une partie de sa vigueur dans sa lutte avec son cavalier, et il lui arriva ce qui arrive toujours aux rosses en pareil cas, il tomba, comme l'on dit, en manquant des quatre pieds. Notre héros se releva aussitôt, légèrement moulu, mais encore plus furieux à cause des huées qui s'élevèrent aussitôt contre lui. Il balança même un instant s'il n'irait pas en tirer vengeance à grands coups de plat d'épée; cependant, par réflexion, il se contenta de faire comme s'il n'entendait pas les injures qu'on lui adressait de loin, et plus lentement il reprit le chemin d'Orléans, poursuivi à distance par une bande d'enfants, dont les plus âgés chantaient la chanson de *Jehan Petaquin* [a], tandis que les plus petits criaient de toutes leurs forces : *Au huguenot ! au huguenot ! les fagots !*

Après avoir chevauché assez tristement pendant près d'une demi-lieue, il réfléchit qu'il n'attraperait probablement pas les reîtres ce jour-là; que son cheval était sans doute vendu; qu'enfin il était plus que douteux que ces messieurs consentissent à le lui rendre. Peu à peu il s'accoutuma à l'idée que son cheval était perdu sans retour; et, comme dans cette supposition il n'avait rien à faire sur la route d'Orléans, il reprit celle de Paris, ou plutôt une traverse, pour éviter de passer devant la malencontreuse auberge témoin de ses désastres. Insensiblement, et comme il s'était habitué de bonne heure à chercher le bon côté de tous les événements de cette vie, il considéra qu'il était fort heureux, à tout prendre, d'en être quitte à si bon compte; il aurait pu être entièrement volé, peut-être assassiné, tandis qu'il lui restait encore un écu d'or, à peu près toutes ses hardes, et un cheval qui, pour être laid, pouvait cependant le porter. S'il faut tout dire, le souvenir de la jolie Mila lui arracha plus d'une fois un sourire. Bref, après quelques heures de marche et un bon déjeuner, il fut presque touché de la délicatesse de cette honnête fille, qui n'emportait que dix-huit écus d'une bourse qui en contenait vingt. Il avait plus de peine à se réconcilier avec la

a. Personnage ridicule d'une vieille chanson populaire*.

perte de son bel alezan, mais il ne pouvait s'empêcher de convenir qu'un voleur plus endurci que le trompette aurait emmené son cheval sans lui en laisser un à la place.

Il arriva le soir à Paris, peu de temps avant la fermeture des portes, et il se logea dans une hôtellerie de la rue Saint-Jacques.

CHAPITRE III

LES JEUNES COURTISANS

IACHIMO. ... The ring is won.
POSTHUMUS. The stone's too hard to come by.
IACHIMO. Not a whit,
Your lady being so easy.

SHAKESPEARE, *Cymbeline**.

En venant à Paris, Mergy espérait être puissamment recommandé à l'amiral Coligny, et obtenir du service dans l'armée qui allait, disait-on, combattre en Flandre sous les ordres de ce grand capitaine. Il se flattait que des amis de son père, pour lesquels il apportait des lettres, appuieraient ses démarches et lui serviraient d'introducteurs à la cour de Charles et auprès de l'Amiral, qui avait aussi une espèce de cour. Mergy savait que son frère jouissait de quelque crédit, mais il était encore fort indécis s'il devait ou non le rechercher [69]. L'abjuration de George Mergy l'avait presque entièrement séparé de sa famille, pour laquelle [70] il n'était guère plus qu'un étranger. Ce n'était pas le seul exemple d'une famille désunie par la différence des opinions religieuses [71]. Depuis longtemps le père de George avait défendu que le nom de l'*apostat* fût prononcé en sa présence, et il avait appuyé sa rigueur par ce passage de l'Évangile : *Si votre œil droit vous donne un sujet de scandale,* *arrachez-le**. Bien que le jeune Bernard ne partageât pas, à beaucoup près, cette inflexibilité, cependant le changement de son frère lui paraissait une tache [72] honteuse pour l'honneur de sa famille, et nécessairement les sentiments de tendresse fraternelle devaient avoir souffert de cette opinion.

Avant de prendre un parti sur la conduite qu'il devait tenir à son égard, avant même de rendre ses lettres de recommandation, il pensa qu'il fallait aviser aux moyens de remplir sa bourse vide, et, dans cette intention, il sortit de son hôtellerie pour aller chez un orfèvre du pont Saint-Michel, qui devait à sa famille une somme qu'il avait charge de réclamer.

A l'entrée du pont il rencontra quelques jeunes gens vêtus avec beaucoup d'élégance, et qui, se tenant par le bras [73], barraient presque entièrement le passage étroit que laissaient sur le pont la multitude de boutiques et d'échoppes qui s'élevaient comme deux murs parallèles, et dérobaient complètement la vue de la rivière aux passants. Derrière ces messieurs [74] marchaient leurs laquais, chacun portant à la main [75], dans le fourreau, une de ces longues épées à deux tranchants que l'on appelait des duels, et un poignard dont la coquille était si large, qu'elle servait au besoin de bouclier*. Sans doute le poids de ces armes paraissait trop lourd à ces jeunes gentilshommes, ou peut-être étaient-ils bien aises de montrer à tout le monde qu'ils avaient des laquais richement habillés.

Ils semblaient en belle humeur, du moins à en juger par leurs éclats de rire continuels. Si une femme bien mise passait auprès d'eux, ils la saluaient avec un mélange de politesse et d'impertinence; tandis que plusieurs de ces étourdis prenaient plaisir à coudoyer rudement de graves bourgeois en manteaux noirs, qui se retiraient en murmurant tout bas mille imprécations contre l'insolence des gens de cour. Un seul de la troupe marchait la tête baissée, et semblait ne prendre aucune part à leurs divertissements.

— Dieu me damne! George, s'écria un de ces jeunes

gens en le frappant [76] sur l'épaule, tu deviens furieusement maussade. Il y a un gros quart d'heure que tu n'as ouvert la bouche. As-tu donc envie de te faire chartreux?

Le nom de George fit tressaillir Mergy, mais il n'entendit pas la réponse de la personne que l'on avait appelée de ce nom.

— Je gage cent pistoles, reprit le premier, qu'il est encore amoureux de quelque dragon de vertu. Pauvre ami! je te plains; c'est avoir du malheur que de rencontrer une cruelle à Paris [77].

— Va-t'en chez le magicien Rudbeck, dit un autre, il te donnera un philtre* pour te faire aimer.

— Peut-être, dit un troisième, peut-être que notre ami le capitaine est amoureux d'une religieuse. Ces diables de huguenots, convertis ou non, en veulent aux épouses du bon Dieu.

Une voix, que Mergy reconnut à l'instant, répondit avec tristesse : — Parbleu! je serais moins triste s'il ne s'agissait que d'amourettes; mais, ajouta-t-il plus bas, de Pons, que j'avais chargé d'une lettre pour mon père, est revenu, et m'a rapporté qu'il persistait à ne plus vouloir entendre parler de moi.

— Ton père est de la vieille roche, dit un des jeunes gens; c'est un de ces vieux huguenots qui voulurent prendre Amboise.

En cet instant, le capitaine George, ayant tourné la tête par hasard, aperçut Mergy. Poussant un cri de surprise, il s'élança vers lui les bras ouverts. Mergy n'hésita pas un instant, il lui tendit les bras et le serra contre son sein. Peut-être, si la rencontre eût été moins imprévue, eût-il essayé de s'armer d'indifférence; mais la surprise rendit à la nature tous ses droits. Dès ce moment ils se revirent comme des amis qui se retrouvent après un long voyage.

Après les embrassades et les premières questions, le capitaine George se tourna vers ses amis, dont quelques-uns s'étaient arrêtés à contempler cette scène. — Messieurs, dit-il, vous voyez cette rencontre inattendue [78]. Pardonnez-moi si je vous quitte pour aller entretenir un frère que je n'ai pas vu depuis plus de sept ans [79].

— Parbleu ! nous n'entendons pas que tu nous quittes aujourd'hui. Le dîner est commandé, il faut [80] que tu en sois. Celui qui parlait ainsi le saisit en même temps par son manteau.

— Béville a raison, dit un autre, et nous ne te laisserons point aller.

— Eh, mordieu ! reprit Béville, que ton frère vienne dîner avec nous. Au lieu d'un bon compagnon, nous en aurons deux.

— Excusez-moi, dit alors Mergy, mai j'ai plusieurs affaires à terminer aujourd'hui. J'ai des lettres à remettre...

— Vous les remettrez demain.

— Il est nécessaire qu'elles soient rendues aujourd'hui... et... ajouta Mergy en souriant et un peu honteux, je vous avouerai que je suis sans argent, et qu'il faut que j'en aille chercher...

— Ah ! par ma foi, l'excuse est bonne ! s'écrièrent-ils tous à la fois. Nous ne souffrirons pas que vous refusiez de dîner avec d'honnêtes chrétiens comme nous, pour aller emprunter à des juifs.

— Tenez, mon cher ami, dit Béville en secouant avec affectation une longue bourse de soie passée dans sa ceinture, faites état de moi comme de votre trésorier. Le *passe-dix** m'a bien traité depuis une quinzaine.

— Allons ! allons ! ne nous arrêtons pas et allons dîner au *More**, reprirent tous les jeunes gens.

Le capitaine regardait son frère encore indécis. — Bah ! tu auras bien le temps de remettre tes lettres. Pour de l'argent, j'en ai ; ainsi viens avec nous. Tu vas faire connaissance avec la vie de Paris.

Mergy se laissa entraîner. Son frère le présenta à tous ses amis l'un après l'autre [81] : le baron de Vaudreuil, le chevalier de Rheincy, le vicomte de Béville, etc. Ils accablèrent de caresses le nouveau venu, qui fut obligé de leur donner l'accolade à tous l'un après l'autre. Béville l'embrassa le dernier.

— Oh ! oh ! s'écria-t-il, Dieu me damne ! camarade, je sens odeur d'hérétique. Je gage ma chaîne d'or contre une pistole que vous êtes de la religion.

— Il est vrai, monsieur, et je ne suis pas si bon religieux que je devrais*.

— Voyez si je ne distingue pas un huguenot entre mille ! Ventre de loup ! comme messieurs les parpaillots* [82] prennent un air sérieux quand ils parlent de leur religion.

— Il me semble qu'on ne devrait jamais parler en plaisantant d'un pareil sujet.

— M. de Mergy a raison, dit le baron de Vaudreuil; et vous, Béville, il vous arrivera malheur pour vos mauvaises railleries des choses sacrées.

— Voyez un peu cette mine de saint, dit Béville à Mergy; c'est le plus fieffé libertin de nous tous, et pourtant il s'avise de temps en temps de nous prêcher.

— Laissez-moi pour ce que je suis, Béville, dit Vaudreuil. Si je suis libertin, c'est que je ne puis dompter la chair [83]; mais du moins je respecte ce qui est respectable.

— Pour moi, je respecte beaucoup... ma mère; c'est la seule honnête femme que j'aie connue. Au surplus, mon brave, catholiques, huguenots, papistes, juifs ou Turcs, ce m'est tout un; je me soucie de leurs querelles comme d'un éperon cassé.

— Impie ! murmura Vaudreuil. Et il fit le signe de la croix sur sa bouche, en se cachant toutefois du mieux qu'il put avec son mouchoir.

— Il faut que tu saches, Bernard, dit le capitaine George, que tu ne trouveras guère parmi nous de disputeurs[84] comme notre savant maître Théobald Wolfsteinius. Nous faisons peu de cas des conversations théologiques, et nous employons mieux notre temps, Dieu merci.

— Peut-être, répondit Mergy avec un peu d'aigreur, peut-être aurait-il été préférable pour toi que tu eusses écouté attentivement les doctes dissertations du digne ministre que tu viens de nommer.

— Trêve sur ce sujet, petit frère; plus tard je t'en reparlerai peut-être : je sais que tu as de moi une opinion... N'importe... Nous ne sommes pas ici pour parler de ces sortes de choses... Je crois que je suis un honnête homme, et tu le verras sans doute un jour... Brisons là, il ne faut penser maintenant qu'à nous amuser.

Il passa la main sur son front comme pour chasser une idée pénible.

— Cher frère! dit tout bas Mergy en lui serrant la main. George répondit par un autre serrement de main, et tous deux s'empressèrent de rejoindre leurs compagnons, qui les précédaient de quelques pas.

En passant devant le Louvre, d'où sortaient nombre de personnes richement habillées [85], le capitaine et ses amis saluaient ou embrassaient presque tous les seigneurs qu'ils rencontraient. Ils présentaient en même temps le jeune Mergy, qui, de cette manière, fit connaissance en un instant avec une infinité de personnages célèbres à cette époque. En même temps il apprenait leurs sobriquets (car alors chaque homme marquant avait le sien), ainsi que les histoires scandaleuses qui se débitaient sur leur compte.

— Voyez-vous, lui disait-on, ce conseiller si pâle et si jaune? C'est messire *Petrus de finibus,* en français Pierre Séguier*, qui, dans tout ce qu'il entreprend, se démène tant et si bien, qu'il arrive toujours à ses fins. Voici le *petit capitaine Brûle-bancs*,* Thoré de Montmorency*; voici l'archevêque de Bouteilles [a86], qui se tient assez droit sur sa mule, attendu qu'il n'a pas encore dîné. — Voici un des héros de votre parti, le brave comte de La Rochefoucauld*, surnommé l'ennemi des choux. Dans la dernière guerre, il a fait cribler d'arquebusades un malheureux carré de choux que sa mauvaise vue [87] lui faisait prendre pour les lansquenets.

En moins d'un quart d'heure Mergy sut le nom des

---

a. L'archevêque de Guise*.

amants de presque toutes les dames de la cour, et le nombre de duels auxquels leur beauté avait donné lieu. Il vit que la réputation d'une dame était en proportion des morts qu'elle avait causées; ainsi, madame de Courtavel, dont l'amant en pied avait tué deux de ses rivaux, était en bien plus grand renom que la pauvre comtesse de Pomerande, qui n'avait donné lieu qu'à un petit duel et une blessure légère.

Une femme d'une riche taille, montée sur une mule blanche conduite par un écuyer, et suivie de deux laquais, attira l'attention de Mergy; ses habits étaient à la mode la plus nouvelle, et tout roides à force de broderies. Autant que l'on en pouvait juger, elle devait être jolie. On sait qu'à cette époque les dames ne sortaient que le visage couvert d'un masque; le sien était de velours noir : on voyait, ou plutôt on devinait, d'après ce qui paraissait par les ouvertures des yeux, qu'elle devait avoir la peau d'une blancheur éblouissante et les yeux d'un bleu foncé.

Elle ralentit le pas de sa mule en passant devant les jeunes gens; et même elle sembla regarder avec quelque attention Mergy, dont la figure lui était inconnue. Sur son passage on voyait toutes les plumes des chapeaux balayer la terre, et elle inclinait la tête avec grâce pour rendre les nombreux saluts que lui adressait la haie d'admirateurs qu'elle traversait. Comme elle s'éloignait, un léger souffle de vent souleva le bas de sa longue robe de satin et laissa voir, comme un éclair, un petit soulier de velours blanc et quelques pouces d'un bas de soie rose.

— Quelle est cette dame que tout le monde salue? demanda Mergy avec curiosité.

— Déjà amoureux! s'écria Béville. Au reste, elle n'en fait jamais d'autres; huguenots et papistes, tous sont amoureux de la comtesse Diane de Turgis.

— C'est une des beautés de la cour, ajouta George, une des plus dangereuses Circés pour nos jeunes galants. Mais, peste! ce n'est pas une citadelle facile à prendre.

— Combien compte-t-elle de duels? demanda en riant Mergy.

— Oh ! elle ne compte que par vingtaines, répondit le baron de Vaudreuil ; mais le bon, c'est qu'elle a voulu se battre elle-même : elle a envoyé un cartel dans les formes à une dame de la cour, qui avait pris le pas sur elle.

— Quel conte ! s'écria Mergy.

— Ce ne serait pas la première, dit George, qui se fût battue de notre temps : elle a envoyé un cartel bien en règle et en bon style à la Sainte-Foix, l'appelant au combat à mort, à l'épée et au poignard, et en chemise, comme ferait un duelliste *raffiné* [a].

— J'aurais bien voulu être le second d'une de ces dames pour les voir toutes deux en chemise, dit le chevalier de Rheincy.

— Et le duel eut lieu ? demanda Mergy.

— Non, répondit George ; on les raccommoda.

— Ce fut lui qui les raccommoda, dit Vaudreuil ; il était alors l'amant de la Sainte-Foix.

— Fi donc ! pas plus que toi, dit George d'un ton fort discret.

— La Turgis est comme Vaudreuil, dit Béville ; elle fait un salmigondis de la religion et des mœurs du temps : elle veut se battre en duel, ce qui est, je crois, un péché mortel, et elle entend deux messes par jour.

— Laisse-moi donc tranquille avec ma messe ! s'écria Vaudreuil.

— Oui, elle va à la messe, reprit Rheincy, mais c'est pour s'y faire voir sans masque.

— C'est pour cela, je crois, que tant de femmes vont à la messe, observa Mergy, enchanté de trouver une occasion de railler la religion qu'il ne professait pas.

— Et au prêche, dit Béville. Quand le sermon est fini, on éteint les lumières, et alors il se passe de belles choses. Par la mort ! cela me donne furieusement envie de me faire luthérien.

— Et vous croyez à ces contes absurdes ? reprit Mergy d'un ton de mépris.

---

a. Cette épithète désignait les duellistes de profession*.

— Si je les crois ! Le petit Ferrand, que nous connaissons tous, allait au prêche d'Orléans pour voir la femme d'un notaire, une femme superbe, ma foi ! il me faisait venir l'eau à la bouche rien qu'en m'en parlant. Il ne pouvait la voir que là ; heureusement qu'un de ses amis, huguenot, lui avait dit le mot de passe : il entrait au prêche, et, dans l'obscurité, je vous laisse à penser si notre camarade employait son temps [88].

— Cela est impossible, dit sèchement Mergy.

— Impossible ! et pourquoi ?

— Parce que jamais un protestant n'aurait la bassesse d'amener un papiste dans un prêche.

Cette réponse fut suivie de grands éclats de rire.

— Ah ! ah ! dit le baron de Vaudreuil, vous croyez que parce qu'un homme est huguenot, il ne peut être ni voleur, ni traître, ni commissionnaire de galanteries ?

— Il tombe de la lune ! s'écria Rheincy.

— Moi, dit Béville, si j'avais à faire remettre un poulet à une huguenote, je m'adresserais à son ministre.

— C'est, sans doute, répondit Mergy, que vous êtes habitué à donner de semblables commissions à vos prêtres ?

— Nos prêtres... dit Vaudreuil rougissant de colère.

— Finissez ces ennuyeuses discussions, interrompit George remarquant « l'offensante aigreur de chaque repartie* [89] » ; laissons là les cafards de toutes les sectes. Je propose que le premier qui prononcera le mot de huguenot, de papiste, de protestant, de catholique, soit mis à l'amende.

— Approuvé ! s'écria Béville ; il sera tenu de nous régaler de bon vin de Cahors à l'hôtellerie où nous allons dîner.

Il y eut un moment de silence.

— Depuis la mort de ce pauvre Lannoy, tué devant Orléans, la Turgis n'a pas d'amant connu, dit George, qui ne voulait pas laisser ses amis sur des idées théologiques.

— Qui oserait affirmer qu'une femme de Paris n'a pas

d'amant? s'écria Béville; ce qui est sûr, c'est que Comminges la serre de bien près.

— C'est pour cela que le petit Navarette a lâché prise, dit Vaudreuil; il a craint un si terrible rival.

— Comminges fait donc le jaloux? demanda le capitaine.

— Il est jaloux comme un tigre, répondit Béville, et il prétend tuer tous ceux qui oseront aimer la belle comtesse; de sorte que, pour ne pas rester sans amant, elle sera obligée de prendre Comminges.

— Quel est donc cet homme redoutable? demanda Mergy, qui éprouvait une vive curiosité, sans pouvoir s'en rendre compte, pour tout ce qui regardait de près ou de loin la comtesse de Turgis.

— C'est, lui répondit Rheincy, un de nos plus fameux *raffinés;* et comme vous venez de la province, je veux bien vous expliquer le beau langage. Un raffiné est un galant homme dans la perfection, un homme qui se bat quand le manteau d'un autre touche le sien, quand on crache à quatre pieds de lui, ou pour tout autre motif aussi légitime*.

— Comminges, dit Vaudreuil, mena un jour un homme au Pré-aux-Clercs [a]; ils ôtent leurs pourpoints et tirent l'épée. — N'es-tu pas Berny d'Auvergne? demanda Comminges. — Point du tout, répond l'autre; je m'appelle Villequier, et je suis de Normandie.

— Tant pis, repartit Comminges, je t'ai pris pour un autre; mais, puisque je t'ai appelé, il faut nous battre. Et il le tua bravement*.

Chacun cita quelque trait de l'adresse ou de l'humeur querelleuse de Comminges. La matière était riche, et cette conversation les mena jusque hors de la ville, à l'auberge du *More*, située au milieu d'un jardin, près du lieu [90] où l'on bâtissait [91] le château des Tuileries, commencé en 1564* [92]. Plusieurs gentilshommes de la

a. Lieu classique alors pour les duels. Le Pré-aux-Clercs s'étendait en face du Louvre, sur le terrain compris entre la rue des Petits-Augustins et la rue du Bac*.

connaissance de George et de ses amis s'y rencontrèrent, et l'on se mit à table en nombreuse compagnie.

Mergy, qui était assis à côté du baron de Vaudreuil, observa qu'en se mettant à table il faisait le signe de la croix et récitait à voix basse et les yeux fermés cette singulière prière :

Laus Deo, pax vivis, salutem defunctis, et beata viscera virginis Mariæ quæ portaverunt æterni Patris Filium !*

— Savez-vous le latin, monsieur le baron? lui demanda Mergy.

— Vous avez entendu ma prière?

— Oui, mais je vous avoue que je ne l'ai pas comprise.

— A vous dire le vrai, je ne sais pas le latin et je ne sais pas trop ce que [93] cette prière veut dire; mais je la tiens d'une de mes tantes qui s'en est toujours bien trouvée, et, depuis que je m'en sers, je n'en ai vu que de bons effets.

— J'imagine que c'est un latin catholique, et par conséquent nous autres huguenots nous ne pouvons [94] le comprendre !

— A l'amende! à l'amende! s'écrièrent à la fois Béville et le capitaine George. Mergy s'exécuta de bonne grâce, et l'on couvrit la table de nouvelles bouteilles qui ne tardèrent pas à mettre la compagnie en belle humeur.

La conversation devint bientôt plus bruyante, et Mergy profita du tumulte pour causer avec son frère sans faire attention à ce qui se passait autour d'eux.

Ils furent tirés de leur *a parte* à la fin du second service par le bruit d'une violente dispute qui venait de s'élever entre deux des convives.

— Cela est faux! s'écriait le chevalier de Rheincy.

— Faux! dit Vaudreuil. Et sa figure, naturellement pâle, devint comme celle d'un cadavre.

— C'est la plus vertueuse, la plus chaste des femmes, continua le chevalier.

Vaudreuil sourit amèrement et leva les épaules. Tous les yeux étaient fixés sur les acteurs de cette scène, et chacun paraissait vouloir attendre, dans une neutralité silencieuse, le résultat de la querelle.

— De quoi s'agit-il, messieurs, et pourquoi ce tapage [95]? demanda le capitaine, prêt, selon son ordinaire, à s'opposer [96] à toute infraction à la paix.

— C'est notre ami le chevalier, répondit tranquillement Béville, qui veut que la Sillery*, sa maîtresse, soit chaste, tandis que notre ami de Vaudreuil prétend qu'elle ne l'est pas et qu'il en sait quelque chose.

Un éclat de rire général qui s'éleva aussitôt augmenta la fureur de Rheincy, qui regardait avec des yeux enflammés de rage et Vaudreuil et Béville.

— Je pourrais montrer de ses lettres, dit Vaudreuil.

— Je t'en défie ! s'écria le chevalier.

— Eh bien ! dit Vaudreuil avec un ricanement très méchant, je vais lire une de ses lettres à ces messieurs. Ils connaissent peut-être son écriture aussi bien que moi, car je n'ai pas la prétention d'être seul honoré de ses billets et de ses bonnes grâces. Voici un billet que j'ai reçu d'elle aujourd'hui même. Et il parut fouiller dans sa poche comme pour en tirer une lettre.

— Tu mens par ta gorge !

La table était trop large pour que la main du baron pût toucher son adversaire, assis en face de lui.

— Je te ferai avaler le démenti jusqu'à ce qu'il t'étouffe ! s'écria-t-il. Et il accompagna cette phrase d'une bouteille qu'il lui jeta à la tête. Rheincy évita le coup, et, renversant sa chaise dans sa précipitation, il courut à la muraille pour décrocher son épée qu'il y avait suspendue.

Tous se levèrent, quelques-uns pour s'entremettre dans la querelle, la plupart pour éviter d'en être trop près.

— Arrêtez, fous que vous êtes ! s'écria George en se mettant devant le baron, qui se trouvait le plus près de lui. Deux amis doivent-ils se battre pour une misérable femmelette ?

— Une bouteille jetée à la tête vaut un soufflet, dit

froidement Béville. Allons, chevalier, mon ami, flamberge au vent!

— Franc jeu! franc jeu! faites place! s'écrièrent presque tous les convives.

— Holà! Jeannot, ferme la porte, dit nonchalamment l'hôte du *More,* habitué à voir des scènes semblables; si les archers passaient, cela pourrait interrompre ces gentilshommes et nuire à la maison [97].

— Vous battrez-vous dans une salle à manger comme des lansquenets ivres? poursuivit George, qui voulait gagner du temps; attendez au moins à demain.

— A demain soit, dit Rheincy. Et il fit le mouvement de remettre son épée dans le fourreau.

— Il a peur, notre petit chevalier, dit Vaudreuil.

Aussitôt Rheincy, écartant tous ceux qui se trouvaient sur son passage, s'élança sur son ennemi. Tous deux s'attaquèrent avec fureur; mais Vaudreuil avait eu le temps de rouler avec soin une serviette autour de son bras gauche, et il s'en servait avec adresse pour parer les coups de taille; tandis que Rheincy, qui avait négligé une semblable précaution, reçut une blessure à la main gauche dès les premières passes. Cependant il ne laissait pas [98] de combattre avec courage, appelant son laquais et lui demandant son poignard. Béville arrêta le laquais, prétendant que, Vaudreuil n'ayant pas de poignard, son adversaire ne devait pas en avoir non plus. Quelques amis du chevalier réclamèrent; des paroles fort aigres furent échangées, et sans doute le duel se fût changé en une escarmouche, si Vaudreuil n'y eût mis fin en renversant son adversaire frappé d'un coup dangereux à la poitrine. Il mit promptement le pied sur l'épée de Rheincy pour l'empêcher de la ramasser, et leva la sienne pour lui donner le coup de grâce. Les lois du duel permettaient cette atrocité.

— Un ennemi désarmé! s'écria George. Et il lui arracha son épée.

La blessure du chevalier n'était pas mortelle, mais il perdait beaucoup de sang. On le pansa du mieux qu'on put avec des serviettes, pendant qu'avec un rire forcé il disait entre ses dents que l'affaire n'était pas finie.

Bientôt parurent un moine et un chirurgien, qui se disputèrent quelque temps le blessé. Le chirurgien cependant eut la préférence, et, ayant fait transporter son patient au bord de la Seine, il le conduisit dans un bateau jusqu'à son logement.

Tandis que les valets emportaient les serviettes ensanglantées et lavaient le pavé rougi, d'autres mettaient de nouvelles bouteilles sur la table. Pour Vaudreuil [99], après avoir soigneusement essuyé son épée, il la remit au fourreau, fit le signe de la croix, puis, avec un imperturbable sang-froid, il tira de sa poche une lettre, réclama le silence [100], et lut la première ligne, qui excita de grands éclats de rire :

« *Mon chéri, cet ennuyeux chevalier, qui m'obsède**... »

— Sortons d'ici, dit Mergy à son frère avec une expression de dégoût.

Le capitaine le suivit. La lettre occupait l'attention générale, et leur absence ne fut pas remarquée.

CHAPITRE IV

LE CONVERTI

> Don Juan.
>
> Quoi ! tu prends pour de bon argent ce que je viens de dire, et tu crois que ma bouche était d'accord avec mon cœur?
>
> Molière, *le Festin de Pierre**.

Le capitaine George rentra dans la ville avec son frère, et le conduisit à son logement. En marchant, ils échangèrent à peine quelques paroles; la scène dont ils venaient d'être les témoins leur avait laissé une impression pénible qui leur faisait involontairement garder le silence.

Cette querelle et le combat irrégulier qui l'avait suivie n'avaient rien d'extraordinaire à cette époque. D'un bout de la France à l'autre, la susceptibilité chatouilleuse de la noblesse donnait lieu aux événements les plus funestes, au point que, d'après un calcul modéré, sous le règne de Henri III et sous celui de Henri IV, la fureur des duels coûta la vie à plus de gentilshommes que dix années de guerres civiles.

Le logement du capitaine était meublé avec élégance. Des rideaux de soie à fleurs et des tapis de couleurs brillantes [101] attirèrent d'abord les yeux de Mergy, accoutumés à plus de simplicité. Il entra dans un cabinet que son frère appelait son *oratoire,* le mot de boudoir n'étant pas encore inventé. Un prie-Dieu en chêne fort bien sculpté, une madone peinte par un artiste italien, et un bénitier garni d'un grand rameau de buis, semblaient justifier la pieuse désignation de cette chambre; tandis qu'un lit de repos couvert de damas noir, une glace de Venise, un portrait de femme, des armes et des instruments de musique, indiquaient des habitudes un peu mondaines de la part de son propriétaire.

Mergy jeta un coup d'œil méprisant sur le bénitier et le rameau de buis, qui lui rappelaient tristement l'apostasie de son frère. Un petit laquais apporta des confitures, des dragées et du vin blanc : le thé et le café n'étaient pas encore en usage, et le vin remplaçait toutes ces boissons élégantes pour nos simples aïeux.

Mergy, un verre à la main, reportait toujours ses regards de la madone au bénitier, et du bénitier au prie-Dieu. Il soupira profondément, et, regardant son frère nonchalamment étendu sur le lit de repos : — Te voilà donc tout à fait papiste ! dit-il. Que dirait notre mère si elle était ici ?

Cette idée parut affecter douloureusement le capitaine. Il fronça ses sourcils épais, et fit un geste de la main comme pour prier son frère de ne pas entamer un tel sujet ; mais celui-ci poursuivit impitoyablement :

— Est-il possible que tu aies abjuré du cœur la croyance de notre famille, comme tu l'as abjurée des lèvres ?

— La croyance de notre famille !... Elle n'a jamais été la mienne... Qui ? moi... croire aux sermons hypocrites de vos ministres nasillards !... moi !...

— Sans doute ! et il vaut mieux croire au purgatoire, à la confession, à l'infaillibilité du pape ! il vaut mieux s'agenouiller devant les sandales poudreuses d'un capucin ! Un temps viendra où tu ne croiras pas pouvoir dîner sans réciter la prière du baron de Vaudreuil.

— Écoute, Bernard, je hais les disputes, surtout celles où il s'agit de religion ; mais il faut bien que tôt ou tard je m'explique avec toi, et, puisque nous en sommes là-dessus, finissons-en : je vais te parler à cœur ouvert.

— Ainsi tu ne crois pas à toutes les absurdes invention des papistes ?

Le capitaine haussa les épaules et fit résonner un de ses larges éperons en laissant tomber le talon de sa botte sur le plancher. Il s'écria. — Papistes ! huguenots ! superstition des deux parts. Je ne sais point croire ce que ma raison me montre comme absurde. Nos litanies et vos psaumes, toutes ces fadaises se valent. Seulement, ajouta-t-il en souriant, il y a quelquefois de bonne musique dans nos églises, tandis que chez vous c'est une guerre à mort aux oreilles délicates.

— Belle supériorité pour ta religion, et il y a là de quoi lui faire des prosélytes !

— Ne l'appelle pas ma religion, car je n'y crois pas plus qu'à la tienne. Depuis que j'ai su penser par moi-même, depuis que ma raison a été à moi...

— Mais...

— Ah ! trêve de sermons. Je sais par cœur tout ce que tu vas me dire. Moi aussi j'ai eu mes espérances, mes craintes. Crois-tu que je n'ai pas fait des efforts puissants pour conserver les heureuses superstitions de mon enfance ? J'ai lu tous nos docteurs pour y chercher des consolations contre les doutes qui m'effrayaient, et je n'ai fait que [102] les accroître. Bref, je n'ai pu et je ne puis croire. Croire est un don précieux qui m'a été refusé, mais pour rien au monde je ne chercherais à en priver les autres*.

— Je te plains.

— A la bonne heure, et tu as raison. — Protestant, je ne croyais pas au prêche ; catholique, je ne crois pas davantage à la messe. Eh morbleu ! les atrocités de nos guerres civiles ne suffiraient-elles pas pour déraciner la foi la plus robuste ?

— Ces atrocités sont l'ouvrage des hommes seuls, et des hommes qui ont perverti la parole de Dieu.

— Cette réponse n'est pas de toi ; mais tu trouveras bon que je ne sois pas encore convaincu. Votre Dieu, je ne le comprends pas, je ne puis le comprendre... Et si je croyais [103], ce serait, comme dit notre ami Jodelle, *sous bénéfice d'inventaire**.

— Puisque les deux religions te sont indifférentes, pourquoi donc cette abjuration qui a tant affligé ta famille et tes amis ?

— J'ai vingt fois écrit à mon père pour lui expliquer mes motifs et me justifier ; mais il a jeté mes lettres au feu sans les ouvrir, et il m'a traité plus mal que si j'avais commis quelque grand crime.

— Ma mère et moi nous désapprouvions cette rigueur excessive; et sans les ordres...

— Je ne sais ce qu'on a pensé de moi. Peu m'importe! Voici ce qui m'a déterminé à un coup de tête [104], que je ne referais pas, sans doute, s'il était à refaire...

— Ah! j'ai toujours pensé que tu t'en repentais.

— M'en repentir! non; car je ne crois pas avoir fait une mauvaise action. Lorsque tu étais au collège, apprenant le latin et le grec, j'avais endossé la cuirasse, ceint l'écharpe blanche [a]*, et je combattais à nos premières guerres civiles. Votre petit prince de Condé, qui a fait faire tant de fautes à votre parti, votre prince de Condé s'occupait de vos affaires quand ses amours lui en laissaient le temps. Une dame m'aimait, le prince me la demanda; je la lui refusai, il devint mon ennemi mortel. Il prit dès lors à tâche de me mortifier de toutes les manières.

« Ce petit prince si joli
« Qui toujours baise sa mignonne*, »

il me désignait aux fanatiques du parti comme un monstre de libertinage et d'irréligion. Je n'avais qu'une maîtresse, et j'y tenais. Pour ce qui est de l'irréligion... je laissais les autres en paix : pourquoi me déclarer la guerre?

— Je n'aurais jamais cru le prince capable d'un trait si noir.

— Il est mort, et vous en avez fait un héros. C'est ainsi que va le monde. Il avait des qualités : il est mort en brave, je lui ai pardonné. Mais alors il était puissant, et un pauvre gentilhomme comme moi lui semblait criminel s'il osait lui résister.

Le capitaine se promena quelque temps par la chambre, et continua d'une voix [105] qui trahissait une émotion toujours croissante :

a. Les réformés avaient adopté cette couleur.

— Tous les ministres, tous les cagots de l'armée furent bientôt déchaînés contre moi [106]. Je me souciais aussi peu de leurs aboiements que de leurs sermons. Un gentilhomme du prince, pour lui faire sa cour, m'appela *paillard* devant tous nos capitaines. Il y gagna un soufflet, et je le tuai. Il y avait bien douze duels par jour dans notre armée, et nos généraux avaient l'air de ne pas s'en apercevoir. On fit une exception pour moi, et le prince me destinait à servir d'exemple à toute l'armée. Les prières de tous les seigneurs, et, je suis obligé d'en convenir, celles de l'Amiral, me valurent ma grâce. Mais la haine du prince ne fut pas satisfaite. Au combat de Jazeneuil*, je commandais une compagnie de pistoliers; j'avais été des premiers à l'escarmouche : ma cuirasse faussée de deux arquebusades, mon bras gauche traversé d'un coup de lance, montraient que je ne m'y étais pas épargné. Je n'avais plus que vingt hommes autour de moi, et un bataillon des Suisses [107] du roi marchait contre nous. Le prince de Condé m'ordonne de faire une charge... je lui demande deux compagnies de reîtres... et... il m'appela lâche!

Mergy se leva et prit la main de son frère [108]. Le capitaine poursuivit, les yeux étincelants de colère et se promenant toujours :

— Il m'appela lâche devant tous ces gentilhommes dans leurs armures dorées, qui, peu de mois après, l'abandonnèrent à Jarnac* et le laissèrent tuer. Je crus qu'il fallait mourir; je m'élançai sur les Suisses en jurant que si, par fortune, j'en échappais, je ne tirerais jamais l'épée pour un prince si injuste [109]. Grièvement blessé, jeté à bas de mon cheval, j'allais être tué, quand un des gentilshommes du duc d'Anjou, Béville, ce fou avec qui nous avons dîné, me sauva la vie et me présenta au duc. On me traita bien. J'avais soif de vengeance. On me cajola, on me pressa de prendre du service auprès de mon bienfaiteur, le duc d'Anjou; on me cita ce vers :

Omne solum forti patria est, ut piscibus æquor*.

Je voyais avec indignation les protestants appeler les étrangers dans notre patrie... Mais pourquoi ne pas te dire la seule raison qui me détermina? Je voulais me venger, et je me fis catholique dans l'espoir de rencontrer le prince de Condé sur un champ de bataille et de le tuer. C'est un lâche qui s'est chargé de lui payer ma dette... La manière dont il a été tué m'a presque fait oublier ma haine... Je le vis sanglant, en butte aux outrages des soldats; j'arrachai ce cadavre de leurs mains et je le couvris de mon manteau* : — J'étais engagé avec les catholiques; je commandais un escadron de leur cavalerie, je ne pouvais plus les quitter. Heureusement je crois avoir rendu quelques services à mon ancien parti; j'ai tâché, autant qu'il m'a été possible, d'adoucir les fureurs d'une guerre de religion [110], et j'ai eu le bonheur de sauver plusieurs de mes anciens amis.

— Olivier de Basseville publie partout qu'il te doit la vie.

— Me voilà [111] donc catholique, dit George d'une voix plus calme. Cette religion en vaut bien une autre; car il est si facile de s'accommoder avec leurs dévots! Vois cette jolie madone : c'est le portrait d'une courtisane italienne; les cagots admirent ma piété en se signant devant la prétendue vierge. Crois-moi, j'ai bien meilleur marché d'eux [112] que de nos ministres. Je puis vivre comme je veux, en faisant de très légers sacrifices à l'opinion de la canaille. Eh bien! il faut aller à la messe; j'y vais de temps en temps regarder les jolies femmes. Il faut un confesseur : parbleu! j'ai un brave cordelier, ancien arquebusier à cheval, qui, pour un écu, me donne un billet de confession, et, par-dessus le marché, se charge de remettre mes billets doux à ses jolies pénitentes. Mort de ma vie! vive la messe!

Mergy ne put s'empêcher de sourire.

— Tiens, poursuivit le capitaine, voici mon livre de messe. Et il lui jeta un livre richement relié, dans un étui de velours, et garni de fermoirs d'argent. — Ces Heures-là valent bien vos livres de prières.

Mergy lut sur le dos : HEURES DE LA COUR.

— La reliure est belle, dit-il d'un air de dédain en lui rendant le livre.

Le capitaine l'ouvrit et le lui rendit en souriant. Mergy lut alors sur la première page : *La vie très horrifique du grand Gargantua, père de Pantagruel, composée par M. Alcofribas, abstracteur de Quintessence**.

— Parlez-moi de ce livre-là ! s'écria le capitaine en riant; j'en fais plus de cas que de tous les volumes de théologie de la bibliothèque de Genève.

— L'auteur de ce livre était, dit-on, rempli de savoir, mais il n'en a pas fait un bon usage.

George haussa les épaules.

— Lis ce volume, Bernard, et tu m'en parleras après.

Mergy prit le livre, et, après un moment de silence :

— Je suis fâché qu'un dépit, légitime sans doute, t'ait entraîné à une action [113] dont tu te repentiras sans doute [114] un jour.

Le capitaine baissait la tête, et ses yeux, attachés sur le tapis étendu sous ses pieds, semblaient en observer curieusement les dessins. — Ce qui est fait est fait, dit-il enfin avec un soupir étouffé. Peut-être un jour reviendrai-je au prêche, ajouta-t-il plus gaiement. Mais brisons là, et promets-moi de ne plus me parler de choses si [115] ennuyeuses.

— J'espère que tes propres réflexions feront plus que mes discours ou mes conseils.

— Soit ! Maintenant, causons de tes affaires. Quel est ton intention en venant à la cour?

— J'espère être assez recommandé à M. l'Amiral pour qu'il veuille bien m'admettre au nombre de ses gentilshommes dans la campagne qu'il va faire dans les Pays-Bas.

— Mauvais plan. Il ne faut pas qu'un gentilhomme qui se sent du courage et une épée au côté, prenne ainsi de gaieté de cœur le rôle de valet. Entre comme volontaire dans les gardes du roi; dans ma compagnie de chevau-légers, si tu veux. Tu feras la campagne, ainsi que nous tous, sous les ordres de l'Amiral, mais au moins tu ne seras le domestique de personne.

— Je n'ai aucune envie d'entrer dans la garde du roi : j'y ai même quelque répugnance. J'aimerais assez être soldat dans ta compagnie, mais mon père veut que je fasse ma première campagne sous les ordres immédiats de M. l'Amiral.

— Je vous reconnais bien là, messieurs les huguenots Vous prêchez l'union, et, plus que nous, vous êtes entichés de vos vieilles rancunes.

— Comment?

— Oui, le roi est toujours à vos yeux un tyran, un *Achab**, comme vos ministres l'appellent. Que dis-je? ce n'est pas même un roi, c'est un usurpateur, et, depuis la mort de *Louis XIII* [a], c'est *Gaspard Ier* qui est roi de France.

— Quelle mauvaise plaisanterie!

— Au reste, autant vaut que tu sois au service du vieux Gaspard qu'à celui du duc de Guise; M. de Châtillon est un grand capitaine, et tu apprendras la guerre sous lui.

— Ses ennemis mêmes l'estiment.

— Il y a cependant certain coup de pistolet qui lui a fait du tort.

— Il a prouvé son innocence, et, d'ailleurs, sa vie entière dément le lâche assassinat de Poltrot*.

— Connais-tu l'axiome latin : *Fecit cui profuit ?* Sans ce coup de pistolet, Orléans était pris.

— Ce n'était, à tout prendre, qu'un homme de moins dans l'armée catholique.

— Oui, mais quel homme! N'as-tu donc jamais entendu ces deux mauvais vers*, qui valent bien ceux de vos psaumes :

> Autant que sont de Guisards demeurés,
> Autant a-t-il en France de Mérés [b].

---

a. Le prince Louis de Condé, qui fut tué à Jarnac, était accusé par les catholiques de prétendre à la couronne*. — L'amiral de Coligny s'appelait Gaspard.

b. Poltrot de Méré, qui assassina le grand François, duc de Guise, au

— Menaces puériles, et rien de plus. La kyrielle serait longue si j'avais à raconter tous les crimes des Guisards.

Au reste, pour rétablir la paix en France, si j'étais roi, voici ce que je voudrais faire. Je ferais mettre les Guises et les Châtillons dans un bon sac de cuir, bien cousu et bien noué; puis je les ferais jeter à l'eau avec cent mille livres de fer, de peur qu'un seul n'échappât. Il y a encore quelques gens que je voudrais mettre dans mon sac.

— Il est heureux que tu ne sois pas roi de France.

La conversation prit alors une tournure plus enjouée : on abandonna la politique comme la théologie, et les deux frères se racontèrent toutes les petites aventures qui leur étaient advenues depuis qu'ils avaient été séparés. Mergy fut assez franc pour faire [116] les honneurs de son histoire à l'auberge du *Lion-d'Or* : son frère en rit de bon cœur, et le plaisanta beaucoup sur la perte de ses dix-huit écus et de son bon [117] cheval alezan.

Le son des cloches d'une église voisine se fit entendre.

— Parbleu ! s'écria le capitaine, allons au sermon ce soir; je suis persuadé que tu t'y amuseras.

— Je te remercie, mais je n'ai pas encore envie de me convertir.

— Viens, mon cher, c'est le frère Lubin qui doit prêcher aujourd'hui. C'est un cordelier qui rend la religion si plaisante, qu'il y a toujours foule pour l'entendre. D'ailleurs toute la cour doit aller à Saint-Jacques aujourd'hui; c'est un spectacle à voir.

— Et madame la comtesse de Turgis y sera-t-elle, et ôtera-t-elle son masque?

— A propos, elle ne peut manquer de s'y trouver. Si tu veux te mettre sur les rangs, n'oublie pas, à la sortie du sermon, de te placer à la porte de l'église pour lui offrir de l'eau bénite. Voilà encore une des jolies céré-

---

siège d'Orléans, au moment où la ville était réduite aux abois. Coligny se justifia assez mal d'avoir commandé ou de n'avoir pas empêché ce meurtre.

monies de la religion catholique. Dieu ! que de jolies mains j'ai pressées, que de billets doux j'ai remis en offrant de l'eau bénite !

— Je ne sais, mais cette eau bénite me dégoûte tellement, que je crois que pour rien au monde je n'y mettrais le doigt.

Le capitaine l'interrompit par un éclat de rire. Tous deux prirent leurs manteaux et se rendirent à l'église Saint-Jacques [118], où déjà bonne et nombreuse compagnie se trouvait rassemblée.

CHAPITRE V

LE SERMON

> « Bien fendu de gueule, beau despêcheur d'Heures, beau desbrideur de messes, beau descrotteur de vigiles ; pour tout dire sommairement : vrai moine si oncques en fut, depuis que le monde moinant moina de moinerie. »
>
> RABELAIS*.

Comme le capitaine George et son frère traversaient l'église pour chercher une place commode et près du prédicateur, leur attention fut attirée par des éclats de rire qui partaient de la sacristie ; ils y entrèrent et virent un gros homme [119], à la mine réjouie et enluminée, revêtu de la robe de Saint-François, et engagé dans une conversation fort animée avec une demi-douzaine de jeunes gens richement vêtus.

— Allons, mes enfants, disait-il, dépêchez, les dames s'impatientent; donnez-moi mon texte.

— Parlez-nous des bons tours que ces dames jouent à leurs maris, dit un des jeunes gens, que George reconnut aussitôt pour Béville.

— La matière est riche, j'en conviens, mon garçon; mais que puis-je dire qui vaille le sermon du prédicateur de Pontoise, qui s'écria : « Je m'en vais jeter mon bon« net à la tête de celle d'entre vous qui a planté le plus « de cornes à son mari! » Sur quoi il n'y eut pas une seule femme dans l'église qui ne se couvrît la tête du bras ou de la mante, comme pour parer le coup*.

— Oh! père Lubin*, dit un autre, je ne suis venu au sermon qu'à cause de vous : contez-nous aujourd'hui quelque chose de gaillard, là; parlez-nous [120] un peu du péché d'amour, qui est présentement si fort à la mode.

— A la mode! oui, à votre mode, messieurs, qui n'avez que vingt-cinq ans; mais moi j'en ai cinquante bien comptés. A mon âge on ne peut plus parler d'amour. J'ai oublié ce que c'est que ce péché-là.

— Ne faites pas la petite bouche, père Lubin; vous sauriez discourir là-dessus maintenant aussi bien que jamais : nous vous connaissons.

— Oui, prêchez sur la luxure, ajouta Béville, toutes ces dames diront que vous êtes plein de votre sujet.

Le cordelier répondit à cette plaisanterie par un clignement d'œil malin, dans lequel perçaient l'orgueil et le plaisir qu'il éprouvait à s'entendre reprocher un vice de jeune homme.

— Non, je ne veux pas prêcher là-dessus, parce que nos belles de la cour ne voudraient plus se confesser à moi, si je me montrais trop sévère sur cet article-là; et, en conscience, si j'en parlais, ce serait pour montrer comment on se damne à tout jamais... pourquoi?... pour une minute de bon temps.

— Eh bien!... Ah! voici le capitaine! Allons, George, donne-nous un texte de sermon. Le père Lubin s'est engagé à prêcher sur le premier sujet que nous lui fournirons.

— Oui, dit le moine, mais dépêchez-vous, mort de ma vie ! car je devrais déjà être en chaire.

— Peste, père Lubin ! vous jurez aussi bien que le roi* ! s'écria le capitaine.

— Je parie qu'il ne jurerait pas dans son sermon, dit Béville.

— Pourquoi pas, si l'envie m'en prenait ? répondit hardiment le père Lubin.

— Je parie dix pistoles que vous n'oseriez pas.

— Dix pistoles ? Tope !

— Béville, dit le capitaine, je suis de moitié dans ton pari.

— Non, non, repartit celui-ci, je veux gagner tout seul l'argent du beau père ; et s'il jure, ma foi ! je ne regretterai pas mes dix pistoles : jurements de prédicateur valent bien dix pistoles.

— Et moi, je vous annonce que j'ai déjà gagné, dit le père Lubin ; je commence mon sermon par trois jurons. Ah ! messieurs les gentilshommes, vous croyez que, parce que vous portez une rapière au côté et une plume au chapeau, vous avez seuls le talent de jurer ? Nous allons voir !

En parlant ainsi, il sortait de la sacristie, et dans un instant il fut en chaire. Aussitôt le plus profond silence régna dans l'assemblée.

Le prédicateur parcourut des yeux la foule qui se pressait autour de sa chaire, comme pour chercher son parieur ; et lorsqu'il l'eut découvert, adossé contre un pilier [121] précisément en face de lui, il fronça les sourcils, mit le poing sur la hanche, et du ton d'un homme en colère, commença de la sorte :

« Mes chers frères,

« *Par la vertu ! par la mort ! par le sang !...*

Un murmure de surprise et d'indignation interrompit le prédicateur, ou plutôt remplit la pause qu'il laissait à dessein.

« ... de Dieu, » continua le cordelier *d'un ton de nez fort dévot**, « nous sommes sauvés et délivrés de l'enfer*. »

Un éclat de rire universel l'interrompit une seconde fois. Béville tira sa bourse de sa ceinture, et la secoua avec affectation devant le prédicateur, avouant ainsi qu'il avait perdu.

« Eh bien ! mes frères, continua l'imperturbable frère « Lubin, vous voilà bien contents, n'est-ce pas? *Nous « sommes sauvés et délivrés de l'enfer.* Voilà de belles « paroles, pensez-vous ; nous n'avons plus qu'à nous « croiser les bras et à nous réjouir. Nous sommes quittes « de ce vilain feu [122] d'enfer. Pour celui du purgatoire, ce « n'est que brûlure de chandelle, qui se guérit avec « l'onguent d'une douzaine de messes. Sus, mangeons, « buvons, allons voir Catin.

« Ah ! pécheurs endurcis que vous êtes ! voilà sur quoi « vous comptez ! Or çà, c'est frère Lubin qui vous le dit, « vous comptez sans votre hôte.

« Vous croyez donc, messieurs les hérétiques, « huguenots huguenotisant, vous croyez donc que c'est « pour vous délivrer de l'enfer que notre Sauveur a bien « voulu se laisser mettre en croix? Quelque sot* ! Ah ! « ah ! vraiment oui ! c'est pour pareille canaille qu'il « aurait versé son précieux sang ! C'eût été, révérence « parlant, jeter des *perles* aux *pourceaux**, et tout au « contraire, Notre-Seigneur jetait les *pourceaux* aux « *perles* : car les *perles* sont dans la mer, et Notre-« Seigneur jeta deux milles *pourceaux* dans la mer. « *Et ecce impetu abiit totus grex praeceps in mare**. Bon « voyage, messieurs les pourceaux, et puissent tous les « hérétiques prendre le même chemin ! »

Ici l'orateur toussa et s'arrêta un moment pour regarder l'assemblée et jouir de l'effet que produisait son éloquence sur les fidèles. Il reprit :

« Ainsi, messieurs les huguenots, convertissez-vous, « et faites diligence ; autrement... foin de vous ! vous « n'êtes ni sauvés ni délivrés de l'enfer : donc tournez-« moi les talons au prêche, et vive la messe !

« Et vous, mes chers frères les catholiques, vous vous « frottez les mains et vous vous léchez les doigts, vous « pensant déjà aux faubourgs du paradis. Franchement,

« mes frères, il y a plus loin de la cour où vous vivez en « paradis (même en prenant par la traverse) que de « Saint-Lazare à la porte Saint-Denis.

« LA VERTU, LA MORT, LE SANG DE DIEU *vous ont « sauvés et délivrés de l'enfer...* Oui, en vous délivrant du « péché originel, d'accord; mais gare à vous si Satan « vous rattrape! Et je vous le dis : *Circuit quaerens « quem devoret**.

« O mes chers frères! Satan est un escrimeur qui en « remontrerait à Grand-Jean, à Jean-Petit et à « l'Anglais*, et, je vous le dis en vérité, rudes sont les « assauts qu'il nous livre!

« Car, aussitôt que nous quittons nos jaquettes pour « prendre des hauts-de-chausses, je veux dire dès que « nous sommes en âge de pécher *mortellement,* messire « Satan nous appelle sur le *Pré-aux-Clercs* de la vie. « Les armes que nous apportons sont les divins sacre- « ments; lui, il porte tout un arsenal : ce sont nos « péchés, armes offensives et défensives à la fois.

« Il me semble le voir entrer en champ clos, la « *Gourmandise* sur le ventre : voilà sa cuirasse; la « *Paresse* lui sert d'éperons; à sa ceinture est la *Luxure,* « c'est un estoc dangereux; l'*Envie* est sa dague; il porte « l'*Orgueil* sur la tête comme un gendarme son armet [123]; « il garde dans sa poche l'*Avarice* pour s'en servir au « besoin; et pour la *Colère,* avec les injures et tout ce qui « s'ensuit, il les tient dans sa bouche : ce qui vous fait « voir qu'il est armé jusqu'aux dents.

« Quand Dieu a donné le signal, Satan ne vous dit « pas, comme ces duellistes courtois : Mon gentil- « homme, êtes-vous en garde? mais il fond sur le chré- « tien, tête baissée, sans dire gare! Le chrétien, qui « s'aperçoit qu'il va recevoir une botte de *Gourmandise* « au milieu de l'estomac, pare avec le *Jeûne.* »

Ici le prédicateur, pour se rendre plus intelligible, décrocha un crucifix et commença à s'en escrimer, poussant des bottes et faisant des parades, comme un maître d'armes ferait avec son fleuret pour démontrer un coup difficile.

« Satan, en se retirant, lui décharge un grand fendant « de *Colère;* puis, faisant une feinte d'*Hypocrisie,* vous « lui pousse en quarte une botte d'*Orgueil.* Le chrétien « se couvre d'abord avec la *Patience,* puis il riposte à « l'*Orgueil* avec une botte d'*Humilité.* Satan, irrité, lui « donne d'abord un coup d'estoc de *Luxure ;* mais, le « voyant rendu sans effet par une parade de *Mortifica-* « *tions,* il se jette à corps perdu sur son adversaire, lui « donnant à la fois un croc-en-jambe de *Paresse* et un « coup de dague d'*Envie,* tandis qu'il essaye de lui faire « entrer l'*Avarice* dans le cœur. C'est alors qu'il faut « avoir bon pied, bon œil. Par le *Travail* on se délivre « du croc-en-jambe de *Paresse,* de la dague d'*Envie* par « l'*Amour du prochain* (parade bien difficile, mes frères); « et, quant à la botte d'*Avarice,* il n'y a que la *Charité* « qui puisse la détourner.

« Mais, mes frères, combien y en a-t-il d'entre vous, « attaqués ainsi en tierce et en quarte, d'estoc et de « taille, qui trouveraient une parade toujours prête à « toutes les bottes de l'*ennemi ?* J'ai vu plus d'un cham- « pion porté par terre, et alors, s'il n'a pas bien vite « recours à la *Contrition,* il est perdu; et ce dernier « moyen, il faut en user plus tôt que plus tard. Vous « croyez, vous autres courtisans, qu'un *peccavi* n'est pas « long à dire. Hélas! mes frères, combien de pauvres « moribonds veulent dire *peccavi,* à qui la voix manque « sur le *pec !* et crac! voilà une âme emportée par le « diable; l'aille chercher qui voudra. »

Le frère Lubin continua encore quelque temps à donner carrière à son éloquence; et, lorsqu'il abandonna la chaire, un amateur de beau langage remarqua que son sermon, qui n'avait duré qu'une heure, contenait trente-sept pointes et d'innombrables traits d'esprit semblables à ceux que je viens de citer. Catholiques et protestants avaient également applaudi au prédicateur, qui demeura longtemps au pied de la chaire, entouré d'une foule empressée qui venait de toutes les parties de l'église pour lui offrir des félicitations.

Pendant le sermon, Mergy avait plusieurs fois

demandé où était la comtesse de Turgis; son frère l'avait inutilement cherchée des yeux. Ou la belle comtesse n'était pas dans l'église, ou bien elle se cachait à ses admirateurs dans quelque coin obscur.

— Je voudrais, disait Mergy en sortant, je voudrais que toutes les personnes qui viennent d'assister à cet absurde sermon entendissent sur-le-champ les simples exhortations d'un de nos ministres...

— Voici la comtesse de Turgis, lui dit tout bas le capitaine en lui serrant le bras.

Mergy tourna la tête, et vit passer sous le portail obscur, avec la rapidité de l'éclair [124], une femme fort richement parée, et que conduisait par la main un jeune homme blond, mince, fluet, d'une mine efféminée, et dont le costume offrait une négligence peut-être étudiée. La foule s'ouvrait devant eux avec un empressement mêlé de terreur. Ce cavalier était le terrible Comminges.

Mergy eut à peine le temps de jeter un coup d'œil sur la comtesse. Il ne pouvait se rendre compte de ses traits, et cependant ils avaient fait sur lui une grande impression; mais Comminges lui avait mortellement déplu, sans qu'il pût s'expliquer pourquoi. Il s'indignait de voir un homme si faible en apparence et déjà possesseur de tant de renommée. — Si par hasard, pensa-t-il, la comtesse aimait quelqu'un dans cette foule, cet odieux Comminges le tuerait! il a juré de tuer tous ceux qu'elle aimera. Il mit involontairement la main sur la garde de son épée; mais aussitôt il eut honte de ce transport. — Que m'importe, après tout? Je ne lui envie pas sa conquête, que d'ailleurs j'ai à peine vue. Cependant ces idées lui avaient laissé une impression pénible, et pendant tout le chemin de l'église à la maison du capitaine il garda le silence.

Ils trouvèrent le souper servi. Mergy mangea peu; et, aussitôt que la table fut enlevée, il voulut retourner à son hôtellerie. Le capitaine consentit à le laisser sortir [125], mais sous la promesse qu'il viendrait le lendemain s'établir définitivement dans sa maison.

Il n'est pas besoin de dire que Mergy trouva chez son

frère argent, cheval, etc., et de plus la connaissance du tailleur de la cour et du seul marchand où un gentilhomme, curieux d'être bien vu des dames, pouvait acheter ses gants, ses fraises *à la confusion** et ses souliers *à cric* ou *à pont levis**.

Enfin, la nuit étant tout à fait noire, il retourna à son auberge accompagné de deux laquais de son frère, armés de pistolets et d'épées; car les rues de Paris, après huit heures du soir, étaient alors plus dangereuses que la route de Séville à Grenade ne l'est encore aujourd'hui.

CHAPITRE VI

UN CHEF DE PARTI

> Jocky of Norfolk be not too bold,
> For Dickon thy master is bought and sold.
> SHAKESPEARE, *K. Richard III**.

Bernard de Mergy, de retour dans son humble auberge, jeta tristement les yeux sur son ameublement usé et terni. Quand il compara dans son esprit les murs de sa chambre, autrefois blanchis à la chaux, maintenant enfumés et noircis, avec les brillantes tentures de soie de l'appartement qu'il venait de quitter; quand il se rappela cette jolie madone peinte, et qu'il ne vit sur la muraille devant lui qu'une vieille image de saint, alors une idée assez vile entra dans son âme. Ce luxe, cette élégance, les faveurs des dames, les bonnes grâces du roi, tant de choses désirables enfin, n'avaient coûté à George qu'un seul mot, un seul mot bien facile à prononcer, car il suffisait qu'il partît des lèvres, et l'on n'allait pas [126] interroger le fond des cœurs. Aussitôt se présentèrent à sa mémoire les noms de plusieurs protestants qui, en abjurant leur religion, s'étaient élevés aux honneurs ; et, comme le diable se fait arme de tout, la parabole de l'Enfant prodigue revint à son esprit, mais avec cette étrange moralité, que l'on ferait plus de fête à un huguenot converti qu'à un catholique persévérant.

Ces pensées, qui se reproduisaient sous toutes les formes et comme malgré lui, l'obsédaient, tout en lui inspirant du dégoût. Il prit une *Bible* de Genève, qui avait appartenu à sa mère, et lut pendant quelque temps. Plus calme alors, il posa le livre, et, avant de fermer les yeux, il fit en lui-même le serment de vivre et de mourir dans la religion de ses pères.

Malgré sa lecture et son serment, ses rêves se ressentirent des aventures de la journée. Il rêva de rideaux de soie de pourpre, de vaisselle d'or ; puis les tables étaient renversées, les épées brillaient, et le sang coulait avec le vin. Puis la madone peinte s'animait ; elle sortait de son cadre et dansait devant lui. Il cherchait à fixer ses traits dans sa mémoire, et alors seulement il s'apercevait qu'elle portait un masque noir. Mais ses yeux bleu foncé et ces deux lignes de peau blanche qui perçaient à travers les ouvertures du masque !... Les cordons du masque tombaient, une figure céleste apparaissait, mais sans contours fixes ; c'était comme l'image d'une nymphe [127] dans une eau troublée. Involontairement il baissait les yeux, bien vite il les relevait, et ne voyait plus que le terrible Comminges, une épée sanglante à la main.

Il se leva de bonne heure, fit porter chez son frère son léger bagage, et, refusant de visiter avec lui les curiosités de la ville, il se rendit seul à l'hôtel de Châtillon pour présenter à l'Amiral la lettre dont son père l'avait chargé.

Il trouva la cour de l'hôtel encombrée de valets et de chevaux, parmi lesquels [128] il eut de la peine à se frayer un passage jusqu'à une vaste antichambre remplie d'écuyers et de pages, qui, bien qu'ils n'eussent d'autres armes que leurs épées, ne laissaient pas de former une garde imposante autour de l'Amiral*. Un huissier en habit noir, jetant les yeux sur le collet de dentelle de Mergy et sur une chaîne d'or que son frère lui avait prêtée, ne fit aucune difficulté de l'introduire sur-le-champ dans la galerie où se trouvait son maître.

Des seigneurs, des gentilshommes, des ministres de l'Évangile, au nombre de plus de quarante personnes, tous debout, la tête découverte et dans une attitude respectueuse, entouraient l'Amiral. Il était très simplement vêtu et tout en noir. Sa taille était haute, mais un peu voûtée, et les fatigues de la guerre avaient imprimé sur son front chauve plus de rides que les années. Une longue barbe blanche tombait sur sa poitrine. Ses joues, naturellement creuses, le paraissaient encore davantage à cause d'une blessure dont la cicatrice enfoncée était à peine cachée par sa longue moustache; à la bataille de Moncontour, un coup de pistolet lui avait percé la joue et cassé plusieurs dents*. L'expression de sa physionomie était plutôt triste que sévère, et l'on disait que depuis la mort du brave Dandelot [a]* personne ne l'avait vu sourire. Il était debout, la main appuyée sur une table couverte de cartes et de plans, au milieu desquels s'élevait une énorme Bible in-4°. Des cure-dents épars au milieu des cartes et des papiers rappelaient une habitude dont on le raillait souvent*. Assis au bout de la table, un secrétaire paraissait fort occupé à écrire des lettres qu'il donnait ensuite à l'Amiral pour les signer.

A la vue de ce grand homme qui, pour ses coreligionnaires, était plus qu'un roi, car il réunissait en une seule personne le héros et le saint, Mergy se sentit frappé de tant de respect, qu'en l'abordant il mit involontairement un genou en terre. L'Amiral, surpris et fâché de cette marque extraordinaire de vénération, lui fit signe de se relever, et prit avec un peu d'humeur la lettre que le jeune enthousiaste lui remit. Il jeta un

a. Son frère.

coup d'œil sur les armoiries du cachet. — C'est de mon vieux camarade le baron de Mergy, dit-il, et vous lui ressemblez tellement, jeune homme, qu'il faut que vous soyez son fils.

— Monsieur, mon père aurait désiré que son grand âge lui eût permis de venir lui-même vous présenter ses respects.

— Messieurs, dit Coligny après avoir lu la lettre et se tournant vers les personnes qui l'entouraient, je vous présente le fils du baron de Mergy, qui a fait plus de deux cents lieues pour être des nôtres. Il paraît que nous ne manquerons pas de volontaires pour la Flandre. Messieurs, je vous demande votre amitié pour ce jeune homme; vous avez tous la plus haute estime pour son père.

Aussitôt Mergy reçut à la fois vingt accolades et autant d'offres de service.

— Avez-vous déjà fait la guerre, Bernard, mon ami? demanda l'Amiral. Avez-vous jamais entendu le bruit des arquebusades [129]?

Mergy répondit en rougissant qu'il n'avait pas encore eu le bonheur de combattre pour la religion.

— Félicitez-vous plutôt, jeune homme, de n'avoir pas été forcé [130] de répandre le sang de vos concitoyens, dit Coligny d'un ton grave; grâce à Dieu, ajouta-t-il avec un soupir, la guerre civile est terminée! la religion respire, et, plus heureux que nous, vous ne tirerez votre épée que contre les ennemis de votre roi et de votre patrie*. Puis, mettant la main sur l'épaule du jeune homme : — J'en suis sûr, vous ne démentirez pas le sang dont vous sortez. Selon l'intention de votre père, vous servirez d'abord avec mes gentilshommes; et quand nous rencontrerons les Espagnols, prenez-leur un étendard, et aussitôt vous aurez une cornette dans mon régiment.

— Je vous jure, s'écria Mergy d'un ton résolu, qu'à la première rencontre je serai cornette, ou bien mon père n'aura plus de fils!

— Bien, mon brave garçon, tu parles comme parlait

ton père. Puis il appela son intendant. — Voici mon intendant maître Samuel; et, si tu as besoin d'argent pour t'équiper, tu t'adresseras à lui.

L'intendant s'inclina devant Mergy, qui se hâta de faire ses remerciements et de refuser [131]. — Mon père et mon frère, dit-il, pourvoient amplement à mon entretien.

— Votre frère?... C'est le capitaine [132] George Mergy qui, depuis les premières guerres, a abjuré sa religion?

Mergy baissa tristement la tête; ses lèvres remuèrent, mais on n'entendit pas sa réponse.

— C'est un brave soldat, continua l'Amiral; mais qu'est-ce que le courage sans la crainte de Dieu? Jeune homme, vous avez dans votre famille un modèle à suivre et un exemple à éviter.

— Je tâcherai d'imiter les actions glorieuses de mon frère... et non son changement.

— Allons, Bernard, venez me voir souvent, et faites état de moi comme d'un ami. Vous n'êtes pas ici en trop bon lieu pour les mœurs, mais j'espère vous en tirer bientôt pour vous mener là où il y aura de la gloire à gagner [133].

Mergy s'inclina respectueusement et se retira dans le cercle qui entourait l'Amiral.

— Messieurs, dit Coligny reprenant la conversation que l'arrivée de Mergy avait interrompue, je reçois de tous côtés de bonnes nouvelles. Les assassins de Rouen ont été punis...

— Ceux de Toulouse ne le sont point, dit un vieux ministre à la physionomie sombre et fanatique.

— Vous vous trompez, monsieur. La nouvelle m'en est parvenue à l'instant. De plus, la chambre mi-partie [a] est déjà établie à Toulouse. Chaque jour Sa Majesté nous prouve que sa justice est la même pour tous.

a. Par le traité qui termina la troisième guerre civile, on avait établi dans plusieurs parlements des chambres de justice dont la moitié des conseillers professaient la religion calviniste. Ils devaient connaître des affaires entre catholiques et protestants.

Le vieux ministre secoua la tête d'un air incrédule.

Un vieillard à barbe blanche, et vêtu de velours noir, s'écria : — Sa justice est la même, oui ! les Châtillon, les Montmorency et les Guise tous ensemble, Charles et sa digne mère voudraient les abattre tous d'un seul coup.

— Parlez plus respectueusement du roi, M. de Bonissan, dit Coligny d'un ton sévère. Oublions, oublions enfin de vieilles rancunes. Que l'on ne dise pas que les catholiques pratiquent mieux que nous le divin précepte de l'oubli des injures.

— Par les os de mon père ! cela leur est plus facile qu'à nous, murmura Bonissan. Vingt-trois de mes proches martyrisés ne sortent pas si aisément de ma mémoire.

Il parlait ainsi avec aigreur, quand un vieillard fort cassé, d'une mine repoussante, et enveloppé dans un manteau gris tout usé, entra dans la galerie, fendit la presse et remit un papier cacheté à Coligny.

— Qui êtes-vous ? demanda celui-ci sans rompre le cachet.

— Un de vos amis, répondit le vieillard d'une voix rauque. Et il sortit sur-le-champ.

— J'ai vu cet homme sortir ce matin de l'hôtel de Guise, dit un gentilhomme [134].

— C'est un magicien, dit un autre.

— Un empoisonneur, dit un troisième.

— Le duc de Guise l'envoie pour empoisonner M. l'Amiral.

— M'empoisonner, dit l'Amiral en haussant les épaules, m'empoisonner dans une lettre !

— Rappelez-vous les gants de la reine de Navarre [a] ! s'écria Bonissan.

— Je ne crois pas plus au poison des gants qu'au

a. « Sa mort fut causée, dit d'Aubigné (*Hist. univ.*, t. II, chap. II), par « un poison, que des gants de senteur communiquèrent au cerveau, « façon de messer René, Florentin, exécrable depuis, mesme aux « ennemis de cette princesse*. »

poison de la lettre; mais je crois que le duc de Guise ne peut commettre une lâcheté!

Il allait ouvrir la lettre, quand Bonissan se jeta sur lui et lui saisit les mains en s'écriant : — Ne la décachetez pas, ou vous allez respirer un venin mortel!

Tous les assistants se pressèrent autour de l'Amiral, qui faisait quelques efforts pour se débarrasser de Bonissan.

— Je vois sortir une vapeur noire de la lettre! s'écria une voix.

— Jetez-la! jetez-la! fut le cri général.

— Laissez-moi, fous que vous êtes, disait l'Amiral en se débattant. Dans l'espèce de lutte qu'il avait à soutenir, le papier tomba sur le plancher [135].

— Samuel, mon ami! s'écria Bonissan, montrez-vous bon serviteur. Ouvrez-moi ce paquet, et ne le rendez à votre maître qu'après vous être assuré qu'il ne contient rien de suspect.

La commission n'était pas du goût de l'intendant. Sans balancer, Mergy ramassa la lettre et en rompit le cachet. Aussitôt il se trouva fort à l'aise au centre d'un cercle vide, chacun s'étant reculé comme si une mine allait éclater au milieu de l'appartement : pourtant nulle vapeur maligne ne sortit : personne même n'éternua. Un papier assez sale, avec quelques lignes d'écriture, était tout ce que contenait cette enveloppe si redoutée.

Les mêmes personnes qui avaient été les premières à s'écarter furent aussi les premières à se rapprocher en riant, aussitôt que toute apparence de danger eut disparu.

— Que signifie cette impertinence? s'écria Coligny avec colère, et se débarrassant enfin de l'étreinte de Bonissan : ouvrir une lettre qui m'est adressée!

— Monsieur l'Amiral, si par hasard ce papier eût contenu quelque poison assez subtil pour vous tuer par la respiration, il eût mieux valu qu'un jeune homme comme moi en fût victime, que vous, dont l'existence est si précieuse pour la religion.

Un murmure d'admiration s'éleva autour de lui. Coligny lui serra la main avec attendrissement, et après un moment de silence : — Puisque tu as tant fait que de décacheter cette lettre, dit-il avec bonté, lis-nous ce qu'elle contient.

Mergy lut aussitôt ce qui suit :

« Le ciel est éclairé à l'occident de lueurs sanglantes. « Des étoiles ont disparu dans le firmament, et des épées « enflammées ont été vues dans les airs. Il faut être « aveugle pour ne pas comprendre ce que ces signes pré- « sagent. Gaspard ! ceins ton épée, chausse tes éperons, « ou bien dans peu de jours les *geais* se repaîtront de « ta chair. »

— Il désigne les Guises par ces *geais,* dit Bonissan ; le nom d'un oiseau est mis là au lieu de la lettre qui se prononce de même.

L'Amiral leva les épaules avec dédain, et tout le monde garda le silence ; mais il était évident que la prophétie avait fait une certaine impression sur l'assemblée.

— Que de gens à Paris qui s'occupent de sottises [136] ! dit froidement Coligny. Ne dit-on pas qu'il y a près de dix mille coquins à Paris qui ne vivent d'autre métier que de celui de prédire l'avenir ?

— L'avis, tel qu'il est, n'est pas à mépriser, dit un capitaine d'infanterie. Le duc de Guise a dit assez publiquement qu'il ne dormirait tranquille que lorsqu'il vous aurait donné de l'épée dans le ventre.

— Il est si facile à un assassin de pénétrer jusqu'à vous ! ajouta Bonissan. A votre place, je n'irais au Louvre que cuirassé.

— Allez, mon camarade, répondit l'Amiral, ce n'est pas à de vieux soldats comme nous que s'adressent les assassins. Ils ont plus peur de nous que nous d'eux*.

Il s'entretint alors pendant quelque temps de la campagne de Flandre et des affaires de la religion. Plusieurs personnes lui remirent des placets pour les présenter au roi ; il les recevait tous avec bonté, adressant [137] à chaque solliciteur des paroles affables. Dix heures sonnèrent, et il demanda son chapeau et ses gants pour se rendre au Louvre. Quelques-uns des assistants prirent alors congé de lui : un grand nombre le suivit pour lui servir de cortège et de garde à la fois.

CHAPITRE VII

Du plus loin que le capitaine aperçut son frère, il lui cria : — Eh bien ! as-tu vu Gaspard Ier ? Comment t'a-t-il reçu ?

— Avec une bonté que je n'oublierai jamais.

— Je m'en réjouis fort.

— Oh ! George, quel homme !...

— Quel homme ! Un homme à peu près comme un autre ; ayant un peu plus d'ambition et un peu plus de patience que mon laquais, sans parler de la différence de l'origine. La naissance de M. de Châtillon a fait beaucoup pour lui.

— Est-ce sa naissance qui lui a montré l'art de la guerre, et qui en a fait le premier capitaine de notre temps ?

— Non sans doute, mais son mérite ne l'a pas empêché d'être toujours battu*. — Bah ! laissons cela. Aujourd'hui tu as vu l'Amiral, c'est fort bien ; à tout seigneur tout honneur, et il fallait commencer par faire ta cour à M. de Châtillon. Maintenant... veux-tu venir demain à la chasse ? et là je te présenterai à quelqu'un qui vaut bien aussi la peine qu'on le voie ; je veux dire Charles, roi de France.

— J'irais à la chasse du roi !

— Sans doute, et tu y verras les plus belles femmes et les plus beaux chevaux de la cour. Le rendez-vous est au château de Madrid, et nous devons y être demain de bonne heure. Je te donnerai mon cheval gris pommelé, et je te garantis que tu n'auras pas besoin de l'éperonner pour être toujours sur les chiens.

Un laquais remit à Mergy une lettre que venait d'apporter un page du roi. Mergy l'ouvrit, et sa surprise fut égale à celle de son frère en y trouvant un brevet de cornette. Le sceau du roi était attaché à cette pièce, d'ailleurs en très bonne forme.

— Peste ! s'écria George, voilà une faveur bien soudaine ! Mais comment diable Charles IX, qui ne sait pas que tu es au monde, t'envoie-t-il un brevet de cornette ?

— Je crois en avoir l'obligation à M. l'Amiral, dit Mergy. Et il raconta alors à son frère l'histoire de la lettre mystérieuse qu'il avait décachetée avec tant de courage. Le capitaine rit beaucoup de la fin de l'aventure, et l'en railla sans pitié.

CHAPITRE VIII

DIALOGUE ENTRE LE LECTEUR ET L'AUTEUR

— Ah ! monsieur l'auteur, quelle belle occasion vous avez là de faire des portraits ! Et quels portraits ! Vous allez nous mener au château de Madrid*, au milieu de la cour. Et quelle cour ! Vous allez nous la montrer, cette cour franco-italienne ? Faites-nous connaître l'un après l'autre [138] tous les caractères qui s'y distinguent. Que de choses nous allons apprendre ! et qu'une journée passée au milieu de tant de grands personnages doit être intéressante !

— Hélas ! monsieur le lecteur, que me demandez-vous là ? Je voudrais bien avoir le talent d'écrire une Histoire de France ; je ne ferais pas de contes. Mais, dites-moi, pourquoi voulez-vous que je vous fasse faire connaissance avec des gens qui ne doivent point jouer de rôle dans mon roman ?

— Mais vous avez le plus grand tort de ne pas leur y faire jouer un rôle. Comment ! vous me transportez à l'année 1572, et vous prétendez vous esquiver* [139] les portraits de tant d'hommes remarquables ! Allons, il n'y a pas à hésiter. Commencez; je vous donne la première phrase : *La porte du salon s'ouvrit, et l'on vit paraître...**

— Mais, monsieur le lecteur, il n'y avait pas de *salon* au château de Madrid; les salons...

— Eh bien ! *La grande salle était remplie d'une foule... etc... parmi laquelle on distinguait...** *etc.*

— Que voulez-vous qu'on y distingue?

— Parbleu ! *primo,* Charles IX !...

— *Secundo ?*

— Halte-là. Décrivez d'abord son costume, puis vous me ferez son portrait physique, enfin son portrait moral*. C'est aujourd'hui la grande route pour tout faiseur de romans [140].

— Son costume? Il était habillé en chasseur, avec un grand cor de chasse passé autour du cou.

— Vous êtes bref.

— Pour son portrait physique... attendez... Ma foi, vous feriez bien d'aller voir son buste au musée d'Angoulême*. Il est dans la seconde salle, nº 98.

— Mais, monsieur l'auteur, j'habite la province; voulez-vous que j'aille à Paris tout exprès pour voir un buste de Charles IX?

— Eh bien ! figurez-vous un jeune homme assez bien fait, la tête un peu enfoncée dans les épaules; il tend le cou, et présente gauchement le front en avant; le nez est un peu gros; il a les lèvres minces, longues, et la supérieure très avancée; son teint est blafard, et ses gros yeux verts ne regardent jamais la personne avec laquelle il s'entretient*. Au reste, on ne lit pas écrit dans ses yeux : SAINT-BARTHÉLEMY, ni rien de semblable. Point; seulement son expression est plutôt stupide et inquiète que dure et farouche. Vous vous la représenterez assez bien en pensant à un jeune Anglais entrant seul dans un vaste salon où tout le monde est assis. Il traverse une haie de femmes bien parées, qui se taisent quand il passe. Accrochant la robe de l'une, heurtant la chaise de l'autre, à grand-peine il parvient jusqu'à la maîtresse de la maison; et alors seulement il s'aperçoit qu'en descendant de voiture [141], la manche de son habit, rencontrant la roue, s'est couverte de crotte. — Il n'est pas que vous n'ayez vu de ces mines effarées; peut-être même vous êtes-vous regardé dans une glace, avant que l'usage du monde vous eût parfaitement rassuré sur votre entrée...

— Et Catherine de Médicis?

— Catherine de Médicis? Diable! je n'y songeais pas. Je pense que c'est pour la dernière fois que j'écris son nom : c'est une grosse femme encore fraîche, et, comme l'on dit, assez bien pour son âge, avec un gros nez et des lèvres pincées, comme quelqu'un qui éprouve les premières atteintes du mal de mer. Elle a les yeux à demi fermés, elle bâille à tout moment; sa voix est monotone, et dit du même ton : *Ah! qui me délivrera de cette odieuse Béarnaise?* et : *Madeleine, donnez du lait sucré à mon chien de Naples.*

— Bon! mais faites-lui dire quelques mots un peu plus remarquables. Elle vient de faire empoisonner Jeanne d'Albret*, au moins le bruit en a couru, et cela doit paraître.

— Point du tout; car, si cela paraissait, où serait cette dissimulation si célèbre? Ce jour-là, d'ailleurs, j'en suis bien informé, elle ne parla d'autre chose que du temps.

— Et Henri IV? et Marguerite de Navarre? Montrez-nous Henri, brave, galant, bon surtout; Marguerite glissant un billet doux dans la main d'un page pendant que Henri, de son côté, serre la main d'une des dames d'honneur de Catherine.

— Pour Henri IV, personne ne devinerait dans ce petit garçon* [142] étourdi le héros et le futur roi de France. Il a déjà oublié sa mère, morte depuis quinze jours seulement. Il ne parle qu'à un piqueur, engagé dans une dissertation à perte de vue sur les fumées du cerf que l'on va lancer. Je vous en fais grâce, surtout si, comme je l'espère, vous n'êtes pas chasseur.

— Et Marguerite?

— Elle était un peu indisposée, et gardait la chambre.

— Bonne manière de s'en débarrasser. Et le duc d'Anjou? et le prince de Condé? et le duc de Guise? et

Tavannes, Retz*, La Rochefoucauld*, Téligny*? et Thoré*? et Méru*? et tant d'autres?

— Ma foi, vous les connaissez mieux que moi. Je vais vous parler de mon ami Mergy.

— Ah! je m'aperçois que je ne trouverai pas dans votre roman ce que j'y cherchais.

— Je le crains.

CHAPITRE IX

LE GANT

Cayó se un escarpin de la derecha
Mano, que de la izquierda importa poco,
A la señora Blanca, y amor loco
A dos fidalgos disparó la flecha.

Lope de Vega, *El guante de Doña Blanca**.

La cour était au château de Madrid. La reine mère, entourée de ses dames, attendait dans sa chambre que le roi vînt déjeuner avec elle avant de monter à cheval; et le roi, suivi des princes, traversait lentement une galerie où se tenaient tous les hommes qui devaient l'accompagner à la chasse. Il écoutait avec distraction les phrases [143] que lui adressaient les courtisans, et leur répondait souvent avec brusquerie. Quand il passa devant les deux frères, le capitaine fléchit le genou, et présenta le nouveau cornette. Mergy, s'inclinant profondément, remercia Sa Majesté de l'honneur qu'il venait d'en recevoir avant de l'avoir mérité.

— Ah! c'est vous dont mon père l'Amiral m'a parlé? Vous êtes le frère du capitaine George?

— Oui, sire.

— Êtes-vous catholique ou huguenot?

— Sire, je suis protestant.

— Ce que j'en dis, ce n'est que par curiosité ; car le diable m'emporte si je me soucie de la religion de ceux qui me servent bien.

Le roi, après ces paroles mémorables, entra chez la reine.

Quelques moments après, un essaim de femmes [144] se répandit dans la galerie, et semblait envoyé pour faire prendre patience aux cavaliers. Je ne parlerai que d'une seule des beautés de cette cour si fertile en beautés : je veux dire de la comtesse de Turgis, qui joue un grand rôle dans cette histoire. Elle portait un habillement [145] d'amazone à la fois leste et galant, et elle n'avait pas encore mis son masque. Son teint d'une blancheur éblouissante, mais uniformément pâle, faisait ressortir ses cheveux d'un noir de jais ; ses sourcils bien arqués, en se touchant légèrement par l'extrémité, donnaient à sa physionomie un air de dureté ou plutôt d'orgueil, sans rien ôter à la grâce de l'ensemble de ses traits. On ne distinguait d'abord dans ses grands yeux bleus qu'une expression de fierté dédaigneuse ; mais dans une conversation animée, on voyait bientôt sa pupille grandir et se dilater comme celle d'un chat ; ses regards devenaient de feu, et il était difficile, même à un fat consommé, d'en soutenir quelque temps l'action magique.

— La comtesse de Turgis ! Qu'elle est belle aujourd'hui ! murmuraient les courtisans. Et chacun se pressait pour la mieux voir. Mergy, qui se trouva sur son passage, fut tellement frappé de sa beauté, qu'il resta immobile, et ne pensa à se ranger pour lui faire passage que lorsque les larges manches de soie de la comtesse touchèrent son pourpoint.

Elle remarqua son émotion, peut-être avec plaisir, et daigna fixer un instant ses beaux yeux sur ceux de Mergy, qui se baissèrent aussitôt, tandis que ses joues se couvraient d'une vive rougeur. La comtesse sourit, et en passant laissa tomber [146] un de ses gants devant notre héros, qui, toujours immobile et hors de lui, ne pensa pas même à le ramasser. Aussitôt un jeune homme blond (ce n'était autre que Comminges), qui se trouvait derrière Mergy, le poussa rudement pour passer devant lui, se saisit du gant, et, après l'avoir baisé avec respect, le remit à madame de Turgis. Celle-ci, sans le remercier, se tourna vers Mergy, qu'elle regarda quelque temps, mais avec une expression de mépris foudroyante : puis remarquant auprès de lui le capitaine George : Capitaine, dit-elle très haut, dites-moi d'où nous vient ce grand dadais? Sûrement c'est quelque huguenot, à en juger par sa courtoisie.

Un éclat de rire général acheva de déconcerter le malheureux qui en était l'objet.

— C'est mon frère, madame, répondit George un peu moins haut; il est à Paris depuis trois jours, et, sur mon honneur, il n'est pas plus gauche que n'était Lannoy avant que vous ne prissiez soin de le former.

La comtesse rougit un peu. — Capitaine, voilà une méchante plaisanterie. Ne parlez pas mal des morts. Tenez, donnez-moi la main; j'ai à vous entretenir de la part d'une dame qui n'est pas trop contente de vous.

Le capitaine lui prit respectueusement la main, et la conduisit dans une embrasure de fenêtre éloignée; mais, en marchant, elle se retourna encore une fois pour regarder Mergy.

Encore tout ébloui de l'apparition de la belle comtesse, qu'il brûlait de regarder, et sur laquelle il n'osait lever les yeux, Mergy se sentit frapper doucement sur l'épaule. Il se retourna, et vit le baron de Vaudreuil, qui, le prenant par la main, le conduisit à l'écart pour lui parler, disait-il, sans crainte d'être interrompu.

— Mon cher ami, dit le baron, vous êtes tout nouveau dans ce pays, et peut-être ne savez-vous pas encore comment vous y conduire?

Mergy le regarda d'un air étonné.

— Votre frère est occupé, et ne peut vous donner de conseils; si vous le permettez, je le remplacerai.

— Je ne sais, monsieur, ce qui...

— Vous avez été gravement offensé, et, vous voyant dans cette attitude pensive, je ne doute pas que vous ne songiez aux moyens de vous venger.

— Me venger? et de qui? demanda Mergy, rougissant jusqu'au blanc des yeux.

— N'avez-vous pas été heurté rudement tout à l'heure par le petit Comminges ! Toute la cour a vu l'affaire, et s'attend que vous allez la prendre fort à cœur.

— Mais, dit Mergy, dans une salle où il y a tant de monde, il n'est pas extraordinaire que quelqu'un m'ait poussé involontairement.

— Monsieur de Mergy, je n'ai pas l'honneur d'être fort connu de vous, mais votre frère est mon grand ami, et il peut vous dire que je pratique [147], autant qu'il m'est possible, le divin précepte de l'oubli des injures. Je ne voudrais pas vous embarquer dans une mauvaise querelle, mais en même temps je crois de mon devoir de vous dire que Comminges ne vous a pas poussé par *mégarde*. Il vous a poussé parce qu'il voulait vous faire affront; et, ne vous eût-il pas poussé, il vous a offensé cependant; car, en ramassant le gant de la Turgis, il a usurpé un droit qui vous appartenait. Le gant était à vos pieds, *ergo* vous *seul* aviez le droit de le ramasser et de le rendre... Tenez, d'ailleurs, tournez-vous, vous verrez au bout de la galerie Comminges qui vous montre au doigt et se moque de vous.

Mergy, s'étant retourné, aperçut Comminges entouré de cinq ou six jeunes gens à qui il racontait en riant quelque chose qu'ils paraissaient écouter avec curiosité. Rien ne prouvait qu'il fût question de lui dans ce groupe; mais, sur la parole de son charitable conseiller, Mergy sentit une violente colère se glisser dans son cœur.

— Je veux aller le trouver après la chasse, dit-il, et je saurai de lui...

— Oh ! ne remettez jamais une bonne résolution comme celle-là; en outre, vous offensez bien moins Dieu en appelant votre adversaire aussitôt après l'injure, que si vous le faisiez après avoir eu le temps de la réflexion. Dans un moment de vivacité, ce qui n'est qu'un péché véniel, vous prenez rendez-vous pour vous battre; et si vous vous battez ensuite, c'est seulement pour ne pas faire un péché bien plus grand, celui de manquer à votre parole. Mais j'oublie que je parle à un protestant. Quoi qu'il en soit, prenez tout de suite rendez-vous avec lui; je m'en vais vous aboucher sur-le-champ.

— J'espère qu'il ne se refusera pas à me faire les excuses qu'il me doit.

— Pour cela, mon camarade, détrompez-vous; Comminges n'a jamais dit : *J'ai eu tort*. Du reste, il est fort galant homme, et vous donnera toute satisfaction.

Mergy fit un effort pour calmer son émotion et pour prendre un air d'indifférence.

— Si j'ai été insulté [148], dit-il, il me faut une satisfaction. Quelle qu'elle soit, je saurai l'exiger.

— A merveille, mon brave; j'aime à voir votre audace, car vous n'ignorez pas que Comminges est une de nos meilleures épées. Par ma foi! c'est un gentilhomme qui a les armes bien dans la main. Il a pris à Rome des leçons de Brambilla, et Petit-Jean ne veut plus tirer contre lui.

En parlant ainsi, il regardait attentivement la figure un peu pâle de Mergy, qui semblait cependant plus ému de l'offense qu'effrayé de ses suites.

— Je voudrais bien vous servir de second dans cette affaire; mais, outre que je communie demain, je suis engagé avec M. de Rheincy, et je ne puis tirer l'épée contre un autre que lui [a].

— Je vous remercie, monsieur; si nous en venons à des extrémités, mon frère me servira de second.

— Le capitaine s'entend à merveille à ces sortes d'affaires. En attendant, je vais vous amener Comminges pour que vous vous expliquiez avec lui.

Mergy s'inclina, et, se tournant vers le mur, il s'occupa de préparer les termes du défi, et de composer son visage.

Il y a une certaine grâce à faire un défi, qui s'acquiert,

a. C'était un principe pour un raffiné de n'entrer dans aucune nouvelle querelle tant qu'il en avait une arriérée.

comme bien d'autres, par l'habitude. Notre héros en était à sa première *affaire,* par conséquent il éprouvait un peu d'embarras; mais, dans ce moment, il craignait moins de recevoir un coup d'épée que de dire quelque chose qui ne fût pas d'un gentilhomme. A peine était-il parvenu à rédiger dans sa tête une phrase ferme et polie, que le baron de Vaudreuil, en le prenant par le bras, la lui fit oublier à l'instant.

Comminges, le chapeau à la main, et s'inclinant avec une politesse fort impertinente, lui dit d'une voix mielleuse : — Vous désirez me parler, monsieur?

La colère fit monter le sang au visage de Mergy; il répondit sur-le-champ, et d'une voix plus ferme qu'il n'aurait espéré : — Vous vous êtes conduit envers moi avec impertinence, et je désire une satisfaction de vous*.

Vaudreuil fit un signe de tête approbateur; Comminges se redressa, et, mettant le poing sur la hanche, posture de rigueur alors en pareil cas, dit avec beaucoup de gravité : — Vous vous portez *demandeur*, monsieur, et j'ai le choix des armes, en qualité de *défendeur*.

— Nommez celles qui vous conviennent.

Comminges eut l'air de réfléchir un instant.

— L'estoc [a], dit-il, est une bonne arme, mais les blessures peuvent défigurer, et, à notre âge, ajouta-t-il en souriant, on ne se soucie guère de montrer à sa maîtresse une balafre au beau milieu de la figure. La rapière ne fait qu'un petit trou, mais il est suffisant. (Et il sourit encore.) Je choisis donc la rapière et le poignard.

— Fort bien, dit Mergy. Et il fit un pas pour s'éloigner.

— Un instant! s'écria Vaudreuil, vous oubliez de convenir d'un rendez-vous.

— C'est au Pré-aux-Clercs, dit Comminges, que se rend toute la cour; et si monsieur n'a pas quelque autre endroit de prédilection?...

a. Grande épée à deux tranchants.

— Au Pré-aux-Clercs, soit.

— Quant à l'heure... je ne me lèverai pas avant huit heures, pour raisons à moi connues... Vous m'entendez... Je ne couche pas chez moi ce soir, et je ne pourrai me trouver au Pré que vers neuf heures.

— A neuf heures donc.

Mergy, en détournant les yeux, aperçut assez près de lui la comtesse de Turgis qui venait de laisser le capitaine engagé dans une conversation avec une autre dame. On sent qu'à la vue du bel auteur de cette méchante affaire [149], notre héros arma ses traits d'un renfort de gravité et de feinte insouciance.

— Depuis quelque temps, dit Vaudreuil, la mode est de se battre en caleçons rouges. Si vous n'en avez pas de tout faits, je vous en ferai apporter une paire. Le sang ne paraît pas, et cela est plus propre.

— Cela me semble une puérilité, répondit Comminges.

Mergy sourit [150] d'assez mauvaise grâce.

— Eh bien, mes amis, dit alors le baron de Vaudreuil, qui semblait au milieu de son élément, maintenant il ne s'agit plus que de convenir des *seconds* et des *tiers* [a] pour votre rencontre.

— Monsieur est nouveau venu à la cour, dit Comminges, et peut-être aurait-il de la peine à trouver un *tiers;* ainsi, par condescendance pour lui, je me contenterai d'un second seulement.

Mergy, avec quelque effort, contracta ses lèvres de manière à sourire.

— On ne peut être plus courtois, dit le baron. Et, en vérité, c'est plaisir que d'avoir affaire à un gentilhomme aussi accommodant que M. de Comminges.

— Comme vous avez besoin d'une rapière de même longueur que la mienne, reprit Comminges, je vous recommande Laurent, au Soleil-d'Or, rue de la Ferronnerie; c'est le meilleur armurier de la ville. Dites-lui

a. Souvent les témoins n'étaient pas de simples spectateurs ; ils se battaient entre eux. On disait *seconder, tiercer* quelqu'un.

que vous venez de ma part, et il vous accommodera bien.

En achevant ces mots, il fit une pirouette, et, avec beaucoup de calme, il se remit au milieu du groupe de jeunes gens qu'il venait de quitter.

— Je vous félicite, monsieur Bernard, dit Vaudreuil; vous vous êtes bien tiré de votre défi. Comment donc! mais c'est fort bien. Comminges n'est pas habitué à s'entendre parler de la sorte. On le craint comme le feu, surtout depuis qu'il a tué le grand Canillac; car pour Saint-Michel, qu'il a tué il y a deux mois, il n'en retira pas grand honneur. Saint-Michel n'était pas des plus habiles, tandis que Canillac avait déjà tué cinq ou six gentilshommes sans attraper même une égratignure. Il avait étudié à Naples sous Borelli, et on disait que Lansac lui avait légué en mourant la botte secrète avec laquelle il a fait tant de mal. A la vérité, continua-t-il, comme se parlant à lui-même, Canillac avait pillé l'église d'Auxerre, et jeté par terre des hosties consacrées; il n'est pas surprenant qu'il en ait été puni.

Mergy, que ces détails étaient loin d'amuser, se croyait obligé cependant de continuer la conversation, de peur que quelque soupçon offensant pour son courage ne vînt à l'esprit de Vaudreuil.

— Heureusement, dit-il, je n'ai pillé aucune église et je n'ai touché de ma vie à une hostie consacrée; ainsi j'ai un danger de moins à courir.

— Il faut que je vous donne encore un avis. Quand vous croiserez le fer avec Comminges, prenez bien garde à une de ses feintes, qui a coûté la vie au capitaine Tomaso. Il s'écria que la pointe de son épée était cassée. Tomaso mit alors son épée au-dessus de sa tête, s'attendant à un fendant; mais l'épée de Comminges était bien entière, car elle entra jusqu'à un pied de la garde dans la poitrine de Tomaso, qu'il découvrait, ne s'attendant pas à un coup de pointe... Mais vous vous servez de rapières, et il y a moins de danger.

— Je ferai de mon mieux.

— Ah! écoutez encore. Choisissez un poignard dont la coquille soit solide; cela est fort utile pour parer.

Voyez-vous cette cicatrice à ma main gauche ? c'est pour être sorti un jour sans poignard. Le jeune Tallard et moi nous eûmes querelle, et, faute de poignard, je pensai perdre la main gauche.

— Et fut-il blessé ? demanda Mergy d'un air distrait.

— Je le tuai, grâce à un vœu que je fis à monseigneur saint Maurice, mon patron. Ayez aussi du linge et de la charpie sur vous, cela ne peut pas nuire. On n'est pas toujours tué tout roide [151]. Vous ferez bien aussi de faire mettre votre épée sur l'autel pendant la messe... Mais vous êtes protestant... Encore un mot. Ne vous faites pas un point d'honneur de ne pas rompre ; au contraire, faites-le marcher ; il manque d'haleine, essoufflez-le, et, quand vous trouverez votre belle*, une bonne estocade dans la poitrine, et votre homme est à bas.

Il aurait continué encore longtemps à donner d'aussi bons conseils, si un grand bruit de cors qui se fit entendre n'eût annoncé que le roi allait monter à cheval. La porte de l'appartement de la reine s'ouvrit, et Leurs Majestés, en costume de chasse, se dirigèrent vers le perron.

Le capitaine George, qui venait de quitter sa dame, revint à son frère, et, lui frappant sur l'épaule, lui dit d'un air joyeux : — Par la messe, tu es un heureux vaurien ! Voyez-vous ce beau fils avec sa moustache de chat ? il n'a qu'à se montrer, et voilà toutes les femmes [152] folles de lui. Sais-tu que la belle comtesse vient de me parler de toi pendant un quart d'heure ? Allons, courage ! Pendant la chasse, galope toujours à côté d'elle, et sois le plus galant que tu pourras. Mais que diable as-tu ? on dirait que tu es malade ; tu as la mine plus longue qu'un ministre qu'on va brûler. Allons, morbleu, de la gaieté !

— Je n'ai pas grande envie d'aller à la chasse, et je voudrais...

— Si vous ne suivez pas la chasse, dit tout bas le baron de Vaudreuil, Comminges croira que vous avez peur de le rencontrer.

— Allons, dit Mergy en passant la main sur son front

brûlant. Il jugea qu'il valait mieux attendre la fin de la chasse pour confier son aventure à son frère. Quelle honte ! pensa-t-il, si madame de Turgis croyait que j'ai peur... si elle pensait que l'idée d'un duel prochain m'empêche de prendre plaisir à la chasse !

CHAPITRE X

LA CHASSE

> The very butcher of a silk button, a duellist, a duellist, a gentleman of the very first house, — of the first and second cause : Ah ! the immortal *passado !* the *punto riverso.*
>
> SHAKESPEARE, *Romeo and Juliet**.

Un grand nombre de dames et de gentilshommes richement habillés [153], montés sur des chevaux superbes, s'agitaient en tout sens dans la cour du château. Le son des trompes, les cris [154] des chiens, les bruyantes plaisanteries des cavaliers, formaient un vacarme délicieux pour les oreilles d'un chasseur, et exécrable pour toute autre oreille humaine.

Mergy suivit machinalement son frère dans la cour, et, sans savoir comment, il se trouva près de la belle comtesse, déjà masquée et montée sur un andalous fougueux qui frappait la terre du pied et mâchait son mors avec impatience; mais, sur ce cheval qui aurait occupé toute l'attention d'un cavalier ordinaire, elle semblait aussi à son aise qu'assise sur un fauteuil dans son appartement.

Le capitaine s'approcha, sous prétexte de resserrer la gourmette de l'andalous.

— Voici mon frère, dit-il à l'amazone à demi-voix, mais assez haut cependant pour être entendu de Mergy.

Traitez doucement le pauvre garçon; il en a dans l'aile depuis un certain jour qu'il vous a vue au Louvre.

— J'ai déjà oublié son nom, répondit-elle assez brusquement. Comment s'appelle-t-il?

— Bernard. Remarquez-vous, madame, que son écharpe est de la même couleur que vos rubans*?

— Sait-il monter à cheval?

— Vous en jugerez.

Il la salua, et courut auprès d'une fille d'honneur de la reine, à laquelle il rendait des soins depuis quelque temps. A demi penché sur l'arçon de sa selle, et la main sur la bride du cheval de la dame, il oublia bientôt son frère et sa belle et fière compagne.

— Vous connaissez donc Comminges, monsieur de Mergy? demanda madame de Turgis.

— Moi, madame?... fort peu, répondit-il en balbutiant.

— Mais vous lui parliez tout à l'heure!

— C'était pour la première fois.

— Je crois avoir deviné ce que vous lui avez dit. Et sous son masque ses yeux semblaient vouloir lire jusqu'au fond de l'âme de Mergy.

Une dame, en abordant la comtesse, interrompit leur entretien, à la grande satisfaction de Mergy, qu'il embarrassait prodigieusement. Toutefois il continua de suivre la comtesse sans trop savoir pourquoi; peut-être espérait-il causer ainsi quelque peine à Comminges, qui l'observait de loin.

On sortit du château. Un cerf fut lancé, et s'enfonça dans les bois; toute la chasse le suivit, et Mergy observa, non sans quelque étonnement, l'adresse de madame de Turgis à manier son cheval, et l'intrépidité avec laquelle elle lui faisait franchir tous les obstacles qui se présentaient sur son passage. Mergy dut à la bonté du barbe qu'il montait de ne pas se séparer d'elle; mais, à sa grande mortification, le comte de Comminges, aussi bien monté que lui, l'accompagnait aussi, et malgré la rapidité d'un galop impétueux, malgré l'attention toute particulière qu'il mettait à la chasse, il parlait souvent à l'amazone, tandis que Mergy enviait en silence sa légèreté, son insouciance, et surtout son talent de dire des riens agréables, qui, à en juger par le déplaisir qu'il en ressentait [155], devaient amuser la comtesse. Au reste, les deux rivaux, animés d'une noble émulation, ne trouvaient pas de palissades assez hautes, pas de fossés assez larges pour les arrêter, et vingt fois ils risquèrent de se rompre le cou.

Tout d'un coup la comtesse, se séparant du gros de la chasse, entra dans une allée du bois faisant un angle avec celle où le roi et sa suite s'étaient engagés [156].

— Que faites-vous? s'écria Comminges; vous perdez la voie; n'entendez-vous point de ce côté les cors et les chiens?

— Eh bien! prenez l'autre allée; qui vous arrête?

Comminges ne répondit rien et la suivit. Mergy fit de même, et, quand ils se furent enfoncés dans l'allée de quelque cent pas, la comtesse ralentit l'allure de son cheval. Comminges à sa droite et Mergy à sa gauche l'imitèrent aussitôt.

— Vous avez là un bon cheval de bataille, monsieur [157] de Mergy, dit Comminges; on ne lui voit pas une goutte de sueur.

— C'est un barbe qu'un Espagnol a vendu à mon frère. Voici la marque d'un coup d'épée qu'il a reçu à Moncontour.

— Avez-vous fait la guerre? demanda la comtesse à Mergy.

— Non, madame.

— Ainsi, vous n'avez jamais reçu d'arquebusade?

— Non, madame.

— Ni de coup d'épée?

— Non plus.

Mergy crut s'apercevoir qu'elle souriait. Comminges relevait sa moustache d'un air goguenard.

— Rien ne sied mieux à un jeune gentilhomme, dit-il qu'une belle blessure; qu'en dites-vous, madame?

— Oui, si elle est bien gagnée.

— Qu'entendez-vous par bien gagnée?

— Oui, une blessure est glorieuse, gagnée sur un champ de bataille; mais dans un duel ce n'est plus de même; je ne connais rien de plus méprisable.

— M. de Mergy, je le présume, vous a parlé avant de monter à cheval?

— Non, dit sèchement la comtesse.

Mergy conduisit son cheval auprès de Comminges :

— Monsieur, lui dit-il tout bas, aussitôt que nous aurons rejoint la chasse nous pourrons entrer dans un haut taillis, et là je vous prouverai, j'espère, que je ne voudrais rien faire pour éviter votre rencontre.

Comminges le regarda d'un air où se peignait un mélange de pitié et de plaisir.

— À la bonne heure, je veux bien vous croire, répondit-il; mais, quant à la proposition que vous me faites, je ne puis l'accepter; nous ne sommes pas des goujats, pour nous battre tout seuls; et nos amis, qui doivent être de la fête, ne nous pardonneraient pas de ne pas les avoir attendus.

— Comme il vous plaira, monsieur, dit Mergy. Et il se remit à côté de madame de Turgis, dont le cheval avait pris quelques pas d'avance sur le sien. La comtesse marchait la tête baissée sur sa poitrine, et semblait tout entière à ses pensées. Ils arrivèrent tous les trois en silence jusqu'à un carrefour qui terminait l'allée dans laquelle ils s'étaient engagés.

— N'est-ce pas la trompe que nous entendons? demanda Comminges.

— Il me semble que le son vient de ce taillis à notre gauche, dit Mergy.

— Oui, c'est bien le cor; j'en suis sûr maintenant, et même un cor de Bologne. Dieu me damne! si ce n'est pas le cor de mon ami Pompignan*. Vous ne sauriez croire, monsieur de Mergy, la différence qu'il y a entre un cor de Bologne et ceux que fabriquent nos misérables artisans de Paris.

— Celui-ci s'entend de loin.

— Et quel son! comme il est nourri! Les chiens en l'entendant oublieraient qu'ils ont couru dix lieues.

Tenez, à vrai dire, on ne fait rien de bien qu'en Italie et en Flandre. Que pensez-vous de ce collet à la wallonne? Cela est bienséant pour un costume de chasse; j'ai des collets et des fraises *à la confusion** pour aller au bal; mais ce collet, tout simple qu'il est, croyez-vous qu'on pourrait le broder à Paris? point. Il me vient de Bréda. Si vous voulez, je vous en ferai venir par un de mes amis qui est en Flandre... Mais... (Il s'interrompit par un grand éclat de rire). Que je suis distrait! mon Dieu! je n'y pensais plus!

La comtesse arrêta son cheval.

— Comminges, la chasse est devant vous [158], et, à en juger par le cor, le cerf est aux abois.

— Je pense que vous avez raison, belle dame.

— Et ne voulez-vous pas assister au hallali?

— Sans doute; autrement notre réputation de chasseurs et de coureurs est perdue.

— Eh bien! il faut se dépêcher.

— Oui, nos chevaux ont soufflé maintenant. Allons, donnez-nous le signal.

— Moi, je suis fatiguée, je reste ici. M. de Mergy me fera compagnie. Allons, partez.

— Mais...

— Mais faut-il vous le dire deux fois? Piquez.

Comminges restait immobile; le rouge lui monta au visage, et il regardait tour à tour Mergy et la comtesse d'un air furieux.

— Madame de Turgis a besoin d'un tête-à-tête, dit-il avec un sourire amer.

La comtesse étendit la main vers le taillis d'où l'on entendait le son du cor, et lui fit du bout des doigts un geste très significatif. Mais Comminges ne paraissait pas encore disposé à laisser le champ libre à son rival.

— Il paraît qu'il faut s'expliquer clairement avec vous. Laissez-nous, monsieur de Comminges, votre présence m'importune! Me comprenez-vous, à présent?

— Parfaitement, madame, répondit-il en fureur. Et il ajouta plus bas : Mais quant à ce beau mignon de ruelle [159]... il n'aura pas longtemps à vous amuser. Adieu, monsieur de Mergy, *au revoir !* Il prononça ces derniers mots avec une emphase particulière, puis, piquant des deux, il partit au galop.

La comtesse arrêta son cheval, qui voulait imiter son compagnon, le remit au pas, et chemina d'abord en silence, levant la tête de temps en temps, et regardant Mergy comme si elle allait lui parler, puis détournant les yeux, honteuse de ne pouvoir trouver une phrase pour entrer en matière.

Mergy se crut obligé de commencer.

— Je suis bien fier, madame, de la préférence que vous m'avez accordée.

— Monsieur Bernard... savez-vous faire des armes?

— Oui, madame, répondit-il étonné.

— Mais, je dis bien... très bien?

— Assez bien pour un gentilhomme [160], et mal sans doute pour un maître d'armes.

— Mais, dans le pays où nous vivons, les gentilshommes sont plus forts sur les armes que les maîtres de profession.

— En effet, j'ai entendu dire que beaucoup d'entre eux perdent dans les salles d'armes un temps qu'ils pourraient mieux employer ailleurs.

— *Mieux !*

— Oui sans doute. Ne vaut-il pas mieux causer avec les dames, dit-il en souriant, que de fondre en sueur dans une salle d'escrime?

— Dites-moi, vous êtes-vous battu souvent?

— Jamais, grâce à Dieu, madame ! Mais pourquoi ces questions?

— Apprenez, pour votre gouverne, qu'on ne doit jamais demander à une femme [161] pourquoi elle fait telle ou telle chose; du moins tel est l'usage des gentilshommes bien élevés.

— Je m'y conformerai, dit Mergy en souriant légèrement et s'inclinant sur le cou de son cheval.

— Alors... comment ferez-vous demain !

— Demain?

— Oui ; ne faites pas l'étonné.

— Madame...

— Répondez-moi, je sais tout ; répondez-moi ! s'écria-t-elle en étendant la main vers lui avec un geste de reine. Le bout de son doigt effleura la manche de Mergy et le fit tressaillir.

— Je ferai de mon mieux, dit-il enfin.

— J'aime votre réponse ; elle n'est ni d'un lâche ni d'un spadassin. Mais vous savez que pour votre début vous allez avoir affaire à un homme bien redoutable.

— Que voulez-vous ? je serai sans doute fort embarrassé, comme je le suis maintenant, ajouta-t-il en souriant ; je n'ai jamais vu que des paysannes, et, pour mon début à la cour, je me trouve en tête à tête avec la plus belle dame de la cour de France.

— Parlons sérieusement. Comminges est la meilleure épée de cette cour, si fertile en coupe-jarrets. Il est le roi des *raffinés*.

— On le dit.

— Eh bien ! n'êtes-vous point inquiet ?

— Je le répète, je ferai de mon mieux. On ne doit jamais désespérer avec une bonne épée, et surtout avec l'aide de Dieu !...

— L'aide de Dieu !... interrompit-elle d'un air méprisant ; n'êtes-vous pas huguenot, monsieur de Mergy ?

— Oui, madame, répondit-il gravement, selon son ordinaire, à pareille question.

— Donc, vous courez plus de risques qu'un autre.

— Et pourquoi ?

— Exposer sa vie n'est rien ; mais vous exposez plus que votre vie, — votre âme.

— Vous raisonnez, madame, avec les idées de votre religion ; les miennes sont plus rassurantes.

— Vous allez jouer un vilain jeu. Une éternité de souffrances sur un coup de dé ; et les six sont contre vous !

— Dans tous les cas il en serait de même ; car, si je mourrais demain *catholique*, je mourrais *en péché mortel*.

— Il y a fort à dire, et la différence est grande,

s'écria-t-elle, piquée de ce que Mergy lui opposait un argument tiré de sa propre croyance ; nos docteurs vous expliqueront...

— Oh ! sans doute, car ils expliquent tout, madame ; ils prennent la liberté de changer l'Évangile [162] suivant leurs fantaisies. Par exemple...

— Laissons cela. On ne peut causer un instant avec un huguenot sans qu'il ne vous cite à tout propos les saintes Écritures.

— C'est que nous les lisons, tandis que vos prêtres même ne les connaissent pas. Mais changeons de sujet. Croyez-vous qu'à l'heure qu'il est le cerf soit pris ?

— Vous êtes donc bien attaché à votre religion ?

— C'est vous qui commencez [163], madame.

— Vous la croyez bonne ?

— Bien plus, je la crois la meilleure, la seule bonne ; sinon j'en changerais.

— Votre frère en a bien changé.

— Il avait ses raisons pour devenir catholique ; j'ai les miennes pour rester protestant.

— Ils sont tous obstinés et sourds à la voix de la raison ! s'écria-t-elle avec colère.

— Il pleuvra demain, dit Mergy en regardant le ciel.

— Monsieur de Mergy, l'amitié que j'ai pour votre frère et le danger que vous allez courir m'inspirent de l'intérêt pour vous...

Il s'inclina respectueusement.

— Vous autres hérétiques, vous n'avez point foi aux reliques ?

Il sourit.

— Et vous vous croiriez souillés [164] en les touchant ? continua-t-elle... Vous refuseriez d'en porter, comme nous autres catholiques romains nous avons l'usage de le faire [165] ?

— Cet usage nous paraît, à nous autres, au moins inutile.

— Écoutez. Un de mes cousins attacha une fois une relique au cou d'un chien de chasse ; puis, à douze pas de distance, il lui tira une arquebusade chargée de chevrotines.

— Et le chien fut tué?

— Pas un plomb ne l'atteignit.

— Voilà qui est admirable! Je voudrais bien avoir une semblable relique.

— Vraiment!... et vous la porteriez?

— Sans doute; puisque la relique défendait un chien, à plus forte raison... Mais un instant, est-il bien sûr qu'un hérétique vaille autant que le chien... d'un catholique, s'entend?

Sans l'écouter, madame de Turgis déboutonna promptement le haut de son corps étroit*; elle tira de son sein une petite boîte d'or très plate, attachée par un ruban noir.

— Tenez, dit-elle, vous m'avez promis de la porter. Vous me la rendrez un jour.

— Si je le puis, certainement.

— Mais écoutez, vous en aurez soin?... Pas de sacrilège! Vous en aurez le plus grand soin!

— Elle vient de vous, madame!

Elle lui donna la relique, qu'il prit et passa autour de son cou*.

— Un catholique aurait remercié la main qui lui donne ce saint talisman.

Mergy se saisit de sa main et voulut la porter à ses lèvres.

— Non, non, il est trop tard.

— Songez-y bien; peut-être n'aurai-je jamais telle fortune!

— Otez mon gant, dit-elle en lui tendant la main.

En ôtant le gant, il crut sentir une légère pression. Il imprima un baiser de feu sur cette belle et blanche main.

— Monsieur Bernard, dit la comtesse d'une voix émue, serez-vous entêté jusqu'à la fin, et n'y a-t-il aucun moyen de vous toucher? Vous convertirez-vous enfin, grâce à moi?

— Mais, je ne sais, répondit-il en riant; priez-moi

bien fort et bien longtemps. Ce qu'il y a de sûr, c'est que nulle autre que vous ne me convertira.

— Dites-moi franchement... si une femme... là... qui aurait su... Elle s'arrêta.

— Qui aurait su?...

— Oui; est-ce que... l'amour, par exemple?... Mais soyez franc! parlez-moi sérieusement.

— Sérieusement! Et il cherchait à reprendre sa main.

— Oui. Est-ce que l'amour que vous auriez pour une femme d'une autre religion que la vôtre... est-ce que cet amour ne vous ferait pas changer?... Dieu se sert de toute sorte [166] de moyens.

— Et vous voulez que je vous réponde franchement et sérieusement?

— Je l'exige.

Mergy baissa la tête et hésitait à répondre. Dans le fait, il cherchait une réponse évasive. Madame de Turgis lui faisait des avances qu'il ne se souciait pas de rejeter. D'autre part, comme il n'était à la cour que depuis quelques heures, sa conscience de province était terriblement pointilleuse.

— J'entends le hallali! s'écria tout d'un coup la comtesse, sans attendre cette réponse si difficile. Elle donna un coup de houssine à son cheval, et partit au galop sur-le-champ; Mergy la suivit, mais sans pouvoir en obtenir un regard, une parole.

Ils eurent rejoint la chasse en un instant.

Le cerf s'était d'abord lancé au milieu d'un étang, d'où l'on avait eu quelque peine à le débusquer. Plusieurs cavaliers avaient mis pied à terre, et, s'armant de longues perches, avaient forcé le pauvre animal à reprendre sa course. Mais la fraîcheur de l'eau avait achevé d'épuiser ses forces. Il sortit de l'étang haletant, tirant la langue et courant par bonds irréguliers. Les chiens, au contraire, semblaient redoubler d'ardeur. A peu de distance de l'étang, le cerf, sentant qu'il lui devenait impossible d'échapper par la fuite, parut faire un dernier effort, et, s'acculant contre un gros chêne, il fit bravement tête aux chiens. Les premiers qui l'attaquèrent furent lancés en l'air, éventrés. Un cheval et son cavalier furent culbutés rudement. Hommes, chevaux et chiens, rendus prudents, formaient un grand cercle autour du cerf, mais sans oser en venir à portée de ses andouillers menaçants.

Le roi mit pied à terre avec agilité, et, le couteau de chasse à la main, tourna adroitement derrière le chêne, et d'un revers coupa le jarret du cerf. Le cerf poussa une espèce de sifflement lamentable, et s'abattit aussitôt. A l'instant vingt chiens s'élancent sur lui. Saisi à la gorge, au museau, à la langue, il était tenu immobile [167]. De grosses larmes coulaient de ses yeux.

— Faites approcher les dames ! s'écria le roi.

Les dames s'approchèrent; presque toutes étaient descendues de leurs montures.

— Tiens, *parpaillot !* dit le roi en plongeant son couteau dans le côté du cerf, et il tourna la lame dans la plaie pour l'agrandir. Le sang jaillit avec force, et couvrit la figure, les mains et les habits du roi*.

Parpaillot était un terme de mépris dont les catholiques désignaient souvent les calvinistes. Ce mot et la manière dont il était employé déplurent à plusieurs, tandis qu'il fut reçu par d'autres avec applaudissement.

— Le roi à l'air d'un boucher, dit assez haut, et avec une expression de dégoût, le gendre de l'Amiral, le jeune Téligny*.

Des âmes charitables, comme il s'en trouve surtout à la cour, ne manquèrent pas de rapporter la réflexion au monarque, qui ne l'oublia pas.

Après avoir joui du spectacle agréable des chiens dévorant les entrailles du cerf, la cour reprit le chemin de de Paris. Pendant la route, Mergy raconta à son frère l'insulte qu'il avait reçue et la provocation qui en avait été la suite. Les conseils et les remontrances étaient inutiles, et le capitaine lui promit de l'accompagner le lendemain.

CHAPITRE XI

LE RAFFINÉ ET LE PRÉ-AUX-CLERCS

For one of us must yield his breath,
Ere from the field one foot we flee.
(The duel of Stuart and Wharton.)*

Malgré la fatigue de la chasse, Mergy passa une bonne partie de la nuit sans dormir. Une fièvre ardente l'agitait sur son lit, et donnait une activité désespérante à son imagination. Mille pensées accessoires ou même étrangères à l'événement qui se préparait pour lui venaient l'assiéger et troubler sa cervelle; plus d'une fois il s'imagina que le mouvement de fièvre qu'il ressentait n'était que le prélude d'une maladie grave qui allait se déclarer dans peu d'heures, et le clouer sur son lit. Alors que deviendrait son honneur? que dirait le monde? que diraient surtout et madame de Turgis et Comminges? Il aurait voulu pour beaucoup hâter l'instant fixé pour le combat.

Heureusement, au lever du soleil, il sentit son sang se calmer, et il pensa avec moins d'émotion [168] à la rencontre qui allait avoir lieu. Il s'habilla tranquillement, et même il mit quelque recherche dans sa toilette. Il se représenta la belle comtesse accourant sur le champ de bataille, et le trouvant légèrement blessé; elle le pansait de ses propres mains, et ne faisait plus un mystère de son amour. L'horloge du Louvre, qui sonnait huit heures, le tira [169] de ses idées, et presque au même instant son frère entra dans sa chambre.

Une profonde tristesse était empreinte sur son visage, et il paraissait assez qu'il n'avait pas mieux passé la nuit. Cependant il s'efforça de prendre une expression de bonne humeur et de sourire en serrant la main de Mergy.

— Voici une rapière, lui dit-il, et un poignard à coquille, tous les deux de Luno de Tolède ; vois si le poids de l'épée te convient. Et il jeta une longue épée et un poignard sur le lit de Mergy.

Mergy tira l'épée, la fit ployer, regarda la pointe, et parut satisfait. Le poignard attira ensuite son attention : la coquille en était percée à jour d'une infinité de petits trous destinés à arrêter la pointe de l'épée ennemie, et à l'y engager de manière à n'en pas sortir facilement*.

— Avec d'aussi bonnes armes, dit-il, je crois que je pourrai me défendre. Puis, montrant la relique que madame de Turgis lui avait donnée, et qu'il avait tenue cachée sur son sein : — Voici de plus un talisman qui préserve des coups d'épée mieux que ne ferait une cotte de mailles, ajouta-t-il en souriant.

— D'où te vient ce jouet ?

— Devine un peu. Et la vanité de paraître un favori des dames lui faisait oublier en ce moment et Comminges et l'épée de combat qui était toute nue devant lui.

— Je parie que c'est cette folle de comtesse qui te l'aura donné ! Que le diable l'emporte, elle et sa boîte !

— Sais-tu que c'est un talisman qu'elle m'a donné exprès pour m'en servir aujourd'hui ?

— Elle aurait mieux fait de se montrer gantée, au lieu de chercher à faire paraître sa belle main blanche !

— Dieu me préserve, dit Mergy en rougissant beaucoup, de croire à ces reliques de papistes ; mais, si je dois succomber aujourd'hui, je veux qu'elle sache qu'en tombant j'avais ce gage sur ma poitrine.

— Quelle fatuité ! s'écria le capitaine en haussant les épaules.

— Voici une lettre pour ma mère, dit Mergy d'une voix un peu tremblante. George la prit sans rien dire, et, s'approchant d'une table, il ouvrit une petite Bible, et lut pour se faire une contenance, pendant que son frère, achevant de s'habiller, s'occupait à nouer la profusion d'aiguillettes que l'on portait alors sur les habits.

Sur la première page qui se présenta à ses yeux, il lut ces mots écrits de la main de sa mère : « 1er mai 1547 [170] « est né mon fils Bernard*. Seigneur, conduis-le dans tes « voies ! Seigneur, préserve-le de tout mal ! » Il se mordit la lèvre avec force, et jeta le livre sur la table. Mergy, qui vit son mouvement, crut que quelque pensée impie lui était venue en tête ; il reprit la Bible d'un air grave, la remit dans un étui brodé, et la serra dans une armoire avec toutes les marques d'un grand respect. — C'est la Bible de ma mère, dit-il.

Le capitaine se promena par la chambre sans répondre.

— Ne serait-il pas temps de partir ? dit Mergy en agrafant le ceinturon de son épée.

— Pas encore, et nous avons le temps de déjeuner.

Tous les deux s'assirent devant une table couverte de gâteaux de plusieurs sortes, accompagnés d'un grand pot d'argent rempli de vin. En mangeant, ils discutèrent longuement, et avec une apparence d'intérêt, le mérite de ce vin comparé avec d'autres de la cave du capitaine ; chacun d'eux s'efforçant, par une conversation [171] aussi futile, de cacher à son compagnon les véritables sentiments de son âme.

Le capitaine se leva le premier. — Partons, dit-il d'une voix rauque. Il enfonça son chapeau sur ses yeux, et descendit précipitamment.

Ils entrèrent dans un bateau et traversèrent la Seine. Le batelier, qui devina sur leur mine le motif qui les conduisait au Pré-aux-Clercs, fit fort l'empressé, et, tout en ramant avec vigueur, il leur raconta très en détail comment, le mois passé, deux gentilshommes, dont l'un s'appelait le comte de Comminges, lui avaient fait l'honneur de louer son bateau pour s'y battre tous les deux à leur aise, sans crainte d'être interrompus. L'adversaire de M. de Comminges, dont il regrettait de n'avoir pas su le nom, avait été percé d'outre en outre, et de plus avait été culbuté dans la rivière, d'où lui, batelier, n'avait jamais pu le retirer.

Au moment où ils abordèrent, ils aperçurent un bateau chargé de deux hommes et traversant la rivière quelque cent pieds plus bas. — Voici nos gens, dit le capitaine, reste là ; et il courut au-devant du bateau qui portait Comminges et le vicomte de Béville.

— Eh ! te voilà ! s'écria ce dernier. Est-ce toi, ou bien ton frère que Comminges va tuer? En parlant ainsi il l'embrassait en riant.

Le capitaine et Comminges se saluèrent gravement.

— Monsieur, dit le capitaine à Comminges aussitôt qu'il se fut débarrassé des embrassades de Béville, je crois qu'il est de mon devoir de faire encore un effort pour empêcher les suites funestes d'une querelle qui n'est pas fondée sur des motifs touchant à l'honneur; je suis sûr que mon ami (il montrait Béville) réunira ses efforts aux miens.

Béville fit une grimace négative.

— Mon frère est très jeune, poursuivit George; sans nom comme sans expérience aux armes, il est obligé par conséquent de se montrer plus susceptible qu'un autre. Vous, monsieur, au contraire, votre réputation est faite, et votre honneur n'aura rien qu'à gagner si vous voulez bien reconnaître devant M. de Béville et moi que c'est par mégarde...

Comminges l'interrompit par un grand éclat de rire.

— Plaisantez-vous, mon cher capitaine et me croyez-vous homme à quitter le lit de ma maîtresse de si bonne heure... à traverser la Seine, le tout pour faire des excuses à un morveux?

— Vous oubliez, monsieur, que la personne dont vous parlez est mon frère, et c'est insulter...

— Quand il serait votre père, que m'importe? Je me soucie peu de toute la famille.

— Eh bien ! monsieur, avec votre permission, vous aurez affaire avec toute la famille. Et, comme je suis l'aîné, vous commencerez par moi, s'il vous plaît.

— Pardonnez-moi, monsieur le capitaine; je suis obligé, suivant toutes les règles du duel, de me battre avec la personne qui m'a provoqué d'abord. Votre frère a des droits de priorité *imprescriptibles,* comme l'on dit au Palais de Justice; quand j'aurai terminé avec lui, je serai à vos ordres.

— Cela est parfaitement juste! s'écria Béville, et je ne souffrirai pas, pour ma part, qu'il en soit autrement.

Mergy, surpris de la longueur du colloque, s'était rapproché à pas lents. Il arriva justement à temps pour entendre son frère accabler Comminges d'injures, jusqu'à l'appeler lâche, tandis que celui-ci répondait avec un imperturbable sang-froid : — Après monsieur votre frère, je m'occuperai de vous.

Mergy saisit le bras de son frère : — George, dit-il, est-ce ainsi que tu me sers, et voudrais-tu que je fisse pour toi ce que tu prétendais faire pour moi? Monsieur, dit-il en se tournant vers Comminges, je suis à vos ordres; nous commencerons quand vous voudrez.

— A l'instant même, répondit celui-ci.

— Voilà qui est admirable, mon cher, dit Béville en serrant la main de Mergy. Si je n'ai aujourd'hui le regret de t'enterrer ici, tu iras loin, mon garçon.

Comminges ôta son pourpoint et défit les rubans de ses souliers, pour montrer par là que son intention était de ne pas reculer d'un seul pas*. C'était une mode parmi les duellistes de profession. Mergy et Béville en firent autant; le capitaine seul n'avait pas même jeté son manteau.

— Que fais-tu donc, George, mon ami? dit Béville; ne sais-tu pas qu'il va falloir en découdre avec moi? Nous ne sommes pas de ces seconds qui se croisent les bras pendant que leurs amis se battent, et nous pratiquons la coutume d'Andalousie*.

Le capitaine haussa les épaules.

— Tu crois donc que je plaisante? Je te jure sur ma foi qu'il faut que tu te battes avec moi. Le diable m'emporte si tu ne te bats pas!

— Tu es un fou et un sot, dit froidement le capitaine.

— Parbleu! tu me feras raison de ces deux mots-là, ou tu m'obligeras à quelque [172]... Il levait son épée, encore dans le fourreau, comme s'il eût voulu en frapper George.

— Tu le veux, dit le capitaine; soit. En un instant il fut en chemise.

Comminges, avec une grâce toute particulière, secoua son épée en l'air, et d'un seul coup fit voler le fourreau à vingt pas*. Béville en voulut faire autant; mais le fourreau resta à moitié de la lame, ce qui passait à la fois pour une maladresse et pour un mauvais présage. Les deux frères tirèrent leurs épées avec moins d'apparat, mais ils jetèrent également leurs fourreaux, qui auraient pu les gêner. Chacun se plaça devant son adversaire, l'épée nue à la main droite et le poignard à la gauche. Les quatre fers se croisèrent en même temps.

George le premier, par cette manœuvre que les professeurs italiens appelaient alors *liscio di spada è cavare alla vita* [a], et qui consiste à opposer le fort au faible, de manière à écarter et à rabattre l'arme de son adversaire, fit sauter l'épée des mains de Béville, et lui mit la pointe de la sienne sur la poitrine [174]; mais, au lieu de le percer, il baissa froidement son arme.

— Tu n'es pas de ma force, dit-il, cessons; n'attends pas que je sois en colère.

Béville avait pâli en voyant l'épée de George si près de sa poitrine [175]. Un peu confus, il lui tendit la main, et tous les deux, ayant planté leurs épées en terre, ne pensèrent plus qu'à regarder les deux principaux acteurs de cette scène.

Mergy était brave et avait du sang-froid. Il entendait assez bien l'escrime, et sa force corporelle était bien supérieure à celle de Comminges, qui paraissait d'ailleurs se ressentir des fatigues de la nuit précédente. Pendant quelque temps il se borna à parer avec une prudence extrême, rompant la mesure quand Comminges s'avançait trop, et lui présentant toujours à la figure la pointe de sa rapière, tandis qu'avec son poignard il se couvrait la poitrine. Cette résistance inattendue irrita Comminges. On le vit pâlir. Chez un homme si brave,

a. Froisser [173] le fer et dégager au corps*. Tous les termes d'escrime étaient alors empruntés à l'italien.

la pâleur n'annonçait qu'une excessive colère. Il redoubla ses attaques avec fureur. Dans une passe, il releva avec beaucoup d'adresse l'épée de Mergy, et, se fendant avec impétuosité, il l'aurait infailliblement percé d'outre en outre sans une circonstance qui fut presque un miracle, et qui dérangea le coup : la pointe de la rapière rencontra le reliquaire d'or poli, qui la fit glisser et prendre une direction un peu oblique. Au lieu de pénétrer dans la poitrine, l'épée ne perça que la peau, et, en suivant une direction parallèle à la cinquième côte [176], ressortit à deux pouces de distance de la première blessure. Avant que Comminges pût retirer son arme, Mergy le frappa de son poignard à la tête avec tant de violence, qu'il en perdit lui-même l'équilibre et tomba à terre [177]. Comminges tomba en même temps sur lui : en sorte que [178] les seconds les crurent morts tous les deux.

Mergy fut bientôt sur pied, et son premier mouvement fut de ramasser son épée, qu'il avait laissé échapper dans sa chute. Comminges ne remuait pas. Béville le releva. Sa figure était couverte de sang; et, l'ayant essuyée avec son mouchoir, il vit que le poignard était entré dans l'œil et que son ami était mort sur le coup, le fer ayant pénétré sans doute jusqu'à la cervelle.

Mergy regardait le cadavre d'un œil hagard.

— Tu es blessé, Bernard, dit le capitaine en courant à lui.

— Blessé! dit Mergy; et il s'aperçut alors seulement que sa chemise était toute sanglante.

— Ce n'est rien, dit le capitaine; le coup a glissé. Il étancha le sang avec son mouchoir, et demanda celui de Béville pour achever le pansement. Béville laissa retomber sur l'herbe le corps qu'il tenait, et donna sur-le-champ son mouchoir ainsi que celui de Comminges, qu'il alla prendre dans son pourpoint.

— Tudieu! l'ami, quel coup de poignard! Vous avez là un furieux bras! Mort de ma vie! que vont dire messieurs les raffinés de Paris, si de la province leur viennent des lurons de votre espèce? Dites-moi, de grâce, combien de duels avez-vous eus déjà?

— Hélas! répondit Mergy, voici le premier. Mais, au nom de Dieu! allez secourir votre ami.

— Parbleu! de la façon dont vous l'avez accommodé, il n'a pas besoin de secours; la dague est entrée dans le cerveau, et le coup était si bon et si fermement assené que... Regardez son sourcil et sa joue, la coquille du poignard s'y est imprimée comme un cachet dans de la cire.

Mergy se mit à trembler de tous ses membres, et de grosses larmes coulaient une à une sur ses joues.

Béville ramassa la dague, et considéra avec attention le sang qui en remplissait les cannelures. — Voici un outil à qui le frère cadet de Comminges doit une fière chandelle. Cette belle dague-là le fait héritier d'une superbe fortune.

— Allons-nous-en... Emmène-moi d'ici, dit Mergy d'une voix éteinte, en prenant le bras de son frère.

— Ne t'afflige pas, dit George en l'aidant à reprendre son pourpoint. Après tout, l'homme qui est mort n'est pas trop digne qu'on le regrette.

— Pauvre Comminges! s'écria Béville. Et dire que tu es tué par un jeune homme qui se bat pour la première fois, toi qui t'es battu près de cent fois! Pauvre Comminges! Ce fut la fin de son oraison funèbre*.

En jetant un dernier regard sur son ami, Béville aperçut la montre du défunt suspendue à son cou, selon l'usage d'alors. — Parbleu! s'écria-t-il, tu n'as plus besoin de savoir l'heure qu'il est maintenant. Il détacha la montre et la mit dans sa poche, observant que le frère de Comminges serait bien assez riche, et qu'il voulait conserver un souvenir de son ami.

Comme les deux frères allaient s'éloigner : — Attendez-moi! leur cria-t-il, repassant son pourpoint à la hâte. Eh! monsieur de Mergy, votre dague que vous oubliez! N'allez pas la perdre au moins. Il en essuya la lame à la chemise du mort, et courut rejoindre le jeune duelliste. — Consolez-vous, mon cher, lui dit-il en entrant dans son bateau. Ne faites pas une si piteuse mine. Croyez-moi, au lieu de vous lamenter, allez voir votre maîtresse aujourd'hui même, tout de ce pas, et besognez si bien que dans neuf mois vous puissiez rendre à la république un citoyen en échange de celui que vous lui avez fait perdre. De la sorte le monde n'aura rien perdu par votre fait. Allons, batelier, rame comme si tu voulais gagner une pistole. Voici des gens avec des hallebardes qui s'avancent vers nous. Ce sont messieurs les sergents qui s'en viennent de la tour de Nesle, et nous ne voulons rien avoir à démêler avec eux.

CHAPITRE XII

MAGIE BLANCHE

> « Cette nuit j'ai songé de poisson
> « mort et d'œufs cassés, et j'ai appris
> « du seigneur Anaxarque que les
> « œufs cassés et le poisson mort signi-
> « fient malencontre. »
>
> MOLIÈRE, *les Amants magnifiques**.

Ces hommes armés de hallebardes étaient des soldats du guet, dont une troupe se tenait toujours dans le voisinage du Pré-aux-Clercs pour être à portée de s'entremettre dans les querelles qui se vidaient d'ordinaire sur ce terrain classique des duels. Suivant leur usage, ils s'étaient avancés fort lentement, et de manière à n'arriver que lorsque tout était fini. En effet, leurs tentatives pour rétablir la paix étaient souvent fort mal reçues; et plus d'une fois on avait vu des ennemis acharnés suspendre un combat à mort pour charger de concert les soldats qui essayaient de les séparer. Aussi les fonctions de cette garde se bornaient-elles généralement à secourir les blessés ou bien à emporter les morts. Cette fois les archers n'avaient que ce dernier devoir à remplir, et ils s'en acquittèrent selon leur coutume, c'est-à-dire après avoir vidé soigneusement les poches du malheureux Comminges et s'être partagé ses habits.

— Mon cher ami, dit Béville en se tournant vers Mergy, le conseil que j'ai à vous donner, c'est de vous faire porter, le plus secrètement que faire se pourra, chez maître Ambroise Paré, qui est un homme admirable pour vous recoudre une plaie et vous rhabiller un membre cassé. Bien qu'hérétique comme Calvin lui-même, il est en telle réputation de savoir, que les plus chauds catholiques ont recours à lui. Jusqu'à présent il n'y a que la marquise de Boissières qui se soit laissé mourir bravement plutôt que de devoir la vie à un huguenot*. Aussi je parie dix pistoles qu'elle est en paradis.

— La blessure n'est rien, dit George; dans trois jours elle sera fermée. Mais Comminges a des parents à Paris, et je crains qu'ils ne prennent sa mort un peu trop à cœur.

— Ah oui! il y a bien une mère [179] qui par convenance se croira obligée de poursuivre notre ami. Bah! fais demander sa grâce par M. de Châtillon, le roi l'accordera aussitôt : le roi est comme une cire molle sous les doigts de l'Amiral.

— Je voudrais, s'il était possible, dit alors Mergy d'une voix faible, je voudrais que M. l'Amiral ne sût rien de tout ce qui vient de se passer.

— Pourquoi donc? Croyez-vous que la vieille barbe grise sera fâchée d'apprendre de quelle gaillarde manière un protestant vient de dépêcher un catholique?

Mergy ne répondit que par un profond soupir.

— Comminges était assez connu à la cour pour que sa mort fasse du bruit, dit le capitaine. Mais tu as fait ton devoir en gentilhomme, et il n'y a rien que d'honorable pour toi dans tout ceci. Depuis bien longtemps je n'ai pas rendu visite au vieux Châtillon, et voici une occasion de renouer connaissance avec lui.

— Comme il est toujours désagréable de passer quelques heures sous les verrous de la justice, reprit Béville, je vais mener ton frère dans une maison où l'on ne s'avisera pas de le chercher. Il y sera parfaitement tranquille en attendant que son affaire soit arrangée; car je ne sais si en sa qualité d'hérétique il pourrait être reçu dans un couvent.

— Je vous remercie de votre offre, monsieur, dit Mergy; mais je ne puis l'accepter. Je pourrais vous compromettre en le faisant.

— Point, point, mon très cher. Et puis ne faut-il pas faire quelque chose pour ses amis? La maison où je vous logerai appartient à un de mes cousins, lequel n'est pas à Paris dans ce moment. Elle est à ma disposition. Il y a même quelqu'un à qui j'ai permis de l'habiter, et qui vous soignera : c'est une vieille fort utile à la jeunesse, et qui m'est dévouée. Elle se connaît en médecine, en magie, en astronomie. Que ne fait-elle pas! Mais son plus beau talent, c'est celui d'entremetteuse. Je veux être foudroyé si elle n'irait pas remettre une lettre d'amour à la reine si je l'en priais.

— Eh bien! dit le capitaine, nous le conduirons dans cette maison aussitôt après que maître Ambroise aura mis le premier appareil.

En parlant ainsi, ils abordèrent à la rive droite. Après avoir guindé Mergy sur un cheval, non sans quelque peine, ils le conduisirent chez le fameux chirurgien, puis de là dans une maison isolée du faubourg Saint-Antoine, et ils ne le laissèrent que le soir, couché dans un bon lit, et recommandé aux soins de la vieille.

Quand on vient de tuer un homme, et que cet homme est le premier que l'on tue, on est tourmenté pendant quelque temps, surtout aux approches de la nuit, par le souvenir et l'image de la dernière convulsion qui a précédé sa mort. On a l'esprit tellement préoccupé d'idées noires, qu'on peut à grand-peine prendre part à la conversation la plus simple; elle fatigue et ennuie; et d'un autre côté l'on a peur de la solitude, parce qu'elle donne encore plus d'énergie à ces idées accablantes.

Malgré les visites fréquentes de Béville et du capitaine, Mergy passa dans une tristesse affreuse les premiers jours qui suivirent son duel. Une fièvre assez forte, causée par sa blessure, le privait de sommeil pendant les nuits, et c'était alors qu'il était le plus malheureux. L'idée seule que madame de Turgis pensait à lui et avait admiré son courage le consolait un peu, mais ne le calmait pas.

Une nuit, oppressé par la chaleur étouffante, c'était au mois de juillet, il voulut sortir de sa chambre pour se promener et respirer l'air dans un jardin planté d'arbres, au milieu duquel était située la maison. Il mit un manteau sur ses épaules et voulut sortir; mais il trouva que la porte de sa chambre était fermée à clef en dehors. Il pensa que ce ne pouvait être qu'une méprise de la vieille qui le servait; et comme elle couchait loin de lui, et qu'à cette heure elle devait être profondément endormie, il jugea tout à fait inutile de l'appeler. D'ailleurs sa fenêtre était peu élevée; au bas la terre était molle, pour avoir été fraîchement remuée. En un instant il se trouva dans le jardin. Le temps était couvert; pas une étoile ne *montrait le bout de son nez**, et de rares bouffées de vent traversaient de temps en temps, et comme avec peine, l'air chaud et lourd. Il était environ deux heures du matin, et le plus profond silence régnait aux environs.

Mergy se promena quelque temps absorbé dans ses rêveries. Elles furent interrompues par un coup frappé à la porte de la rue. C'était un coup de marteau faible et comme mystérieux, celui qui frappait paraissant compter que quelqu'un serait aux écoutes pour lui ouvrir. Une visite dans une maison isolée, à pareille heure, avait de quoi surprendre. Mergy se tint immobile dans un endroit sombre du jardin, d'où il pouvait tout observer sans être vu. Une femme, qui ne pouvait être autre que la vieille, sortit sur-le-champ de la maison, une lanterne sourde à la main; elle ouvrit, et quelqu'un entra couvert d'un grand manteau noir garni d'un capuchon.

La curiosité de Bernard fut vivement excitée. La taille et, autant qu'il en pouvait juger, les vêtements de la personne qui venait d'arriver indiquaient une femme. La vieille la salua avec toutes les marques d'un grand respect, tandis que la femme au manteau noir lui fit à peine une inclination de tête. En revanche, elle lui mit dans la main quelque chose que la vieille parut recevoir avec grand plaisir. Un bruit clair et métallique qui se fit entendre, et l'empressement de la vieille à se baisser et à chercher à terre, firent conclure à Mergy qu'elle venait de recevoir de l'argent. Les deux femmes se dirigèrent vers le jardin, la vieille marchant la première et cachant sa lanterne. Au fond du jardin, il y avait une espèce de cabinet de verdure formé par des tilleuls plantés en cercle et réunis par une charmille fort épaisse, et qui pouvait assez bien remplacer un mur. Deux entrées, ou deux portes, conduisaient à ce bosquet, au milieu duquel était une petite table de pierre. C'est là qu'entrèrent la vieille et la femme voilée. Mergy, retenant son haleine, les suivit à pas de loup, et se plaça derrière la charmille, de manière à bien entendre et à voir autant que le peu de lumière qui éclairait cette scène pouvait le lui permettre.

La vieille commença par allumer quelque chose qui brûla aussitôt dans un réchaud placé au milieu de la table en répandant une lumière pâle et bleuâtre, comme celle de l'esprit-de-vin mêlé avec du sel. Elle éteignit ensuite ou cacha sa lanterne, de sorte qu'à la lueur tremblotante qui sortait du réchaud, Mergy aurait pu difficilement reconnaître les traits de l'étrangère [180], quand même ils n'auraient pas été cachés par un voile et un capuchon. Pour la taille et la tournure de la vieille, il n'eut pas de peine à les reconnaître; seulement il observa que son visage était barbouillé d'une couleur foncée qui la faisait paraître, sous sa coiffe blanche, comme une statue de bronze. La table était couverte de choses étranges qu'il entrevoyait à peine [181]. Elles paraissaient rangées dans un certain ordre bizarre, et il crut distinguer des fruits, des ossements et des lambeaux de linge ensanglantés. Une petite figure d'homme, haute d'un pied tout au plus, et faite en cire, à ce qu'il paraissait, était placée au-dessus de ces linges dégoûtants.

— Eh bien, Camille, dit à voix basse la dame voilée, il va mieux, me dis-tu?

Cette voix fit tressaillir Mergy.

— Un peu mieux, madame, répondit la vieille, grâce à notre art. Pourtant, avec ces lambeaux et aussi peu de sang qu'il y en a sur ces compresses, il m'a été difficile de faire grand-chose.

— Et que dit Ambroise Paré?

— Lui, cet ignorant! qu'importe ce qu'il dit? Moi je vous assure que la blessure est profonde, dangereuse, terrible, et que ce n'est que par les règles de la sympathie magique qu'elle peut guérir; mais il faut souvent sacrifier aux esprits de la terre et de l'air... et pour sacrifier...

La dame la comprit aussitôt. — S'il guérit, dit-elle, tu auras le double de ce que je viens de te donner.

— Ayez bonne espérance, et comptez sur moi.

— Ah! Camille, s'il allait mourir!

— Tranquillisez-vous; les esprits sont cléments, les astres nous protègent, et le dernier sacrifice du bélier noir a favorablement disposé l'*Autre*.

— Je t'apporte ce que j'ai eu tant de peine à me procurer. Je l'ai fait acheter à un des archers [182] qui ont dépouillé [183] le cadavre. Elle tira [184] quelque chose de dessous son manteau, et Mergy vit briller la lame d'une épée. La vieille la prit, et l'approcha de la flamme pour l'examiner.

— Grâce au ciel, la lame est sanglante et rouillée! Oui, son sang est comme celui du basilic du Cathay, il laisse sur l'acier une trace que rien ne peut effacer [185].

Elle regardait la lame, et il était évident que la dame voilée éprouvait une émotion extraordinaire.

— Vois, Camille, comme le sang est près de la poignée. Ce coup est peut-être mortel.

— Ce sang n'est pas celui du cœur; il guérira.

— Il guérira?

— Oui, mais pour être atteint d'une maladie incurable.

— Quelle maladie?

— L'amour.

— Ah! Camille, dis-tu vrai?

— Eh! quand ai-je manqué à dire la vérité? quand mes prédictions se sont-elles trouvées en défaut? Ne vous avais-je pas prédit qu'il sortirait vainqueur du combat? Ne vous avais-je pas annoncé que les esprits combattraient pour lui? N'ai-je pas enterré au lieu même où il devait [186] se battre une poule noire et une épée bénite par un prêtre?

— Il est vrai.

— Vous-même, n'avez-vous point percé au cœur l'image de son adversaire, dirigeant ainsi les coups de l'homme pour qui j'ai employé ma science?

— Oui, Camille, j'ai percé au cœur l'image de Comminges; mais on dit que c'est d'un coup à la tête qu'il est mort.

— Sans doute, le fer a frappé sa tête; mais, s'il est mort, n'est-ce pas parce que le sang de son cœur s'est coagulé?

La dame voilée parut écrasée par la force de l'argument. Elle se tut. La vieille arrosait d'huile et de baume la lame de l'épée, et l'enveloppait de bandes avec le plus grand soin.

— Voyez-vous, madame, cette huile de scorpion, dont je frotte cette épée, est portée par une vertu sympathique dans la plaie de ce jeune homme. Il ressent les effets de ce baume africain, comme si je le versais sur sa blessure; et, s'il me prenait envie de mettre la pointe de l'épée rougir dans le feu, le pauvre malade sentirait autant de douleur que s'il était brûlé vif.

— Oh! garde-t'en bien!

— Un certain soir j'étais au coin du feu, fort occupée à frotter de baume une épée, afin de guérir un jeune gentilhomme à qui elle avait fait deux affreuses plaies à la tête. Je m'endormis sur ma tâche. Tout d'un coup le laquais du malade vint frapper à ma porte; il me dit que son maître souffrait mort et passion, et qu'à l'instant où il l'avait quitté il était comme sur un brasier ardent. Savez-vous ce qui était arrivé? L'épée, par mégarde, avait glissé et la lame était en ce moment sur les charbons. Je la retirai aussitôt, et je dis au laquais qu'à son retour son maître se trouverait tout à fait à son aise. En effet, je plongeai tout aussitôt l'épée dans de l'eau glacée avec un mélange de quelques drogues, et j'allai visiter mon malade. En entrant, il me dit : Ah! ma bonne Camille, que je suis bien dans ce moment! Il me semble que je suis dans un bain d'eau fraîche, tandis que tout à l'heure j'étais comme saint Laurent sur le gril.

Elle acheva le pansement de l'épée, et dit d'un air satisfait : — Voilà qui est bien. Maintenant je suis sûre de sa guérison, et dès à présent vous pouvez vous occuper de la dernière cérémonie. Elle jeta quelques pincées d'une poudre odoriférante sur la flamme, et prononça des mots barbares en faisant des signes de croix continuels. Alors la dame prit l'image de cire d'une main tremblante, et la tenant au-dessus du réchaud, elle prononça ces paroles d'une voix émue : *De même que cette cire s'amollit et se brûle à la flamme de ce réchaud, ainsi, ô Bernard Mergy, puisse ton cœur s'amollir, et brûler d'amour pour moi !*

— Bien. Voici maintenant une bougie verte, coulée à minuit, suivant les règles de l'art. Demain allumez-la devant l'autel de la Vierge.

— Je le ferai; mais, malgré toutes tes promesses, je suis horriblement inquiète. Hier j'ai rêvé qu'il était mort.

— Étiez-vous couchée sur le côté droit ou sur le gauche?

— Sur... sur quel côté a-t-on des songes véritables?

— Dites-moi d'abord sur quel côté vous dormez. Je le vois, vous voudriez vous abuser vous-même, et vous faire illusion.

— Je dors toujours sur le côté droit.

— Rassurez-vous, votre songe n'annonce rien que de très heureux.

— Dieu le veuille!... Mais il m'est apparu tout pâle, sanglant, enveloppé dans un linceul...

En parlant ainsi elle tourna la tête, et vit Mergy debout à l'une des entrées du bosquet. La surprise lui fit pousser un cri si perçant, que Mergy lui-même en fut étonné. La vieille, soit à dessein, soit par mégarde, renversa le réchaud, et à l'instant s'éleva jusqu'à la cime des tilleuls une flamme brillante qui aveugla Mergy pendant quelques instants. Les deux femmes s'étaient échappées sur-le-champ par l'autre issue du bosquet. Aussitôt que Mergy put distinguer l'ouverture de la charmille, il se mit à les poursuivre; mais de prime abord il pensa tomber, quelque chose s'étant embarrassé dans ses jambes. Il reconnut [187] que c'était l'épée à laquelle il devait sa guérison. Il perdit quelque temps à l'écarter et à trouver son chemin; et au moment où, arrivé dans une allée large et droite, il pensait que rien ne pourrait l'empêcher de rejoindre les fugitives, il entendit la porte de la rue se refermer. Elles étaient hors d'atteinte.

Un peu mortifié d'avoir laissé échapper une si belle proie, il regagna sa chambre à tâtons, et se jeta sur son lit. Toutes les pensées lugubres étaient bannies de son esprit, et les remords, s'il en avait, ou les inquiétudes que pouvait lui causer sa position, avaient disparu comme par enchantement. Il ne pensait plus qu'au bonheur d'aimer la plus belle femme de Paris et d'être aimé d'elle; car il ne pouvait douter que madame de Turgis ne fût la dame voilée. Il s'endormit un peu après le lever du soleil, et ne se réveilla que lorsqu'il était grand jour depuis plusieurs heures. Sur son oreiller il trouva un billet cacheté déposé là sans qu'il sût comment. Il l'ouvrit, et lut ces mots : « Cavalier, l'honneur d'une dame dépend de votre discrétion. »

Quelques instants après la vieille entra pour lui apporter un bouillon. Elle portait ce jour-là, contre son usage, un chapelet à gros grains pendu à sa ceinture.

Sa peau, soigneusement lavée, n'offrait plus l'apparence du bronze, mais d'un parchemin enfumé. Elle marchait à pas lents et les yeux baissés, comme une personne qui craint que la vue des choses terrestres ne la trouble dans ses contemplations divines.

Mergy crut que, pour pratiquer plus méritoirement la vertu que le billet mystérieux lui recommandait, il devait avant tout s'instruire à fond de ce qu'il devait taire à tout le monde. Tenant le bouillon à la main, et sans laisser à la vieille Marthe le temps de gagner la porte :

— Vous ne m'aviez pas dit que vous vous nommiez Camille?...

— Camille?... Je m'appelle Marthe, mon bon monsieur... Marthe Micheli, dit la vieille, affectant d'être fort surprise de la question.

— Eh bien! soit; vous vous faites appeler Marthe par les hommes; mais c'est sous le nom de Camille que vous connaissent les esprits.

— Les esprits!... Doux Jésus! que voulez-vous dire? Elle fit un grand signe de croix.

— Allons, point de feintises avec moi; je n'en dirai rien à personne, et tout ceci est entre nous. Quelle est la dame qui prend tant intérêt à ma santé?

— La dame qui?...

— Allons, ne répétez pas tout ce que je dis, et parlez franchement. Foi de gentilhomme! je ne vous trahirai pas.

— En vérité, mon bon monsieur, je ne sais ce que vous voulez dire.

Mergy ne put s'empêcher de rire de la voir prendre un air étonné et mettre la main sur son cœur. Il tira une pièce d'or de sa bourse, pendue au chevet de son lit, et la présenta à la vieille.

— Tenez, bonne Camille, vous prenez tant de soin de moi, et vous vous donnez tant de peine à frotter des épées avec du baume de scorpions, le tout pour me guérir, qu'en vérité il y a longtemps que j'aurais dû vous faire un cadeau.

— Hélas ! mon gentilhomme, en vérité, en vérité, je ne comprends rien à ce que vous me dites.

— Morbleu ! Marthe, ou bien Camille, ne me mettez pas en colère, et répondez ! Quelle est la dame pour qui vous avez fait toute cette belle sorcellerie la nuit passée ?

— Ah ! mon doux Sauveur, il se met en colère... Est-ce qu'il aurait le délire ?

Mergy, impatienté, saisit son oreiller et le lui jeta à la tête. La vieille le remit avec soumission sur le lit, ramassa l'écu d'or qui était tombé par terre ; et, comme le capitaine entra dans ce moment, elle fut débarrassée de la crainte d'un interrogatoire qui aurait pu finir désagréablement pour elle.

CHAPITRE XIII

LA CALOMNIE

K. Henry IV.
Thou dost belie him, Percy, thou dost belie him
Shakespeare, *K. Henry IV**.

George était allé chez l'Amiral le matin même pour lui parler de son frère [188]. En deux mots il lui avait conté l'aventure.

L'Amiral, en l'écoutant, écrasait entre ses dents le cure-dent qu'il avait à la bouche* : c'était chez lui un signe d'impatience.

— Je connais déjà cette affaire, dit-il, et je m'étonne que vous m'en parliez, car elle est assez publique.

— Si je vous importune, monsieur l'Amiral c'est que je sais l'intérêt que vous daignez prendre à notre famille, et j'ose espérer que vous voudrez bien solliciter le roi en faveur de mon frère. Votre crédit auprès de Sa Majesté...

— Mon crédit, si j'en ai, interrompit vivement l'Amiral, mon crédit tient à ce que je n'adresse jamais que des demandes justes à Sa Majesté. En prononçant ce mot, il se découvrit avec respect.

— La circonstance qui oblige mon frère à recourir à votre bonté n'est malheureusement que trop commune aujourd'hui. Le roi a signé l'année dernière plus de quinze cents lettres de grâce, et l'adversaire de Bernard lui-même a souvent joui de leur immunité.

— Votre frère a été l'agresseur. Peut-être, et je voudrais que cela fût vrai, n'a-t-il fait que suivre de détestables conseils.

Il regardait fixement le capitaine en parlant ainsi.

— J'ai fait quelques efforts pour empêcher les suites funestes de la querelle; mais vous savez que M. de Comminges n'était pas d'une humeur à jamais accorder d'autre satisfaction que celle qui se donne à la pointe de l'épée. L'honneur d'un gentilhomme et l'opinion des dames ont...

— Voilà donc le langage que vous tenez à ce jeune homme! sans doute vous aspirez à en faire un *raffiné?* Oh! que son père gémirait s'il apprenait quel mépris son fils a pour ses conseils! — Bon Dieu! voilà à peine deux ans que les guerres civiles sont éteintes, et ils ont déjà oublié les flots de sang qu'ils y ont versés. Ils ne sont point encore contents; il faut que chaque jour des Français égorgent des Français!

— Si j'avais su, monsieur, que ma demande vous fût désagréable...

— Écoutez, monsieur de Mergy, je pourrais faire violence à mes sentiments comme chrétien, et excuser la provocation de votre frère; mais sa conduite dans le duel qui l'a suivie, selon le bruit public, n'a pas été...

— Que voulez-vous dire, monsieur l'Amiral?

— Que le combat n'a pas eu lieu d'une manière loyale et comme il est d'usage parmi les gentilshommes français.

— Et qui a osé répandre une aussi infâme [189] calomnie? s'écria George, les yeux étincelants de fureur.

— Calmez-vous. Vous n'aurez point de cartel à envoyer, car on ne se bat pas encore avec les femmes... La mère de Comminges a donné au roi des détails qui ne sont point à l'honneur de votre frère. Ils expliqueraient [190] comment un si redoutable champion a succombé si facilement sous les coups d'un enfant à peine sorti de page.

— La douleur d'une mère est si grande et si juste ! Faut-il s'étonner qu'elle ne puisse voir la vérité quand ses yeux sont encore baignés de larmes ? Je me flatte, monsieur l'Amiral, que vous ne jugerez pas mon frère sur le récit de madame de Comminges.

Coligny parut ébranlé, et sa voix perdit un peu de son amère ironie.

— Vous ne pouvez nier cependant que Béville, le second de Comminges, ne fût votre ami intime.

— Je le connais depuis longtemps, et même je lui ai des obligations. Mais Comminges était aussi familier avec lui. D'ailleurs, c'est Comminges qui l'a choisi pour son second. Enfin, la bravoure et l'honneur de Béville le mettent à l'abri de tout soupçon de déloyauté.

L'Amiral contracta sa bouche d'un air de mépris profond.

— L'honneur de Béville ! répéta-t-il en haussant les épaules ; un athée ! un homme perdu de débauche !

— Oui, Béville, est un homme d'honneur ! s'écria le capitaine avec force. Mais pourquoi tant de discours ? Moi aussi n'étais-je pas présent à ce duel ? Est-ce à vous, monsieur l'Amiral, à mettre en question notre honneur et à nous accuser d'assassinat ?

Il y avait dans son ton quelque chose de menaçant. Coligny ne comprit pas ou méprisa l'allusion au meurtre du duc François de Guise, que la haine des catholiques lui avait attribué. Ses traits reprirent même une calme immobilité.

— Monsieur de Mergy, dit-il d'un ton froid et dédaigneux, un homme qui a renié sa religion n'a plus le droit de parler de son honneur, car personne n'y croirait.

La figure du capitaine devint d'un rouge pourpre, et

un instant après d'une pâleur mortelle. Il recula deux pas, comme pour ne pas succomber à la tentation de frapper un vieillard.

— Monsieur ! s'écria-t-il, votre âge et votre rang vous permettent d'insulter impunément un pauvre gentilhomme dans ce qu'il a de plus précieux. Mais, je vous en supplie, ordonnez à l'un de vos gentilshommes ou à plusieurs de soutenir les paroles que vous avez prononcées. Je jure Dieu que je les leur ferai avaler jusqu'à ce qu'elles les étouffent.

— C'est sans doute une pratique de messieurs les raffinés. Je ne suis point leurs usages, et je chasse mes gentilshommes s'ils les imitent.

En parlant ainsi il lui tourna le dos. Le capitaine, la rage dans l'âme, sortit de l'hôtel de Châtillon, sauta sur son cheval, et, comme pour soulager sa fureur, il fit galoper à outrance le pauvre animal en lui labourant les flancs à coups d'éperons. Dans sa course impétueuse il manqua d'écraser nombre de paisibles passants, et il est fort heureux qu'il ne se trouvât pas un seul raffiné sur son passage ; car, de l'humeur qui le possédait, il est certain qu'il aurait saisi aux cheveux une occasion de mettre flamberge au vent.

Parvenu jusqu'à Vincennes, l'agitation de son sang commençait à se calmer. Il tourna bride et ramena vers Paris son cheval sanglant et trempé de sueur. — Pauvre ami, disait-il avec un sourire amer, c'est toi que je punis de l'insulte qu'il m'a faite ! Et, en flattant le cou de sa victime innocente, il revint au pas jusque chez son frère. Il lui dit simplement que l'Amiral avait refusé de s'entremettre pour lui, supprimant les détails de leur conversation.

Mais quelques moments après entra Béville, qui d'abord sauta au cou de Mergy en lui disant : — Je vous félicite, mon cher, voici votre grâce, et c'est à la sollicitation de la reine que vous l'avez obtenue.

Mergy montra moins de surprise que son frère. Dans son âme il attribuait cette faveur à la dame voilée, c'est-à-dire à la comtesse de Turgis.

CHAPITRE XIV

LE RENDEZ-VOUS

Madame va venir dans cette salle basse,
Et d'un mot d'entretien vous demande la grâce.

MOLIÈRE, *Tartufe**.

Mergy revint partager le logis de son frère; il alla remercier la reine mère et reparut à la cour. En entrant dans le Louvre, il s'aperçut qu'il avait hérité en quelque sorte de la considération de Comminges. Des gens qu'il ne connaissait que de vue le saluaient d'un air humble et familier. Les hommes, en lui parlant, cachaient mal leur envie sous les dehors d'une politesse empressée, les femmes [191] le lorgnaient et lui faisaient des agaceries; car la réputation de duelliste était alors surtout un moyen certain de toucher leur cœur. Trois ou quatre hommes tués en combat singulier tenaient lieu de beauté, de richesse et d'esprit. Bref, quand notre héros paraissait [192] dans la galerie du Louvre, il entendait un murmure s'élever autour de lui. — Voici le jeune Mergy, qui a tué Comminges. — Comme il est jeune! Quelle gracieuse tournure! — Comme il a bon air! — Comme sa moustache est bravement troussée! — Sait-on qui est sa maîtresse?

Et Mergy cherchait en vain dans la foule les yeux bleus et les sourcils noirs de madame de Turgis. Il se présenta même chez elle; mais il apprit que fort peu de temps après la mort de Comminges elle était partie pour une de ses terres, éloignée de Paris de vingt lieues. S'il fallait en croire [193] les mauvaises langues, la douleur que lui avait causée la mort de l'homme qui lui rendait des soins l'avait obligée de chercher une retraite où elle pût en paix entretenir ses ennuis.

Un matin, tandis que le capitaine, étendu sur un lit de repos, lisait, en attendant le déjeuner, *la Vie très horrificque de Pantagruel**, et que son frère [194] prenait une leçon de guitare sous la direction du signor Uberto Vinibella, un laquais vint annoncer à Bernard qu'une vieille très proprement habillée l'attendait dans la salle basse, et que, d'un air de mystère, elle avait demandé à l'entretenir. Il descendit aussitôt, et reçut des mains tannées d'une vieille, qui n'était ni Marthe ni Camille, une lettre qui répandait un doux parfum [195] : elle était scellée avec un fil d'or et un large cachet de cire verte, sur lequel, au lieu d'armoiries, on ne voyait qu'un Amour mettant le doigt sur sa bouche, avec cette devise castillane : CALLAD [a]. Il l'ouvrit, et n'y trouva qu'une seule ligne en espagnol, qu'il eut quelque peine à comprendre : *Esta noche, una dama espera à V. M.* [b].

— Qui vous a donné cette lettre? demanda-t-il à la vieille.

— Une dame.

— Son nom?

— Je ne sais : elle est Espagnole, à ce qu'elle dit.

— D'où me connaît-elle?

La vieille haussa les épaules. — Votre réputation et votre galanterie vous ont attiré cette mauvaise affaire, dit-elle d'un ton goguenard; mais répondez-moi, viendrez-vous?

— Où faut-il aller?

— Trouvez-vous ce soir, à huit heures et demie, dans l'église de Saint-Germain-l'Auxerrois, du côté gauche de la nef.

— Et c'est à l'église que je dois voir cette dame?

— Non; quelqu'un viendra vous chercher pour vous conduire chez elle. Mais soyez discret et venez seul.

— Oui.

— Vous le promettez?

---

a. Taisez-vous.
b. Une dame vous attend ce soir.

— Je vous donne ma parole.

— Adieu donc. Surtout ne me suivez pas.

Elle fit une révérence profonde et sortit aussitôt.

— Eh bien ! que te voulait cette noble entremetteuse ? demanda le capitaine lorsque son frère fut remonté et le maître de guitare parti.

— Oh ! rien, répondit Mergy d'un air d'indifférence, et regardant avec beaucoup d'attention la madone dont il a été parlé.

— Allons, point de mystère avec moi. Faut-il t'accompagner à un rendez-vous, garder la rue, et recevoir les jaloux [196] à grands coups de plat d'épée ?

— Rien, te dis-je.

— Oh ! comme il te plaira. Garde pour toi ton secret, si tu veux ; mais, tiens, je gage que tu as pour le moins autant d'envie de me le conter que moi de l'apprendre.

Mergy pinça d'un air distrait quelques cordes de sa guitare.

— A propos, George, je ne puis aller souper ce soir chez M. de Vaudreuil.

— Ah ! c'est donc pour ce soir ? Est-elle jolie ? est-ce une dame de la cour ? une bourgeoise ? une marchande ?

— En vérité, je ne sais. Je dois être présenté à une dame... qui n'est pas de ce pays... Mais à qui... c'est ce que j'ignore.

— Mais tu sais au moins où tu dois la rencontrer ?

Bernard montra le billet, et répéta ce que la vieille venait de lui dire.

— L'écriture est contrefaite, dit le capitaine, et je ne sais que penser de toutes ces précautions.

— Ce doit être quelque grande dame, George.

— Voilà bien nos jeunes gens, qui, pour le plus léger motif, s'imaginent que les dames [197] les plus huppées vont se jeter à leur tête.

— Sens donc le parfum qu'exhale ce billet.

— Qu'est-ce que cela prouve ?

Le front du capitaine se rembrunit tout d'un coup, et une idée sinistre se présenta à son esprit.

— Les Comminges sont rancuniers [198], dit-il, et peut-être cette lettre n'est-elle qu'une invention de leur part pour t'attirer dans quelque réduit, à l'écart [199], où ils te feront payer cher le coup de poignard qui les a fait hériter.

— Bon ! quelle idée !

— Ce ne serait pas la première fois qu'on aurait fait servir l'amour pour la vengeance. Tu as lu la Bible; souviens toi de Samson trahi par Dalila.

— Il faudrait que je fusse bien poltron pour qu'une conjecture aussi improbable me fît manquer un rendez-vous qui peut-être sera délicieux ! Une Espagnole !...

— Au moins vas-y bien armé. Si tu veux, je te ferai suivre par mes deux laquais.

— Fi donc ! Faut-il rendre la ville témoin de mes bonnes fortunes ?

— C'est assez l'usage aujourd'hui. Que de fois ai-je vu d'Ardelay*, mon grand ami, allant voir sa maîtresse avec une cotte de mailles sur le dos, deux pistolets à sa ceinture !... et derrière lui marchaient quatre soldats de sa compagnie, chacun avec un poitrinal* chargé. Tu ne connais pas encore Paris, mon camarade; et crois-moi, le trop de précautions ne nuit jamais. On en est quitte pour ôter sa cotte de mailles quand elle devient gênante.

— Je suis tout à fait sans inquiétudes. Si les parents de Comminges m'en voulaient, ils auraient pu facilement m'attaquer la nuit dans la rue.

— Enfin, je ne te laisserai sortir qu'à condition que tu prendras tes pistolets.

— A la bonne heure ! mais on se moquera de moi.

— Maintenant ce n'est pas tout; il faut encore bien dîner, manger deux perdrix et force crêtes de coq en pâté*, afin de faire honneur ce soir à la famille des Mergy.

Bernard se retira dans sa chambre, où il passa quatre heures au moins à se peigner, se friser, se parfumer, enfin à étudier les discours éloquents qu'il se proposait de tenir à la belle inconnue.

Je laisse à penser s'il fut exact au rendez-vous. Depuis plus d'une demi-heure il se promenait dans l'église. Il avait déjà compté trois fois les cierges, les colonnes et les *ex-voto,* quand une vieille femme, enveloppée soigneusement dans une cape brune, lui prit la main, et, sans dire un seul mot, l'emmena dans la rue. Toujours observant le même silence, elle le conduisit, après plusieurs détours, dans une ruelle fort étroite et en apparence inhabitée. Elle s'arrêta tout au fond, devant une petite porte en ogive et fort basse, qu'elle ouvrit avec une clef qu'elle tira de sa poche. Elle entra la première, et Mergy la suivit, la tenant par sa cape à cause de l'obscurité. Une fois entré, il entendit tirer derrière lui d'énormes verrous. Son guide le prévint alors à voix basse qu'il était au pied d'un escalier, et qu'il y avait [200] vingt-sept marches à monter. L'escalier était fort étroit, et les marches tout usées et inégales manquèrent plus d'une fois de le faire tomber. Enfin, après [201] la vingt-septième marche, terminée par un petit palier, une porte fut ouverte par la vieille, et une vive lumière éblouit un instant les yeux de Mergy. Il entra aussitôt dans une chambre beaucoup plus élégamment meublée que ne l'annonçait l'apparence extérieure de la maison.

Les murailles étaient tendues d'une tapisserie à fleurs, un peu passée, il est vrai, mais encore fort propre. Au milieu de la chambre il vit une table éclairée par deux flambeaux de cire rose, et couverte de plusieurs espèces de fruits et de gâteaux, avec des verres et des flacons de cristal, remplis, comme il semblait, de vins de différentes espèces. Deux grands fauteuils placés aux deux bouts de la table paraissaient attendre des convives. Dans une alcôve à moitié fermée par des rideaux de soie, était un lit très orné et couvert de satin cramoisi. Plusieurs cassolettes répandaient un parfum voluptueux dans l'appartement.

La vieille ôta sa cape, et Mergy son manteau. Il reconnut aussitôt la messagère qui lui avait apporté la lettre.

— Sainte Marie ! s'écria la vieille en apercevant les pistolets et l'épée de Mergy, croyez-vous donc que vous allez avoir à pourfendre des géants? Mon beau cavalier, il ne s'agit pas ici de frapper de grands coups d'épée.

— J'aime à le croire; mais il se pourrait que des frères ou un mari d'humeur chagrine vinssent troubler notre entretien, et voilà pour leur jeter de la poudre aux yeux.

— Vous n'avez rien de semblable à craindre ici. Mais, dites-moi, comment trouvez-vous cette chambre?

— Fort belle, assurément; mais je m'y ennuierais toutefois si je devais y rester seul.

— Quelqu'un va venir qui vous tiendra compagnie. Mais, d'abord, vous allez me faire une promesse.

— Laquelle?

— Si vous êtes catholique, vous allez étendre la main sur ce crucifix (elle en tira un d'une armoire); si vous êtes huguenot, vous jurerez par Calvin... Luther, tous vos dieux, enfin...

— Et que faut-il que je jure? interrompit-il en riant.

— Vous jurerez de ne faire aucun effort pour chercher à connaître la dame qui va venir ici.

— La condition est rigoureuse.

— Voyez. Jurez, ou bien je vous reconduis dans la rue.

— Allons, je vous donne ma parole; elle vaut bien les serments ridicules que vous me proposez.

— Voilà qui est bien. Attendez patiemment; mangez, buvez, si vous en avez envie, tout à l'heure vous verrez venir la dame espagnole.

Elle prit sa mante et sortit en fermant la porte à double tour.

Mergy se jeta dans un fauteuil [202]. Son cœur battait avec violence; il éprouvait une émotion aussi forte et presque de la même nature que celle qu'il avait ressentie peu de jours auparavant dans le Pré-aux-Clercs, au moment de rencontrer son ennemi.

Le plus profond silence régnait dans la maison, et un mortel quart d'heure se passa, pendant lequel son imagination lui représenta tour à tour Vénus sortant de la tapisserie pour se jeter dans ses bras; la comtesse de Turgis en habit de chasse; une princesse du sang royal;

une bande d'assassins, et enfin la plus horrible idée, une vieille femme amoureuse.

Tout à coup, sans que le moindre bruit eût annoncé que quelqu'un venait d'entrer dans la maison, la clef tourna rapidement dans la serrure; la porte s'ouvrit et se referma comme d'elle-même, aussitôt qu'une femme masquée fut entrée dans la chambre.

Sa taille était haute et bien prise. Une robe très serrée du corsage faisait ressortir l'élégance de sa tournure; mais ni un pied mignon chaussé d'un patin* de velours blanc, ni une petite main, par malheur couverte d'un gant brodé, ne pouvaient laisser deviner au juste l'âge de l'inconnue. Je ne sais quoi, peut-être une influence magnétique, ou, si l'on veut, un pressentiment, faisait croire qu'elle n'avait pas plus de vingt-cinq ans. Sa toilette était riche, galante et simple tout à la fois.

Mergy se leva aussitôt, et mit un genou en terre devant elle. La dame fit un pas vers lui, et lui dit d'une voix douce : — *Dios os guarde, caballero. Sea V. M. el bien venido* [a].

Mergy fit un mouvement de surprise.

— *Habla V. M. espanol* [b] *?*

Mergy ne parlait pas espagnol et l'entendait à peine.

La dame parut contrariée. Elle se laissa conduire à l'un des fauteuils où elle s'assit, et fit signe à Mergy de prendre l'autre. Alors elle commença la conversation en français, mais avec un accent étranger qui quelquefois était très fort et comme outré, et qui par moments cessait tout à fait.

— Monsieur, votre grande vaillance m'a fait oublier la réserve habituelle de notre sexe; j'ai voulu voir un cavalier accompli, et je le trouve tel que la renommée le publie.

Mergy rougit et s'inclina. — Aurez-vous donc la cruauté, madame, de conserver ce masque, qui, comme un nuage envieux, me cache les rayons du soleil? (Il avait lu cette phrase dans un livre traduit de l'espagnol.)

---

a. Dieu vous garde, monsieur. Soyez le bienvenu.
b. Parlez-vous espagnol?

— Seigneur cavalier, si je suis contente de votre discrétion, vous me verrez plus d'une fois à visage découvert; mais pour aujourd'hui contentez-vous du plaisir de m'entretenir.

— Ah! madame, ce plaisir, tout grand qu'il est, ne me fait désirer qu'avec plus de violence celui de vous voir.

Il était à genoux, et semblait disposé à soulever le masque.

— *Poco a poco*[a] *!* seigneur Français; vous êtes trop vif. Rasseyez-vous, ou je vous quitte à l'instant. Si vous saviez qui je suis, et ce que j'ose pour vous voir, vous vous tiendriez pour satisfait de l'honneur seul que je vous fais en venant ici.

— En vérité, il me semble que votre voix m'est connue.

— C'est cependant la première fois que vous l'entendez. Dites-moi, êtes-vous capable d'aimer avec constance une femme qui vous aimerait?...

— Déjà je sens auprès de vous...

— Vous ne m'avez jamais vue, ainsi vous ne pouvez m'aimer. Savez-vous si je suis belle [203] ou laide?

— Je suis sûr que vous êtes charmante.

L'inconnue retira sa main, dont il s'était emparé, et la porta à son masque, comme si elle allait l'ôter.

— Que feriez-vous, si vous alliez voir paraître devant vous une femme de cinquante ans, laide à faire peur?

— Cela est impossible.

— A cinquante ans on aime encore. (Elle soupira, et le jeune homme frémit.)

— Cette taille élégante, cette main que vous essayez en vain de me dérober, tout me prouve votre jeunesse.

Il y avait plus de galanterie que de conviction dans cette phrase.

— Hélas!

Mergy commença à concevoir quelque inquiétude.

— Pour vous autres hommes l'amour ne suffit pas. Il faut encore la beauté. (Et elle soupira encore.)

---

a. Tout doux!

— Laissez-moi, de grâce, ôter ce masque...

— Non, non; et elle le repoussa avec vivacité. Souvenez-vous de votre promesse! Puis elle ajouta d'un ton plus gai : Je risquerais trop à me démasquer. J'ai du plaisir à vous voir à mes pieds, et si par hasard je n'étais ni jeune ni jolie... à votre gré du moins... peut-être me laisseriez-vous là toute seule.

— Montrez-moi seulement cette petite main.

Elle ôta un gant parfumé, et lui tendit une main blanche comme la neige.

— Je connais cette main! s'écria-t-il; il n'y en a qu'une aussi belle à Paris.

— Vraiment! Et à qui cette main?

— A... une comtesse.

— Quelle comtesse?

— La comtesse de Turgis.

— Ah!... je sais ce que vous voulez dire. Oui, la Turgis a de belles mains, grâce aux pâtes d'amandes de son parfumeur. Mais je me vante que mes mains sont plus douces que les siennes.

Tout cela était débité d'un ton fort naturel, et Mergy, qui avait cru reconnaître la voix de la belle comtesse, conçut quelques doutes, et se sentit sur le point d'abandonner cette idée.

— Deux au lieu d'une, pensa-t-il; je suis donc protégé par les fées? Il chercha sur cette belle main à reconnaître l'empreinte d'une bague qu'il avait remarquée à la Turgis; mais ces doigts ronds et parfaitement formés n'avaient pas la moindre trace de pression, pas la plus légère déformation.

— La Turgis! s'écria l'inconnue en riant. En vérité, je vous suis obligée de me prendre pour la Turgis! Dieu merci! il me semble que je vaux un peu mieux.

— La comtesse est, sur mon honneur, la plus belle femme que j'aie encore vue.

— Vous êtes donc amoureux d'elle? demanda-t-elle vivement.

— Peut-être; mais, de grâce, ôtez votre masque, et montrez-moi une plus belle femme que la Turgis.

— Quand je serai sûre que vous m'aimez,... alors vous me verrez à visage découvert.

— Vous aimer!... Mais, morbleu! comment le pourrai-je sans vous voir?

— Cette main est jolie [204]; figurez-vous que mon visage est bien d'accord avec elle.

— Maintenant je suis sûr que vous êtes charmante, car vous venez de vous trahir en ne déguisant pas votre voix. Je l'ai reconnue, j'en suis certain.

— Et c'est la voix de la Turgis? dit-elle en riant et avec un accent espagnol bien prononcé.

— Précisément.

— Erreur, erreur de votre part, seigneur Bernardo; je m'appelle doña Maria... doña Maria de... Je vous dirai plus tard mon autre nom. Je suis une dame de Barcelone; mon père, qui me surveille très rigoureusement, est en voyage depuis quelque temps, et je profite de son absence pour me divertir et voir la cour de Paris. Quant à la Turgis, cessez, je vous prie, de me parler de cette femme; son nom m'est odieux; c'est la plus méchante femme de la cour. Vous savez, d'ailleurs, comment elle est veuve!

— On m'en a dit quelque chose.

— Eh bien! parlez... Que vous a-t-on dit?...

— Que, surprenant son mari dans un entretien fort tendre avec sa chambrière, elle avait saisi une dague, et l'en avait frappé un peu rudement. Le bonhomme en mourut un mois après*.

— Cette action vous semble... horrible?

— Je vous avoue que je l'excuse. Elle aimait son mari, dit-on, et j'estime la jalousie.

— Vous parlez ainsi parce que vous croyez être devant la Turgis; mais je sais que vous la méprisez au fond du cœur.

Il y avait dans cette voix quelque chose de triste et de mélancolique; mais ce n'était pas la voix de la Turgis. Mergy ne savait que penser.

— Quoi! dit-il, vous êtes Espagnole, et vous n'estimez pas la jalousie?

— Laissons cela. Qu'est-ce que ce cordon noir que vous avez pendu au cou?

— C'est une relique.

— Je vous croyais protestant [205].

— Il est vrai. Mais cette relique m'a été donnée par une dame, et je la porte en souvenir d'elle.

— Tenez, si vous voulez me plaire, vous ne songerez plus aux dames; je veux être pour vous toutes les dames. Qui vous a donné ce reliquaire? Est-ce encore la Turgis?

— Non, en vérité.

— Vous mentez!

— Vous êtes donc madame de Turgis?

— Vous vous êtes trahi, seigneur Bernardo!

— Comment?

— Quand je verrai la Turgis, je lui demanderai pourquoi elle fait ainsi le sacrilège de donner une chose sainte à un hérétique.

L'incertitude de Mergy redoublait à chaque instant.

— Mais je veux ce reliquaire; donnez-le-moi.

— Non, je ne puis le donner.

— Je le veux. Osez-vous me le refuser?

— J'ai promis de le rendre.

— Bah! enfantillage que cette promesse! Promesse faite [206] à femme fausse n'engage pas. D'ailleurs, prenez-y garde, c'est peut-être un charme, un talisman dangereux que vous portez là. La Turgis, dit-on, est une grande magicienne.

— Je ne crois pas à la magie.

— Ni aux magiciens?

— Je crois un peu aux *magiciennes*. Il appuya sur ce dernier mot.

— Écoutez, donnez-moi ce reliquaire, et peut-être ôterai-je mon masque.

— Pour le coup, c'est la voix de madame de Turgis!

— Pour la dernière fois, voulez-vous donner ce reliquaire?

— Je vous le *rendrai*, si vous voulez ôter votre masque.

— Ah ! vous m'impatientez avec votre Turgis ; aimez-la tant qu'il vous plaira ; que m'importe ?

Elle se tourna sur son fauteuil, comme si elle boudait. Le satin qui couvrait sa gorge s'élevait et s'abaissait rapidement.

Pendant quelques minutes elle garda le silence ; puis, se retournant tout d'un coup, elle dit d'un ton moqueur :

— *Vala me Dios ! V. M. no es caballero, es un monge* [a].

D'un coup de poing elle renversa les deux bougies qui brûlaient sur la table, et la moitié des bouteilles et des plats. Les flambeaux s'éteignirent à l'instant. En même temps elle arracha son masque. Dans l'obscurité la plus complète, Mergy sentit une bouche brûlante qui cherchait la sienne, et deux bras qui le serraient avec force.

CHAPITRE XV

L'OBSCURITÉ

« *La nuit tous les chats sont gris.* »

L'horloge d'une église voisine sonna quatre coups.

— Jésus ! quatre heures ! J'aurai à peine le temps de rentrer chez moi avant le jour.

— Quoi ! méchante, me quitter si tôt !

— Il le faut ; mais nous nous reverrons sous peu.

— Nous nous reverrons ! songez donc, chère comtesse, que je ne vous ai pas vue.

— Laissez là votre comtesse, enfant que vous êtes. Je suis doña Maria ; et, quand nous aurons de la lumière, vous verrez bien que je ne suis pas celle que vous croyez.

---

a. Dieu me pardonne ! vous n'êtes point un cavalier, vous êtes un moine.

— De quel côté est la porte? Je vais appeler.

— Non, laissez-moi descendre, Bernardo; je connais cette chambre, je sais où je trouverai un briquet.

— Prenez bien garde de marcher sur des morceaux de verre; vous en avez cassé plusieurs hier.

— Laissez-moi faire.

— Trouvez-vous?

— Ah! oui, c'est mon corset. Sainte Vierge! comment ferai-je? J'ai coupé tous les lacets avec votre poignard.

— Il faut en demander à la vieille.

— Ne bougez pas, laissez-moi faire. *Adios, querido Bernardo* [207] *!*

La porte s'ouvrit et se referma aussitôt. Un long éclat de rire se fit entendre au dehors. Mergy comprit que sa conquête venait de lui échapper. Il essaya de la poursuivre; mais, dans l'obscurité, il se heurtait contre les meubles, il s'embarrassait dans des robes et des rideaux, sans pouvoir trouver la porte. Tout d'un coup la porte s'ouvrit, et quelqu'un entra, tenant une lanterne sourde. Mergy saisit aussitôt dans ses bras la personne qui la portait.

— Ah! je vous tiens, vous ne m'échapperez plus! s'écria-t-il en l'embrassant tendrement.

— Laissez-moi donc, monsieur de Mergy, dit une grosse voix. Est-ce que l'on serre les gens de la sorte?

Il reconnut la vieille.

— Que le diable vous emporte! s'écria-t-il.

Il s'habilla en silence, prit ses armes et son manteau, et sortit de cette maison dans l'état d'un homme qui, après avoir bu d'excellent vin de Malaga, avale, par la distraction du domestique qui le sert, un verre d'une bouteille de sirop antiscorbutique, oubliée depuis longues années dans la cave.

Mergy fut assez discret avec son frère; il parla d'une dame espagnole de la plus grande beauté, autant qu'il en avait pu juger sans lumière, mais il ne dit pas un mot des soupçons qu'il avait formés sur son incognito.

CHAPITRE XVI

L'AVEU

AMPHITRYON.
Ah ! de grâce, cessons, Alcmène, je vous prie ;
Et parlons sérieusement.
MOLIÈRE, *Amphitryon**.

Deux jours se passèrent sans messages de la feinte Espagnole. Le troisième, les deux frères apprirent que madame de Turgis était arrivée la veille [208] à Paris, et qu'elle irait certainement faire sa cour à la reine mère dans la journée. Ils se rendirent aussitôt au Louvre, et la rencontrèrent dans une galerie, au milieu d'un groupe de dames avec qui elle causait. La vue de Mergy ne parut pas lui causer la moindre émotion. Pas la plus légère rougeur ne colora ses joues ordinairement pâles. Aussitôt qu'elle l'aperçut, elle lui fit un signe de tête, comme à une ancienne connaissance, et, après les premiers compliments, elle lui dit en se penchant à son oreille : — Maintenant, je l'espère, l'opiniâtreté huguenote est un peu ébranlée ? Il fallait des miracles pour vous convertir.

— Comment ?

— Quoi ! n'avez-vous pas éprouvé *par vous-même* les surprenants effets du pouvoir des reliques ?

Mergy sourit d'un air incrédule.

— Le souvenir de la belle main qui m'a donné cette petite boîte, et l'amour qu'elle m'a inspiré, ont doublé mes forces et mon adresse.

En riant elle le menaça du doigt.

— Vous devenez impertinent, monsieur le cornette. Savez-vous bien à qui vous tenez ce langage ?

Tout en parlant, elle ôta son gant pour arranger ses cheveux, et Mergy regardait fixement sa main, et de la main il reportait ses regards aux yeux si vifs et presque méchants de la belle comtesse. L'air étonné du jeune homme la fit rire aux éclats.

— Qu'avez-vous à rire?

— Et vous, qu'avez-vous à me regarder ainsi d'un air étonné?

— Excusez-moi, mais depuis quelques jours je ne rencontre que des sujets d'étonnement.

— En vérité! cela doit être curieux. Contez-nous donc bien vite quelques-unes de ces choses surprenantes qui vous arrivent à chaque instant.

— Je ne puis vous en parler *maintenant*, et dans ce lieu; d'ailleurs j'ai retenu certaine devise espagnole, que l'on m'a apprise il y a trois jours.

— Quelle devise?

— Un seul mot : *Callad*.

— Qu'est-ce que cela veut dire?

— Quoi! vous ne savez pas l'espagnol? dit-il en l'observant avec la plus grande attention. Mais elle supporta son examen sans laisser paraître qu'elle comprît un sens caché sous ses paroles; et même les yeux du jeune homme, d'abord fixés sur les siens, se baissèrent bientôt, forcés de reconnaître la puissance supérieure de ceux qu'ils avaient osé défier.

— Dans mon enfance, répondit-elle d'un ton d'indifférence parfaite, j'ai su quelques mots d'espagnol, mais je pense maintenant les avoir oubliés. Ainsi parlez-moi français si vous voulez que je vous comprenne. Voyons, que chante votre devise?

— Elle conseille la discrétion, madame.

— Par ma foi! nos jeunes courtisans devraient prendre cette devise, surtout s'ils pouvaient venir à bout de la justifier par leur conduite. Mais vous êtes bien savant! monsieur de Mergy. Qui vous a donc appris l'espagnol? Je gage que c'est une dame?

Mergy la regarda d'un air tendre et souriant [209].

— Je ne sais que quelques mots d'espagnol, dit-il à

voix basse, et c'est l'amour qui les a gravés dans ma mémoire.

— L'amour! répéta la comtesse d'un ton de voix moqueur. Comme elle parlait fort haut, plusieurs dames tournèrent la tête à ce mot, comme pour demander de quoi il s'agissait. Mergy, un peu piqué de sa moquerie, et mécontent de se voir traité de la sorte, tira de sa poche la lettre espagnole qu'il avait reçue de la vieille, et la présentant à la comtesse : — Je ne doute pas, dit-il, que vous ne soyez aussi savante que moi, et vous comprendrez sans peine cet espagnol-là.

Diane de Turgis saisit le billet, le lut ou fit semblant de le lire, et, en riant de toutes ses forces, elle le donna [210] à la dame qui se trouvait le plus près d'elle.

— Tenez, madame de Châteauvieux, lisez donc ce billet doux que M. de Mergy vient de recevoir de sa maîtresse, et qu'il veut bien me sacrifier, à ce qu'il dit. Le bon de l'affaire, c'est que je reconnais la main qui l'a écrit.

— Je n'en doute point, dit Mergy avec un peu d'aigreur, mais toujours à voix basse.

Madame de Châteauvieux lut le billet, rit et le passa à un gentilhomme, celui-ci à un autre, et en un instant il n'y eut personne dans la galerie qui ignorât le bon traitement que Mergy recevait d'une dame espagnole.

Quand les éclats de rire furent un peu apaisés, la comtesse demanda d'un air moqueur à Mergy s'il trouvait jolie la femme qui avait écrit ce billet.

— Sur mon honneur, madame, je ne la trouve pas moins jolie que vous.

— O ciel! que dites-vous là? Jésus! Mais il faut que vous ne l'ayez vue que la nuit; car je la connais bien, et... par ma foi! je vous fais compliment de votre bonne fortune. Et elle se mit à rire plus fort [211].

— Ma toute belle, dit la Châteauvieux, nommez-nous donc cette dame espagnole assez heureuse pour posséder le cœur de M. de Mergy.

— Avant de la nommer, je vous prie de dire [212]

devant ces dames, monsieur de Mergy, si vous avez vu votre maîtresse au jour?

Mergy était véritablement mal à son aise, et son inquiétude et son humeur se peignaient d'une façon assez comique sur sa physionomie. Il ne répondit rien.

— Sans plus de mystère, dit la comtesse, ce billet est de la señora doña Maria Rodriguez; je connais son écriture comme celle de mon père.

Maria Rodriguez! s'écrièrent toutes les dames en riant. Maria Rodriguez était une personne de plus de cinquante ans. Elle avait été duègne à Madrid. Je ne sais comment elle était venue en France, ni pour quel mérite Marguerite de Valois l'avait prise dans sa maison. Peut-être qu'elle tenait cette espèce de monstre [213] auprès d'elle pour faire ressortir encore ses charmes [214] par la comparaison, de même que les peintres [215] ont tracé sur la même toile le portrait d'une beauté de leur temps et la caricature de son nain. Quand la Rodriguez paraissait au Louvre, elle amusait [216] toutes les dames de la cour par son air guindé et son costume à l'antique.

Mergy frissonna. Il avait vu la duègne, et se rappela avec horreur que la dame masquée s'était donné le nom de doña Maria : ses souvenirs devinrent confus. Il était tout à fait décontenancé, et les rires redoublaient.

— C'est une dame fort discrète, disait la comtesse de Turgis, et vous ne pouviez faire un meilleur choix. Elle a vraiment bon air quand elle a mis ses dents postiches et sa perruque noire. D'ailleurs, elle n'a certainement pas plus de soixante ans.

— Elle lui aura jeté un sort! s'écria la Châteauvieux.

— Vous aimez donc les antiquités? demandait une autre dame.

— Quel dommage, disait tout bas en soupirant une demoiselle de la reine, quel dommage que les hommes aient des caprices si ridicules [217]!

Mergy se défendait de son mieux. Les compliments ironiques pleuvaient sur lui, et il faisait une fort sotte figure, quand le roi, paraissant tout à coup au bout de la galerie, fit cesser à l'instant les rires et les plaisanteries. Chacun s'empressa de se ranger sur son passage, et le silence succéda au tumulte.

Le roi reconduisait l'Amiral, avec lequel il s'était entretenu longuement dans son cabinet. Il appuyait familièrement sa main sur l'épaule de Coligny, dont la barbe grise et les vêtements noirs contrastaient avec l'air de jeunesse de Charles et ses habits tout brillants de broderies. A les voir, on eût dit que le jeune roi, avec un discernement rare sur le trône, avait fait choix pour son favori du plus vertueux et du plus sage de ses sujets.

Comme ils traversaient la galerie et que tous les regards étaient fixés sur eux, Mergy entendit à son oreille la voix de la comtesse, qui murmurait tout bas :
— Sans rancune ! Tenez, ne regardez que lorsque vous serez dehors.

En même temps quelque chose tomba dans son chapeau, qu'il tenait à la main. C'était un papier cacheté enveloppant quelque chose de dur. Il le mit dans sa poche, et un quart d'heure après, aussitôt qu'il fut hors du Louvre, il l'ouvrit, et trouva une petite clef avec ces mots : « Cette clef ouvre la porte de mon jardin. A « cette nuit, à dix heures. Je vous aime. Je n'aurai « plus de masque pour vous, et vous verrez enfin doña « Maria et

« DIANE. »

Le roi reconduisit l'Amiral jusqu'au bout de la galerie.
— Adieu, mon père*, dit-il en lui serrant les mains. Vous savez si je vous aime, et moi je sais que vous êtes à moi corps et âme, tripes et boyaux. Il accompagna cette phrase par un grand éclat de rire. Puis, quand il entra dans son cabinet, il s'arrêta devant le capitaine George. Demain, après la messe, dit-il, vous viendrez me parler dans mon cabinet. Il se retourna et jeta un regard presque inquiet vers la porte par où Coligny venait de sortir, puis il quitta la galerie pour s'enfermer avec le maréchal de R tz*.

CHAPITRE XVII

L'AUDIENCE PARTICULIÈRE

MACBETH.

Do you find
Your patience so predominant in your nature
That you can let this go?

SHAKESPEARE*.

Le capitaine George se rendit au Louvre à l'heure indiquée. Aussitôt qu'il se fut nommé, l'huissier, soulevant une portière en tapisserie, l'introduisit dans le cabinet du roi. Le prince, qui était assis auprès d'une petite table, en disposition d'écrire, lui fit signe de la main de rester tranquille, comme s'il eût craint de perdre en parlant le fil des idées qui l'occupaient alors. Le capitaine, dans une attitude respectueuse, resta debout à six pas de la table, et il eut le temps de promener ses regards sur la chambre et d'en observer en détail la décoration.

Elle était fort simple, car elle ne consistait guère qu'en instruments [218] de chasse suspendus sans ordre à la muraille. Un assez bon tableau représentant une Vierge, avec un grand rameau de buis au-dessus, était accroché entre une longue arquebuse et un cor de chasse. La table sur laquelle le monarque écrivait était couverte de papiers et de livres. Sur le plancher, un chapelet et un petit livre d'heures gisaient pêle-mêle avec des filets et des sonnettes de faucon. Un grand lévrier dormait sur un coussin tout auprès.

Tout d'un coup le roi jeta sa plume à terre avec un mouvement de fureur et un gros juron entre les dents*. La tête baissée, il parcourut deux ou trois fois d'un pas irrégulier la longueur du cabinet; puis, s'arrêtant soudain devant le capitaine, il jeta sur lui un coup d'œil effaré, comme s'il l'apercevait pour la première fois.

— Ah ! c'est vous ! dit-il en reculant d'un pas.

Le capitaine s'inclina jusqu'à terre.

— Je suis bien aise de vous voir. J'avais à vous parler. mais... Il s'arrêta.

La bouche entrouverte, le cou allongé, le pied gauche de six pouces en avant du droit, enfin dans la position qu'un peintre donnerait, ce me semble, à une figure représentant l'attention, tel était George, attendant la fin de la phrase commencée. Mais le roi avait laissé retomber sa tête sur son sein, et semblait préoccupé d'idées distantes de mille lieues de celles qu'il avait été sur le point d'exprimer tout à l'heure.

Il y eut un silence de quelques minutes. Le roi s'assit et porta la main à son front comme une personne fatiguée.

— Diable de rime ! s'écria-t-il en frappant du pied, et faisant retentir les longs éperons dont ses bottes étaient armées.

Le grand lévrier, s'éveillant en sursaut, prit ce coup de pied pour un appel qui s'adressait à lui : il se leva, s'approcha du fauteuil du roi, mit ses deux pattes sur ses genoux, et, levant sa tête effilée, qui surpassait de beaucoup celle de Charles, il ouvrit une large gueule et bâilla sans la moindre cérémonie, tant il est difficile de donner à un chien des manières de cour.

Le roi chassa le chien, qui alla se recoucher en soupirant. Et ses yeux ayant encore rencontré le capitaine comme par hasard, il lui dit : — Excusez-moi George, c'est une...[a] rime qui me fait suer sang et eau*.

— J'importune peut-être Votre Majesté, dit le capitaine avec une grande révérence.

— Point, point, dit le roi. Il se leva et mit la main sur l'épaule du capitaine d'un air familier. En même temps

a. On laisse au lecteur à suppléer une épithète. Charles IX se servait souvent de jurons fort énergiques à la vérité, mais d'ailleurs peu élégants.

il souriait, mais son sourire n'était que des lèvres, et ses yeux distraits n'y prenaient aucune part.

— Êtes-vous encore fatigué de la chasse de l'autre jour? dit le roi, évidemment embarrassé pour entrer en matière. Le cerf s'est fait battre longtemps.

— Sire, je serais indigne de commander une compagnie de chevau-légers de Votre Majesté, si une course comme celle d'avant-hier me fatiguait. Lors des dernières guerres, M. de Guise, me voyant toujours en selle* [219], m'avait surnommé l'*Albanais**.

— Oui, on m'a dit en effet que tu es un bon cavalier. Mais, dis-moi, sais-tu bien tirer de l'arquebuse?

— Mais, sire, je m'en sers assez bien; cependant je suis loin d'avoir l'adresse de Votre Majesté. Mais elle n'est pas donnée à tout le monde.

— Tiens, vois-tu cette longue arquebuse-là, charge-la de douze chevrotines. Que je sois damné si à soixante pas il s'en trouve une seule hors de la poitrine du païen que tu prendras pour but!

— Soixante pas, c'est une assez grande distance; mais je ne me soucierais guère de faire une épreuve sur moi-même avec un tireur tel que Votre Majesté.

— Et à deux cents pas elle enverrait une balle dans le corps d'un homme, pourvu que la balle fût de calibre.

Le roi mit l'arquebuse entre les mains du capitaine.

— Elle paraît aussi bonne qu'elle est riche, dit George après l'avoir examinée soigneusement et en avoir fait jouer la détente.

— Je vois que tu te connais en armes, mon brave. Mets-la en joue, que je voie comment tu t'y prends.

Le capitaine obéit.

— C'est une belle chose qu'une arquebuse, continua Charles en parlant avec lenteur. A cent pas de distance et avec un mouvement de doigt, comme cela, on peut sûrement se débarrasser d'un ennemi, et ni cotte de mailles ni cuirasse ne tiennent devant une bonne balle!

Charles IX, je l'ai déjà dit, soit par l'effet d'une habitude d'enfance, soit par timidité naturelle, ne regardait presque jamais en face la personne à laquelle il parlait.

Cette fois cependant il regarda fixement le capitaine avec une expression extraordinaire. George baissa les yeux involontairement, et le roi en fit de même presque aussitôt. Il y eut encore un instant de silence; George le rompit le premier.

— Quelque adresse que l'on ait à se servir des armes à feu, l'épée et la lance sont cependant plus sûres...

— Oui; mais l'arquebuse... Charles sourit étrangement. Il reprit tout de suite : — On dit, George, que tu as été grièvement offensé par l'Amiral?

— Sire...

— Je le sais, j'en suis sûr. Mais je serais [220] bien aise... je veux que tu me contes la chose toi-même.

— Il est vrai, sire; je lui parlais d'une malheureuse affaire à laquelle je prenais [221] le plus grand intérêt...

— Le duel de ton frère. Parbleu! c'est un joli garçon qui vous embroche bien son homme; je l'estime; Comminges était un fat; il n'a eu que ce qu'il méritait. Mais, mort de ma vie! comment diable cette vieille barbe grise a-t-elle pu trouver là matière à te quereller?

— Je crains que de malheureuses différences de croyance, et ma conversion que je croyais oubliée...

— Oubliée?

— Votre Majesté ayant donné [222] l'exemple de l'oubli des dissentiments religieux, et sa rare et impartiale justice...

— Apprends, mon camarade, que l'Amiral n'oublie rien.

— Je m'en suis aperçu, sire. Et l'expression de George se rembrunit.

— Dis-moi, George, que comptes-tu faire?

— Moi, sire?

— Oui; parle franchement.

— Sire, je suis un trop pauvre gentilhomme, et l'Amiral est trop vieux pour que je le fasse appeler; et d'ailleurs, sire, dit-il en s'inclinant, comme il tâchait de réparer par une phrase de courtisan l'impression que ce qu'il croyait une hardiesse avait produite sur le roi, si je le pouvais, je craindrais en le faisant de perdre les bonnes grâces de Votre Majesté.

— Bah ! s'écria le roi. Et il appuya sa main droite sur l'épaule de George.

— Heureusement, poursuivit le capitaine, mon honneur n'est pas entre les mains de l'Amiral; et, si quelqu'un de ma qualité osait élever des doutes sur mon honneur, alors je supplierais Votre Majesté qu'elle me permît [223]...

— Si bien que tu ne te vengeras pas de l'Amiral? Cependant le... devient furieusement insolent !

George ouvrait de grands yeux étonnés.

— Pourtant, continua le roi, il t'a offensé. Oui, le diable m'emporte [224] ! il t'a grièvement offensé, m'a-t-on dit... Un gentilhomme n'est pas un laquais, et il y a des choses que l'on ne peut endurer, même d'un prince.

— Comment pourrais-je me venger de lui? il trouverait au-dessous de sa naissance de se battre avec moi.

— Peut-être. Mais... Le roi reprit l'arquebuse et la mit en joue.

— Me comprends-tu?

Le capitaine recula deux pas. Le geste du monarque était assez clair, et l'expression diabolique de sa physionomie ne l'expliquait que trop.

— Quoi ! sire, vous me conseilleriez?...

Le roi frappa le plancher avec force de la crosse de l'arquebuse, et s'écria, en regardant le capitaine avec des yeux furieux :

— Te conseiller ! ventre de Dieu ! je ne te conseille rien.

Le capitaine ne savait que répondre; il fit ce que bien des gens auraient fait à sa place, il s'inclina et baissa les yeux.

Charles reprit bientôt d'un ton plus doux :

— Ce n'est pas que si tu lui tirais une bonne arquebusade pour venger ton honneur... cela me serait fort égal. Par les boyaux du pape ! un gentilhomme n'a pas de plus précieux bien que son honneur, et, pour le réparer, il n'est chose qu'il ne puisse faire. Et puis ces Châtillons sont fiers et insolents comme des valets de bourreau ; les coquins voudraient bien me tordre le cou, je le sais, et prendre ma place... Quand je vois l'Amiral, il me prend envie quelquefois de lui arracher tous les poils de la barbe !

A ce torrent de paroles d'un homme qui n'en était pas prodigue d'ordinaire, le capitaine ne répondit pas un mot.

— Eh bien ! par le sang et par la tête ! qu'est-ce que tu veux faire ? Tiens, à ta place, je l'attendrais au sortir de son... prêche, et de quelque fenêtre je lui lâcherais une bonne arquebusade dans les reins. Parbleu ! mon cousin de Guise t'en saurait gré, et tu aurais fait beaucoup pour la paix du royaume. Sais-tu que ce parpaillot est plus roi en France que moi-même ? Cela me lasse à la fin... Je te dis tout net ce que je pense ; il faut apprendre à ce...-là à ne pas faire d'accroc à l'honneur d'un gentilhomme. Un accroc à l'honneur, un accroc à la peau, l'un paye l'autre.

— L'honneur d'un gentilhomme se déchire au lieu de se recoudre par un assassinat.

Cette réponse fut comme un coup de foudre pour le prince. Immobile, les mains étendues vers le capitaine, il tenait encore l'arquebuse qu'il semblait lui offrir comme l'instrument de sa vengeance. Sa bouche était pâle et à demi ouverte, et l'on eût dit que ses yeux hagards fixés sur ceux de George leur lançaient et recevaient à la fois une horrible fascination.

L'arquebuse enfin échappa des mains tremblantes du roi, et fit retentir le plancher de sa chute : le capitaine se précipita sur-le-champ pour la ramasser [225], et le roi s'assit alors dans son fauteuil, et baissa la tête d'un air sombre. Les mouvements précipités de sa bouche et de ses sourcils annonçaient les combats qui se livraient au fond de son cœur.

— Capitaine, dit-il après un long silence, où est ta compagnie de chevau-légers ?

— A Meaux, sire.

— Dans peu de jours tu iras la rejoindre, et tu la conduiras toi-même à Paris. Dans... quelques jours tu en recevras l'ordre. Adieu. Il y avait dans sa voix un accent dur et colère. Le capitaine le salua profondément, et Charles, lui montrant de la main la porte du cabinet, lui annonça que son audience était terminée.

Le capitaine sortait à reculons avec les révérences d'usage, quand le roi, se levant avec impétuosité, lui saisit le bras.

— Bouche cousue, au moins ! Tu m'entends !

George s'inclina, et mit sa main sur sa poitrine. Comme il quittait l'appartement, il entendit le roi qui appelait son lévrier d'une voix dure, et en faisant claquer son fouet de chasse, comme s'il était disposé à décharger [226] sa mauvaise humeur sur l'animal innocent.

De retour chez lui, George écrivit le billet suivant, qu'il fit tenir à l'Amiral :

« Quelqu'un qui ne vous aime pas, mais qui aime « l'honneur, vous engage à vous défier du duc de Guise, « et même peut-être de quelqu'un encore plus puissant. « Votre vie est menacée. »

Cette lettre ne produisit aucun effet sur l'âme intrépide de Coligny. On sait que peu de temps après, le 22 août 1572, il fut blessé d'un coup d'arquebuse par un scélérat nommé Maurevel, qui reçut, à cette occasion, le surnom de *tueur du roi**.

CHAPITRE XVIII

LE CATÉCHUMÈNE

> Tis pleasing to be school'd in a strange tongue
> By female lips and eyes.
>
> L. BYRON, *D. Juan, canto II**.

Quand deux amants sont discrets, il se passe quelquefois plus de huit jours avant que le public soit dans leur confidence. Après ce temps, la prudence se relâche, on trouve les précautions ridicules; un coup d'œil est facilement surpris, plus facilement interprété, et tout est su.

Aussi la liaison de la comtesse de Turgis et du jeune Mergy ne fut bientôt plus un secret pour la cour de Catherine. Une foule de preuves *évidentes* auraient ouvert les yeux à des aveugles. Ainsi, madame de Turgis portait d'ordinaire des rubans lilas, et la garde de l'épée de Bernard, le bas de son pourpoint et ses souliers étaient ornés de rosettes de rubans lilas*. La comtesse avait professé assez publiquement son horreur pour la barbe au menton, mais elle aimait une moustache galamment relevée; depuis peu le menton de Mergy était toujours rasé avec soin, et sa moustache, *désespérément* frisée, empommadée et peignée avec un peigne de plomb, formait comme un croissant dont les pointes s'élevaient bien au-dessus du nez. Enfin l'on allait jusqu'à dire qu'un certain gentilhomme sortant de grand matin, et passant par la rue des Assis*, avait vu s'ouvrir la porte du jardin de la comtesse, et sortir un homme, lequel, quoique soigneusement enveloppé jusqu'au nez dans son manteau, il avait reconnu sans peine pour le seigneur de Mergy.

Mais ce qui semblait encore plus concluant, et ce qui surprenait tout le monde, c'était de voir le jeune huguenot, ce railleur impitoyable de toutes les cérémonies du culte catholique, aujourd'hui fréquentant les églises avec assiduité, ne manquant guère de processions, et même trempant ses doigts dans l'eau bénite, ce que, peu de jours auparavant, il aurait considéré comme un sacrilège horrible. On se disait à l'oreille que Diane venait de gagner une âme à Dieu, et les jeunes gentilshommes de la religion réformée déclaraient qu'ils songeraient peut-être sérieusement à se convertir, si, au lieu de capucins et de cordeliers, on leur envoyait pour les prêcher de jeunes et jolies dévotes comme madame de Turgis.

Il s'en fallait de beaucoup pourtant que Bernard fût

converti. Il est vrai qu'il accompagnait la comtesse à l'église; mais il se plaçait à côté d'elle, et, tant que durait la messe, il ne cessait de lui parler à l'oreille, au grand scandale des dévots. Ainsi, non seulement il n'écoutait pas l'office, mais encore il empêchait les fidèles d'y prêter l'attention convenable. On sait qu'une procession était alors une partie de plaisir aussi amusante qu'une mascarade. Enfin, Mergy ne se faisait plus de scrupule de tremper ses doigts dans l'eau bénite, puisque cela lui donnait le droit de serrer en public une jolie main qui tremblait toujours en touchant la sienne. Au reste, s'il conservait sa croyance, il avait de rudes combats à soutenir, et Diane argumentait contre lui avec d'autant plus d'avantage qu'elle choisissait ordinairement, pour entamer ses disputes théologiques, les instants où Mergy avait le plus de peine à lui refuser quelque chose.

— Cher Bernard, lui disait-elle un soir, appuyant 227
sa tête sur l'épaule de son amant, tandis qu'elle enlaçait son cou avec les longues tresses de ses cheveux noirs; cher Bernard, tu as été aujourd'hui au sermon avec moi. Eh bien! tant de belles paroles n'ont-elles produit aucun effet sur ton cœur? Veux-tu donc rester toujours insensible?*

— Bon! chère amie, comment veux-tu que la voix nasillarde d'un capucin puisse opérer ce que n'a pu faire ta voix si douce et tes argumentations religieuses si bien soutenues par tes regards amoureux, ma chère Diane?

— Méchant! je veux t'étrangler. Et, serrant légèrement une natte de ses cheveux, elle l'attirait encore plus près d'elle.

— Sais-tu à quoi j'ai passé mon temps pendant le sermon? A compter toutes les perles qui étaient dans tes cheveux. Vois comme tu les as répandues par la chambre.

— J'en étais sûre. Tu n'as pas écouté le sermon; c'est toujours la même histoire. Va, dit-elle avec un peu de tristesse, je vois bien que tu ne m'aimes pas comme je t'aime; si cela était, il y a longtemps que tu serais converti.

— Ah! ma Diane, pourquoi ces éternelles discussions? Laissons-les aux docteurs de Sorbonne et à nos ministres; mais nous, passons mieux notre temps.

— Laisse-moi... Si je pouvais te sauver, que je serais heureuse! Tiens, Bernardo, pour te sauver, je consentirais à doubler le nombre des années que je dois passer en purgatoire.

Il la pressa dans ses bras en souriant, mais elle le repoussa avec une expression de tristesse indicible.

— Toi, Bernard, tu ne ferais pas cela pour moi; tu ne t'inquiètes pas du danger que court mon âme tandis que je me donne ainsi à toi... Et des larmes roulaient dans ses beaux yeux.

— Chère amie, ne sais-tu pas que l'amour excuse bien des choses*, et...?

— Oui, je le sais bien. Mais, si je pouvais sauver ton âme, tous mes péchés me seraient remis; tous ceux que nous avons commis ensemble, tous ceux que nous pourrons commettre encore... tout cela nous serait [228] remis. Que dis-je? nos péchés auraient été l'instrument de notre salut!

En parlant ainsi, elle le serrait dans ses bras de toute sa force, et la véhémence de l'enthousiasme qui l'animait en parlant avait, dans sa situation, quelque chose de si comique, que Mergy eut besoin de se contraindre pour ne pas éclater de rire à cette étrange façon de prêcher.

— Attendons encore un peu pour nous convertir, ma Diane. Quand nous serons vieux l'un et l'autre... quand nous serons trop vieux pour faire l'amour [229]...

— Tu me désoles, méchant; pourquoi ce sourire diabolique sur tes lèvres? Crois-tu que j'aie envie de les baiser maintenant?

— Tu vois que je ne souris plus.

— Voyons, soyez tranquille. Dis-moi, *querido Bernardo,* as-tu lu le livre que je t'ai donné?

— Oui, je l'ai achevé hier.

— Eh ! bien, comment l'as-tu trouvé ? C'est là du raisonnement ! et les incrédules ont la bouche close.

— Ton livre, ma Diane, n'est qu'un tissu de mensonges et d'impertinences. C'est le plus sot qui soit jusqu'à ce jour sorti de dessous une presse papiste. Gageons que tu ne l'as pas lu, toi qui m'en parles [230] avec tant d'assurance !

— Non, je ne l'ai pas encore lu, répondit-elle en rougissant un peu ; mais je suis sûre qu'il est plein de raison et de vérité. Je n'en veux pas d'autre preuve que l'acharnement des huguenots à le dépriser.

— Veux-tu, par passe-temps, que, l'Écriture à la main, je te montre... ?

— Oh ! garde-t'en bien, Bernard ! Merci de moi ! je ne lis pas les Écritures, comme font les hérétiques. Je ne veux pas que tu affaiblisses ma croyance. D'ailleurs tu perdrais ton temps. Vous autres huguenots, vous êtes toujours armés d'une science qui désespère. Vous nous la jetez au nez dans la dispute, et les pauvres catholiques, qui n'ont pas lu comme vous Aristote et la Bible, ne savent comment vous répondre.

— Ah ! c'est que vous autres catholiques vous voulez croire à tout prix, sans vous mettre en peine d'examiner si cela est raisonnable ou non. Nous, du moins, nous étudions notre religion avant de la défendre, et surtout avant de vouloir la propager.

— Ah ! que je voudrais avoir l'éloquence du révérend père Giron, cordelier !

— C'est un sot et un hâbleur. Mais il eut beau crier, il y a six ans, dans une conférence publique, notre ministre Houdart l'a mis à *quia*.

— Mensonges ! mensonges des hérétiques !

— Comment ! ne sais-tu pas que dans le cours de la discussion on vit de grosses gouttes de sueur tomber du front du bon père sur un Chrysostome qu'il tenait à la main ? Sur quoi un plaisant fit ces vers...

— Je ne veux pas les entendre. N'empoisonne pas mes oreilles de tes hérésies. Bernard, mon cher Bernard, je t'en conjure, n'écoute pas tous ces suppôts de Satan, qui te trompent et te mènent en enfer ! Je t'en supplie, sauve ton âme, et reviens à notre Église ! Et comme, malgré ses instances, elle lisait sur les lèvres de son amant le sourire de l'incrédulité : Si tu m'aimes, s'écria-t-elle, renonce pour moi, par amour pour moi, à tes damnables opinions !

— Il me serait bien plus facile, ma chère Diane, de renoncer pour toi à la vie qu'à ce que ma raison m'a démontré véritable. Comment veux-tu que l'amour puisse m'empêcher de croire que deux et deux font quatre ?

— Cruel !...

Mergy avait un moyen infaillible pour terminer les discussions de cette espèce, il l'employa.

— Hélas ! cher Bernardo, dit la comtesse d'une voix languissante quand le jour qui se levait obligea Mergy à se retirer, je me damnerai pour toi, et, je le vois bien, je n'aurai pas la consolation de te sauver !

— Allons donc, mon ange ! Le père Giron nous donnera une bonne absolution *in articulo mortis*.

CHAPITRE XIX

LE CORDELIER

> Monachus in claustro
> Non valet ova duo ;
> Sed quando est extra,
> Bene valet triginta*.

Le lendemain du mariage de Marguerite avec le roi de Navarre*, le capitaine George, sur un ordre de la cour, quitta Paris pour se mettre à la tête de sa compagnie de chevau-légers en garnison à Meaux. Son frère lui dit adieu assez gaiement, et, s'attendant à le revoir avant la fin des fêtes, il se résigna de bonne grâce à loger seul pendant quelques jours. Madame de Turgis l'occupait assez pour que quelques moments de solitude n'eussent pour lui rien de trop effrayant. La nuit il n'était jamais à la maison, et le jour il dormait.

Le vendredi 22 août 1572, l'Amiral fut blessé grièvement d'un coup d'arquebuse par un scélérat nommé Maurevel*. Le bruit public ayant attribué ce lâche assassinat au duc de Guise, ce seigneur quitta Paris le jour suivant, comme pour se soustraire aux plaintes et aux menaces des réformés. Le roi paraissait d'abord [231]
vouloir le poursuivre avec la dernière rigueur*, mais il ne s'opposa point à son retour, qui allait être signalé par l'horrible massacre du 24 août.

Un assez grand nombre de jeunes gentilshommes protestants bien montés, après avoir rendu visite à l'Amiral, se répandirent dans les rues avec l'intention de chercher le duc de Guise ou ses amis, et de leur faire une querelle s'ils les rencontraient. Néanmoins tout se passa d'abord fort paisiblement. Le peuple, effrayé de leur nombre, ou peut-être se réservant pour une autre occasion, gardait le silence sur leur passage, et, sans paraître ému, les entendait crier : *Mort aux assassins de M. l'Amiral ! A bas les guisards !*

Au détour d'une rue, une douzaine de jeunes gentilshommes catholiques, et parmi eux plusieurs serviteurs de la maison de Guise, se présentèrent inopinément devant la troupe protestante. On s'attendait à une querelle sérieuse, mais il n'en fut rien. Les catholiques, peut-être par prudence, peut-être parce qu'ils agissaient d'après des ordres précis, ne répondirent pas aux cris injurieux des protestants, et un jeune homme de bonne mine, qui marchait à leur tête, s'avança vers Mergy, et, le saluant avec politesse, lui dit d'un ton familier et amical : — Bonjour, monsieur de Mergy. Vous avez sans doute vu M. de Châtillon ? Comment se porte-t-il ? L'assassin est-il pris ?

Les deux troupes s'arrêtèrent. Mergy reconnut le baron de Vaudreuil, lui rendit son salut et répondit à ses questions. Plusieurs conversations particulières s'établirent, et, comme elles durèrent peu, on se sépara sans dispute. Les catholiques cédèrent le haut du pavé, et chacun poursuivit son chemin.

Le baron de Vaudreuil avait retenu Mergy quelque temps, de sorte qu'il était resté un peu en arrière de ses compagnons. En le quittant, Vaudreuil lui dit en examinant la selle de son cheval : — Prenez garde ! je me trompe fort, ou votre courtaud* est mal sanglé. Faites-y attention. Mergy mit pied à terre, et resangla son cheval. Il était à peine remonté, qu'il entendit [232] quelqu'un qui venait au grand trot derrière lui. Il tourna la tête, et vit un jeune homme dont la figure lui était inconnue, mais qui faisait partie de la troupe qu'ils venaient de rencontrer.

— Dieu me damne ! dit celui-ci en l'abordant ; je serais ravi de rencontrer seul un de ceux qui criaient tout à l'heure *à bas les guisards !*

— Vous n'irez pas bien loin [233] pour en trouver un, lui répondit Mergy. Qu'y a-t-il pour votre service ?

— Seriez-vous par hasard du nombre de ces coquins-là ?

Mergy dégaîna sur-le-champ, et du plat de son épée frappa au visage cet ami des Guises. Celui-ci saisit aussitôt un pistolet d'arçon, et le tira à bout portant sur Mergy. Heureusement l'amorce seule prit feu. L'amant de Diane riposta par un grand coup d'épée sur la tête de son ennemi, et le fit tomber à bas de cheval, baigné dans son sang. Le peuple, jusqu'alors spectateur impassible, prit à l'instant parti pour le blessé. Le jeune huguenot fut assailli à coups de pierres et de bâtons, et, toute résistance étant inutile contre une telle multitude, il prit le parti de piquer des deux et de s'échapper au galop. En voulant [234] tourner trop court un angle de rue, son cheval s'abattit et le renversa, sans le blesser, mais sans lui permettre de remonter assez tôt pour empêcher la populace furieuse de l'entourer. Alors il s'adossa contre un mur et repoussa quelque temps ceux qui se présentèrent à portée de son épée. Mais un grand coup de bâton en ayant brisé la lame, il fut terrassé, et allait être mis en pièces, si un cordelier, s'élançant devant les gens qui le pressaient, ne l'eût couvert de son corps.

— Que faites-vous, mes enfants ! s'écria-t-il ; lâchez cet homme, il n'est point coupable.

— C'est un huguenot ! hurlèrent cent voix furieuses.

— Eh bien ! laissez-lui le temps de se repentir. Il le peut encore.

Les mains qui tenaient Mergy le lâchèrent aussitôt. Il se releva, ramassa le tronçon de son épée, et se disposa à vendre chèrement sa vie, s'il avait à soutenir une nouvelle attaque.

— Laissez vivre cet homme, poursuivit le moine, et prenez patience. Avant peu les huguenots iront à la messe.

— Patience, patience ! répétèrent plusieurs voix avec humeur. Il y a bien longtemps qu'on nous dit de prendre patience, et, en attendant, chaque dimanche, dans leurs prêches, leurs chants scandalisent tous les honnêtes chrétiens.

— Eh ! ne savez-vous pas le proverbe, reprit le moine d'un ton enjoué : *Tant chante le hibou qu'à la fin il s'enroue ?* Laissez-les brailler encore quelque peu ; bientôt, par la grâce de Notre-Dame d'août, vous les entendrez chanter la messe en latin. Quant à ce jeune parpaillot, laissez-le-moi, je veux en faire un bon chrétien. Allez, et ne brûlez pas le rôti pour le manger plus vite.

La foule se dispersa en murmurant, mais sans faire la moindre injure à Mergy. On lui rendit même son cheval.

— Voici la première fois de ma vie, dit-il, que j'ai du plaisir à voir votre robe, mon père. Croyez à ma reconnaissance, et veuillez accepter cette bourse.

— Si vous la destinez aux pauvres, mon garçon, je la prends. Sachez que je m'intéresse à vous. Je connais votre frère, et je vous veux du bien. Convertissez-vous dès aujourd'hui ; venez avec moi, et votre affaire sera bientôt faite.

— Pour cela, mon père, je vous remercie. Je n'ai

nulle envie de me convertir. Mais comment me connaissez-vous? Quel est votre nom?

— On m'appelle le frère Lubin... et... petit coquin, je vous vois rôder bien souvent autour d'une maison... Chut! Dites-moi, monsieur de Mergy, croyez-vous maintenant qu'un moine puisse faire du bien?

— Je publierai partout votre générosité, père Lubin.

— Vous ne voulez pas quitter le prêche pour la messe?

— Non, encore une fois; et je n'irai jamais à l'église que pour entendre vos sermons.

— Vous êtes homme de goût, à ce qu'il paraît.

— Et de plus votre grand admirateur.

— Ma foi, je suis fâché pour vous que vous vouliez rester dans l'hérésie. Je vous ai prévenu, j'ai fait ce que j'ai pu; il en sera ce qui pourra : pour moi, je m'en lave les mains, Adieu, mon garçon.

— Adieu, mon père.

Mergy remonta sur son cheval, et regagna son logis, un peu moulu, mais fort content de s'être tiré à bon marché d'un si mauvais pas [235].

CHAPITRE XX

LES CHEVAU-LÉGERS

JAFFIER.
He amongst us
That spares his father, brother, or his friend
Is damned.

OTWAY, *Venice preserved**.

Le soir du 24 août, une compagnie de chevau-légers entrait dans Paris par la porte Saint-Antoine. Les bottes et les habits des cavaliers tout couverts de poussière annonçaient qu'ils venaient de faire une longue traite.

Les dernières lueurs du jour expirant éclairaient les visages basanés de ces soldats; on y pouvait lire cette inquiétude vague qui se fait sentir à l'approche d'un événement que l'on ne connaît point encore, mais que l'on soupçonne être d'une nature funeste.

La troupe se dirigea au petit pas vers un grand espace sans maisons, qui s'étendait près de l'ancien palais des Tournelles*. Là le capitaine ordonna de faire halte, puis envoya en reconnaissance une douzaine d'hommes commandés par son cornette, et posta lui-même à l'entrée des rues voisines des sentinelles à qui il fit allumer la mèche, comme en présence de l'ennemi. Après avoir pris cette précaution extraordinaire, il revint devant le front de sa compagnie.

— Sergent! dit-il d'une voix plus dure et plus impérieuse que de coutume.

Un vieux cavalier, dont le chapeau était orné d'un galon d'or, et qui portait une écharpe brodée, s'approcha respectueusement de son chef.

— Tous nos cavaliers sont pourvus de mèches?

— Oui, capitaine.

— Les flasques* sont-elles garnies? Y a-t-il des balles en quantité suffisante?

— Oui, capitaine.

— Bien. Il fit marcher au pas sa jument devant le front de sa petite troupe. Le sergent le suivait à la distance d'une longueur de cheval. Il s'était aperçu de l'humeur de son capitaine, et il hésitait à l'aborder. Enfin il prit courage.

— Capitaine, puis-je permettre aux cavaliers de donner à manger à leurs bêtes? Vous savez qu'elles n'ont pas mangé depuis ce matin.

— Non.

— Une poignée d'avoine? cela serait bien vite fait.

— Que pas un cheval ne soit débridé.

— C'est que si l'on a besoin de les faire travailler cette nuit... comme l'on dit... que peut-être...

L'officier fit un geste d'impatience. — Retournez à

votre poste, dit-il sèchement. Et il continua de se promener. Le sergent revint au milieu des soldats.

— Eh bien, sergent, est-ce vrai? Que va-t-on faire? qu'y a-t-il? qu'a dit le capitaine?

Une vingtaine de questions lui furent adressées toutes à la fois par de vieux soldats, dont les services et une longue habitude autorisaient cette familiarité à l'égard de leur supérieur.

— Nous allons en voir de belles, dit le sergent du ton capable d'un homme qui en sait plus qu'il n'en dit.

— Comment? comment?

— Il ne faut pas débrider, même pour un instant... car, qui sait? d'un moment à l'autre on peut avoir besoin de nous.

— Ah! est-ce qu'on va se battre? dit le trompette. Et contre qui, s'il vous plaît?

— Contre qui? dit le sergent, répétant la question pour se donner le temps de réfléchir. Parbleu! belle demande! Contre qui veux-tu qu'on se batte, sinon contre les ennemis du roi?

— Oui, mais qu'est-ce que ces ennemis du roi? continua l'opiniâtre questionneur.

— Les ennemis du roi! il ne sait pas qui sont les ennemis du roi! Et il haussa les épaules de pitié.

— C'est l'Espagnol qui est l'ennemi du roi; mais il ne serait pas venu comme cela *en catimini* sans qu'on s'en aperçût, observa l'un des cavaliers.

— Bah! reprit un autre; j'en connais bien des ennemis du roi qui ne sont pas Espagnols!

— Bertrand a raison, dit le sergent; et je sais bien de qui il veut parler.

— Et de qui donc enfin?

— Des huguenots, dit Bertrand. Il ne faut pas être sorcier pour s'en apercevoir. Tout le monde sait que les huguenots ont pris leur religion de l'Allemagne*; et je suis bien sûr que les Allemands sont nos ennemis, car j'ai fait bien souvent le coup de pistolet contre eux, notamment à Saint-Quentin*, où ils se battaient comme des diables.

— Tout cela est bel et bon, dit le trompette; mais la paix a été conclue avec eux, et l'on a sonné assez de fanfares à cette occasion pour qu'il m'en souvienne.

— La preuve qu'ils ne sont pas nos ennemis, dit un jeune cavalier mieux habillé que les autres, c'est que ce sera le comte de La Rochefoucauld*, qui commandera les chevau-légers dans la guerre que nous allons faire en Flandre; or, qui ne sait que La Rochefoucauld est de la religion? Le diable m'emporte s'il n'en est pas depuis les pieds jusqu'à la tête! Il a des éperons *à la Condé,* et porte un chapeau *à la huguenote.*

— Que la peste le crève! s'écria le sergent. Tu ne sais pas cela, toi, Merlin; tu n'étais pas encore avec nous; c'est La Rochefoucauld qui commandait l'embuscade où nous avons manqué de demeurer tous à La Robraye en Poitou. C'est un gaillard qui est tout confit en malices.

— Et il a dit, ajouta Bertrand, qu'une compagnie de reîtres valait mieux qu'un escadron de chevau-légers. J'en suis sûr comme voilà un cheval rouan*. Je le tiens d'un page de la reine.

Un mouvement d'indignation se manifesta dans l'auditoire; mais il céda bientôt à la curiosité de savoir contre qui étaient dirigés les préparatifs de guerre et les précautions extraordinaires qu'ils voyaient prendre.

— Est-ce vrai, sergent, demanda le trompette, que l'on a voulu tuer le roi hier?

— Je parie que ce sont ces... d'hérétiques.

— L'aubergiste de la *Croix-de-Saint-André,* chez qui nous avons déjeuné, dit Bertrand, nous a conté comme cela qu'ils voulaient défaire la messe.

— En ce cas nous ferons gras tous les jours, observa Merlin très philosophiquement; le morceau de petit salé au lieu de la gamelle de fèves! Il n'y a pas là de quoi s'affliger.

— Oui; mais si les huguenots font la loi [236], la première chose qu'ils feront, ce sera de casser comme verre toutes les compagnies de chevau-légers, pour mettre à la place leurs chiens de reîtres allemands.

— Si cela est ainsi, je leur taillerais volontiers des

croupières. Mort de ma vie! cela me rend bon catholique. Dites donc, Bertrand, vous qui avez servi avec les protestants, est-ce vrai que l'Amiral ne donnait que huit sous à ses cavaliers?

— Pas un denier de plus, le vieux ladre vert! Aussi l'ai-je quitté après la première campagne.

— Comme le capitaine est de mauvaise humeur aujourd'hui, dit le trompette. Lui qui d'ordinaire est si bon diable, et qui parle volontiers avec le soldat, il n'a pas desserré les dents tout le long de la route.

— Ce sont ces nouvelles-là qui le chagrinent, répondit le sergent.

— Quelles nouvelles?

— Oui; apparemment ce que veulent faire les huguenots.

— La guerre civile va recommencer, dit Bertrand.

— Tant mieux pour nous, dit Merlin, qui voyait toujours le bon côté des choses; il y aura des coups à donner, des villages à brûler, et des huguenotes à houspiller.

— Il y a de l'apparence qu'ils ont voulu recommencer leur vieille affaire d'Amboise*, dit le sergent; c'est pour cela que l'on nous fait venir. Nous y mettrons bon ordre.

Dans ce moment le cornette revint avec son escouade; il s'approcha du capitaine et lui parla bas, tandis que les soldats qui l'avaient accompagné se mêlaient à leurs camarades.

— Par ma barbe! dit un de ceux qui avaient été en reconnaissance, je ne sais ce qui se passe aujourd'hui dans Paris. Nous n'avons pas vu un chat dans la rue [237]; mais, en récompense, la Bastille est pleine de troupes : j'ai vu des piques de Suisses qui foisonnaient dans la cour comme des épis de blé, quoi!

— Il n'y en avait pas plus de cinq cents, repartit un autre.

— Ce qui est certain, dit le premier, c'est que les huguenots ont voulu assassiner le roi, et que l'Amiral a été blessé dans la bagarre de la propre main du grand duc de Guise.

— Ah ! le brigand ! c'est bien fait ! s'écria le sergent.

— Tant il y a, continua le cavalier, que ces Suisses disaient, dans leur diable de baragouin, qu'il y a trop longtemps que l'on souffre les hérétiques en France.

— C'est vrai que depuis un temps ils font bien les fiers, dit Merlin.

— Ne dirait-on pas qu'ils nous ont battus à Jarnac et à Moncontour, tant ils piaffent et font les fendants ?

— Ils voudraient, dit le trompette, manger le gigot et ne nous donner que le manche.

— Il est bien temps que les bons catholiques leur donnent un tour de peigne*.

— Pour moi, dit le sergent, si le roi me disait : Tue-moi ces coquins-là, que je perde mon baudrier si je me le faisais dire deux fois !

— Belle-Rose, dis-nous donc un peu ce qu'a fait notre cornette ? demanda Merlin.

— Il a parlé avec une espèce d'officier des Suisses ; mais je n'ai pu entendre ce qu'il disait. Il faut toujours que cela soit curieux, car il s'écriait à tout moment : — Ah ! mon Dieu ! ah ! mon Dieu !

— Tiens, voici des cavaliers qui viennent à nous au grand galop ; c'est sans doute un ordre que l'on nous apporte.

— Ils ne sont que deux, ce me semble ; et le capitaine et le cornette vont à leur rencontre.

Deux cavaliers se dirigeaient rapidement vers la compagnie de chevau-légers. L'un, richement vêtu [238], et portant un chapeau couvert de plumes et une écharpe verte, montait un cheval de bataille. Son compagnon était un homme gros, court, ramassé dans sa petite taille ; il était vêtu d'une robe noire, et portait un grand crucifix de bois.

— On va se battre, sûr, dit le sergent ; voici un aumônier qu'on nous envoie pour confesser les blessés.

— Il n'est guère agréable de se battre sans avoir dîné, murmura tout bas Merlin.

Les deux cavaliers ralentirent l'allure de leurs chevaux, de manière qu'en joignant le capitaine ils purent les arrêter sans effort.

— Je baise les mains de M. de Mergy, dit l'homme à l'écharpe verte. Reconnaît-il son serviteur, Thomas de Maurevel ?

Le capitaine ignorait encore le nouveau crime de Maurevel ; il ne le connaissait que comme l'assassin du brave de Mouy*. Il lui répondit fort sèchement : — Je ne connais point M. de Maurevel*. — Je suppose que vous venez nous dire enfin pourquoi nous sommes ici.

— Il s'agit, monsieur, de sauver notre bon roi et notre sainte religion du péril qui les menace.

— Quel est donc ce péril ? demanda George d'un ton de mépris.

— Les huguenots ont conspiré contre Sa Majesté ; mais leurs coupables complots ont été découverts à temps, grâce à Dieu, et tous les bons chrétiens doivent se réunir cette nuit pour les exterminer pendant leur sommeil.

— Comme furent exterminés les Madianites par le fort Gédéon*, dit l'homme en robe noire.

— Qu'entends-je ! s'écria Mergy frémissant d'horreur.

— Les bourgeois sont armés, poursuivit Maurevel ; les gardes françaises et trois mille Suisses sont dans la ville. Nous avons près de soixante mille hommes à nous ; à onze heures le signal sera donné, et le branle commencera.

— Misérable coupe-jarret ! quelle infâme imposture viens-tu nous débiter ? Le roi n'ordonne point les assassinats... et tout au plus il les paye.

Mais, en parlant ainsi, George se souvint de l'étrange conversation qu'il avait eue quelques jours auparavant avec le roi.

— Pas d'emportement, monsieur le capitaine ; si le service du roi ne réclamait tous mes soins, je répondrais à vos injures. Écoutez-moi : je viens, de la part de Sa Majesté, vous requérir de m'accompagner avec votre troupe. Nous sommes chargés de la rue Saint-Antoine et du quartier avoisinant. Je vous apporte une liste exacte des personnes qu'il nous faut expédier. Le révérend père Malebouche va exhorter vos gens, et leur distribuer des croix blanches comme en porteront tous les catholiques, afin que dans l'obscurité on ne prenne pas des fidèles pour des hérétiques.

— Et je consentirais à prêter mes mains pour massacrer des gens endormis !

— Êtes-vous catholique, et reconnaissez-vous Charles IX pour votre roi? Connaissez-vous la signature du maréchal de Retz, à qui vous devez obéissance? Et il lui remit un papier qu'il avait à sa ceinture.

Mergy fit approcher un cavalier, et, à la lueur d'une torche de paille allumée à la mèche d'une arquebuse, il lut un ordre en bonne forme, enjoignant de par le roi au capitaine de Mergy [239] de prêter main-forte à la garde bourgeoise, et d'obéir à M. de Maurevel pour un service que le susdit devait lui expliquer. A cet ordre était jointe une liste de noms avec ce titre : *Liste des hérétiques qui doivent être mis à mort dans le quartier Saint-Antoine.* La lueur de la torche qui brûlait dans la main du cavalier montrait à tous les chevau-légers l'émotion profonde que causait à leur chef cet ordre qu'ils ne connaissaient pas encore.

— Jamais mes cavaliers ne voudront faire le métier d'assassins, dit George en jetant le papier au visage de Maurevel.

— Il n'est point question d'assassinat, dit froidement le prêtre; il s'agit d'hérétiques, et c'est justice que l'on va faire à leur endroit.

— Braves gens ! s'écria Maurevel en élevant la voix et s'adressant aux chevau-légers, les huguenots veulent assassiner le roi et les catholiques; il faut les prévenir : cette nuit nous allons les tuer tous [240] pendant qu'ils sont endormis... et le roi vous accorde le pillage de leurs maisons !

Un cri de joie féroce partit de tous les rangs : Vive le roi ! mort aux huguenots !

— Silence dans les rangs ! s'écria le capitaine d'une voix tonnante. Seul ici j'ai le droit de commander à ces cavaliers. Camarades, ce que dit ce misérable ne peut être vrai, et, le roi l'eût-il ordonné, jamais mes chevau-légers ne voudraient tuer des gens qui ne se défendent pas.

Les soldats gardèrent le silence.

— Vive le roi ! mort aux huguenots ! s'écrièrent à la fois Maurevel et son compagnon. Et les cavaliers répétèrent un instant après eux : Vive le roi ! mort aux huguenots !

— Eh bien ! capitaine, obéirez-vous ? dit Maurevel.

— Je ne suis plus capitaine ! s'écria George. Et il arracha son hausse-col et son écharpe, insignes de sa dignité.

— Saisissez-vous de ce traître ! s'écria Maurevel en tirant son épée ; tuez ce rebelle qui désobéit à son roi.

Mais pas un soldat n'osa lever la main contre son chef... George fit sauter l'épée des mains de Maurevel ; mais, au lieu de le percer de la sienne, il se contenta de le frapper du pommeau au visage, si violemment qu'il le fit tomber à bas de son cheval.

— Adieu, lâches ! dit-il à sa troupe ; je croyais avoir des soldats, et je n'avais que des assassins [241]. Puis se tournant vers son cornette : — Alphonse, si vous voulez être capitaine, voici une belle occasion. Mettez-vous à la tête de ces brigands.

A ces mots, il piqua des deux et s'éloigna au galop, se dirigeant vers l'intérieur de la ville. Le cornette fit quelques pas comme pour le suivre ; mais bientôt il ralentit l'allure de son cheval, le mit au pas, puis enfin il s'arrêta, tourna bride et revint à sa compagnie, jugeant sans doute que le conseil de son capitaine, pour être donné dans un moment de colère, n'en était pas moins bon à suivre.

Maurevel, encore un peu étourdi du coup qu'il avait reçu, remontait à cheval en blasphémant ; et le moine, élevant son crucifix, exhortait les soldats à ne pas faire grâce à un seul huguenot, à noyer l'hérésie dans des flots de sang [242].

Les soldats avaient été un moment retenus par les reproches de leur capitaine; mais, se voyant débarrassés de sa présence et ayant sous les yeux la perspective d'un beau pillage, ils brandirent leurs sabres au-dessus de leurs têtes, et jurèrent d'exécuter tout ce que Maurevel leur commanderait.

CHAPITRE XXI

DERNIER EFFORT

SOOTHSAYER.
Beware the Ides of March!
SHAKESPEARE, *Julius Caesar* *.

Le même soir, à l'heure accoutumée, Mergy sortit de sa maison, et, bien enveloppé dans un manteau couleur de muraille, le chapeau rabattu sur les yeux, avec la discrétion convenable, il se dirigea vers la maison de la comtesse. Il avait à peine fait quelques pas qu'il rencontra le chirurgien Ambroise Paré*, qu'il connaissait pour en avoir reçu des soins lorsqu'il avait été blessé. Paré revenait sans doute de l'hôtel de Châtillon; et Mergy, s'étant fait connaître, lui demanda des nouvelles de l'Amiral.

— Il va mieux, dit le chirurgien. La plaie est belle, et le malade sain. Dieu aidant, il guérira. J'espère que la potion que je lui ai prescrite pour ce soir lui sera salutaire et qu'il aura une nuit tranquille.

Un homme du peuple, qui passait auprès d'eux, avait entendu qu'ils parlaient de l'Amiral. Quand il se fut assez éloigné pour être insolent sans crainte de s'attirer une correction, il s'écria : — Il ira bientôt danser la sarabande à Montfaucon*, votre Amiral du diable ! Et il prit la fuite à toutes jambes.

— Misérable canaille ! dit Mergy. Je suis fâché que notre grand Amiral soit obligé de demeurer dans une ville où tant de gens lui sont ennemis [243].

— Heureusement que son hôtel est bien gardé, répondit le chirurgien. Quand je l'ai quitté, les escaliers étaient remplis de soldats, et déjà ils allumaient leurs mèches. Ah ! monsieur de Mergy, les gens de cette ville ne nous aiment pas... Mais il se fait tard, et il faut que je rentre au Louvre.

Ils se séparèrent en se souhaitant le bonsoir, et Mergy continua son chemin, livré à des pensées couleur de rose qui lui firent oublier bien vite l'Amiral et la haine des catholiques. Cependant il ne put s'empêcher de remarquer un mouvement extraordinaire dans les rues de Paris*, toujours peu fréquentées aussitôt après la nuit close. Tantôt il rencontrait des crocheteurs* portant sur leurs épaules des fardeaux d'une forme étrange, que dans l'obscurité il était tenté de prendre pour des faisceaux de piques ; tantôt c'était un détachement de soldats marchant en silence, les armes hautes et les mèches allumées ; ailleurs on ouvrait précipitamment des fenêtres, quelques figures s'y montraient un instant avec des lumières et disparaissaient aussitôt.

— Holà ! cria-t-il à un crocheteur, bonhomme, où portez-vous cette armure si tard ?

— Au Louvre, mon gentilhomme, pour le divertissement* de cette nuit.

— Camarade, dit Mergy à un sergent qui commandait une patrouille, où allez-vous donc ainsi en armes ?

— Au Louvre, mon gentilhomme, pour le divertissement de cette nuit.

— Holà ! page, n'êtes-vous point au roi ? Où donc allez-vous avec vos camarades, menant ces chevaux harnachés en guerre ?

— Au Louvre, mon gentilhomme, pour le divertissement de cette nuit.

— Le divertissement de cette nuit ! se disait Mergy. Il

paraît que tout le monde, excepté moi, est dans la confidence. Au reste, peu m'importe; le roi peut s'amuser sans moi, et je suis peu curieux de voir son divertissement.

Un peu plus loin il remarqua un homme mal vêtu qui s'arrêtait devant quelques maisons et qui marquait les portes en faisant une croix blanche avec de la craie [244].

— Bonhomme, êtes-vous donc un fourrier pour marquer ainsi les logements* ?

L'inconnu disparut sans répondre.

Au détour d'une rue, comme il entrait dans celle qu'habitait la comtesse, il faillit heurter un homme enveloppé, comme lui, d'un grand manteau, et qui tournait le même coin de rue, mais en sens contraire. Malgré l'obscurité et le soin que tous deux semblaient[245] mettre à se cacher l'un à l'autre, ils se reconnurent aussitôt.

— Ah ! bonsoir, monsieur de Béville, dit Mergy en lui tendant la main.

Pour lui donner la main droite, Béville fit un mouvement singulier sous son manteau : il passa de la main droite à la gauche quelque chose d'assez lourd qu'il portait. Le manteau s'entrouvrit un peu.

— Salut au vaillant champion chéri des belles ! s'écria Béville. Je parierais que mon noble ami s'en va de ce pas en bonne fortune.

— Et vous-même, monsieur ?... Il paraît que les maris sont d'humeur fâcheuse de votre côté : car je me trompe fort, ou ce que je vois sur vos épaules, c'est une cotte de mailles, et ce que vous tenez là sous votre manteau, cela ressemble furieusement à des pistolets.

— Il faut être prudent, monsieur Bernard, très prudent, dit Béville. En prononçant ces mots, il arrangeait son manteau de manière à cacher soigneusement les armes qu'il portait.

— Je regrette infiniment de ne pouvoir vous offrir ce soir mes services et mon épée pour garder la rue et faire sentinelle à la porte de votre maîtresse. Cela m'est impossible aujourd'hui, mais en toute occasion veuillez disposer de moi.

— Ce soir vous ne pouvez venir avec moi, monsieur de Mergy. Il accompagna ce peu de mots d'un sourire étrange.

— Allons, bonne chance ! Adieu.

— Je vous souhaite aussi *bonne chance !* Il y avait une certaine emphase dans sa manière de prononcer cet adieu.

Ils se quittèrent, et Mergy avait déjà fait quelques pas quand il s'entendit rappeler par Béville. Il se retourna et le vit qui revenait à lui.

— Votre frère est-il à Paris ?

— Non ; mais je l'attends tous les jours. — Ah ! dites-moi, êtes-vous du divertissement de cette nuit ?

— Du divertissement ?

— Oui ; on dit partout qu'il y aura ce soir un grand divertissement à la cour.

Béville murmura tout bas quelques mots entre ses dents.

— Adieu encore une fois, dit Mergy. Je suis un peu pressé, et... Vous savez ce que je veux dire ?

— Écoutez, écoutez ! encore un mot. Je ne puis vous laisser aller sans vous donner un conseil en véritable ami.

— Quel conseil ?

— N'allez pas chez *elle* ce soir. Croyez-moi, vous me remercierez demain.

— C'est là votre conseil ? Mais je ne vous comprends pas. Qui, *elle ?*

— Bah ! nous nous entendons. Mais, si vous êtes sage, passez la Seine ce soir même.

— Est-ce une plaisanterie qui vient au bout de tout cela ?

— Point. Je n'ai jamais parlé plus sérieusement. Passez la Seine, vous dis-je. Si le diable vous presse trop, allez-vous-en auprès du couvent des Jacobins, dans la rue Saint-Jacques. A deux portes des bons pères, vous verrez un grand crucifix de bois, cloué contre une maison d'assez chétive apparence. C'est une drôle d'enseigne : n'importe !* Vous frapperez, et vous trouverez une vieille fort accorte qui vous recevra bien à ma considération... Allez passer votre fureur de l'autre côté de la Seine. La mère Brûlard a des nièces gentilles et polies... M'entendez-vous ?

— Vous êtes trop bon. Je vous baise les mains.

— Non ; suivez l'avis que je vous donne. Foi de gentilhomme ! vous vous en trouverez bien.

— Grand merci, j'en profiterai une autre fois. Aujourd'hui je suis attendu. Et Mergy fit un pas en avant.

— Passez la Seine, mon brave ; c'est mon dernier mot. S'il vous arrive malheur pour n'avoir pas voulu m'écouter, je m'en lave les mains.

Il y avait dans le ton de Béville un sérieux inaccoutumé qui frappa Mergy. Béville avait déjà tourné le dos, ce fut Mergy qui le retint cette fois. — Que diable voulez-vous dire ? Expliquez-vous, monsieur de Béville, et ne me parlez plus par énigmes.

— Mon cher, je ne devrais pas peut-être vous parler si clairement ; mais *passez l'eau avant qu'il soit minuit* [246] ; et adieu.

— Mais...

Béville était déjà loin. Mergy le suivit un instant ; mais bientôt, honteux de perdre un temps qui pouvait être mieux employé, il revint sur ses pas et s'approcha du jardin où il devait entrer. Il fut obligé de se promener quelque temps de long en large en attendant que plusieurs passants se fussent éloignés. Il craignait qu'ils ne fussent un peu surpris de le voir entrer à cette heure par une porte de jardin. La nuit était belle, un doux zéphyr avait tempéré la chaleur ; la lune paraissait et disparaissait au milieu de légers nuages blancs. C'était une nuit faite pour l'amour.

La rue fut déserte pendant un instant : il ouvrit aussitôt la porte du jardin et la referma sans bruit. Son cœur battait avec force, mais il ne pensait qu'aux plaisirs qui l'attendaient chez sa Diane ; et les idées sinistres que les étranges propos de Béville avaient fait naître dans son esprit en étaient maintenant bien éloignées.

Il s'approcha de la maison sur la pointe du pied. Une lampe derrière un rideau rouge brillait à une fenêtre entrouverte : c'était le signal convenu. Dans un clin d'œil il fut dans l'oratoire de sa maîtresse.

Elle était à moitié couchée sur un lit de repos fort bas et recouvert en damas bleu foncé [247]. Ses longs cheveux noirs en désordre couvraient tout le coussin sur lequel sa tête était appuyée. Ses yeux étaient fermés, et elle semblait faire effort pour les tenir ainsi. Une seule lampe d'argent suspendue au plafond éclairait l'appartement et projetait toute sa lumière sur la figure pâle et les lèvres de feu de Diane de Turgis. Elle ne dormait pas; mais, à la voir, on eût dit qu'elle était tourmentée d'un cauchemar pénible. Au premier craquement des bottes de Mergy sur le tapis de l'oratoire, elle leva la tête, ouvrit les yeux et la bouche, tressaillit, et avec peine étouffa un cri d'effroi.

— T'ai-je fait peur, mon ange? dit Mergy à genoux devant elle et se penchant sur ce coussin où la belle comtesse venait de laisser retomber sa tête.

— Te voilà donc enfin! Dieu soit loué!

— Me suis-je fait attendre? Il est encore loin de minuit.

— Ah! laissez-moi... Bernard... On ne vous a pas vu entrer?

— Personne... Mais qu'as-tu, mon amour? Pourquoi donc ces jolies petites lèvres fuient-elles les miennes?

— Ah! Bernard, si tu savais... Oh! ne me tourmente pas, je t'en prie... Je souffre horriblement; j'ai une migraine effroyable... Ma pauvre tête est en feu.

— Pauvre amie!

— Assieds-toi près de moi... et, de grâce, ne me demande rien aujourd'hui... Je suis bien malade. Elle enfonça sa jolie figure dans un des coussins du lit de repos, et laissa échapper un gémissement douloureux. Puis tout d'un coup elle se releva sur le coude, secoua ses cheveux épais qui lui couvraient toute la figure, et, saisissant la main de Mergy, elle la posa sur sa tempe. Il sentit battre l'artère avec force.

— Ta main est froide : elle me fait du bien, dit-elle.

— Ma bonne Diane ! que je voudrais avoir la migraine à ta place ! dit-il en baisant ce front brûlant.

— Ah ! oui... et moi je voudrais... Pose le bout de tes doigts sur mes paupières, cela me soulagera... Il me semble que si je pleurais je souffrirais moins ; mais je ne puis pleurer.

Il y eut un long silence, interrompu seulement par la respiration irrégulière et oppressée de la comtesse. Mergy, à genoux auprès du lit, frottait doucement et baisait quelquefois les paupières baissées de sa belle Diane. Sa main gauche était appuyée sur le coussin, et les doigts de sa maîtresse, enlacés dans les siens, les serraient de temps en temps et comme par un mouvement convulsif. L'haleine de Diane, douce et brûlante à la fois, venait chatouiller voluptueusement les lèvres de Mergy.

— Chère amie, dit-il enfin, tu me parais tourmentée par quelque chose de plus qu'une migraine. As-tu quelque sujet de chagrin?... Et pourquoi ne me le dis-tu pas, à moi ? Ne sais-tu pas que, si nous nous aimons, c'est pour partager nos peines aussi bien que nos plaisirs ?

La comtesse secoua la tête sans ouvrir les yeux. Ses lèvres remuèrent, mais sans former un son articulé ; puis, comme épuisée par cet effort, elle laissa retomber sa tête sur l'épaule de Mergy. En ce moment l'horloge sonna onze heures et demie. Diane tressaillit et se leva sur son séant toute tremblante.

— En vérité, vous m'effrayez, belle amie !

— Rien... rien encore, dit-elle d'une voix sourde... Le son de cette horloge est affreux ! A chaque coup, il me semble sentir un fer rouge qui me traverse la tête.

Mergy ne trouva pas de meilleur remède et de meilleure réponse que de baiser le front qu'elle penchait vers lui. Tout d'un coup elle étendit les mains ; et, les posant sur les épaules de son amant, tandis que, toujours à demi couchée, elle attachait sur lui des regards étincelants qui semblaient pouvoir le traverser :

— Bernard, dit-elle, quand te convertiras-tu ?

— Mon cher ange, ne parlons pas de cela aujourd'hui, cela te rendrait encore plus malade.

— C'est ton opiniâtreté qui me rend malade... mais il t'importe peu. D'ailleurs le temps presse ; et, fussé-je mourante, je voudrais employer pour t'exhorter jusqu'à mon dernier soupir...

Mergy voulut lui fermer la bouche par un baiser [248]. C'est un argument assez bon, et qui sert de réponse à toutes les questions qu'un amant peut entendre de sa maîtresse. Mais Diane, qui d'ordinaire lui épargnait la moitié du chemin, le repoussa cette fois avec force et presque avec indignation.

— Écoutez-moi, monsieur de Mergy, tous les jours je verse des larmes de sang en pensant à vous et à votre erreur. Vous savez si je vous aime ! Jugez quelles doivent être les souffrances que j'endure quand je songe que celui qui est pour moi bien plus cher que la vie peut, dans un moment peut-être, périr corps et âme.

— Diane, vous savez que nous étions convenus de ne plus parler ensemble de pareils sujets.

— Il le faut, malheureux ! Qui te dit que tu as encore une heure pour te repentir ?

Le ton extraordinaire de sa voix et son langage bizarre rappelèrent involontairement à Mergy l'avis singulier qu'il venait de recevoir de Béville. Il ne put s'empêcher d'en être ému, cependant il se contint ; mais il n'attribua qu'à la dévotion ce redoublement de ferveur convertissante.

— Que voulez-vous dire, belle amie ? Croyez-vous que le plafond, pour tuer un huguenot, va tomber tout exprès sur sa tête, comme la nuit dernière le ciel de votre lit ? Heureusement nous en fûmes quittes pour un peu de poussière.

— Votre opiniâtreté me met au désespoir !... Tenez, j'ai rêvé que vos ennemis se disposaient à vous tuer... et je vous voyais, sanglant et déchiré par leurs mains, rendre l'âme avant que je pusse amener mon confesseur auprès de vous.

— Mes ennemis? je ne croyais pas en avoir.

— Insensé! n'avez-vous pas pour ennemis tous ceux qui détestent votre hérésie? N'est-ce pas toute la France? Oui, tous les Français doivent être vos ennemis tant que vous serez l'ennemi de Dieu et de l'Église.

— Laissons cela, ma reine. Quant à vos rêves, adressez-vous à la vieille Camille pour vous les faire expliquer; moi, je n'y entends rien. Mais parlons d'autre chose. — Vous avez été à la cour aujourd'hui, ce me semble : c'est de là, je pense, que vous avez rapporté cette migraine qui vous fait souffrir et qui me fait enrager?

— Oui, je viens de la cour, Bernard. J'ai vu la reine, et je suis sortie de chez elle... déterminée à tenter un dernier effort pour vous faire changer... Il le faut, il le faut absolument!...

— Il me semble, interrompit Bernard [249], il me semble ma belle amie, que, puisque vous avez la force de prêcher avec tant de véhémence malgré votre maladie, nous pourrions, si vous vouliez bien le permettre, nous pourrions encore mieux employer notre temps.

Elle reçut cette raillerie avec un regard de dédain mêlé de colère.

— Réprouvé! dit-elle à voix basse et comme se parlant à elle-même, pourquoi faut-il que je sois si faible avec lui [250]? Puis, continuant plus haut : Je le vois assez clairement, vous ne m'aimez pas, et je suis auprès de vous en même estime qu'un cheval. Pourvu que je serve à vos plaisirs, qu'importe que je souffre mille maux!... C'est pour vous, pour vous seul, que j'ai consenti à souffrir les tourments de ma conscience, auprès desquels toutes les tortures que peut inventer la rage des hommes ne sont rien. Un seul mot de votre bouche me rendrait la paix de l'âme; mais ce mot, jamais vous ne le prononcerez! Vous ne voudriez pas me faire le sacrifice d'un de vos préjugés.

— Chère Diane, quelle persécution faut-il que j'endure ! Soyez juste, et que votre zèle pour votre religion ne vous aveugle pas. Répondez-moi : pour tout ce que mon bras ou mon esprit peuvent faire, trouverez-vous ailleurs un esclave plus soumis que moi ? Mais, s'il faut vous le répéter encore, je pourrais mourir pour vous, mais non croire à de certaines choses.

Elle haussait les épaules en l'écoutant, et le regardait avec une expression qui allait jusqu'à la haine.

— Je ne pourrais pas, continua-t-il, changer pour vous mes cheveux châtains en cheveux blonds. Je ne pourrais pas changer la forme de mes membres pour vous plaire. Ma religion est un de mes membres, chère amie, et un membre que l'on ne pourrait m'arracher qu'avec la vie. On aurait beau me prêcher pendant vingt ans, jamais on ne me fera croire qu'un morceau de pain sans levain...

— Tais-toi, interrompit-elle d'un ton d'autorité ; point de blasphèmes. J'ai tout essayé, rien n'a réussi. Vous tous, qui êtes infectés du poison de l'hérésie, vous êtes un peuple à la tête dure, et vous fermez vos yeux et vos oreilles à la vérité : vous craignez de voir et d'entendre. Eh bien, le temps est venu où vous ne verrez plus, où vous n'entendrez plus... Il n'y avait qu'un moyen pour détruire cette plaie dans l'Église, et ce moyen, on va l'employer.

Elle fit quelques pas dans la chambre, d'un air agité, et poursuivit aussitôt :

— Dans moins d'un heure, on va couper les sept têtes du dragon de l'hérésie. Les épées sont aiguisées et les fidèles sont prêts. Les impies vont disparaître de la face de la terre. Puis, étendant le doigt vers l'horloge placée dans un des coins de la chambre [251] : — Vois, dit-elle ; tu as encore un quart d'heure pour te repentir. Quand cette aiguille sera parvenue à ce point, ton sort sera décidé.

Elle parlait encore, quand un bruit sourd et semblable au frémissement de la foule qui s'agite autour d'un vaste incendie se fit entendre, d'abord confusément ; puis il sembla croître avec rapidité ; au bout de peu de minutes, on reconnaissait déjà dans le lointain le tintement des cloches et des détonations d'armes à feu.

— Quelles horreurs m'annoncez-vous? s'écria Mergy.

La comtesse s'était élancée vers la fenêtre, qu'elle avait ouverte.

Alors le bruit, que les vitres et les rideaux n'arrêtaient plus, arriva [252] plus distinct. On croyait y démêler des cris de douleur et des hurlements de joie. Une fumée rougeâtre montait vers le ciel [253], et s'élevait de toutes les parties de la ville aussi loin que la vue pouvait s'étendre. On eût dit un immense incendie, si une odeur de résine, qui ne pouvait être produite que par des milliers de torches allumées [254], n'eût aussitôt rempli la chambre. En même temps, la lueur d'une arquebusade qui semblait tirée dans la rue éclaira un moment les vitres d'une maison voisine.

— Le massacre est commencé ! s'écria la comtesse en portant les mains à sa tête avec effroi.

— Quel massacre? Que voulez-vous dire?

— Cette nuit on égorge tous les huguenots; le roi l'a ordonné. Tous les catholiques ont pris les armes, et pas un seul hérétique ne doit être épargné. L'Église et la France sont sauvées; mais tu es perdu si tu n'abjures ta fausse croyance.

Mergy sentit une sueur froide qui se répandait sur tous ses membres. Il considérait d'un œil hagard Diane de Turgis, dont les traits exprimaient un mélange singulier d'angoisse [255] et de triomphe. Le vacarme effroyable qui retentissait à ses oreilles et remplissait toute la ville, lui prouvait assez la vérité de l'affreuse nouvelle qu'elle venait de lui apprendre. Pendant quelques instants la comtesse demeura immobile, les yeux fixés sur lui sans parler; seulement, un doigt étendu vers la fenêtre, elle semblait vouloir s'en rapporter à l'imagination de Mergy, pour lui représenter [256] les scènes sanglantes que laissaient deviner ces clameurs et cette illumination de cannibales. Par degrés, son expression se radoucit; la joie sauvage disparut, et la terreur resta. Enfin, tombant à genoux, et d'un ton de voix suppliant : — Bernard! s'écria-t-elle, je t'en conjure, sauve ta vie, convertis-toi! Sauve ta vie, sauve la mienne qui en dépend!

Mergy lança sur elle un regard farouche, tandis qu'elle le suivait par la chambre, marchant sur les genoux et les bras étendus. Sans lui répondre un mot, il courut au fond de l'oratoire, où il se saisit de son épée qu'en entrant il avait posée sur un fauteuil.

— Malheureux! que veux-tu faire? s'écria la comtesse en courant à lui.

— Me défendre! On ne m'égorgera pas comme un mouton.

— Mille épées ne pourraient te sauver, insensé que tu es! Toute la ville est en armes [257]. La garde du roi, les Suisses, les bourgeois et le peuple, tous prennent part au massacre, et il n'y a pas un huguenot qui n'ait en ce moment dix poignards sur sa poitrine. Il n'est qu'un seul moyen de t'arracher à la mort; fais-toi catholique.

Mergy était brave; mais, en songeant aux dangers que cette nuit semblait promettre, il sentit, pour un instant, une crainte lâche descendre au fond de son cœur; et même l'idée de se sauver en abjurant sa religion se présenta à son esprit avec la rapidité d'un éclair.

— Je réponds de ta vie si tu te fais catholique, dit Diane en joignant les mains.

— Si j'abjurais, pensa Mergy, je me mépriserais moi-même toute ma vie. Cette pensée [258] suffit pour lui rendre son courage, qui fut doublé par la honte d'avoir un instant faibli. Il enfonça son chapeau sur sa tête, boucla son ceinturon, et, ayant roulé son manteau autour de son bras gauche en guise de bouclier, il fit un pas vers la porte d'un air résolu.

— Où vas-tu, malheureux?

— Dans la rue. Je ne veux pas que vous ayez le regret de me voir égorger sous vos yeux et dans votre maison.

Il y avait dans sa voix quelque chose de si méprisant que la comtesse en fut accablée. Elle s'était placée au-devant de lui. Il la repoussa, et durement. Mais elle saisit un pan de son pourpoint, et elle se traînait à genoux après lui.

— Laissez-moi ! s'écria-t-il. Voulez-vous me livrer vous-même aux poignards des assassins ! La maîtresse d'un huguenot peut racheter ses péchés en offrant à son Dieu le sang de son amant.

— Arrête, Bernard, je t'en supplie ! ce n'est que ton salut que je veux. Vis pour moi, cher ange ! Sauve-toi, au nom de notre amour !... Consens à prononcer un seul mot, et, je le jure, tu seras sauvé.

— Qui ! moi, prendre une religion d'assassins et de bandits ! Saints martyrs de l'Évangile, je vais vous rejoindre !

Et il se dégagea si impétueusement que la comtesse tomba rudement sur le parquet. Il allait ouvrir la porte pour sortir, quand Diane, se relevant avec l'agilité d'une jeune tigresse, s'élança sur lui, et le serra dans ses bras d'une étreinte plus forte que celle d'un homme robuste.

— Bernard ! s'écria-t-elle hors d'elle-même et les larmes aux yeux, je t'aime mieux ainsi que si tu te faisais catholique ! Et, l'entraînant sur le lit de repos, elle s'y laissa tomber avec lui, en le couvrant de baisers et de larmes.

— Reste ici, mon seul amour ; reste avec moi, mon brave Bernard, disait-elle en le serrant et l'enveloppant de son corps comme un serpent qui se roule autour de sa proie. Ils ne viendront pas te chercher ici, jusque dans mes bras ; et il faudra me tuer pour parvenir jusqu'à ton sein. Pardonne-moi, cher amour ; je n'ai pu t'avertir plus tôt du danger qui te menaçait. J'étais liée par un serment terrible. Mais je te sauverai, ou je périrai avec toi.

En ce moment, on frappa rudement à la porte de la rue. La comtesse poussa un cri perçant, et Mergy s'étant dégagé de son étreinte, sans quitter son manteau roulé autour de son bras gauche, se sentit alors si fort et si résolu, qu'il n'eût pas hésité à se jeter tête baissée au milieu de cent massacreurs, s'ils se fussent présentés à lui.

Dans presque toutes les maisons de Paris, il y avait à la porte d'entrée [259] une petite ouverture carrée, avec un grillage de fer très serré, de manière que les habitants de la maison pussent par avance reconnaître s'il y aurait sûreté pour eux à ouvrir. Souvent même des portes massives en chêne, garnies de gros clous et de bandes de fer, ne rassuraient pas encore les gens précautionnés [260], et qui ne voulaient pas se rendre avant un siège en règle. Des meurtrières étroites étaient en conséquence ménagées des deux côtés de la porte, et de là, sans être aperçu, on pouvait tout à son aise canarder les assaillants.

Un vieil écuyer de confiance de la comtesse, ayant examiné par un semblable grillage la personne qui se présentait, et lui ayant fait subir un interrogatoire convenable, revint dire à sa maîtresse que le capitaine George de Mergy demandait instamment à être introduit. La crainte cessa et la porte s'ouvrit.

CHAPITRE XXII

LE VINGT-QUATRE AOUT

« Saignez ! saignez ! »
Mot du maréchal de Tavannes.*

Après avoir quitté sa compagnie, le capitaine George courut à sa maison, espérant y trouver son frère ; mais il l'avait déjà quittée après avoir dit aux domestiques qu'il s'absentait pour toute la nuit. George en avait conclu sans peine qu'il était chez la comtesse, et il s'était empressé de l'y chercher. Mais déjà le massacre avait commencé ; le tumulte, la presse des assassins, et les chaînes tendues au milieu des rues l'arrêtaient à chaque pas. Il fut forcé de passer auprès du Louvre, et c'était là que le fanatisme déployait toutes ses fureurs. Un grand nombre de protestants habitaient ce quartier, envahi en ce moment par les bourgeois catholiques et les soldats des gardes, le fer et la flamme à la main. Là, selon l'expression [261] énergique d'un écrivain contemporain [a], *le sang courait de tous côtés cherchant la rivière,* et l'on ne pouvait traverser les rues sans courir le risque d'être écrasé à tout moment par les cadavres que l'on précipitait des fenêtres.

Par une prévoyance infernale, la plupart des bateaux qui d'ordinaire étaient amarrés le long du Louvre avaient été conduits sur l'autre rive*, de sorte que beaucoup de fugitifs qui couraient au bord de la Seine, espérant s'y embarquer et se dérober aux coups de leurs ennemis, se trouvaient n'avoir à choisir qu'entre les flots ou les hallebardes des soldats qui les poursuivaient. Cependant, à l'une des fenêtres de son palais, on voyait, dit-on, Charles IX armé d'une longue arquebuse, qui *giboyait* aux pauvres passants [b]*.

Le capitaine, enjambant des corps morts, et s'éclaboussant avec du sang, poursuivait son chemin, exposé à chaque pas à tomber victime de la méprise d'un massacreur. Il avait remarqué que les soldats et les bourgeois armés portaient tous une écharpe blanche au bras et une croix blanche au chapeau*. Il aurait pu facilement prendre ce signe de reconnaissance; mais l'horreur que lui inspiraient les assassins s'étendait jusqu'aux marques qui leur servaient à se faire reconnaître.

Sur le bord de la rivière, près du Châtelet, il s'entendit appeler. Il tourna la tête, et vit un homme armé jusqu'aux dents, mais qui ne paraissait pas faire usage de ses armes, portant d'ailleurs la croix blanche à son chapeau, et roulant un morceau de papier entre ses

a. D'Aubigné, *Histoire universelle**.
b. *Id., Ibid.*

doigts d'un air tout à fait dégagé. C'était Béville. Il regardait froidement les cadavres et les hommes vivants que l'on jetait dans la Seine par-dessus le pont au Meunier*.

— Que diable fais-tu ici, George? Est-ce un miracle, ou bien est-ce la grâce qui te donne ce beau zèle, car tu m'as l'air d'aller à la chasse aux huguenots?

— Et toi-même, que fais-tu au milieu de ces misérables?

— Moi? parbleu, je regarde; c'est un spectacle. Et sais-tu le bon tour que j'ai fait? Tu connais bien le vieux Michel Cornabon, cet usurier huguenot qui m'a tant rançonné?...

— Tu l'as tué, malheureux!

— Moi, fi donc! Je ne me mêle point d'affaires de religion. Loin de le tuer, je l'ai caché dans ma cave, et lui, m'a donné quittance de tout ce que je lui dois. Ainsi j'ai fait une bonne action, et j'en suis récompensé. Il est vrai que, pour qu'il signât plus facilement la quittance, je lui ai mis deux fois le pistolet à la tête [262], mais le diable m'emporte si j'aurais tiré... — Tiens, regarde donc cette femme arrêtée par ses jupons à une des poutres du pont*. Elle tombera... non, elle ne tombera pas! Peste! ceci est curieux, et mérite qu'on le voie de plus près.

George le quitta, et il se disait en se frappant la tête : — Et voilà un des plus honnêtes gentilshommes que je connaisse aujourd'hui dans cette ville!

Il entra dans la rue Saint-Josse*, qui était déserte et sans lumière; sans doute pas un seul réformé ne l'habitait. Cependant on y entendait [263] distinctement le tumulte qui partait des rues voisines. Tout à coup les murs blancs sont éclairés par la lumière rouge des torches. Il entend des cris perçants, et il voit une femme à demi nue, les cheveux épars, tenant un enfant dans ses bras. Elle fuyait avec une vitesse surnaturelle. Deux hommes la poursuivaient, s'animant l'un l'autre par des cris sauvages, comme des chasseurs qui suivent une bête fauve. La femme allait se jeter dans une allée ouverte, quand un des poursuivants fit feu sur elle d'une arquebuse dont il était armé. Le coup l'atteignit dans le dos et la renversa. Elle se releva aussitôt, fit un pas vers George, et retomba sur les genoux; puis, faisant un dernier effort, elle souleva son enfant vers le capitaine, comme si elle le confiait à sa générosité. Elle expira sans proférer une parole.

— Encore une de ces chiennes d'hérétiques à bas! s'écria l'homme qui avait tiré le coup d'arquebuse. Je ne me reposerai que lorsque j'en aurai expédié douze.

— Misérable! s'écria le capitaine, et il lui lâcha à bout portant un coup de pistolet.

La tête du scélérat frappa la muraille opposée. Il ouvrit les yeux d'une manière effrayante, et glissant sur les talons tout d'une pièce, ainsi qu'une planche mal appuyée, il tomba à terre roide mort [264].

— Comment! tuer un catholique! s'écria le compagnon du mort, qui tenait une torche d'une main et une épée sanglante de l'autre. Qui donc êtes-vous? Par la messe! mais vous êtes des chevau-légers du roi. Mordieu! il y a méprise, mon officier.

Le capitaine prit à sa ceinture son second pistolet et l'arma. Ce mouvement et le léger bruit du ressort furent parfaitement compris. Le massacreur jeta sa torche et prit la fuite à toutes jambes. George ne daigna pas tirer sur lui. Il se baissa, examina la femme étendue par terre, et reconnut qu'elle était morte. La balle l'avait percée de part en part; son enfant, les bras passés autour de son cou, criait et pleurait; il était couvert de sang, mais par miracle il n'avait pas été blessé. Le capitaine eut quelque peine à l'arracher à sa mère, qu'il serrait de toute sa force, puis il l'enveloppa dans son manteau; et, rendu prudent par la rencontre qu'il venait de faire, il ramassa le chapeau du mort, en ôta la croix blanche et la mit sur le sien. De la sorte, il parvint, sans être arrêté, jusqu'à la maison de la comtesse.

Les deux frères tombèrent dans les bras l'un de l'autre, et pendant quelque temps se tinrent étroitement embrassés sans pouvoir proférer une parole [265]. Enfin le capitaine rendit compte en peu de mots de l'état où se trouvait la ville. Bernard maudissait le roi, les Guises et les prêtres; il voulait sortir et chercher à se réunir à ses frères, s'ils essayaient quelque part de résister à leurs ennemis; La comtesse pleurait et le retenait, et l'enfant criait et demandait sa mère.

Après beaucoup de temps perdu à crier, gémir et pleurer, il fallut enfin prendre un parti. Quant à l'enfant, l'écuyer de la comtesse se chargea de trouver une femme qui en prit soin [266]. Pour Mergy, il ne pouvait fuir dans ce moment. D'ailleurs où se rendre? savait-on [267] si le massacre ne s'étendait pas d'un bout à l'autre de la France? Des corps de garde nombreux occupaient les ponts par lesquels les réformés auraient pu passer dans le faubourg Saint-Germain, d'où ils pouvaient plus facilement s'échapper de la ville et gagner les provinces du Midi, de tout temps affectionnées à leur cause. D'un autre côté, il paraissait peu probable, et même imprudent, d'implorer la pitié du monarque dans un moment où, échauffé par le carnage, il ne pensait qu'à faire de nouvelles victimes. La maison de la comtesse, à cause de sa réputation de dévotion, n'était pas exposée à des recherches sérieuses de la part des meurtriers, et Diane croyait être sûre de ses gens. Ainsi Mergy ne pouvait nulle part trouver une retraite où il courût moins de risques. Il fut résolu qu'il s'y tiendrait caché en attendant l'événement.

Le jour, au lieu de faire cesser les massacres, sembla plutôt les accroître et les régulariser. Il n'y eut catholique qui, sous peine d'être suspect d'hérésie, ne prît la croix blanche, et ne s'armât ou ne dénonçât les huguenots qui vivaient encore. Cependant le roi, renfermé dans son palais, était inaccessible pour tous autres que les chefs des massacreurs. La populace, attirée par l'espoir du pillage, s'était jointe à la garde bourgeoise et aux soldats, et les prédicateurs exhortaient les fidèles dans les églises [268] à redoubler de cruauté. — Écrasons en une fois, disaient-ils, toutes les têtes de l'hydre, et mettons fin pour toujours aux guerres civiles. Et pour persuader à ce peuple avide de sang et de miracles que le ciel approuvait ses fureurs et qu'il avait voulu les encourager par un prodige éclatant : — Allez au cimetière des Innocents, criaient-ils, allez voir cette aubépine qui vient de refleurir, comme rajeunie et fortifiée pour être arrosée d'un sang hérétique !*

Des processions nombreuses de massacreurs en armes allaient en grande cérémonie adorer la sainte épine, et sortaient du cimetière animées d'un nouveau zèle pour découvrir et mettre à mort ceux que le ciel condamnait ainsi manifestement. Un mot de Catherine était dans toutes les bouches ; on se répétait en égorgeant les enfants et les femmes : *Che pietà lor ser crudele, che crudeltà lor ser pietoso ;* aujourd'hui il y a de l'humanité à être cruel, de la cruauté à être humain*.

Chose étrange ! parmi tous ces protestants, il y en avait peu qui n'eussent fait la guerre et n'eussent assisté à des batailles acharnées, où ils avaient essayé, souvent avec succès, de balancer l'avantage du nombre par la valeur ; et pourtant, durant cette tuerie, *deux* seulement opposèrent quelque résistance à leurs assassins, et de ces deux hommes un seul avait fait la guerre*. Peut-être l'habitude de combattre en troupe et d'une manière régulière les avait-elle privés de cette énergie individuelle qui pouvait exciter chaque protestant à se défendre dans sa maison comme dans une forteresse. On voyait, tels que des victimes dévouées, de vieux guerriers tendre leur gorge à des misérables qui, la veille, auraient tremblé devant eux. Ils prenaient leur résignation pour du courage, et préféraient la gloire des martyrs à celle des soldats.

Quand la première soif de sang fut apaisée, on vit les plus cléments des massacreurs offrir la vie à leurs victimes pour prix de leur abjuration. Un bien petit nombre de calvinistes profita de cette offre, et consentit à se racheter de la mort et même des tourments par un mensonge peut-être excusable. Des femmes, des enfants, répétaient leur symbole au milieu des épées levées sur leur tête, et mouraient sans proférer une plainte.

Après deux jours, le roi essaya d'arrêter le carnage; mais, quand on a lâché la bride aux passions de la multitude, il n'est plus possible de l'arrêter. Non seulement les poignards ne cessèrent point de frapper, mais le monarque lui-même, accusé d'une compassion impie, fut obligé de révoquer ses paroles de clémence et d'exagérer jusqu'à la méchanceté [269], qui faisait cependant un des traits principaux de son caractère.

Pendant les premiers jours qui suivirent la Saint-Barthélemy, Mergy fut visité régulièrement dans sa retraite par son frère, qui lui apprenait chaque fois de nouveaux détails sur les scènes horribles dont il était témoin.

— Ah! quand pourrai-je quitter ce pays de meurtres et de crimes? s'écriait George. J'aimerais mieux vivre au milieu des bêtes sauvages que de vivre parmi les Français.

— Viens avec moi à La Rochelle, disait Mergy; j'espère que les massacreurs ne l'ont point encore. Viens mourir avec moi, et faire oublier ton apostasie en défendant ce dernier boulevard de notre religion.

— Eh! que deviendrai-je? disait Diane.

— Allons plutôt en Allemagne ou en Angleterre, répondait George. Là, du moins, nous ne serons pas égorgés, et nous n'égorgerons pas.

Ces projets n'eurent pas de suite. George fut mis en prison pour avoir désobéi aux ordres du roi; et la comtesse, tremblant que son amant ne fût découvert, ne songea plus qu'à lui faire quitter Paris.

CHAPITRE XXIII

LES DEUX MOINES

> « Lui mettant un capuchon,
> « Ils en firent un moine. »
>
> *Chanson populaire.*

Dans un cabaret, sur les bords de la Loire, à peu de distance d'Orléans, en descendant vers Beaugency, un jeune moine en robe brune garnie d'un grand capuchon qu'il tenait à demi baissé était assis devant une table [270], les yeux attachés sur son bréviaire avec une attention tout à fait édifiante, bien qu'il eût choisi un coin un peu sombre pour lire. Il avait à sa ceinture un chapelet dont les grains étaient plus gros que des œufs de pigeon, et une ample provision de médailles de saints suspendues au même cordon résonnaient à chaque mouvement qu'il faisait. Quand il levait la tête pour regarder du côté de la porte, on remarquait une bouche bien faite, ornée d'une moustache retroussée en forme d'*arc turquois,* et si galante, qu'elle aurait fait honneur à un capitaine de gendarmes. Ses mains étaient fort blanches, ses ongles longs et taillés avec soin; et rien n'annonçait que le jeune frère, suivant la coutume de son ordre, eût jamais manié la bêche ou le rateau.

Une grosse paysanne joufflue, qui remplissait les fonctions de servante et de cuisinière dans ce cabaret, dont elle était de plus la maîtresse, s'approcha du jeune moine, et après lui avoir fait une révérence assez gauche, lui dit :

— Eh bien ! mon père, n'ordonnerez-vous rien pour votre dîner? Il est plus de midi, savez-vous?

— Est-ce que le bateau de Beaugency doit encore tarder longtemps?

— Qui sait? L'eau est basse, et l'on ne va pas comme on veut. Et puis, quand même, il n'est pas l'heure. Tenez, à votre place, moi, je dînerais ici.

— Eh bien! j'y dînerai; mais n'y a-t-il pas une autre salle que celle-ci où je pourrais manger? Je sens ici une odeur qui n'est pas agréable.

— Vous êtes bien délicat, mon père. Quant à moi, je ne sens rien du tout.

— Est-ce que l'on flambe des cochons près de cette auberge?

— Des cochons? Ah! voilà qui est plaisant! Des cochons? Oui, à peu près; ce sont bien des cochons, car, comme dit l'autre, de leur vivant ils étaient habillés de soie; mais ces cochons-là, ça n'est pas pour manger. Ce sont des huguenots, révérence parler, mon père, que l'on brûle au bord de l'eau, à cent pas d'ici, et c'est leur fumet que vous sentez.

— Des huguenots!

— Oui, des huguenots. Est-ce que ça vous fait quelque chose? Il ne faut pas que cela vous ôte l'appétit. Quant à changer de salle pour dîner, je n'en ai qu'une; ainsi vous serez bien obligé de vous en contenter. Bah! le huguenot, cela ne sent pas déjà si mauvais. Au reste, si on ne les brûlait pas, peut-être qu'ils pueraient bien davantage. Il y en avait un tas ce matin sur le sable, un tas aussi haut... quoi! aussi haut que voilà cette cheminée.

— Et vous allez voir ces cadavres?

— Ah! vous me dites cela parce qu'ils étaient nus. Mais des morts, mon révérend, ça ne compte pas; ça ne me faisait pas plus d'effet que si j'avais vu un tas de grenouilles mortes. Il paraît tout de même qu'ils ont joliment travaillé hier à Orléans*, car la Loire nous en a furieusement apporté de ce poisson hérétique-là; et, comme les eaux sont basses, on en trouve tous les jours sur le sable qui restent à sec. Même hier, comme le garçon meunier regardait s'il y avait des tanches dans son filet, voilà-t-il pas qu'il trouve dedans une femme morte qui avait un fier coup de hallebarde dans l'estomac. Tenez, ça lui entrait par là et ça sortait entre les épaules. Il aurait mieux aimé trouver une belle carpe, tout de même... Mais qu'avez-vous donc, mon révérend?... Est-ce que vous voulez tomber en pamoison? Voulez-vous que je vous donne, en attendant votre dîner, un coup de vin de Beaugency? ça vous remettra le cœur au ventre.

— Je vous remercie.

— Eh bien! que voulez-vous pour votre dîner?

— La première chose venue... peu m'importe.

— Quoi, encore? J'ai un garde-manger qui est bien garni, voyez-vous.

— Eh bien! donnez-moi un poulet, et laissez-moi lire mon bréviaire.

— Un poulet! un poulet, mon révérend! ah bien! en voici d'une bonne! Ce n'est pas sur vos dents que les araignées feront leurs toiles en temps de jeûne*. Vous avez donc une dispense du pape pour manger du poulet le vendredi?

— Ah! que je suis distrait!... Oui, sans doute, c'est aujourd'hui vendredi... *Vendredi chair ne mangeras*. Donnez-moi des œufs. Je vous remercie bien de m'avoir averti à temps pour éviter un si grand péché.

— Voyez donc! dit la cabaretière à demi-voix, ces messieurs, si on ne les avertissait pas, ils vous mangeraient des poulets un jour maigre, et, pour un mauvais morceau de lard qu'ils trouveront dans la soupe d'une pauvre femme, ils feront un bruit à vous faire tourner le sang.

Cela dit, elle s'occupa de préparer ses œufs, et le moine se remit à lire son bréviaire.

— *Ave, Maria !* ma sœur, dit un autre moine en entrant dans le cabaret, au moment où dame Marguerite tenait la queue de sa poêle et s'apprêtait à retourner une volumineuse omelette.

Le nouveau venu était un beau vieillard [271] à barbe grise [272], grand, fort et replet; il avait la figure très enluminée; mais ce qui attirait d'abord la vue, c'était une énorme emplâtre* qui lui cachait un œil et lui couvrait la moitié de la joue. Il parlait français facilement, mais on distinguait dans son langage un léger accent étranger.

Au moment où il entra, le jeune moine baissa encore davantage son capuchon, de manière à ne pouvoir pas être vu; et ce qui surprit plus encore dame Marguerite [273], c'est que le moine survenant, qui avait son capuchon levé à cause de la chaleur, se hâta de le baisser aussitôt qu'il eut aperçu son confrère en religion.

— Ma foi! mon père, dit la cabaretière, vous arrivez à propos pour dîner; vous n'attendrez pas, et vous allez vous trouver en pays de connaissance. Puis s'adressant au jeune moine : — N'est-ce pas, mon révérend, que vous êtes enchanté de dîner avec sa révérence que voilà? L'odeur de mon omelette vient de l'attirer. Dame, aussi, c'est que je n'y épargne pas le beurre!

Le jeune moine répondit avec timidité [274] et en balbutiant : Je craindrais de gêner monsieur.

Le vieux moine dit de son côté, en baissant fort la tête : — Je suis un pauvre moine alsacien... je parle mal français... et je crains que ma compagnie ne soit pas agréable à mon confrère.

— Allons donc! dit dame Marguerite, vous feriez des façons? Entre moines, et moines du même ordre, il ne doit y avoir qu'une seule table et un seul lit. Et, prenant un escabeau, elle le plaça auprès de la table, précisément en face du jeune moine. Le vieux s'y assit de côté, évidemment fort empêché de sa personne; il semblait combattu entre le désir de dîner et une certaine répugnance à se trouver face à face avec un confrère.

L'omelette fut servie. — Allons, mes pères, dépêchez bien vite votre bénédicité, et ensuite vous me direz si mon omelette est bonne.

A ce mot de bénédicité, les deux moines parurent encore plus mal à leur aise. Le plus jeune dit au plus vieux : — C'est à vous à le dire; vous êtes mon ancien, et cet honneur vous est dû.

— Non, pas du tout. Vous étiez ici avant moi, c'est à vous à le dire.

— Non; je vous en prie.

— Je ne le ferai pas certainement.

— Il le faut absolument.

— Vous allez voir, dit dame Marguerite, qu'ils laisseront refroidir mon omelette. A-t-on jamais vu deux franciscains aussi cérémonieux? Que le plus vieux dise le bénédicité, et le plus jeune dira les grâces.

— Je ne sais dire le bénédicité que dans ma langue, dit le vieux moine.

Le jeune parut surpris, et jeta un coup d'œil à la dérobée sur son compagnon. Cependant ce dernier, joignant les mains d'une façon fort dévote, commença à marmotter sous son capuchon quelques paroles que personne n'entendit. Puis il se rassit, et en moins de rien, et sans dire une parole, il eut englouti les trois quarts de l'omelette et vidé la bouteille placée en face de lui. Son compagnon, le nez sur son assiette, n'ouvrit la bouche que pour manger. L'omelette achevée, il se leva, joignit les mains, et prononça fort vite et en bredouillant quelques mots latins dont les derniers étaient : *Et beata viscera virginis Mariæ**. Ce furent les seuls que Marguerite entendit.

— Quelles drôles de grâces, révérence parler, nous dites-vous là, mon père! il me semble que ce n'est pas comme celles que dit notre curé.

— Ce sont les grâces de notre couvent, dit le jeune franciscain.

— Le bateau va-t-il bientôt venir? demanda l'autre moine.

— Patience! Il s'en faut qu'il soit près d'arriver, répondit dame Marguerite.

Le jeune frère parut contrarié, du moins à en juger par un mouvement de tête qu'il fit. Cependant il ne hasarda pas la moindre observation; et, prenant son bréviaire, il se mit à lire avec un redoublement d'attention.

De son côté, l'Alsacien, tournant le dos à son compagnon, faisait rouler les grains de son chapelet entre son index et son pouce, tandis qu'il remuait les lèvres, sans qu'il en sortît le moindre son.

— Voici les deux plus étranges moines que j'aie jamais vu, et les plus silencieux, pensa dame Marguerite, en se plaçant à côté de son rouet, qu'elle mit bientôt en mouvement [275].

Depuis un quart d'heure, le silence n'avait été interrompu que par le bruit du rouet, lorsque quatre hommes armés et de fort mauvaise mine entrèrent dans l'auberge. Ils touchèrent légèrement le bord de leur chapeau à la vue des deux moines, et l'un deux, saluant Marguerite du nom familier de « ma petite Margot », lui demanda du vin d'abord, et à dîner bien vite, car, disait-il, la mousse m'est crue au gosier, faute de remuer les mâchoires*.

— Du vin, du vin! murmura dame Marguerite, voilà qui est bientôt dit, monsieur Bois-Dauphin*. Mais est-ce vous qui payerez l'écot? Vous savez que Jérôme Crédit est mort*, et d'ailleurs vous me devez, tant en vin qu'en dîners et soupers, plus de six écus, aussi vrai que je suis une honnête femme!

— Aussi vrai l'un que l'autre, répondit en riant Bois-Dauphin; c'est-à-dire que je ne vous dois que deux écus, la mère Margot, et pas un denier de plus. Il se servit d'un terme plus énergique.

— Ah! Jésus! Maria! peut-on dire?...

— Allons, allons, ne braillez pas, notre ancienne. Va pour six écus. Je te les payerai, Margoton, avec ce que nous dépenserons ici; car j'en ai du sonnant aujourd'hui, quoique nous ne gagnions guère au métier que nous faisons. Je ne sais ce que ces gredins-là font de leur argent.

— C'est bien possible qu'il l'avalent, comme font les Allemands, dit un de ses camarades.

— Malepeste! s'écria Bois-Dauphin, il faut y regarder de près. Les bonnes pistoles sont, dans une carcasse [276] hérétique, une bonne farce qu'il ne faut pas jeter aux chiens.

— Comme elle criait, la fille de ce ministre de ce matin! dit le troisième.

— Et le gros ministre! ajouta le dernier; comme j'ai

ri ! Il était si gros qu'il ne pouvait enfoncer dans l'eau.

— Vous avez donc bien travaillé ce matin? demanda Marguerite, qui revenait de la cave avec des bouteilles pleines.

— Comme cela, dit Bois-Dauphin. Hommes, femmes et petits enfants, c'est douze en tout que nous avons jetés à l'eau ou dans le feu. Mais le malheur, Margot, c'est qu'ils n'avaient ni sou ni maille; hormis la femme, qui avait quelques babioles, tout ce gibier-là ne valait pas les quatre fers d'un chien. Oui, mon père, continua-t-il en s'adressant au plus jeune des moines, nous avons bien gagné des indulgences, ce matin, en tuant ces chiens d'hérétiques, vos ennemis.

Le moine le regarda un instant, et se remit à lire; mais son bréviaire tremblait visiblement dans sa main gauche, et il serrait son poing droit comme un homme agité par une émotion concentrée.

— A propos d'indulgences, dit Bois-Dauphin en se tournant vers ses camarades, savez-vous que je voudrais bien en avoir une pour faire gras aujourd'hui? Je vois dans la basse-cour de dame Margot des poulets qui me tentent furieusement.

— Parbleu ! dit un des scélérats, mangeons-en, nous ne serons pas damnés pour cela. Nous irons demain à confesse, voilà tout.

— Écoutez, compères, dit un autre, il me vient une idée. Demandons à ces gros frocards-là de nous donner la permission de faire gras.

— Oui, comme s'ils le pouvaient ! répondit son camarade.

— Par les tripes de Notre-Dame ! s'écria Bois-Dauphin, je sais un meilleur moyen que tout cela, et je vais vous le dire à l'oreille.

Les quatre coquins s'approchèrent aussitôt tête contre tête, et Bois-Dauphin leur expliqua tout bas son projet, qui fut accueilli par de grands éclats de rire. Un seul des bandits montra quelque scrupule.

— C'est une méchante idée que tu as là, Bois-Dauphin, et cela peut porter malheur; moi je n'en suis pas.

— Tais-toi donc, Guillemain. Comme si c'était un gros péché que de faire flairer à quelqu'un la lame d'un poignard!

— Oui, mais un tonsuré!...

Ils parlaient à voix basse, et les deux moines semblaient chercher à deviner leurs projets par quelques mots qu'ils saisissaient dans leur conversation.

— Bah! il n'y a guère de différence, repartit Bois-Dauphin d'un ton plus haut. Et puis, comme cela, c'est lui qui fera le péché, et ce ne sera pas moi.

— Oui, oui! Bois-Dauphin a raison! s'écrièrent les deux autres.

Aussitôt Bois-Dauphin se leva et sortit de la salle. Un instant après, on entendit des poules crier, et le brigand reparut bientôt, tenant une poule morte de chaque main.

— Ah! le maudit! s'écriait dame Marguerite. Tuer mes poulets! et un vendredi! Qu'en veux-tu faire, brigand?

— Silence, dame Margoton, et ne m'échauffez pas les oreilles; vous savez que je suis un méchant garçon. Préparez vos broches et me laissez faire. Puis s'approchant du frère alsacien : — Çà, mon père, dit-il, vous voyez bien ces deux bêtes-ci? eh bien! je voudrais que vous me fissiez la grâce de les baptiser*.

Le moine recula de surprise; l'autre ferma son livre, et dame Marguerite commença à dire des injures à Bois-Dauphin.

— Que je les baptise? dit le moine.

— Oui, mon père. Moi je serai le parrain, et Margot que voici sera la marraine. Or, voici les noms que je donne à mes filleules : celle-ci se nommera *Carpe*, et celle-là *Perche*. Voilà deux jolis noms.

— Baptiser des poules! s'écria le moine en riant.

— Eh oui, morbleu! mon père; allons, vite en besogne!

— Ah! scélérat! s'écria Marguerite; tu crois que je

te laisserai faire ce commerce-là dans ma maison? Crois-tu être chez des juifs ou au sabbat, pour baptiser des bêtes?

— Délivrez-moi donc de cette braillarde, dit Bois-Dauphin à ses camarades; et vous, mon père, ne sauriez-vous lire le nom du coutelier qui a fait cette lame-ci?

En parlant ainsi, il passait son poignard nu sous le nez du vieux moine. Le jeune se leva sur son banc; mais presque aussitôt, comme par l'effet d'une réflexion prudente, il se rassit déterminé à prendre patience.

— Comment voulez-vous que je baptise des volailles, mon enfant?

— Parbleu! c'est bien facile; comme vous nous baptisez, nous autres enfants de femmes. Jetez-leur un peu d'eau sur la tête, et dites : *Baptizo* [277] *te Carpam et Percham* : seulement dites cela dans votre baragouin. Allons, Petit-Jean, apporte-nous ce verre d'eau, et vous tous, à bas les chapeaux, et du recueillement noble Dieu!

A la surprise générale, le vieux cordelier prit un peu d'eau, la répandit sur la tête des poules, et prononça fort vite et très indistinctement quelque chose qui avait l'air d'une prière. Il finit par : *Baptizo te Carpam et Percham*. Puis il se rassit, et reprit son chapelet avec beaucoup de calme, et comme s'il n'avait fait qu'une chose ordinaire.

L'étonnement avait rendu muette dame Marguerite. Bois-Dauphin triomphait. — Allons, Margot, dit-il en lui jetant les deux poulets, apprête-nous cette carpe et cette perche; c'est un très bon manger maigre.

Mais, malgré leur baptême, Marguerite se refusait encore à les regarder comme un manger de chrétiens. Il fallut que les bandits la menaçassent de mauvais traitements pour qu'elle pût se décider à mettre à la broche ces poissons improvisés.

Cependant Bois-Dauphin et ses compagnons buvaient largement; ils portaient des santés et menaient grand bruit.

— Écoutez ! cria Bois-Dauphin en frappant un grand coup de poing sur la table pour obtenir du silence, je propose de boire à la santé de notre saint-père le pape, et à la mort de tous les huguenots ; et il faut que nos deux frocards et dame Margot boivent avec nous.

La proposition fut accueillie par acclamation de ses trois camarades.

Il se leva en chancelant un peu, car il était déjà plus qu'à moitié ivre, et, avec une bouteille qu'il avait à la main, il emplit le verre du jeune moine.

— Allons, bon père, dit-il, à la sainteté de sa santé !... Je me trompe. A la santé de Sa Sainteté ! et à la mort...

— Je ne bois jamais entre mes repas, répondit froidement le jeune homme.

— Oh ! parbleu ! vous boirez, ou le diable m'emporte, si vous ne dites pourquoi !

A ces mots, il posa la bouteille sur la table, et, prenant le verre, il l'approcha des lèvres du moine, qui se penchait sur son bréviaire avec un grand calme en apparence. Quelques gouttes de vin tombèrent sur le livre. Aussitôt le moine se leva, saisit le verre ; mais, au lieu de le boire, il en jeta le contenu au visage de Bois-Dauphin. Tout le monde se prit à rire. Le frère, adossé contre la muraille et les bras croisés, regardait fixement le scélérat.

— Savez-vous bien, mon petit père, que cette plaisanterie-là ne me plaît point ? Jour de Dieu, si vous n'étiez pas un frocard, pour tout potage, je vous apprendrais bien à connaître votre monde.

En parlant ainsi, il étendit la main jusqu'à la figure du jeune homme, et de l'extrémité de ses doigts il effleura sa moustache.

La figure du moine devint d'un pourpre éclatant. D'une main il prit au collet l'insolent bandit, et de l'autre, s'armant de la bouteille, il la lui cassa sur la tête si violemment, que Bois-Dauphin tomba sans connaissance sur le carreau, inondé à la fois de sang et de vin.

— A merveille, mon brave! s'écria le vieux moine, et pour un calotin vous faites rage.

— Bois-Dauphin est mort! s'écrièrent les trois brigands, voyant que leur camarade ne remuait pas. Ah! coquin! nous allons vous étriller d'importance. Ils saisirent leurs épées; mais le jeune moine, avec une agilité surprenante, retroussa les longues manches de sa robe, s'empara de l'épée de Bois-Dauphin, et se mit en garde de la manière du monde la plus résolue. En même temps, son confrère tira de dessous sa robe un poignard dont la lame avait bien dix-huit pouces de long, et se mit à ses côtés d'un air tout aussi martial.

— Ah! canaille! s'écriait-il, nous allons vous apprendre à vivre, et vous montrer votre métier [278]!

En un tour de main, les trois coquins, blessés ou désarmés, furent obligés de sauter par la fenêtre.

— Jésus! Maria! s'écria dame Marguerite, quels champions êtes-vous, mes bons pères! Vous faites honneur à la religion. Avec tout cela, voilà un homme mort [279], et cela est désagréable pour la réputation de cette auberge.

— Oh! que nenni, il n'est pas mort, dit le vieux moine; je le vois qui grouille; mais je m'en vais lui donner l'extrême-onction. Et il s'approcha du blessé, qu'il prit par les cheveux, et lui posant son poignard tranchant sur la gorge, il se mettait en devoir de lui couper la tête si la dame Marguerite et son compagnon ne l'eussent retenu.

— Que faites-vous, bon Dieu! disait Marguerite; tuer un homme! et un homme qui passe pour bon catholique encore, quoiqu'il n'en soit rien, comme il paraît assez!

— Je suppose, dit le jeune moine à son confrère, que des affaires *pressantes* vous appellent, ainsi que moi, à Beaugency. Voici le bateau. Hâtons-nous.

— Vous avez raison, et je vous suis. Il essuya son poignard, et le remit sous sa robe. Alors, les deux vaillants moines, ayant payé leur écot, s'acheminèrent de compagnie vers la Loire, laissant Bois-Dauphin entre les mains de Marguerite, qui commença par se payer en fouillant dans ses poches; puis elle s'occupa d'ôter les morceaux de verre dont sa figure était hérissée, enfin de le panser suivant toutes les règles usitées par les commères en cas semblables.

— Je me trompe fort, ou je vous ai vu quelque part, dit le jeune homme au vieux cordelier.

— Le diable m'emporte si votre figure m'est inconnue! Mais...

— Quand je vous ai vu pour la première fois, il me semble que vous ne portiez pas cette robe.

— Et vous-même?

— Vous êtes le capitaine...

— Dietrich Hornstein, pour vous servir; et vous êtes le jeune gentilhomme avec qui j'ai dîné près d'Étampes.

— Lui-même.

— Vous vous nommez Mergy?

— Oui; mais ce n'est pas mon nom maintenant. Je suis le frère Ambroise.

— Et moi, le frère Antoine d'Alsace.

— Bien. Et vous allez?

— A La Rochelle, si je puis.

— Et moi de même.

— Je suis charmé de vous rencontrer... Mais, diable! vous m'avez furieusement embarrassé avec votre bénédicité. C'est que je n'en savais pas un mot; et moi, je vous prenais d'abord pour un moine, s'il en fut.

— Je vous en présente autant.

— D'où vous êtes-vous échappé?

— De Paris. Et vous?

— D'Orléans. J'ai été contraint de me cacher pendant plus de huit jours. Mes pauvres reîtres... mon cornette... sont dans la Loire.

— Et Mila?

— Elle s'est faite catholique.

— Et mon cheval, capitaine?

— Ah! votre cheval? J'ai fait passer par les verges le coquin de trompette qui vous l'avait dérobé... Mais, ne sachant où vous demeuriez, je n'ai pu vous le faire rendre... Et je le gardais en attendant l'honneur de vous rencontrer. Maintenant il appartient sans doute à quelque coquin de papiste.

— Chut ! ne prononcez pas ce mot si haut. Allons, capitaine, unissons nos fortunes, et entraidons-nous comme nous venons de faire tout à l'heure.

— Je le veux; et, tant que Dietrich Hornstein aura une goutte de sang dans les veines, il sera prêt à jouer des couteaux à vos côtés. Ils se serrèrent la main avec joie.

— Ah çà ! dites-moi donc quelle diable d'histoire me sont-ils venus conter avec leurs poules et leur *Carpam, Percham ?* Il faut convenir que ces papaux sont une bien sotte espèce.

— Chut ! encore une fois : voici le bateau.

En devisant de la sorte, ils arrivèrent au bateau, où ils s'embarquèrent. Ils parvinrent à Beaugency sans autre accident que celui de rencontrer plusieurs cadavres de leurs coreligionnaires flottant sur la Loire.

Un batelier remarqua que la plupart étaient couchés sur le dos.

— Ils demandent vengeance au ciel*, dit tout bas Mergy au capitaine des reîtres.

Dietrich lui serra la main sans répondre.

CHAPITRE XXIV

LE SIÈGE DE LA ROCHELLE [280]

> Still hope and suffer all who can !
>
> MOORE, *Fudge family**.

La Rochelle, dont presque tous les habitants professaient la religion réformée, était alors comme la capitale des provinces du Midi, et le plus ferme boulevard du parti protestant. Un commerce étendu avec l'Angleterre et l'Espagne y avait introduit des richesses considérables, et cet esprit d'indépendance qu'elles font naître et qu'elles soutiennent. Les bourgeois, pêcheurs ou matelots, souvent corsaires, familiarisés de bonne heure avec les dangers d'une vie aventureuse, possédaient une énergie qui leur tenait lieu de discipline et d'habitude de la guerre. Aussi, à la nouvelle du massacre du 24 août, loin de s'abandonner à cette résignation [281] stupide qui s'était emparée de la plupart des protestants et les avait fait désespérer de leur cause, les Rochelois furent animés de ce courage actif et redoutable que donne quelquefois le désespoir. D'un commun accord, ils résolurent de subir les dernières extrémités plutôt que d'ouvrir leurs portes à un ennemi qui venait de leur donner une preuve si éclatante de sa mauvaise foi et de sa barbarie [282]. Tandis que les ministres entretenaient ce zèle par leurs discours fanatiques, femmes, enfants, vieillards, travaillaient à l'envi à réparer les anciennes fortifications, à en élever de nouvelles. On ramassait des vivres et des armes, on équipait des barques et des navires; enfin, on ne perdait pas un moment pour organiser et préparer tous les moyens de défense dont la ville était susceptible. Plusieurs gentilshommes échappés au massacre se joignirent aux Rochelois, et, par le tableau qu'ils faisaient des crimes de la Saint-Barthélemy, donnaient du courage aux plus timides. Pour des hommes sauvés d'une mort qui semblait certaine, la guerre et ses hasards étaient comme un vent léger pour des matelots [283] qui viennent d'échapper à une tempête. Mergy et son compagnon furent du nombre de ces réfugiés qui vinrent grossir les rangs des défenseurs de La Rochelle.

La cour de Paris, alarmée de ces préparatifs, se repentit de ne pas les avoir prévenus. Le maréchal de Biron* s'approcha de La Rochelle, porteur de propositions d'accommodement. Le roi avait quelques raisons d'espérer que le choix de Biron serait agréable aux Rochelois; car ce maréchal, loin de prendre part aux massacres de la Saint-Barthélemy, avait sauvé plusieurs protestants de marque, et même avait pointé les canons de l'Arsenal, qu'il commandait, contre les assassins qui portaient les enseignes royales*. Il ne demandait que d'être reçu dans la ville et reconnu [284] en qualité de gouverneur pour le roi, promettant de respecter les privilèges et les franchises des habitants, et de leur laisser le libre exercice de leur religion. Mais, après l'assassinat de soixante mille protestants, pouvait-on croire encore aux promesses de Charles IX ? D'ailleurs, pendant le cours même des négociations, les massacres continuaient à Bordeaux*, les soldats de Biron pillaient le territoire de La Rochelle, et une flotte royale arrêtait les bâtiments marchands et bloquait le port.

Les Rochelois refusèrent de recevoir Biron, et répondirent qu'ils ne pourraient traiter avec le roi tant qu'il serait captif des Guises, soit qu'ils crussent ces derniers les seuls auteurs des maux que souffrait le calvinisme, soit que par cette fiction, depuis souvent répétée, ils voulussent rassurer la conscience de ceux qui auraient cru que la fidélité à leur roi devait l'emporter sur les intérêts de leur religion. Dès lors il n'y eut plus moyen de s'entendre. Le roi s'avisa d'un autre négociateur, et ce fut La Noue qu'il envoya. La Noue, surnommé *Bras de Fer,* à cause d'un bras postiche par lequel il avait remplacé celui qu'il avait perdu dans un combat*, était un calviniste zélé, qui, dans les dernières guerres civiles, avait fait preuve d'un grand courage et de talents militaires.

L'Amiral, dont il était l'ami, n'avait pas eu de lieutenant plus habile ni plus dévoué [285]. Au moment de la Saint-Barthélemy, il était dans les Pays-Bas, dirigeant les bandes sans discipline des Flamands insurgés contre la puissance espagnole. Trahi par la fortune, il avait été contraint de se rendre au duc d'Albe, qui l'avait assez bien traité. Depuis, et lorsque tant de sang versé eut excité quelques remords, Charles IX le réclama, et, contre toute attente, le reçut avec la plus grande affabilité. Ce prince, extrême en tout, accablait de caresses un protestant, et venait d'en faire égorger cent mille. Une espèce de fatalité semblait protéger le destin de La Noue; déjà dans la troisième guerre civile il avait été fait prisonnier, d'abord à Jarnac, puis à Moncontour, et toujours relâché sans rançon par le frère du roi [a], malgré les instances d'une partie de ses capitaines, qui le pressaient de sacrifier un homme trop dangereux pour être épargné, et trop honnête pour être séduit. Charles pensa que La Noue se souviendrait de sa clémence, et le chargea d'exhorter les Rochelois à la soumission. La Noue accepta, mais à condition que le roi n'exigerait rien de lui qui ne fût compatible [286] avec son honneur. Il partit, accompagné d'un prêtre italien* qui devait le surveiller.

D'abord il éprouva la mortification de s'apercevoir qu'on se défiait de lui. Il ne put être admis dans La Rochelle, mais on lui assigna pour lieu d'entrevue un petit village des environs. Ce fut à Tadon* qu'il rencontra les députés de La Rochelle. Il les connaissait tous comme l'on connaît de vieux compagnons d'armes; mais à son aspect pas un seul ne lui tendit une main amie, pas un seul ne parut le reconnaître, il se nomma et exposa les propositions du roi. La substance de son discours était : — Fiez-vous aux promesses du roi; la guerre civile est le pire des maux.

Le maire de La Rochelle répondit avec un sourire amer : — Nous voyons bien un homme qui ressemble à La Noue, mais La Noue n'aurait pas proposé à ses frères de se soumettre à des assassins. La Noue aimait feu M. l'Amiral, et il aurait voulu le venger plutôt que de traiter avec ses meurtriers. Non, vous n'êtes point La Noue* !

Le malheureux ambassadeur, que ces reproches perçaient jusqu'à l'âme, rappela les services qu'il avait rendus à la cause des calvinistes, montra son bras mutilé, et protesta de son dévouement à sa religion. Peu à peu la méfiance des Rochelois se dissipa; leurs

a. Le duc d'Anjou, depuis Henri III.

portes s'ouvrirent pour La Noue; ils lui montrèrent leurs ressources, et le pressèrent même de se mettre à leur tête. L'offre était bien tentante pour un vieux soldat. Le serment fait à Charles avait été prêté à une condition que l'on pouvait interpréter suivant sa conscience. La Noue espéra qu'en se mettant à la tête des Rochelois il serait plus à même de les ramener à des dispositions pacifiques; il crut qu'il pourrait en même temps concilier la fidélité jurée à son roi et celle qu'il devait à sa religion*. Il se trompait.

Une armée royale vint attaquer La Rochelle. La Noue conduisait toutes les sorties, tuait bon nombre de catholiques; puis, rentré dans la ville, exhortait les habitants à faire la paix. Qu'arriva-t-il? Les catholiques criaient qu'il avait manqué de parole au roi : les protestants l'accusaient de les trahir.

Dans cette position, La Noue, abreuvé de dégoûts, cherchait à se faire tuer en s'exposant vingt fois par jour*.

CHAPITRE XXV

LA NOUE

FÆNESTE.

Cap de you! cet homme ne se mouche pas du talon.

D'AUBIGNÉ, *Le Baron de Fæneste**.

Les assiégés venaient de faire une sortie heureuse contre les ouvrages avancés de l'armée catholique*. Ils avaient comblé plusieurs toises de tranchées, culbuté des gabions et tué une centaine de soldats. Le détachement qui avait remporté cet avantage rentrait dans la ville par la porte de Tadon. D'abord marchait le capitaine Dietrich avec une compagnie d'arquebusiers, tous le visage échauffé, haletants et demandant à boire, marque certaine qu'ils ne s'étaient pas épargnés. Venait ensuite une grosse troupe de bourgeois, parmi lesquels on remarquait plusieurs femmes qui paraissaient avoir pris part au combat*. Suivait une quarantaine de prisonniers, la plupart couverts de blessures et placés entre deux files de soldats qui avaient beaucoup de peine à les défendre de la fureur du peuple rassemblé sur leur passage. Environ vingt cavaliers formaient l'arrière-garde. La Noue, à qui Mergy servait d'aide de camp, marchait le dernier. Sa cuirasse avait été faussée par une balle*, et son cheval était blessé en deux endroits. De sa main gauche il tenait encore un pistolet déchargé, et, au moyen d'un crochet qui sortait, au lieu de main, de son brassard droit, il gouvernait la bride de son cheval*.

— Laissez passer les prisonniers, mes amis ! s'écriait-il à tous moments. Soyez humains, bons Rochelois. Ils sont blessés, ils ne peuvent plus se défendre : ils ne sont plus ennemis.

Mais la canaille lui répondait par des vociférations sauvages : Au gibet les papistes ! à la potence ! et vive La Noue !

Mergy et les cavaliers, en distribuant à propos quelques coups du bois de leurs lances, ajoutèrent à l'effet des recommandations généreuses de leur capitaine. Les prisonniers furent enfin conduits dans la prison de la ville et placés sous bonne garde dans un endroit où ils n'avaient rien à craindre des fureurs de la populace. Le détachement se dispersa [287], et La Noue, accompagné de quelques gentilshommes seulement, mit pied à terre devant l'hôtel de ville au moment où le maire en sortait, suivi de plusieurs bourgeois et d'un ministre âgé nommé Laplace*.

— Eh bien ! vaillant La Noue [288], dit le maire en lui tendant la main, vous venez de montrer à ces massacreurs que tous les braves ne sont pas morts avec M. l'Amiral.

— L'affaire [289] a tourné assez heureusement, monsieur, répondit La Noue avec modestie. Nous n'avons eu que cinq morts et peu de blessés.

— Puisque vous conduisiez la sortie, monsieur de La Noue, reprit le maire, d'avance nous étions sûrs du succès.

— Eh ! que ferait La Noue sans le secours de Dieu? s'écria aigrement le vieux ministre. C'est le Dieu fort qui a combattu pour nous aujourd'hui; il a écouté nos prières*.

— C'est Dieu qui donne et qui ôte la victoire à son gré, dit La Noue d'une voix calme, et ce n'est que lui qu'il faut remercier des succès de la guerre. Puis, se tournant vers le maire : — Eh bien ! monsieur, le conseil a-t-il délibéré sur les nouvelles propositions de Sa Majesté ?

— Oui, répondit le maire; nous venons de renvoyer le trompette à Monsieur en le priant de s'épargner la peine de nous adresser de nouvelles sommations*. Dorénavant ce n'est qu'à coups d'arquebuse que nous y répondrons.

— Vous auriez dû faire pendre le trompette, observa le ministre; car n'est-il pas écrit : *Quelques méchants garnements sont sortis du milieu de toi, qui ont voulu séduire les habitants de leur ville... Mais tu ne manqueras point de les faire mourir : ta main sera la première sur eux, et ensuite la main de tout le peuple**. La Noue soupira et leva les yeux au ciel sans répondre.

— Quoi ! nous rendre ! poursuivit le maire, nous rendre quand nos murailles sont encore debout, lorsque l'ennemi n'ose même les attaquer de près, tandis que tous les jours nous allons l'insulter dans ses tranchées ! Croyez-moi, monsieur de La Noue, s'il n'y avait pas de soldats à La Rochelle, les femmes seules suffiraient pour repousser les écorcheurs de Paris.

— Monsieur, quand on est le plus fort, il faut parler avec ménagement de son ennemi, et quand on est le plus faible...

— Eh ! qui vous dit que nous sommes les plus faibles ? interrompit Laplace. Dieu ne combat-il pas pour nous ? Et Gédéon avec trois cents Israélites n'était-il pas plus fort que toute l'armée des Madianites* ?

— Vous savez mieux que personne, monsieur le maire, combien les approvisionnements sont insuffisants. La poudre est rare*, et j'ai été contraint de défendre aux arquebusiers de tirer de loin.

— Montgomery* nous en enverra d'Angleterre, dit le maire.

— Le feu du ciel tombera sur les papistes, dit le ministre.

— Le pain enchérit tous les jours, monsieur le maire.

— Un jour ou l'autre nous verrons paraître la flotte anglaise, et alors l'abondance renaîtra dans la ville*.

— Dieu fera tomber la manne s'il le faut ! s'écria impétueusement Laplace.

— Quant au secours dont vous parlez, reprit La Noue, il suffit d'un vent de sud de quelques jours pour qu'il ne puisse entrer dans notre port. D'ailleurs il peut être pris.

— Le vent soufflera du nord ! Je te le prédis, homme de peu de foi, dit le ministre. Tu as perdu le bras droit et ton courage en même temps.

La Noue paraissait décidé à ne pas lui répondre. Il poursuivit, s'adressant toujours au maire [290].

— Perdre un homme est pour nous plus grave que pour l'ennemi d'en perdre dix [291]. Je crains que, si les catholiques pressent le siège avec vigueur, nous ne soyons contraints d'accepter des conditions plus dures que celles que vous rejetez maintenant avec mépris. Si, comme je l'espère, le roi veut bien se contenter de voir son autorité reconnue dans cette ville, sans exiger d'elle des sacrifices qu'elle ne peut faire, je crois qu'il est de notre devoir de lui ouvrir nos portes ; car il est notre maître, après tout*.

— Nous n'avons d'autre maître que Christ ! et il n'y a qu'un impie qui puisse appeler son maître le féroce Achab*, Charles qui boit le sang des prophètes !... Et la fureur du ministre redoublait en voyant l'imperturbable sang-froid de La Noue.

— Pour moi, dit le maire, je me souviens bien que la dernière fois que M. l'Amiral passa par notre ville, il nous dit : Le roi m'a donné sa parole que ses sujets protestants et ses sujets catholiques seraient traités de même. Six mois après, le roi, qui lui avait donné sa parole, l'a fait assassiner. Si nous ouvrons nos portes, la Saint-Barthélemy se fera chez nous comme à Paris.

— Le roi a été trompé par les Guises. Il s'en repent et voudrait racheter le sang versé. Si par votre entêtement à ne pas traiter vous irritez les catholiques, toutes les forces du royaume vous tomberont sur les bras, et alors sera détruit le seul refuge de la religion réformée. La paix ! la paix ! croyez-moi, monsieur le maire.

— Lâche ! s'écria le ministre, tu désires la paix parce que tu crains pour ta vie.

— Oh ! monsieur Laplace !... dit le maire.

— Bref, poursuivit froidement La Noue, mon dernier mot est que, si le roi consent à ne pas mettre garnison dans La Rochelle et à laisser [292] nos prêches libres, il faut lui porter nos clefs et l'assurer de notre soumission.

— Tu es un traître ! cria Laplace ; et tu es gagné par les tyrans.

— Bon Dieu ! que dites-vous là, monsieur Laplace ? répéta le maire.

La Noue sourit légèrement et d'un air de mépris.

— Vous le voyez, monsieur le maire, le temps où nous vivons est étrange : les gens de guerre parlent de paix, et les ministres prêchent la guerre. — Mon cher monsieur, continua-t-il, s'adressant enfin à Laplace, il est heure [293] de dîner, ce me semble, et votre femme vous attend sans doute dans votre maison.

Ces derniers mots achevèrent de rendre furieux le ministre. Il ne sut trouver aucune injure à dire ; et, comme un soufflet dispense de réponse raisonnable, il en donna un sur la joue du vieux capitaine*.

— Jour de Dieu ! que faites-vous ! s'écria le maire. Frapper M. de La Noue, le meilleur citoyen et le plus brave soldat de La Rochelle !

Mergy, qui était présent, se disposait à donner à

Laplace une correction dont il aurait gardé le souvenir; mais La Noue le retint.

Quand sa barbe grise fut touchée par la main de ce vieux fou, il y eut un instant rapide comme la pensée où ses yeux brillèrent d'un éclair d'indignation et de courroux. Aussitôt sa physionomie reprit son impassibilité : on eût dit que le ministre avait frappé le buste de marbre d'un sénateur romain, ou bien que La Noue n'avait été touché que par une chose inanimée et poussée par le hasard.

— Ramenez ce vieillard à sa femme, dit-il à un des bourgeois qui entraînaient le vieux ministre. Dites-lui d'en avoir soin; certainement il ne se porte pas bien aujourd'hui. — Monsieur le maire, je vous prie de me procurer cent cinquante volontaires parmi les habitants, car je voudrais faire demain une sortie à la pointe du jour, au moment où les soldats qui ont passé la nuit dans les tranchées sont encore tout engourdis par le froid, comme les ours que l'on attaque au dégel. J'ai remarqué que des gens qui ont dormi sous un toit ont bon marché le matin de ceux qui viennent de passer la nuit à la belle étoile.

— Monsieur de Mergy, si vous n'êtes pas trop pressé pour dîner, voulez-vous faire un tour avec moi au bastion de l'Évangile? je voudrais voir où en sont les travaux de l'ennemi.

Il salua le maire, et, s'appuyant sur l'épaule du jeune homme il se dirigea vers le bastion.

Ils y entrèrent un instant après qu'un coup de canon venait d'y blesser mortellement deux hommes. Les pierres étaient toutes teintes de sang, et l'un de ces malheureux criait à ses camarades de l'achever. La Noue, le coude appuyé sur le parapet, regarda quelque temps en silence les travaux des assiégeants; puis, se tournant vers Mergy :

— C'est une horrible chose que la guerre, dit-il, mais une guerre civile!... Ce boulet a été mis dans un canon français; c'est un Français qui a pointé le canon et qui vient d'y mettre le feu, et ce sont deux Français que ce boulet a tués. Encore n'est-ce rien que de donner la mort [294] à un demi-mille de distance; mais, monsieur de Mergy, quand il faut plonger son épée dans le corps d'un homme qui vous crie grâce dans votre langue!... Et cependant nous venons de faire cela ce matin même.

— Ah! monsieur, si vous aviez vu les massacres du 24 août! si vous aviez passé la Seine quand elle était rouge et qu'elle portait plus de cadavres qu'elle ne charrie de glaçons après une débâcle, vous éprouveriez peu de pitié pour les hommes que nous combattons. Pour moi, tout papiste est un massacreur...

— Ne calomniez pas votre pays. Dans cette armée qui nous assiège, il y a bien peu de ces monstres dont vous parlez. Les soldats sont des paysans français qui ont quitté leur charrue pour gagner la paye du roi; et les gentilshommes et les capitaines se battent parce qu'ils ont prêté serment de fidélité au roi. Ils ont raison peut-être, et nous... nous sommes des rebelles.

— Rebelles! Notre cause est juste; nous combattons pour notre religion et pour notre vie.

— A ce que je vois, vous avez peu de scrupules; vous êtes heureux, monsieur de Mergy. Et le vieux guerrier soupira profondément.

— Morbleu! dit un soldat qui venait de décharger son arquebuse, il faut que ce diable-là ait un charme! depuis trois jours je le vise, je n'ai pu parvenir à le toucher.

— Qui donc? demanda Mergy.

— Tenez, voyez-vous ce gaillard en pourpoint blanc, avec l'écharpe et la plume rouges? Tous les jours il se promène à notre barbe, comme s'il voulait nous narguer. C'est une de ces épées dorées de la cour qui est venue avec Monsieur.

— La distance est grande, dit Mergy; n'importe, donnez-moi une arquebuse.

Un soldat remit son arme entre ses mains. Mergy appuya le bout du canon sur le parapet, et visa avec beaucoup d'attention.

— Si c'était quelqu'un de vos amis? dit La Noue. Pourquoi voulez-vous faire ainsi le métier d'arquebusier?

Mergy allait presser la détente; il retint son doigt.

— Je n'ai point d'amis parmi les catholiques, excepté un seul... Et celui-là, j'en suis bien sûr, n'est pas à nous assiéger.

— Si c'était votre frère qui ayant accompagné Monsieur...

L'arquebuse partit; mais la main de Mergy avait tremblé, et l'on vit s'élever la poussière [295] produite par la balle assez loin du promeneur. Mergy ne croyait pas que son frère pût être dans l'armée [296] catholique; cependant il fut bien aise de voir qu'il avait manqué son coup. La personne sur laquelle il venait de tirer continua de marcher à pas lents, et disparut ensuite derrière les amas de terre fraîchement remuée qui s'élevaient de toutes parts autour de la ville [297].

CHAPITRE XXVI

LA SORTIE

HAMLET.
Dead, for a ducat! dead!
SHAKESPEARE*.

Une pluie fine et froide, qui était tombée sans interruption pendant toute la nuit, venait enfin de cesser au moment où le jour naissant s'annonçait dans le ciel par une lumière blafarde du côté de l'orient. Elle perçait avec peine un brouillard lourd et rasant la terre, que le vent déplaçait çà et là en y faisant comme de larges trouées; mais ces flocons grisâtres se réunissaient bientôt, comme les vagues séparées par un navire retombent et remplissent le sillage qu'il vient de tracer. Couverte de cette vapeur [298] épaisse que perçaient les cimes de quelques arbres, la campagne ressemblait à une vaste inondation.

Dans la ville, la lumière incertaine du matin, mêlée à la lueur des torches, éclairait une troupe assez nombreuse de soldats et de volontaires rassemblés dans la rue qui conduisait au bastion de l'Évangile. Ils frappaient le pavé du pied, et s'agitaient sans changer de place comme des gens pénétrés par ce froid humide et perçant qui accompagne le lever du soleil en hiver. Les jurements et les imprécations énergiques n'étaient point épargnés contre celui qui leur avait fait prendre les armes de si grand matin; mais, malgré leurs injures, on démêlait dans leurs discours la bonne humeur et l'espérance qui anime des soldats conduits par un chef estimé. Ils disaient d'un ton moitié plaisant, moitié colère :

— Ce maudit *Bras-de-Fer*, ce *Jean-qui-ne-dort* ne saurait déjeuner qu'il n'ait donné un réveille-matin* à nos tueurs [299] de petits enfants ! — Que la fièvre le serre ! Le diable d'homme ! avec lui on n'est jamais sûr de faire une bonne nuit. — Par la barbe de feu M. l'Amiral ! si je n'entends ronfler bientôt les arquebusades, je vais m'endormir comme si j'étais encore dans mon lit. — Ah ! vivat ! voici le brandevin* qui va nous remettre le cœur au ventre, et nous empêcher de gagner des rhumes au milieu de ce brouillard du diable.

Pendant que l'on distribuait du brandevin aux soldats, les officiers, entourant La Noue debout sous l'auvent d'une boutique, écoutaient avec intérêt le plan de l'attaque qu'il se proposait de faire contre l'armée assiégeante. Un roulement de tambours se fit entendre; chacun reprit son poste; un ministre s'avança, bénit les soldats, les exhortant à bien faire, sous la promesse de la vie éternelle, s'il leur arrivait de ne pouvoir, et pour cause, rentrer dans la ville et recevoir les récompenses et les remerciements de leurs concitoyens. Le sermon fut court, et La Noue le trouva trop long. Ce n'était plus le même homme qui, la veille, regrettait chaque goutte de sang français répandu dans cette guerre [300]. Il n'était plus qu'un soldat, et semblait avoir hâte de revoir une scène de carnage. Aussitôt que le discours du ministre fut terminé et que les soldats eurent répondu *Amen*, il s'écria d'un ton de voix ferme et dur : — Camarades! Monsieur vient de vous dire vrai [301]; recommandons-nous à Dieu et à Notre-Dame de Frappe-Fort. Le premier qui tirera avant que sa bourre n'entre dans le ventre d'un papiste, je le tuerai, si j'en réchappe*.

— Monsieur, lui dit tout bas Mergy [302], voilà un discours bien différent de ceux d'hier.

— Savez-vous le latin? lui demanda La Noue d'un ton brusque.

— Oui, monsieur.

— Eh bien! souvenez-vous de ce beau dicton : *Age quod agis**.

Il fit un signal; on tira un coup de canon, et toute la troupe se dirigea à grands pas vers la campagne; en même temps de petits pelotons de soldats, sortant par différentes portes, allèrent donner l'alarme sur plusieurs points des lignes ennemies, afin que les catholiques, se croyant assaillis de toutes parts n'osassent porter des secours contre l'attaque principale, de peur de dégarnir un endroit de leurs retranchements partout menacés [303].

Le bastion de l'Évangile, contre lequel les ingénieurs de l'armée catholique avaient dirigé leurs efforts*, avait surtout à souffrir d'une batterie de cinq canons, établie sur une petite éminence surmontée d'un bâtiment ruiné qui, avant le siège, avait été un moulin* [304]. Un fossé avec un parapet en terre défendait les approches du côté de la ville, et en avant du fossé on avait placé plusieurs arquebusiers en sentinelle. Mais, ainsi que l'avait prévu le capitaine protestant, leurs arquebuses [305], exposées pendant plusieurs heures à l'humidité, devaient être à peu près inutiles, et les assaillants, bien pourvus de tout, préparés à l'attaque, avaient un grand avantage sur des gens surpris à l'improviste, fatigués par les veilles, trempés de pluie et transis de froid.

Les premières sentinelles sont égorgées. Quelques arquebusades, parties par miracle, éveillent la garde de la batterie à temps pour voir l'ennemi déjà maître du parapet [306] et grimpant contre la butte du moulin. Quelques-uns essayent de résister; mais leurs armes échappent à leurs mains roidies [307] par le froid; presque toutes leurs arquebuses ratent, tandis que pas un seul coup des assaillants ne se perd. La victoire n'est plus douteuse [308], et déjà les protestants, maîtres de la batterie, poussent le cri féroce de : *Point de quartier ! Souvenez-vous du 24 août.*

Une cinquantaine de soldats avec leur capitaine étaient logés dans la tour du moulin; le capitaine, en bonnet de nuit et en caleçon, tenant un oreiller d'une main et son épée de l'autre, ouvre la porte, et sort en demandant d'où vient ce tumulte [309]. Loin de penser à une sortie de l'ennemi, il s'imaginait que le bruit provenait d'une querelle entre ses propres soldats. Il fut cruellement détrompé; un coup de hallebarde l'étendit par terre baigné dans son sang. Les soldats eurent le temps de barricader la porte de la tour, et pendant quelque temps ils se défendirent avec avantage en tirant par les fenêtres; mais il y avait tout contre ce bâtiment un grand amas de paille et de foin, ainsi que des branchages qui devaient servir à faire des gabions. Les protestants y mirent le feu, qui, en un instant, enveloppa la tour, et monta jusqu'au sommet. Bientôt on entendit des cris lamentables en sortir. Le toit était en flammes et allait tomber sur la tête des malheureux qu'il couvrait. La porte brûlait, et les barricades qu'ils avaient faites les empêchaient de sortir par cette issue. S'ils tentaient de sauter par les fenêtres, ils tombaient dans les flammes, ou bien étaient reçus sur la pointe des piques. On vit alors un spectacle affreux. Un enseigne, revêtu d'une armure complète, essaya de sauter comme les autres par une fenêtre étroite. Sa cuirasse se terminait, suivant une mode alors assez commune, par une espèce de jupon en fer[a] qui couvrait les cuisses et le ventre, et s'élargissait comme le haut d'un entonnoir, de manière à permettre de marcher facilement. La fenêtre n'était pas assez large pour laisser passer cette partie de son armure, et l'enseigne, dans son trouble, s'y était précipité avec tant de violence, qu'il se trouva avoir [312] la plus grande partie du corps en dehors sans pouvoir remuer, et pris comme dans un étau. Cependant les flammes montaient jusqu'à lui, échauffaient son armure, et l'y brûlaient lentement comme dans une fournaise, ou dans ce fameux taureau d'airain inventé par Phalaris*. Le malheureux poussait des cris épouvantables, et agitait vainement les bras comme pour demander du secours. Il se fit un moment de silence parmi les assaillants ; puis, tous ensemble, et comme par un commun accord, ils poussèrent une clameur de guerre pour s'étourdir et ne pas entendre les gémissements de l'homme qui brûlait. Il disparut dans un tourbillon de flammes et de fumée, et l'on vit tomber au milieu des débris de la tour un casque rouge et fumant.

Au milieu d'un combat, les sensations d'horreur et de tristesse sont de courte durée : l'instinct de sa propre conservation parle trop fortement à l'esprit du soldat pour qu'il soit longtemps sensible aux misères des autres. Pendant qu'un partie des Rochelois poursuivait [313] les fuyards, les autres enclouaient les canons, en brisaient les roues, et précipitaient dans le fossé les gabions de la batterie et les cadavres de ses défenseurs.

Mergy, qui avait été des premiers à escalader le fossé et l'épaulement, reprit haleine un instant pour graver avec la pointe de son poignard le nom de Diane sur une

---

a. On peut voir de pareilles armures au Musée de l'artillerie [310]. Une fort belle esquisse de Rubens, qui représente un tournoi, explique comment, avec ce jupon de fer, on pouvait cependant monter à cheval. Les selles sont garnies d'une espèce de petit tabouret qui entre sous le jupon [311] exhaussant le cavalier de manière que ses genoux sont presque au niveau de la tête du cheval. — Voyez, pour l'homme brûlé vif dans son armure, l'*Histoire universelle* de d'Aubigné*.

des pièces de la batterie; puis il aida les autres à détruire les travaux des assiégeants.

Un soldat avait pris par la tête le capitaine catholique, qui ne donnait aucun signe de vie; un autre tenait ses pieds, et tous deux s'apprêtaient, en le balançant en mesure, à le lancer dans le fossé. Tout à coup le prétendu mort, ouvrant les yeux, reconnut Mergy, et s'écria : — Monsieur de Mergy, grâce! je suis prisonnier, sauvez-moi! Ne reconnaissez-vous pas votre ami Béville? Ce malheureux avait la figure couverte de sang, et Mergy eut peine à reconnaître dans ce moribond le jeune courtisan qu'il avait quitté plein de vie et de gaieté. Il le fit déposer avec précaution sur l'herbe, banda lui-même sa blessure [314], et, l'ayant placé en travers sur un cheval, il donna l'ordre de l'emporter doucement dans la ville.

Comme il lui disait adieu et qu'il aidait à conduire le cheval hors de la batterie, il aperçut dans une éclaircie un gros de cavaliers qui s'avançaient au trot entre la ville et le moulin. Suivant toute apparence, c'était un détachement de l'armée catholique qui voulait leur couper la retraite. Mergy courut aussitôt en prévenir La Noue : — Si vous voulez me confier seulement quarante arquebusiers, dit-il, je vais me jeter derrière la haie qui borde ce chemin creux par où ils vont passer, et, s'ils ne tournent bride au plus vite, faites-moi pendre.

— Très bien, mon garçon, tu seras un jour un bon capitaine. Allons, vous autres, suivez ce gentilhomme et faites ce qu'il vous commandera [315].

En un instant Mergy eut disposé ses arquebusiers le long de la haie; il leur fit mettre un genou en terre, préparer leurs armes, et sur toute chose il leur défendit de tirer avant son ordre.

Les cavaliers ennemis s'avancaient rapidement, et déjà on entendait distinctement le trot de leur chevaux dans la boue du chemin creux.

— Leur capitaine, dit Mergy à voix basse, est ce

drôle à la plume rouge que nous avons manqué hier. Ne le manquons pas aujourd'hui.

L'arquebusier qu'il avait à sa droite baissa la tête, comme pour dire qu'il en faisait son affaire. Les cavaliers n'étaient plus qu'à vingt pas, et leur capitaine, se tournant vers ses gens, semblait prêt à leur donner un ordre, quand Mergy, s'élevant tout à coup [316] s'écria :

— Feu !

Le capitaine à la plume rouge tourna la tête, et Mergy reconnut son frère. Il étendit la main vers l'arquebuse de son voisin pour la détourner; mais, avant qu'il pût la toucher, le coup était parti. Les cavaliers, surpris de cette décharge inattendue, se dispersèrent en fuyant dans la campagne; le capitaine George tomba percé de deux balles.

CHAPITRE XXVII

L'HOPITAL

FATHER : Why are you so obstinate?
PIERRE : — Why you so troublesome, that a poor wrectch
Cant die in peace? —
But you, like ravens, will be croaking round him.

OTWAY, *Venice preserved**.

Un ancien couvent de religieux, d'abord confisqué par le conseil de ville de La Rochelle, avait été transformé pendant le siège en un hôpital pour les blessés. Le pavé de la chapelle, dont on avait retiré les bancs, l'autel et tous les ornements, était couvert de paille et de foin : c'était là que l'on transportait les simples soldats. Le réfectoire était destiné aux officiers et aux gentilshommes. C'était une assez grande salle, bien lambrissée de vieux chêne, et percée de larges fenêtres en ogive qui donnaient suffisamment de jour pour les opérations chirurgicales qui s'y pratiquaient continuellement.

Là, le capitaine George était couché sur un matelas rougi de son sang et de celui de bien d'autres malheureux qui l'avaient précédé dans ce lieu de douleur. Une botte de paille lui servait d'oreiller. On venait de lui ôter sa cuirasse et de déchirer son pourpoint et sa chemise. Il était nu jusqu'à la ceinture; mais son bras droit était encore armé de son brassard et de son gantelet d'acier. Un soldat étanchait le sang qui coulait de ses blessures, l'une dans le ventre, juste au-dessous de la cuirasse, l'autre légère au bras gauche. Mergy était tellement abattu par la douleur, qu'il était incapable de lui porter secours avec quelque efficacité. Tantôt pleurant à genoux devant lui, tantôt se roulant par terre avec des cris de désespoir, il ne cessait de s'accuser d'avoir tué le frère le plus tendre et son meilleur ami. Le capitaine, cependant, était calme, et s'efforçait de modérer [317] ses transports.

A deux pieds de son matelas, il y en avait un autre sur lequel gisait le pauvre Béville en aussi fâcheuse posture. Ses traits n'exprimaient point cette résignation tranquille que l'on remarquait sur ceux du capitaine [318]. Il laissait échapper de temps en temps un gémissement sourd, et tournait les yeux vers son voisin, comme pour lui demander un peu de son courage et de sa fermeté [319].

Un homme d'une quarantaine d'années à peu près, sec, maigre, chauve et très ridé, entra dans la salle, et s'approcha du capitaine George, tenant à la main un sac vert d'où sortait certain cliquetis fort effrayant pour les pauvres malades. C'était maître Brisart, chirurgien assez habile pour le temps, disciple et ami du célèbre Ambroise Paré*. Il venait de faire quelque opération, car ses bras étaient nus jusqu'au coude, et il avait encore devant lui un grand tablier tout sanglant.

— Que me voulez-vous, et qui êtes-vous? lui demanda George.

— Je suis chirurgien, mon gentilhomme, et si le

nom de maître Brisart ne vous est pas connu, c'est que vous ignorez bien des choses. Allons, courage de brebis !* comme dit l'autre. Je me connais en arquebusades, Dieu merci, et je voudrais avoir autant de sacs de mille livres que j'ai retiré de balles du corps à des gens qui se portent aujourd'hui tout aussi bien que moi.

— Or çà, docteur*, dites-moi la vérité. Le coup est mortel, si je m'y connais ?

Le chirurgien examina d'abord le bras gauche, et dit :

— Bagatelle ! Puis il commença à sonder l'autre plaie, opération qui fit bientôt faire d'horribles grimaces au blessé. De son bras droit il repoussa assez fortement encore la main du chirurgien.

— Parbleu ! n'allez pas plus avant, docteur du diable ! s'écria-t-il ; je vois bien à votre mine que mon affaire est faite.

— Mon gentilhomme, voyez-vous, je crains fort que la balle n'ait d'abord traversé le petit oblique du bas-ventre, et qu'en remontant elle ne se soit logée dans l'épine dorsale, que nous nommons autrement en grec *rachis**. Ce qui me fait penser de la sorte, c'est que vos jambes sont sans mouvement et déjà froides. Ce signe pathognomonique ne trompe guère ; auquel cas...

— Un coup de feu tiré à brûle-pourpoint, et une balle dans l'épine dorsale ! Peste ! docteur, en voilà plus qu'il n'en faut pour envoyer *ad patres* un pauvre diable. Çà, ne me tourmentez plus, et laissez-moi mourir en repos.

— Non, il vivra ! il vivra ! s'écria Mergy fixant des yeux égarés sur le chirurgien, et lui saisissant fortement le bras.

— Oui, encore une heure, peut-être deux, dit froidement maître Brisart, car c'est un homme robuste.

Mergy retomba sur ses genoux, saisit la main droite du capitaine, et arrosa d'un torrent de larmes le gantelet dont elle était couverte.

— Deux heures? reprit George. Tant mieux, je craignais d'avoir plus longtemps à souffrir.

— Non, cela est impossible! s'écria Mergy en sanglotant. George, tu ne mourras pas. Un frère ne peut mourir de la main de son frère.

— Allons, tiens-toi tranquille, et ne me secoue pas. Chacun de tes mouvements me répond là. Je ne souffre pas trop maintenant; pourvu que cela dure... C'est ce que disait Zany en tombant du haut du clocher * [320].

Mergy s'assit auprès du matelas, la tête appuyée sur ses genoux et cachée dans ses mains. Il était immobile et comme assoupi; seulement, par intervalles, des mouvements convulsifs faisaient tressaillir tout son corps comme dans le frisson de la fièvre, et des gémissements qui n'avaient rien de la voix humaine s'échappaient de sa poitrine avec effort.

Le chirurgien avait attaché quelques bandes, seulement pour arrêter le sang, et il essuyait sa sonde avec beaucoup de sang-froid.

— Je vous engage fort à faire vos préparatifs, dit-il; si vous voulez un ministre, il n'en manque pas ici. Si vous aimez mieux un prêtre, on vous en donnera un. J'ai vu tout à l'heure un moine que nos gens ont fait prisonnier. Tenez, il confesse là-bas cet officier papiste [321] qui va mourir.

— Qu'on me donne à boire, dit le capitaine.

— Gardez-vous-en bien! vous allez mourir une heure plus tôt.

— Une heure de vie ne vaut pas un verre de vin. Allons! adieu, docteur; voici à côté de moi quelqu'un qui vous attend avec impatience.

— Faut-il que je vous envoie un ministre, ou le moine?

— Ni l'un ni l'autre.

— Comment?

— Laissez-moi en repos.

Le chirurgien haussa les épaules, et s'approcha de Béville. Par ma barbe! s'écria-t-il, voici une belle plaie. Ces diables de volontaires frappent comme des sourds.

— J'en reviendrai, n'est-ce pas? demanda le blessé d'une voix faible.

— Respirez un peu, dit maître Brisart.

On entendit alors une espèce de sifflement faible; il était produit par l'air qui sortait de la poitrine de Béville, par sa blessure en même temps que par sa bouche, et le sang coulait de la plaie comme une mousse rouge.

Le chirurgien siffla comme pour imiter ce bruit étrange; puis il posa une compresse à la hâte, et, sans dire un mot, il reprit sa trousse et se disposait à sortir. Cependant les yeux de Béville, brillant comme deux flambeaux, suivaient tous ses mouvements [322]. — Eh bien, docteur? demanda-t-il d'une voix tremblante.

— Faites vos paquets, répondit froidement le chirurgien. Et il s'éloigna.

— Hélas! mourir si jeune! s'écria le malheureux Béville en laissant retomber sa tête sur la botte de paille qui lui servait d'oreiller.

Le capitaine George demandait à boire; mais personne ne voulait lui donner un verre d'eau, de peur de hâter sa fin. Étrange humanité, qui ne sert qu'à prolonger la souffrance! En ce moment La Noue et le capitaine Dietrich, ainsi que plusieurs autres officiers, entrèrent dans la salle pour voir les blessés. Ils s'arrêtèrent tous devant le matelas de George, et La Noue, s'appuyant sur le pommeau de son épée, regardait alternativement les deux frères avec des yeux où se peignait toute l'émotion que lui faisait éprouver ce triste spectacle.

Une gourde que le capitaine allemand portait au côté attira l'attention de George. — Capitaine, lui dit-il, vous êtes un vieux soldat?...

— Oui, vieux soldat. La fumée de la poudre grisonne une barbe plus vite que les années. Je m'appelle le capitaine Dietrich Hornstein.

— Dites-moi, que feriez-vous si vous étiez blessé comme moi?

Le capitaine Dietrich regarda un instant ses blessures, en homme qui avait accoutumé d'en voir et de juger de leur gravité. — Je mettrais ordre à ma conscience, répondit-il, et je demanderais un bon verre de vin du Rhin, s'il y en avait une bouteille aux environs.

— Eh bien, moi je ne leur demande qu'un peu de leur mauvais vin de La Rochelle, et les imbéciles ne veulent pas m'en donner.

Dietrich détacha sa gourde, qui était d'une grosseur très importante, et se disposait à la remettre au blessé.

— Que faites-vous, capitaine! s'écria un arquebusier; le médecin dit qu'il mourra tout de suite s'il boit.

— Qu'importe? il aura du moins un petit plaisir avant sa mort. Tenez, mon brave, je suis fâché de n'avoir pas de meilleur vin à vous offrir*.

— Vous êtes un galant homme, capitaine Dietrich, dit George après avoir bu. Puis, tendant la gourde à son voisin : Et toi, mon pauvre Béville, veux-tu me faire raison?

Mais Béville secoua la tête sans répondre.

— Ah! ah! dit George, autre tourment! Quoi! ne me laissera-t-on pas mourir en paix?

Il voyait s'avancer un ministre portant une Bible sous le bras.

— Mon fils, dit le ministre, lorsque vous allez...

— Assez, assez! Je sais ce que vous allez me dire, mais c'est peine perdue. Je suis catholique.

— Catholique! s'écria Béville. Tu n'es donc plus athée?

— Mais autrefois, dit le ministre, vous avez été élevé dans la religion réformée; et dans ce moment solennel et terrible, lorsque vous êtes près de paraître devant le juge suprême des actions et des consciences...

— Je suis catholique. Par les cornes du diable ! laissez-moi tranquille !

— Mais...

— Capitaine Dietrich, n'aurez-vous point pitié de moi ! Vous m'avez déjà rendu un grand service ; je vous en demande un autre encore. Faites que je puisse mourir sans exhortations et sans jérémiades.

— Retirez-vous, dit le capitaine au ministre ; vous voyez qu'il n'est pas d'humeur à vous entendre.

La Noue fit un signe au moine, qui s'approcha sur-le-champ.

— Voici un prêtre de votre religion, dit-il au capitaine George ; nous ne prétendons point gêner les consciences.

— Moine ou ministre, qu'ils aillent au diable ! répondit le blessé.

Le moine et le ministre étaient chacun d'un côté du lit, et semblaient disposés à se disputer le moribond.

— Ce gentilhomme est catholique, dit le moine.

— Mais il est né protestant, dit le ministre ; il m'appartient.

— Mais il s'est converti.

— Mais il veut mourir dans la foi de ses pères.

— Confessez-vous, mon fils.

— Dites votre symbole, mon fils.

— N'est-ce pas que vous mourez bon catholique ?...

— Écartez cet envoyé de l'Antechrist ! s'écria le ministre, qui se sentait appuyé par la majorité des assistants.

Aussitôt un soldat, huguenot zélé, saisit le moine par le cordon de sa robe, et le repoussa en lui criant : — Hors d'ici, tonsuré ! gibier de potence ! Il y a longtemps qu'on ne chante plus de messes à La Rochelle.

— Arrêtez ! dit La Noue, si ce gentilhomme veut se confesser, je jure ma parole que personne ne l'en empêchera.

— Grand merci, monsieur de La Noue,..... dit le mourant d'une voix faible.

— Vous en êtes tous témoins, interrompit le moine, il veut se confesser.

— Non le diable m'emporte !

— Il revient à la foi de ses ancêtres ! s'écria le ministre.

— Non, mille tonnerres ! Laissez-moi tous les deux. Suis-je déjà mort, pour que les corbeaux se disputent ma carcasse ? Je ne veux ni de vos messes ni de vos psaumes [323].

— Il blasphème ! s'écrièrent à la fois les deux ministres des cultes [324] ennemis.

— Il faut bien croire à quelque chose, dit le capitaine Dietrich avec un flegme imperturbable.

— Je crois... que vous êtes un brave homme, qui me délivrerez de ces harpies... Oui, retirez-vous [325], et laissez-moi mourir comme un chien.

— Oui, meurs comme un chien ! dit le ministre en s'éloignant avec indignation. Le moine fit le signe de la croix et s'approcha du lit de Béville.

La Noue et Mergy arrêtèrent le ministre. — Encore un dernier effort, dit Mergy. Ayez pitié de lui, ayez pitié de moi !

— Monsieur, dit La Noue au mourant, croyez-en un vieux soldat, les exhortations d'un homme qui s'est voué à Dieu peuvent adoucir les dernières heures d'un mourant [326]. N'écoutez point les conseils d'une vanité coupable, et ne perdez point votre âme par bravade.

— Monsieur, répondit le capitaine, ce n'est point d'aujourd'hui que j'ai pensé à la mort. Je n'ai besoin des exhortations de personne pour m'y préparer. Je n'ai jamais aimé les bravades, en ce moment [327] moins que jamais. Mais, de par le diable ! je n'ai que faire de leurs sornettes * [328].

Le ministre haussa les épaules. La Noue soupira. Tous les deux s'éloignèrent à pas lents et la tête baissée.

— Camarade, dit Dietrich, il faut que vous souffriez diablement pour dire ce que vous dites.

— Oui, capitaine, je souffre diablement.

— Alors j'espère que le bon Dieu ne s'offensera pas de vos paroles, qui ressemblent furieusement à des blasphèmes. Mais quand on a une arquebusade tout au travers du corps, morbleu ! il est bien permis de jurer un peu pour se consoler.

George sourit, et reprit la gourde. — A votre santé, capitaine ! Vous êtes le meilleur garde-malade que puisse avoir un soldat blessé [329]. Et en parlant il lui tendait la main.

Le capitaine Dietrich la serra en donnant [330] quelques signes d'émotion. — Teufel ! murmura-t-il tout bas. Pourtant si mon frère Hennig était catholique, et si je lui avais envoyé une arquebusade dans le ventre !... Voilà donc l'explication de la prophétie de la Mila*.

— George, mon camarade, dit Béville d'une voix lamentable, dis-moi donc quelque chose. Nous allons mourir ; c'est un terrible moment !..... Est-ce que tu penses encore maintenant comme tu pensais quand tu m'as converti à l'athéisme ?

— Sans doute ; courage ! dans quelques moments nous ne souffrirons plus.

— Mais ce moine me parle de feu... de diables... que sais-je, moi ?... mais il me semble que tout cela n'est pas rassurant.

— Fadaises !

— Pourtant si cela était vrai ?

— Capitaine, je vous lègue ma cuirasse et mon épée ; je voudrais avoir quelque chose de mieux à vous offrir pour ce bon vin que vous m'avez donné si généreusement.

— George, mon ami, reprit Béville, ce serait épouvantable si ce qu'il dit était vrai... l'éternité !

— Poltron !

— Oui, poltron,... cela est bientôt dit ; mais il est permis d'être poltron quand il s'agit de souffrir pour l'éternité.

— Eh bien ! confesse-toi.

— Je t'en prie, dis-moi, es-tu sûr qu'il n'y ait point d'enfer ?

— Bah!

— Non, réponds-moi; en es-tu bien sûr? Jure-moi ta parole qu'il n'y a point d'enfer.

— Je ne suis sûr de rien. S'il y a un diable, nous verrons s'il est bien noir.

— Comment! tu n'en es pas sûr?

— Confesse-toi, te dis-je.

— Mais tu vas te moquer de moi.

Le capitaine ne put s'empêcher de sourire; puis il dit d'un ton sérieux : — A ta place, moi, je me confesserais; c'est toujours le plus sûr parti; et, confessé, huilé, on est prêt à tout événement.

— Eh bien! je ferai comme tu feras. Confesse-toi d'abord.

— Non.

— Ma foi!... tu diras ce que tu voudras, mais je mourrai en bon catholique. Allons, mon père! faites-moi dire mon *Confiteor,* et soufflez-moi, car je l'ai un peu oublié.

Pendant qu'il se confessait, le capitaine George but encore une gorgée de vin, puis il étendit la tête sur son mauvais oreiller et ferma les yeux. Il fut tranquille pendant près d'un quart d'heure. Alors il serra les lèvres et tressaillit en poussant un long gémissement que lui arrachait la douleur. Mergy, croyant qu'il expirait, poussa un grand cri, et lui souleva la tête. Le capitaine ouvrit aussitôt les yeux.

— Encore? dit-il en le repoussant doucement. Je t'en prie, Bernard, calme-toi.

— George! George! et tu meurs par mes mains!

— Que veux-tu? Je ne suis pas le premier Français tué par un frère... et je ne crois pas être le dernier. Mais je ne dois accuser que moi seul... Lorsque Monsieur, m'ayant tiré de prison, m'emmena avec lui, je m'étais juré de ne pas tirer l'épée... Mais quand j'ai su que ce pauvre diable de Béville était attaqué,... quand j'ai entendu le bruit des arquebusades, j'ai voulu voir l'affaire de trop près.

Il ferma encore les yeux, et les rouvrit bientôt en

disant à Mergy : — Madame de Turgis m'a chargé de te dire qu'elle t'aimait toujours. Il sourit doucement.

Ce furent ses dernières paroles. Il mourut au bout d'un quart d'heure, sans paraître souffrir beaucoup. Quelques minutes après, Béville expira dans les bras du moine, qui assura dans la suite qu'il avait distinctement entendu dans l'air le cri de joie des anges qui recevaient l'âme de ce pécheur repentant, tandis que sous terre les diables répondirent par un hurlement de triomphe en emportant l'âme du capitaine George.

On voit dans toutes les histoires de France comment La Noue quitta La Rochelle*, dégoûté de la guerre civile [331], et tourmenté par sa conscience qui lui reprochait de combattre contre son roi, comment l'armée catholique fut contrainte de lever le siège, et comment se fit la quatrième paix*, laquelle fut bientôt suivie de la mort de Charles IX*.

Mergy se consola-t-il? Diane prit-elle un autre amant? Je le laisse à décider au lecteur, qui, de la sorte, terminera toujours le roman à son gré.

MATEO FALCONE

NOTICE

En avril 1829, Véron fondait la *Revue de Paris* qui introduisait le roman dans la presse périodique. « Les plus saisissantes nouvelles » de Mérimée devaient y être « appelées, sollicitées, et publiées ». Terminé le 14 février 1829, *Mateo Falcone,* avec le sous-titre « Mœurs de la Corse », parut, le 3 mai de la même année, dans la première livraison du deuxième volume (pp. 32 à 48).

Dès l'apparition de la nouvelle on s'était avisé que l'anecdote qui en fait le sujet se trouvait dans les *Sketches of Corsica* de Robert Benson (1825), signalés par *le Globe* dans une lettre sur la Corse, le 25 mai 1826 (t. III, p. 349), ce qui fit écrire à Gustave Planche : « Depuis que j'ai lu ce volume accusateur, j'ai pour le récit français un enthousiasme plus sérieux. Si les vingt lignes du journal de Benson contiennent *Mateo,* il faut déclarer du même coup que Charlevoix contient les *Natchez,* et que le *Pèlerinage* de Byron se trouve dans les itinéraires de Richard. »

En réalité l'anecdote était répandue en Corse et M. Alexander Hagerty Krappe (*Revue d'histoire littéraire de la France,* avril-juin 1928) a même pu en signaler des sources lointaines et populaires. G. Courtillier surtout (*Revue d'histoire littéraire de la France,* avril-juin 1920) a indiqué avec précision les ouvrages où Mérimée a trouvé les éléments de sa nouvelle. Il est évident que l'auteur de *Mateo Falcone* a connu l'*Histoire des révolutions de Corse* de l'abbé de Germanes et le *Voyage en Corse* de l'abbé Jacques-Maurice Gaudin.

En outre Gustave Charlier (*Revue d'histoire littéraire*

de la France, juillet-septembre 1921), retrouvant, dans la *Revue trimestrielle* de juillet 1828, une étude intitulée *Des Devoirs de la France envers la Corse,* a voulu y voir « la source principale de *Mateo Falcone.* » Le récit qu'il a publié et que Maurice Levaillant a reproduit dans les notes de son édition de *Mosaïque* (Paris, H. Champion, 1933) a été certainement connu de Mérimée, mais il n'est pas moins certain que celui-ci, suivant son habitude, est remonté aux sources et qu'il a lu d'autres récits que celui de la *Revue trimestrielle,* dans les *Novelle storiche Corse* de Renucci par exemple. En tout cas c'est l'ouvrage de l'abbé Gaudin qu'il semble avoir suivi de plus près.

Voici le récit de l'abbé Gaudin [1] :

Noblesse d'âme d'un Corse.

« Un soldat d'un de nos Régiments en Corse déserte. On ne tarde pas à être instruit de sa faute; plusieurs de ses camarades sont aussitôt envoyés sur ses traces; les recherches devenaient inutiles. (La plupart des Corses sont attachés à la condition pastorale.) On rencontre un de ces bergers; on lui demande s'il n'a point aperçu dans sa route un soldat français? Il n'hésite pas à répondre qu'il n'a rien vu; on cherche à l'intimider : les menaces les plus fortes ne produisent aucun effet; il s'obstine à tenir le même langage, et à montrer la même fermeté. Fâché du peu de succès de cette tentative on quittait le paysan; un de la troupe parle à ses compagnons, les ramène et employe un moyen bien différent pour obtenir du berger l'éclaircissement désiré. Il tire cinq louis de sa poche, les fait briller aux yeux du Corse, en un mot les lui promet s'il veut satisfaire à sa demande. Cet homme tout à coup laisse échapper des indices du trouble extraordinaire qui l'agitait. Il faut observer que 120 liv. sont pour un berger Corse une fortune éblouissante. Sa voix se refuse à son indiscrétion, mais il montre du doigt des rochers. Les soldats qui pensent avoir entendu son geste l'emmènent avec eux,

1. *Voyage en Corse et vues politiques sur l'amélioration de cette île...* par M. l'abbé Gaudin, vicaire-général du Nebbio, de l'Académie de Lyon. A Paris, chez Lefèvre, 1787, pp. 223-225.

on découvre enfin le déserteur dans cette retraite, on s'en saisit, et les cinq louis furent délivrés au berger.

« De retour dans sa cabane, il laisse éclater une joie qui ne lui était pas naturelle; son père le surprend courant sans cesse compter la somme, récompense de sa délation. Le vieillard furieux ne doute pas que cet argent ne soit le fruit d'un vol : il veut à l'instant être instruit du moyen qui le lui a procuré. Le fils se jette à ses pieds, lui révèle avec quelque peine la cause de son opulence subite. « Quoi! s'écrie le vieux Corse, ne le laissant point achever, cet argent, tu le dois à une trahison! malheureux! et c'est moi qui t'ai donné la vie. » — Il n'en dit pas davantage, se précipite avec fureur sur le coupable, lui lie les pieds et les mains à la quenouille de son lit, le confie à la garde de quelques personnes de sa famille; et s'empressant de se rendre chez le Commandant français, tombe à ses genoux et demande avec larmes la grâce du déserteur, qui lui est absolument refusée. — « Vous ne voulez donc point céder à mes prières? Eh bien! vous allez savoir comment se conduit un Corse à l'égard d'un fils qui a déshonoré sa famille, son pays, et si nous supportons des traîtres parmi nous. » Il se retire brusquement, retourne avec la même vivacité à sa maison et délie son fils, sans proférer une seule parole, l'entraîne avec lui, et fait signe aux parents de le suivre. Il s'arrête aux portes de la Ville, à peu près vers l'endroit où le jeune homme avait décelé l'infortuné soldat; il lui ordonne de se mettre à genoux, lui casse la tête, et en jetant avec indignation l'argent sur son cadavre, il ne se permet que ces mots : Tiens voilà le prix de ton crime. »

On trouvera d'ailleurs les différentes versions de cette anecdote, réunies et judicieusement commentées, dans une brochure intitulée « *le Thème de Mateo Falcone* » par Maria, Kosko (Paris, A.-G. Nizet, 1960). Pour la « couleur locale », comme on disait alors, Mérimée a pu se documenter dans la *Revue trimestrielle,* où il a sans doute trouvé l'indication du livre de Gabriel Feydel, *Mœurs et coutumes des Corses* (Paris, an VII), et il a lu les six articles que *le Globe* avait publiés sur la Corse, du 25 mai 1826 au 6 mars 1827.

Dès son apparition, *Mateo Falcone* eut un vif succès et commença véritablement la réputation de Mérimée. *La Revue française* écrivait à la fin de mai 1829 : « La nouvelle intitulée *Mateo Falcone* par M. Mérimée est à nos yeux le chef-d'œuvre du recueil; on y retrouve ce talent naturel, soudain, frappant, que la critique ne donne pas, que le travail ne peut imiter. » Plus tard Gustave Planche dira (*Revue des Deux Mondes,* 1er septembre 1832) : « *Mateo* est, en effet, un véritable chef-d'œuvre de narration. Il est impossible de pousser plus loin l'artifice des incidents et du style, d'enfermer dans un espace aussi étroit plus d'émotions et d'idées, d'indiquer avec plus de concision et de vivacité autant de physionomies et de caractères. Je défie qu'on tire d'une donnée aussi simple un plus riche parti [...] »

L'ouvrage fut repris en volume, avec quelques corrections dans le recueil intitulé *Mosaïque* (4 juin 1833). Lorsque Mérimée écrivit son *Mateo Falcone,* il n'avait pas encore visité la Corse. Après le voyage qu'il fit en 1839, il put rectifier maints détails relatifs aux mœurs, à la topographie, corrections qui paraîtront dans l'édition de Charpentier, en 1842, où *Mateo Falcone* est imprimé à la suiet de *Colomba.*

M. P.

MATEO FALCONE

1829

En sortant de Porto-Vecchio et se dirigeant au N.-O [1], vers l'intérieur de l'île, on voit le terrain s'élever assez rapidement*, et, après trois heures de marche par des sentiers tortueux, obstrués par de gros quartiers de rocs, et quelquefois coupés par des ravins, on se trouve sur le bord d'un *maquis* très étendu. Le maquis est [2] la patrie des bergers corses et de quiconque s'est brouillé avec la justice*. Il faut savoir que le laboureur corse, pour s'épargner la peine de fumer son champ, met le feu à une certaine étendue de bois [3] : tant pis si la flamme se répand plus loin que besoin n'est; arrive que pourra, on est sûr d'avoir une bonne récolte en semant sur cette terre fertilisée par les cendres des arbres qu'elle portait*. Les épis enlevés, car on laisse la paille, qui donnerait de la peine à recueillir, les racines qui sont restées en terre sans se consumer poussent au printemps suivant [4] des cepées très épaisses qui, en peu d'années, parviennent à une hauteur de sept ou huit pieds. C'est cette manière de taillis fourré que l'on nomme maquis [5]. Différentes espèces d'arbres et d'arbrisseaux le composent, mêlés et confondus comme il plaît à Dieu. Ce n'est que la hache à la main que l'homme s'y ouvrirait un passage [6] et l'on voit des maquis si épais et si touffus [7] que les mouflons eux-mêmes ne peuvent y pénétrer.

Si vous avez tué un homme, allez dans le maquis de Porto-Vecchio, et vous y vivrez en sûreté, avec un bon fusil, de la poudre et des balles; n'oubliez pas un manteau brun garni d'un capuchon[a], qui sert [9] de couver-

---

a. *Pilone* [8].

ture et de matelas*. Les bergers vous donnent du lait, du fromage [10] et des châtaignes; et vous n'aurez rien à craindre de la justice ou des parents du mort, si ce n'est quand il vous faudra descendre à la ville pour y renouveler vos munitions.

Mateo* Falcone, quand j'étais en Corse, en 18— [11], avait sa maison à une demi-lieue de ce maquis. C'était un homme assez riche pour le pays [12]; vivant noblement, c'est-à-dire sans rien faire, du produit de ses troupeaux que des bergers, espèce [13] de nomades, menaient paître çà et là sur les montagnes. Lorsque je le vis, deux années après l'événement que je vais raconter, il me parut âgé de cinquante ans tout au plus. Figurez-vous un homme petit mais robuste [14], avec des cheveux crépus, noirs comme le jais, un nez aquilin, les lèvres minces, les yeux grands et vifs, et un teint couleur de revers de bottes. Son habileté au tir du fusil passait pour extraordinaire, même dans son pays, où il y a tant de bons tireurs. Par exemple, Mateo n'aurait jamais tiré sur un mouflon avec des chevrotines, mais à cent vingt pas il l'abattait d'une balle dans la tête ou dans l'épaule, à son choix*. La nuit, il se servait de ses armes aussi facilement que le jour, et l'on m'a cité de lui ce trait d'adresse qui paraîtra peut-être incroyable à qui n'a pas voyagé en Corse. A quatre-vingts pas on plaçait une chandelle allumée derrière un transparent de papier, large comme une assiette. Il mettait en joue, puis on éteignait la chandelle, et, au bout d'une minute, dans l'obscurité la plus complète, il tirait et perçait le transparent trois fois sur quatre.

Avec un mérite aussi transcendant, Mateo Falcone s'était attiré une grande réputation. On le disait aussi bon [15] ami que dangereux ennemi : d'ailleurs serviable et faisant l'aumône [16], il vivait en paix avec tout le monde dans le district de Porto-Vecchio. Mais on contait de lui qu'à Corte [17], où il avait pris femme, il s'était débarrassé fort vigoureusement d'un rival qui passait pour aussi redoutable en guerre qu'en amour : du moins on attribuait à Mateo certain coup de fusil qui surprit ce rival comme il était à se raser devant un petit miroir pendu à sa fenêtre. L'affaire assoupie, Mateo se maria. Sa femme Giuseppa lui avait donné d'abord trois filles (dont il enrageait), et enfin un fils, qu'il nomma Fortunato : c'était l'espoir de sa famille, l'héritier du nom. Les filles étaient bien mariées : leur père pouvait compter au besoin sur les poignards et les escopettes de ses gendres. Le fils n'avait que dix ans, mais il annonçait déjà d'heureuses dispositions.

Un certain jour d'automne, Mateo sortit de bonne heure avec sa femme pour aller visiter un de ses troupeaux dans une clairière du maquis. Le petit Fortunato voulait l'accompagner, mais la clairière était trop loin; d'ailleurs il fallait bien que quelqu'un restât pour garder la maison; le père refusa donc : on verra s'il n'eut pas lieu de s'en repentir.

Il était absent depuis quelques [18] heures, et le petit Fortunato était tranquillement étendu au soleil, regardant les montagnes bleues, et pensant que le dimanche prochain il irait dîner à la ville, chez son oncle le *caporal* [a]* [19], quand il fut soudainement interrompu dans ses méditations par l'explosion d'une arme à feu. Il se leva et se tourna du côté de la plaine d'où partait ce bruit. D'autres coups de fusil se succédèrent [22] tirés à intervalles inégaux, et toujours de plus en plus rapprochés; enfin, dans le sentier qui menait de la plaine à la maison de Mateo parut un homme, coiffé d'un bonnet pointu* comme en portent les montagnards, barbu, couvert de haillons, et se traînant avec peine en s'appuyant sur son fusil. Il venait de recevoir un coup de feu dans la cuisse.

---

a. Les caporaux furent autrefois les chefs que se donnèrent les communes corses quand elles s'insurgèrent contre les seigneurs féodaux. Aujourd'hui on donne encore quelquefois ce nom à un homme qui, par ses propriétés, ses alliances et sa clientèle, exerce une influence et une sorte de magistrature effective sur une *pieve* [20] ou un canton. Les Corses se divisent, par une ancienne habitude, en cinq castes : les *gentilshommes* (dont les uns sont *magnifiques*, les autres *signori*), les *caporali*, les *citoyens*, les *plébéiens* et les *étrangers* [21].

Cet homme était un *bandit* [a] [23] qui, étant parti de nuit pour aller acheter de la poudre à la ville, était tombé en route dans une embuscade de voltigeurs corses [b]*. Après une vigoureuse défense, il était parvenu à faire sa retraite, vivement poursuivi et tiraillant de rocher en rocher. Mais il avait peu d'avance sur les soldats, et sa blessure le mettait hors d'état de gagner le maquis avant d'être rejoint.

Il s'approcha de Fortunato et lui dit !

« Tu es le fils de Mateo Falcone?

— Oui.

— Moi je suis Gianetto Sanpiero. Je suis poursuivi par les collets jaunes [c]. Cache-moi, car je ne puis aller plus loin.

— Et que dira mon père si je te cache sans sa permission?

— Il dira que tu as bien fait.

— Qui sait?

— Cache-moi vite; ils viennent.

— Attends que mon père soit revenu.

— Que j'attende! malédiction! Ils seront ici dans cinq minutes. Allons, cache-moi, ou je te tue. »

Fortunato lui répondit avec le plus grand sang-froid :

« Ton fusil est déchargé, et il n'y a plus de cartouches dans ta carchera [d] * [27].

— J'ai mon stylet.

— Mais courras-tu aussi vite que moi? » Il fit un saut, et se mit hors d'atteinte.

« Tu n'es pas le fils de Mateo Falcone! Me laisseras-tu donc arrêter devant ta maison? »

---

a. Ce mot est ici synonyme de proscrit [24].

b. C'est un corps levé depuis peu d'années par le gouvernement, et qui sert concurremment avec la gendarmerie au maintien de la police [25].

c. L'uniforme des voltigeurs était alors un habit brun [26] avec un collet jaune*.

d. Ceinture de cuir qui sert de giberne et de portefeuille [28].

L'enfant parut touché.

« Que me donneras-tu si je te cache? » dit-il en se rapprochant.

Le bandit [29] fouilla dans une poche de cuir qui pendait à sa ceinture, et il en tira une pièce de cinq francs qu'il avait réservée sans doute pour acheter de la poudre. Fortunato sourit à la vue de la pièce d'argent; il s'en saisit, et dit à Gianetto : « Ne crains rien. »

Aussitôt il fit un grand trou dans un tas de foin placé auprès de la maison*. Gianetto s'y blottit, et l'enfant le recouvrit de manière à lui laisser un peu d'air pour respirer, sans qu'il fût possible cependant de soupçonner que ce foin cachât un homme. Il s'avisa, de plus, d'une finesse de sauvage assez ingénieuse. Il alla prendre une chatte et ses petits, et les établit sur le tas de foin pour faire croire qu'il n'avait pas été remué depuis peu. Ensuite, remarquant [30] des traces de sang sur le sentier près de la maison, il les couvrit de poussière avec soin, et, cela fait, il se recoucha au soleil avec la plus grande tranquillité.

Quelques minutes après, six hommes en uniforme [31] brun à collet jaune [32] et commandés par un adjudant, étaient devant la porte de Mateo. Cet adjudant était quelque peu parent de Falcone. (On sait qu'en Corse on suit les degrés de parenté beaucoup plus loin qu'ailleurs.) Il se nommait Tiodoro Gamba : c'était un homme actif, fort redouté des bandits [33] dont il avait déjà traqué plusieurs.

« Bonjour, petit cousin, dit-il à Fortunato en l'abordant; comme te voilà grandi ! As-tu vu passer un homme tout à l'heure?

— Oh ! je ne suis pas encore si grand que vous, mon cousin, répondit l'enfant d'un air niais.

— Cela viendra. Mais n'as-tu pas vu passer un homme, dis-moi?

— Si j'ai vu passer un homme?

— Oui, un homme avec un bonnet pointu en velours noir [34], et une veste brodée de rouge et de jaune?

— Un homme avec un bonnet pointu, et une veste brodée de rouge et de jaune?

— Oui, réponds vite, et ne répète pas mes questions.

— Ce matin, M. le curé est passé devant notre porte, sur son cheval Piero*. Il m'a demandé comment papa se portait, et je lui ai répondu...

— Ah! petit drôle, tu fais le malin! Dis-moi vite par où est passé Gianetto, car c'est lui que nous cherchons; et, j'en suis certain, il a pris par ce sentier.

— Qui sait?

— Qui sait? C'est moi qui sais que tu l'as vu.

— Est-ce qu'on voit les passants quand on dort?

— Tu ne dormais pas, vaurien; les coups de fusil t'ont réveillé.

— Vous croyez donc, mon cousin, que vos fusils font tant de bruit. L'escopette de mon père en fait bien davantage.

— Que le diable te confonde! maudit garnement! Je suis bien sûr que tu as vu le Gianetto [35]. Peut-être même l'as-tu caché. Allons camarades, entrez dans cette maison, et voyez si notre homme n'y est pas. Il n'allait plus que d'une patte, et il a trop de bon sens, le coquin, pour avoir cherché à gagner le maquis en clopinant. D'ailleurs les traces de sang s'arrêtent ici.

— Et que dira papa? demanda Fortunato en ricanant; que dira-t-il s'il sait qu'on est entré dans sa maison pendant qu'il était sorti?

— Vaurien! dit l'adjudant Gamba en le prenant par l'oreille, sais-tu qu'il ne tient qu'à moi de te faire changer de note? Peut-être qu'en te donnant une vingtaine de coups de plat de sabre tu parleras enfin. »

Et Fortunato ricanait toujours.

« Mon père est Mateo Falcone! » dit-il avec emphase.

« Sais-tu bien, petit drôle, que je puis t'emmener à Corte et à Bastia. Je te ferai coucher dans un cachot, sur la paille, les fers aux pieds, et je te ferai guillotiner si tu ne dis où est Gianetto Sanpiero. »

L'enfant éclata de rire à cette ridicule menace. Il répéta : « Mon père est Mateo Falcone!

— Adjudant, dit tout bas un des voltigeurs, ne nous brouillons pas avec Mateo. »

Gamba paraissait évidemment embarrassé. Il causait à voix basse avec ses soldats qui avaient déjà visité toute la maison. Ce n'était pas une opération fort longue, car la cabane d'un Corse ne consiste qu'en une seule pièce carrée. L'ameublement se compose d'une table [36], de bancs, de coffres et d'ustensiles de chasse ou de ménage[37]*. Cependant le petit Fortunato caressait sa chatte, et semblait jouir malignement de la confusion des voltigeurs et de son cousin.

Un soldat s'approcha du tas de foin. Il vit la chatte, et donna un coup de baïonnette* dans le foin avec négligence, et haussant les épaules comme s'il sentait que sa précaution était ridicule. Rien ne remua; et le visage de l'enfant ne trahit pas la plus légère émotion.

L'adjudant et sa troupe se donnaient au diable; déjà ils regardaient sérieusement du côté de la plaine comme disposés à s'en retourner [38] par où ils étaient venus, quand leur chef, convaincu que les menaces ne produiraient [39] aucune impression sur le fils de Falcone, voulut faire un dernier effort et tenter le pouvoir des caresses et des présents.

« Petit cousin, dit-il, tu me parais un gaillard bien éveillé! Tu iras loin. Mais tu joues un vilain jeu avec moi; et si je ne craignais de faire de la peine à mon cousin Mateo, le diable m'emporte! je t'emmènerais avec moi [40].

— Bah!

— Mais quand mon cousin sera revenu, je lui conterai l'affaire, et pour ta peine d'avoir menti il te donnera le fouet jusqu'au sang.

— Savoir?

— Tu verras... mais, tiens... sois brave garçon, et je te donnerai quelque chose.

— Moi, mon cousin, je vous donnerai un avis, c'est que si vous tardez davantage, le Gianetto sera dans le maquis, et alors il faudra plus d'un luron comme vous pour aller l'y chercher. »

L'adjudant tira de sa poche une montre d'argent qui valait bien dix écus [41]; et, remarquant que les yeux du petit Fortunato étincelaient en la regardant, il lui dit en tenant la montre suspendue au bout de sa chaîne d'acier.

« Fripon ! tu voudrais bien avoir une montre comme celle-ci [42] suspendue à ton col, et tu te promènerais dans les rues de Porto-Vecchio, fier comme un paon; et les gens te demanderaient : Quelle heure est-il? et tu leur dirais : Regardez à ma montre.

— Quand je serai grand, mon oncle le caporal [43] me donnera une montre.

— Oui, mais le fils de ton oncle en a déjà une... pas aussi belle que celle-ci, à la vérité... Cependant il est plus jeune que toi. »

L'enfant soupira.

« Eh bien, la veux-tu, cette montre, petit cousin? »

Fortunato, lorgnant la montre du coin de l'œil, ressemblait à un chat à qui l'on présente un poulet tout entier. Comme il sent qu'on se moque de lui, il n'ose y porter la griffe, et de temps en temps il détourne les yeux pour ne pas s'exposer à succomber à la tentation; mais il se lèche les babines à tout moment, et il a l'air de dire à son maître : Que votre plaisanterie est cruelle !

Cependant l'adjudant Gamba semblait de bonne foi en présentant sa montre. Fortunato n'avança pas la main mais il lui dit avec un sourire amer : « Pourquoi vous moquez-vous de moi [a]?

— Par Dieu ! je ne me moque pas. Dis-moi seulement où est Gianetto [44] et cette montre est à toi. »

Fortunato laissa échapper un sourire d'incrédulité; et fixant ses yeux noirs sur ceux de l'adjudant, il s'efforçait d'y lire la foi qu'il devait avoir en ses paroles.

« Que je perde mon épaulette, s'écria l'adjudant, si je ne te donne pas la montre [45] à cette condition ! Les

---

a. *Perchè me c...?*

camarades sont témoins; et je ne puis m'en dédire. »

En parlant ainsi il approchait toujours la montre, tant, qu'elle touchait presque la joue pâle de l'enfant. Celui-ci montrait bien sur sa figure le combat que se livraient en son âme la convoitise et le respect dû à l'hospitalité. Sa poitrine nue se soulevait avec force, et il semblait près d'étouffer. Cependant la montre oscillait, tournait, et quelquefois lui heurtait [46] le bout du nez. Enfin, peu à peu sa main droite s'éleva vers la montre : le bout de ses doigts la toucha; et elle pesait tout entière dans sa main sans que l'adjudant lâchât pourtant le bout de la chaîne... Le cadran était azuré... la boîte nouvellement fourbie... au soleil elle paraissait toute de feu.... La tentation était trop forte.

Fortunato éleva aussi sa main gauche, et indiqua du pouce, par-dessus son épaule, le tas de foin auquel il était adossé. L'adjudant le comprit aussitôt. Il abandonna l'extrémité de la chaîne; Fortunato se sentit seul possesseur de la montre. Il se leva avec l'agilité d'un daim, et s'éloigna de dix pas du tas de foin, que les voltigeurs se mirent aussitôt à culbuter.

On ne tarda pas à voir le foin s'agiter; et un homme sanglant, le poignard à la main [47], en sortit : mais, comme il essayait de se lever en pieds, sa blessure refroidie ne lui permit plus de se tenir debout. Il tomba. L'adjudant se jeta sur lui et lui arracha son stylet. Aussitôt on le garrotta fortement, malgré sa résistance.

Gianetto, couché par terre et lié comme un fagot, tourna la tête vers Fortunato, qui s'était rapproché. « Fils de... ! » lui dit-il avec plus de mépris que de colère. L'enfant lui jeta la pièce d'argent qu'il en avait reçue, sentant qu'il avait cessé de la mériter; mais le proscrit* n'eut pas l'air de faire attention à ce mouvement. Il dit avec beaucoup de sang-froid à l'adjudant : « Mon cher Gamba, je ne puis marcher; vous allez être obligé [48] de me porter à la ville.

— Tu courais tout à l'heure plus vite qu'un chevreuil, repartit le cruel vainqueur; mais sois tranquille : je suis si content de te tenir, que je te porterais une lieue sur mon dos sans être fatigué [49]. Au reste, mon camarade, nous allons te faire une litière avec des branches et ta capote; et à la ferme de Crespoli nous trouverons des chevaux.

— Bien, dit le prisonnier; vous mettrez aussi un peu de paille sur votre litière, pour que je sois plus commodément. »

Pendant que les voltigeurs s'occupaient, les uns à faire une espèce de brancard avec des branches de châtaignier, les autres à panser la blessure de Gianetto, Mateo Falcone et sa femme parurent tout d'un coup au détour d'un sentier [50] qui conduisait au maquis. La femme s'avançait courbée péniblement sous le poids d'un énorme sac de châtaignes, tandis que son mari se prélassait, ne portant qu'un fusil à la main et un autre en bandoulière; car il est indigne d'un homme de porter d'autre fardeau [51] que ses armes.

A la vue des soldats, la première pensée de Mateo fut qu'ils venaient pour l'arrêter. Mais pourquoi cette idée? Mateo avait-il donc quelques démêlés avec la justice? Non. Il jouissait d'une bonne réputation. C'était, comme on dit [52], *un particulier bien famé;* mais il était Corse et montagnard, et il y a peu de Corses montagnards [53] qui, en scrutant bien leur mémoire [54], n'y trouvent [55] quelque peccadille, telle que coups de fusil, coups de stylet et autres bagatelles. Mateo, plus qu'un autre, avait la conscience nette; car depuis plus de dix ans il n'avait dirigé son fusil contre un homme; mais toutefois il était prudent, et il se mit en posture de faire une belle défense, s'il en était besoin.

« Femme, dit-il, à Giuseppa, mets bas ton sac et tiens-toi prête. » Elle obéit sur-le-champ. Il lui donna le fusil qu'il avait en bandoulière et qui aurait pu le gêner. Il arma celui qu'il avait à la main, et il s'avança lentement vers sa maison, longeant les arbres qui bordaient le chemin, et prêt, à la moindre démonstration hostile, à se jeter derrière le plus gros tronc, d'où il aurait pu faire feu à couvert. Sa femme marchait sur ses talons, tenant son fusil de rechange et sa giberne. L'emploi d'une bonne ménagère, en cas de combat, est de charger les armes de son mari*.

D'un autre côté, l'adjudant était fort en peine en voyant Mateo s'avancer ainsi, à pas comptés, le fusil en avant et le doigt sur la détente. Si par hasard, pensa-t-il, Mateo se trouvait parent de Gianetto, ou s'il était son ami, et qu'il voulût le défendre [56], les bourres de ses deux fusils arriveraient à deux d'entre nous, aussi sûr qu'une lettre à la poste, et s'il me visait, nonobstant la parenté !...

Dans cette perplexité, il prit un parti fort courageux, ce fut de s'avancer seul vers Mateo pour lui conter l'affaire, en l'abordant comme une vieille connaissance; mais le court intervalle qui le séparait de Mateo lui parut terriblement long.

« Holà ! eh ! mon vieux camarade, criait-il, comment cela va-t-il, mon brave? C'est moi, je suis Gamba [57], ton cousin. »

Mateo, sans répondre un mot, s'était arrêté, et à mesure que l'autre parlait il relevait doucement le canon de son fusil, de sorte qu'il était dirigé vers le ciel au moment où [58] l'adjudant le joignit.

« Bonjour, frère [a], dit l'adjudant en lui tendant la main. Il y a bien longtemps que je ne t'ai vu.

— Bonjour, frère.

— J'étais venu pour te dire bonjour en passant, et à ma cousine Pepa. Nous avons fait une longue traite aujourd'hui; mais il ne faut pas plaindre notre fatigue, car nous avons fait une fameuse prise. Nous venons d'empoigner Gianetto Sanpiero.

— Dieu soit loué ! s'écria Giuseppa. Il nous a volé une chèvre laitière la semaine passée. »

Ces mots réjouirent Gamba.

« Pauvre diable ! dit Mateo, il avait faim.

— Le drôle s'est défendu comme un lion, poursuivit l'adjudant un peu mortifié; il m'a tué un de mes volti-

a. *Buon giorno, fratello,* salut ordinaire des Corses.

geurs, et non content de cela, il a cassé le bras au caporal Chardon; mais il n'y a pas grand mal, ce n'était qu'un Français*... Ensuite il s'était si bien caché que le diable ne l'aurait pu découvrir. Sans mon petit cousin Fortunato, je ne l'aurais jamais pu trouver.

— Fortunato ! s'écria Mateo.

— Fortunato ! répéta Giuseppa.

— Oui, le Gianetto s'était caché [59] sous ce tas de foin là-bas; mais mon petit cousin m'a montré la malice. Aussi je le dirai à son oncle le caporal [60], afin qu'il lui envoie un beau cadeau pour sa peine. Et son nom et le tien seront dans le rapport que j'enverrai à M. l'avocat général.

— Malédiction ! » dit tout bas Mateo.

Ils avaient rejoint le détachement. Gianetto était déjà couché sur la litière et prêt à partir. Quand il vit Mateo en la compagnie de Gamba, il sourit d'un sourire étrange; puis, se tournant vers la porte de la maison, il cracha sur le seuil en disant : « Maison d'un traître ! »

Il n'y avait qu'un homme décidé à mourir qui eût osé prononcer le mot de traître en l'appliquant à Falcone. Un bon coup de stylet, qui n'aurait pas eu besoin d'être répété, aurait immédiatement payé l'insulte. Cependant Mateo ne fit pas d'autre geste que celui de porter sa main à son front comme un homme accablé.

Fortunato était entré dans la maison en voyant arriver son père. Il reparut bientôt avec une jatte de lait, qu'il présenta les yeux baissés à Gianetto. « Loin de moi [61] ! » lui cria le proscrit* d'une voix foudroyante. Puis se tournant vers un des voltigeurs : « Camarade, donne-moi à boire », dit-il. Le soldat remit sa gourde entre ses mains, et le bandit but l'eau que lui donnait un homme avec lequel il venait d'échanger des coups de fusil. Ensuite il demanda qu'on lui attachât les mains de manière qu'il les eût croisées sur sa poitrine, au lieu de les avoir liées derrière le dos. « J'aime, disait-il, à être couché à mon aise. » On s'empressa de le satisfaire; puis l'adjudant donna le signal du départ, dit adieu à Mateo, qui ne lui répondit pas, et descendit au pas accéléré [62] vers la plaine.

Il se passa près de dix minutes avant que Mateo ouvrît la bouche. L'enfant regardait d'un œil inquiet tantôt sa mère et tantôt son père, qui, s'appuyant sur son fusil, le considérait avec une expression de colère concentrée.

« Tu commences bien ! dit enfin Mateo d'une voix calme, mais effrayante pour qui connaissait l'homme.

— Mon père ! » s'écria l'enfant en s'avançant les larmes aux yeux comme pour se jeter à ses genoux. Mais Mateo lui cria : « Arrière de moi ! » Et l'enfant s'arrêta et sanglota, immobile à quelques pas de son père.

Giuseppa s'approcha. Elle venait d'apercevoir la chaîne de la montre, dont un bout sortait de la chemise de Fortunato.

« Qui t'a donné cette montre ? » demanda-t-elle d'un ton sévère.

« Mon cousin l'adjudant. »

Falcone saisit la montre, et, la jetant avec force contre une pierre, il la mit en mille pièces.

« Femme, dit-il, cet enfant est-il de moi ? »

Les joues brunes de Giuseppa devinrent d'un rouge de brique.

« Que dis-tu, Mateo ? et sais-tu bien à qui tu parles ?

— Eh bien ! cet enfant est le premier de sa race qui ait fait une trahison. »

Les sanglots et les hoquets de Fortunato redoublèrent, et Falcone tenait ses yeux de lynx toujours attachés sur lui [63]. Enfin il frappa la terre de la crosse de son fusil, puis le rejeta [64] sur son épaule et reprit le chemin du maquis en criant à Fortunato de le suivre. L'enfant obéit.

Giuseppa courut après Mateo et lui saisit le bras. « C'est ton fils, lui dit-elle d'un voix tremblante en attachant ses yeux noirs sur ceux de son mari, comme pour lire ce qui se passait dans son âme.

— Laisse-moi, répondit Mateo ; je suis son père. »

Giuseppa embrassa son fils et rentra en pleurant dans sa cabane. Elle se jeta à genoux devant une image de la Vierge et pria avec ferveur. Cependant Falcone marcha quelque deux cents pas dans le sentier et ne s'arrêta que dans un petit ravin où il descendit. Il sonda la terre avec la crosse de son fusil et la trouva molle et facile à creuser. L'endroit lui parut convenable pour son dessein.

« Fortunato, va auprès de cette grosse pierre. »

L'enfant fit ce qu'il lui commandait, puis ils s'agenouilla.

« Dis tes prières.

— Mon père, mon père, ne me tuez pas !

— Dis tes prières ! » répéta Mateo d'une voix terrible.

L'enfant, tout en balbutiant et en sanglotant, récita le *Pater* et le *Credo*. Le père, d'une voix forte, répondait *Amen !* à la fin de chaque prière.

« Sont-ce là toutes les prières que tu sais ?

— Mon père, je sais encore l'*Ave Maria* et la litanie que ma tante m'a apprise.

— Elle est bien longue, n'importe. »

L'enfant acheva la litanie d'une voix éteinte.

« As-tu fini ?

— Oh ! mon père, grâce ! pardonnez-moi ! Je ne le ferai plus ! Je prierai tant mon cousin* le caporal [65] qu'on fera grâce au Gianetto [66] ! »

Il parlait encore; Mateo avait armé son fusil et le couchait en joue en lui disant : « Que Dieu te pardonne [67] ! » L'enfant fit un effort désespéré pour se relever et embrasser les genoux de son père; mais il n'en eut pas le temps. Mateo fit feu, et Fortunato tomba roide mort.

Sans jeter un coup d'œil sur le cadavre, Mateo reprit le chemin de sa maison pour aller chercher une bêche afin d'enterrer son fils. Il avait fait à peine quelques pas qu'il rencontra Giuseppa, qui accourait alarmée du coup de feu.

« Qu'as-tu fait ? s'écria-t-elle.

— Justice.

— Où est-il?

— Dans le ravin. Je vais l'enterrer. Il est mort en chrétien; je lui ferai chanter une messe. Qu'on dise [68] à mon gendre Tiodoro Bianchi de venir [69] demeurer avec nous. »

VISION
DE
CHARLES XI

NOTICE

La *Vision de Charles XI,* roi de Suède, a paru le 26 juillet 1829, dans la *Revue de Paris* (t. IV, p. 255).

Mérimée présentait son récit comme un événement authentique, garanti par « un procès-verbal en bonne forme revêtu des signatures de quatre témoins dignes de foi. » Roger Peyre en effet (*Revue d'histoire littéraire de la France,* janvier-mars 1914, p. 96) a retrouvé, dans les archives du ministère des Affaires étrangères, la traduction d'un article du 16 juin 1810, publié dans le journal allemand *Vaterlandisches Museum* et il en reproduit la partie qui intéresse l'œuvre de Mérimée. Il s'agirait d'un procès-verbal, signé du roi et de ses conseillers, rapportant une vision étrange et prophétique que Charles XI aurait eue, en 1676, au château de Gripsholm en Suède.

Mérimée s'est évidemment inspiré de ce procès-verbal, probablement communiqué par son ami Albert Stapfer, traducteur de Gœthe, qui s'intéressait à l'Allemagne et en savait fort bien la langue, ou par son ami Jean-Jacques Ampère.

En réalité ce document, composé en 1742, est une supercherie littéraire, fabriquée à des fins politiques. Lorsque le récit fut reproduit dans la *Mosaïque* en 1833, le comte Gustave de Lœvenhielm, envoyé du roi de Suède à la cour de France, se hâta de réfuter les erreurs qu'il contient, par une lettre de protestation insérée dans la *Revue de Paris* sous le titre : *Démenti donné à un fantôme.*

Avec cette nouvelle que M. Pierre-Georges Castex *(le Conte fantastique en France)* rapproche de la *Vision de*

Thomas II, roi de Bosnie, dans *la Guzla,* Mérimée abordait pour la première fois le conte fantastique, « préludant, écrit A. Filon, à ces effets de terreur dont il pensa atteindre le comble dans *la Vénus d'Ille;* amenant, comme Hoffmann, le merveilleux après une peinture exacte et minutieuse de la vie réelle. »

Il a pris son point de départ sur un document, qu'il a pu croire authentique, mais il le transforme et le renouvelle, rendant vivant ce qu'il a lu, agrandissant son sujet et lui donnant un caractère dramatique. M. Castex a fort bien indiqué les aménagements que Mérimée a apportés dans sa nouvelle, modifiant les noms des personnages, ajoutant des détails matériels, suivant le procédé qui sera toujours le sien. N'a-t-il pas écrit à Édouard Delessert : « Il ne faut pas oublier que lorsqu'on raconte quelque chose de surnaturel on ne saurait trop multiplier les détails de réalité matérielle. » (*Corr. gén.,* t. V, p. 238).

La nouvelle, dont Mérimée n'a sans doute jamais parlé, ne paraît pas avoir eu un grand succès auprès de la critique. Gustave Planche dira seulement : « La *Vision de Charles XI* est racontée trop sommairement pour que la critique en fasse l'objet de ses blâmes ou de ses éloges. »

M. P.

VISION DE CHARLES XI

1829

There are more things in heav'n and earth, Horatio,
Than are dreamt of in your philosophy.

SHAKESPEARE, *Hamlet**.

On se moque des visions et des apparitions surnaturelles ; quelques-unes, cependant, sont si bien attestées, que, si l'on refusait d'y croire, on serait obligé, pour être conséquent, de rejeter en masse tous les témoignages historiques [1].

Un procès-verbal en bonne forme, revêtu des signatures de quatre témoins dignes de foi, voilà ce qui garantit l'authenticité du fait que je vais raconter. J'ajouterai que la prédiction contenue dans ce procès-verbal était connue et citée bien longtemps avant que des événements arrivés de nos jours aient paru l'accomplir*.

Charles XI*, père du fameux Charles XII, était un [2] des monarques les plus despotiques, mais un [3] des plus sages qu'ait eus la Suède. Il restreignit les privilèges monstrueux de la noblesse, abolit la puissance du sénat, et fit des lois de sa propre autorité ; en un mot il changea la constitution du pays, qui était oligarchique avant lui, et força les états à lui confier l'autorité absolue. C'était d'ailleurs un homme éclairé, brave, fort attaché à la religion luthérienne, d'un caractère inflexible, froid, positif, entièrement dépourvu d'imagination.

Il venait de perdre sa femme Ulrique Éléonore. Quoique sa dureté pour cette princesse eût, dit-on, hâté sa fin, il l'estimait, et parut plus touché de sa mort qu'on ne l'aurait attendu d'un cœur aussi sec que le sien. Depuis cet événement il devint encore plus sombre et taciturne qu'auparavant, et se livra au travail avec une application qui prouvait un besoin impérieux d'écarter des idées pénibles.

A la fin d'une soirée d'automne il était assis en robe de chambre et en pantoufles devant un grand feu allumé dans son cabinet au palais de Stockholm. Il avait auprès de lui son chambellan, le comte Brahé *[4], qu'il honorait de ses bonnes grâces, et le médecin Baumgarten*, qui, soit dit en passant, tranchait de l'esprit fort, et voulait que l'on doutât de tout, excepté de la médecine. Ce soir-là il l'avait fait venir pour le consulter sur je ne sais quelle indisposition.

La soirée se prolongeait, et le roi, contre sa coutume, ne leur faisait pas sentir, en leur donnant le bonsoir, qu'il était temps de se retirer. La tête baissée et les yeux fixés sur les tisons, il gardait un profond silence, ennuyé de sa compagnie, mais craignant, sans savoir pourquoi, de rester seul. Le comte Brahé s'apercevait bien que sa présence n'était pas fort agréable, et déjà plusieurs fois il avait exprimé la crainte que Sa Majesté n'eût besoin de repos : un geste du roi l'avait retenu à sa place. A son tour le médecin parla du tort que les veilles font à la santé; mais Charles lui répondit entre ses dents : « Restez, je n'ai pas encore envie de dormir. »

Alors on essaya différents sujets de conversation qui s'épuisaient tous à la seconde ou troisième phrase. Il paraissait évident que Sa Majesté était dans une de ses humeurs noires, et, en pareille circonstance, la position d'un courtisan est bien délicate. Le comte Brahé, soupçonnant que la tristesse du roi provenait de ses regrets pour la perte de son épouse, regarda quelque temps le portrait de la reine suspendu dans le cabinet, puis il s'écria avec un grand soupir : « Que ce portrait est ressemblant ! Voilà bien cette expression à la fois si majestueuse et si douce !...

— Bah ! » répondit brusquement le roi, qui croyait entendre un reproche toutes les fois qu'on prononçait devant lui le nom de la reine. « Ce portrait est trop flatté ! La reine était laide. » Puis, fâché intérieurement de sa dureté, il se leva et fit un tour dans la chambre pour cacher une émotion [5] dont il rougissait. Il s'arrêta devant la fenêtre qui donnait sur la cour. La nuit était sombre et la lune à son premier quartier [6].

Le palais où résident aujourd'hui les rois de Suède n'était pas encore achevé, et Charles XI, qui l'avait commencé, habitait alors l'ancien palais situé à la pointe du Ritterholm qui regarde le lac Mœler. C'est un grand bâtiment en forme de fer à cheval*. Le cabinet du roi était à l'une des extrémités, et à peu près en face se trouvait la grande salle où s'assemblaient les états quand ils devaient recevoir quelque communication de la couronne.

Les fenêtres de cette salle semblaient en ce moment éclairées d'une vive lumière. Cela parut étrange au roi. Il supposa d'abord que cette lueur était produite par le flambeau de quelque valet. Mais qu'allait-on faire à cette heure dans une salle [7] qui depuis longtemps n'avait pas été ouverte? D'ailleurs la lumière était trop éclatante pour provenir d'un seul flambeau. On aurait pu l'attribuer à un incendie; mais on ne voyait point de fumée, les vitres n'étaient pas brisées, nul bruit ne se faisait entendre; tout annonçait plutôt une illumination [8].

Charles regarda ces fenêtres quelque temps sans parler. Cependant le comte Brahé, étendant la main vers le cordon d'une sonnette, se disposait à sonner un page pour l'envoyer reconnaître la cause de cette singulière clarté; mais le roi l'arrêta. « Je veux aller moi-même dans cette salle*, » dit-il. En achevant ces mots, on le vit pâlir, et sa physionomie exprimait une espèce de terreur religieuse. Pourtant il sortit d'un pas ferme; le chambellan et le médecin le suivirent tenant chacun une bougie allumée.

Le concierge, qui avait la charge des clefs, était déjà couché. Baumgarten alla le réveiller et lui ordonna, de la part du roi, d'ouvrir sur-le-champ les portes de la salle des états. La surprise de cet homme fut grande à cet ordre inattendu; il s'habilla à la hâte et joignit le roi avec son trousseau de clefs. D'abord il ouvrit la porte d'une galerie qui servait d'antichambre ou de dégagement à la salle des états. Le roi entra; mais quel fut son étonnement en voyant les murs entièrement tendus de noir!

« Qui a donné l'ordre de faire tendre ainsi cette salle? » demanda-t-il d'un ton de colère [9]. « Sire, personne que je sache, » répondit le concierge tout troublé. « Et la dernière fois que j'ai fait balayer la galerie elle était lambrissée de chêne comme elle l'a toujours été... Certainement ces tentures-là ne viennent pas du garde-meuble de Votre Majesté. » Et le roi, marchant d'un pas rapide, était déjà parvenu à plus des deux tiers de la galerie. Le comte et le concierge le suivaient de près; le médecin Baumgarten était un peu en arrière, partagé entre la crainte de rester seul et celle de s'exposer aux suites d'une aventure qui s'annonçait d'une façon assez étrange.

« N'allez pas plus loin, sire! s'écria le concierge. Sur mon âme, il y a de la sorcellerie là-dedans. A cette heure... et depuis la mort de la reine, votre gracieuse épouse..., on dit qu'elle se promène dans cette galerie... Que Dieu nous protège!

— Arrêtez, sire! s'écriait le comte de son côté. N'entendez-vous pas ce bruit qui [10] part de la salle des états? Qui sait à quels dangers Votre Majesté s'expose!

— Sire, disait Baumgarten, dont une bouffée de vent venait d'éteindre la bougie, permettez du moins que j'aille chercher une vingtaine de vos trabans*.

— Entrons, dit le roi d'une voix ferme en s'arrêtant devant la porte de la grande salle; et toi, concierge, ouvre vite cette porte. » Il la poussa du pied, et le bruit, répété par l'écho des voûtes, retentit dans la galerie comme un coup de canon.

Le concierge tremblait tellement, que sa clef battait la serrure sans qu'il pût parvenir à la faire entrer. « Un vieux soldat qui tremble! dit Charles en haussant les épaules. Allons, comte, ouvrez-nous cette porte.

— Sire, répondit le comte en reculant d'un pas, que Votre Majesté me commande de marcher à la bouche d'un canon danois ou allemand, j'obéirai sans hésiter; mais c'est l'enfer que vous voulez que je défie*. »

Le roi arracha la clef des mains du concierge. « Je vois bien, dit-il d'un ton de mépris, que ceci me regarde seul; » et avant que sa suite eût pu l'en empêcher, il avait ouvert l'épaisse porte de chêne, et était entré dans la grande salle en prononçant ces mots : « Avec l'aide de Dieu*. » Ses trois acolytes, poussés par la curiosité, plus forte que la peur, et peut-être honteux d'abandonner leur roi, entrèrent avec lui.

La grande salle était éclairée par une infinité de flambeaux. Une tenture noire avait remplacé l'antique tapisserie à personnages. Le long des murailles paraissaient disposés en ordre, comme à l'ordinaire, des drapeaux allemands, danois ou moscovites, trophées des soldats de Gustave-Adolphe*. On distinguait au milieu des bannières suédoises, couvertes de crêpes funèbres.

Une assemblée immense couvrait les bancs. Les quatre ordres de l'État [a] siégeaient chacun à son rang. Tous étaient habillés de noir, et cette multitude de faces humaines, qui paraissaient lumineuses sur un fond sombre, éblouissaient tellement les yeux, que des quatre témoins de cette scène extraordinaire aucun ne put trouver dans cette foule une figure connue. Ainsi un acteur vis-à-vis d'un public nombreux ne voit qu'une masse confuse, où ses yeux ne peuvent distinguer un seul individu.

Sur le trône élevé d'où le roi avait coutume de haranguer l'assemblée, ils virent un cadavre sanglant, revêtu des insignes de la royauté. A sa droite, un enfant, debout et la couronne en tête, tenait un sceptre à la main; à sa gauche, un homme âgé, ou plutôt un autre fantôme, s'appuyait sur le trône. Il était revêtu du manteau de cérémonie que portaient les anciens Administrateurs de la Suède, avant que Wasa n'en eût fait un royaume*. En face du trône, plusieurs personnages d'un maintien

a. La noblesse, le clergé, les bourgeois et les paysans.

grave et austère, revêtus de longues robes noires, et qui paraissaient être des juges, étaient assis devant une table sur laquelle on voyait de grands in-folios [11] et quelques parchemins [12]. Entre le trône et les bancs de l'assemblée [13], il y avait un billot couvert d'un crêpe noir, et une hache reposait auprès.

Personne, dans cette assemblée surhumaine, n'eut l'air de s'apercevoir de la présence de Charles et des trois personnes qui l'accompagnaient. A leur entrée, ils n'entendirent d'abord qu'un murmure confus, au milieu duquel l'oreille ne pouvait saisir des [14] mots articulés; puis le plus âgé des juges en robes noires, celui qui paraissait remplir les fonctions de président, se leva, et frappa trois fois de la main sur un in-folio ouvert devant lui. Aussitôt il se fit un profond silence. Quelques jeunes gens de bonne mine, habillés richement, et les mains liées derrière le dos, entrèrent dans la salle par une porte opposée à celle que venait d'ouvrir Charles XI. Ils marchaient la tête haute et le regard assuré. Derrière eux, un homme robuste, revêtu d'un justaucorps de cuir brun, tenait le bout des cordes qui leur liaient les mains. Celui qui marchait le premier, et qui semblait être le plus important des prisonniers, s'arrêta au milieu de la salle, devant le billot, qu'il regarda avec un dédain superbe. En même temps, le cadavre parut trembler d'un mouvement convulsif, et un sang frais et vermeil coula de sa blessure. Le jeune homme s'agenouilla, tendit la tête; la hache brilla dans l'air, et retomba aussitôt avec bruit. Un ruisseau de sang jaillit sur l'estrade [15], et se confondit avec celui du cadavre; et la tête, bondissant plusieurs fois sur le pavé rougi, roula jusqu'aux pieds de Charles, qu'elle teignit de sang.

Jusqu'à ce moment la surprise l'avait rendu muet; mais à ce spectacle horrible, « sa langue se délia »; il fit quelques pas vers l'estrade, et, s'adressant à cette figure revêtue du manteau d'Administrateur, il prononça hardiment la formule bien connue : « *Si tu es de Dieu, parle; si tu es de l'Autre, laisse-nous en paix.* »

Le fantôme lui répondit lentement et d'un ton

solennel : « CHARLES ROI ! ce sang ne coulera pas sous ton règne... (ici la voix devint moins distincte) mais cinq règnes après. Malheur, malheur, malheur au sang de Wasa ! »

Alors les formes des nombreux personnages de cette étonnante assemblée commencèrent à devenir moins nettes et ne semblaient déjà plus que des ombres colorées, bientôt elles disparurent tout à fait; les flambeaux fantastiques s'éteignirent, et ceux de Charles et de sa suite n'éclairèrent plus que les vieilles tapisseries, légèrement agitées par le vent. On entendit encore, pendant quelque temps, un bruit assez mélodieux, qu'un des témoins [16] compara au murmure du vent dans les feuilles, et un autre, au son que rendent des cordes de harpe en cassant au moment où l'on accorde l'instrument. Tous furent d'accord sur la durée de l'apparition, qu'ils jugèrent avoir été d'environ dix minutes.

Les draperies noires, la tête coupée, les flots de sang qui teignaient le plancher, tout avait disparu avec les fantômes; seulement la pantoufle de Charles conserva une tache rouge, qui seule aurait suffi pour lui rappeler les scènes de cette nuit, si elles n'avaient pas été trop bien gravées dans sa mémoire.

Rentré dans son cabinet, le roi fit écrire la relation de ce qu'il avait vu, la fit signer par ses compagnons, et la signa lui-même. Quelques précautions que l'on prît pour cacher le contenu de cette pièce au public, elle ne laissa pas d'être bientôt connue, même du vivant de Charles XI; elle existe encore, et, jusqu'à présent, personne ne s'est avisé d'élever des doutes sur son authenticité. La fin en est remarquable : « Et si ce que je viens de relater, dit le roi, n'est pas l'exacte vérité, je renonce à tout espoir d'une meilleure vie, laquelle je puis avoir méritée pour quelques bonnes actions, et surtout pour mon zèle [17] à travailler au bonheur de mon peuple, et à défendre la religion de mes ancêtres* [18]. »

Maintenant, si l'on se rappelle la mort de Gustave III*, et le jugement d'Ankarstroem*, son assassin, on trouvera plus d'un rapport entre cet événement et les circonstances de cette singulière prophétie.

Le jeune homme décapité en présence des états aurait désigné Ankarstroem.

Le cadavre couronné serait Gustave III.

L'enfant, son fils et son successeur, Gustave-Adolphe IV.

Le vieillard, enfin, serait le duc de Sudermanie*, oncle de Gustave IV, qui fut régent du royaume, puis enfin roi après la déposition de son neveu.

L'ENLÈVEMENT DE LA REDOUTE

NOTICE

RÉDIGÉE par Guizot, Broglie, Rémusat et leurs amis, la *Revue française* professait les opinions du *Globe*, pour ainsi dire devenu brochure. Tout naturellement Mérimée, de qui le talent de conteur venait de s'affirmer avec *Mateo Falcone*, devait y publier *l'Enlèvement de la redoute*, épisode de la bataille de la Moskova (7 septembre 1812), en septembre 1829 (nº XI, pp. 100-116).

La nouvelle était précédée d'un avertissement où il était écrit : « [...] Nous nous sommes empressés cependant d'accueillir quelques essais originaux dont l'à-propos et le mérite ne pouvaient manquer d'exciter l'intérêt de nos lecteurs [...] Nous ne prendrons pas ce moment pour répéter ce que nous avons déjà dit du talent de Mérimée, de sa vérité, de sa verve; mais, si quelqu'un pouvait douter qu'à lui surtout il appartient de retracer en scènes, en dialogues, en drame les événements et les mœurs de notre époque, qu'il lise *l'Enlèvement de la redoute*, et qu'il dise si ce ne sont pas les meilleurs matériaux que l'histoire ait un jour à consulter. »

L'attaque de la petite redoute de Schwardino (que Mérimée nomme Cheverino) eut lieu le 5 septembre 1812. L'affaire a été racontée par le comte Philippe de Ségur dans son *Histoire de Napoléon et de la Grande-Armée pendant l'année 1812* (1824) :

« ... On découvrit la première redoute russe : trop détachée en avant de la gauche de leur position, elle la défendait, sans en être défendue. Les accidents du sol avaient obligé de l'isoler ainsi.

« Compans profita habilement des ondulations du terrain; ses élévations servirent de plate-forme à ses canons pour battre la redoute et d'abri à son infanterie pour la disposer en colonne d'attaque. Le 61e marcha le premier, la redoute fut enlevée d'un seul élan à la baïonnette; mais Bagration envoya des renforts qui la reprirent. Trois fois le 61e l'arracha aux Russes, et trois fois il en fut rechassé; mais enfin il s'y maintint, tout sanglant, et à moitié détruit. Le lendemain, quand l'empereur passa ce régiment en revue, il demanda où était son troisième bataillon : « Il est dans la redoute », repartit le colonel. » (Livre VII, chap. v.)

Il est difficile de préciser les sources auxquelles Mérimée a puisé. Sans doute il avait lu les lignes précédentes, mais peut-être a-t-il aussi entendu raconter cette affaire, par son ami Stendhal qui avait fait tout au long l'expédition et la retraite de Russie. Quoi qu'il en soit il anime, fait vivre, dans une œuvre sobre et condensée, un épisode historique. Il ne faut pas trop se demander si la précision des faits est suffisamment observée, car, si le récit est exact sur bien des points, il était exagéré d'écrire qu'il y a là : « les meilleurs matériaux que l'histoire ait un jour à consulter. »

Quand Lucien Pinvert (*Revue des études historiques,* mai-juin 1914) a étudié la part de vérité qu'on trouve dans ce récit, il ignorait les notes de campagne que M. Ternaux-Compans, petit-fils du général Compans, a publiées chez Plon, en 1912. Ces notes qui n'ont d'autre souci que l'exactitude des faits détruisent bien des légendes, en particulier celles de Ségur. Elles ont servi au médecin-colonel Ferron, qui dans *le Carnet de la Sabretache* (n° 421, décembre 1960, pp. 425-443) a repris la question avec un article très documenté : « A propos d'une nouvelle de Mérimée (L'Enlèvement de la redoute. Deux épisodes de la bataille de la Moskowa).»

Pour lui, *l'Enlèvement de la redoute,* œuvre d'imagination et travail de joaillier, est une « mosaïque, à riche fond, à lignes nettes, précises, à couleurs brillantes, adroitement contrastées, faite par une main habile de dessinateur, guidée par l'œil d'un peintre expert ».

Ce récit devint bientôt presque aussi célèbre que *Mateo*

Falcone. *Le Globe* (T. VII, p. 656) signale, le 17 octobre 1829, « *le Récit de la prise d'une redoute* écrit de cette touche ferme, nette et précise qui relève si heureusement les effets pittoresques dans les nouvelles de M. Mérimée. » Le 21 juin 1830, Mme Guizot, écrivant à son mari, se souvient de cette nouvelle qui « avait si bien fait » dans la *Revue française* et Sainte-Beuve parlera de la « sublime *Prise d'une redoute* [qui] n'est que le côté lugubre de la gloire militaire ».

M. P.

L'ENLÈVEMENT DE LA REDOUTE

UN militaire de mes amis, qui est mort de la fièvre en Grèce il y a quelques années, me conta un jour la première affaire à laquelle il avait assisté. Son récit me frappa tellement, que je l'écrivis de mémoire aussitôt que j'en eus le loisir. Le voici :

« Je rejoignis le régiment le 4 septembre au soir*. Je trouvai le colonel au bivac [1]. Il me reçut d'abord assez brusquement; mais après avoir lu la lettre de recommandation du général B***, il changea de manières, et m'adressa quelques paroles obligeantes.

« Je fus présenté par lui à mon capitaine, qui revenait à l'instant même d'une reconnaissance. Ce capitaine, que je n'eus guère le temps de connaître, était un grand homme brun, d'une physionomie dure et repoussante. Il avait été simple soldat, et avait gagné ses épaulettes et sa croix sur les champs de bataille. Sa voix, qui était enrouée et faible, contrastait singulièrement avec sa stature presque gigantesque [2]. On me dit qu'il devait cette voix étrange à une balle qui l'avait percé de part en part à la bataille d'Iéna*.

« En apprenant que je sortais de l'école de Fontainebleau*, il fit la grimace et dit : « Mon lieutenant est mort hier...* » Je compris qu'il voulait dire : « C'est vous qui « devez le remplacer, et vous n'en êtes pas capable. » Un mot piquant me vint sur les lèvres, mais je me contins.

« La lune se leva* derrière la redoute de Cheverino*, située à deux portées de canon de notre bivac [3]. Elle était large et rouge comme cela est ordinaire à son lever. Mais ce soir elle me parut d'une grandeur extraordinaire. Pendant un instant la redoute se détacha en noir sur le disque éclatant de la lune. Elle ressemblait au cône d'un volcan au moment de l'éruption.

« Un vieux soldat, auprès duquel je me trouvais, remarqua la couleur de la lune. « Elle est bien rouge, » dit-il; « c'est signe qu'il en coûtera bon pour l'avoir, « cette fameuse redoute ! » J'ai toujours été superstitieux, et cet augure, dans ce moment surtout, m'affecta. Je me couchai, mais je ne pus dormir. Je me levai, et je marchai quelque temps, regardant l'immense ligne de feux qui couvrait les hauteurs au-delà du village de Cheverino.

« Lorsque je crus que l'air frais et piquant de la nuit avait assez rafraîchi mon sang, je revins auprès du feu; je m'enveloppai soigneusement dans mon manteau, et je fermai les yeux, espérant ne pas les ouvrir avant le jour. Mais le sommeil me tint rigueur. Insensiblement mes pensées prenaient une teinte lugubre. Je me disais que je n'avais pas un ami parmi les cent mille hommes qui couvraient cette plaine. Si j'étais blessé, je serais dans un hôpital, traité sans égards par des chirurgiens ignorants. Ce que j'avais entendu dire des opérations chirurgicales me revint à la mémoire. Mon cœur battait avec violence, et machinalement je disposais comme une espèce de cuirasse le mouchoir, et le portefeuille que j'avais sur la poitrine. La fatigue m'accablait, je m'assoupissais à chaque instant, et à chaque instant quelque pensée sinistre se reproduisait avec plus de force et me réveillait en sursaut.

« Cependant la fatigue l'avait emporté, et quand on battit la diane j'étais tout à fait endormi. Nous nous mîmes en bataille, on fit l'appel, puis on remit les armes en faisceaux, et tout annonçait que nous allions passer une journée tranquille.

« Vers trois heures* un aide de camp arriva, apportant un ordre. On nous fit reprendre les armes; nos tirailleurs se répandirent dans la plaine; nous les suivîmes lentement, et au bout de vingt minutes nous vîmes tous les avant-postes des Russes se replier et rentrer dans la redoute.

« Une batterie d'artillerie[4] vint s'établir à notre droite, une autre [5] à notre gauche, mais toutes les deux [6] bien en avant de nous*. Elles commencèrent [7] un feu très vif sur l'ennemi, qui riposta énergiquement, et bientôt la redoute de Cheverino disparut, sous des nuages épais de fumée.

« Notre régiment était presque à couvert du feu des Russes par un pli de terrain. Leurs boulets, rares d'ailleurs pour nous (car ils tiraient de préférence sur nos canonniers), passaient au-dessus de nos têtes, ou tout au plus nous envoyaient de la terre et de petites pierres.

« Aussitôt que l'ordre de marcher en avant nous eut été donné, mon capitaine me regarda avec une attention qui m'obligea à passer deux ou trois fois la main sur ma jeune moustache d'un air aussi dégagé qu'il me fut possible. Au reste, je n'avais pas peur, et la seule crainte que j'éprouvasse, c'était que l'on ne s'imaginât que j'avais peur. Ces boulets inoffensifs contribuèrent encore à me maintenir dans mon calme héroïque. Mon amour-propre me disait que je courais un danger réel [8], puisque enfin j'étais sous le feu d'une batterie. J'étais enchanté d'être si à mon aise, et je songeai [9] au plaisir de raconter la prise de la redoute de Cheverino, dans le salon de madame de B*** [10], rue de Provence*.

« Le colonel passa devant notre compagnie; il m'adressa la parole : « Eh bien! vous allez en voir de grises « pour votre début. »

« Je souris d'un air tout à fait martial en brossant la manche de mon habit, sur laquelle un boulet, tombé à trente pas de moi, avait envoyé un peu de poussière.

« Il paraît que les Russes s'aperçurent du mauvais succès de leurs boulets, car ils les remplacèrent par des obus qui pouvaient plus facilement nous atteindre dans le creux où nous étions postés. Un assez gros éclat m'enleva mon shako et tua un homme auprès de moi.

« Je vous fais mon compliment, » me dit le capitaine, comme je venais de ramasser mon shako, « vous en « voilà quitte pour la journée. » Je connaissais cette superstition militaire qui croit que l'axiome *non bis in* *idem* trouve son application aussi bien [11] sur un champ de bataille que dans une cour de justice. Je remis fièrement mon shako. « C'est faire saluer les gens sans « cérémonie, » dis-je aussi gaiement que je pus. Cette mauvaise plaisanterie, vu la circonstance, parut excellente. « Je vous félicite, » reprit le capitaine, « vous n'au- « rez rien de plus, et vous commanderez une compagnie « ce soir; car je sens bien que le four chauffe pour moi. « Toutes les fois que j'ai été blessé, l'officier auprès de « moi a reçu quelque balle morte, et, » ajouta-t-il d'un ton plus bas et presque honteux [12], « leurs noms com- « mençaient toujours par un P*. »

« Je fis l'esprit fort; bien des gens auraient fait comme moi; bien des gens auraient été aussi bien que moi frappés de ces paroles prophétiques. Conscrit comme je l'étais, je sentais que je ne pouvais confier mes sentiments à personne, et que je devais toujours paraître froidement intrépide.

« Au bout d'une demi-heure, le feu des Russes diminua sensiblement; alors nous sortîmes de notre couvert* pour marcher sur la redoute.

« Notre régiment était composé de trois bataillons*. Le deuxième fut chargé de tourner la redoute du côté de la gorge; les deux autres devaient donner l'assaut. J'étais dans le troisième bataillon.

« En sortant de derrière l'espèce d'épaulement qui nous avait protégés, nous fûmes reçus par plusieurs décharges de mousqueterie qui ne firent que peu de mal dans nos rangs. Le sifflement des balles me surprit : souvent je tournais la tête, et je m'attirai ainsi quelques plaisanteries de la part de mes camarades plus familiarisés avec ce bruit. « A tout prendre, » me dis-je, « une « bataille n'est pas une chose si terrible. »

« Nous avancions au pas de course, précédés de tirailleurs : tout à coup les Russes poussèrent trois hourras*, trois hourras distincts, puis demeurèrent silencieux [13] et sans tirer. « Je n'aime pas ce silence, » dit mon capitaine; « cela ne nous présage rien de bon. » Je trouvai que nos gens étaient un peu trop bruyants, et je ne pus m'empêcher de faire intérieurement la comparaison de leurs clameurs tumultueuses avec le silence imposant de l'ennemi.

« Nous parvînmes rapidement au pied de la redoute, les palissades avaient été brisées et la terre bouleversée par nos boulets. Les soldats s'élancèrent sur ces ruines nouvelles avec des cris de *Vive l'empereur !* plus forts qu'on ne l'aurait attendu de gens qui avaient déjà tant crié.

« Je levai les yeux, et jamais je n'oublierai le spectacle que je vis. La plus grande partie de la fumée s'était élevée et restait suspendue comme un dais à vingt pieds au-dessus de la redoute. Au travers d'une vapeur bleuâtre on apercevait derrière leur parapet à demi-détruit les grenadiers russes, l'arme haute, immobiles comme des statues. Je crois voir encore chaque soldat, l'œil gauche attaché sur nous, le droit caché par son fusil élevé [14]. Dans une embrasure, à quelques pieds de nous, un homme tenant une lance à feu [15] était auprès d'un canon*.

« Je frissonnai, et je crus que ma dernière heure était venue. « Voilà la danse qui va commencer, s'écria mon capitaine. Bonsoir. » Ce furent les dernières paroles que je l'entendis prononcer.

« Un roulement de tambours retentit dans la redoute. Je vis se baisser tous les fusils. Je fermai les yeux, et j'entendis un fracas épouvantable, suivi de cris et de gémissements. J'ouvris les yeux, surpris de me trouver encore au monde. La redoute était de nouveau enveloppée de fumée. J'étais entouré de blessés et de morts. Mon capitaine était étendu à mes pieds : sa tête avait été broyée par un boulet, et j'étais couvert de sa cervelle et de son sang. De toute ma compagnie il ne restait debout que six hommes et moi*.

« A ce carnage succéda un moment de stupeur. Le colonel, mettant son chapeau* au bout de son épée, gravit le premier le parapet en criant : *Vive l'empereur !* il fut suivi aussitôt de tous les survivants. Je n'ai presque plus de souvenir net de ce qui suivit. Nous entrâmes dans la redoute, je ne sais comment. On se battit corps à corps au milieu d'une fumée si épaisse que l'on ne pouvait se voir. Je crois que je frappai, car mon sabre* se trouva tout sanglant. Enfin j'entendis crier victoire ! et la fumée diminuant, j'aperçus du sang et des morts sous lesquels disparaissait la terre de la redoute. Les canons surtout étaient enterrés sous des tas [16] de cadavres. Environ deux cents hommes debout, en uniforme français, étaient groupés sans ordre, les uns chargeant leurs fusils, les autres essuyant leurs baïonnettes. Onze prisonniers russes étaient avec eux.

« Le colonel était renversé tout sanglant sur un caisson brisé, près de la gorge. Quelques soldats s'empressaient autour de lui : je m'approchai : « Où est le plus ancien capitaine? » demandait-il à un sergent. — Le sergent haussa les épaules d'une manière très expressive. — « Et le plus ancien lieutenant? — Voici monsieur qui est arrivé d'hier, » dit le sergent d'un ton tout à fait calme. — Le colonel sourit amèrement. — « Allons, monsieur, me dit-il, vous commandez en chef*; faites promptement fortifier la gorge de la redoute avec ces chariots, car l'ennemi est en force; mais le général C*** va vous faire [17] soutenir. » — « Colonel, lui dis-je, vous êtes grièvement blessé? » — « *F...*, mon cher, mais la redoute est prise*.»

TAMANGO

NOTICE

DEPUIS la déclaration du Congrès de Vienne (8 février 1815) contre la traite des noirs, le fructueux commerce des trafiquants de « bois d'ébène » n'avait cependant pas cessé. Des ordonnances successives (août 1823, décembre 1826) restèrent sans effet. Les quotidiens publièrent de nombreux échos sur les infractions contre ces ordonnances, les condamnations, les prises de navire. L'opinion publique s'émut et la question fut discutée avec passion, dans les salons surtout.

En 1822, l'Académie française avait proposé *l'Abolition de la traite des noirs,* comme sujet pour son prix de poésie, qui ne fut d'ailleurs pas décerné. (*Le Moniteur universel,* 27 août 1822, p. 1257.) Les romanciers s'étaient emparés du thème de l'esclavage et du type du nègre romantique, depuis le *Bug-Jargal* de Victor Hugo (1820) jusqu'à *Ourika* de Mme de Duras. En composant sa nouvelle, Mérimée avait donc le sens de l'actualité, tout en faisant œuvre originale.

Quoiqu'il n'ait pas figuré, le 22 février 1825, parmi les jeunes écrivains qui écoutèrent, chez Dubois, la lecture de *l'Insurrection de Saint-Domingue,* il a dû connaître ce drame, demeuré inédit, de Charles de Rémusat, où l'on parlait des « noirs libres sur une terre où tout a été brûlé, ne sachant que faire et se battant contre le génie supérieur de Timur, qui les subjugue. » En outre, chez Étienne Delécluze il, avait certainement eu connaissance de Miss Wright qui avait résolu de consacrer ses talents, sa fortune et sa vie même au soulagement des noirs. C'est là aussi qu'il rencontrait les membres de la *Société de la morale chrétienne* que le pasteur Philippe-Albert Stapfer avait fondée en 1821, avec Guizot, Charles de Rémusat, Monod, Coquerel et le baron Auguste de Staël. Celui-ci avait fait à Nantes, en 1825, une enquête sur le trafic et les coutumes des négriers, dont il rendit compte à la Société en 1826 (*le Globe*, t. III, p. 258).

A tous ces éléments il faut joindre avant tout la brochure de Thomas Clarkson : *le Cri des Africains contre les Européens, leurs oppresseurs, ou Coup d'œil sur le commerce homicide appelé traite des noirs*. Traduit de l'anglais. Londres, 1821. Léon Vignols (*Mercure de France*, 15 décembre 1927, p. 542) a bien montré ce que Mérimée doit à cette fameuse brochure. On y trouve une grande planche donnant les coupes du navire négrier le *Brookes*, de Liverpool, construit pour le trafic des noirs et pouvant contenir 450 nègres, mais en ayant souvent contenu jusqu'à 600. Une planche analogue figure aussi dans la brochure *Affaire de la Vigilante, bâtiment négrier de Nantes*, Paris, impr. de Crapelet, 1823. Ce brick de 240 tonneaux avait été capturé le 15 avril 1822, et contenait 347 esclaves.

Dans la brochure de Clarkson, Mérimée avait trouvé le titre du voyage de Mungo-Park, *Travels in the interior Districts of the Africa*, traduit en français par Castéra (1800). Cette relation lui a fourni la légende du *Mama-Jumbo*, le « croquemitaine des nègres ».

A cette source indiscutable il n'est pas impossible, quoique téméraire, d'ajouter le *Précis historique de la traite des noirs*, par Joseph-Elzéar Morenas, ex-employé du Sénégal (mars 1828); la révolte des noirs sur le brigantin *Comte-d'Estaing* que Léon Vignols, puis Maurice Levaillant racontent d'après le *Traité des Assurances* d'Emerigon (1826-1827) et peut-être, suivant A.-J. Roche (*Revue de littérature comparée*, juillet-septembre 1934, p. 550) Daniel Defoe. Il peut avoir lu les romans de Fenimore Cooper qui lui auraient fourni les termes de navigation; mais il est permis de remarquer qu'il avait un cousin, lieutenant de vaisseau et qu'il était justement allé le voir à Cherbourg, vers avril 1828. (*Corr. gén.*, t. I, p. 26.)

Publié dans la *Revue de Paris*, le 4 octobre 1829, *Tamango* fut réimprimé en 1833 dans *Mosaïque*. Une édition tronquée a paru en 1837 dans *la France maritime*. Maurice Levaillant a montré que les modifications qu'elle présente ne peuvent pas être le fait de Mérimée et qu'il n'y a pas lieu d'en tenir compte.

Le succès de cette nouvelle ne fit pas oublier celui de *Mateo Falcone*. La critique fut cependant frappée de la grandeur épique et de la poésie de ce récit que Gustave Planche a parfaitement définie. « C'est un récit, dit-il, qui commence comme une satire, et qui finit comme une épopée homérique ou dantesque. L'auteur, malgré son antipathie bien connue pour les images lyriques, pour les comparaisons solennelles, cède malgré lui à l'irrésistible majesté de son sujet, et se laisse entraîner aux mouvements de la plus tumultueuse poésie ». Et plus tard : « Quoi qu'il fasse, les images se pressent sous sa plume, et malgré sa résistance il parle une langue qu'il ne voudrait pas parler. »

M. P.

TAMANGO

1829

Le capitaine Ledoux était un bon marin. Il avait commencé par être simple matelot, puis il devint aide-timonier. Au combat de Trafalgar*, il eut la main gauche fracassée par un éclat de bois; il fut amputé, et congédié ensuite avec de bons certificats. Le repos ne lui convenait guère, et l'occasion de se rembarquer se présentant, il servit en qualité de second lieutenant à bord d'un corsaire. L'argent qu'il retira de quelques prises lui permit d'acheter des livres et d'étudier la théorie de la navigation, dont il connaissait déjà parfaitement la pratique. Avec le temps, il devint capitaine d'un lougre corsaire de trois canons et de soixante hommes d'équipage, et les caboteurs de Jersey conservent, encore le souvenir de ses exploits. La paix* le désola : il avait amassé pendant la guerre une petite fortune, qu'il espérait augmenter aux dépens des Anglais. Force lui fut d'offrir ses services à de pacifiques négociants; et comme il était connu pour un homme de résolution et d'expérience, on lui confia facilement un navire. Quand la traite des nègres fut défendue*, et que, pour s'y livrer, il fallut non seulement tromper la vigilance des douaniers français, ce qui n'était pas très difficile, mais encore, et c'était le plus hasardeux, échapper aux croiseurs anglais, le capitaine Ledoux devint un homme précieux pour les trafiquants de bois d'ébène [a].

---

a. Nom que se donnent eux-mêmes les gens qui font la traite.

Bien différent de la plupart des marins qui ont langui longtemps comme lui dans les postes [1] subalternes, il n'avait point cette horreur profonde des innovations, et cet esprit de routine qu'ils apportent trop souvent dans les grades supérieurs. Le capitaine Ledoux, au contraire, avait été le premier à recommander à son armateur l'usage des caisses en fer, destinées à contenir et conserver l'eau. A son bord, les menottes et les chaînes, dont les bâtiments négriers ont provision*, étaient fabriquées d'après un système nouveau, et soigneusement vernies pour les préserver de la rouille. Mais ce qui lui fit le plus d'honneur parmi les marchands d'esclaves, ce fut la construction, qu'il dirigea lui-même, d'un brick destiné à la traite, fin voilier, étroit, long comme [2] un bâtiment de guerre, et cependant capable de contenir un très grand nombre de noirs. Il le nomma *l'Espérance*. Il voulut que les entreponts, étroits et rentrés, n'eussent que trois pieds quatre pouces de haut*, prétendant que cette dimension permettait aux esclaves de taille raisonnable d'être commodément assis; et quel besoin ont-ils de se lever? « Arrivés aux colonies, disait Ledoux, ils ne resteront que trop sur leurs pieds! » — Les noirs, le dos appuyé aux bordages du navire, et disposés sur deux lignes parallèles, laissaient entre leurs pieds un espace vide, qui, dans tous les autres négriers, ne sert qu'à la circulation. Ledoux imagina de placer dans cet intervalle d'autres nègres, couchés perpendiculairement aux premiers. De la sorte, son navire contenait une dizaine de nègres de plus qu'un autre du même tonnage [3]. A la rigueur, on aurait pu en placer davantage; mais il faut avoir de l'humanité, et laisser à un nègre au moins cinq pieds en longueur et deux en largeur pour s'ébattre*, pendant une traversée de six semaines et plus; « car enfin, » disait Ledoux à son armateur pour justifier cette mesure libérale, « les nègres, après tout, sont des hommes comme les blancs*. »

L'Espérance partit de Nantes un vendredi*, comme

le remarquèrent depuis des gens superstitieux. Les inspecteurs qui visitèrent scrupuleusement le brick ne découvrirent pas six grandes caisses remplies de chaînes, de menottes, et de ces fers que l'on nomme, je ne sais pourquoi, *barres de justice*. Ils ne furent point étonnés non plus de l'énorme provision d'eau que devait porter *l'Espérance*, qui, d'après ses papiers, n'allait qu'au Sénégal pour y faire le commerce de bois et d'ivoire. La traversée n'est pas longue, il est vrai, mais enfin le trop de précautions ne peut nuire. Si l'on était surpris par un calme, que deviendrait-on sans eau?

L'Espérance partit donc un vendredi, bien gréée et bien équipée de tout. Ledoux aurait voulu peut-être des mâts un peu plus solides; cependant, tant qu'il commanda le bâtiment, il n'eut point à s'en plaindre. Sa traversée fut heureuse et rapide jusqu'à la côte d'Afrique. Il mouilla dans la rivière de Joale* (je crois) dans un moment où les croiseurs anglais ne surveillaient point cette partie de la côte. Des courtiers du pays vinrent aussitôt à bord. Le moment était on ne peut [4] plus favorable; Tamango, guerrier fameux et vendeur d'hommes, venait de conduire à la côte une grande quantité d'esclaves, et il s'en défaisait à bon marché, en homme qui se sent la force et les moyens d'approvisionner promptement la place, aussitôt que les objets de son commerce y deviennent rares.

Le capitaine Ledoux se fit descendre sur le rivage, et fit sa visite à Tamango. Il le trouva dans une case en paille qu'on lui avait élevée à la hâte, accompagné de ses deux femmes et de quelques sous-marchands et conducteurs d'esclaves. Tamango s'était paré pour recevoir le capitaine blanc. Il était vêtu [5] d'un vieil habit d'uniforme bleu, ayant encore les galons de caporal; mais sur chaque épaule pendaient deux épaulettes d'or attachées au même bouton, et ballottant, l'une par-devant, l'autre par-derrière. Comme il n'avait pas de chemise, et que l'habit était un peu court pour un homme de sa taille, on remarquait entre les revers blancs de l'habit et son caleçon de toile de Guinée une bande considérable de peau noire qui ressemblait à une large ceinture. Un grand sabre de cavalerie était suspendu à son côté au moyen d'une corde, et il tenait à la main un beau fusil à deux coups, de fabrique anglaise. Ainsi équipé, le guerrier africain croyait surpasser en élégance le petit-maître le plus accompli de Paris ou de Londres*.

Le capitaine Ledoux le considéra quelque temps en silence, tandis que Tamango, se redressant à la manière d'un grenadier qui passe à la revue devant un général étranger [6], jouissait de l'impression qu'il croyait produire sur le blanc. Ledoux, après l'avoir examiné en connaisseur, se tourna vers son second, et lui dit : « Voilà un gaillard que je vendrais au moins mille écus, rendu sain et sans avaries à la Martinique. »

On s'assit, et un matelot qui savait un peu la langue wolofe servit d'interprète. Les premiers compliments de politesse échangés, un mousse apporta un panier de bouteilles d'eau-de-vie; on but, et le capitaine, pour mettre Tamango en belle humeur, lui fit présent d'une jolie poire à poudre en cuivre, ornée du portrait de Napoléon en relief [7]. Le présent accepté avec la reconnaissance convenable, on sortit de la case, on s'assit à l'ombre en face des bouteilles d'eau-de-vie, et Tamango donna le signal de faire venir les esclaves qu'il avait à vendre.

Ils parurent sur une longue file, le corps courbé par la fatigue et la frayeur, chacun ayant le cou pris dans une fourche longue de plus de six pieds, dont les deux pointes étaient réunies vers la nuque par une barre de bois. Quand il faut se mettre en marche, un des conducteurs prend sur son épaule le manche de la fourche du premier esclave; celui-ci se charge de la fourche de l'homme qui le suit immédiatement; le second porte la fourche du troisième esclave, et ainsi des autres. S'agit-il de faire halte, le chef de file enfonce en terre le bout pointu du manche de sa fourche, et toute la colonne s'arrête. On juge facilement qu'il ne faut pas penser à s'échapper à la course, quand on porte attaché au cou un gros bâton de six pieds de longueur*.

A chaque esclave mâle ou femelle qui passait devant lui, le capitaine haussait les épaules, trouvait les hommes chétifs, les femmes trop vieilles ou trop jeunes, et se plaignait de l'abâtardissement de la race noire. « Tout dégénère, disait-il; autrefois c'était bien différent. Les femmes avaient cinq pieds six pouces de haut, et quatre hommes auraient tourné seuls le cabestan d'une frégate, pour lever la maîtresse ancre. »

Cependant, tout en critiquant, il faisait un premier choix des noirs les plus robustes et les plus beaux. Ceux-là, il pouvait les payer au prix ordinaire; mais pour le reste il demandait une forte diminution. Tamango, de son côté, défendait ses intérêts, vantait sa marchandise, parlait de la rareté des hommes et des périls de la traite. Il conclut en demandant un prix, je ne sais lequel, pour les esclaves que le capitaine blanc voulait charger à son bord.

Aussitôt que l'interprète eut traduit en français la proposition de Tamango, Ledoux manqua tomber à la renverse, de surprise et d'indignation; puis, murmurant quelques jurements affreux, il se leva comme pour rompre tout marché avec un homme aussi déraisonnable. Alors Tamango le retint; il parvint avec peine à le faire rasseoir. Une nouvelle bouteille fut débouchée, et la discussion recommença. Ce fut le tour du noir à trouver folles et extravagantes les propositions du blanc. On cria, on disputa longtemps, on but prodigieusement d'eau-de-vie; mais l'eau-de-vie produisait un effet bien différent sur les deux parties contractantes. Plus le Français buvait, plus il réduisait ses offres; plus l'Africain buvait, plus il cédait de ses prétentions. De la sorte, à la fin du panier, on tomba d'accord. De mauvaises cotonnades, de la poudre, des pierres à feu, trois barriques d'eau-de-vie, cinquante fusils mal raccommodés furent donnés en échange de cent soixante esclaves. Le capitaine, pour ratifier le traité, frappa dans la main du noir plus qu'à moitié ivre, et aussitôt les esclaves furent remis aux matelots français, qui se hâtèrent de leur ôter leurs fourches de bois pour leur donner des carcans et des menottes en fer; ce qui montre bien la supériorité de la civilisation européenne. Restait encore une trentaine d'esclaves : c'étaient des enfants, des vieillards, des femmes infirmes. Le navire était plein.

Tamango, qui ne savait que faire de ce rebut, offrit au capitaine de les lui vendre pour une bouteille d'eau-de-vie la pièce. L'offre était séduisante. Ledoux se souvint qu'à la représentation des *Vêpres Siciliennes** à Nantes, il avait vu bon nombre de gens gros et gras entrer dans un parterre déjà plein, et parvenir cependant à s'y asseoir, en vertu de la compressibilité des corps humains. Il prit les vingt plus sveltes des trente esclaves.

Alors Tamango ne demanda plus qu'un verre d'eau-de-vie pour chacun des dix restants. Ledoux réfléchit que les enfants ne payent et n'occupent que demi-place dans les voitures publiques. Il prit donc trois enfants; mais il déclara qu'il ne voulait plus se charger d'un seul noir. Tamango, voyant qu'il lui restait encore sept esclaves sur les bras, saisit son fusil et coucha en joue une femme qui venait la première : c'était la mère des trois enfants. « Achète, dit-il au blanc, ou je la tue; un petit verre d'eau-de-vie, ou je tire. — Et que diable veux-tu que j'en fasse? » répondit Ledoux. Tamango fit feu, et l'esclave tomba morte à terre [8]. « Allons, à un autre, s'écria Tamango en visant un vieillard tout cassé : un verre d'eau-de-vie, ou bien... » Une de ses femmes lui détourna le bras, et le coup partit au hasard. Elle venait de reconnaître dans le vieillard [9] que son mari allait tuer un *guiriot* [10] ou magicien, qui lui avait prédit qu'elle serait reine.

Tamango, que l'eau-de-vie avait rendu furieux, ne se posséda plus en voyant qu'on s'opposait à ses volontés. Il frappa rudement sa femme de la crosse de son fusil ; puis, se tournant vers Ledoux : « Tiens, dit-il, je te donne cette femme. » Elle était jolie. Ledoux la regarda en souriant, puis il la prit par la main : « Je trouverai bien où la mettre, » dit-il.

L'interprète était un homme humain. Il donna une tabatière de carton à Tamango, et lui demanda les six esclaves restants. Il les délivra de leurs fourches, et leur permit de s'en aller où bon leur semblerait. Aussitôt ils se sauvèrent, qui de çà, qui de là, fort embarrassés de retourner dans leur pays à deux cents lieues de la côte.

Cependant le capitaine dit adieu à Tamango et s'occupa de faire au plus vite embarquer sa cargaison. Il n'était pas prudent de rester longtemps en rivière; les croiseurs pouvaient reparaître, et il voulait appareiller le lendemain. Pour Tamango, il se coucha sur l'herbe, à l'ombre, et dormit pour cuver son eau-de-vie.

Quand il se réveilla, la vaisseau était déjà sous voiles et descendait la rivière. Tamango, la tête encore embarrassée de la débauche de la veille, demanda sa femme Ayché. On lui répondit qu'elle avait eu le malheur de lui déplaire, et qu'il l'avait donnée en présent au capitaine blanc, lequel l'avait emmenée à son bord. A cette nouvelle, Tamango stupéfait se frappa la tête, puis il prit son fusil, et, comme la rivière faisait plusieurs détours avant de se décharger dans la mer, il courut, par le chemin le plus direct, à une petite anse éloignée de l'embouchure d'une demi-lieue. Là il espérait trouver un canot avec lequel il pourrait joindre le brick, dont les sinuosités de la rivière devaient retarder la marche. Il ne se trompait pas : en effet il eut le temps de se jeter dans un canot et de joindre le négrier.

Ledoux fut surpris de le voir, mais encore plus de l'entendre redemander sa femme. « Bien donné ne se reprend plus, » répondit-il; et il lui tourna le dos. Le noir insista, offrant [11] de rendre une partie des objets qu'il avait reçus en échange des esclaves. Le capitaine se mit à rire; dit qu'Ayché était une très bonne femme, et qu'il voulait la garder. Alors le pauvre Tamango versa un torrent de larmes, et poussa des cris de douleur aussi aigus que ceux d'un malheureux qui subit une opération chirurgicale. Tantôt il se roulait sur le pont en appelant sa chère Ayché; tantôt il se frappait la tête contre les planches, comme pour se tuer. Toujours impassible, le capitaine, en lui montrant le rivage, lui faisait signe qu'il était temps pour lui de s'en aller; mais Tamango persistait [12]. Il offrit jusqu'à ses épaulettes d'or, son fusil et son sabre. Tout fut inutile.

Pendant ce débat, le lieutenant de *l'Espérance* dit au capitaine : « Il nous est mort cette nuit trois esclaves; nous avons de la place. Pourquoi ne prendrions-nous pas ce vigoureux coquin, qui vaut mieux à lui seul que les trois morts? » Ledoux fit réflexion que Tamango se vendrait bien mille écus; que ce voyage, qui s'annonçait comme très profitable pour lui, serait probablement son dernier; qu'enfin sa fortune étant faite, et lui renonçant au commerce d'esclaves, peu lui importait de laisser à la côte de Guinée une bonne ou une mauvaise réputation. D'ailleurs le rivage était désert, et le guerrier africain entièrement à sa merci. Il ne s'agissait plus que de lui enlever ses armes, car il eût été dangereux de mettre la main sur lui pendant qu'il les avait encore en sa possession. Ledoux lui demanda donc son fusil, comme pour l'examiner et s'assurer s'il valait bien autant que la belle Ayché. En faisant jouer les ressorts, il eut soin de laisser tomber la poudre de l'amorce. Le lieutenant de son côté maniait le sabre; et, Tamango se trouvant ainsi désarmé, deux vigoureux matelots se jetèrent sur lui, le renversèrent sur le dos, et se mirent en devoir de le garrotter. La résistance du noir fut héroïque. Revenu de sa première surprise, et malgré le désavantage de sa position, il lutta longtemps contre les deux matelots. Grâce à sa force prodigieuse, il parvint à se relever. D'un coup de poing il terrassa l'homme qui le tenait au collet; il laissa un morceau de son habit entre les mains de l'autre matelot, et s'élança comme un furieux sur le lieutenant pour lui arracher son sabre. Celui-ci l'en frappa à la tête, et lui fit une blessure large, mais peu profonde. Tamango tomba une seconde fois. Aussitôt on lui lia fortement les pieds et les mains. Tandis qu'il se défendait, il poussait des cris de rage, et s'agitait comme un sanglier pris dans des toiles; mais lorsqu'il vit que toute résistance était inutile, il ferma les yeux et ne fit plus aucun mouvement [13]. Sa respiration forte et précipitée prouvait seule qu'il était encore vivant.

« Parbleu ! » s'écria le capitaine Ledoux, « les noirs qu'il a vendus vont rire de bon cœur en le voyant esclave à son tour. C'est pour le coup qu'ils verront bien qu'il y a une Providence. » Cependant le pauvre Tamango perdait tout son sang. Le charitable interprète, qui la veille avait sauvé la vie à six esclaves, s'approcha de lui, banda sa blessure et lui adressa quelques paroles de consolation. Ce qu'il put lui dire, je l'ignore. Le noir restait immobile, ainsi qu'un cadavre. Il fallut que deux matelots le portassent comme un paquet dans l'entrepont, à la place qui lui était destinée. Pendant deux jours il ne voulut ni boire ni manger, à peine lui vit-on ouvrir les yeux. Ses compagnons de captivité, autrefois ses prisonniers, le virent paraître au milieu d'eux avec un étonnement stupide. Telle était la crainte qu'il leur inspirait encore, que pas un seul n'osa insulter à la misère de celui qui avait causé la leur.

Favorisé par un bon vent de terre, le vaisseau s'éloignait rapidement de la côte d'Afrique. Déjà sans inquiétude au sujet de la croisière anglaise, le capitaine ne pensait plus qu'aux énormes bénéfices qui l'attendaient dans les colonies vers lesquelles il se dirigeait. Son bois d'ébène se maintenait sans avaries. Point de maladies contagieuses. Douze nègres seulement [14], et des plus faibles, étaient morts de chaleur : c'était bagatelle. Afin que sa cargaison humaine souffrît le moins possible des fatigues de la traversée, il avait l'attention de faire monter tous les jours ses esclaves sur le pont. Tour à tour un tiers de ces malheureux avait une heure pour faire sa provision d'air de toute la journée. Une partie de l'équipage les surveillait armée jusqu'aux dents, de peur de révolte; d'ailleurs on avait soin de ne jamais leur ôter entièrement leurs fers. Quelquefois un matelot qui savait jouer du violon les régalait d'un concert. Il était alors curieux de voir toutes ces figures noires se tourner vers le musicien, perdre par degrés leur expression de désespoir stupide, rire d'un gros rire et battre des mains quand leurs chaînes le leur permettaient. — L'exercice est nécessaire à la santé; aussi l'une des salutaires pratiques du capitaine Ledoux, c'était de faire souvent danser ses esclaves, comme on fait piaffer des chevaux embarqués pour une longue traversée. « Allons, mes enfants, dansez, amusez-vous, » disait le capitaine d'une voix de tonnerre, en faisant claquer un énorme fouet de poste; et aussitôt les pauvres noirs sautaient et dansaient.

Quelque temps la blessure de Tamango le retint sous les écoutilles. Il parut enfin sur le pont; et d'abord, relevant la tête avec fierté au milieu de la foule craintive des esclaves, il jeta un coup d'œil triste, mais calme, sur l'immense étendue d'eau qui environnait le navire, puis il se coucha, ou plutôt se laissa tombei sur les planches du tillac, sans prendre même le soin d'arranger ses fers de manière à ce qu'ils lui fussent moins incommodes. Ledoux, assis au gaillard d'arrière, fumait tranquillement sa pipe. Près de lui, Ayché, sans fers, vêtue d'une robe élégante de cotonnade bleue, les pieds chaussés de jolies pantoufles de maroquin, portant à la main un plateau chargé de liqueurs, se tenait prête à lui verser à boire. Il était évident qu'elle remplissait de hautes fonctions auprès du capitaine. Un noir, qui détestait Tamango, lui fit signe de regarder de ce côté. Tamango tourna la tête, l'aperçut, poussa un cri; et, se levant avec impétuosité, courut vers le gaillard d'arrière avant que les matelots de garde eussent pu s'opposer à une infraction aussi énorme de toute discipline navale : « Ayché ! » cria-t-il d'une voix foudroyante, et Ayché poussa un cri de terreur; « crois-tu que dans le pays des blancs il n'y ait point de MAMA-JUMBO? » Déjà des matelots accouraient le bâton levé; mais Tamango, les bras croisés, et comme insensible, retournait tranquillement à sa place, tandis qu'Ayché, fondant en larmes, semblait pétrifiée par ces mystérieuses paroles.

L'interprète expliqua ce qu'était ce terrible Mama-Jumbo, dont le nom seul produisait tant d'horreur. « C'est le Croquemitaine des nègres, dit-il. Quand un mari a peur que sa femme ne fasse ce que font bien des femmes en France comme en Afrique, il la menace du Mama-Jumbo. Moi, qui vous parle, j'ai vu le Mama-Jumbo, et j'ai compris la ruse; mais les noirs..., comme c'est simple, cela ne comprend rien. — Figurez-vous qu'un soir, pendant que les femmes s'amusaient à danser, à faire un *folgar**, comme ils disent dans leur jargon, voilà que d'un petit bois bien touffu et bien sombre on entend une musique étrange, sans que l'on vît personne pour la faire; tous les musiciens étaient cachés dans le bois. Il y avait des flûtes de roseau, des tambourins de bois, des *balafos,* et des guitares faites avec des moitiés de calebasses*. Tout cela jouait un air à porter le diable en terre. Les femmes n'ont pas plutôt entendu cet air-là, qu'elles se mettent à trembler; elles veulent se sauver, mais les maris les retiennent : elles savaient bien ce qui leur pendait à l'oreille. Tout à coup sort du bois une grande figure blanche, haute comme notre mât de perroquet, avec une tête grosse comme un boisseau, des yeux larges comme des écubiers, et une gueule comme celle du diable, avec du feu dedans. Cela marchait lentement, lentement; et cela n'alla pas plus loin qu'à demi-encablure du bois. Les femmes criaient : « Voilà Mama-Jumbo. » Elles braillaient commes des vendeuses d'huîtres. Alors les maris leur disaient : « Allons, coquines, dites-nous si vous « avez été sages; si vous mentez, Mama-Jumbo est là « pour nous manger toutes crues. » Il y en avait qui étaient assez simples pour avouer, et alors les maris les battaient comme plâtre.

— Et qu'était-ce donc [15] que cette figure blanche, ce Mama-Jumbo? demanda le capitaine.

— Eh bien! c'était un farceur affublé d'un grand drap blanc, portant, au lieu de tête, une citrouille creusée et garnie d'une chandelle allumée au bout d'un grand bâton. Cela n'est pas plus malin, et il ne faut pas de grands frais d'esprit pour attraper les noirs. Avec tout cela, c'est une bonne invention que le Mama-Jumbo, et je voudrais que ma femme y crût.

— Pour la mienne, dit Ledoux, si elle n'a pas peur de Mama-Jumbo, elle a peur de Martin-Bâton; et elle sait de reste comment je l'arrangerais si elle me jouait quelque tour. Nous ne sommes pas endurants dans la famille des Ledoux, et quoique je n'aie qu'un poignet, il manie encore assez bien une garcette. Quant à votre drôle là-bas, qui parle du Mama-Jumbo [16], dites-lui qu'il se tienne bien et qu'il ne fasse pas peur à la petite mère que voici, ou je lui ferai si bien ratisser l'échine, que son cuir, de noir, deviendra rouge comme un rosbif cru. »

A ces mots, le capitaine descendit dans sa chambre, fit venir Ayché et tâcha de la consoler : mais ni les caresses, ni les coups même, car on perd patience à la fin, ne purent rendre traitable la belle négresse; des flots de larmes coulaient de ses yeux. Le capitaine remonta sur le pont, de mauvaise humeur, et querella l'officier de quart sur la manœuvre qu'il commandait dans le moment.

La nuit, lorsque presque tout l'équipage dormait d'un profond sommeil, les hommes de garde entendirent d'abord un chant grave, solennel, lugubre, qui partait de l'entrepont, puis un cri de femme horriblement aigu. Aussitôt après, la grosse voix de Ledoux jurant et menaçant, et le bruit de son terrible fouet, retentirent dans tout le bâtiment. Un instant après tout rentra dans le silence. Le lendemain, Tamango parut sur le pont la figure meurtrie, mais l'air aussi fier, aussi résolu qu'auparavant.

A peine Ayché l'eut-elle aperçu, que, quittant le gaillard d'arrière où elle était assise à côté du capitaine, elle courut avec rapidité vers Tamango, s'agenouilla devant lui, et lui dit avec un accent de désespoir concentré : « Pardonne-moi, Tamango, pardonne-moi! » Tamango la regarda fixement pendant une minute; puis remarquant que l'interprète était éloigné : « Une lime! »

dit-il; et il se coucha sur le tillac en tournant le dos à Ayché. Le capitaine la réprimanda vertement, lui donna même quelques soufflets, et lui défendit de parler à son ex-mari; mais il était loin de soupçonner le sens des courtes paroles qu'ils avaient échangées, et il ne fit aucune question à ce sujet.

Cependant Tamango, renfermé avec les autres esclaves, les exhortait jour et nuit à tenter un effort généreux pour recouvrer leur liberté. Il leur parlait du petit nombre des blancs, et leur faisait remarquer la négligence toujours croissante de leurs gardiens; puis, sans s'expliquer nettement, il disait qu'il saurait les ramener dans leur pays, vantait son savoir dans les sciences occultes, dont les noirs sont fort entichés, et menaçait de la vengeance du diable ceux qui se refuseraient [17] de l'aider dans son entreprise. Dans ses harangues [18], il ne se servait que du dialecte des Peules*, qu'entendaient la plupart des esclaves, mais que l'interprète ne comprenait pas. La réputation de l'orateur, l'habitude qu'avaient les esclaves de le craindre et de lui obéir, vinrent merveilleusement au secours de son éloquence, et les noirs le pressèrent de fixer un jour pour leur délivrance, bien avant que lui-même se crût en état de l'effectuer. Il répondait vaguement aux conjurés que le temps n'était pas venu, et que le diable, qui lui apparaissait en songe, ne l'avait pas encore averti, mais qu'ils eussent à se tenir prêts au premier signal. Cependant il ne négligeait aucune occasion de faire des expériences sur la vigilance de ses gardiens. Une fois, un matelot, laissant son fusil appuyé contre les plats-bords, s'amusait à regarder une troupe de poissons volants qui suivaient le vaisseau; Tamango prit le fusil et se mit à le manier, imitant avec des gestes grotesques les mouvements qu'il avait vu faire à des matelots qui faisaient l'exercice. On lui retira le fusil au bout d'un instant [19]; mais il avait appris qu'il pourrait toucher une arme sans éveiller immédiatement le soupçon; et quand le temps viendrait de s'en servir, bien hardi celui qui voudrait la lui arracher des mains.

Un jour, Ayché lui jeta un biscuit en lui faisant un signe que lui seul comprit. Le biscuit contenait une petite lime : c'était de cet instrument que dépendait la réussite du complot. D'abord Tamango se garda bien de montrer la lime à ses compagnons; mais lorsque la nuit fut venue, il se mit à murmurer des paroles inintelligibles qu'il accompagnait de gestes bizarres. Par degrés il s'anima jusqu'à pousser des cris. A entendre les intonations variées de sa voix, on eût dit qu'il était engagé dans une conversation animée avec une personne invisible. Tous les esclaves tremblaient, ne doutant pas que le diable ne fût en ce moment même au milieu [20] d'eux. Tamango mit fin à cette scène en poussant un cri de joie. « Camarades, s'écria-t-il, l'esprit que j'ai conjuré vient enfin de m'accorder ce qu'il m'avait promis, et je tiens dans mes mains l'instrument de notre délivrance. Maintenant il ne vous faut plus qu'un peu de courage pour vous faire libres. » Il fit toucher la lime à ses voisins, et la fourbe, toute grossière qu'elle était, trouva créance auprès d'hommes encore plus grossiers.

Après une longue attente vint le grand jour de vengeance et de liberté. Les conjurés, liés entre eux par un serment solennel, avaient arrêté leur plan après une mûre délibération. Les plus déterminés, ayant Tamango à leur tête, lorsqu'ils monteraient à leur tour sur le pont, devaient s'emparer des armes de leurs gardiens; quelques autres iraient à la chambre du capitaine pour y prendre les fusils qui s'y trouvaient. Ceux qui seraient parvenus à limer leurs fers devaient commencer l'attaque; mais, malgré le travail opiniâtre de plusieurs nuits, le plus grand nombre des esclaves était encore incapable de prendre une part énergique à l'action. Aussi trois noirs robustes avaient la charge de tuer l'homme qui portait dans sa poche la clef des fers [21], et d'aller aussitôt délivrer leurs compagnons enchaînés.

Ce jour-là, le capitaine Ledoux était d'une humeur charmante; contre sa coutume, il fit grâce à un mousse qui avait mérité le fouet. Il complimenta l'officier de quart sur sa manœuvre, déclara à l'équipage qu'il était content, et lui annonça qu'à la Martinique, où ils arriveraient dans peu, chaque homme recevrait une gratification. Tous les matelots, entretenant de si agréables idées, faisaient déjà dans leur tête l'emploi de cette gratification. Ils pensaient à l'eau-de-vie et aux femmes de couleur de la Martinique, lorsqu'on fit monter sur le pont Tamango et les autres conjurés.

Ils avaient eu soin de limer leurs fers de manière à ce qu'ils ne parussent pas être coupés, et que le moindre effort suffît cependant pour le rompre. D'ailleurs ils les faisaient si bien résonner, qu'à les entendre on eût dit qu'ils en portaient un double poids. Après avoir humé l'air quelque temps, ils se prirent tous par la main et se mirent à danser pendant que Tamango entonnait le chant guerrier de sa famille [a], qu'il chantait autrefois avant d'aller au combat. Quand la danse eut duré quelque temps, Tamango, comme épuisé de fatigue, se coucha tout de son long aux pieds d'un matelot qui s'appuyait nonchalamment contre les plats-bords du navire; tous les conjurés en firent autant. De la sorte, chaque matelot était entouré de plusieurs noirs.

Tout à coup Tamango, qui venait doucement de rompre ses fers, pousse un grand cri, qui devait servir de signal, tire violemment par les jambes le matelot qui se trouvait près de lui, le culbute, et, lui mettant le pied sur le ventre, lui arrache son fusil, et s'en sert pour tuer l'officier de quart. En même temps, chaque matelot de garde est assailli, désarmé et aussitôt égorgé. De toutes parts un cri de guerre s'élève. Le contremaître, qui avait la clef des fers, succombe un des premiers. Alors une foule de noirs inondent [22] le tillac. Ceux qui ne peuvent trouver d'armes saisissent les barres du cabestan ou les rames de la chaloupe. Dès ce moment, l'équipage européen fut perdu. Cependant quelques matelots firent tête sur le gaillard d'arrière; mais ils manquaient d'armes et de résolution. Ledoux était encore vivant et

a. Chaque capitaine nègre a le sien.

n'avait rien perdu de son courage. S'apercevant que Tamango était l'âme de la conjuration, il espéra que s'il pouvait le tuer il aurait bon marché de ses complices. Il s'élança donc à sa rencontre le sabre à la main en l'appelant à grands cris. Aussitôt Tamango se précipita sur lui. Il tenait un fusil par le bout du canon et s'en servait comme d'une massue. Les deux chefs se joignirent sur un des passavants, ce passage étroit qui communique du gaillard d'avant à l'arrière. Tamango frappa le premier. Par un léger mouvement de corps, le blanc évita le coup. La crosse, tombant avec force sur les planches, se brisa, et le contrecoup fut si violent que le fusil échappa des mains de Tamango. Il était sans défense, et Ledoux, avec un sourire de joie diabolique, levait le bras et allait le percer; mais Tamango était aussi agile que les panthères de son pays. Il s'élança dans les bras de son adversaire, et lui saisit la main dont il tenait son sabre. L'un s'efforce de retenir son arme, l'autre de l'arracher. Dans cette lutte furieuse, ils tombent tous les deux; mais l'Africain avait le dessous. Alors, sans se décourager, Tamango, étreignant son adversaire de toute sa force, le mordit à la gorge avec tant de violence que le sang jaillit comme sous la dent d'un lion. Le sabre échappa de la main défaillante du capitaine. Tamango s'en saisit; puis, se relevant, la bouche sanglante, et poussant un cri de triomphe, il perça de coups redoublés son ennemi déjà demi-mort.

La victoire n'était plus douteuse. Le peu de matelots qui restaient essayèrent d'implorer la pitié des révoltés; mais tous, jusqu'à l'interprète, qui ne leur avait jamais fait de mal, furent impitoyablement massacrés. Le lieutenant mourut avec gloire. Il s'était retiré à l'arrière, auprès d'un de ces petits canons qui tournent sur un pivot, et que l'on charge de mitraille. De la main gauche il dirigea la pièce, et de la droite, armé d'un sabre [23], il se défendit si bien qu'il attira autour de lui une foule de noirs. Alors, pressant la détente du canon, il fit au milieu de cette masse serrée une large rue pavée de morts et de mourants. Un instant après il fut mis en pièces.

Lorsque le cadavre du dernier blanc, déchiqueté et coupé par morceaux, eut été jeté à la mer, les noirs, rassasiés de vengeance, levèrent les yeux vers les voiles du navire, qui, toujours enflées par un vent frais, semblaient obéir encore à leurs oppresseurs et mener les vainqueurs, malgré leur triomphe, dans la terre de l'esclavage. « Rien n'est donc fait, pensèrent-ils avec tristesse; et ce grand fétiche des blancs voudra-t-il nous ramener dans notre pays, nous qui avons versé le sang de ses maîtres ? » Quelques-uns dirent que Tamango saurait le faire obéir*. Aussitôt on appelle Tamango à grands cris.

Il ne se pressait pas de se montrer. On le trouva dans la chambre de poupe, debout, une main appuyée sur le sabre sanglant du capitaine; l'autre, il la tendait d'un air distrait à sa femme Ayché, qui la baisait à genoux devant lui. La joie d'avoir vaincu ne diminuait pas une sombre inquiétude qui se trahissait dans toute sa contenance. Moins grossier que les autres, il sentait mieux la difficulté de sa position.

Il parut enfin sur le tillac, affectant un calme qu'il n'éprouvait pas. Pressé par cent voix confuses de diriger la course du vaisseau, il s'approcha du gouvernail à pas lents, comme pour retarder un peu le moment qui allait, pour lui-même et pour les autres, décider de l'étendue de son pouvoir.

Dans tout le vaisseau il n'y avait pas un noir, si stupide qu'il fût, qui n'eût remarqué l'influence qu'une certaine roue et la boîte placée en face exerçaient sur les mouvements du navire; mais dans ce mécanisme il y avait toujours pour eux un grand mystère. Tamango examina la boussole pendant longtemps en remuant les lèvres, comme s'il lisait les caractères qu'il y voyait tracés; puis il portait la main à son front, et prenait l'attitude pensive d'un homme qui fait un calcul de tête. Tous les noirs l'entouraient, la bouche béante, les yeux démesurément ouverts, suivant avec anxiété le moindre de ses gestes. Enfin, avec ce mélange de crainte et de confiance que l'ignorance donne, il imprima un violent mouvement à la roue du gouvernail.

Comme un généreux coursier qui se cabre sous l'éperon d'un cavalier imprudent, le beau brick *l'Espérance* bondit sur la vague à cette manœuvre inouïe. On eût dit qu'indigné il voulait s'engloutir avec son pilote ignorant. Le rapport nécessaire entre la direction des voiles et celle du gouvernail étant brusquement rompu, le vaisseau s'inclina avec tant de violence qu'on eût dit qu'il allait s'abîmer. Ses longues vergues plongèrent dans la mer. Plusieurs hommes furent renversés; quelques-uns tombèrent par-dessus le bord. Bientôt le vaisseau se releva fièrement contre la lame, comme pour lutter encore une fois avec la destruction. Le vent redoubla d'efforts, et tout d'un coup, avec un bruit horrible, tombèrent les deux mâts, cassés à quelques pieds du pont, couvrant le tillac de débris et comme d'un lourd filet de cordages.

Les nègres épouvantés fuyaient sous les écoutilles en poussant des cris de terreur; mais, comme le vent ne trouvait plus de prise, le vaisseau se releva et se laissa doucement ballotter par les flots. Alors les plus hardis des noirs remontèrent sur le tillac et le débarrassèrent des débris qui l'obstruaient. Tamango restait immobile, le coude appuyé sur l'habitacle et se cachant le visage sur son bras replié. Ayché était auprès de lui, mais n'osait lui adresser la parole. Peu à peu les noirs s'approchèrent; un murmure s'éleva, qui bientôt se changea en un orage de reproches et d'injures. « Perfide ! imposteur ! s'écriaient-ils, c'est toi qui as causé tous nos maux, c'est toi qui nous as vendus aux blancs, c'est toi qui nous as contraints de nous révolter contre eux. Tu nous avais vanté ton savoir, tu nous avais promis de nous ramener dans notre pays. Nous t'avons cru, insensés que nous étions ! et voilà que nous avons manqué de périr tous parce que tu as offensé le fétiche des blancs. »

Tamango releva fièrement la tête, et les noirs qui

l'entouraient reculèrent intimidés. Il ramassa deux fusils, fit signe à sa femme de le suivre, traversa la foule, qui s'ouvrit devant lui, et se dirigea vers l'avant du vaisseau. Là il se fit comme un rempart avec des tonneaux vides et des planches; puis il s'assit au milieu de cette espèce de retranchement, d'où sortaient menaçantes les baïonnettes de ses deux fusils. On le laissa tranquille. Parmi les révoltés, les uns pleuraient; d'autres, levant les mains au ciel, invoquaient leurs fétiches et ceux des blancs; ceux-ci, à genoux devant la boussole, dont ils admiraient le mouvement continuel, la suppliaient de les ramener dans leur pays; ceux-là se couchaient sur le tillac dans un morne abattement. Au milieu de ces désespérés, qu'on se représente des femmes et des enfants hurlant d'effroi, et une vingtaine [24] de blessés implorant des secours que personne ne pensait à leur donner.

Tout à coup un nègre paraît sur le tillac : son visage est radieux. Il annonce qu'il vient de découvrir l'endroit où les blancs gardent leur eau-de-vie; sa joie [25] et sa contenance prouvent assez qu'il vient d'en faire l'essai. Cette nouvelle suspend un instant les cris de ces malheureux. Ils courent à la cambuse et se gorgent de liqueur. Une heure après on les eût vus sauter et rire sur le pont, se livrant à toutes les extravagances de l'ivresse la plus brutale. Leurs danses et leurs chants étaient accompagnés des gémissements et des sanglots des blessés. Ainsi se passa le reste du jour et toute la nuit.

Le matin, au réveil, nouveau désespoir. Pendant la nuit, un grand nombre de blessés étaient morts. Le vaisseau flottait entouré de cadavres. La mer était grosse et le ciel brumeux. On tint conseil. Quelques apprentis dans l'art magique, qui n'avaient point osé parler de leur savoir-faire devant Tamango, offrirent tour à tour leurs services. On essaya plusieurs conjurations puissantes. A chaque tentative inutile, le découragement augmentait. Enfin on reparla de Tamango, qui n'était pas encore sorti de son retranchement. Après tout, c'était le plus savant d'entre eux, et lui seul pouvait les tirer de la situation horrible où il les avait placés. Un vieillard s'approcha de lui, porteur de propositions de paix. Il le pria de venir donner son avis; mais Tamango, inflexible comme Coriolan*, fut sourd à ses prières. La nuit, au milieu du désordre, il avait fait sa provision de biscuit et de chair salée. Il paraissait déterminé à vivre seul dans sa retraite.

L'eau-de-vie restait. Au moins elle fait oublier et la mer, et l'esclavage, et la mort prochaine. On dort, on rêve de l'Afrique, on voit des forêts de gommiers, des cases couvertes en paille, des baobabs dont l'ombre couvre tout un village. L'orgie de la veille recommença. De la sorte se passèrent plusieurs jours. Crier, pleurer, s'arracher les cheveux, puis s'enivrer et dormir, telle était leur vie. Plusieurs moururent à force de boire; quelques-uns se jetèrent à la mer, ou se poignardèrent.

Un matin Tamango sortit de son fort et s'avança jusqu'auprès du tronçon du grand mât. « Esclaves, dit-il, l'Esprit m'est apparu en songe et m'a révélé les moyens de vous tirer d'ici pour vous ramener dans votre pays. Votre ingratitude mériterait que je vous abandonnasse; mais j'ai pitié de ces femmes et de ces enfants qui crient. Je vous pardonne : écoutez-moi. » Tous les noirs baissèrent la tête avec respect et se serrèrent autour de lui.

« Les blancs, poursuivit Tamango, connaissent seuls les paroles puissantes qui font remuer ces grandes maisons de bois; mais nous pouvons diriger à notre gré ces barques légères qui ressemblent à celles de notre pays. » Il montrait la chaloupe et les autres embarcations du brick. « Remplissons-les de vivres, montons dedans, et ramons dans la direction du vent; mon maître et le vôtre le fera souffler vers notre pays. » On le crut. Jamais projet ne fut plus insensé. Ignorant l'usage de la boussole, et sous un ciel inconnu, il ne pouvait qu'errer à l'aventure. D'après ses idées, il s'imaginait qu'en ramant tout droit devant lui il trouverait à la fin quelque terre habitée par les noirs, car les noirs possèdent la terre, et les blancs vivent sur leurs vaisseaux. C'est ce qu'il avait entendu dire à sa mère.

Tout fut bientôt prêt pour l'embarquement; mais la chaloupe avec un canot seulement se trouva [26] en état de servir [27]. C'était trop peu pour contenir environ quatre-vingts nègres encore vivants. Il fallut abandonner tous les blessés et les malades. La plupart demandèrent qu'on les tuât avant de se séparer d'eux.

Les deux embarcations, mises à flot avec des peines infinies et chargées outre mesure, quittèrent le vaisseau par une mer clapoteuse, qui menaçait à chaque instant de les engloutir. Le canot s'éloigna le premier. Tamango avec Ayché avait pris place dans la chaloupe, qui, beaucoup plus lourde et plus chargée, demeurait considérablement en arrière. On entendait encore les cris plaintifs de quelques malheureux abandonnés à bord du brick, quand une vague assez forte prit la chaloupe en travers et l'emplit d'eau. En moins d'une minute, elle coula. Le canot vit leur désastre, et ses rameurs redoublèrent d'efforts, de peur d'avoir à recueillir quelques naufragés. Presque tous ceux qui montaient la chaloupe furent noyés. Une douzaine seulement put regagner le vaisseau. De ce nombre étaient Tamango et Ayché. Quand le soleil se coucha, ils virent disparaître le canot derrière l'horizon; mais ce qu'il devint, on l'ignore.

Pourquoi fatiguerais-je le lecteur par la description dégoûtante des tortures de la faim? Vingt personnes environ sur un espace étroit, tantôt ballottées par une mer orageuse, tantôt brûlées par un soleil ardent, se disputent tous les jours les faibles restes de leurs provisions. Chaque morceau de biscuit coûte un combat, et le faible meurt, non parce que le fort le tue, mais parce qu'il le laisse mourir. Au bout de quelques jours, il ne resta plus de vivant à bord du brick *l'Espérance* que Tamango et Ayché.

. . . .

Une nuit, la mer était agitée, le vent soufflait avec violence, et l'obscurité était si grande que de la poupe on ne pouvait voir la proue du navire. Ayché était couchée sur un matelas dans la chambre du capitaine, et

Tamango était assis à ses pieds. Tous les deux gardaient le silence depuis longtemps. « Tamango, s'écria enfin Ayché, tout ce que tu souffres tu le souffres à cause de moi... — Je ne souffre pas, » répondit-il brusquement, et il jeta sur le matelas, à côté de sa femme [28], la moitié d'un biscuit qui lui restait. « Garde-le pour toi, dit-elle en repoussant doucement le biscuit; je n'ai plus faim. D'ailleurs, pourquoi manger? Mon heure n'est-elle pas venue? » Tamango se leva sans répondre, monta en chancelant sur le tillac, et s'assit au pied d'un mât rompu. La tête penchée sur sa poitrine, il sifflait l'air de sa famille. Tout à coup un grand cri se fit entendre au-dessus du bruit du vent et de la mer; une lumière parut. Il entendit d'autres cris, et un gros vaisseau noir glissa rapidement auprès du sien, si près que les vergues [29] passèrent au-dessus de sa tête. Il ne vit que deux figures éclairées par une lanterne suspendue à un mât. Ces gens poussèrent encore un cri, et aussitôt leur navire, emporté par le vent, disparut dans l'obscurité. Sans doute les hommes de garde avaient aperçu le vaisseau naufragé; mais le gros temps les empêchait de virer de bord. Un instant après, Tamango vit la flamme d'un canon et entendit le bruit de l'explosion; puis il vit la flamme d'un autre canon, mais il n'entendit aucun bruit; puis il ne vit plus rien. Le lendemain, pas une voile ne paraissait à l'horizon. Tamango se recoucha sur son matelas et ferma les yeux. Sa femme Ayché était morte cette nuit-là.

. . . .

Je ne sais combien de temps après une frégate anglaise, *la Bellone,* aperçut un bâtiment démâté [30] et en apparence abandonné de son équipage. Une chaloupe, l'ayant abordé, y trouva une négresse morte et un nègre si décharné et si maigre qu'il ressemblait à une momie. Il était sans connaissance, mais avait encore un souffle de vie. Le chirurgien s'en empara, lui donna des soins, et quand *la Bellone* aborda à Kingston*, Tamango était en parfaite santé. On lui demanda son histoire. Il dit ce qu'il en savait. Les planteurs de l'île voulaient qu'on le pendît comme un nègre [31] rebelle; mais le gouverneur, qui était un homme humain, s'intéressa à lui, trouvant son cas justifiable, puisque après tout il n'avait fait qu'user du droit de légitime défense; et puis ceux qu'il avait tués n'étaient que des Français. On le traita comme on traite les nègres [32] pris à bord d'un vaisseau négrier que l'on confisque. On lui donna la liberté, c'est-à-dire qu'on le fit travailler pour le gouvernement; mais il avait six sous par jour et la nourriture. C'était un fort bel homme. Le colonel du 75e [33] le vit et le prit pour en faire un cymbalier dans la musique de son régiment. Il apprit un peu d'anglais; mais il ne parlait guère. En revanche, il buvait avec excès du rhum et du tafia. — Il mourut à l'hôpital d'une inflammation de poitrine.

FEDERIGO

NOTICE

PARU dans la *Revue de Paris* le 15 novembre 1829, *Federigo* n'eut pas grand succès et a été généralement négligé par la critique. Mérimée semble avoir été lui-même peu satisfait de ce récit, de moindre valeur en effet que les précédents. Quand il se décida, en 1833, à réunir ses nouvelles dans le recueil de *Mosaïque,* il hésita à y introduire *Federigo* et il écrivit à Hippolyte Fournier, son éditeur : « Je crois décidément qu'il n'y a pas d'inconvénient à mettre *Federigo* qui grossira le volume. D'ailleurs je l'ai signé. » (*Corr. gén.,* t. XVI, p. 66.) La nouvelle devait disparaître dans la réimpression de Charpentier, en 1842 et dans les éditions suivantes. Elle ne reparut qu'après la mort de Mérimée, dans les *Dernières Nouvelles,* en 1873.

En 1868, Champfleury signalera à Mérimée les recherches sur les origines et les variations de la légende du Bonhomme Misère qu'il avait publiées dans la *Revue fantaisiste* (15 juillet 1861), reprises dans une brochure de trente-deux pages chez Poulet-Malassis et de Broise, puis, en 1869, dans son *Histoire de l'imagerie populaire.*

« Le *Bonhomme Misère,* si populaire en France, écrit Champfleury, me parut d'abord un conte italien, traduit, peut-être arrangé par parties. M. Mérimée confirmait mon opinion sur la provenance italienne du *Bonhomme Misère* par un court récit, *Federigo* « populaire dans le royaume de Naples », disait le conteur [...] Chacun sait de quelle remarquable sobriété de conteur la nature a doué Mérimée : mieux que personne il était apte à rendre l'esprit des anciennes légendes; pourtant je préfère la courte histoire du

Bonhomme Misère au récit de *Federigo*. La légende française me semble supérieure au conte d'origine napolitaine, surtout par sa simplicité de composition. »

Mérimée répondit à Champfleury : « Je ne connais pas l'histoire du Bonhomme Misère. Celle de *Federigo* est populaire à Naples et n'est qu'une sorte de traduction. » (*Corr. gén.*, t. XIV, p. 154.)

Il est probable en effet que Mérimée ne connaissait pas la légende du *Bonhomme Misère* et qu'il a adapté dans *Federigo* le récit d'un vieux conteur italien ; mais le fait qu'il ne l'ait plus reproduit dans ses œuvres tend à laisser croire qu'il ne se fit guère d'illusion, par la suite, sur l'originalité de sa nouvelle.

M. P.

FEDERIGO[a]

IL y avait une fois un jeune seigneur nommé Federigo, beau, bien fait, courtois et débonnaire, mais de mœurs fort dissolues, car il aimait avec excès le jeu, le vin et les femmes, surtout le jeu; n'allait jamais à confesse, et ne hantait les églises que pour y chercher des occasions de péché. Or, il advint que Federigo, après avoir ruiné au jeu douze fils de famille (qui se firent ensuite malandrins et périrent sans confession dans un combat acharné avec les condottieri du roi), perdit lui-même, en moins de rien, tout ce qu'il avait gagné, et, de plus, tout son patrimoine, sauf un petit manoir, où il alla cacher sa misère derrière les collines de Cava*.

Trois ans s'étaient écoulés depuis qu'il vivait dans la solitude, chassant le jour et faisant, le soir, sa partie d'hombre* avec le métayer. Un jour qu'il venait de rentrer au logis après une chasse, la plus heureuse qu'il eût encore faite, Jésus-Christ, suivi des saints apôtres, vint frapper à sa porte et lui demanda l'hospitalité. Federigo, qui avait l'âme généreuse, fut charmé de voir arriver des convives en un jour où il avait amplement de quoi les régaler. Il fit donc entrer les pèlerins dans sa case*, leur offrit de la meilleure grâce du monde la table et le couvert, et les pria de l'excuser s'il ne les traitait pas selon leur mérite, se trouvant pris au dépourvu. Notre-Seigneur, qui savait à quoi s'en tenir sur

a. Ce conte est populaire dans le royaume de Naples. On y remarque, ainsi que dans beaucoup d'autres nouvelles originaires de la même contrée, un mélange bizarre de la mythologie grecque avec les croyances du christianisme; il paraît avoir été composé vers la fin du moyen âge [1].

l'opportunité de sa visite, pardonna à Federigo ce petit trait de vanité en faveur de ses dispositions hospitalières.

« Nous nous contenterons de ce que vous avez, lui dit-il, mais faites apprêter votre souper le plus promptement possible, vu qu'il est tard, et que celui-ci a grand-faim », ajouta-t-il en montrant saint Pierre.

Federigo ne se le fit pas répéter, et, voulant offrir à ses hôtes quelque chose de plus que le produit de sa chasse, il ordonna au métayer [2] de faire main basse sur son dernier chevreau, qui fut incontinent mis à la broche.

Lorsque le souper fut prêt et la compagnie à table, Federigo n'avait qu'un regret, c'était que son vin ne fût pas meilleur.

— Sire, dit-il à Jésus-Christ :

Sire, je voudrais bien que mon vin fût meilleur;
Néanmoins, tel qu'il est, je l'offre de grand cœur*.

Sur quoi, Notre-Seigneur ayant goûté le vin :

« De quoi vous plaignez-vous? » dit-il à Federigo; votre vin est parfait; je m'en rapporte à cet homme » (désignant du doigt l'apôtre saint Pierre).

Saint Pierre l'ayant savouré, le déclara excellent *(proprio stupendo*)*, et pria son hôte de boire avec lui.

Federigo, qui prenait tout cela pour de la politesse, fit néanmoins raison à l'apôtre; mais quelle fut sa surprise en trouvant ce vin plus délicieux qu'aucun de ceux qu'il eût jamais goûtés au temps de sa plus grande fortune! Reconnaissant à ce miracle la présence du Sauveur, il se leva aussitôt comme indigne de manger en si sainte compagnie; mais Notre-Seigneur lui ordonna de se rasseoir : ce qu'il fit sans trop de façons. Après le souper, durant lequel ils furent servis par le métayer et sa femme, Jésus-Christ se retira avec les apôtres dans l'appartement qui leur avait été préparé. Pour Federigo, demeuré seul avec le métayer, il fit sa partie d'hombre comme à l'ordinaire, en buvant ce qui restait du vin miraculeux.

Le jour suivant, les saints voyageurs étant réunis

dans la salle basse avec le maître du logis, Jésus-Christ dit à Federigo :

« Nous sommes très contents de l'accueil que tu nous as fait, et voulons t'en récompenser. Demande-nous trois grâces* à ton choix, et elles te seront accordées; car toute puissance nous a été donnée au ciel, sur la terre et dans les enfers. »

Lors Federigo tirant de sa poche le jeu de cartes qu'il portait toujours sur lui :

« Maître, dit-il, faites que je gagne infailliblement toutes les fois que je jouerai avec ces cartes. »

« Ainsi soit-il ! » dit Jésus-Christ *(Ti sia concesso.*)*

Mais saint Pierre, qui était auprès de Federigo, lui disait à voix basse :

« A quoi penses-tu, malheureux pécheur? tu devais demander au maître le salut de ton âme. »

« Je m'en inquiète peu, » répondit Federigo.

« Tu as encore deux grâces à obtenir, » dit Jésus-Christ.

« Maître, » poursuivit l'hôte « puisque vous avez tant de bonté, faites, s'il vous plaît, que quiconque montera dans l'oranger qui ombrage ma porte, n'en puisse descendre sans ma permission.

« Ainsi soit-il ! » dit Jésus-Christ.

A ces mots, l'apôtre saint Pierre, donnant un grand coup de coude à son voisin :

« Malheureux pécheur, lui dit-il, ne crains-tu pas l'enfer réservé à tes méfaits? Demande donc au maître une place dans son saint paradis; il en est temps encore...

« Rien ne presse », repartit Federigo en s'éloignant de l'apôtre; et Notre-Seigneur ayant dit :

« Que souhaites-tu pour troisième grâce? »

« Je souhaite, répondit-il, que quiconque s'assiéra sur cet escabeau, au coin de ma cheminée, ne puisse s'en relever qu'avec mon congé. »

Notre-Seigneur, ayant exaucé ce vœu comme les deux premiers, partit avec ses disciples.

Le dernier apôtre ne fut pas plus tôt hors du logis, que Federigo, voulant éprouver la vertu de ses cartes, appela son métayer, et fit une partie d'hombre avec lui sans regarder son jeu. Il la gagna d'emblée, ainsi qu'une seconde et une troisième. Sûr alors de son fait, il partit pour la ville, et descendit dans la meilleure hôtellerie, dont il loua le plus bel appartement. Le bruit de son arrivée s'étant aussitôt répandu, ses anciens compagnons de débauche vinrent en foule lui rendre visite.

« Nous te croyions perdu pour jamais, » s'écria don Giuseppe; « on assurait que tu t'étais fait ermite. »

« Et l'on avait raison », répondit Federigo.

« A quoi diable as-tu passé ton temps depuis trois ans qu'on ne te voit plus? » demandèrent à la fois tous les autres.

« En prières, mes très chers frères, repartit Federigo d'un ton dévot; et voici mes *Heures,* ajouta-t-il en tirant de sa poche le paquet de cartes qu'il avait précieusement conservé.

Cette réponse excita un rire général, et chacun demeura convaincu que Federigo avait réparé sa fortune en pays étranger aux dépens de joueurs moins habiles que ceux avec lesquels il se retrouvait alors, et qui brûlaient de le ruiner pour la seconde fois. Quelques-uns voulaient, sans plus attendre, l'entraîner à une table de jeu; mais Federigo, les ayant priés de remettre la partie au soir, fit passer la compagnie dans une salle où l'on avait servi, par son ordre, un repas délicat, qui fut parfaitement accueilli.

Ce dîner fut plus gai que le souper des apôtres : il est vrai qu'on n'y but que du malvoisie et du lacryma*; mais les convives, excepté un, ne connaissaient pas de meilleur vin.

Avant l'arrivée de ses hôtes, Federigo s'était muni d'un jeu de cartes parfaitement semblable au premier, afin de pouvoir, au besoin, le substituer à l'autre, et, en perdant une partie sur trois ou quatre, écarter tout soupçon de l'esprit de ses adversaires. Il avait mis l'un à sa droite et l'autre à sa gauche [3].

Lorsqu'on eut dîné, la noble bande étant assise autour d'un tapis vert, Federigo mit d'abord sur table les cartes profanes, et fixa les enjeux à une somme raisonnable pour toute la durée de la séance. Voulant alors se donner l'intérêt du jeu, et connaître la mesure de sa force, il joua de son mieux les deux premières parties, et les perdit l'une et l'autre, non sans un dépit secret. Il fit ensuite apporter du vin, et profita du moment où les gagnants buvaient à leurs succès passés et futurs, pour reprendre d'une main les cartes profanes et les remplacer de l'autre par les bénites.

Quand la troisième partie fut commencée, Federigo, ne donnant plus aucune attention à son jeu, eut le loisir d'observer celui des autres, et le trouva déloyal. Cette découverte lui fit grand plaisir. Il pouvait dès lors vider en conscience les bourses de ses adversaires. Sa ruine avait été l'ouvrage de leur fraude, non de leur bien jouer ou de leur fortune. Il pouvait donc concevoir une meilleure opinion de sa force relative, opinion justifiée par des succès antérieurs. L'estime de soi (car à quoi ne s'accroche-t-elle pas?), la certitude de la vengeance et celle du gain, sont trois sentiments bien doux au cœur de l'homme. Federigo les éprouva tous à la fois; mais songeant à sa fortune passée, il se rappela les douze fils de famille aux dépens desquels il s'était enrichi; et, persuadé que ces jeunes gens étaient les seuls honnêtes joueurs auxquels il eût jamais eu affaire, il se repentit, pour la première fois, des victoires remportées sur eux. Un nuage sombre succéda sur son visage aux rayons de la joie qui perçait [4], et il poussa un profond soupir en gagnant la troisième partie.

Elle fut suivie de plusieurs autres, dont Federigo s'arrangea pour gagner le plus grand nombre, en sorte qu'il recueillit dans cette première soirée de quoi payer son dîner et un mois du loyer de son appartement. C'était tout ce qu'il voulait pour ce jour-là. Ses compagnons désappointés promirent, en le quittant, de revenir le lendemain.

Le lendemain et les jours suivants, Federigo sut gagner et perdre si à propos, qu'il acquit en peu de temps une fortune considérable, sans que personne en soupçonnât la véritable cause. Alors, il quitta son hôtel pour aller habiter un grand palais où il donnait de temps à autre des fêtes magnifiques. Les plus belles femmes se disputaient un de ses regards; les vins les plus exquis couvraient tous les jours sa table, et le palais de Federigo était réputé le centre des plaisirs.

Au bout d'un an de jeu discret, il résolut de rendre sa vengeance complète, en mettant à sec les principaux seigneurs du pays. A cet effet, ayant converti en pierreries la plus grande partie de son or, il les invita huit jours d'avance à une fête extraordinaire pour laquelle il mit en réquisition les meilleurs musiciens, baladins, etc., et qui devait se terminer par un jeu des mieux nourris. Ceux qui manquaient d'argent en extorquèrent aux juifs; les autres apportèrent ce qu'ils avaient, et tout fut raflé. Federigo partit dans la nuit avec son or et ses diamants.

De ce moment, il se fit une règle de ne jouer à coup sûr qu'avec les joueurs de mauvaise foi, se trouvant assez fort pour se tirer d'affaire avec les autres. Il parcourut ainsi toutes les villes de la terre, jouant partout, gagnant toujours, et consommant en chaque lieu ce que le pays produisait de plus excellent.

Cependant, le souvenir de ses douze victimes se présentait sans cesse à son esprit et empoisonnait toutes ses joies. Enfin, il résolut un beau jour de les délivrer ou de se perdre avec elles.

Cette résolution prise, il partit pour les enfers un bâton à la main et un sac sur le dos, sans autre escorte que sa levrette favorite, qui s'appelait Marchesella. Arrivé en Sicile, il gravit le mont Gibel*, et descendit ensuite dans le volcan, autant au-dessous* du pied de la montagne que la montagne elle-même s'élève au-dessus de Piæmonte [5]. De là, pour aller chez Pluton, il faut traverser une cour gardée par Cerbère. Federigo la franchit sans difficulté, pendant que Cerbère faisait fête à sa levrette [6], et vint frapper à la porte de Pluton.

Lorsqu'on l'eut conduit en sa présence :

« Qui es-tu? » lui demanda le roi de l'abîme.

— « Je suis le joueur Federigo. »

— « Que diable viens-tu faire ici? »

— « Pluton, » répondit Federigo, « si tu estimes que le premier joueur de la terre soit digne de faire ta partie d'hombre, voici ce que je te propose : nous jouerons autant de parties que tu voudras; que j'en perde une seule, et mon âme te sera légitimement acquise, avec toutes celles qui peuplent tes états; mais, si je gagne, j'aurai le droit d'en choisir une parmi tes sujettes, pour chaque partie que j'aurai gagnée, et de l'emporter avec moi. »

— « Soit », dit Pluton; et il demanda un paquet de cartes.

— « En voici un », dit aussitôt Federigo en tirant de sa poche le jeu miraculeux, et ils commencèrent à jouer. Federigo gagna une première partie, et demanda à Pluton l'âme de Stefano Pagani, l'un des douze qu'il voulait sauver. Elle lui fut aussitôt livrée; et, l'ayant reçue, il la mit dans son sac. Il gagna de même une seconde partie, puis une troisième, et jusqu'à douze, se faisant livrer chaque fois, et mettant dans son sac une des âmes auxquelles il s'intéressait. Lorsqu'il eut complété la douzaine, il offrit à Pluton de continuer.

— « Volontiers », dit Pluton (qui pourtant s'ennuyait de perdre); « mais sortons un instant; je ne sais quelle odeur fétide vient de se répandre ici. »

Or il cherchait un prétexte pour se débarrasser de Federigo; car à peine celui-ci était-il dehors avec son sac et ses âmes, que Pluton cria de toutes ses forces qu'on fermât la porte sur lui.

Federigo, ayant de nouveau traversé la cour des enfers, sans que Cerbère y prît garde, tant il était charmé de sa levrette, regagna péniblement la cime du mont Gibel. Il appela ensuite Marchesella, qui ne tarda pas à le rejoindre, et redescendit vers Messine, plus joyeux de sa conquête spirituelle qu'il ne l'avait jamais été d'aucun succès mondain. Arrivé à Messine, il s'y embarqua pour retourner en terre ferme et terminer sa carrière dans son antique manoir.

. . . .

(A quelques mois de là, Marchesella mit bas une portée de petits monstres, dont quelques-uns avaient jusqu'à trois têtes*. On les jeta tous à l'eau.)

. . . .

Au bout de trente ans (Federigo en avait alors soixante-dix), la Mort entra chez lui, et l'avertit de mettre sa conscience en règle, parce que son heure était venue.

— « Je suis prêt », dit le moribond; « mais, avant de m'enlever, ô Mort, donne-moi, je te prie, un fruit de l'arbre qui ombrage ma porte. Encore ce petit plaisir, et je mourrai content. »

« — S'il ne te faut que cela », dit la Mort, « je veux bien te satisfaire »; et elle monta dans l'oranger pour cueillir une orange. Mais, lorsqu'elle voulut descendre, elle ne le put pas : Federigo s'y opposait.

« Ah! Federigo, tu m'as trompée », s'écria-t-elle; « je suis maintenant en ta puissance; mais rends-moi la liberté, et je te promets dix ans de vie. »

— « Dix ans! voilà grand chose! » dit Federigo. « Si tu veux descendre, ma mie, il faut être plus libérale. »

— « Je t'en donnerai vingt. »

— « Tu te moques! »

— « Je t'en donnerai trente. »

— « Tu n'es pas tout à fait au tiers. »

— « Tu veux donc vivre un siècle? »

— « Tout autant, ma chère. »

— « Federigo, tu n'es pas raisonnable. »

— « Que veux-tu! j'aime à vivre. »

— « Allons, va pour cent ans, » dit la Mort, — « il faut bien en passer par là, » et elle put aussitôt descendre.

Dès qu'elle fut partie, Federigo se leva dans un état de santé parfaite, et commença une nouvelle vie avec la force d'un jeune homme et l'expérience d'un vieillard. Tout ce que l'on sait de cette nouvelle existence est qu'il continua à satisfaire curieusement toutes ses passions, et particulièrement ses appétits charnels, faisant un peu de bien quand l'occasion s'en présentait, mais sans plus songer à son salut que pendant sa première vie.

Les cent ans révolus, la Mort vint de nouveau frapper à sa porte, et le trouva dans son lit.

— « Es-tu prêt? » lui dit-elle.

— « J'ai envoyé chercher mon confesseur », répondit Federigo; « assieds-toi près du feu jusqu'à ce qu'il vienne. Je n'attends que l'absolution pour m'élancer avec toi dans l'éternité. »

La Mort, qui était bonne personne, alla s'asseoir sur l'escabeau, et attendit une heure entière sans voir arriver le prêtre. Commençant enfin à s'ennuyer, elle dit à son hôte :

— « Vieillard, pour la seconde fois, n'as-tu pas eu le temps de te mettre en règle, depuis un siècle que nous ne nous sommes vus? »

— « J'avais, par ma foi, bien autre chose à faire », dit le vieillard avec un sourire moqueur.

— « Eh bien! » reprit la Mort indignée de son impiété, « tu n'as plus une minute à vivre. »

— « Bah! » dit Federigo, tandis qu'elle cherchait en vain à se lever, « je sais par expérience que tu es trop accommodante pour ne pas m'accorder encore quelques années de répit. »

— « Quelques années, misérable! » (et elle faisait d'inutiles efforts pour sortir de la cheminée.)

— « Oui, sans doute; mais, cette fois-ci, je ne serai point exigeant, et, comme je ne tiens plus à la vieillesse, je me contenterai de quarante ans pour ma troisième course. »

La Mort vit bien qu'elle était retenue sur l'escabeau, comme autrefois sur l'oranger par une puissance surnaturelle; mais, dans sa fureur, elle ne voulait rien accorder.

— « Je sais un moyen de te rendre raisonnable », dit Federigo. Et il fit jeter trois fagots sur le feu. La flamme eut, en un moment, rempli la cheminée [7], en sorte que la Mort était au supplice.

— « Grâce! grâce! » s'écria-t-elle en sentant brûler

ses vieux os; « je te promets quarante ans de santé. »

A ces mots, Federigo dénoua le charme, et la Mort s'enfuit, à demi rôtie.

Au bout du terme, elle revint chercher son homme, qui l'attendait de pied ferme, un sac sur le dos.

— « Pour le coup, ton heure est venue, » lui dit-elle en entrant brusquement; « il n'y a plus à reculer. Mais que veux-tu faire de ce sac? »

— « Il contient les âmes de douze joueurs de mes amis, que j'ai autrefois délivrés de l'enfer. »

— « Qu'ils y rentrent avec toi! » dit la Mort; et, saisissant Federigo par les cheveux, elle s'élança dans les airs, vola vers le Midi, et s'enfonça avec sa proie dans les gouffres du mont Gibel. Arrivée aux portes de l'enfer, elle frappa trois coups.

— « Qui est là? » dit Pluton.

— « Federigo le joueur », répondit la Mort.

— « N'ouvrez pas », s'écria Pluton, qui se rappela aussitôt les douze parties qu'il avait perdues; « ce coquin-là dépeuplerait mon empire. »

Pluton refusant d'ouvrir, la Mort transporta son prisonnier aux portes du purgatoire; mais l'ange de garde lui en interdit l'entrée, ayant reconnu qu'il se trouvait en état de péché mortel. Il fallut donc à toute force, et au grand regret de la Mort, qui en voulait à Federigo, diriger le convoi vers les régions célestes.

— « Qui es-tu? » dit saint Pierre à Federigo, quand la Mort l'eut déposé à l'entrée du paradis.

— « Votre ancien hôte », répondit-il, « celui qui vous régala jadis du produit de sa chasse. »

— « Oses-tu bien te présenter ici dans l'état où je te vois? » s'écria saint Pierre. « Ne sais-tu pas que le ciel est fermé à tes pareils? Quoi! tu n'es pas même digne du purgatoire, et tu veux une place dans le paradis! »

— « Saint Pierre », dit Federigo, est-ce ainsi que je vous reçus quand vous vîntes avec votre divin maître, il y a environ cent quatre-vingts ans, me demander l'hospitalité? »

— « Tout cela est bel et bon », repartit saint Pierre

d'un ton grondeur, quoique attendri; « mais je ne puis prendre sur moi de te laisser entrer. Je vais informer Jésus-Christ de ton arrivée; nous verrons ce qu'il dira. »

Notre-Seigneur, étant averti, vint à la porte du paradis, où il trouva Federigo à genoux sur le seuil, avec ses douze âmes, six de chaque côté. Lors, se laissant toucher de compassion :

— « Passe encore pour toi », dit-il à Federigo; « mais ces douze âmes que l'enfer réclame, je ne saurais en conscience les laisser entrer. »

— « Eh quoi! Seigneur », dit Federigo, « lorsque j'eus l'honneur de vous recevoir dans ma maison, n'étiez-vous pas accompagné de douze voyageurs que j'accueillis, ainsi que vous, du mieux qu'il me fut possible? »

— « Il n'y a pas moyen de résister à cet homme », dit Jésus-Christ : « entrez donc, puisque vous voilà; mais ne vous vantez pas de la grâce que je vous fais; elle serait de mauvais exemple. »

1829.

LA PARTIE DE TRICTRAC

NOTICE

La nouvelle a paru le 13 juin 1830, dans la *Revue de Paris* (t. XV, pp. 158-175), peu de temps avant le départ de Mérimée pour l'Espagne.

On ne lui connaît pas de source écrite et les commentateurs sont réduits aux hypothèses. Il est possible que l'anecdote ait été racontée à Mérimée par son cousin le lieutenant de vaisseau Jean-Auguste Marc qui lui aurait fourni en outre, comme pour *Tamango*, les termes techniques de navigation qu'il ignorait vraisemblablement.

Dans cette étude puissante et nuancée du remords d'un tricheur, Mérimée apporte un document sur la nature humaine et se lance de plus en plus, sous l'influence de son ami Stendhal, dans la voie des analyses psychologiques.

Sans doute l'action est un peu lente à s'engager, mais le suicide du Hollandais, ivre et ruiné, le désespoir et la résignation de Roger qui a triché au jeu, sont des traits excellents; la scène où Roger discute avec sa maîtresse la nécessité de son propre châtiment est d'un art supérieur. « Cette page est haletante, écrira A. Filon. L'auteur n'y a pas laissé entrer un seul mot qui ne porte un nouveau coup à notre sensibilité. La mort de Roger à bord de la frégate attaquée par les Anglais n'est pas moins étonnante par sa forte et magistrale brièveté. »

« Il est probable, a dit Taine, qu'en l'an 2000 on relira *la Partie de trictrac,* pour savoir ce qu'il en coûte de manquer une fois à l'honneur [1]. »

---

1. Introduction aux *Lettres à une Inconnue.*

La Partie de trictrac a été reprise en 1833, dans le volume intitulé *Mosaïque* où elle précède *le Vase étrusque* qui lui est chronologiquement antérieur.

M. P.

LA PARTIE DE TRICTRAC

1830

Les voiles sans mouvement pendaient collées contre les mâts; la mer était unie comme une glace; la chaleur était étouffante, le calme désespérant.

Dans un voyage sur mer, les ressources d'amusement que peuvent offrir les hôtes [1] d'un vaisseau sont bientôt épuisées, On se connaît trop bien, hélas! lorsqu'on a passé quatre mois ensemble dans une maison de bois longue de cent vingt pieds. Quand vous voyez venir le premier lieutenant, vous savez d'abord qu'il vous parlera [2] de Rio-Janeiro, d'où il vient [3]; puis du fameux pont d'Essling*, qu'il a vu faire par les marins de la garde, dont il faisait partie. Au bout de quinze jours, vous connaissez jusqu'aux expressions qu'il affectionne, jusqu'à la ponctuation de ses phrases, aux différentes intonations de sa voix. Quand jamais a-t-il manqué de s'arrêter tristement après avoir prononcé pour la première fois dans son récit ce mot, *l'empereur*...* « Si vous l'aviez vu alors!!! » (trois points d'admiration) ajoute-t-il invariablement. Et l'épisode du cheval du trompette, et le boulet qui ricoche et qui emporte une giberne où il y avait pour sept mille cinq cents francs en or et en bijoux, etc., etc.! — Le second lieutenant est un grand politique; il commente tous les jours le [4] dernier numéro du *Constitutionnel**, qu'il a emporté de Brest; ou, s'il quitte les sublimités de la politique pour descendre à la littérature, il vous régalera de l'analyse du dernier vaudeville qu'il a vu jouer. Grand Dieu!... Le commissaire de marine possédait une histoire bien intéressante. Comme il nous enchanta la première fois qu'il nous raconta son évasion du ponton de Cadix !* mais à la vingtième répétition, ma foi, l'on n'y pouvait plus tenir [5]... — Et les enseignes, et les aspirants !... Le souvenir de leurs conversations me fait dresser les cheveux à la tête. Quant au capitaine, généralement c'est le moins ennuyeux du bord. En sa qualité de commandant despotique, il se trouve en état d'hostilité secrète contre tout l'état-major ; il vexe, il opprime quelquefois, mais il y a un certain plaisir à pester contre lui. S'il a quelque manie fâcheuse pour ses subordonnés, on a le plaisir de voir son supérieur ridicule, et cela console un peu.

A bord du vaisseau sur lequel j'étais embarqué, les officiers étaient les meilleures gens du monde, tous bons diables, s'aimant comme des frères, mais s'ennuyant à qui mieux mieux. Le capitaine était le plus doux des hommes, point tracassier (ce qui est une rareté). C'était toujours à regret qu'il faisait sentir son autorité dictatoriale. Pourtant, que le voyage [6] me parut long ! surtout ce calme qui nous prit quelques jours seulement avant de voir la terre !...

Un jour, après le dîner, que le désœuvrement nous avait fait prolonger aussi longtemps qu'il était humainement possible, nous étions tous rassemblés sur le pont, attendant le spectacle monotone mais toujours majestueux d'un coucher de soleil en mer. Les uns fumaient, d'autres relisaient pour la vingtième fois un des trente volumes de notre triste bibliothèque ; tous bâillaient à pleurer. Un enseigne assis à côté de moi s'amusait, avec toute la gravité digne d'une occupation sérieuse, à laisser tomber, la pointe en bas, sur les planches du tillac, le poignard que les officiers de marine portent ordinairement en petite tenue. C'est un amusement comme un autre, et qui exige de l'adresse pour que la pointe se pique bien perpendiculairement dans le bois. Désirant faire comme l'enseigne, et n'ayant point de poignard à moi, je voulus emprunter celui du capitaine, mais il me refusa. Il tenait singulièrement à cette arme, et même il aurait été fâché de la voir servir à un amusement aussi futile. Autrefois ce poignard avait appartenu à un brave officier mort malheureusement dans la dernière guerre... Je devinai qu'une histoire allait suivre, je ne me trompais pas. Le capitaine commença sans se faire prier; quant aux officiers qui nous entouraient, comme chacun d'eux connaissait par cœur les infortumes du lieutenant Roger, ils firent aussitôt une retraite prudente. Voici à peu près quel fut le récit du capitaine :

« Roger, quand je le connus, était plus âgé que moi de trois ans; il était lieutenant; moi, j'étais enseigne. Je vous assure que c'était un des meilleurs officiers de notre corps; d'ailleurs un cœur excellent, de l'esprit, de l'instruction, des talents, en un mot un jeune homme charmant. Il était malheureusement un peu fier et susceptible; ce qui tenait, je crois, à ce qu'il était enfant naturel, et qu'il craignait que sa naissance ne lui fît perdre de la considération dans le monde; mais, pour dire la vérité, de tous ses défauts le plus grand c'était un désir violent et continuel de primer partout où il se trouvait. Son père, qu'il n'avait jamais vu, lui faisait une pension qui aurait été bien plus que suffisante pour ses besoins, si Roger n'eût pas été [7] la générosité même. Tout ce qu'il avait était à ses amis. Quand il venait de toucher son trimestre, c'était à qui irait le voir avec une figure triste et soucieuse : « Eh bien ! camarade, qu'as-« tu? demandait-il; tu m'as l'air de ne pouvoir pas « faire grand bruit en frappant sur tes poches; allons, « voici ma bourse, prends ce qu'il te faut, et viens-t'en « dîner avec moi. »

« Il vint à Brest une jeune actrice fort jolie, nommée Gabrielle, qui ne tarda pas à faire des conquêtes parmi les marins et les officiers de la garnison. Ce n'était pas une beauté régulière, mais elle avait de la taille, de beaux yeux, le pied petit, l'air passablement effronté : tout cela plaît fort quand on est dans les parages de vingt à vingt-cinq ans. On la disait par-dessus le marché la plus capricieuse créature de son sexe, et sa manière de jouer ne démentait pas cette réputation. Tantôt elle jouait à ravir, on eût dit une comédienne du premier ordre; le lendemain, dans la même pièce, elle était froide, insensible; elle débitait son rôle comme un enfant récite son catéchisme. Ce qui intéressa surtout nos jeunes gens, ce fut l'histoire suivante que l'on racontait d'elle. Il paraît qu'elle avait été entretenue très richement à Paris par un sénateur qui faisait, comme l'on dit, des folies pour elle. Un jour cet homme, se trouvant chez elle, mit son chapeau sur sa tête; elle le pria de l'ôter, et se plaignit même qu'il lui manquât [8] de respect. Le sénateur se mit à rire, leva les épaules, et dit en se carrant dans un fauteuil : « C'est bien le moins que je me mette à « mon aise chez une fille que je paye. » Un bon soufflet de crocheteur, détaché par la blanche main de la Gabrielle, le paya aussitôt de sa réponse et jeta son chapeau à l'autre bout de la chambre. De là, rupture complète. Des banquiers, des généraux avaient fait des offres considérables à la dame; mais elle les avait toutes refusées, et s'était faite actrice, afin, disait-elle, de vivre indépendante.

« Lorsque Roger la vit et qu'il apprit cette histoire, il jugea que cette personne était son fait, et, avec la franchise un peu brutale qu'on nous reproche, à nous autre marins, voici comment il s'y prit pour lui montrer combien il était touché de ses charmes. Il acheta les plus belles fleurs et les plus rares [9] qu'il put trouver à Brest, en fit un bouquet qu'il attacha avec un beau ruban rose, et dans le nœud arrangea très proprement un rouleau de vingt-cinq napoléons; c'était tout ce qu'il possédait pour le moment. Je me souviens que je l'accompagnai dans les coulisses pendant un entracte. Il fit à la Gabrielle un compliment fort court sur la grâce qu'elle avait à porter son costume, lui offrit le bouquet et lui demanda la permission d'aller la voir chez elle. Tout cela fut dit en trois mots.

« Tant que Gabrielle ne vit que les fleurs et le beau jeune homme qui les lui présentait, elle lui souriait, accompagnant son sourire d'une révérence des plus gracieuses; mais quand elle eut le bouquet entre les mains et qu'elle sentit le poids de l'or, sa physionomie changea plus rapidement que la surface de la mer soulevée par un ouragan [10] des tropiques; et certes elle ne fut guère moins méchante, car elle lança de toute sa force le bouquet et les napoléons à la tête de mon pauvre ami, qui en porta les marques sur la figure pendant plus de huit jours. La sonnette du régisseur se fit entendre. Gabrielle entra en scène et joua tout de travers.

« Roger, ayant ramassé son bouquet et son rouleau d'or d'un air bien confus, s'en alla au café offrir le bouquet [11] (sans l'argent) à la demoiselle du comptoir, et essaya, en buvant du punch, d'oublier la cruelle. Il n'y réussit pas; et, malgré le dépit qu'il éprouvait de ne pouvoir se montrer avec son œil poché, il devint amoureux fou de la colérique Gabrielle. Il lui écrivait vingt lettres par jour, et quelles lettres! soumises, tendres, respectueuses, telles qu'on pourrait les adresser à une princesse. Les premières lui furent renvoyées sans avoir été décachetées; les autres n'obtinrent pas de réponse. Roger cependant conservait quelque espoir, quand nous découvrîmes [12] que la marchande d'oranges du théâtre enveloppait ses oranges avec les lettres d'amour de Roger [13], que Gabrielle lui donnait par un raffinement de méchanceté [14]. Ce fut un coup terrible pour la fierté de notre ami. Pourtant sa passion ne diminua pas. Il parlait de demander l'actrice en mariage; et comme on lui disait que le ministre de la marine n'y donnerait jamais son consentement, il s'écriait qu'il se brûlerait la cervelle.

« Sur ces entrefaites, il arriva que les officiers d'un régiment de ligne en garnison à Brest voulurent faire répéter un couplet de vaudeville à Gabrielle [15], qui s'y refusa par pur caprice. Les officiers et l'actrice s'opiniâtrèrent si bien, que les uns firent baisser la toile par leurs sifflets, et que l'autre s'évanouit. Vous savez ce que c'est que le parterre d'une ville de garnison. Il fut convenu entre les officiers que le lendemain et les jours suivants la coupable serait sifflée sans rémission, qu'on ne lui permettrait pas de jouer un seul rôle avant qu'elle n'eût fait amende honorable avec l'humilité nécessaire pour expier son crime. Roger n'avait point assisté à cette représentation; mais il apprit le soir même le scandale qui avait mis tout le théâtre en confusion, ainsi que les projets de vengeance qui se tramaient pour le lendemain. Sur-le-champ son parti fut pris.

« Le lendemain, lorsque Gabrielle parut, du banc des officiers partirent des huées et des sifflets à fendre les oreilles. Roger, qui s'était placé à dessein tout auprès des tapageurs, se leva, et interpella les plus bruyants en termes si outrageux [16], que toute leur fureur se tourna aussitôt contre lui. Alors, avec un grand sang-froid, il tira son carnet de sa poche, et inscrivait les noms qu'on lui criait de toutes parts; il aurait pris rendez-vous pour se battre avec tout le régiment, si, par esprit de corps, un grand nombre d'officiers de marine ne fussent survenus, et n'eussent provoqué la plupart de ses adversaires. La bagarre fut vraiment effroyable.

« Toute la garnison fut consignée pour plusieurs jours; mais quand on nous rendit la liberté il y eut un terrible compte à régler. Nous nous trouvâmes une soixantaine sur le terrain. Roger, seul, se battit successivement contre trois officiers [17]; il en tua un, et blessa grièvement les deux autres sans recevoir une égratignure. Je fus moins heureux pour ma part : un maudit lieutenant, qui avait été maître d'armes, me donna dans la poitrine un grand coup d'épée, dont je manquai mourir. Ce fut, je vous assure, un beau spectacle que ce duel, ou plutôt cette bataille. La marine eut tout l'avantage, et le régiment fut obligé de quitter Brest.

« Vous pensez bien que nos officiers supérieurs n'oublièrent pas l'auteur de la querelle. Il eut pendant quinze jours une sentinelle à sa porte.

« Quand ses arrêts furent levés, je sortis de l'hôpital, et j'allai le voir. Quelle fut ma surprise, en entrant chez lui, de le voir assis à déjeuner tête à tête avec Gabrielle! Ils avaient l'air d'être depuis longtemps en parfaite intelligence. Déjà ils se tutoyaient et se servaient du même verre. Roger me présenta à sa maîtresse comme son meilleur ami, et lui dit que j'avais été blessé dans l'espèce d'escarmouche dont elle avait été la première cause. Cela me valut un baiser de cette belle personne. Cette fille avait les inclinations toutes martiales.

« Ils passèrent trois mois ensemble parfaitement heureux, ne se quittant pas d'un instant. Gabrielle paraissait l'aimer jusqu'à la fureur, et Roger avouait qu'avant de connaître Gabrielle il n'avait pas connu l'amour.

« Une frégate hollandaise entra dans le port*. Les officiers nous donnèrent à dîner. On but largement de toutes sortes de vins ; et la nappe ôtée, ne sachant que faire, car ces messieurs parlaient très mal français, on se mit à jouer. Les Hollandais paraissaient avoir beaucoup d'argent ; et leur premier lieutenant surtout voulait jouer si gros jeu, que pas un de nous ne se souciait de faire sa partie. Roger, qui ne jouait pas d'ordinaire, crut qu'il s'agissait dans cette occasion de soutenir l'honneur de son pays. Il joua donc, et tint tout ce que voulut le lieutenant hollandais. Il gagna d'abord puis perdit. Après quelques alternatives de gain et de perte, ils se séparèrent sans avoir rien fait. Nous rendîmes le dîner aux officiers hollandais. On joua encore. Roger et le lieutenant furent remis aux prises. Bref, pendant plusieurs jours ils se donnèrent rendez-vous, soit au café, soit à bord, essayant toutes sortes de jeux, surtout le trictrac*, et augmentant toujours leurs paris, si bien qu'ils en vinrent à jouer vingt-cinq napoléons la partie. C'était une somme énorme pour de pauvres officiers comme nous : plus de deux mois de solde ! Au bout d'une semaine, Roger avait perdu tout l'argent qu'il possédait, plus trois ou quatre mille francs empruntés à droite et à gauche.

« Vous vous doutez bien que Roger et Gabrielle avaient fini par faire ménage commun et bourse commune : c'est-à-dire que Roger, qui venait de toucher une forte part de prises, avait mis à la masse dix ou vingt fois plus que l'actrice. Cependant il considérait toujours que cette masse [18] appartenait principalement à sa maîtresse, et il n'avait gardé pour ses dépenses particulières qu'une cinquantaine de napoléons. Il avait été cependant [19] obligé de recourir à cette réserve pour continuer à jouer. Gabrielle ne lui fit pas la moindre observation.

« L'argent du ménage prit le même chemin que son argent de poche. Bientôt Roger fut réduit à jouer ses derniers vingt-cinq napoléons. Il s'appliquait horriblement; aussi la partie fut-elle longue et disputée. Il vint un moment où Roger, tenant le cornet, n'avait plus qu'une chance pour gagner : je crois qu'il fallait six quatre*. La nuit était avancée. Un officier qui les avait longtemps regardés jouer avait fini par s'endormir sur un fauteuil. Le Hollandais était fatigué et assoupi; en outre, il avait bu beaucoup [20] de punch. Roger seul était bien éveillé, et en proie au plus violent désespoir. Ce fut en frémissant qu'il jeta les dés. Il les jeta si rudement sur le damier, que de la secousse une bougie tomba sur le plancher. Le Hollandais tourna la tête d'abord vers la bougie, qui venait de couvrir de cire son pantalon neuf, puis il regarda les dés. — Ils marquaient six et quatre. Roger, pâle comme la mort, reçut les vingt-cinq napoléons. Ils continuèrent à jouer. La chance devint favorable à mon malheureux ami, qui pourtant faisait écoles sur écoles*, et qui casait* comme s'il avait voulu perdre. Le lieutenant hollandais s'entêta, doubla, décupla les enjeux : il perdit toujours. Je crois le voir encore; c'était un grand blond, flegmatique, dont la figure semblait être de cire. Il se leva enfin, ayant perdu quarante mille francs [21], qu'il paya sans que sa physionomie décelât la moindre émotion.

« Roger lui dit : « Ce que nous avons fait ce soir ne « signifie rien, vous dormiez à moitié; je ne veux pas de « votre argent.

« — Vous plaisantez », répondit le flegmatique Hollandais; « j'ai très bien joué, mais les dés ont été contre « moi. Je suis sûr de pouvoir toujours vous gagner en « vous rendant quatre trous*. Bonsoir ! » et il le quitta.

« Le lendemain nous apprîmes que, désespéré de sa

perte, il s'était brûlé la cervelle dans sa chambre après avoir bu un bol de punch.

« Les quarante mille francs [22] gagnés par Roger étaient étalés sur une table, et Gabrielle les contemplait avec un sourire de satisfaction. « Nous voilà bien riches », dit-elle; « que ferons-nous de tout cet argent? »

« Roger ne répondit rien; il paraissait comme hébété depuis la mort du Hollandais. « Il faut faire mille fo-
« lies, » continua la Gabrielle : « argent gagné aussi
« facilement doit se dépenser de même. Achetons une
« calèche, et narguons le préfet maritime et sa femme.
« Je veux avoir des diamants, des cachemires. Demande
« un congé et allons à Paris; ici nous ne viendrons ja-
« mais à bout de tant d'argent! » Elle s'arrêta pour observer Roger, qui, les yeux fixés sur le plancher, la tête appuyée sur sa main, ne l'avait pas entendue, et semblait rouler dans sa tête les plus sinistres pensées.

« — Que diable as-tu, Roger? » s'écria-t-elle en appuyant une main sur son épaule. « Tu me fais la moue,
« je crois; je ne puis t'arracher une parole.

« — Je suis bien malheureux, » dit-il enfin avec un soupir étouffé.

« — Malheureux! Dieu me pardonne, n'aurais-tu pas
« des remords pour avoir plumé ce gros mynheer? »

« Il releva la tête et la regarda d'un œil hagard.

« — Qu'importe », poursuivit-elle, « qu'importe qu'il
« ait pris la chose au tragique et qu'il se soit brûlé ce
« qu'il avait de cervelle! Je ne plains pas les joueurs
« qui perdent; et certes son argent est mieux entre nos
« mains que dans les siennes : il l'aurait dépensé à boire
« et à fumer, au lieu que nous, nous allons faire mille
« extravagances toutes plus élégantes les unes que les
« autres. »

« Roger se promenait par la chambre, la tête penchée sur sa poitrine, les yeux à demi fermés et remplis de larmes. Il vous aurait fait pitié si vous l'aviez vu.

« — Sais-tu », lui dit Gabrielle, « que des gens qui ne
« connaîtraient pas ta sensibilité romanesque pourraient
« bien croire que tu as triché?

« — Et si cela était vrai? » s'écria-t-il d'une voix sourde en s'arrêtant devant elle.

« —Bah! » répondit-elle en souriant, « tu n'as pas « assez d'esprit pour tricher au jeu.

« — Oui, j'ai triché, Gabrielle; j'ai triché comme un « misérable que je suis. »

« Elle comprit à son émotion qu'il ne disait que trop vrai : elle s'assit sur un canapé et demeura quelque temps sans parler : « J'aimerais mieux, » dit-elle enfin d'une voix très émue, « j'aimerais mieux que tu eusses « tué dix hommes que d'avoir triché au jeu. »

« Il y eut un mortel silence d'une demi-heure. Ils étaient assis tous les deux sur le même sofa, et ne se regardèrent pas une seule fois. Roger se leva le premier, et lui dit bonsoir d'une voix assez calme.

« — Bonsoir ! » lui répondit-elle d'un ton sec et froid.

« Roger m'a dit depuis qu'il se serait tué ce jour-là même s'il n'avait craint que nos camarades ne devinassent la cause de son suicide. Il ne voulait pas que sa mémoire fût infâme.

« Le lendemain, Gabrielle fut aussi gaie qu'à l'ordinaire; on eût dit qu'elle avait déjà oublié la confidence de la veille. Pour Roger, il était devenu sombre, fantasque, bourru; il sortait à peine de sa chambre, évitait ses amis, et passait souvent des journées entières sans adresser une parole à sa maîtresse. J'attribuais sa tristesse à une sensibilité honorable, mais excessive, et j'essayai plusieurs fois de le consoler; mais il me renvoyait bien loin, en affectant une grande indifférence pour son partner* malheureux. Un jour même il fit une sortie violente contre la nation hollandaise, et voulut me soutenir qu'il ne pouvait pas y avoir en Hollande un seul honnête homme. Cependant il s'informait en secret de la famille du lieutenant hollandais, mais personne ne pouvait lui en donner les nouvelles [23].

« Six semaines après cette malheureuse partie de trictrac, Roger trouva chez Gabrielle un billet écrit par un aspirant qui paraissait la remercier de bontés qu'elle avait eues pour lui. Gabrielle était le désordre en personne, et le billet en question avait été laissé par elle sur sa cheminée. Je ne sais si elle avait été infidèle, mais Roger le crut, et sa colère fut épouvantable. Son amour et un reste d'orgueil étaient les seuls sentiments qui pussent encore l'attacher à la vie, et le plus fort de ses sentiments [24] allait être ainsi soudainement détruit. Il accabla d'injures l'orgueilleuse comédienne; et, violent comme il était, je ne sais comment il se fit qu'il ne la battît pas.

« — Sans doute », lui dit-il, « ce freluquet vous a « donné beaucoup d'argent? C'est la seule chose que « vous aimiez, et vous accorderiez vos faveurs au plus « sale de nos matelots s'il avait de quoi les payer. »

« — Pourquoi pas? » répondit froidement l'actrice. « Oui, je me ferais payer par un matelot, mais... *je ne* « *le volerais pas.* »

« Roger poussa un cri de rage. Il tira en tremblant son poignard, et un instant regarda Gabrielle avec des yeux égarés; puis rassemblant toutes ses forces, il jeta l'arme à ses pieds et s'échappa de l'appartement pour ne pas céder à la tentation [25] qui l'obsédait.

« Ce soir-là même je passai fort tard devant son logement, et voyant de la lumière chez lui, j'entrai pour lui emprunter un livre. Je le trouvai fort occupé à écrire. Il ne se dérangea point, et parut à peine s'apercevoir de ma présence dans sa chambre. Je m'assis près de son bureau et je contemplai ses traits; ils étaient tellement altérés, qu'un autre que moi aurait eu de la peine à le reconnaître. Tout d'un coup j'aperçus sur le bureau une lettre déjà cachetée, et qui m'était adressée. Je l'ouvris aussitôt. Roger m'annonçait qu'il allait mettre fin à ses jours, et me chargeait de différentes commissions. Pendant que je lisais, il écrivait toujours sans prendre garde à moi : c'était à Gabrielle qu'il faisait ses adieux... Vous pensez quel fut mon étonnement, et ce que je dus lui dire, confondu comme je l'étais de sa résolution : « Comment, tu veux te tuer, toi qui es si heureux? »

« — Mon ami », dit-il en cachetant sa lettre, « tu « ne sais rien; tu ne me connais pas, je suis un fripon;

« je suis si méprisable, qu'une fille de joie m'insulte; « et je sens si bien ma bassesse, que je n'ai pas la force « de la battre. » Alors il me raconta l'histoire de la partie de trictrac, et tout ce que vous savez déjà. En l'écoutant, j'étais pour le moins aussi ému que lui; je ne savais que lui dire; je lui serrais les mains, j'avais les larmes aux yeux, mais je ne pouvais parler. Enfin l'idée me vint de lui représenter qu'il n'avait pas à se reprocher d'avoir causé volontairement la ruine du Hollandais, et qu'après tout il ne lui avait fait perdre par sa... tricherie... que vingt-cinq napoléons.

« — Donc! » s'écria-t-il avec une ironie amère, « je « suis un petit voleur et non un grand. Moi qui avais « tant d'ambition! N'être qu'un friponneau! » Et il éclata de rire. Je fondis en larmes.

« Tout à coup la porte s'ouvrit; une femme entra et se précipita dans ses bras : c'était Gabrielle. « Pardonne-« moi, » s'écria-t-elle en l'étreignant avec force, « par-« donne-moi. Je le sens bien, je n'aime que toi. Je « t'aime mieux maintenant que si tu n'avais pas fait ce « que tu te reproches. Si tu veux, je volerai... j'ai déjà « volé... Oui, j'ai volé... j'ai volé une montre d'or... « Que peut-on faire de pis? »

« Roger secoua la tête d'un air d'incrédulité; mais son front parut s'éclaircir. « Non, ma pauvre enfant », dit-il en la repoussant avec douceur, « il faut absolu-« ment que je me tue. Je souffre trop, je ne puis résister « à la douleur que je sens là. »

« — Eh bien! si tu veux mourir, Roger, je mourrai « avec toi! Sans toi, que m'importe la vie! J'ai du cou-« rage, j'ai tiré des fusils; je me tuerai tout comme un « autre [26]. D'abord, moi qui ai joué la tragédie, j'en ai « l'habitude. » Elle avait les larmes aux yeux en commençant, cette dernière idée la fit rire, et Roger lui-même laissa échapper un sourire. « Tu ris, mon offi-« cier », s'écria-t-elle en battant des mains et en l'embrassant; « tu ne te tueras pas! » Et elle l'embrassait toujours, tantôt pleurant, tantôt riant, tantôt jurant comme un matelot; car elle n'était pas de ces femmes qu'un gros mot effraye.

« Cependant je m'étais emparé des pistolets et du poignard de Roger, et je lui dis : « Mon cher Roger, tu « as une maîtresse et un ami qui t'aiment. Crois-moi, « tu peux encore avoir quelque bonheur en ce monde. » Je sortis après l'avoir embrassé, et je le laissai seul avec Gabrielle.

« Je crois que nous ne serions parvenus qu'à retarder seulement son funeste dessein, s'il n'avait reçu du ministre l'ordre de partir, comme premier lieutenant, à bord d'une frégate qui devait aller croiser dans les mers de l'Inde, après avoir passé au travers de l'escadre anglaise qui bloquait le port*. L'affaire était hasardeuse. Je lui fis entendre qu'il valait mieux mourir noblement d'un boulet anglais que de mettre fin lui-même à ses jours, sans gloire et sans utilité pour son pays. Il promit de vivre. Des 40 000 francs [27], il en distribua la moitié à des matelots estropiés où à des veuves et des enfants de marins. Il donna le reste à Gabrielle, qui d'abord jura de n'employer cet argent qu'en bonnes œuvres. Elle avait bien l'entention de tenir parole, la pauvre fille; mais l'enthousiasme était chez elle de courte durée. J'ai su depuis qu'elle donna quelques milliers de francs aux pauvres. Elle s'acheta des chiffons avec le reste.

« Nous montâmes, Roger et moi, sur une belle frégate, *la Galatée** : nos hommes étaient braves, bien exercés, bien disciplinés; mais notre commandant était un ignorant, qui se croyait un Jean Bart* parce qu'il jurait mieux qu'un capitaine d'armes, parce qu'il écorchait le français et qu'il n'avait jamais étudié la théorie de sa profession, dont il entendait assez médiocrement la pratique. Pourtant le sort le favorisa d'abord. Nous sortîmes heureusement de la rade, grâce à un coup de vent qui força l'escadre de blocus de gagner le large, et nous commençâmes notre croisière par brûler une corvette anglaise et un vaisseau de la compagnie* sur les côtes de Portugal.

« Nous voguions lentement vers les mers de l'Inde,

contrariés par les vents et par les fausses manœuvres de notre capitaine, dont la maladresse augmentait le danger de notre croisière. Tantôt chassés par des forces supérieures, tantôt poursuivant des vaisseaux marchands, nous ne passions pas un seul jour sans quelque aventure nouvelle. Mais ni la vie hasardeuse que nous menions, ni les fatigues que lui donnait le détail* de la frégate dont il était chargé, ne pouvaient distraire Roger des tristes pensées qui le poursuivaient sans relâche. Lui qui passait autrefois pour l'officier le plus actif et le plus brillant de notre port, maintenant il se bornait à faire seulement son devoir. Aussitôt que son service était fini, il se renfermait dans sa chambre, sans livres, sans papier; il passait des heures entières couché dans son cadre*, et le malheureux ne pouvait dormir.

« Un jour, voyant son abattement, je m'avisai de lui dire : « Parbleu ! mon cher, tu t'affliges pour peu de « chose. Tu as escamoté vingt-cinq napoléons à un gros « Hollandais, bien ! — et tu as des remords pour plus « d'un million. Or, dis-moi, quand tu étais l'amant de « la femme du préfet de... n'en avais-tu point? Pour- « tant elle valait mieux que vingt-cinq napoléons. »

« Il se retourna sur son matelas sans me répondre.

« Je poursuivis : « Après tout, ton crime, puisque tu « dis que c'est un crime, avait un motif honorable, et « venait d'une âme élevée. »

« Il tourna la tête et me regarda d'un air furieux.

« — Oui, car enfin, si tu avais perdu, que devenait « Gabrielle? Pauvre fille, elle aurait vendu sa dernière « chemise pour toi... Si tu perdais, elle était réduite à « la misère... C'est pour elle, c'est par amour pour elle « que tu as triché. Il y a des gens qui tuent par amour... « qui se tuent... Toi, mon cher Roger, tu as fait plus. « Pour un homme comme nous, il y a plus de courage « à... voler, pour parler net, qu'à se tuer. »

« Peut-être maintenant », me dit le capitaine, interrompant son récit [28], « vous semblé-je ridicule. Je vous assure que mon amitié pour Roger me donnait dans ce moment une éloquence que je ne retrouve plus aujourd'hui; et, le diable m'emporte, en lui parlant de la sorte j'étais de bonne foi, et je croyais tout ce que je disais. Ah! j'étais jeune alors! »

« Roger fut quelque temps sans répondre; il me tendit la main : « Mon ami, » dit-il en paraissant faire un grand effort sur lui-même, « tu me crois meilleur que « je ne suis. Je suis un lâche coquin. Quand j'ai triché « ce Hollandais, je ne pensais qu'à gagner vingt-cinq « napoléons, voilà tout. Je ne pensais pas à Gabrielle, « et voilà pourquoi je me méprise... Moi, estimer mon « honneur moins que vingt-cinq napoléons!... Quelle « bassesse! Oui, je serais heureux de pouvoir me dire : « J'ai volé pour tirer Gabrielle de la misère... Non!... « non! je ne pensais pas à elle... Je n'étais pas amou- « reux dans ce moment... J'étais un joueur... j'étais un « voleur... J'ai volé de l'argent pour l'avoir à moi... et « cette action m'a tellement abruti, avili, que je n'ai « plus aujourd'hui de courage ni d'amour... je vis, et je « ne pense plus à Gabrielle... je suis un homme fini. »

« Il paraissait si malheureux que, s'il m'avait demandé mes pistolets pour se tuer, je crois que je les lui aurais donnés.

« Un certain vendredi, jour de mauvais augure*, nous découvrîmes une grosse frégate anglaise, *l'Alceste**, qui prit chasse sur nous. Elle portait cinquante-huit canons, nous n'en avions que trente-huit. Nous fîmes force de voiles pour lui échapper; mais sa marche était supérieure, elle gagnait sur nous à chaque instant; il était évident qu'avant la nuit nous serions contraints de livrer un combat inégal. Notre capitaine appela Roger dans sa chambre, où ils furent un grand quart d'heure à consulter ensemble. Roger remonta sur le tillac, me prit par le bras, et me tira à l'écart.

« — D'ici à deux heures », me dit-il, « l'affaire va s'en- « gager; ce brave homme là-bas qui se démène sur le « gaillard d'arrière a perdu la tête. Il y avait deux partis « à prendre : le premier, le plus honorable, était de « laisser l'ennemi arriver sur nous, puis de l'aborder vi- « goureusement en jetant à son bord une centaine de

« gaillards déterminés; l'autre parti, qui n'est pas mau-
« vais, mais qui est assez lâche, serait de nous alléger
« en jetant à la mer une partie de nos canons. Alors nous
« pourrions serrer de très près la côte d'Afrique que
« nous découvrons là-bas à bâbord. L'Anglais, de peur
« de s'échouer, serait bien obligé de nous laisser échap-
« per; mais notre... capitaine [29] n'est ni un lâche ni
« un héros : il va se laisser démolir de loin à coups de
« canon, et après quelques heures [30] de combat il
« amènera honorablement son pavillon. Tant pis pour
« vous : les pontons de Portsmouth vous attendent.
« Quant à moi, je ne veux pas les voir.

« — Peut-être », lui dis-je, « nos premiers coups de
« canon feront-ils à l'ennemi des avaries assez fortes
« pour l'obliger à cesser la chasse.

« — Écoute, je ne veux pas être prisonnier, je veux
« me faire tuer; il est temps que j'en finisse. Si par
« malheur je ne suis que blessé, donne-moi ta parole
« que tu me jetteras à la mer. C'est le lit où doit mourir
« un bon marin comme moi. »

« — Quelle folie! » m'écriai-je, « et quelle commis-
« sion me donnes-tu là!

« — Tu rempliras le devoir d'un bon ami. Tu sais
« qu'il faut que je meure. Je n'ai consenti à ne pas me
« tuer que dans l'espoir d'être tué, tu dois t'en souvenir.
« Allons, fais-moi cette promesse; si tu me refuses, je
« vais demander ce service à ce contremaître, qui ne
« me refusera pas. »

« Après avoir réfléchi quelque temps, je lui dis : « Je
« te donne ma parole de faire ce que tu désires, pourvu
« que tu sois blessé à mort, sans espérance [31] de guéri-
« son. Dans ce cas je consens à t'épargner des souffran-
« ces.

« — Je serai blessé à mort ou bien je serai tué. » Il me tendit la main, je la serrai fortement. Dès lors il fut plus calme, et même une certaine gaieté martiale brilla sur son visage.

« Vers trois heures de l'après-midi, les canons de chasse de l'ennemi commencèrent à porter dans nos agrès. Nous carguâmes alors une partie de nos voiles; nous présentâmes le travers à *l'Alceste*, et nous fîmes un feu roulant auquel les Anglais répondirent avec vigueur. Après environ une heure de combat, notre capitaine, qui ne faisait rien à propos, voulut essayer l'abordage. Mais nous avions déjà beaucoup de morts et de blessés, et le reste de notre équipage avait perdu de son ardeur; enfin nous avions beaucoup souffert dans nos agrès, et nos mâts étaient fort [32] endommagés. Au moment où nous déployâmes nos voiles pour nous rapprocher de l'Anglais, notre grand mât, qui ne tenait plus à rien [33], tomba avec un fracas horrible. *L'Alceste* profita de la confusion où nous jeta d'abord cet accident. Elle vint passer à notre poupe en nous lâchant à demi-portée de pistolet toute sa bordée; elle traversa de l'avant à l'arrière notre malheureuse frégate, qui ne pouvait lui opposer sur ce point que deux petits canons. Dans ce moment j'étais auprès de Roger, qui s'occupait à faire couper les haubans qui retenaient encore le mât abattu. Je le sens qui me serrait le bras avec force; je me retourne, et je le vois renversé sur le tillac et tout couvert de sang. Il venait de recevoir un coup de mitraille dans le ventre.

« Le capitaine courut à lui : « Que faire, lieutenant? » s'écria-t-il.

« — Il faut clouer notre pavillon à ce tronçon de mât « et nous faire couler. » Le capitaine le quitta aussitôt, goûtant fort peu ce conseil.

« Allons », me dit Roger, « souviens-toi de ta pro- « messe. »

« — Ce n'est rien », lui dis-je, « tu peux en revenir. »

« — Jette-moi par-dessus le bord », s'écria-t-il en jurant horriblement et me saisissant par la basque de mon habit; « tu vois bien que je n'en puis réchapper [34]; « jette-moi à la mer, je ne veux pas voir amener notre « pavillon. »

« Deux matelots s'approchèrent de lui pour le porter à fond de cale. « A vos canons, coquins », s'écria-t-il avec force; « tirez à mitraille et pointez au tillac. Et toi,

« si tu manques à ta parole, je te maudis, et je te tiens « pour le plus lâche et le plus vil de tous les hommes ! »

« Sa blessure était certainement mortelle. Je vis le capitaine appeler un aspirant et lui donner l'ordre d'amener notre pavillon. « Donne-moi une poignée de main », dis-je à Roger.

« Au moment même où notre pavillon fut amené... »

. . . .

« — Capitaine, une baleine à bâbord ! » interrompit un enseigne accourant à nous.

« — Une baleine ! » s'écria le capitaine transporté de joie et laissant là son récit ; « vite, la chaloupe à la mer ! la yole à la mer ! toutes les chaloupes à la mer ! — Des harpons, des cordes ! etc., etc. »

Je ne pus savoir comment mourut le pauvre lieutenant Roger.

LE VASE ÉTRUSQUE

NOTICE

Avec *le Vase étrusque,* étude morale et psychologique de la jalousie rétrospective, Mérimée, aborde un genre nouveau, soit qu'il ait suivi les conseils de Stendhal soit qu'il ait obéi à la mode de son temps. Il nous introduit dans les milieux des salons mondains et de la jeunesse dorée. Sainte-Beuve a pu écrire : « L'auteur s'est plu à retrouver des passions fortes et à les dessiner en quelques traits jusque sous notre civilisation élégante [1]. »

Son récit est assurément le plus maniéré et le moins simple de ses ouvrages et c'est à juste titre qu'Augustin Filon [2] a pu y sentir « cette légère odeur de *high life* qui le parfume tout entier et le gâte à demi. »

Le succès n'en fut cependant pas moins vif et Mérimée devint un auteur à la mode, surtout auprès des gens du monde, séduits par les railleries malicieuses, à peine voilées à l'époque, au cours du déjeuner de garçons qui ouvre la nouvelle. La fidélité des portraits enchantait les initiés mais demeurait indifférente au commun des mortels. « Le voyage d'Égypte, disait Gustave Planche [3] est presque inintelligible pour ceux qui ne connaissent pas l'original. » Il est téméraire en effet de mettre un nom sur la plupart des convives du déjeuner, quoiqu'on puisse penser à Victor

1. *Le Moniteur universel,* 7 février 1853.
2. *Mérimée et ses amis,* p. 94.
3. *Revue des Deux Mondes,* 1er septembre 1832; — *Portraits littéraires,* t. I, Paris, Charpentier, 1849, p. 196.

Jacquemont, à Stendhal, à Hippolyte Royer-Collard, à Thiers, à Delacroix, au colonel Brack et à tous ceux que Mérimée rencontrait, soit dans le monde, soit dans les cabarets. Il est pourtant probable que la sotte vanité du personnage qui raconte son voyage en Égypte peut être attribuée à Charles Lenormant. Celui-ci était alors inspecteur du département des beaux-arts et en août 1828 il avait accompagné Champollion le jeune dans son expédition [1].

Suivant H. Taine [2], on dirait que Mérimée s'est peint lui-même dans le personnage de Saint-Clair. Cela est bien probable, quoique Augustin Filon se soit méfié du portrait en disant « qu'on n'est jamais un très bon peintre de soi-même [3]. » Nietzsche en revanche avait entendu parler de Stendhal : « J'ai lu une nouvelle de Mérimée, *le Vase étrusque,* dans laquelle, écrivait-il en juillet 1880, se trouverait dépeint le caractère d'Henry Beyle; ce serait celui de Saint-Clair, si le renseignement est exact. Tout cela est ironique, distingué et profondément mélancolique [4]. »

En tout cas, il est certain que Mérimée a utilisé, dans cette nouvelle, son aventure avec Émilie Lacoste et le duel qu'il eut avec le mari.

Née le 29 avril 1798, Mme Lacoste, de son nom de jeune fille Émilie Hémart, était âgée de vingt-neuf ans environ lorsqu'elle rencontra, dans le salon de sa tante, Mme Davillier, Prosper Mérimée âgé de près de vingt-cinq ans [5]. Elle est évidemment dépeinte sous les traits de Mathilde de Coursy, « belle, fraîche comme une rose, vive surtout et gaie comme un papillon ». Hortense Allart de Méritens pouvait écrire à Sainte-Beuve, en mars 1846 : « Je n'ai pu vous dire hier soir que la dame en face de vous à laquelle

1. Voir plus loin les notes des pages 363-365.
2. Introduction aux *Lettres à une Inconnue,* t. I, p. III, n. 1.
3. *Mérimée et ses amis,* p. 94.
4. Lettre de Nietzsche à Peter Gast, 18 juillet 1880. *Lettres choisies de Nietzsche,* Paris, Stock, 1931.
5. Voir *Correspondance générale,* t. I, p. 34, n. 1. — « Une Muse romantique. Émilie Lacoste », par Gabriel Girod de l'Ain. *Revue des Deux Mondes,* 15 septembre 1954, pp. 290-306.

j'ai été parler, est la femme du *Vase étrusque,* de Mérimée, celle pour laquelle il s'est battu et la seule sans doute qu'il ait aimée; elle est encore très agréable, c'est une nièce de Mme Davillier, amie de Béranger, c'est Mme Lacoste. »

Au cours d'un dîner de garçons, auquel assistait Mérimée, une allusion fut sans doute faite à la liaison que Mme Lacoste avait eue avec Joseph Bonaparte qui vivait alors aux États-Unis d'Amérique, sous le nom de comte de Survilliers.

Mérimée apprit ainsi cette liaison qu'il ignorait. Il en fut très affecté et il a analysé sa souffrance dans *le Vase étrusque.*

En outre, Félix Lacoste était revenu en France vers la fin de 1827; une lettre surprise lui apprit son infortune et, au début du mois de janvier 1828, il se battit au pistolet avec Prosper Mérimée [1]. C'est ainsi que Victor Jacquemont pouvait écrire à sa cousine Zoé Noizet de Saint-Paul, le 25 août 1830 : « Je connais seulement pour l'avoir vue dans une situation très dramatique *la donna de suoi pensieri.* Ce fut quand je ne pus empêcher mon pauvre ami de recevoir trois balles dans le bras et dans l'épaule [2], bien qu'il fût lui-même un bon tireur et que l'opinion publique l'eût excusé s'il avait fait feu sur son adversaire et l'avait éventuellement tué raide. L'adversaire était il est vrai le mari; mais un genre de mari qui par sa conduite passée avait perdu certainement tous droits sur sa femme [3]. Par respect pour son titre de mari, Mérimée qui avait un mépris complet pour l'homme joua avec une simplicité qui n'avait rien d'affecté le rôle passif d'une cible. Beaucoup de gens qui

---

1. Sur ce duel, voir la *Correspondance générale,* t. I, p. 23, n. 1 ; t. XIII, p. 59, n. 2; t. XVI, p. 71, n. 2; t. XVII, p. 2.

2. On s'est étonné de ces « trois balles ». Le texte de cette lettre qui est en anglais, porte bien : « to get three good bullets through his arms and shoulders. »

3. Voir la lettre écrite par Émilie Lacoste au comte de Survilliers, le 12 avril 1828, et publiée par G. Girod de l'Ain (*loc. cit.*, p. 298). « L'on dit que mon mari m'a vendue à vous et aujourd'hui que je ne lui suis bonne à rien, il a saisi le premier prétexte pour se débarrasser de moi. »

écrivent des choses plus morales n'auraient pas agi de la sorte [1]. »

Le souvenir de ce duel est manifeste dans les dernières lignes du *Vase étrusque*.

M. P.

1. *Revue d'histoire littéraire de la France*, 1904, p. 305. (En anglais.)

LE VASE ÉTRUSQUE

1830

AUGUSTE SAINT-CLAIR n'était point aimé dans ce qu'on appelle le monde; la principale raison, c'était qu'il ne cherchait à plaire qu'aux gens [1] qui lui plaisaient à lui-même [2]. Il recherchait les uns et fuyait les autres. D'ailleurs il était distrait et indolent. Un soir, comme il sortait du Théâtre-Italien, la marquise A*** lui demanda comment avait chanté mademoiselle Sontag*. « Oui, madame, » répondit Saint-Clair en souriant agréablement, et pensant à tout autre chose. On ne pouvait [3] attribuer cette réponse ridicule à la timidité, car il parlait à un grand seigneur, à un grand homme [4], et même à une femme à la mode [5], avec autant d'aplomb que s'il eût entretenu son égal. — La marquise décida que Saint-Clair était un prodige d'impertinence et de fatuité.

Madame B*** l'invita à dîner un lundi [6]. Elle lui parla souvent; et, en sortant de chez elle, il déclara que jamais il n'avait rencontré de femme plus aimable. Madame B*** amassait de l'esprit chez les autres pendant un mois, et le dépensait chez elle en une soirée. Saint-Clair la revit [7] le jeudi de la même semaine. Cette fois, il s'ennuya quelque peu. Une autre visite le détermina à ne plus reparaître dans son salon. Madame B*** publia que Saint-Clair était un jeune homme sans manières et du plus mauvais ton*.

Il était né avec un cœur tendre et aimant*; mais à un âge où l'on prend trop facilement des impressions qui durent toute la vie, sa sensibilité trop expansive lui avait attiré [8] les railleries de ses camarades. Il était fier, ambitieux; il tenait à l'opinion comme y tiennent les enfants. Dès lors il se fit une étude de cacher [9] tous les dehors de ce qu'il regardait comme une faiblesse déshonorante [10]. Il atteignit son but, mais sa victoire lui coûta cher. Il put celer aux autres [11] les émotions de son âme trop tendre; mais en les renfermant en lui-même, il se les rendit cent fois plus cruelles. Dans le monde il obtint la triste réputation d'insensible et d'insouciant; et, dans la solitude, son imagination inquiète lui créait des tourments d'autant plus affreux qu'il n'aurait voulu en confier le secret à personne.

Il est vrai qu'il est difficile [12] de trouver un ami!

— Difficile! Est-ce possible? Deux hommes ont-ils existé qui n'eussent pas de secret l'un pour l'autre? — Saint-Clair ne croyait guère à l'amitié, et l'on s'en apercevait. On le trouvait froid et réservé avec les jeunes gens de la société [13]. Jamais il ne les questionnait sur leurs secrets; mais toutes ses pensées et la plupart de ses actions étaient des mystères pour eux. Les Français aiment à parler d'eux-mêmes; aussi Saint-Clair était-il, malgré lui, le dépositaire de bien des confidences. Ses amis, et ce mot désigne les personnes que nous voyons deux fois par semaine, se plaignaient de sa méfiance à leur égard; en effet, celui qui, sans qu'on l'interroge, nous fait part de son secret, s'offense ordinairement de ne pas apprendre le nôtre. On s'imagine qu'il doit y avoir réciprocité [14] dans l'indiscrétion.

« Il est boutonné jusqu'au menton », disait un jour le beau chef d'escadron Alphonse de Thémines : « jamais je ne pourrai avoir la moindre confiance dans ce diable de Saint-Clair.

— Je le crois un peu jésuite, reprit Jules Lambert; quelqu'un m'a juré sa parole qu'il l'avait rencontré deux fois sortant de Saint-Sulpice. Personne ne sait ce qu'il pense. Pour moi, je ne pourrai jamais être à mon aise avec lui. »

Ils se séparèrent. Alphonse rencontra Saint-Clair sur le boulevard Italien, marchant la tête baissée et sans voir personne. Alphonse l'arrêta, lui prit le bras, et, avant qu'ils fussent arrivés à la rue de la Paix, il lui avait raconté toute l'histoire de ses amours avec madame***, dont le mari est si jaloux et si brutal.

Le même soir [15], Jules Lambert perdit son argent à l'écarté. Il se mit à danser. En dansant il coudoya un homme qui, ayant aussi perdu tout son argent, était de fort mauvaise humeur. De là quelques mots piquants : rendez-vous pris. Jules pria Saint-Clair de lui servir de second, et, par la même occasion, lui emprunta de l'argent, qu'il a toujours oublié de lui rendre.

Après tout, Saint-Clair était un homme assez facile à vivre. Ses défauts ne nuisaient qu'à lui seul. Il était obligeant, souvent aimable, rarement ennuyeux. Il avait beaucoup voyagé, beaucoup lu, et ne parlait de ses voyages et de ses lectures que lorsqu'on l'exigeait. D'ailleurs il était grand, bien fait, sa physionomie était noble et spirituelle, presque toujours trop grave; mais son sourire était plein de grâce*.

J'oubliais un point important. Saint-Clair était attentif auprès de toutes les femmes [16], et recherchait leur conversation plus que celle des hommes. Aimait-il? C'est ce qu'il était difficile de décider. Seulement si cet être si froid ressentait de l'amour, on savait que la jolie comtesse Mathilde de Coursy devait être l'objet de sa préférence. C'était une jeune veuve chez laquelle on le voyait assidu. Pour conclure leur intimité*, on avait les présomptions suivantes. D'abord la politesse presque cérémonieuse de Saint-Clair pour la comtesse, et *vice versa;* puis son affectation de [17] ne jamais prononcer son nom dans le monde; ou, s'il était obligé de parler d'elle, jamais le moindre éloge; puis, avant que Saint-Clair ne lui fût présenté, il aimait passionnément la musique, et la comtesse avait autant de goût pour la peinture. Depuis qu'ils s'étaient vus leurs goûts avaient changé. Enfin, la comtesse ayant été aux eaux l'année passée, Saint-Clair était parti six jours après elle.

. . . .
. . . .

Mon devoir d'historien m'oblige à déclarer qu'une nuit du mois de juillet, peu de moments avant le lever du soleil, la porte du parc d'une maison de campagne s'ouvrit, et qu'il en sortit un homme avec toutes les précautions d'un voleur qui craint d'être surpris. Cette maison de campagne appartenait à madame de Coursy, et cet homme était Saint-Clair. Une femme, enveloppée dans une pelisse, l'accompagna jusqu'à la porte, et passa la tête en dehors pour le voir encore plus longtemps, tandis qu'il s'éloignait en descendant le sentier qui longeait le mur du parc. Saint-Clair s'arrêta, jeta autour de lui un coup d'œil circonspect, et de la main fit signe à cette femme de rentrer. La clarté d'une nuit d'été lui permettait de distinguer sa figure pâle, toujours immobile à la même place. Il revint sur ses pas, s'approcha d'elle et la serra tendrement dans ses bras. Il voulait l'engager à rentrer; mais il avait encore cent choses à lui dire. Leur conversation durait depuis dix minutes, quand on entendit la voix d'un paysan qui sortait pour aller travailler aux champs. Un baiser est pris et rendu, la porte est fermée, et Saint-Clair, d'un saut, est au bout du sentier.

Il suivait un chemin qui lui semblait bien connu. — Tantôt il sautait presque de joie, et courait en frappant les buissons de sa canne; tantôt il s'arrêtait ou marchait lentement, regardant le ciel qui se colorait de pourpre du côté de l'orient. Bref, à le voir, on eût dit un fou enchanté d'avoir brisé sa cage. Après une demi-heure de marche il était à la porte d'une petite maison isolée qu'il avait louée pour la saison. Il avait une clef : il entra; puis il se jeta sur un grand canapé, et là, les yeux fixes, la bouche courbée par un doux sourire, il pensait, il rêvait tout éveillé. Son imagination ne lui présentait alors que des pensées de bonheur. « Que je suis heureux ! se disait-il à chaque instant. Enfin je l'ai rencontré ce cœur qui comprend le mien !... — Oui, c'est mon idéal que j'ai trouvé... J'ai tout à la fois un *ami* et une maîtresse... Quel caractère !... quelle âme passionnée !... Non, elle n'a jamais aimé avant moi... » Bientôt [18], comme la vanité se glisse toujours dans les affaires de ce monde : « C'est la plus belle femme de Paris, » pensait-il; et son imagination lui retraçait à la fois tous ses charmes. — « Elle m'a choisi entre tous. Elle avait pour admirateurs l'élite de la société. Ce colonel de hussards si beau, si brave*, — et pas trop fat; — ce jeune auteur qui fait de si jolies aquarelles et qui joue si bien les proverbes; — ce Lovelace russe qui a vu le Balkan et qui a servi sous Diébitch; — surtout Camille T***, qui a de l'esprit certainement, de belles manières, un beau coup de sabre sur le front*... elle les a tous éconduits. Et moi!... » Alors venait son refrain : « Que je suis heureux! » Et il se levait, ouvrait la fenêtre, car il ne pouvait respirer; puis il se promenait, puis il se roulait sur son canapé.

Un amant heureux est presque aussi ennuyeux qu'un amant malheureux. Un de mes amis, qui se trouvait souvent dans l'une ou l'autre de ces deux positions, n'avait trouvé d'autre moyen de se faire écouter que de me donner un excellent déjeuner pendant lequel il avait la liberté de parler de ses amours; le café pris, il fallait absolument changer de conversation*.

Comme je ne puis donner à déjeuner à tous mes lecteurs, je leur ferai grâce des pensées d'amour de Saint-Clair. D'ailleurs on ne peut pas toujours rester [19] dans la région des nuages. Saint-Clair était fatigué, il bâilla, étendit les bras, vit qu'il était grand jour; il fallait enfin penser à dormir. Lorsqu'il se réveilla, il vit à sa montre qu'il avait à peine le temps de s'habiller et de courir à Paris, où il était invité à un déjeuner-dîner avec plusieurs jeunes gens de sa connaissance. . . . .

. . . .

On venait de déboucher une autre bouteille de vin de Champagne; je laisse au lecteur à en déterminer le numéro. Qu'il lui suffise de savoir qu'on en était venu à ce moment, qui arrive assez vite dans un déjeuner de garçons, où tout le monde veut parler à la fois, où les bonnes têtes commencent à concevoir des inquiétudes pour les mauvaises.

« Je voudrais », dit Alphonse de Thémines, qui ne perdait jamais une occasion de parler de l'Angleterre, « je voudrais que ce fût la mode à Paris comme à Londres de porter chacun un toast à sa maîtresse. De la sorte nous saurions au juste pour qui soupire notre ami Saint-Clair; » et, en parlant ainsi, il remplit son verre et ceux de ses voisins.

Saint-Clair, un peu embarrassé, se préparait à répondre; mais Jules Lambert le prévint : « J'approuve fort cet usage, dit-il, et je l'adopte; et, levant son verre : A toutes les modistes de Paris ! J'en excepte celles qui ont trente ans, les borgnes et les boiteuses, etc...

— Hourra ! hourra ! » crièrent les jeunes [20] anglomanes.

Saint-Clair se leva, son verre à la main : « Messieurs, dit-il, je n'ai point un cœur aussi vaste que notre ami Jules, mais il est plus constant. Or ma constance est d'autant plus méritoire que, depuis longtemps [21], je suis séparé de la dame de mes pensées. Je suis sûr cependant que vous approuverez mon choix, si toutefois vous n'êtres pas déjà mes rivaux. A Judith Pasta*, messieurs ! Puissions-nous revoir bientôt la première tragédienne de l'Europe ! »

Thémines voulait critiquer le toast; mais les acclamations l'interrompirent. Saint-Clair ayant paré cette botte se croyait hors d'affaire pour la journée.

La conversation tomba d'abord sur les théâtres. La censure dramatique servit de transition pour parler de la politique [22]. De lord Wellington on passa aux chevaux anglais, et des chevaux aux femmes par une liaison d'idées facile à saisir; car, pour des jeunes gens, un beau cheval d'abord et une jolie maîtresse ensuite sont les deux objets les plus désirables.

Alors on discuta les moyens d'acquérir ces objets si désirables. Les chevaux s'achètent, on achète aussi des femmes; mais de celles-là n'en parlont point. Saint-Clair, après avoir modestement allégué son peu d'expérience sur ce sujet délicat, conclut que la première condition pour plaire à une femme c'est de se singulariser, d'être différent des autres. Mais y a-t-il une formule générale de singularité? Il ne le croyait pas.

« Si bien qu'à votre sentiment, dit Jules, un boiteux ou un bossu sont plus en passe de plaire qu'un homme droit et fait comme tout le monde?

— Vous poussez les choses bien loin, répondit Saint-Clair; mais j'accepte, s'il le faut, toutes les conséquences de ma proposition. Par exemple, si j'étais bossu, je ne me brûlerais pas la cervelle et je voudrais [23] faire des conquêtes. D'abord je ne m'adresserais qu'à deux sortes de femmes, soit à celles qui ont une véritable sensibilité, soit aux femmes, et le nombre en est grand, qui ont la prétention d'avoir un caractère original, *eccentric*, comme on dit en Angleterre. Aux premières [24] je peindrais l'horreur de ma position, la cruauté de la nature à mon égard. Je tâcherais de les apitoyer sur mon sort, je saurais leur faire soupçonner que je suis capable d'un amour passionné. Je tuerais en duel un de mes rivaux, et je m'empoisonnerais avec une faible dose de laudanum*. Au bout de quelques mois on ne verrait plus ma bosse, et alors ce serait mon affaire d'épier le premier accès de sensibilité. Quant aux femmes qui prétendent à l'originalité, la conquête en est facile. Persuadez-leur seulement que c'est une règle bien et dûment établie qu'un bossu ne peut avoir de bonne fortune; elles voudront aussitôt donner le démenti à la règle générale.

— Quel don Juan! s'écria Jules.

— Cassons-nous les jambes, messieurs, dit le colonel Beaujeu, puisque nous avons le malheur de n'être pas nés bossus.

— Je suis tout à fait de l'avis de Saint-Clair, dit Hector Roquantin, qui n'avait pas plus de trois pieds et demi de haut*; on voit tous les jours les plus belles femmes et les plus à la mode se rendre à des gens dont vous autres beaux garçons vous ne vous méfieriez jamais*...

— Hector, levez-vous, je vous en prie, et sonnez pour qu'on nous apporte du vin », dit Thémines de l'air du monde le plus naturel.

Le nain se leva, et chacun se rappela en souriant la fable du renard qui a la queue coupée*.

« Pour moi », dit Thémines reprenant la conversation, « plus je vis et plus je vois qu'une figure passable », et en même temps il jetait un coup d'œil complaisant sur la glace qui lui était opposée, « une figure passable et du goût dans la toilette sont la grande singularité qui séduit les plus cruelles; » et, d'une chiquenaude, il fit sauter une petite miette de pain qui s'était attachée au revers de son habit.

— Bah! s'écria le nain, avec une jolie figure [25] et un habit de Staub* on a des femmes que l'on garde huit jours et qui vous ennuient au second rendez-vous. Il faut autre chose pour se faire aimer, ce qui s'appelle aimer... Il faut...

— Tenez, interrompit Thémines, voulez-vous un exemple concluant? Vous avez tous connu Massigny, et vous savez quel homme c'était. Des manières comme un groom anglais, de la conversation comme son cheval... Mais il était beau comme Adonis et mettait sa cravate comme Brummel*. Au total c'était l'être le plus ennuyeux que j'aie connu.

— Il a pensé me tuer d'ennui, dit le colonel Beaujeu. Figurez-vous que j'ai été obligé de faire deux cents lieues avec lui.

— Savez-vous, demanda Saint-Clair, qu'il a causé la mort de ce pauvre Richard Thornton que vous avez tous connu?

— Mais, répondit Jules, ne savez-vous donc pas qu'il a été assassiné par les brigands auprès de Fondi?*

— D'accord; mais vous allez voir que Massigny a été au moins complice du crime. Plusieurs voyageurs, parmi lesquels se trouvait Thornton, avaient arrangé d'aller à Naples tous ensemble de peur des brigands. Massigny voulut se joindre à la caravane. Aussitôt que Thornton le sut il prit les devants, d'effroi, je pense, d'avoir à passer quelques jours avec lui. Il partit seul, et vous savez le reste.

— Thornton avait raison, dit Thémines; et de deux

morts il choisit [26] la plus douce. Chacun à sa place en eût fait autant. » Puis, après une pause : « Vous m'accordez donc, reprit-il, que Massigny était l'homme [27] le plus ennuyeux de la terre?

— Accordé ! » s'écria-t-on par acclamation.

« Ne désespérons personne, dit Jules; faisons une exception en faveur de ***, surtout quand il développe ses plans politiques.

— Vous m'accorderez présentement [28], poursuivit Thémines, que madame de Coursy est une femme d'esprit s'il en fut. »

Il y eut un moment de silence. Saint-Clair baissait la tête et s'imaginait que tous les yeux étaient fixés sur lui.

« Qui en doute? » dit-il enfin, toujours penché sur son assiette et paraissant observer avec beaucoup de curiosité les fleurs peintes sur la porcelaine.

« Je maintiens, dit Jules élevant la voix, je maintiens que c'est une des trois plus aimables femmes de Paris.

— J'ai connu son mari, dit le colonel. Il m'a souvent montré des lettres charmantes de sa femme.

— Auguste, interrompit Hector Roquantin, présentez-moi donc à la comtesse. On dit que vous faites chez elle la pluie et le beau temps.

— A la fin de l'automne, murmura Saint-Clair, quand elle sera de retour à Paris... Je... je crois qu'elle ne reçoit pas à la campagne.

— Voulez-vous m'écouter? » s'écria Thémines. Le silence se rétablit. Saint-Clair s'agitait sur sa chaise comme un prévenu devant une cour d'assises.

« Vous n'avez pas vu la comtesse il y a trois ans, vous étiez alors en Allemagne, Saint-Clair, reprit Alphonse de Thémines [29] avec un sang-froid désespérant. Vous ne pouvez vous faire une idée de ce qu'elle était alors : belle, fraîche comme une rose, vive surtout, et gaie comme une papillon. Eh bien ! savez-vous, parmi ses nombreux adorateurs, lequel a été honoré de ses bontés? Massigny ! Le plus bête des hommes et le plus sot a tourné la tête de la plus spirituelle des femmes. Croyez-vous qu'un bossu aurait pu en faire autant? Allez, croyez-moi ayez une jolie figure, un bon tailleur, et soyez hardi. »

Saint-Clair était dans une position atroce. Il allait donner un démenti formel au narrateur; mais la peur de compromettre la comtesse le retint. Il aurait voulu pouvoir dire quelque chose en sa faveur; mais sa langue était glacée. Ses lèvres tremblaient de fureur, et il cherchait en vain dans son esprit quelque moyen détourné d'engager une querelle.

« Quoi ! s'écria Jules d'un air de surprise, madame de Coursy s'est donnée à Massigny ! *Frailty, thy name is woman !**

— C'est une chose si peu importante que la réputation d'une femme ! dit Saint-Clair [30] d'un ton sec et méprisant. Il est bien permis de la mettre en pièces [31] pour faire un peu d'esprit., et... »

Comme il parlait, il se rappela avec horreur un certain vase étrusque qu'il avait vu cent fois sur la cheminée de la comtesse à Paris. Il savait que c'était un présent de Massigny à son retour d'Italie; et, circonstance accablante ! ce vase avait été apporté de Paris à la campagne. Et tous les soirs, en ôtant son bouquet, Mathilde le posait dans le vase étrusque.

La parole expira sur ses lèvres; il ne vit plus qu'une chose, il ne pensa plus qu'à une chose : le vase étrusque !

La belle preuve ! dira un critique : soupçonner sa maîtresse pour si peu de chose ! « Avez-vous été amoureux, monsieur le critique? »

Thémines était en trop belle humeur pour s'offenser du ton que Saint-Clair avait pris en lui parlant. Il répondit d'un air de légèreté et de bonhomie : « Je ne fais que répéter ce que l'on a dit dans le monde. La chose passait pour certaine [32] quand vous étiez en Allemagne. Au reste je connais assez peu madame de Coursy; il y a dix-huit mois que je ne suis allé [33] chez elle. Il est possible qu'on se soit trompé et que Massigny m'ait fait un conte. Pour en revenir à ce qui nous occupe, quand l'exemple que je viens de citer serait faux, je n'en aurais pas moins raison. Vous savez tous que la femme de France la plus spirituelle [34], celle dont les ouvrages...* »

La porte s'ouvrit, et Théodore Néville entra. Il revenait d'Égypte *.

« Théodore ! si tôt de retour ! » Il fut accablé de questions.

« As-tu rapporté un véritable costume turc ? demanda Thémines [35]. As-tu un cheval arabe et un groom égyptien ?

— Quel homme est le pacha ? dit Jules. Quand se rend-il indépendant ? As-tu vu couper une tête d'un seul coup de sabre ?

— Et les *Almés ?* dit Roquantin. Les femmes sont-elles belles au Caire ?

— Avez-vous vu le général L*** [36] ? demanda le colonel Beaujeu. Comment a-t-il organisé l'armée du pacha ?* [37] — Le colonel C*** [38] vous a-t-il donné un sabre pour moi ?

— Et les pyramides ? et les cataractes du Nil ? et la statue de Memnon* ? Ibrahim pacha ?* etc., etc., etc. » Tous parlaient à la fois ; Saint-Clair ne pensait qu'au vase étrusque.

Théodore s'étant assis les jambes croisées, car il avait pris cette habitude en Égypte et n'avait pu la perdre en France, attendit que les questionneurs se fussent lassés, et parla comme il suit, assez vite pour n'être pas facilement interrompu.

« Les pyramides !* d'honneur*, c'est *un regular humbug**. C'est bien moins haut qu'on ne croit. Le Munster à Strasbourg n'a que quatre mètres de moins*. Les antiquités me sortent par les yeux. Ne m'en parlez pas. La seule vue d'un hiéroglyphe me ferait évanouir [39]. Il y a tant de voyageurs qui s'occupent de ces choses-là ! Moi, mon but a été d'étudier la physionomie et les mœurs de toute cette population bizarre qui se presse dans les rues d'Alexandrie et du Caire, comme des Turcs, des Bédouins, des Coptes, des Fellahs, des Moghrabins. J'ai rédigé quelques notes à la hâte pendant que j'étais au lazaret*. Quelle infamie que ce lazaret ! J'espère que vous ne croyez pas à la contagion, vous autres ! Moi, j'ai fumé tranquillement ma pipe au milieu de trois cents pestiférés. Ah ! colonel, vous verriez là une belle cavalerie, bien montée. Je vous montrerai des armes superbes [40] que j'ai rapportées. J'ai un djérid qui a appartenu au fameux Mourad bey*. Colonel, j'ai un yataghan, pour vous et un khandjar pour Auguste. Vous verrez [41] mon *metchla,* mon *bournous*, mon *khaïk**. Savez-vous qu'il n'aurait tenu qu'à moi de rapporter des femmes ? Ibrahim pacha en a tant envoyé de Grèce qu'elles sont pour rien*..... Mais à cause de ma mère..... J'ai beaucoup causé avec le pacha. C'est un homme d'esprit, parbleu ! sans préjugés. Vous ne sauriez croire comme il entend bien nos affaires. D'honneur, il est informé des plus petits mystères de notre cabinet. J'ai puisé dans sa conversation des renseignements bien précieux sur l'état des partis en France... Il s'occupe beaucoup de statistique en ce moment. Il est abonné à tous nos journaux. Savez-vous qu'il est bonapartiste enragé ! Il ne parle que de Napoléon. Ah ! quel grand homme que *Bounabardo** ! me disait-il. Bounabardo, c'est ainsi qu'ils appellent Bonaparte.

« *Giourdina, c'est-à-dire Jourdain** », murmura tout bas Thémines.

« D'abord, continua Théodore, Mohamed Ali était fort réservé avec moi. Vous savez que tous les Turcs sont très méfiants. Il me prenait pour un espion, le diable m'emporte ! ou pour un jésuite. — Il a les jésuites en horreur. Mais au bout de quelques visites il a reconnu que j'étais un voyageur sans préjugés, curieux de m'instruire à fond des coutumes, des mœurs et de la politique de l'Orient. Alors il s'est déboutonné et m'a parlé à cœur ouvert. A ma dernière audience, c'était la troisième qu'il m'accordait, je pris la liberté de lui dire : « Je ne conçois pas pourquoi Ton Altesse ne se rend pas indépendante de la Porte. — Mon Dieu ! me dit-il, je le voudrais bien ; mais je crains que les journaux libéraux, qui gouvernent tout dans ton pays, ne me soutiennent pas quand une fois j'aurai proclamé l'indépendance de l'Égypte. » C'est un beau vieillard, belle barbe blanche*, ne riant jamais. Il m'a donné des confitures excellentes; mais de tout ce que je lui ai donné, ce qui lui a fait le plus de plaisir, c'est la collection des costumes de la garde impériale par Charlet.

— Le pacha est-il romantique? demanda Thémines.

— Il s'occupe peu de littérature; mais vous n'ignorez pas que la littérature arabe est toute romantique. Ils ont un poète nommé Melek Ayatalnefous-Ebn-Esraf [42] qui a publié dernièrement des *Méditations* auprès desquelles celles de Lamartine paraîtraient de la prose classique*. A mon arrivée au Caire, j'ai pris un maître d'arabe, avec lequel je me suis mis à lire le *Coran*. Bien que je n'aie pris que peu de leçons, j'en ai assez vu pour comprendre les sublimes beautés du style du prophète, et combien sont mauvaises toutes nos traductions. Tenez, voulez-vous voir de l'écriture arabe? Ce mot en lettres d'or, c'est *Allah*, c'est-à-dire Dieu. »

En parlant ainsi il montrait une lettre fort sale qu'il avait tirée d'une bourse de soie parfumée.

« Combien de temps es-tu resté en Égypte? » demanda Thémines.

— « Six semaines. »

Et le voyageur continua de tout décrire, depuis le cèdre jusqu'à l'hysope*. Saint-Clair sortit presque aussitôt après son arrivée, et reprit le chemin de sa maison de campagne. Le galop impétueux de son cheval l'empêchait de suivre nettement ses idées. Mais il sentait vaguement que son bonheur en ce monde était détruit à jamais, et qu'il ne pouvait s'en prendre qu'à un mort et à un vase étrusque.

Arrivé chez lui, il se jeta sur le canapé où la veille il avait si longuement et si délicieusement analysé son bonheur. L'idée qu'il avait caressée le plus amoureusement, c'était que sa maîtresse n'était pas une femme comme une autre, qu'elle n'avait aimé et ne pourrait jamais aimer que lui. Maintenant ce beau rêve disparaissait devant la triste et cruelle réalité. « Je possède une belle femme, et voilà tout. Elle a de l'esprit : elle en est plus coupable; elle a pu aimer Massigny!... Il est vrai qu'elle m'aime maintenant..... de toute son âme..... comme elle peut aimer. Être aimé comme Massigny l'a été!..... Elle s'est rendue à mes soins, à mes cajoleries, à mes importunités. Mais je me suis trompé. Il n'y avait pas de sympathie entre nos deux cœurs. Massigny ou moi, ce lui est tout un. Il est beau, elle l'aime pour sa beauté. J'amuse quelquefois madame. Eh bien! aimons Saint-Clair, s'est-elle dit, puisque l'autre est mort! Et si Saint-Clair meurt ou m'ennuie, nous verrons. »

Je crois fermement que le diable est aux écoutes, invisible auprès d'un malheureux qui se torture ainsi lui-même. Le spectacle est amusant pour l'ennemi des hommes; et quand la victime sent ses blessures se fermer, le diable est là pour les rouvrir.

Saint-Clair crut entendre une voix qui murmurait à ses oreilles :

L'honneur singulier
D'être le successeur*.........

Il se leva sur son séant et jeta un coup d'œil farouche autour de lui. Qu'il eût été heureux de trouver quelqu'un dans sa chambre! Sans doute il l'eût déchiré.

La pendule sonna huit heures. A huit heures et demie, la comtesse l'attend. — S'il manquait au rendez-vous! « Au fait, pourquoi revoir la maîtresse de Massigny? » Il se recoucha sur son canapé et ferma les yeux. « Je veux dormir, » dit-il. Il resta immobile une demi-minute, puis sauta en pieds [43] et courut à la pendule pour voir le progrès du temps. « Que je voudrais qu'il fût huit heures et demie! pensa-t-il. Alors il serait trop tard pour me mettre en route. » Dans son cœur il ne se sentait pas le courage de rester chez lui; il voulait avoir un prétexte. Il aurait voulu être bien malade. Il se promena dans la chambre, puis s'assit, prit un livre, et ne put lire une syllabe. Il se plaça devant son piano, et n'eut pas la force de l'ouvrir. Il siffla, il regarda les nuages et voulut compter les peupliers devant ses fenêtres. Enfin il retourna consulter la pendule, et vit qu'il n'avait pu parvenir à passer trois minutes. « Je ne puis m'empêcher de l'aimer, s'écria-t-il en grinçant les dents et frappant du pied, elle me domine, et je suis son esclave, comme Massigny l'a été avant moi ! Eh bien, misérable, obéis, puisque tu n'as pas assez de cœur pour briser une chaîne que tu hais ! » Il prit son chapeau et sortit précipitamment.

Quand une passion nous emporte, nous éprouvons quelque consolation d'amour-propre à contempler notre faiblesse du haut de notre orgueil. — Il est vrai que je suis faible, se dit-on, mais si je voulais !

Il montait à pas lents le sentier qui conduisait à la porte du parc, et de loin il voyait un figure blanche qui se détachait sur la teinte foncée des arbres. De sa main, elle agitait* un mouchoir comme pour lui faire signe. Son cœur battait avec violence, ses genoux tremblaient ; il n'avait pas la force de parler, et il était devenu si timide qu'il craignait que la comtesse ne lût sa mauvaise humeur sur sa physionomie.

Il prit la main qu'elle lui tendait, lui baisa le front, parce qu'elle se jeta sur son sein, et il la suivit jusque dans son appartement, muet, et étouffant avec peine des soupirs qui semblaient devoir faire éclater sa poitrine.

Une seule bougie éclairait le boudoir de la comtesse. Tous deux s'assirent. Saint-Clair remarqua la coiffure de son amie ; une seule rose dans ses cheveux. La veille il lui avait apporté une belle gravure anglaise*, la duchesse de Portland d'après Lesly (elle est coiffée de cette manière), et Saint-Clair n'avait dit que ces mots : « J'aime mieux cette rose toute simple que vos coiffures compliquées. » Il n'aimait pas les bijoux, et il pensait comme ce lord qui disait brutalement : « À femmes parées, à chevaux caparaçonnés, le diable ne connaîtrait rien. » La nuit dernière, en jouant avec un collier de perles de la comtesse (car, en parlant, il fallait toujours qu'il eût quelque chose entre les mains), il avait dit : « Les bijoux ne sont bons que pour cacher des défauts. Vous êtes trop jolie, Mathilde, pour en porter. » Ce soir, la comtesse qui retenait jusqu'à ses paroles les plus indifférentes, avait ôté bagues, colliers, boucles d'oreilles et bracelets. — Dans la toilette d'une femme il remarquait, avant tout, la chaussure, et, comme bien d'autres, il avait ses manies sur ce chapitre. Une grosse averse était tombée avant le coucher du soleil. L'herbe était encore toute mouillée; cependant la comtesse avait marché sur le gazon humide avec des bas de soie et des souliers de satin noir... Si elle allait être malade?

« Elle m'aime, » se dit Saint-Clair, et il soupira sur lui-même et sur sa folie, et il regardait Mathilde en souriant malgré lui, partagé entre sa mauvaise humeur et le plaisir de voir une jolie femme qui cherchait à lui plaire par tous ces petits riens qui ont tant de prix pour des amants.

Pour la comtesse, sa physionomie radieuse exprimait un mélange d'amour et de malice enjouée qui la rendait encore plus aimable [44]. Elle prit quelque chose dans un coffre en laque du Japon, et, présentant sa petite main fermée et cachant l'objet qu'elle tenait : « L'autre soir, dit-elle, j'ai cassé votre montre. La voici raccommodée. » Elle lui remit la montre [45], et le regardait d'un air à la fois tendre et espiègle, en se mordant la lèvre inférieure, comme pour s'empêcher de rire. Vive Dieu ! que ses dents étaient belles ! comme elles brillaient blanches sur le rose ardent de ses lèvres ! (Un homme a l'air bien sot quand il reçoit froidement les cajoleries d'une jolie femme.)

Saint-Clair la remercia, prit la montre et allait la mettre dans sa poche : « Regardez donc, continua-t-elle, ouvrez-la, et voyez si elle est bien raccommodée. Vous qui êtes si savant, vous qui avez été à l'École polytechnique, vous devez voir cela. — Oh ! je m'y connais fort peu, » dit Saint-Clair; et il ouvrit la boîte de la montre d'un air distrait. Quelle fut sa surprise ! le portrait en miniature de madame de Coursy était peint sur le fond de la boîte. Le moyen de bouder encore? Son front s'éclaircit; il ne pensa plus à Massigny; il se souvint seulement qu'il était auprès d'une femme charmante, et que cette femme l'adorait. . . . .

. . . .

*L'alouette, cette messagère de l'aurore**, commençait à chanter; et de longues bandes de lumière pâle sillonnaient les nuages à l'orient. C'est alors que Roméo dit adieu à Juliette; c'est l'heure classique où tous les amants doivent se séparer.

Saint-Clair était debout devant une cheminée, la clef du parc à la main, les yeux attentivement fixés sur le vase étrusque dont nous avons déjà parlé. Il lui gardait encore rancune au fond de son âme. Cependant il était en belle humeur, et l'idée bien simple que Thémines avait pu mentir commençait à se présenter à son esprit. Pendant que la comtesse, qui voulait le reconduire jusqu'à la porte du parc, s'enveloppait la tête d'un châle, il frappait doucement de sa clef le vase odieux, augmentant progressivement la force de ses coups, de manière à faire croire qu'il allait bientôt le faire voler en éclats.

« Ah! Dieu! prenez garde! s'écria Mathilde; vous allez casser mon beau vase étrusque! » Et elle lui arracha la clef des mains.

Saint-Clair était très mécontent, mais il était résigné. Il tourna le dos à la cheminée pour ne pas succomber à la tentation, et, ouvrant sa montre, il se mit à considérer le portrait qu'il venait de recevoir.

— Quel est le peintre? » demanda-t-il.

« Monsieur R... Tenez, c'est Massigny qui me l'a fait connaître. Massigny, depuis son voyage à Rome, avait découvert qu'il avait un goût exquis pour les beaux-arts, et s'était fait le Mécène de tous les jeunes artistes. Vraiment, je trouve que ce portrait me ressemble, quoique un peu flatté. »

Saint-Clair avait envie de jeter la montre contre la muraille, ce qui l'aurait rendue bien difficile à raccommoder. Il se contint pourtant et la remit dans sa poche; puis, remarquant qu'il était déjà jour, il sortit de la maison, supplia Mathilde de ne pas l'accompagner, traversa le parc à grands pas, et dans un moment il fut seul dans la campagne [46].

« Massigny, Massigny! s'écriait-il avec une rage concentrée, te retrouverai-je donc toujours!... Sans doute, le peintre qui a fait ce portrait en a peint un autre pour Massigny!... Imbécile que j'étais! J'ai pu croire un instant que j'étais aimé d'un amour égal au mien... et cela parce qu'elle se coiffe avec une rose et qu'elle ne porte pas de bijoux!... elle en a [47] plein un secrétaire... Massigny, qui ne regardait que la toilette des femmes, aimait tant les bijoux!... Oui, elle a un bon caractère, il faut en convenir. Elle sait se conformer aux goûts de ses amants. Morbleu! j'aimerais mieux cent fois qu'elle fût une courtisane et qu'elle se fût donnée pour de l'argent. Au moins pourrais-je croire qu'elle m'aime, puisqu'elle est ma maîtresse et que je ne la paye pas. »

Bientôt une autre idée encore plus affligeante vint s'offrir à son esprit. Dans quelques semaines le deuil de la comtesse allait finir [48]. Saint-Clair devait l'épouser aussitôt que l'année de son veuvage serait révolue. Il l'avait promis. Promis? Non. Jamais il n'en avait parlé. Mais telle avait été son intention, et la comtesse l'avait comprise. Pour lui, cela valait un serment. La veille, il aurait donné un trône pour hâter le moment où il pourrait avouer publiquement son amour; maintenant il frémissait à la seule idée de lier son sort à l'ancienne maîtresse [49] de Massigny. « Et pourtant JE LE DOIS! se disait-il, et cela sera. Elle a cru sans doute, pauvre femme, que je connaissais son intrigue passée. Ils disent que la chose a été publique. Et puis, d'ailleurs, elle ne me connaît pas... Elle ne peut me comprendre. Elle pense que je ne l'aime que comme Massigny l'aimait. » Alors il se dit non sans orgueil : « Trois mois elle m'a rendu le plus heureux des hommes. Ce bonheur vaut bien le sacrifice de ma vie entière. »

Il ne se coucha pas, et se promena à cheval dans les bois pendant toute la matinée. Dans une allée du bois de Verrières, il vit un homme monté sur un beau cheval anglais, qui de très loin l'appela par son nom et l'accosta sur-le-champ. C'était Alphonse de Thémines [50]. Dans la situation d'esprit où se trouvait Saint-Clair, la solitude est particulièrement agréable : aussi la rencontre de Thémines changea-t-elle sa mauvaise humeur en une colère étouffée. Thémines ne s'en apercevait pas, ou bien se faisait un malin plaisir de le contrarier. Il parlait, il riait, il plaisantait sans s'apercevoir qu'on ne lui répondait pas. Saint-Clair voyant une allée étroite y fit entrer son cheval aussitôt, espérant que le fâcheux ne l'y suivrait pas; mais il se trompait; un fâcheux ne lâche pas facilement sa proie. Thémines tourna bride et doubla le pas pour se mettre en ligne avec Saint-Clair et continuer la conversation plus commodément.

J'ai dit que l'allée était étroite. A toute peine les deux chevaux pouvaient y marcher de front; aussi n'est-il pas extraordinaire que Thémines, bien que très bon cavalier, effleurât le pied de Saint-Clair en passant à côté de lui. Celui-ci, dont la colère était arrivée à son dernier période, ne put se contraindre plus longtemps. Il se leva sur ses étriers et frappa fortement de sa badine le nez du cheval des Thémines.

« Que diable avez-vous, Auguste? s'écria Thémines. Pourquoi battez-vous mon cheval?

— Pourquoi me suivez-vous? » répondit Saint-Clair d'une voix terrible.

« Perdez-vous le sens, Saint-Clair? Oubliez-vous que vous me parlez?

— Je sais bien [51] que je parle à un fat.

— Saint-Clair!... vous êtes fou, je pense... Écoutez : demain vous me ferez des excuses, ou bien vous me rendrez raison de votre impertinence.

— A demain donc, monsieur. »

Thémines arrêta son cheval; Saint-Clair poussa le sien; bientôt il disparut dans le bois.

Dans ce moment [52] il se sentit plus calme. Il avait la faiblesse de croire aux pressentiments. Il pensait qu'il serait tué le lendemain, et alors c'était un dénouement tout trouvé à sa position. Encore un jour à passer;

demain plus d'inquiétudes, plus de tourments. Il rentra chez lui, envoya son domestique avec un billet au colonel Beaujeu, écrivit quelques lettres, puis il dîna de bon appétit, et fut exact à se trouver à huit heures et demie à la petite porte du parc.

. . . .

« Qu'avez-vous donc aujourd'hui, Auguste? dit la comtesse. Vous êtes d'une gaieté étrange, et pourtant vous ne pouvez me faire rire avec toutes vos plaisanteries. Hier vous étiez tant soit peu maussade, et moi j'étais si gaie! Aujourd'hui, nous avons changé de rôle.

— Moi, j'ai un mal de tête affreux.

— Belle amie, je l'avoue [53], oui, j'étais bien ennuyeux hier. Mais aujourd'hui je me suis promené, j'ai fait de l'exercice; je me porte à ravir.

— Pour moi, je me suis levée tard, j'ai dormi longtemps ce matin, et j'ai fait des rêves fatigants.

— Ah! des rêves? Croyez-vous aux rêves?

— Quelle folie!

— Moi, j'y crois. Je parie que vous avez fait un rêve qui annonce quelque événement tragique.

— Mon Dieu, jamais je ne me souviens de mes rêves. Pourtant, je me rappelle... dans mon rêve j'ai vu Massigny; ainsi vous voyez que ce n'était rien de bien amusant.

— Massigny! j'aurais cru, au contraire, que vous auriez beaucoup de plaisir à le revoir?

— Pauvre Massigny!

— Pauvre Massigny?

— Auguste, dites-moi, je vous en prie, ce que vous avez ce soir. Il y a dans votre sourire quelque chose de diabolique [54]. Vous avez l'air de vous moquer de vous-même [55].

— Ah! voilà que vous me traitez aussi mal que me traitent les vieilles douairières, vos amies.

— Oui, Auguste, vous avez aujourd'hui la figure que vous avez avec les gens que vous n'aimez pas.

— Méchante! allons, donnez-moi votre main. » Il lui baisa la main avec une galanterie ironique, et ils se regardèrent fixement pendant une minute. Saint-Clair baissa les yeux le premier et s'écria : « Qu'il est difficile de vivre en ce monde sans passer pour méchant ! Il faudrait ne jamais parler d'autre chose que du temps ou de la chasse, ou bien discuter avec vos vieilles amies le budget de leurs comités de bienfaisance. »

Il prit un papier sur une table : « Tenez, voici le mémoire de votre blanchisseuse de fin [56]. Causons là-dessus, mon ange : comme cela, vous ne direz pas que je suis méchant.

— En vérité, Auguste, vous m'étonnez...

— Cette orthographe me fait penser à une lettre que j'ai trouvée ce matin. Il faut vous dire que j'ai rangé mes papiers, car j'ai de l'ordre de temps en temps. Or donc, j'ai retrouvé une lettre d'amour que m'écrivait une couturière dont j'étais amoureux quand j'avais seize ans*. Elle a une manière à elle d'écrire chaque mot, et toujours la plus compliquée. Son style est digne de son orthographe. Eh bien ! comme j'étais alors tant soit peu fat, je trouvai indigne de moi d'avoir une maîtresse qui n'écrivît pas comme Sévigné. Je la quittai brusquement. Aujourd'hui, en relisant cette lettre, j'ai reconnu que cette couturière devait avoir un amour véritable pour moi.

— Bon ! une femme que vous entreteniez ?...

— Très magnifiquement : à cinquante francs par mois. Mais mon tuteur ne me faisait pas une pension trop forte, car il disait qu'un jeune homme qui a de l'argent se perd et perd les autres.

— Et cette femme, qu'est-elle devenue ?

— Que sais-je ?... Probablement elle est morte à l'hôpital.

— Auguste... si cela était vrai, vous n'auriez pas cet air insouciant.

— S'il faut dire la vérité, elle s'est mariée à un *honnête homme ;* et quand on m'a émancipé, je lui ai donné une petite dot.

— Que vous êtes bon !... Mais pourquoi voulez-vous paraître méchant ?

— Oh! je suis très bon... Plus j'y songe, plus je me persuade que cette femme m'aimait réellement... Mais alors je ne savais pas distinguer un sentiment vrai sous une forme ridicule.

— Vous auriez dû m'apporter votre lettre. Je n'aurais pas été jalouse... Nous autres femmes nous avons plus de tact que vous, et nous voyons tout de suite au style d'une lettre si l'auteur est de bonne foi, ou s'il feint une passion qu'il n'éprouve pas.

— Et cependant combien de fois vous laissez-vous attraper par des sots ou des fats! »

En parlant il regardait le vase étrusque, et il y avait dans ses yeux et dans sa voix une expression sinistre que Mathilde ne remarqua point.

« Allons donc! vous autres hommes, vous voulez tous passer pour des don Juan. Vous vous imaginez que vous faites des dupes, tandis que souvent vous ne trouvez [57] que des *dona Juana* [58], encore plus rouées que vous.

— Je conçois qu'avec votre esprit supérieur, mesdames, vous sentez un sot d'une lieue. Aussi je ne doute pas que notre ami Massigny, qui était sot et fat, ne soit mort vierge et martyr...

— Massigny? Mais il n'était pas trop sot; et puis il y a des femmes sottes. Il faut que je vous conte une histoire sur Massigny... Mais ne vous l'ai-je pas déjà contée, dites-moi?

— Jamais, répondit Saint-Clair d'une voix tremblante.

— Massigny, à son retour d'Italie, devint amoureux de moi. Mon mari le connaissait; il me le présenta comme un homme d'esprit et de goût. Ils étaient faits l'un pour l'autre. Massigny fut d'abord très assidu; il me donnait comme de lui des aquarelles qu'il achetait chez Schroth*, et me parlait musique et peinture avec un ton de supériorité tout à fait divertissant. Un jour il m'envoya une lettre incroyable. Il me disait, entre autres choses, que j'étais la plus honnête femme de Paris; c'est pourquoi il voulait être mon amant. Je montrai la lettre à ma cousine Julie. Nous étions deux folles alors, et nous résolûmes de lui jouer un tour. Un soir, nous avions quelques visites, entre autres Massigny. Ma cousine me dit [59] : « Je vais vous lire une déclaration d'amour que j'ai reçue ce matin. » Elle prend la lettre et la lit au milieu des éclats de rire... Le pauvre Massigny !... »

Saint-Clair tomba à genoux en poussant un cri de joie. Il saisit la main de la comtesse, et la couvrit de baisers et de larmes. Mathilde était dans la dernière surprise, et crut d'abord qu'il se trouvait mal. Saint-Clair ne pouvait dire que ces mots : « Pardonnez-moi ! pardonnez-moi [60]. » Enfin il se releva. Il était radieux. Dans ce moment, il était plus heureux que le jour où Mathilde lui dit pour la première fois : je vous aime.

« Je suis le plus fou et le plus coupable des hommes, s'écria-t-il; depuis deux jours je te soupçonnais... et je n'ai pas cherché une explication avec toi...

— Tu me soupçonnais !... Et de quoi ?

— Oh ! je suis un misérable !... On m'a dit que tu avais aimé Massigny, et...

— Massigny ! » et elle se mit à rire; puis, reprenant aussitôt son sérieux : « Auguste, dit-elle, pouvez-vous être assez fou pour avoir de pareils soupçons, et assez hypocrite pour me les cacher ! » Une larme roulait dans ses yeux.

« Je t'en supplie, pardonne-moi.

— Comment ne te pardonnerais-je pas, cher ami ?... Mais d'abord laisse-moi te jurer...

— Oh ! je te crois, je te crois, ne me dis rien.

— Mais, au nom du ciel, quel motif a pu te faire soupçonner une chose aussi improbable ?

— Rien, rien au monde que ma maudite tête... et... vois-tu, ce vase étrusque, je savais qu'il t'avait été donné par Massigny... »

La comtesse joignit les mains d'un air d'étonnement, puis elle s'écria, en riant aux éclats : « Mon vase étrusque ! mon vase étrusque ! »

Saint-Clair ne put s'empêcher de rire lui-même, et

cependant de grosses larmes coulaient le long de ses joues. Il saisit Mathilde dans ses bras, et lui dit : « Je ne te lâche pas que tu ne m'aies pardonné.

— Oui, je te pardonne, fou que tu es, dit-elle en l'embrassant tendrement. Tu me rends bien heureuse aujourd'hui ; voici la première fois que je te vois pleurer, et je croyais que tu ne pleurais pas. »

Puis se dégageant de ses bras elle saisit le vase étrusque et le brisa en mille pièces sur le plancher. (C'était une pièce rare et inédite. On y voyait peint, avec trois couleurs, le combat d'un Lapithe contre un Centaure.)

Saint-Clair fut, pendant quelques heures, le plus honteux et le plus heureux des hommes.

. . . .

« Eh bien ! dit Roquantin au colonel Beaujeu qu'il rencontra le soir chez Tortoni*, la nouvelle est-elle vraie ?

— Trop vraie [61], mon cher, répondit le colonel d'un air triste.

— Contez-moi donc comment cela s'est passé.

— Oh ! fort bien. Saint-Clair a commencé par me dire qu'il avait tort, mais qu'il voulait essuyer le feu de Thémines avant de lui faire des excuses. Je ne pouvais que l'approuver. Thémines voulait que le sort décidât lequel tirerait le premier. Saint-Clair a exigé que ce fût Thémines*. Thémines a tiré ; j'ai vu Saint-Clair tourner une fois sur lui-même, et il est tombé raide mort. J'ai déjà remarqué dans bien des soldats frappés de coups de feu ce tournoiement étrange qui précède la mort.

— C'est fort extraordinaire, dit Roquantin. Et Thémines, qu'a-t-il fait ?

— Oh ! ce qu'il faut faire en pareille occasion. Il a jeté son pistolet à terre d'un air de regret. Il l'a jeté si fort qu'il en a cassé le chien. C'est un pistolet anglais de Manton* ; je ne sais s'il pourra trouver à Paris un arquebusier qui soit capable de lui en refaire un [62]. »

. . . .

La comtesse fut trois ans entiers sans voir personne; hiver comme été, elle demeurait dans sa maison de campagne, sortant à peine de sa chambre, et servie par une mulâtresse qui connaissait sa liaison avec Saint-Clair, et à laquelle elle ne disait pas deux mots par jour. Au bout de trois ans sa cousine Julie revint d'un long voyage; elle força la porte et trouva la pauvre Mathilde si maigre et si pâle, qu'elle crut voir le cadavre de cette femme qu'elle avait laissée belle et pleine de vie. Elle parvint avec peine à la tirer de sa retraite, et à l'emmener à Hyères. La comtesse y languit encore trois ou quatre mois, puis elle mourut d'une maladie de poitrine causée par des chagrins domestiques, comme dit le docteur M... [63], qui lui donna des soins.

LETTRES ADRESSÉES D'ESPAGNE AU DIRECTEUR DE LA « REVUE DE PARIS »

NOTICE

Le 27 juin 1830, le cœur brisé par un amour déçu (voir introduction, p. x), Mérimée partait pour l'Espagne, précédé de sa réputation de libéral frondeur et muni d'une pile de lettres de recommandation dont malheureusement nous ne connaissons aucune. Le 30 juin, il arrive à Bordeaux et pénètre en Espagne par la route classique : Bayonne, Irun, Vitoria, Burgos.

A Madrid il visite le musée, admirant surtout *la Vierge à la perle* de Raphaël, les Velasquez et les Murillo. Il flâne dans les rues, se mêle au peuple, va au théâtre où Scribe, comme à Paris, attire seul les spectateurs. Et surtout il assiste aux courses de taureaux où il applaudit le picador Francisco Sevilla. Lui qui ne peut voir saigner un malade, il sort de la *Plaza* plein d'enthousiasme. Il est guidé et documenté par Serafin Estébanez Calderón, féru de tauromachie.

Il fréquente aussi la *calle del Sordo,* car, il s'est lié en diligence avec don Cipriano Guzman Palafox y Portocarrero, comte de Teba qui deviendra en 1839 comte de Montijo, rencontre fortuite qui aura sur sa destinée l'influence que l'on sait. Le comte l'a présenté à sa femme, Maria-Manuela, fille de Guillaume Kirkpatrick, Écossais exilé qui avait exercé à Malaga les fonctions de consul des États-Unis. Maria-Manuela était alors âgée de trente-six ans et elle avait deux fillettes, Paca qui venait d'atteindre six ans et deviendra la duchesse d'Albe; Eugénie, future Impératrice des Français, alors âgée de quatre ans.

Dans le salon de la comtesse de Teba, Mérimée trouve la société libérale qui lui plaît et un élite intellectuelle. Il se lie avec Estébanez Calderón, poète et nouvelliste qui prépare ses *Escenas Andaluzas* et initie Mérimée à la langue des bohémiens, ou *chipe calli.*

Il lui en dit long sur les bas quartiers de Madrid, sur

l'Albaïcin de Grenade, Triana de Séville, le Mercadillo de Ronda, la Viña de Cadix.

Cependant Mérimée apprend la nouvelle des journées de Juillet, et rassuré par ses parents sur les conséquences de cette révolution, il s'arrache, vers la mi-août aux plaisirs de Madrid. Par Tolède et Cordoue il gagne Séville où il arrive le 4 septembre. Il y découvre le peuple, cette canaille intelligente, spirituelle, pleine d'imagination. Il admire les robustes *toreros,* les jolies *majas* qui dansent à l'ombre des orangers au bord du Guadalquivir. A la porte de Triana, il a vu le signalement du fameux José-Maria, le bandit au grand cœur. Il s'est mêlé à la population étrange de ce faubourg, qui tient à la fois de l'Arabe, de l'Andalou, du Gitano, où il trouve les types les plus curieux du peuple espagnol et les spécimens de bohémiens, race indomptable et inadaptée, auxquels il s'intéressera toute sa vie et dont il voudra écrire l'histoire. Flânant dans les rues tortueuses de la ville il découvre, dans une petite niche de la rue du Candilejo, la tête en pierre du roi don Pedro.

Il visite l'hôpital de la Caridad et ne se lasse pas d'écouter les étonnantes histoires des guides andalous qui lui content, à leur façon, la vie du célèbre Don Juan de Mañara, ses débauches et ses crimes.

Après Séville, Cadix, puis Algésiras, Gaucin et Ronda. Vêtu d'un habit usé aux coudes, muni d'un mince bagage, Mérimée s'engage dans la Sierra de Ronda, exerçant son endurance dans les sentiers pierreux, les rudes montagnes, les rochers brûlés de soleil.

Dans cette randonnée en tous sens, sur cette terre classique des voleurs, il eût bien voulu en rencontrer quelques-uns, pour causer avec eux et les questionner poliment sur leur genre de vie; non pas de ces bandits du théâtre romantique, type Hernani, mais d'honnêtes voleurs comme ce José-Maria, généreux et galant, de qui on lui a raconté l'histoire, car on ne parle que de lui de Madrid à Séville et de Séville à Malaga. C'est un héros que les hommes respectent et que les femmes admirent.

Par Malaga et Loja, après un rude voyage de huit jours, il arrive à Grenade, admire l'Alhambra, et, le 10 octobre

1830, il déjeune dans le Généralife, au pied du cyprès des Zegris, avec le duc de Gor.

Par Campillo de Arenas, Jaén, Baylen, Mérimée traverse ensuite les pays rendus célèbres par les deux guerres de l'indépendance, y trouvant des souvenirs et des anecdotes qui ne lui sont pas toujours agréables. Traversant la sierra Morena, par le Despeña-Perros, il revient à Madrid vers le 20 octobre et il y retrouve la comtesse de Teba; il lui raconte son voyage et se renseigne sur le fameux don Juan de Mañara. Elle lui conte toutes sortes d'histoires sur l'Alhambra et le Généralife, celles du *Moro encantado,* du *Velludo* et du *Cavallo descabezado.*

Au début de novembre il partit pour Valence où il resta vingt et un jours sans s'ennuyer et sa lettre à Stendhal (*Corr. gén.,* t. XVI, p. 88) ne laisse aucun doute sur la nature des plaisirs qui le retinrent dans la ville. Une note triste pourtant dans la joie de ce séjour, l'exécution d'un pauvre valencien, de qui il contera la pendaison avec une émotion véritable.

A Murviedro enfin, il examine distraitement les ruines de l'antique Sagonte et sur la route du retour, il rencontre dans un petit cabaret isolé une jolie fille, Carmencita, de qui il fit le portrait et qui est peut-être la première ébauche de *Carmen.*

Mérimée, dès son retour, publie ses lettres adressées d'Espagne à la *Revue de Paris.* Le 2 janvier 1831, paraît la lettre sur les combats de taureaux, suivie, le 13 mars d'une lettre sur une exécution à Valence. Le 26 août 1832 il publiera sa lettre sur les voleurs, et le 29 décembre 1833, seulement sa lettre sur les sorcières espagnoles, ce qui explique qu'elle n'a pas été reproduite comme les trois premières, dans *Mosaïque* parue le 4 juin 1833. Les lettres adressées d'Espagne n'ont été l'objet que de peu de commentaires. Gustave Planche a écrit, alors que les deux premières seulement avaient paru : « Les deux lettres de Mérimée sur l'Espagne sont bien écrites, mais ne sont peut-être pas aussi naturelles qu'on pouvait s'y attendre. L'esprit y gâte souvent l'émotion. »

M. P.

LETTRES
ADRESSÉES D'ESPAGNE
AU DIRECTEUR
DE LA « REVUE DE PARIS »

I

1831 [1]

Madrid, 25 octobre 1830 [2].

MONSIEUR,

Les courses de taureaux sont encore très en vogue en Espagne; mais parmi les Espagnols de la classe élevée il en est peu qui n'éprouvent une espèce de honte à avouer leur goût pour un genre de spectacle certainement fort cruel; aussi cherchent-ils plusieurs graves raisons pour le justifier. D'abord c'est un amusement national. Ce mot *national* suffirait seul, car le patriotisme d'antichambre* est aussi fort en Espagne qu'en France. Ensuite, disent-ils, les Romains étaient encore plus barbares que nous, puisqu'ils faisaient combattre des hommes contre des hommes. Enfin, ajoutent les économistes, l'agriculture profite de cet usage, car le haut prix des taureaux [3] de combat engage les propriétaires à élever de nombreux troupeaux. Il faut savoir que tous les taureaux n'ont point le mérite de courir sus aux hommes et aux chevaux, et que sur vingt il s'en trouve à peine un assez brave pour figurer dans un cirque; les dix-neuf autres servent à l'agriculture. Le seul argument que l'on n'ose présenter, et qui serait pourtant sans réplique, c'est que cruel ou non, ce spectacle est si intéressant, si attachant, produit des émotions si puissantes, qu'on ne peut y renoncer lorsqu'on a résisté [4] à l'effet de la première séance. Les étrangers, qui n'entrent dans le cirque la première fois [5] qu'avec une certaine horreur, et seulement afin de s'acquitter en conscience des devoirs de voyageur*, les étrangers, dis-je, se passionnent bientôt pour les courses de taureaux autant que les Espagnols eux-mêmes. Il faut en convenir à la honte de l'humanité, la guerre avec toutes ses horreurs a des charmes extraordinaires, surtout pour ceux qui la contemplent à l'abri*.

Saint Augustin raconte que dans sa jeunesse il avait une répugnance extrême pour les combats de gladiateurs, qu'il n'avait jamais vus. Forcé par un de ses amis de l'accompagner à une de ces pompeuses boucheries, il s'était juré à lui-même de fermer les yeux pendant tout le temps de la représentation. D'abord il tint assez bien sa promesse et s'efforça de penser à autre chose; mais à un cri que poussa tout le peuple en voyant tomber un gladiateur célèbre, il ouvrit les yeux; il les ouvrit et ne put les refermer. Depuis lors, et jusqu'à sa conversion, il fut un des amateurs les plus passionnés des jeux [6] du cirque*.

Après un aussi grand saint, j'ai honte de me citer; pourtant vous savez que je n'ai pas les goûts d'un anthropophage. La première fois que j'entrai dans le cirque de Madrid, je craignis de ne pouvoir supporter la vue du sang que l'on y fait libéralement couler; je craignais surtout que ma sensibilité, dont je me défiais, ne me rendît ridicule devant les amateurs endurcis qui m'avaient donné une place dans leur loge. Il n'en fut rien. Le premier taureau qui parut [7] fut tué; je ne pensais [8] plus à sortir. Deux heures s'écoulèrent sans le moindre entracte, et je n'étais pas encore fatigué. Aucune tragédie au monde ne m'avait intéressé à ce point. Pendant mon séjour en Espagne je n'ai pas manqué un seul combat, et, je l'avoue en rougissant, je préfère les combats à mort à ceux où l'on se contente de harceler des taureaux qui portent des boules à l'extrémité de leurs cornes*. Il y a la même différence qu'entre les combats à outrance et les tournois à lances mornées. Pourtant les deux espèces de courses se ressemblent beaucoup; mais seulement dans la seconde le danger pour les hommes est presque nul.

La veille d'une course est déjà une fête. Pour éviter les accidents, on ne conduit les taureaux dans l'écurie du cirque *(encierro*)* que la nuit; et, la veille du jour fixé pour le combat, ils paissent dans un pâturage à peu de distance de Madrid *(el arroyo)*. C'est un but de promenade que d'aller voir ces taureaux qui viennent souvent de très loin. Un grand nombre de voitures, de cavaliers et de piétons se rendent à l'arroyo. Beaucoup de jeunes gens portent dans cette occasion l'élégant costume de *majo* andalou [a], et déploient une magnificence et un luxe que ne permet point la simplicité de nos habillements ordinaires. Au reste, cette promenade n'est point sans danger : les taureaux sont en liberté, leurs conducteurs ne s'en font pas facilement obéir, c'est l'affaire [9] des curieux d'éviter les coups de corne.

Il y a des cirques *(plazas)* dans presque toutes les grandes villes d'Espagne. Ces édifices sont très simplement, pour ne pas dire très grossièrement, construits. Ce ne sont en général que de grandes baraques en planches, et on cite [10] comme une merveille l'amphithéâtre de Ronda*, parce qu'il est entièrement bâti en pierre. C'est le plus beau de l'Espagne, comme le château de Thunderten-Tronkh était le plus beau de la Westphalie, parce qu'il avait une porte et des fenêtres*. Mais qu'importe la décoration d'un théâtre, quand le spectacle est excellent?

Le cirque de Madrid peut contenir environ sept

---

a. Fashionable des basses classes.

mille spectateurs, qui entrent et sortent sans confusion par un grand nombre de portes. On s'assied sur des bancs de bois ou de pierre [a]; quelques loges ont des chaises. Celle de Sa Majesté Catholique est la seule qui soit assez élégamment décorée.

L'arène est entourée d'une forte palissade, haute d'environ cinq pieds et demi [12]. A deux pieds de terre règne tout alentour [13], et des deux côtés de la palissade, une saillie en bois, une espèce de marchepied ou d'étrier qui sert au toréador poursuivi à passer plus facilement par-dessus la barrière. Un corridor étroit la sépare des gradins des spectateurs, aussi élevés que la barrière [14], et garantis en outre par une double corde retenue par de forts piquets. C'est une précaution qui ne date que de quelques années. Un taureau avait non seulement sauté la barrière, ce qui arrive fréquemment, mais encore s'était élancé jusque sur les gradins, où il avait tué ou estropié nombre de curieux. La corde tendue est censée suffisante pour prévenir le retour d'un semblable accident.

Quatre portes débouchent dans l'arène. L'une communique à l'écurie des taureaux *(toril)*; l'autre mène à la boucherie *(matadero)*, où l'on écorche et dissèque les taureaux [15]. Les deux autres servent aux acteurs humains de cette tragédie.

Un peu avant la course, les toréadors se réunissent dans une salle attenante au cirque. Tout auprès sont les écuries des chevaux. Plus loin on trouve une infirmerie. Un chirurgien et un prêtre se tiennent dans le voisinage, tout prêts à donner leurs soins aux blessés.

La salle qui sert de foyer est ornée d'une madone peinte, devant laquelle brûlent quelques bougies; au-dessous, on voit une table [16] avec un petit réchaud contenant des charbons allumés. En entrant, chaque torero ôte d'abord son chapeau à l'image, marmotte à la hâte un bout de prière, puis tire un cigare de sa

a. Depuis quelques années tous les gradins sont en pierre. 1840 [11].

poche, l'allume au réchaud, et fume en causant avec ses camarades et les amateurs qui viennent discuter avec eux le mérite des taureaux qu'ils vont combattre.

Cependant dans une cour intérieure les cavaliers qui doivent jouter à cheval se préparent au combat en essayant leurs chevaux. A cet effet, ils les lancent au galop contre un mur qu'ils choquent d'une longue perche en guise de pique; sans quitter [17] ce point d'appui, ils exercent leurs montures à tourner rapidement et le plus près possible du mur. Vous verrez tout à l'heure que cet exercice n'est pas inutile. Les chevaux dont on se sert sont des rosses de réforme que l'on achète à bas prix. Avant d'entrer dans l'arène, de peur que les cris de la multitude et que la vue des taureaux ne les effarouchent, on leur bande les yeux et l'on emplit leurs oreilles d'étoupes mouillées.

L'aspect du cirque est très animé. L'arène, dès avant [18] le combat, est remplie de monde, et les gradins et les loges offrent une masse confuse de têtes. Il y a deux sortes de places : du côté de l'ombre sont les plus chères et les plus commodes, mais le côté du soleil est toujours garni d'intrépides amateurs. On voit beaucoup moins de femmes que d'hommes, et la plupart sont de la classe des *manolas* (grisettes). Dans les loges on remarque pourtant quelques toilettes élégantes, mais peu de jeunes femmes [a]. Les romans français et anglais ont perverti depuis peu les Espagnoles [20], et leur ôtent le respect pour leurs vieilles coutumes. Je ne crois pas qu'il soit défendu aux ecclésiastiques d'assister à ces spectacles; cependant je n'en ai jamais vu qu'un seul en costume (à Séville). On m'a dit que plusieurs [21] s'y rendaient déguisés.

A un signal donné par le président de la course, un alguazil mayor, accompagné de deux alguazils en costume de Crispin*, tous les trois à cheval, et suivis d'une compagnie de cavalerie, font évacuer l'arène et le corridor étroit qui la sépare des gradins. Quand ils se

a. C'est le contraire qui est vrai aujourd'hui [19].

sont retirés avec leur suite, un héraut, escorté d'un notaire et d'autres alguazils à pied, vient lire au milieu de la place un ban qui défend de rien jeter dans l'arène, de troubler les combattants par des cris ou des signes, etc. A peine a-t-il paru que, malgré la formule respectable : « *Au nom du roi, notre seigneur, que Dieu garde longtemps*... » des huées et des sifflets s'élèvent de toutes parts, et durent autant que la lecture de la défense, qui d'ailleurs n'est jamais observée. Dans le cirque, et là seulement, le peuple commande en souverain, et peut dire et faire tout ce qu'il veut [a].

Il y a deux classes principales de toreros : les *picadors,* qui combattent à cheval, armés d'une lance; et les *chulos**, à pied, qui harcèlent le taureau en agitant des draperies de couleurs brillantes. Parmi ces derniers sont les *banderilleros* et les *matadors,* dont je vous parlerai bientôt. Tous portent le costume andalou, à peu près celui de Figaro dans *le Barbier de Séville;* mais, au lieu de culottes et de bas de soie, les picadors ont des pantalons de cuir épais, garnis de bois et de fer, afin de préserver leurs jambes et leurs cuisses des coups de corne. A pied, ils marchent écarquillés comme des compas; et s'ils sont renversés, ils ne peuvent guère se relever qu'à l'aide des chulos. Leurs selles sont très hautes, de forme turque, avec des étriers en fer, semblables à des sabots, et qui couvrent entièrement le pied. Pour se faire obéir de leurs rosses, ils ont des éperons armés de pointes de deux pouces de longueur. Leur lance [23] est grosse, très forte, terminée par une pointe de fer très aiguë; mais, comme il faut faire durer le plaisir, cette pointe est garnie d'un bourrelet de corde qui ne laisse pénétrer dans le corps du taureau qu'un pouce de fer environ*.

Un des alguazils à cheval reçoit dans son chapeau une clef que lui jette le président des jeux. Cette clef n'ouvre rien; mais il la porte cependant à l'homme chargé d'ouvrir le toril, et s'échappe aussitôt au grand galop,

a. Depuis le rétablissement de la constitution*, on ne lit plus le ban du roi, notre seigneur [22].

accompagné des huées de la multitude, qui lui crie que le taureau est déjà dehors et qu'il le poursuit. Cette plaisanterie se renouvelle à toutes les courses.

Cependant les picadors ont pris leurs places. Il y en a d'ordinaire deux à cheval dans l'arène; deux ou trois autres se tiennent en dehors, prêts à les remplacer en cas d'accidents, tels que mort, fractures graves, etc. Une douzaine de chulos à pied sont distribués dans la place, à portée de s'entraider mutuellement.

Le taureau, préalablement irrité à dessein dans sa cage, sort furieux [24]. Ordinairement il arrive d'un élan jusqu'au milieu de la place, et là s'arrête tout court, étonné du bruit qu'il entend et du spectacle qui l'entoure. Il porte sur la nuque un nœud de rubans fixé par un petit crochet qui entre dans la peau*. La couleur de ces rubans indique de quel troupeau *(vacada)* il sort; mais un amateur exercé reconnaît, à la seule vue de l'animal, à quelle province et à quelle race il appartient.

Les chulos s'approchent, agitent leurs capes éclatantes, et tâchent d'attirer le taureau vers l'un des picadors. Si la bête est brave, elle l'attaque [25] sans hésiter. Le picador, tenant son cheval bien rassemblé, s'est placé, la lance sous le bras, précisément en face du taureau; il saisit le moment où il baisse la tête, prêt [26] à le frapper de ses cornes, pour lui porter un coup de lance sur la nuque, et *non ailleurs* [a]; il appuie sur le coup de toute la force de son corps, et en même temps il fait partir le cheval par la gauche, de manière à laisser le taureau à sa droite. Si tous ces mouvements sont bien exécutés, si le picador est robuste et son cheval maniable, le taureau, emporté par sa propre impétuosité, le dépasse sans le toucher. Alors le devoir des chulos est d'occuper

a. Je vis un jour un picador renversé qui allait être tué si son camarade ne l'eût dégagé et n'eût fait reculer le taureau en lui donnant un coup de lance sur le nez. La circonstance servait d'excuse. Cependant j'entendis de vieux amateurs s'écrier : « C'est une honte! un coup de lance sur le nez! on devrait chasser cet homme de la place. »

le taureau, de manière à laisser au picador le temps de s'éloigner; mais souvent l'animal reconnaît trop bien celui qui l'a blessé : il se retourne brusquement, gagne le cheval de vitesse, lui enfonce ses cornes dans le ventre, et le renverse avec son cavalier. Celui-ci est aussitôt secouru par les chulos; les uns le relèvent, les autres en lançant leurs capes à la tête du taureau le détournent, l'attirent sur eux, et lui échappent en gagnant à la course la barrière qu'ils escaladent avec une légèreté surprenante. Les taureaux espagnols courent aussi vite qu'un cheval : et si le chulo était fort éloigné de la barrière, il échapperait difficilement. Aussi est-il rare que les cavaliers, dont la vie dépend toujours de l'adresse des chulos, se hasardent vers le milieu de la place; quand ils le font, cela passe pour un trait d'audace [27] extraordinaire.

Une fois remis sur pieds, le picador remonte aussitôt son cheval, s'il peut le relever [28] aussi. Peu importe que la pauvre bête perde des flots de sang, que ses entrailles traînent à terre et s'entortillent dans ses jambes; tant qu'un cheval peut marcher, il doit se présenter au taureau. Reste-t-il abattu, le picador sort de la place, et y rentre à l'instant monté sur un cheval frais.

J'ai dit que les coups de lance ne peuvent faire qu'une légère blessure au taureau, et ils n'ont d'autre effet que de l'irriter. Pourtant les chocs du cheval et du cavalier, le mouvement qu'il se donne, surtout les réactions qu'il reçoit en s'arrêtant brusquement sur ses jarrets, le fatiguent assez promptement. Souvent aussi la douleur des coups de lance le décourage, et alors il n'ose plus attaquer les chevaux, ou, pour parler le jargon tauromachique, il refuse d'*entrer*. Cependant, s'il est vigoureux, il a déjà tué quatre ou cinq chevaux. Les picadors se reposent alors, et l'on donne le signal de planter [29] les *banderillas*.

Ce sont des bâtons d'environ deux pieds et demi*, enveloppés de papier découpé, et terminés par une pointe aiguë, barbelée pour qu'elle reste dans la plaie. Les chulos tiennent un de ces dards de chaque main. La manière la plus sûre de s'en servir [30], c'est de s'avancer doucement derrière le taureau, puis de l'exciter tout à coup en frappant avec bruit les banderilles l'une contre l'autre. Le taureau étonné se retourne, et charge son ennemi sans hésiter. Au moment où il le touche presque, lorsqu'il baisse la tête pour frapper, le chulo lui enfonce à la fois les deux banderilles de chaque côté du cou, ce qu'il ne peut faire qu'en se tenant pour un instant tout près et vis-à-vis du taureau et presque entre ses cornes; puis il s'efface, le laisse passer, et gagne la barrière pour se mettre en sûreté. Une distraction, un mouvement d'hésitation ou de frayeur suffiraient pour le perdre. Les connaisseurs regardent pourtant les fonctions de banderillero comme les moins dangereuses de toutes. Si par malheur il tombe en plantant [31] les banderilles, il ne faut pas qu'il essaye de se relever; il se tient immobile à la place où il est tombé. Le taureau ne frappe à terre que rarement, non point par générosité, mais parce qu'en chargeant il ferme les yeux et passe sur l'homme sans l'apercevoir. Quelquefois pourtant il s'arrête, le flaire comme pour s'assurer qu'il est bien mort; puis, reculant de quelques pas, il baisse la tête pour l'enlever sur ses cornes; mais alors les camarades [32] du banderillero l'entourent et l'occupent si bien, qu'il est forcé d'abandonner le cadavre prétendu.

Lorsque le taureau a montré de la lâcheté, c'est-à-dire quand il n'a pas reçu gaillardement quatre coups de lance, c'est le nombre de rigueur, les spectateurs, juges souverains, le condamnent par acclamation à une espèce de supplice qui est à la fois un châtiment et un moyen de réveiller sa colère. De tous côtés s'élève le cri de *fuego ! fuego !* (du feu ! du feu !) On distribue alors aux chulos, au lieu de leurs armes ordinaires, des banderilles dont le manche est entouré de pièces d'artifice*. La pointe est garnie d'un morceau d'amadou allumé. Aussitôt qu'elle pénètre dans la peau, l'amadou est repoussé sur la mèche des fusées; elles prennent feu, et la flamme, qui est dirigée vers le taureau, le brûle jusqu'au vif et lui fait faire des sauts et des bonds qui amusent extrêmement le public. C'est en effet un spectacle admirable que de voir cet animal énorme écumant de rage, secouant les banderilles ardentes et s'agitant au milieu du feu et de la fumée. En dépit de messieurs les poètes*, je dois dire que de tous les animaux que j'ai observés aucun n'a moins d'expression dans les yeux que le taureau. Il faudrait dire ne *change* moins d'expression; car la sienne est presque toujours celle de la stupidité brutale et farouche. Rarement il exprime sa douleur par des gémissements : les blessures l'irritent ou l'effrayent; mais jamais, passez-moi l'expression, il n'a l'air de réfléchir sur son sort; jamais il ne pleure comme le cerf. Aussi n'inspire-t-il de pitié que lorsqu'il s'est fait remarquer par son courage [a].

Quand le taureau porte au cou trois ou quatre paires de banderilles, il est temps d'en finir avec lui. Un roulement de tambours se fait entendre; aussitôt un des chulos désigné d'avance, c'est le *matador,* sort du groupe de ses camarades. Richement vêtu, couvert d'or et de soie, il tient une longue épée et un manteau écarlate*, attaché à un bâton, pour qu'on puisse le manier plus commodément. Cela s'appelle [36] *la muleta.* Il s'avance sous la loge du président et lui demande avec une révérence profonde la permission de tuer le taureau. C'est une formalité qui le plus souvent n'a lieu qu'une seule fois pour toute la course*. Le président, bien entendu, répond affirmativement d'un signe de tête. Alors le matador pousse un *viva,* fait une pirouette, jette son chapeau à terre et marche à la rencontre du taureau.

Dans ces courses, il y a des lois aussi bien que dans un duel; les enfreindre serait aussi infâme que de tuer son adversaire en traître. Par exemple, le matador ne

---

a. Quelquefois, et dans des occasions solennelles, la hampe de la banderille est enveloppée d'un long filet de soie dans lequel sont renfermés de petits [33] oiseaux en vie. La pointe de la banderille, en s'enfonçant [34] dans le cou du taureau, coupe le nœud qui ferme le filet, et les oiseaux s'échappent après s'être longtemps débattus aux oreilles de l'animal [35].

peut frapper le taureau qu'à l'endroit de la réunion de la nuque avec le dos, ce que les Espagnols appellent la *croix**. Le coup doit être porté de haut en bas, comme on dirait *en seconde**; jamais en dessous. Mieux vaudrait mille fois perdre la vie que de frapper un taureau en dessous, de côté ou par-derrière. L'épée dont se servent les matadors est longue, forte, tranchante des deux côtés; la poignée, très courte, est terminée par une boule que l'on appuie contre la paume de la main. Il faut une grande habitude et une adresse particulière pour se servir de cette arme.

Pour bien tuer un taureau [37], il faut connaître à fond son caractère. De cette connaissance dépend non seulement la gloire, mais la vie du matador. On le conçoit, il y a autant de caractères différents parmi les taureaux que parmi les hommes; pourtant ils se distinguent en deux divisions bien tranchées : les *clairs** et les *obscurs*. Je parle ici la langue du cirque. Les clairs attaquent franchement; les obscurs, au contraire, sont rusés et cherchent à prendre leur homme en traître. Ces derniers sont extrêmement dangereux.

Avant d'essayer de donner le coup d'épée à un taureau, le matador lui présente la muleta, l'excite, et observe avec attention s'il se précipite dessus franchement aussitôt qu'il l'aperçoit, ou s'il s'en approche doucement pour gagner du terrain, et ne charger son adversaire qu'au moment où il paraît être trop près pour éviter le choc. Souvent on voit un taureau secouer la tête d'un air de menace, gratter la terre du pied sans vouloir avancer, ou même reculer à pas lents, tâchant d'attirer l'homme vers le milieu de la place, où celui-ci ne pourra lui échapper. D'autres, au lieu d'attaquer en ligne droite, s'approchent par une marche oblique, lentement et feignant d'être fatigués; mais, dès qu'ils ont jugé leur distance, ils partent comme un trait.

Pour quelqu'un qui entend un peu la tauromachie, c'est un spectacle intéressant que d'observer les approches du matador et du taureau qui, comme deux généraux habiles, semblent deviner les intentions l'un de l'autre et varient leurs manœuvres à chaque instant. Un mouvement de tête, un regard de côté, une oreille qui s'abaisse, sont pour un matador exercé autant de signes non équivoques des projets de son ennemi. Enfin le taureau impatient s'élance contre le drapeau rouge dont le matador se couvre à dessein. Sa vigueur est telle qu'il abattrait une muraille en la choquant de ses cornes; mais l'homme l'esquive par un léger mouvement de corps; il disparaît comme par enchantement et ne lui laisse qu'une draperie légère qu'il élève [38] au-dessus de ses cornes en défiant sa fureur. L'impétuosité du taureau lui fait dépasser de beaucoup son adversaire; il s'arrête alors brusquement en raidissant ses jambes, et ces réactions brusques et violentes le fatiguent [39] tellement que, si ce manège était prolongé, il suffirait seul pour le tuer. Aussi, Romero*, le fameux professeur, dit-il qu'un bon matador doit tuer huit taureaux en sept coups d'épée. Un des huit meurt de fatigue et de rage.

Après plusieurs passes, quand le matador croit bien connaître son antagoniste, il se prépare à lui donner le dernier coup. Affermi sur ses jambes, il se place bien en face de lui et l'attend, immobile, à la distance convenable. Le bras droit, armé de l'épée, est replié à la hauteur de la tête; le gauche, étendu en avant, tient la muleta qui, touchant presque à terre, excite le taureau à baisser la tête. C'est dans ce moment que le matador lui porte [40] le coup mortel, de toute la force de son bras, augmentée du poids de son corps et de l'impétuosité même du taureau. L'épée, longue de trois pieds, entre souvent jusqu'à la garde; et si le coup est bien dirigé, l'homme n'a plus rien à craindre : le taureau s'arrête tout court; le sang coule à peine; il relève la tête; ses jambes tremblent, et tout d'un coup il tombe [41] comme une lourde masse. Aussitôt de tous les gradins partent des *viva* assourdissants; les mouchoirs s'agitent; les chapeaux des majos volent dans l'arène, et le héros vainqueur envoie modestement des baise-mains de tous les côtés.

Autrefois, dit-on, jamais il ne se donnait plus d'une estocade; mais tout dégénère, et maintenant il est rare qu'un taureau tombe du premier coup. Si cependant il paraît mortellement blessé, le matador ne redouble pas; aidé des chulos, il le fait tourner en cercle en l'excitant avec les manteaux de manière à l'étourdir en peu de temps. Dès qu'il tombe, un chulo l'achève d'un coup de poignard assené sur la nuque*; l'animal expire à l'instant.

On a remarqué que presque tous les taureaux ont un endroit dans le cirque auquel ils reviennent toujours. On le nomme la *querencia*. D'ordinaire, c'est la porte par où ils sont entrés dans l'arène.

Souvent on voit le taureau, emportant dans le cou l'épée fatale dont la garde seule sort de son épaule, traverser la place à pas lents, dédaignant les chulos et leurs draperies dont ils le poursuivent. Il ne pense plus qu'à mourir commodément. Il cherche l'endroit qu'il affectionne, s'agenouille, se couche, étend la tête et meurt tranquillement si un coup de poignard ne vient pas hâter sa fin.

Si le taureau refuse d'attaquer, le matador court à lui et, toujours au moment où l'animal baisse la tête, il le perce de son épée *(estocada de volapié*)*; mais s'il ne baisse pas la tête, ou s'il s'enfuit [42] toujours, il faut, pour le tuer, employer un moyen bien cruel [43]. Un homme, armé d'une longue perche terminée par un fer tranchant en forme de croissant *(media luna)*, lui coupe traîtreusement les jarrets par derrière*, et dès qu'il est abattu on l'achève d'un coup de poignard. C'est le seul épisode de ces combats [44] qui répugne à tout le monde. C'est une espèce d'assassinat. Heureusement il est rare qu'il soit nécessaire d'en venir là pour tuer un taureau.

Des fanfares annoncent sa mort. Aussitôt trois mules attelées entrent au grand trot dans le cirque; un nœud de cordes est fixé entre les cornes du taureau, on y passe un crochet, et les mules l'entraînent au galop. En deux minutes les cadavres des chevaux et celui du taureau disparaissent de l'arène.

Chaque combat dure à peu près vingt minutes, et, d'ordinaire, on tue huit taureaux dans une après-midi. Si le divertissement a été médiocre, à la demande du public, le président des courses accorde un ou deux combats de supplément.

Vous voyez que le métier de torero est assez dangereux. Il en meurt, année moyenne, deux ou trois dans toute l'Espagne. Peu d'entre eux parviennent à un âge avancé. S'ils ne meurent pas dans le cirque, ils sont obligés d'y renoncer de bonne heure par suite de leurs blessures. Le fameux Pepe Illo* reçut dans sa vie vingt-six coups de corne; le dernier le tua. Le salaire assez élevé de ces gens n'est pas le seul mobile qui leur fasse embrasser leur dangereux métier. La gloire, les applaudissements leur font braver la mort. Il est si doux de triompher devant cinq ou six mille personnes! Aussi n'est-il pas rare de voir des amateurs d'une naissance distinguée partager les dangers et la gloire des toreros de profession. J'ai vu à Séville un marquis et un comte remplir dans une course publique les fonctions de picador [45].

Bien est-il vrai que le public n'est guère indulgent pour les toreros. La moindre marque de timidité est punie de huées et de sifflets. Les injures les plus atroces pleuvent de toutes parts; quelquefois même par l'ordre du peuple, et c'est la plus terrible marque de son indignation, un alguazil s'approche du toréador et lui enjoint, sous peine de la prison, d'attaquer au plus vite le taureau.

Un jour l'acteur Maïquez*, indigné de voir un matador hésiter en présence du plus obscur de tous les taureaux, l'accablait d'injures. — « Monsieur Maïquez, lui dit le matador, voyez-vous, ce ne sont pas ici des menteries comme sur vos planches. »

Les applaudissements et l'envie de se faire une renommée ou de conserver celle qu'ils ont acquise obligent les toréadors à renchérir sur les dangers auxquels ils sont naturellement exposés. Pepe Illo, et Romero après lui, se présentaient au taureau avec des fers aux pieds. Le sang-froid de ces hommes dans les dangers les plus pressants a quelque chose de miraculeux. Dernièrement un picador, nommé Francisco Sevilla* [46], fut renversé et son cheval éventré par un taureau andalou, d'une force et d'une agilité prodigieuses. Ce taureau, au lieu de se laisser distraire par les chulos, s'acharna sur l'homme, le piétina et lui donna un grand nombre de coups de corne dans les jambes; mais, s'apercevant qu'elles étaient trop bien défendues par le pantalon de cuir garni de fer, il se retourna et baissa la tête pour lui enfoncer sa corne dans la poitrine. Alors Sevilla, se soulevant d'un effort désespéré, saisit d'une main le taureau par l'oreille, de l'autre il lui enfonça [47] les doigts dans les naseaux, pendant qu'il tenait sa tête collée sous celle de cette bête furieuse. En vain le taureau le secoua, le foula aux pieds, le heurta contre terre; jamais il ne put lui faire lâcher prise. Nous regardions avec un serrement de cœur cette lutte inégale. C'était l'agonie d'un brave; on regrettait presque qu'elle se prolongeât; on ne pouvait ni crier, ni respirer, ni détourner les yeux de cette scène horrible : elle dura près de *deux minutes*. Enfin le taureau, vaincu par l'homme dans ce combat corps à corps, l'abandonna pour poursuivre des chulos. Tout le monde s'attendait à voir Sevilla emporté à bras hors de l'enceinte. On le relève; à peine est-il sur ses pieds qu'il saisit une cape et veut attirer [48] le taureau, malgré ses grosses bottes et son incommode armure de jambes. Il fallut lui arracher la cape, autrement il se faisait tuer à cette fois. On lui amène un cheval; il s'élance dessus, bouillant de colère, et attaque le taureau au milieu de la place. Le choc de ces deux vaillants adversaires fut si terrible que cheval et taureau tombèrent sur les genoux. Oh! si vous aviez entendu les *viva* [49], si vous aviez vu la joie frénétique, l'espèce d'enivrement de la foule en voyant tant de courage et tant de bonheur, vous eussiez envié comme moi le sort de Sevilla! Cet homme est devenu immortel à Madrid...

Juin 1842.

P. S. Hélas ! que vient-on de m'apprendre ! Francisco Sevilla est mort l'année dernière. Il est mort, non dans le cirque, où il devait finir, mais emporté par une maladie de foie. C'est à Caravanchel*, près de ces beaux arbres que j'aime tant, qu'il est mort loin d'un public pour lequel il avait tant de fois risqué sa vie.

Je le revis en 1840, à Madrid, aussi brave, aussi téméraire qu'à l'époque où j'écrivais la lettre qu'on vient de lire. Je l'ai vu encore plus de vingt fois rouler dans la poussière sous son cheval éventré ; je lui ai vu casser maintes lances, et faire assaut de force avec les terribles taureaux de Gaviria*. « Si Francisco Sevilla avait des cornes », disait-on dans le cirque, « il n'y aurait pas un toréador qui osât se mettre devant lui. » L'habitude de la victoire lui avait inspiré une audace inouïe. Quand il se présentait devant un taureau, il s'indignait que la bête n'eût pas peur de lui. « Tu ne me connais donc pas ? » lui criait-il avec fureur. Certes, il leur montrait bien vite à qui ils avaient affaire.

Mes amis me procurèrent le plaisir de dîner avec Sevilla ; il mangeait et buvait comme un héros d'Homère, et c'était le plus gai compagnon qui se pût rencontrer. Ses façons andalouses, son humeur joviale et son patois rempli de métaphores pittoresques avaient un agrément tout particulier dans ce colosse qui semblait n'avoir été créé par la nature que pour tout exterminer.

Une dame espagnole*, fuyant de Madrid au moment où le choléra y exerçait ses ravages, se rendait à Barcelone dans une diligence où se trouvait Sevilla, qui allait dans la même ville pour une course annoncée longtemps à l'avance. Pendant la route la politesse, la galanterie, les petits soins de Sevilla ne se démentirent pas un instant. Arrivés devant Barcelone, la junte de santé, bête comme elles le sont toutes, annonça aux voyageurs qu'ils feraient une quarantaine de dix jours, excepté Sevilla, dont la présence était trop désirée pour que les lois sanitaires lui fussent applicables ; mais le généreux picador rejeta bien loin cette exception si avantageuse pour lui. « Si madame et mes compagnons n'ont pas libre pratique, » dit-il résolument, « *je ne piquerai pas !* »

Entre la crainte de la contagion et celle de manquer une belle course on ne pouvait hésiter. La junte céda, et fit bien, car si elle s'était obstinée le peuple eût brûlé le lazaret et les gens de la quarantaine.

Après avoir payé mon tribut de louanges et de regrets aux mânes de Sevilla, je dois parler d'une autre illustration qui règne aujourd'hui sans rivale dans le cirque. On connaît si mal en France ce qui se passe en Espagne, qu'il y a peut-être en deçà des Pyrénées des gens à qui le nom de Montès* est encore inconnu.

Tout ce que la renommée a publié de vrai ou de faux au sujet des matadors classiques, Pepe Illo et Pablo Romero*, Montès le fait voir tous les lundis dans le cirque *national,* comme on dit aujourd'hui. Courage, grâce, sang-froid, adresse merveilleuse, il réunit tout. Sa présence dans le cirque anime, transporte acteurs et spectateurs. Il n'y a plus de mauvais taureaux, plus de chulos timides; chacun se surpasse. Les toréadors d'un courage douteux deviennent des héros lorsque Montès les guide, car ils savent qu'avec lui personne ne court de danger. Un geste de lui suffit pour détourner le taureau le plus furieux au moment où il va percer un picador renversé. Jamais on n'a vu de *media luna* dans une place où Montès a combattu. Clairs, obscurs, tous les taureaux lui sont bons; il les fascine, il les transforme, il les tue quand et comment il lui plaît. C'est le premier matador que j'aie vu *gallear el toro,* c'est-à-dire se présenter de dos à l'animal en fureur pour le faire passer sous son bras. A peine daigne-t-il tourner la tête quand le taureau se précipite sur lui. Quelquefois, jetant un manteau sur ses épaules, il traverse le cirque suivi par le taureau; la bête, enragée, le poursuit sans pouvoir l'atteindre, et cependant elle est si près de Montès que chaque coup de corne relève le bas du manteau*. Telle est la confiance que Montès inspire, que pour les spectateurs l'idée du danger [50] a disparu, ils n'ont plus d'autre sentiment que l'admiration.

Montès passe pour avoir des opinions peu favorables à l'ordre de choses actuel. On dit qu'il a été volontaire royaliste, et qu'il est *écrevisse, cangrejo,* c'est-à-dire modéré. Si les bons patriotes s'en affligent, ils ne peuvent se soustraire à l'enthousiasme général. J'ai vu des *descalzos* (sans-culottes) lui jeter leurs chapeaux avec transport et le supplier de les mettre un instant sur sa tête : voilà les mœurs du seizième siècle. — Brantôme dit quelque part : « J'ai connu force gentils- « hommes qui, premier que porter leurs bas de soie, « prioient leurs dames et maîtresses de les essayer et « porter devant eux quelques huit ou dix jours, de « plus que du moins [51]; et puis les portoient en très « grande vénération et contentement d'esprit et de « corps*. »

Montès a la tournure d'un homme comme il faut. Il vit noblement, et se consacre à sa famille, dont il a par son talent assuré l'avenir. Ses manières aristocratiques déplaisent à quelques toréadors qui le jalousent. Je me souviens qu'il refusa de dîner avec nous lorsque nous engageâmes Sevilla. A cette occasion Sevilla nous donna son opinion sur le compte de Montès avec sa franchise ordinaire. — « *Montes no fue realista; es buen compa-* « *nero, luciente matador, atiende à los picadores, pero es un* « *p...* » Cela veut dire qu'il porte un frac hors du cirque, qu'il ne va pas au cabaret, et qu'il a de trop bonnes façons.

Sevilla est le Marius de la tauromachie, Montès en est le César.

II

1831 [1]

Valence, 15 novembre 1830.

MONSIEUR,

Après vous avoir décrit les combats de taureaux, je n'ai plus [2], pour suivre l'admirable règne du théâtre des marionnettes, « toujours de plus fort en plus fort*, » je n'ai plus [3], dis-je, qu'à vous parler [4] d'une exécution. Je viens d'en voir une, et je vous en rendrai compte, si vous avez le courage de me lire.

D'abord il faut que je vous explique pourquoi j'ai assisté à une exécution. En pays étranger on est obligé de tout voir*, et l'on craint toujours qu'un moment de paresse ou de dégoût ne vous fasse perdre un trait de mœurs curieux. D'ailleurs l'histoire du malheureux qu'on a pendu m'avait intéressé : je voulais voir sa physionomie; enfin j'étais bien aise de faire une expérience sur mes nerfs.

Voici l'histoire de mon pendu. (J'ai oublié de m'informer de son nom.) C'était un paysan des environs de Valence, estimé et redouté pour [5] son caractère hardi et entreprenant. C'était le coq de son village. Personne ne dansait mieux, ne jetait plus loin la barre, ne savait plus de vieilles romances. Il n'était pas querelleur, mais on savait qu'il fallait peu de chose pour lui échauffer les oreilles. S'il accompagnait des voyageurs son escopette sur l'épaule, pas un voleur n'eût osé les arrêter, leurs valises eussent-elles été remplies de doublons. Aussi c'était un plaisir de voir ce jeune homme, sa veste de velours sur l'épaule, se prélassant par les chemins et se dandinant d'un air de supériorité. En un mot, c'était un *majo* dans toute la force du terme. Un majo, c'est tout à la fois un dandy de la classe inférieure et un homme excessivement délicat sur le point d'honneur.

Les Castillans ont un proverbe contre les Valenciens, proverbe, suivant moi, de toute fausseté. Le voici : « A Valence, la viande, c'est de l'herbe; l'herbe, de l'eau. Les hommes sont des femmes, et les femmes — rien. » Je vous certifie que la cuisine de Valence est excellente, et que les femmes y sont extrêmement jolies et plus blanches qu'en aucun autre [6] royaume de l'Espagne*. Vous allez voir ce que sont les hommes de ce pays-là.

On donnait un combat de taureaux. Le majo veut le voir; mais il n'avait pas un réal dans sa ceinture. Il comptait qu'un volontaire royaliste son ami, de garde ce jour-là, le laisserait entrer. Point. Le volontaire était inflexible sur sa consigne. Le majo insiste, le volontaire persiste : injure [7] de part et d'autre. Bref, le volontaire le repousse rudement avec un coup de crosse dans l'estomac. Le majo se retira; mais ceux qui remarquèrent la pâleur répandue sur sa figure [8], qui observèrent ses poings fermés avec violence, ses narines gonflées et l'expression de ses yeux, ces gens-là pensèrent bien qu'il arriverait bientôt quelque malheur.

A quinze jours de là, le volontaire brutal fut envoyé avec un détachement à la poursuite de quelques contrebandiers. Il coucha dans une auberge isolée *(venta)**. La nuit une voix se fait entendre qui appelle le volontaire : « Ouvrez, c'est de la part de votre femme. » Le volontaire descend à demi vêtu. A peine avait-il ouvert la porte qu'un coup d'espingole met le feu à sa chemise et lui envoie une douzaine de balles dans la poitrine. Le meurtrier disparaît. Qui a fait le coup? Personne ne peut le deviner. Certainement ce n'est pas le majo qui l'a tué; car il se trouvera une douzaine de femmes dévotes et bonnes royalistes qui jureront par le nom de leur saint et en baisant leur pouce* qu'elles ont vu le susdit, chacune dans son village, exactement à l'heure et à la minute où le crime a été commis.

Et le majo se montrait en public avec un front ouvert et l'air serein d'un homme qui vient de se débarrasser d'un souci importun. C'est ainsi qu'à Paris on se montre chez Tortoni le soir d'un duel où l'on a bravement cassé le bras à un impertinent*. Remarquez en passant que l'assassinat est ici le duel des pauvres gens*; duel bien autrement sérieux que le nôtre, puisque généralement il est suivi de deux morts, tandis que les gens de la bonne compagnie [9] s'égratignent plus souvent qu'ils ne se tuent.

Tout alla bien jusqu'à ce qu'un certain alguazil, outrant le zèle (suivant les uns, parce qu'il était nouvellement en fonctions, — suivant d'autres, parce qu'il était amoureux d'une femme qui lui préférait le majo), s'avisa de vouloir arrêter cet homme aimable. Tant qu'il se borna à des menaces, son rival ne fit qu'en rire [10]; mais, quand enfin il voulut le saisir au collet, il lui fit *avaler une langue de bœuf**. C'est une expression du pays pour un coup de couteau. La légitime défense permettait-elle de rendre ainsi vacante une place d'alguazil?

On respecte beaucoup les alguazils en Espagne, presque autant que les constables en Angleterre. En maltraiter un est un cas pendable. Aussi le majo fut-il appréhendé au corps, mis en prison, jugé et condamné après un procès fort long; car les formes de la justice sont encore plus lentes ici que chez nous.

Avec un peu de bonne volonté, vous conviendrez ainsi que moi que cet homme ne méritait pas son sort, qu'il a été victime d'une fatalité malheureuse, et que, sans se trop charger la conscience, les juges pouvaient le rendre à la société, dont il devait faire l'ornement (style d'avocat). Mais les juges n'ont guère de ces considérations poétiques et élevées : ils l'ont condamné à mort à l'unanimité.

Un soir, passant par hasard sur la place du Marché*, j'avais vu des ouvriers occupés à élever aux flambeaux des solives bizarrement agencées, formant à peu près un Π*. Des soldats en cercle autour d'eux repoussaient les curieux. Voici pour quelle raison. La potence (car c'en était une) est élevée par corvée, et les ouvriers mis en réquisition ne peuvent, sans se rendre coupables de rébellion, se refuser à ce service. Par une espèce de compensation, l'autorité prend soin qu'ils remplissent leur tâche, que l'opinion publique rend presque déshonorante, à peu près en secret. Pour cela on les entoure de soldats qui écartent la foule, et ils ne travaillent que la nuit : de manière qu'il n'est pas possible de les reconnaître, et qu'ils ne risquent pas le lendemain d'être appelés charpentiers de potence.

A Valence c'est une vieille tour gothique qui sert de prison. Son architecture est assez belle, surtout la façade, qui donne sur la rivière. Elle est située à une des extrémités [11] de la ville, et c'est une de ses principales portes [12]. On l'appelle *la puerta de los Serranos** [13]. Du haut de la plate-forme on découvre le cours du Guadalaviar, les cinq ponts qui le traversent, les promenades de Valence et la riante campagne qui l'entoure. C'est un assez triste plaisir que de voir les champs quand on est enfermé entre quatre murailles; mais enfin c'est un plaisir, et il faut savoir gré au geôlier qui permet aux détenus de monter sur cette plate-forme. Pour des prisonniers la plus petite jouissance a du prix.

C'est de cette prison que devait sortir le condamné pour se rendre, à travers les rues les plus fréquentées [14] de la ville, monté sur un âne, à la place du Marché, où il quitterait ce monde.

Je me suis trouvé de bonne heure devant *la puerta de los Serranos* [15] avec un de mes amis espagnols qui avait la bonté de m'accompagner. Je m'attendais à trouver une foule considérable rassemblée dès le matin; mais je m'étais trompé. Les artisans travaillaient tranquillement dans leurs boutiques, les paysans sortaient de la ville après avoir vendu leurs légumes. Rien n'annonçait que quelque chose d'extraordinaire allait se passer, si ce n'est une douzaine de dragons rangés auprès de la porte de la prison. Le peu d'empressement des Valenciens à voir [16] des exécutions ne doit pas être attribué, je crois, à un excès de sensibilité. Je ne sais pas non plus si je dois penser, comme mon guide, qu'ils sont tellement blasés sur ce spectacle qu'il n'a plus d'attrait pour eux [17]. Peut-être cette indifférence vient-elle des habitudes laborieuses du peuple de Valence. L'amour du travail et du gain le distingue non seulement parmi toutes les populations de l'Espagne, mais encore parmi celles de l'Europe.

A onze heures la porte de la prison s'est ouverte. Aussitôt s'est présentée [18] une assez nombreuse procession de franciscains. Elle était précédée d'un grand crucifix porté par un pénitent escorté de deux acolytes, chacun avec une lanterne emmanchée au bout d'un grand bâton. Le crucifix, de grandeur naturelle, était de carton peint avec un talent d'imitation extraordinaire. Les Espagnols, qui cherchent à faire la religion terrible, excellent à rendre les blessures, les contusions, les traces des tortures endurées par leurs martyrs. Sur ce crucifix, qui devait figurer à un supplice, on n'avait pas épargné le sang, la sanie, les tumeurs livides. C'était la plus hideuse pièce d'anatomie qu'on pût voir. Le porteur de cette horrible figure s'est arrêté devant la porte. Les soldats s'étaient un peu rapprochés. Un centaine de curieux à peu près étaient groupés derrière, assez près pour ne rien perdre de ce qui allait se faire et se dire, lorsque le condamné a paru accompagné de son confesseur.

Jamais je n'oublierai la figure de cet homme. Il était très grand et très maigre, et paraissait âgé de trente ans. Son front était élevé, ses cheveux épais, noirs comme du jais et droits comme les crins d'une brosse. Ses yeux, grands, mais enfoncés dans sa tête, semblaient flamboyants. Il était pieds nus, habillé d'une longue robe noire sur laquelle on avait cousu à la place du cœur une croix bleue et rouge. C'est l'insigne de la confrérie des agonisants*. Le collet de sa chemise, plissé comme une fraise, tombait sur ses épaules et sa poitrine. Une corde menue, blanchâtre [19], qui se distinguait parfaitement sur l'étoffe noire de sa robe, faisait plusieurs fois le tour de son corps, et par des nœuds compliqués lui attachait les bras et les mains dans la position qu'on prend en priant. Entre ses mains il tenait un petit crucifix et une image de la Vierge. Son confesseur était gros, court, replet, haut en couleur, ayant l'air d'un bon homme, mais d'un homme qui depuis longtemps fait ce métier-là et qui en a vu bien d'autres.

Derrière le condamné se tenait un homme pâle, faible et grêle, d'une physionomie douce et timide. Il avait une veste brune avec la culotte et les bas noirs [20]. Je l'aurais pris pour un notaire ou un alguazil en négligé s'il n'avait eu [21] sur la tête un chapeau gris à grands bords, comme en portent les picadors aux combats de taureaux. A la vue du crucifix il ôta ce chapeau avec respect, et je remarquai alors une petite échelle en ivoire fixée sur la forme comme une cocarde. C'était l'exécuteur des hautes œuvres.

En mettant la tête hors de la porte, le condamné, qui avait été obligé de se courber pour passer sous le guichet, se redressa de toute sa hauteur, ouvrit les yeux d'une grandeur démesurée, embrassa la foule d'un regard rapide et respira profondément. Il me sembla qu'il humait l'air avec plaisir, comme celui qui a été longtemps [22] renfermé dans un cachot étroit et étouffant. Son expression était étrange : ce n'était point de la peur, mais de l'inquiétude. Il paraissait résigné. Point de morgue ni d'affectation de courage. Je me dis qu'en pareille occasion je voudrais faire une aussi bonne [23] contenance.

Son confesseur lui dit de se mettre à genoux devant le crucifix; il obéit et baisa les pieds de cette hideuse image. En ce moment tous les assistants étaient émus et gardaient un profond silence. Le confesseur, s'en apercevant, leva les mains pour les dégager de ses longues manches qui l'auraient gêné dans ses mouvements oratoires, et commença à débiter un discours qui lui avait probablement servi plus d'une fois, d'une voix forte et accentuée, mais pourtant monotone par la répétition périodique des même intonations. Il prononçait chaque mot clairement, son accent était pur, et il s'exprimait en bon castillan, que le condamné n'entendait peut-être que très imparfaitement. Il commençait chaque phrase d'un ton de voix glapissant, et s'élevait au fausset, mais il finissait sur un ton grave et bas.

En substance, il disait au condamné qu'il appelait son frère : « Vous avez bien mérité la mort; on a même été « indulgent pour vous en ne vous condamnant qu'à la « potence, car vos crimes sont énormes. » Ici il dit un mot des meurtres commis, mais il s'étendit longuement sur l'irréligion dans laquelle le pénitent avait passé sa jeunesse, et qui seule l'avait poussé à sa perte. Puis, s'animant par degrés : « Mais qu'est-ce que le supplice « justement mérité que vous allez endurer, comparé « avec les souffrances inouïes que votre divin Sauveur « a endurées pour vous? Regardez ce sang, ces plaies, etc. » Détail très long de toutes les douleurs de la Passion, décrites avec toute l'exagération que comporte la langue espagnole, et commentées au moyen de la vilaine statue dont je vous ai parlé. La péroraison valait mieux que l'exorde. Il disait, mais trop longuement, que la miséricorde de Dieu était infinie, et qu'un repentir véritable pouvait désarmer sa juste colère.

Le condamné se leva [24], regarda le prêtre d'un air un peu farouche et lui dit : « Mon père, il suffisait de me dire « que je vais à la gloire*; marchons. »

Le confesseur rentra dans la prison fort satisfait de son discours. Deux franciscains prirent sa place auprès du condamné; ils ne devaient [25] l'abandonner qu'au dernier moment.

D'abord on l'étendit sur une natte que le bourreau tira à lui quelque peu, mais sans violence, et comme d'un accord tacite entre le patient et l'exécuteur. C'est une pure cérémonie, afin de paraître exécuter à la lettre la sentence qui porte : « Pendu après avoir été « traîné sur la claie. »

Cela fait, le malheureux fut guindé sur un âne que le bourreau conduisait par le licou. A ses côtés marchaient les deux franciscains, précédés de deux longues files de moines de cet ordre et de laïques faisant partie de la confrérie des *Desamparados**. Les bannières, les croix n'étaient pas oubliées [26]. Derrière l'âne venaient un notaire et deux alguazils en habit noir à la française, culottes et bas de soie, l'épée au côté, et montés sur de mauvais bidets très mal harnachés. Un piquet de cavalerie fermait la marche. Pendant que la procession s'avançait fort lentement, les moines chantaient des litanies d'une voix sourde, et des hommes en manteau circulaient autour du cortège, tendant des plats d'argent aux spectateurs et demandant une aumône pour le pauvre malheureux *(por el pobre)*. Cet argent sert à dire des messes pour le repos de son âme; et pour un bon catholique qu'on va pendre ce doit être une consolation de voir les plats s'emplir assez rapidement de gros sous. Tout le monde donne. Impie comme je suis, je donnai mon offrande avec un sentiment de respect.

En vérité j'aime ces cérémonies catholiques, et je voudrais y croire*. Dans cette occasion, elles ont l'avantage de frapper la foule infiniment plus que notre charrette, nos gendarmes, et ce cortège mesquin et ignoble qui accompagne en France les exécutions. Ensuite, et c'est pour cela surtout que j'aime ces croix et ces processions, elles doivent contribuer puissamment à adoucir les derniers moments d'un condamné. Cette pompe lugubre flatte d'abord sa vanité, ce sentiment qui meurt en nous le dernier. Puis ces moines qu'il révère depuis son enfance et qui prient pour lui, les chants, la voix des hommes qui quêtent pour qu'on lui dise des messes, tout cela doit l'étourdir, le distraire, l'empêcher de réfléchir sur le sort qui l'attend. Tourne-t-il la tête à droite, le franciscain de ce côté lui parle de l'infinie miséricorde de Dieu. A gauche, un autre franciscain est tout prêt à lui vanter la puissante intercession de monseigneur saint François. Il marche au supplice comme un conscrit [27] entre deux officiers qui le surveillent et l'exhortent. Il n'a pas un instant de repos, s'écriera le philosophe. Tant mieux. L'agitation continuelle où on le tient [28] l'empêche de se livrer à ses pensées, qui le tourmenteraient bien davantage*.

J'ai compris alors pourquoi les moines, et surtout ceux des ordres mendiants, exercent tant d'influence sur le bas peuple. N'en déplaise aux libéraux intolérants, ils sont en réalité l'appui et la consolation des malheureux depuis leur naissance jusqu'à leur mort. Quelle horrible corvée, par exemple, que celle-ci, entretenir pendant trois jours* un homme qu'on va faire mourir! Je crois que, si j'avais le malheur d'être pendu, je ne serais pas fâché d'avoir deux franciscains pour causer avec moi.

La route que suivait la procession était très tortueuse, afin de passer par les rues les plus larges. Je pris avec mon guide un chemin plus direct afin de me trouver encore une fois sur le passage du condamné. Je remarquai que, dans l'intervalle de temps qui s'était écoulé entre sa sortie de la prison et son arrivée dans la rue où je le revoyais, sa taille s'était courbée considérablement. Il s'affaissait peu à peu; sa tête tombait sur sa poitrine, comme si elle n'eût été soutenue que par la peau du cou. Pourtant je n'observais pas sur ses traits l'expression de la peur. Il regardait fixement l'image qu'il avait entre les mains; et, s'il détournait les yeux, c'était pour les reporter sur les deux franciscains, qu'il paraissait écouter avec intérêt.

J'aurais dû me retirer alors; mais on me pressa d'aller sur la grande place [29], de monter chez un marchand, où j'aurais toute liberté de regarder le supplice du haut d'un balcon, ou bien de me soustraire à ce spectacle en rentrant dans l'intérieur de l'appartement. J'allai donc.

La place était loin [30] d'être remplie. Les marchandes de fruits et d'herbes ne s'étaient pas dérangées. On circulait partout facilement. La potence, surmontée des armes d'Aragon, était placée en face d'un élégant bâtiment moresque, la Bourse de la Soie *(la Lonja de Seda)**. La place du Marché est longue. Les maisons qui la bordent sont petites quoique surchargées d'étages, et chaque rang de fenêtres a son balcon en fer. De loin on dirait de grandes cages. Un assez bon nombre de ces balcons n'étaient point garnis de spectateurs.

Sur celui où je devais prendre place je trouvai deux jeunes demoiselles de seize à dix-huit ans, commodément établies sur des chaises, et s'éventant de l'air du monde le plus dégagé. Toutes les deux étaient fort jolies, et à leurs robes de soie noire fort propres [31], à leurs souliers de satin et à leurs mantilles garnies de dentelles, je jugeai qu'elles devaient être les filles de quelque bourgeois aisé. Je fus confirmé dans cette opinion parce que, bien qu'elles se servissent entre elles du dialecte valencien, elles entendaient et parlaient correctement l'espagnol.

Dans un coin de la place on avait élevé une petite chapelle. Cette chapelle et la potence, qui n'en était pas fort éloignée, étaient enfermées dans un grand carré formé par des volontaires royalistes et des troupes de ligne.

Les soldats ayant ouvert leurs rangs pour recevoir la procession, le condamné fut descendu de son âne et mené devant l'autel dont je viens de vous parler. Les moines l'entouraient; il était à genoux, baisait souvent les marches de l'autel. J'ignore ce qu'on lui disait. Cependant le bourreau examinait sa corde, son échelle, et, cet examen fait, il s'approcha du patient toujours prosterné, lui mit la main sur l'épaule, et lui dit suivant l'usage : « Frère, il est temps. »

Tous les moines, un seul excepté, l'avaient abandonné, et le bourreau était, à ce qu'il paraissait, mis en possession de sa victime. En le conduisant vers l'échelle (ou plutôt l'escalier de planches), il avait soin, avec son grand chapeau qu'il lui mettait devant les yeux, de lui cacher la vue de la potence; mais le condamné semblait chercher à repousser le chapeau avec des coups de tête, voulant montrer qu'il avait bien le courage d'envisager l'instrument de son supplice.

Midi sonnait quand le bourreau montait à l'escalier fatal, tirant après lui le patient, qui ne montait qu'avec difficulté, parce qu'il allait à reculons. L'escalier est large, et n'a de rampe que d'un côté. Le moine était du côté de la rampe, le bourreau et le condamné montaient de l'autre. Le moine parlait continuellement et en faisant beaucoup de gestes. Arrivés au haut de l'escalier en même temps que l'exécuteur passait la corde autour du cou du patient [32] avec une promptitude extraordinaire, on me dit que le moine lui faisait réciter le *Credo*. Puis élevant la voix, il s'écria : « Mes frères, joignez vos prières à celles du pauvre pécheur. » J'entendis une voix douce prononcer à côté de moi avec émotion : *Amen*. Je tournai la tête, et je vis une de mes jolies Valenciennes dont les joues étaient un peu plus colorées, et qui agitait son éventail précipitamment. Elle regardait avec beaucoup d'attention du côté de la potence. Je dirigeai mes yeux de ce côté : le moine descendait l'escalier, et le condamné était suspendu en l'air, le bourreau sur ses épaules, et son valet lui tirait les pieds.

P. S. Je ne sais si votre patriotisme me pardonnera ma partialité pour l'Espagne. Puisque nous en sommes sur le chapitre des supplices, je vous dirai que si j'aime mieux les exécutions espagnoles que les nôtres, je préfère aussi de beaucoup leurs galères à celles où nous envoyons chaque année environ douze cents coquins. Remarquez que je ne parle pas des *presidios* d'Afrique*, que je n'ai pas vus. À Tolède, à Séville, à Grenade, à Cadix, j'ai vu un grand nombre de *presidiarios* (galériens) qui ne m'ont pas paru trop malheureux. Ils travaillaient à faire ou à réparer des routes. Ils étaient assez mal vêtus, mais leurs physionomies n'exprimaient point ce sombre désespoir que j'ai remarqué chez nos galériens. Ils mangeaient dans de grandes marmites un *puchero** semblable à celui des soldats qui les gardaient, et fumaient ensuite leur cigare à l'ombre. Mais surtout ce qui m'a plu, c'est que le peuple ici ne les repousse pas comme il fait en France. La raison en est simple : en France, tout homme qui a été aux galères a volé ou fait pis; en Espagne, au contraire, de très honnêtes gens, à différentes époques, ont été condamnés à y passer leur vie pour n'avoir pas eu des opinions conformes à celles [33] de leurs gouvernants. Quoique le nombre de ces victimes politiques soit infiniment petit, cela suffit pourtant pour changer l'opinion à l'égard de tous les galériens. Il vaut mieux bien traiter un coquin que de manquer d'égards à un galant homme. Aussi on leur donne du feu pour allumer leurs cigares, on les appelle mon ami, camarade. Leurs gardiens ne leur font pas sentir qu'ils sont des hommes d'une autre espèce.

Si cette lettre ne vous paraît pas énormément longue, je vous conterai une rencontre que j'ai faite il y a peu de temps, et qui vous montrera quelles sont les manières du peuple avec les presidiarios.

En quittant Grenade pour aller à Baylen, je rencontrai par le chemin un grand homme chaussé d'alpargates* qui marchait d'un bon pas militaire. Il était suivi par un petit chien barbet. Ses habits étaient d'une forme singulière, et différents de ceux des paysans que j'avais rencontrés. Bien que mon cheval fût au trot, il me suivait sans peine, et il lia conversation avec moi. Nous devînmes bientôt bons amis. Mon guide lui disait Monsieur, Votre Grâce *(Usted)*. Ils parlaient entre eux de monsieur un tel de Grenade, commandant le presidio, qu'ils connaissaient tous deux. L'heure du déjeuner venue, nous nous arrêtâmes devant une maison où nous trouvâmes du vin. L'homme au chien tira d'un sac un morceau de morue salée et me l'offrit. Je lui dis de joindre son déjeuner au mien, et nous mangeâmes tous les trois de bon appétit. Je dois vous avouer que nous buvions à la même bouteille*, par la raison qu'il n'y avait pas de verre à une lieue aux environs. Je lui demandai pourquoi il s'était embarrassé d'un chien si jeune en voyage. Il me dit qu'il voyageait seulement pour ce chien, et que son commandant l'envoyait à Jaen le remettre à un de ses amis. Le voyant sans uniforme et l'entendant parler de commandant : « Vous êtes donc miquelet? » lui dis-je. — « Non; presidiario. » Je fus un peu surpris. « Comment ne l'avez-vous pas vu à son habit? » demanda mon guide.

Au reste, les manières de cet homme, qui était un

honnête muletier [34], ne changèrent pas le moins du monde. Il me donnait la bouteille d'abord, en ma qualité de *caballero;* puis l'offrait au galérien, et buvait après lui; enfin il le traitait [35] avec toute la politesse que les gens du peuple ont entre eux en Espagne.

— « Pourquoi donc avez-vous été aux galères? » demandai-je à mon compagnon de voyage.

— « Oh! monsieur, pour un malheur. Je me suis trouvé à quelques morts. *(Fué por una desgracia. Me hallé en unas muertes.)* »

— « Comment diable? »

— « Voici comment la chose se passa. J'étais miquelet. Avec une vingtaine de mes camarades, j'escortais un convoi de presidiarios de Valence. Sur le chemin, leurs amis voulurent les délivrer, et en même temps nos prisonniers se révoltèrent [36]. Notre capitaine était bien embarrassé. Si les prisonniers étaient lâchés, il était responsable de tous les désordres qu'ils commettraient. Il prit son parti et nous cria : « Feu sur les prisonniers! » Nous tirâmes, et nous en tuâmes quinze, après quoi nous repoussâmes leurs camarades. Cela se passait du temps de cette fameuse constitution. Quand les Français sont revenus et qu'ils l'ont ôtée*, on nous fit notre procès, à nous autres miquelets, parce que parmi les presidiarios morts il y avait plusieurs messieurs *(caballeros)* royalistes que les constitutionnels avaient mis là. Notre capitaine était mort, et on s'en prit à nous. Mon temps va bientôt finir; et comme mon commandant a confiance en moi parce que je me conduis bien, il m'envoie à Jaen pour remettre cette lettre et ce chien au commandant du presidio. »

Mon guide était royaliste, et il était évident que le galérien était constitutionnel; cependant ils demeurèrent dans la meilleure intelligence. Quand nous nous remîmes en route, le barbet était si fatigué, que le galérien fut obligé de le porter sur son dos enveloppé dans sa veste. La conversation de cet homme m'amusait extrêmement; de son côté, les cigares que je lui donnais, et le déjeuner qu'il avait partagé avec moi, me l'avaient tellement attaché, qu'il voulait me suivre jusqu'à Baylen. « La route n'est pas sûre me disait-il je trouverai un fusil à Jaen, chez un de mes amis, et quand bien même nous rencontrerions une demi-douzaine de brigands, ils ne vous prendraient pas un mouchoir. » — « Mais, lui dis-je, si vous ne rentrez pas au presidio, vous risquez d'avoir une augmentation de temps, d'une année peut-être? » — « Bah! qu'importe? Et puis vous me donnerez un certificat attestant que je vous ai accompagné. D'ailleurs, je ne serais pas tranquille si je vous laissais aller tout seul par cette route-là... »

J'aurais consenti qu'il m'accompagnât s'il ne s'était pas brouillé avec mon guide. Voici à quelle occasion. Après avoir suivi, pendant près de huit lieues d'Espagne, nos chevaux, qui allaient au trot toutes les fois que le chemin le permettait, il s'avisa de dire qu'il les suivrait encore quand même ils prendraient le galop. Mon guide se moqua de lui. Nos chevaux n'étaient pas tout à fait des rosses; nous avions un quart de lieue de plaine devant nous, et le galérien portait son chien sur son dos. Il fut mis au défi. Nous partîmes, mais ce diable d'homme avait véritablement des jambes de miquelet, et nos chevaux ne purent le dépasser. L'amour-propre de leur maître ne put jamais pardonner au presidiario l'affront qu'il lui avait fait. Il cessa de lui parler; et arrivés que nous fûmes à Campillo de Arenas, il fit si bien que le galérien, avec la discrétion qui caractérise l'Espagnol, comprit que sa présence était importune, et se retira.

III

Madrid, novembre 1830.

MONSIEUR,

Me voici de retour à Madrid*, après avoir parcouru pendant plusieurs mois, et dans tous les sens, l'Andalousie, cette terre classique des voleurs, sans en rencontrer un seul*. J'en suis presque honteux. Je m'étais arrangé pour une attaque de voleurs, non pas pour me défendre, mais pour causer avec eux et les questionner bien poliment sur leur genre de vie. En regardant mon habit usé aux coudes et mon mince bagage, je regrette d'avoir manqué ces messieurs. Le plaisir de les voir n'était pas payé trop cher par la perte d'un léger portemanteau.

Mais si je n'ai pas vu de voleurs, en revanche je n'ai pas entendu parler d'autre chose. Les postillons, les aubergistes vous racontent des histoires lamentables de voyageurs assassinés, de femmes enlevées, à chaque halte que l'on fait pour changer de mules. L'événement qu'on raconte s'est toujours passé la veille et sur la partie de la route que vous allez parcourir. Le voyageur qui ne connaît point encore l'Espagne, et qui n'a point eu le temps d'acquérir la sublime insouciance castillane, *la flema castellana,* quelque incrédule qu'il soit d'ailleurs, ne laisse pas de recevoir une certaine impression de tous ces récits. Le jour tombe, et avec beaucoup plus de rapidité que dans nos climats du Nord; ici le crépuscule ne dure qu'un moment : survient alors, surtout dans le voisinage des montagnes, un vent qui serait sans doute chaud à Paris, mais qui, par la comparaison que l'on en fait avec la chaleur brûlante du jour [1], vous paraît froid et désagréable. Pendant que vous vous enveloppez dans votre manteau, que vous enfoncez sur vos yeux votre bonnet de voyage, vous remarquez que les hommes de votre escorte *(escopeteros)** jettent l'amorce de leurs fusils sans la renouveler. Étonné de cette singulière manœuvre, vous en demandez la raison, et les braves qui vous accompagnent répondent, du haut de l'impériale où ils sont perchés, qu'ils ont bien tout le courage possible, mais qu'il ne peuvent pas résister seuls à toute une bande de voleurs. « Si l'on est attaqué, nous n'aurons de quartier qu'en prouvant que nous n'avons jamais eu l'intention de nous défendre. »

Alors à quoi bon s'embarrasser de ces hommes et de leurs inutiles fusils? — Oh! ils sont excellents contre les *rateros**, c'est-à-dire les amateurs brigands qui détroussent les voyageurs quand l'occassion se présente; on ne les rencontre jamais qu'au nombre de deux ou de trois.

Le voyageur se repent alors d'avoir pris tant d'argent sur lui. Il regarde l'heure à sa montre de Bréguet*, qu'il croit consulter pour la dernière fois. Il serait bien heureux de la savoir tranquillement pendue à sa cheminée de Paris. Il demande au *mayoral* (conducteur) si les voleurs prennent les habits des voyageurs.

« Quelquefois, monsieur. Le mois passé la diligence de Séville a été arrêtée auprès de la Carlota* [2], et tous les voyageurs sont entrés à Ecija* comme de petits anges.

— De petits anges [3]! Que voulez-vous dire?

— Je veux dire que les bandits leur avaient pris tous leurs habits, et ne leur avaient pas même laissé la chemise.

— « Diable! » s'écrie le voyageur en boutonnant sa redingote; mais il se rassure un peu, et sourit même en remarquant une jeune Andalouse* [4], sa compagne de voyage, qui baise dévotement son pouce en soupirant : « *Jésus, Jésus !* » (On sait que ceux qui baisent leur pouce après avoir fait le signe de la croix ne manquent pas de s'en trouver bien.)

La nuit est tout à fait venue; mais heureusement la lune se lève brillante sur un ciel sans nuages. On commence à découvrir de loin l'entrée d'une gorge affreuse qui n'a pas moins d'une demi-lieue de longueur. « Mayoral, est-ce là l'endroit où l'on a déjà arrêté la diligence?

— Oui, monsieur, et tué un voyageur. — Postillon, poursuit le mayoral, ne fais pas claquer ton fouet, de peur de les avertir.

— Qui? demande le voyageur.

— Les voleurs » répond le mayoral.

« Diable! » s'écrie le voyageur.

« Monsieur, regardez donc là-bas, au tournant de la route .. Ne sont-ce pas des hommes? ils se cachent dans l'ombre de ce grand rocher.

— Oui, madame; un, deux, trois, six hommes à cheval!

— Ah! Jésus, Jésus!... (Signe de croix et baisement de pouce.)

— Mayoral, voyez-vous là-bas?

— Oui.

— En voici un qui tient un grand bâton, peut-être un fusil?

— C'est un fusil.

— Croyez-vous que ce soient de bonnes gens *(buena gente) ?* demande avec anxiété la jeune Andalouse.

— Qui sait! » répond le mayoral en haussant les épaules et abaissant le coin de sa bouche [5].

« Alors, que Dieu nous pardonne à tous [6]! » et elle se cache la figure dans le gilet du voyageur, doublement ému.

La voiture va comme le vent : huit mules vigoureuses au grand trot. Les cavaliers s'arrêtent : ils se forment sur une ligne, — c'est pour barrer le passage. — Non, ils s'ouvrent; trois prennent à gauche, trois à droite de la route : c'est qu'ils veulent entourer la voiture de tous les côtés.

« Postillon, arrêtez vos mules si ces gens-là vous

le commandent; n'allez pas nous attirer une volée de coups de fusil!

— Soyez tranquille, monsieur, j'y suis plus intéressé que vous. »

Enfin l'on est si près, que déjà l'on distingue les grands chapeaux, les selles turques et les guêtres de cuir blanc des six cavaliers. Si l'on pouvait voir leurs traits, quels yeux, quelles barbes! quelles cicatrices on apercevrait! Il n'y a plus de doute, ce sont des voleurs, car ils ont des fusils [7].

Le premier voleur touche le bord de son grand chapeau et dit d'un ton de voix grave et doux : « *Vayan Vds. con Dios,* allez avec Dieu! » C'est le salut que les voyageurs échangent sur la route. « *Vayan Vds. con Dios* », disent à leur tour les autres cavaliers s'écartant poliment pour que la voiture passe, car ce sont d'honnêtes fermiers attardés au marché d'Ecija, qui retournent dans leur village et qui voyagent en troupe et armés, par suite de la grande préoccupation des voleurs dont j'ai déjà parlé.

Après quelques rencontres de cette espèce, on arrive promptement à ne plus croire du tout aux voleurs. On s'accoutume si bien à la mine un peu sauvage des paysans, que des brigands véritables ne vous paraîtraient plus que d'honnêtes laboureurs qui n'ont pas fait leur barbe depuis longtemps. Un jeune Anglais, avec qui j'ai lié connaissance à Grenade, avait longtemps [8] parcouru sans accident les plus mauvais chemins de l'Espagne; il en était [9] venu à nier opiniâtrement l'existence des voleurs. Un jour il est arrêté par deux hommes de mauvaise mine, armés de fusils. Il s'imagina aussitôt que c'étaient des paysans en gaieté qui voulaient s'amuser à lui faire peur. A toutes leurs injonctions de leur donner [10] de l'argent, il répondait en riant et en disant qu'il n'était pas leur dupe. Il fallut, pour le tirer d'erreur, qu'un des véritables bandits lui donnât sur la tête un coup de crosse dont il montrait encore la cicatrice trois mois après*.

Excepté quelques cas fort rares, les brigands espagnols ne maltraitent jamais les voyageurs. Souvent ils se contentent de leur enlever l'argent qu'ils ont sur eux, sans ouvrir leurs malles, ou même sans les fouiller. Pourtant il ne faut pas s'y fier. — Un jeune élégant de Madrid se rendait à Cadix avec deux douzaines de belles chemises qu'il avait fait venir de Londres*. Les brigands l'arrêtent auprès de la Carolina*, et après lui avoir pris toutes les onces* qu'il avait dans sa bourse, sans compter les bagues, chaînes, souvenirs amoureux qu'un homme aussi répandu ne pouvait manquer d'avoir, le chef des voleurs lui fit remarquer poliment que le linge de sa bande, obligée qu'elle était d'éviter les endroits habités, avait grand besoin de blanchissage. Les chemises sont déployées, admirées, et le capitaine disant, comme Hali du Sicilien*: « Entre cavaliers, telle liberté est permise », en mit quelques-unes dans son bissac, puis ôta les noires guenilles qu'il portait depuis six semaines au moins, et se couvrit avec joie de la plus belle batiste de son prisonnier. Chaque voleur en fit autant; en sorte que l'infortuné voyageur se trouva en un instant dépouillé de sa garde-robe [11] et en possession d'un tas de chiffons qu'il n'aurait pas osé toucher du bout de sa canne. Encore lui fallait-il endurer [12] les plaisanteries des brigands. Le capitaine, avec ce sérieux goguenard que les Andalous affectent si bien, lui dit, en le congédiant, qu'il n'oublierait jamais le service qu'il venait de recevoir, qu'il s'empresserait de lui rendre les chemises qu'il avait bien voulu lui prêter, et qu'il reprendrait les siennes aussitôt qu'il aurait l'honneur de le revoir. « Surtout, ajouta-t-il n'oubliez pas de faire blanchir les chemises de ces messieurs. Nous les reprendrons à votre retour à Madrid. » Le jeune homme [13] qui me racontait ce vol, dont il avait été la victime, m'avouait [14] qu'il avait plutôt pardonné aux voleurs l'enlèvement de ses chemises [15] que leurs méchantes plaisanteries.

A différentes époques, le gouvernement espagnol s'est occupé sérieusement de purger les grandes routes des voleurs, qui, depuis un temps immémorial, sont en possession de les parcourir. Ses efforts n'ont jamais pu avoir de résultats décisifs [16]. Une bande a été détruite, mais une autre s'est formée aussitôt. Quelquefois un capitaine général est parvenu à force de soins à chasser tous les voleurs de son gouvernement; mais alors les provinces voisines en ont regorgé.

La nature du pays, hérissé de montagnes, sans routes frayées, rend bien difficile l'entière destruction des brigands [17]. En Espagne comme dans la Vendée, il y a un grand nombre de métairies isolées, *aldeas,* éloignées de plusieurs milles de tout endroit habité. En garnisonnant* toutes ces métairies, tous les petits hameaux, on obligerait promptement les voleurs à se livrer à la justice sous peine de mourir de faim; mais où trouver assez d'argent, assez de soldats?

Les proprétaires des aldeas sont intéressés, on le sent, à conserver de bons rapports avec les brigands, dont la vengeance est redoutable. D'un autre côté, ceux-ci [18], qui comptent sur eux pour leur subsistance [19], les ménagent, leur payent bien les objets dont ils ont besoin, et quelquefois même les associent au partage du butin. Il faut encore ajouter que la profession de voleur n'est point regardée généralement comme déshonorante. Voler sur les grandes routes, aux yeux de bien des gens, *c'est faire de l'opposition,* c'est protester contre des lois tyranniques. Or l'homme qui, n'ayant qu'un fusil, se sent assez de hardiesse pour jeter le défi à un gouvernement, c'est un héros que les hommes respectent et que les femmes admirent. Il est glorieux certes de pouvoir s'écrier, comme dans la vieille romance :

A todos los desafio,
Pues a nadie tengo miedo !*

Un voleur commence en général par être contrebandier. Son commerce est troublé par les employés de la douane. C'est une injustice criante pour les neuf dixièmes de la population que l'on tourmente un galant homme qui vend à bon compte de meilleurs cigares que ceux du roi, qui rapporte [20] aux femmes des soieries, des marchandises anglaises et tout le commérage de dix lieues à la ronde. Qu'un douanier vienne à tuer ou à prendre son cheval, voilà le contrebandier ruiné; il a d'ailleurs une vengeance à exercer : il se fait voleur. — On demande ce qu'est devenu un beau garçon qu'on a remarqué quelques mois auparavant et qui était le coq de ce village [21]? « Hélas ! » répond une femme, « on l'a obligé de se jeter [22] dans la montagne. Ce n'est pas sa faute, pauvre garçon ! il était si doux ! Dieu le protège ! » Les bonnes âmes rendent le gouvernement responsable de tous les désordres commis par les voleurs. C'est lui, dit-on, qui pousse à bout les pauvres gens qui ne demandent qu'à rester tranquilles et à vivre de leur métier.

Le modèle du brigand espagnol, le prototype du héros de grand chemin, le Robin Hood*, le Roque Guinar* de notre temps, c'est le fameux Jose Maria, surnommé *el Tempranito,* le Matinal. C'est l'homme dont on parle le plus de Madrid à Séville et de Séville à Malaga. Beau, brave, courtois autant qu'un voleur peut l'être, tel est Jose Maria. S'il arrête une diligence, il donne la main aux dames pour descendre et prend soin qu'elles soient commodément assises à l'ombre, car c'est de jour que se font la plupart de ses exploits. Jamais un juron, jamais un mot grossier; au contraire, des égards presque respectueux et une politesse naturelle qui ne se dément jamais. Ote-t-il une bague de la main d'une femme [23] : « Ah ! madame », dit-il, « une si belle [24] main n'a pas besoin d'ornements. » Et tout en faisant glisser la bague hors du doigt, il baise la main d'un air à faire croire, suivant l'expression d'une dame espagnole, que le baiser avait pour lui plus de prix que la bague. La bague, il la prenait comme par distraction; mais le baiser, au contraire, il le faisait durer longtemps. On m'a assuré qu'il laisse toujours aux voyageurs assez d'argent pour arriver à la ville la plus proche, et que jamais il n'a refusé à personne la permission de garder un bijou que des souvenirs rendaient précieux.

On m'a dépeint Jose Maria comme un grand jeune homme de vingt-cinq à trente ans, bien fait [25], la physionomie ouverte et riante, des dents blanches comme des perles et des yeux remarquablement expressifs. Il porte ordinairement un costume de majo, d'une très grande richesse. Son linge est toujours éclatant de blancheur, et ses mains feraient honneur à un élégant de Paris ou de Londres.

Il n'y a guère que cinq ou six ans qu'il court les grands chemins. Il était destiné par ses parents à l'Église*, et il étudiait la théologie à l'université de Grenade; mais sa vocation n'était pas fort grande, comme on va le voir, car il s'introduisit [26] la nuit chez une demoiselle de bonne famille... L'amour fait, dit-on, excuser bien des choses*...; mais on parle de violence, d'un domestique blessé..., je n'ai jamais pu tirer cette histoire au clair. Le père fit grand bruit, et un procès criminel fut commencé. Jose Maria fut obligé de prendre la fuite et de s'exiler à Gibraltar. Là, comme l'argent lui manquait, il fit marché avec un négociant anglais pour introduire en contrebande une forte partie de marchandises prohibées. Il fut trahi par un homme à qui il avait fait confidence [27] de son projet. Les douaniers surent la route qu'il devait tenir et s'embusquèrent sur son passage. Tous les mulets qu'il conduisait furent pris, mais il ne les abandonna qu'après un combat acharné dans lequel il tua ou blessa plusieurs douaniers. Dès ce moment, il n'eut plus d'autre ressource que de rançonner les voyageurs.

Un bonheur extraordinaire [28] l'a constamment accompagné jusqu'à ce jour. Sa tête est mise à prix, son signalement est affiché à la porte de toutes les villes, avec promesse de huit mille réaux à celui qui le livrera mort ou vif [a], fût-il un de ses complices. Pourtant Jose Maria continue impunément son dangereux métier, et ses courses s'étendent depuis les frontières du Portugal jus-

---

a. Lorsque j'étais à Séville, on trouva, un matin, sur la porte de Triana, au bas du signalement de Jose Maria, ces mots écrits au crayon: « *Signature du susdit* : JOSE MARIA. »

qu'au royaume de Murcie. Sa bande n'est pas nombreuse, mais elle est composée d'hommes dont la fidélité et la résolution sont depuis longtemps éprouvées. Un jour, à la tête d'une douzaine d'hommes de son choix, il surprit à la *venta de Gazin* soixante et dix [29] volontaires royalistes envoyés à sa poursuite, et les désarma tous. On le vit ensuite regagner les montagnes à pas lents, chassant devant lui deux mulets chargés des soixante et dix escopettes [30] qu'il emportait comme pour en faire un trophée.

On conte des merveilles de son adresse à tirer à balle. Sur un cheval lancé au galop, il touche un tronc d'olivier à cent cinquante pas. Le trait suivant fera connaître à la fois son adresse et sa générosité.

Un capitaine Castro, officier rempli de courage et d'activité, qui poursuit, dit-on, les voleurs, autant pour satisfaire une vengeance personnelle que pour remplir son devoir de militaire, apprit par un de ses espions que Jose Maria se trouverait un tel jour dans une aldea écartée où il avait une maîtresse. Castro au jour indiqué monte à cheval, et, pour ne pas éveiller les soupçons en mettant trop de monde en campagne, il ne prend avec lui que quatre lanciers. Quelques précautions qu'il mît en usage pour cacher sa marche, il ne put si bien faire que Jose Maria n'en fût instruit. Au moment où Castro, après avoir passé une gorge profonde, entrait dans la vallée où était située l'aldea de la maîtresse de son ennemi, douze cavaliers bien montés paraissent tout à coup sur son flanc, et beaucoup plus près que lui de la gorge par où seulement il pouvait faire sa retraite. Les lanciers se crurent perdus. Un homme monté sur un cheval bai se détache au galop de la troupe des voleurs, et arrête son cheval tout court à cent pas de Castro. — « On ne surprend pas Jose Maria, s'écrie-t-il. Capitaine « Castro, que vous ai-je fait pour que vous vouliez me « livrer à la justice? Je pourrais vous tuer; mais les « hommes de cœur sont devenus rares, et je vous donne « la vie. Voici un souvenir qui vous apprendra à m'éviter. A votre shako! » En parlant ainsi il l'ajuste, et d'une balle il traverse le haut du shako du capitaine. Aussitôt il tourna bride et disparut avec ses gens.

Voici un autre exemple de sa courtoisie.

On célébrait une noce dans une métairie des environs d'Andujar*. Les mariés avaient déjà reçu les compliments de leurs amis, et l'on allait se mettre à table sous un grand figuier devant la porte de la maison; chacun était en disposition de bien faire*, et les émanations des jasmins et des orangers en fleur [31] se mêlaient agréablement aux parfums plus substantiels s'exhalant [32] de plusieurs plats qui faisaient plier la table sous leur poids. Tout d'un coup parut un homme à cheval, sortant d'un bouquet de bois à portée de pistolet de la maison. L'inconnu sauta lestement à terre, salua les convives de la main, et conduisit son cheval à l'écurie. On n'attendait personne, mais en Espagne tout passant est bien venu à partager un repas de fête. D'ailleurs, l'étranger à son habillement [33] paraissait être un homme d'importance. Le marié se détacha aussitôt pour l'inviter à dîner.

Pendant qu'on se demandait tout bas quel était cet étranger, le notaire d'Andujar, qui assistait à la noce, était devenu pâle comme la mort. Il essayait de se lever de la chaise qu'il occupait auprès de la mariée; mais ses genoux pliaient [34] sous lui, et ses jambes ne pouvaient plus le supporter. Un des convives, soupçonné depuis longtemps de s'occuper de contrebande, s'approcha de la mariée : « C'est Jose Maria, dit-il, je me trompe fort, ou il vient ici pour faire quelque malheur* *(para hacer una muerte)*. C'est au notaire qu'il en veut. Mais que faire? Le faire échapper? — Impossible; Jose Maria l'aurait bientôt rejoint. — Arrêter le brigand? — Mais sa bande est sans doute aux environs; d'ailleurs il porte des pistolets à sa ceinture et son poignard ne le quitte jamais. — Mais, monsieur le notaire, que lui avez-vous donc fait [35]? — Hélas! rien, absolument rien! » Quelqu'un murmura tout bas que le notaire avait dit à son fermier, deux mois auparavant [36], que si Jose Maria venait jamais lui demander à boire, il devrait mettre un gros* d'arsenic dans son vin.

On délibérait encore sans entamer la *olla**, quand l'inconnu reparut suivi du marié. Plus de doute, c'était Jose Maria. Il jeta en passant un coup d'œil de tigre au notaire, qui se mit à trembler comme s'il avait eu le frisson de la fièvre; puis il salua la mariée avec grâce, et lui demanda la permission de danser à sa noce. Elle n'eut garde de refuser ou de lui faire mauvaise mine. Jose Maria prit aussitôt un tabouret de liège, l'approcha [37] de la table, et s'assit sans façon à côté de la mariée, entre elle et le notaire, qui paraissait à tout moment sur le point de s'évanouir.

On commença à manger. Jose Maria était rempli d'attentions et de petits soins pour sa voisine. Lorsqu'on servit du vin d'extra, la mariée, prenant un verre de montilla* (qui vaut mieux [38] que le Xérès, selon moi), le toucha de ses lèvres, et le présenta ensuite au bandit. C'est une politesse que l'on fait à table aux personnes que l'on estime. Cela s'appelle *una fineza*. Malheureusement cet usage se perd dans la bonne compagnie [39], aussi empressée ici qu'ailleurs de se dépouiller de toutes les coutumes nationales.

Jose Maria prit le verre, remercia avec effusion, et déclara à la mariée qu'il la priait de le tenir pour son serviteur, et qu'il ferait avec joie tout ce qu'elle voudrait bien lui commander.

Alors celle-ci, toute tremblante et se penchant timidement à l'oreille de son terrible voisin : « Accordez-moi une grâce, dit-elle. — Mille ! » s'écria Jose Maria. « Oubliez, je vous en conjure, les mauvais vouloirs que vous avez peut-être apportés ici. Promettez-moi que pour l'amour de moi vous pardonnerez à vos ennemis, et qu'il n'y aura pas de scandale à ma noce.

— Notaire ! dit Jose Maria se tournant vers l'homme de loi tremblant, remerciez madame; sans elle, je vous aurais tué avant que vous eussiez digéré votre dîner. N'ayez plus peur, je ne vous ferai pas de mal [40]. » Et, lui versant un verre de vin, il ajouta avec un sourire un peu méchant : « Allons, notaire, à ma santé; ce vin est bon et il n'est pas empoisonné. » Le malheureux notaire croyait avaler un cent d'épingles. « Allons, enfants ! s'écria le voleur, de la gaieté ! *(vaya de broma)* vive la mariée ! » Et se levant avec vivacité, il courut chercher une guitare et se mit à improviser un couplet en l'honneur des nouveaux époux.

Bref, pendant le reste du dîner et le bal qui le suivit, il se rendit tellement aimable, que les femmes avaient les larmes aux yeux en pensant qu'un aussi charmant garçon finirait peut-être un jour [41] à la potence. Il dansa, il chanta, il se fit tout à tous. Vers minuit, une petite fille de douze ans, à demi vêtue de mauvaises guenilles [42], s'approcha de Jose Maria, et lui dit quelques mots dans l'argot des bohémiens. Jose Maria tressaillit : il courut à l'écurie, d'où il revint bientôt emmenant son bon cheval. Puis s'avançant vers la mariée, un bras passé dans la bride : « Adieu ! dit-il, enfant de mon âme *(hija de mi alma*)*, jamais je n'oublierai les moments que j'ai passés auprès de vous. Ce sont les plus heureux que j'aie vus depuis bien des années. Soyez assez bonne pour accepter cette bagatelle d'un pauvre diable qui voudrait avoir une mine à vous offrir. » Il lui présentait en même temps une jolie bague.

« Jose Maria, s'écria la mariée, tant qu'il y aura un pain dans cette maison, la moitié vous appartiendra. »

Le voleur serra la main à tous les convives [43], celle même du notaire, embrassa toutes les femmes; puis, sautant lestement en selle, il regagna ses montagnes [44]. Alors seulement le notaire respira librement. Une demi-heure après arriva un détachement de miquelets; mais personne n'avait vu l'homme qu'ils cherchaient.

Le peuple espagnol, qui sait par cœur les romances des Douze Pairs, qui chante les exploits de Renaud de Montauban*, doit nécessairement s'intéresser beaucoup au seul homme qui, dans un temps aussi prosaïque que le nôtre, fait revivre les vertus chevaleresques des anciens preux. Un autre motif contribue encore à augmenter la popularité de Jose Maria : il est extrêmement généreux. L'argent ne lui coûte guère à gagner, et il le dépense facilement avec les malheureux. Jamais, dit-on, un pauvre ne s'est adressé à lui sans en recevoir une aumône abondante.

Un muletier me racontait qu'ayant perdu un mulet qui faisait toute sa fortume, il était sur le point de se jeter la tête la première dans le Guadalquivir, quand une boîte, contenant six onces d'or, fut remise à sa femme par un inconnu. Il ne doutait pas que ce ne fût un présent de Jose Maria, à qui il avait indiqué un gué un jour qu'il était poursuivi de près par les miquelets.

Je finirai cette longue lettre par un autre trait de la bienfaisance de mon héros.

Certain pauvre colporteur des environs de Campillo de Arenas* conduisait [45] à la ville une charge de vinaigre. Ce vinaigre était contenu dans des outres, suivant l'usage du pays, et porté par un âne maigre, tout pelé, à moitié mort de faim. Dans un étroit sentier, un étranger, qu'à son costume on aurait pris pour un chasseur, rencontre le vinaigrier [46]; et d'abord qu'il voit l'âne, il éclate de rire. « Quelle haridelle as-tu là, camarade? » s'écrie-t-il. « Sommes-nous en carnaval pour la promener de la sorte? » Et les rires ne cessaient pas.

« Monsieur », répondit tristement l'ânier piqué au vif, « cette bête [47], toute laide qu'elle est, me gagne encore mon pain. Je suis un malheureux, moi, et je n'ai pas d'argent pour en acheter une autre. »

« Comment! s'écria le rieur, c'est cette hideuse bourrique qui t'empêche de mourir de faim? mais elle sera crevée avant une semaine. — Tiens, continua-t-il en lui présentant un sac assez lourd, il y a chez le vieux Herrera un beau mulet à vendre; il en veut 1 500 réaux, les voici. Achète ce mulet dès aujourd'hui, pas plus tard, et ne marchande pas. Si demain je te trouve par les chemins avec cette effroyable bourrique, aussi vrai qu'on me nomme Jose Maria, je vous jetterai tous les deux dans un précipice. »

L'ânier resté seul, le sac à la main, croyait rêver. Les 1 500 réaux étaient bien comptés. Il savait ce que valait un serment de Jose Maria, et se rendit aussitôt chez

Herrera [48], où il se hâta d'échanger ses réaux contre un beau mulet.

La nuit suivante Herrera est éveillé en sursaut. Deux hommes lui présentaient un poignard et une lanterne sourde à la figure. « Allons, vite ton argent! » — « Hélas ! mes bons seigneurs, je n'ai pas un quarto chez moi. — « Tu mens; tu as vendu hier un mulet 1 500 réaux que t'a payés un tel de Campillo. » Ils avaient des arguments tellement irrésistibles, que les 1 500 réaux furent bientôt donnés, ou, si l'on veut, rendus.

P. S. Jose Maria est mort depuis plusieurs années. En 1833, à l'occasion de la prestation de serment à la jeune reine Isabelle, le roi Ferdinand accorda une amnistie générale, dont le célèbre bandit voulut bien profiter. Le gouvernement lui fit même une pension de deux réaux par jour pour qu'il se tînt tranquille. Comme cette somme n'était pas suffisante pour les besoins d'un homme qui avait beaucoup de vices élégants, il fut obligé d'accepter une place que lui offrit l'administration des diligences. Il devint *escopetero* et se chargea de faire respecter les voitures qu'il avait si souvent dévalisées. Tout alla bien pendant quelque temps : ses anciens camarades le craignaient ou le ménageaient. Mais un jour quelques bandits plus résolus arrêtèrent la diligence de Séville, bien qu'elle portât Jose Maria. Du haut de l'impériale il les harangua; et l'ascendant qu'il avait sur ses anciens complices était tel qu'ils paraissaient disposés à se retirer sans violence, lorsque le chef des voleurs, connu sous le nom du *Bohémien (el Gitano),* autrefois lieutenant de Jose Maria, lui tira un coup de fusil à bout portant et le tua sur la place [49].

1842.

LES SORCIÈRES ESPAGNOLES

Valence, 1830.

Les antiquités, surtout les antiquités romaines, me touchent peu*. Je ne sais comment je me suis laissé persuader d'aller à Murviedro voir ce qui reste de Sagonte*. J'y ai gagné beaucoup de fatigue, j'ai fait de mauvais dîners, et je n'ai rien vu du tout. En voyage, on est sans cesse tourmenté par la crainte de ne pouvoir répondre oui à cette inévitable question qui vous attend au retour : « Vous avez vu sans doute...? » Pourquoi serais-je forcé de voir ce que les autres ont vu? Je ne voyage pas dans un but déterminé; je ne suis pas antiquaire. Mes nerfs sont endurcis aux émotions sentimentales, et je ne sais si je me rappelle avec plus de plaisir le vieux cyprès des Zegris au Généralife que les grenades et l'excellent raisin sans pépins que j'ai mangés sous cet arbre vénérable*.

Mon excursion à Murviedro ne m'a point ennuyé pourtant. J'ai loué un cheval et un paysan valencien pour m'accompagner à pied. Je l'ai trouvé (le Valencien) grand bavard*, passablement fripon, mais, en somme, bon compagnon et assez amusant. Il dépensait prodigieusement d'éloquence et de diplomatie pour me tirer un réal de plus que le prix convenu entre nous pour la location du cheval; et, en même temps, il soutenait mes intérêts dans les auberges avec tant de vivacité et de chaleur, qu'on eût dit qu'il payait la carte de ses propres deniers. Le compte qu'il me présentait tous les matins offrait une terrible suite d'items pour raccommodages de courroies, clous remis, vin pour frotter le cheval, et qu'il buvait sans doute; et avec tout cela jamais je n'ai payé moins cher. Il avait l'art de me faire acheter partout où nous passions je ne sais combien de bagatelles inutiles, surtout des couteaux du pays. Il m'apprenait comment on doit mettre le pouce sur la lame pour éventrer convenablement son homme sans se couper les doigts. Puis ces diables de couteaux me paraissaient bien lourds. Ils s'entrechoquaient dans mes poches, battaient sur mes jambes, bref, me gênaient tellement que, pour m'en débarrasser, je n'avais d'autre ressource que d'en faire cadeau à Vicente. Son refrain était :

— Comme les amis de votre seigneurie seront contents quand ils verront toutes les belles choses qu'elle leur apportera d'Espagne !

Je n'oublierai jamais un sac de glands doux que ma seigneurie acheta pour rapporter à ses amis, et qu'elle mangea tout entier, avec l'aide de son guide fidèle, avant même d'être arrivée à Murviedro.

Vicente, quoiqu'il eût couru le monde, car il avait vendu de l'orgeat à Madrid, avait sa bonne part des superstitions de ses compatriotes. Il était fort dévot, et, pendant trois jours que nous passâmes ensemble, j'eus l'occasion de voir quelle drôle de religion était la sienne. Le bon Dieu ne l'inquiétait guère, et il n'en parlait jamais qu'avec indifférence. Mais les saints et surtout la Vierge avaient tous ses hommages. Il me faisait penser à ces vieux solliciteurs consommés dans le métier, et dont la maxime est qu'il vaut mieux avoir des amis dans les bureaux que la protection du ministre lui-même.

Pour comprendre sa dévotion à la bonne Vierge, il faut savoir qu'en Espagne il y a Vierge et Vierge. Chaque ville a la sienne et se moque de celle des voisins. La Vierge de Peniscola*, petite ville qui avait donné naissance à l'honorable Vicente, valait mieux, selon lui, que toutes les autres ensemble.

— Mais, lui dis-je un jour, il y a donc plusieurs Vierges ?

— Sans doute; chaque province en a une.

— Et dans le ciel, combien y en a-t-il ?

La question l'embarrassa évidemment, mais son catéchisme vint à son aide.

— Il n'y en a qu'une, répondit-il avec l'hésitation d'un homme qui répète une phrase qu'il ne comprend pas.

— Eh bien ! poursuivis-je, si vous vous cassiez une jambe, à quelle Vierge vous adresseriez-vous ? A celle du ciel ou à une autre ?

— A la très sainte Vierge Notre-Dame de Peniscola, apparemment *(por supuesto)*.

— Mais pourquoi pas à celle du Pilier, à Saragosse, qui fait tant de miracles* ?

— Bah ! elle est bonne pour des Aragonais !

Je voulus le prendre par son côté faible, le patriotisme provincial.

— Si la Vierge de Peniscola, lui dis-je, est plus puissante que celle du Pilier, cela prouverait que les Valenciens sont de plus grands coquins que les Aragonais, puisqu'il leur faut une patronne si bien en cour pour que leurs péchés leur soient remis.

— Ah ! monsieur, les Aragonais ne sont pas meilleurs que d'autres ; seulement, nous autres Valenciens, nous connaissons le pouvoir de Notre-Dame de Peniscola, et nous nous y fions trop quelquefois.

— Vicente, dites-moi : ne croyez-vous pas que Notre-Dame de Peniscola parle valencien au bon Dieu quand elle prie *Sa Majesté* de ne pas vous damner pour vos méfaits ?

— Valencien ? Non, monsieur, répliqua vivement Vicente. Votre seigneurie sait bien quelle langue parle la Vierge.

— Non, en vérité.

— Mais latin, apparemment.

... Les montagnes peu élevées du royaume de Valence sont couronnées souvent de châteaux en ruines. Je m'avisai un jour, passant auprès d'une de ces masures, de demander à Vicente s'il y avait là des revenants. Il se mit à sourire, et me répondit qu'il n'y en avait pas dans le pays; puis il ajouta, en clignant l'œil de l'air d'un homme qui riposte à une plaisanterie :

— Votre seigneurie sans doute en a vu dans son pays?

En espagnol, il n'y a pas de mot qui traduise exactement celui de revenant. *Duende,* que vous trouvez dans le dictionnaire, correspond plutôt à notre mot de lutin, et s'applique, comme en français, à un enfant espiègle. *Duendecito* (petit duende) se dirait très bien d'un jeune homme qui se cache derrière un rideau dans la chambre d'une jeune fille pour lui faire peur, ou dans toute autre intention. Mais, quant à ces grands spectres pâles, drapés d'un linceul et traînant des chaînes, on n'en voit point en Espagne et l'on n'en parle pas. Il y a encore des Maures enchantés* dont on conte des tours aux environs de Grenade; mais ce sont, en général, de bons revenants, paraissant d'ordinaire au grand jour pour demander bien humblement le baptême, qu'ils n'ont point eu le loisir de se faire administrer de leur vivant. Si on leur accorde cette grâce, ils vous montrent pour la peine un beau trésor. Ajoutez à cela une espèce de loup-garou tout velu que l'on nomme *el velludo,* lequel est peint dans l'Alhambra, et un certain cheval sans tête [a]* qui, ce nonobstant, galope fort vite au milieu des pierres qui encombrent le ravin entre l'Alhambra et le Généralife, — vous aurez une liste à peu près complète de tous les fantômes dont on effraye ou dont on amuse les enfants.

Heureusement, l'on croit encore aux sorciers, et surtout aux sorcières.

A une lieue de Murviedro, il y a un petit cabaret isolé. Je mourais de soif, et je m'arrêtai à la porte. Une très jolie fille, point trop basanée*, m'apporta un grand pot de cette terre poreuse qui rafraîchit l'eau. Vicente, qui ne passait jamais devant un cabaret sans avoir soif, et me donner quelque bonne raison pour entrer, ne

a. El caballo descabezado.

paraissait pas avoir envie de s'arrêter dans cet endroit-là. Il se faisait tard, disait-il; nous avions beaucoup de chemin à faire; à un quart de lieue de là, il y avait une bien meilleure auberge où nous trouverions le plus fameux vin du royaume, celui de Peniscola excepté. Je fus inflexible. Je bus l'eau qu'on me présentait, je mangeai du gazpacho* préparé par les mains de Mlle Carmencita, et même je fis son portrait sur mon livre de croquis.

Cependant, Vicente frottait son cheval devant la porte, sifflait d'un air d'impatience, et semblait éprouver de la répugnance à entrer dans la maison.

Nous nous remîmes en route. Je parlais souvent de Carmencita, Vicente secouait la tête.

— Mauvaise maison ! disait-il.

— Mauvaise ! pourquoi ? Le gazpacho était excellent.

— Cela n'est pas extraordinaire, c'est peut-être le diable qui l'a fait.

— Le diable ! Dites-vous cela parce qu'elle n'épargne pas le piment, ou bien cette brave femme aurait-elle le diable pour cuisinier ?

— Qui sait ?

— Ainsi... elle est sorcière ?

Vicente tourna la tête d'un air d'inquiétude pour voir s'il n'était pas observé; il hâta le pas du cheval d'un coup de houssine, et, tout en courant à côté de moi, il haussait légèrement la tête, ouvrant la bouche et levant les yeux en l'air, signe d'affirmation ordinaire à des gens qu'on serait tenté de croire silencieux à la difficulté que l'on éprouve pour en tirer une réponse à une question précise. Ma curiosité était excitée, et je voyais avec un vif plaisir que mon guide n'était pas, comme je l'avais craint, un esprit fort.

— Ainsi elle est sorcière ? dis-je en remettant mon cheval au pas. Et la fille, qu'est-elle ?

— Votre Seigneurie connaît le proverbe : *Primero p...; luego alcahueta, pues bruja* [a]. La fille commence, la mère est déjà arrivée au port.

---

a. D'abord c..., puis entremetteuse, puis sorcière.

— Comment savez-vous qu'elle est sorcière? qu'a-t-elle fait qui vous l'ait prouvé?

— Ce qu'elles font toutes. Elle donne le mal d'yeux[a], qui fait dessécher les enfants; elle brûle les oliviers, elle fait mourir les mules, et bien d'autres méchancetés.

— Mais connaissez-vous quelqu'un qui ait été victime de ses maléfices?

— Si j'en connais? J'ai mon cousin germain, par exemple, à qui elle a joué un maître tour.

— Racontez-moi cela, je vous prie.

— Mon cousin n'aime pas trop qu'on raconte cette histoire. Mais il est à Cadix maintenant, et j'espère qu'il ne lui en arriverait pas malheur si je vous disais...

J'apaisai les scrupules de Vicente en lui faisant présent d'un cigare. Il trouva l'argument irrésistible et commença de la sorte :

— Vous saurez, monsieur, que mon cousin se nomme Henriquez, et qu'il est natif du Grao* de Valence, marin et pêcheur de son état, honnête homme et père de famille, vieux chrétien comme toute sa race; et je puis me vanter de l'être, tout pauvre que je suis, quand il y a tant de gens plus riches que moi qui sentent le marrane*. Mon cousin donc était pêcheur dans un petit hameau auprès de Peniscola, parce que, quoique né au Grao, il avait sa famille à Peniscola. Il était né dans la barque de son père; ainsi, étant né sur mer, il ne faut pas s'étonner qu'il fût bon marin. Il avait été aux Indes, en Portugal, partout enfin. Quand il n'était pas embarqué sur un gros vaisseau, il avait sa barque à lui, et allait pêcher. A son retour, il attachait sa barque avec une amarre bien solide à un gros pieu, puis il allait se coucher tranquille. Voilà qu'un matin, partant pour la pêche, il va pour défaire le nœud de l'amarre; que voit-il?... Au lieu du nœud qu'il avait fait, nœud tel

a. *Mal de ojos*. Ce n'est pas le mal que reçoivent les yeux, mais que font les yeux, c'est la fascination du mauvais œil. On attache souvent au poignet des enfants, dans le royaume de Valence, un petit bracelet d'écarlate pour les préserver du mauvais œil*.

qu'en pourrait faire un bon matelot, il voit un nœud comme une vieille femme en ferait un pour attacher sa bourrique.

« — Les petits polissons se seront amusés dans ma barque hier soir, pensa-t-il; si je les attrape, je les étrillerai d'importance.

« Il s'embarque, pêche et revient. Il attache son bateau, et, par précaution cette fois, il fait un double nœud. Bon ! Le lendemain, le nœud défait. Mon cousin enrageait, mais devine qui a fait le coup?... Pourtant, il prend une corde neuve, et, sans se décourager, il amarre encore solidement son bateau ! Bah ! le lendemain plus de corde neuve, et en place un mauvais morceau de ficelle, débris d'un câble tout pourri. De plus, sa voile était déchirée, preuve qu'on l'avait déployée pendant la nuit. Mon cousin se dit :

« — Ce ne sont pas des polissons qui vont la nuit dans mon bateau; ils n'oseraient pas déployer la voile de peur de chavirer. Sûrement, c'est un voleur.

« Que fait-il? Il s'en va le soir se cacher dans sa barque, il se couche dans l'endroit où il serrait son pain et son riz quand il s'embarquait pour plusieurs jours. Il jette sur lui, pour mieux se cacher, une mauvaise mante, et le voilà tranquille. A minuit, remarquez bien l'heure, tout à coup il entend des voix comme si beaucoup de personnes s'en venaient courant au bord de la mer. Il lève un peu le bout du nez et voit... non pas des voleurs, Jésus ! mais une douzaine de vieilles femmes pieds nus et les cheveux au vent. Mon cousin est un homme résolu, et il avait un bon couteau bien affilé dans sa ceinture pour s'en servir contre les voleurs; mais, quand il vit que c'était à des sorcières qu'il allait avoir affaire, son courage l'abandonna; il mit la mante sur sa tête et se recommanda à Notre-Dame de Peniscola, pour qu'elle empêchât ces vilaines femmes de le voir.

« Il était donc tout ramassé, tout pelotonné dans son coin, et fort en peine de sa personne. Voilà les sorcières qui détachent la corde, larguent la voile et se lancent en mer. Si la barque eût été un cheval, on aurait bien pu dire qu'elle prenait le mors aux dents. Ce qu'il y a de sûr, c'est qu'elle semblait voler sur la mer. Elle allait, elle allait avec tant de vitesse, que le sifflement de l'eau fendait les oreilles, et que le goudron s'en fondait [a] ! Et il n'y a pas là de quoi s'étonner, car les sorcières ont du vent quand elles en veulent, puisque c'est le diable qui le souffle. Cependant, mon cousin les entendait causer, rire, se trémousser, se vanter de tout le mal qu'elles avaient fait. Il y en avait quelques-unes qu'il connaissait, d'autres qui apparemment venaient de loin et qu'il n'avait jamais vues. La Ferrer, cette vieille sorcière chez qui vous vous êtes arrêté si longtemps, tenait le gouvernail. Enfin, au bout d'un certain temps, on s'arrête, on touche la terre, les sorcières sautent hors de la barque et l'attachent au rivage à une grosse pierre. Quand mon cousin Henriquez n'entendit plus leurs voix, il se hasarda à sortir de son trou. La nuit n'était pas très claire, mais il vit pourtant fort bien, à un jet de pierre du rivage, de grands roseaux que le vent agitait, et, plus loin, un grand feu. Soyez sûr que c'était là que se tenait le sabbat. Henriquez eut le courage de sauter à terre et de couper quelques-uns de ces roseaux; puis il se remit dans sa cache avec les roseaux qu'il avait pris, et attendit tranquillement le retour des sorcières. Au bout d'une heure, plus ou moins, elles reviennent, se rembarquent, tournent le bateau, et voguent aussi vite que la première fois.

« — Du train dont nous allons, se disait mon cousin, nous serons bientôt à Peniscola.

« Tout allait bien lorsque tout d'un coup l'une de ces femmes se mit à dire :

« — Mes sœurs, voilà trois heures qui sonnent.

---

a. Je n'osai interrompre mon guide pour avoir l'explication de ce phénomène. Serait-ce que la vitesse du mouvement produisait assez de chaleur pour fondre le goudron? On voit que mon ami Vicente, qui n'avait jamais été marin, n'employait pas fort habilement *la couleur locale*.

« Elle n'eut pas plus tôt dit cela, qu'elles s'envolent toutes et disparaissent. Pensez que c'est jusqu'à cette heure-là seulement qu'elles ont le pouvoir de courir le pays.

« La barque n'allait plus, et mon cousin fut obligé de ramer. Dieu sait combien de temps il fut en mer avant de pouvoir rentrer à Peniscola. Plus de deux jours ! Il arriva épuisé. Dès qu'il eut mangé un morceau de pain et bu un verre d'eau-de-vie, il alla chez l'apothicaire de Peniscola, qui est un homme bien savant et qui connaît tous les simples. Il lui montre les roseaux qu'il avait apportés.

« — D'où cela vient-il? qu'il demande à l'apothicaire.

« — D'Amérique, répond l'apothicaire. Il n'en pousse de pareils qu'en Amérique, et vous auriez beau en semer la graine ici, elle ne produirait rien.

« Mon cousin, sans dire un mot de plus à l'apothicaire, s'en va droit chez la Ferrer :

« — Paca, dit-il en entrant, tu es une sorcière.

« L'autre de se récrier et de dire :

« — Jésus, Jésus !

« — La preuve que tu es sorcière, c'est que tu vas en Amérique et que tu en reviens en une nuit. J'y suis allé avec toi, telle nuit, et en voici la preuve. Tiens, voici des roseaux que j'ai cueillis là-bas. »

Vicente, qui m'avait conté tout ce qui précède d'une voix émue et avec beaucoup de chaleur, étendit alors la main vers moi, accompagnant son récit d'une pantomime convenable, et me présenta une poignée d'herbe qu'il venait d'arracher. Je ne pus m'empêcher de faire un mouvement, croyant voir les roseaux d'Amérique.

Vicente reprit :

— La sorcière dit :

« — Ne faites pas de bruit; voici un sac de riz, emportez-le, et laissez-moi tranquille.

« Henriquez dit :

« — Non, je ne te laisse pas tranquille, que tu ne me

donnes un sort pour avoir à volonté un vent comme celui qui nous a menés en Amérique.

« Alors, la sorcière lui a donné un parchemin dans une calebasse qu'il porte toujours sur lui quand il est en mer; mais, à sa place, il y a longtemps que j'aurais jeté au feu parchemin et tout; ou bien je l'aurais donné à un prêtre, car qui traite avec le diable est toujours mauvais marchand. »

Je remerciai Vicente de son histoire, et j'ajoutai, pour le payer de même monnaie, que, dans mon pays, les sorcières se passaient de bateaux, et que leur moyen de transport le plus ordinaire était un balai, sur lequel ces dames se mettaient à califourchon.

— Votre seigneurie sait bien que cela est impossible, répondit froidement Vicente.

Je fus stupéfait de son incrédulité. C'était me manquer, à moi qui n'avais pas élevé le moindre doute sur la vérité de l'histoire des roseaux. Je lui exprimai toute mon indignation, et je lui dis d'un ton sévère qu'il ne se mêlât pas de parler des choses qu'il ne pouvait comprendre, ajoutant que, si nous étions en France, je lui trouverais autant de témoins du fait qu'il pourrait en désirer.

— Si votre seigneurie l'a vu, alors cela est vrai, répondit Vicente; mais, si elle ne l'a pas vu, je dirai toujours qu'il est impossible que des sorcières montent à califourchon sur un balai; car il est impossible que, dans un balai, il n'y ait pas quelques brins qui se croisent, et alors voilà une croix faite; et alors comment voulez-vous que des sorcières puissent s'en servir?

L'argument était sans réplique. Je me tirai d'affaire en disant qu'il y avait balais et balais. Qu'une sorcière montât sur un balai de bouleau, c'est ce qu'il était impossible d'accorder; mais sur un balai de genêt dont les brins sont droits et raides, sur un balai de crin, rien de plus facile. Tout le monde comprend sans peine qu'on peut aller au bout du monde sur un tel manche à balai.

— J'ai toujours entendu dire, monsieur, dit Vicente,

qu'il y a beaucoup de sorciers et de sorcières dans votre pays.

— Cela tient, mon ami, à ce que nous n'avons pas d'inquisition chez nous*.

— Alors, votre seigneurie aura sans doute vu de ces gens qui vendent des sorts pour toutes sortes de choses. J'en ai vu les effets, moi qui vous parle.

— Faites, lui dis-je, comme si je ne connaissais pas ces histoires-là; je vous dirai ensuite si elles sont vraies.

— Eh bien, monsieur, on m'a dit qu'il y a, dans votre pays, des gens qui vendent des sorts aux gens qui en achètent. Moyennant un bon sac de piécettes, ils vous vendent un morceau de roseau avec un nœud d'un côté et un bon bouchon de l'autre. Dans ce roseau, il y a des petites bêtes *(animalitos)* au moyen desquelles on obtient tout ce qu'on demande. Mais vous savez mieux que moi comment on les nourrit... De chair d'enfant non baptisé, monsieur : et, quand il ne peut pas s'en procurer, le maître du roseau est obligé de se couper un morceau de chair à lui-même... (Les cheveux de Vicente se dressaient sur sa tête.) Il faut lui donner à manger une fois toutes les vingt-quatre heures, monsieur.

— Avez-vous vu un de ces roseaux en question?

— Non, monsieur, pour ne point mentir; mais j'ai beaucoup connu un certain Romero; j'ai bu cent fois avec lui (lorsque je ne le connaissais pas pour ce qu'il était, comme je le connais à présent). Ce Romero était zagal [a] de son métier. Il fit une maladie à la suite de laquelle il *perdit son vent,* de sorte qu'il ne pouvait plus courir. On lui disait d'aller en pèlerinage pour obtenir sa guérison; mais lui, disait :

a. Le *zagal* est une espèce de postillon à pied. Il tient par la bride les deux mules de devant d'un attelage, et les dirige en courant lorsqu'elles sont lancées au galop. S'il s'arrête, la voiture lui passe sur le corps. Dans les nouvelles diligences, on appelle improprement *zagal* un homme qui attache le sabot, aide à charger la voiture, etc. C'est le *cad* des voitures anglaises.

« — Pendant que je serai en pèlerinage, qui est-ce qui gagnera de l'argent pour faire de la soupe à mes enfants? si bien que, ne sachant où donner de la tête, il se faufila parmi des sorciers et autre semblable canaille qui lui vendirent un de ces morceaux de roseaux dont j'ai parlé à votre seigneurie. — Monsieur, depuis ce temps-là, Romero aurait attrapé un lièvre à la course. Il n'y avait pas un zagal qui pût lui être comparé. Vous savez quel métier c'est, et combien il est dangereux et fatigant. Aujourd'hui, il court devant les mules sans perdre une bouffée de son cigare. Il courrait de Valence à Murcie sans s'arrêter, tout d'une traite. Mais il n'y a qu'à le voir pour juger ce que cela lui coûte. Les os lui percent la peau, et, si ses yeux se creusent toujours comme ils font, bientôt il verra derrière la tête. Ces bêtes-là le mangent.

« Il y a de ces sorts qui sont bons à autre chose qu'à courir... des sorts qui vous garantissent du plomb et de l'acier, qui vous rendent *dur**, comme l'on dit. Napoléon en avait un, c'est ce qui a fait qu'on n'a pu le tuer en Espagne; mais il y avait pourtant un moyen bien facile...

— C'était de faire fondre une balle d'argent, interrompis-je, me rappelant la balle dont un brave whig perça l'omoplate de Claverhouse*.

— Une balle d'argent pourrait être bonne, reprit Vicente, si elle était fondue avec une pièce de monnaie sur laquelle il y aurait la croix, comme sur une vieille piécette; mais ce qui vaut encore mieux, c'est de prendre tout bonnement un cierge qui ait été sur l'autel pendant qu'on dit la messe. Vous faites fondre cette cire bénite dans un moule à balles, et soyez certain qu'il n'y a ni sort, ni diablerie, ni cuirasse qui puisse garantir un sorcier contre une telle balle. Juan Coll*, qui a fait tant de bruit dans le temps aux environs de Tortose, a été tué par une balle de cire que lui tira un brave miquelet, et, quand il fut mort et que le miquelet le fouilla, on lui trouva la poitrine toute couverte de figures et de marques faites avec de la poudre à canon, des parchemins pendus au cou, et je ne sais combien d'autres brimborions. Jose Maria, qui fait tant parler de lui maintenant en Andalousie, a un charme contre les balles; mais gare à lui si on lui lâche des balles de cire! Vous savez comme il maltraite les prêtres et les moines qui tombent entre ses mains : c'est qu'il sait qu'un prêtre doit bénir la cire qui le tuera. »

Vicente en eût dit bien davantage si dans ce moment le château de Murviedro*, que nous aperçûmes au tournant de la route, n'eût donné un autre tour à notre conversation.

LA DOUBLE MÉPRISE

NOTICE

En juillet 1833, Mérimée avait terminé *la Double Méprise.* Son éditeur Hippolyte Fournier lui offrait 1 500 francs de son manuscrit « qu'il publierait d'abord in-12, puis trois mois après in-8° avec *la Guzla* qui serait réimprimée *ad hoc* ». « Je n'aime guère, ajoutait Mérimée, la réimpression de *la Guzla* qui est une drogue et une vieillerie; il serait un peu ignoble de faire de cela un volume in-8° ». (*Corr. gén.*, t. I, p. 243.)

L'ouvrage avait été écrit à la hâte « pour gagner de l'argent, lequel fut offert à quelqu'un qui ne valait pas grand'chose ». (*Corr. gén.*, VIII, 345.) Ce « quelqu'un » était évidemment Céline Cayot, petite actrice des Variétés, alors âgée de vingt et un ans, qui s'était jetée à la tête de Mérimée et pour laquelle il eut un vif caprice sans vouloir qu'il y parût. Mérimée avait d'ailleurs écrit à Fournier, alors qu'il préparait, à la même époque, le recueil de ses œuvres dans *Mosaïque :* « Je vous serai obligé de m'écrire le plus tôt que vous pourrez les époques de paiement. Cela me serait d'autant plus utile que, comme je vous l'ai déjà dit, cet argent n'est pas pour moi. » (*Corr. gén.*, t. XVI, p. 66.)

Le roman fut annoncé le 28 juillet 1833 par la *Revue de Paris* qui en publia un fragment (ch. VI à IX) dans sa livraison du 25 août 1833 (t. LIII, pp. 224-249); annoncé comme étant sous presse et pour paraître la semaine suivante chez Fournier, dans le *Feuilleton du Journal de la librairie* (n° 28), le 24 août 1833. Enregistré à la *Bibliographie de la France,* le 7 septembre 1833 (n° 4779), *la Double Méprise* est en vente le 10 septembre (*Revue de Paris,* t. LIV, septembre 1833;

l'Artiste, t. VI, p. 84; le *Journal des Débats*, 8 septembre 1833; *le Temps*, 11 septembre 1833).

Quoique le texte en fût court, l'éditeur avait adopté pourtant le format in-8°, en étoffant, par des artifices typographiques, ce volume assez mince. Après *le Vase étrusque*, cette analyse psychologique de l'amour de tête nous introduit, pour la seconde fois, dans le monde aristocratique des salons. Mérimée y a mis beaucoup de lui-même. Le personnage de Darcy, ironique et froid, lui ressemble souvent. Quelques traits, dans le portrait de Châteaufort, peuvent faire penser à Casimir Dudevant, le mari de George Sand. Mais Mérimée évoque surtout les années de sa jeunesse, alors qu'il n'était ni assez connu ni assez riche pour qu'on lui laissât épouser celle qu'il aimait, Mélanie Double, la fille du docteur Double, de qui le souvenir est évidemment présent (voir Introduction, p. IX). Gustave Planche avait vu juste en écrivant : « Je crois qu'il est de bonne foi, qu'il a vu les tourments qu'il décrit, qu'il sait la valeur des principes tirés de l'expérience. » (*Revue des Deux Mondes*, 15 septembre 1833.)

L'accueil fut réservé; le thème du roman fut très discuté et son réalisme choqua. Mérimée s'en défendit auprès de Mary Clarke, en lui disant que si les choses ne se passent point de la sorte en Angleterre « ce n'est pas une raison pour que le sentiment n'aille pas vite en voiture sur le continent et dans les parties policées du monde chrétien. Demandez à Mme la duchesse d'Abrantès comment les aides de camp de son illustre époux procédaient à leurs déclarations quand ils la reconduisaient. » (*Corr. gén.*, t. I, p. 251.)

Dans un article : « De l'art actuel » (*Revue encyclopédique*, juillet-septembre 1833, t. LIX, pp. 130-132.) Hippolyte Fortoul écrira : « M. Mérimée est un esprit net et droit, ne s'intéressant guère qu'au présent, assez insouciant de l'avenir, ne se passionnant jamais plus qu'il ne convient à un homme de goût. Aussi il ne manifeste pas le besoin de dépasser la réalité actuelle; il n'a pas la mission de juger l'existence, ni comme M. Hugo, un penchant à l'agrandir : il la raconte. C'est un épicurien de bon ton, qui s'est accoutumé à tolérer les choses qui nous arrivent et à les voir sans les comprendre [...] M. Mérimée est évidemment un homme de passion; son but est de réhabiliter le cœur, mais de le réhabiliter dans les salons [...] Ne pensez-vous pas que c'est déplorable d'inutiliser ainsi un beau talent et de le perdre dans une affectation de vérité qui n'est que mensonge et dans une prétention de simplicité qui n'est que recherche. »

Gustave Planche *(art. cité)* est plus équitable et note « la vraisemblance et la simplicité de l'action, le naturel et la vérité des caractères, l'aisance dégagée du dialogue, l'habile combinaison de traits pris sur le fait ». Il constate pourtant que « le titre du livre n'est pas justifié, car il n'y a pas double méprise, la déception n'atteint que Julie de Chaverny ».

D'autres articles parurent dans la *Revue de Paris* (H.-C. Saint-Michel, t. LIV, p. 185); dans *le Courrier Français* (21 septembre 1833); *le Temps* (André Delrieu, 31 octobre 1833); *Bagatelle. Journal de France,* 3 octobre 1833; *le Cabinet de lecture,* 24 septembre 1833, n° 286, p. 16.

Mérimée n'aimait pas son roman. Il en déconseillera la lecture à Mme de la Rochejaquelein, le considérant comme un de ses « péchés de jeunesse » (*Corr. gén.,* t. VIII, p. 345). Plus tard, quand le goût viendra des subtilités de l'analyse psychologique, *la Double Méprise* sera pourtant fort appréciée. Taine a pu dire qu'il ne savait pas « de plus amère prédication contre les méprises de la crédulité et de l'imagination (Préface aux *Lettres à une Inconnue,* p. XXXI.)

M. P.

LA DOUBLE MÉPRISE

1833

> Zagala, mas que las flores
> Blanca, rubia y ojos verdes,
> Si piensas seguir amores
> Piérdete bien, pues te pierdes *.

I

JULIE de Chaverny était mariée depuis six ans environ*, et depuis à peu près cinq ans et six mois elle avait reconnu non seulement l'impossibilité [1] d'aimer son mari, mais encore la difficulté d'avoir pour lui quelque estime [2].

Ce mari n'était point un malhonnête homme [3]; ce n'était pas une bête ni un sot [4]. Peut-être cependant y avait-il bien en lui quelque chose de tout cela [5]. En consultant [6] ses souvenirs, elle aurait pu se rappeler qu'elle l'avait trouvé aimable autrefois; mais maintenant il l'ennuyait. Elle trouvait tout en lui repoussant [7]. Sa manière de manger, de prendre du café, de parler, lui donnait des crispations nerveuses. Ils ne se voyaient et ne se parlaient guère qu'à table; mais ils dînaient ensemble plusieurs fois par semaine, et c'en était assez pour entretenir l'aversion [8] de Julie.

Pour Chaverny, c'était un assez bel homme, un peu trop gros pour son âge, au teint frais, sanguin, qui, par caractère, ne se donnait pas de ces inquiétudes vagues qui tourmentent souvent les gens à imagination. Il croyait pieusement que sa femme avait pour lui une amitié douce (il était trop philosophe pour se croire aimé comme au premier jour de son mariage), et cette persuasion ne lui causait ni plaisir ni peine; il se serait également accommodé du contraire. Il avait servi plusieurs années dans un régiment de cavalerie; mais, ayant hérité d'une fortune considérable*, il s'était dégoûté de la vie de garnison, avait donné sa démission et s'était marié. Expliquer le mariage de deux personnes qui n'avaient pas une idée commune peut paraître assez difficile. D'une part, de grands-parents et de ces officieux qui, comme Phrosine*, marieraient la république de Venise avec le Grand Turc*, s'étaient donné beaucoup de mouvement pour régler les affaires d'intérêt. D'un autre côté, Chaverny appartenait à une bonne famille; il n'était point trop gras alors; il avait de la gaieté, et était, dans toute l'acception du mot, ce qu'on appelle un *bon enfant**. Julie le voyait avec plaisir venir chez sa mère, parce qu'il la faisait rire en lui contant des histoires de son régiment d'un comique qui n'était pas toujours de bon goût. Elle le trouvait aimable parce qu'il dansait avec elle dans tous les bals, et qu'il ne manquait jamais de bonnes raisons pour persuader à la mère de Julie d'y rester tard [9], d'aller au spectacle ou au bois de Boulogne. Enfin Julie le croyait un héros, parce qu'il s'était battu en duel honorablement deux ou trois fois. Mais ce qui acheva le triomphe de Chaverny, ce fut la description d'une certaine voiture qu'il devait faire exécuter [10] sur un plan à lui, et dans laquelle il conduirait lui-même Julie lorsqu'elle aurait consenti à lui donner sa main [11].

Au bout de quelques mois de mariage, toutes les belles qualités de Chaverny avaient perdu beaucoup de leur mérite. Il ne dansait plus avec sa femme, — cela va sans dire. Ses histoires gaies, il les avait toutes contées trois ou quatre fois. Maintenant il disait que les bals se prolongeaient trop tard. Il bâillait au spectacle, et trouvait une contrainte insupportable l'usage de s'habiller le soir. Son défaut capital était la paresse; s'il avait cherché à plaire, peut-être aurait-il pu réussir; mais la gêne [12] lui paraissait un supplice : il avait cela de commun avec presque tous les gens gros. Le monde l'ennuyait parce qu'on n'y est bien reçu qu'à proportion des efforts que l'on y fait pour plaire. La grosse joie lui paraissait bien préférable à tous les amusements plus délicats; car, pour se distinguer parmi les personnes de son goût, il n'avait d'autre peine à se donner qu'à crier plus fort que les autres, ce qui ne lui était pas difficile avec des poumons aussi vigoureux que les siens. En outre, il se piquait de boire plus de vin de Champagne [13] qu'un homme ordinaire, et faisait parfaitement sauter à son cheval une barrière de quatre pieds. Il jouissait en conséquence d'une estime légitimement acquise parmi ces êtres difficiles à définir que l'on appelle les jeunes gens, dont nos boulevards abondent vers cinq heures [14] du soir. Parties de chasse, parties de campagne, courses, dîners de garçons, soupers de garçons, étaient recherchés par lui avec empressement. Vingt fois par jour il disait qu'il était le plus heureux des hommes; et toutes les fois que Julie l'entendait, elle levait les yeux au ciel, et sa petite bouche prenait une indicible expression de dédain*.

Belle, jeune, et mariée à un homme qui lui déplaisait, on conçoit qu'elle devait être entourée d'hommages fort intéressés. Mais, outre la protection de sa mère, femme très prudente [15], son orgueil, c'était son défaut[16], l'avait défendue jusqu'alors contre les séductions du monde. D'ailleurs le désappointement qui avait suivi son mariage, en lui donnant une espèce d'expérience, l'avait rendue difficile à s'enthousiasmer. Elle était fière de se voir plaindre dans la société, et citer comme un modèle de résignation. Après tout [17], elle se trouvait presque heureuse [18], car elle n'aimait personne, et son mari la laissait entièrement libre de ses actions. Sa coquetterie (et il faut l'avouer, elle aimait un peu à prouver que son mari ne connaissait pas le trésor qu'il possédait), sa coquetterie, toute d'instinct comme celle d'un enfant, s'alliait [19] fort bien avec une certaine réserve dédaigneuse qui n'était pas de la pruderie. Enfin elle savait être aimable avec tout le monde, mais avec tout le monde également. La médisance ne pouvait trouver le plus petit reproche à lui faire.

II

Les deux époux avaient dîné chez madame de Lussan, la mère de Julie, qui allait partir pour Nice. Chaverny, qui s'ennuyait mortellement chez sa belle-mère, avait été obligé d'y passer la soirée, malgré toute son envie d'aller rejoindre ses amis sur le boulevard. Après avoir dîné, il s'était établi sur un canapé commode, et avait passé deux heures sans dire un mot. La raison était simple : il dormait; décemment d'ailleurs, assis, la tête penchée de côté et comme écoutant avec intérêt la conversation; il se réveillait même de temps en temps et plaçait son mot.

Ensuite il avait fallu s'asseoir à une table de whist, jeu qu'il détestait parce qu'il exige une certaine application. Tout cela l'avait mené assez tard. Onze heures et demie venaient de sonner. Chaverny n'avait pas d'engagement pour la soirée : il ne savait absolument que faire. Pendant qu'il était dans cette perplexité, on annonça sa voiture. S'il rentrait chez lui, il devait ramener sa femme. La perspective d'un tête-à-tête de vingt minutes avait de quoi l'effrayer; mais il n'avait pas de cigares dans sa poche, et il mourait d'envie d'entamer une boîte qu'il avait reçue du Havre au moment même où il sortait pour aller dîner. Il se résigna.

Comme il enveloppait sa femme dans son châle, il ne put s'empêcher de sourire en se voyant dans une glace remplir ainsi les fonctions d'un mari de huit jours. Il considéra aussi sa femme, qu'il avait à peine regardée. Ce soir-là elle lui parut plus jolie que de coutume [20] : aussi fut-il quelque temps à ajuster ce châle sur ses épaules. Julie était aussi contrariée que lui du tête-à-

tête conjugal qui se préparait. Sa bouche faisait une petite moue boudeuse, et ses sourcils arqués se rapprochaient involontairement. Tout cela donnait à sa physionomie une expression si agréable, qu'un mari même n'y pouvait rester insensible. Leurs yeux se rencontrèrent dans la glace pendant l'opération dont je viens de parler. L'un et l'autre furent embarrassés [21]. Pour se tirer d'affaire, Chaverny baisa en souriant la main de sa femme, qu'elle levait pour arranger son châle.
— Comme ils s'aiment ! dit tout bas madame de Lussan, qui ne remarqua ni le froid dédain de la femme ni l'air d'insouciance du mari.

Assis tous les deux dans leur voiture et se touchant presque, ils furent d'abord quelque temps sans parler. Chaverny sentait bien qu'il était convenable de dire quelque chose, mais rien ne lui venait à l'esprit [22]. Julie, de son côté, gardait un silence désespérant. Il bâilla trois ou quatre fois, si bien qu'il en fut honteux lui-même, et que la dernière fois il se crut obligé d'en demander pardon à sa femme. — La soirée a été longue, ajouta-t-il pour s'excuser.

Julie ne vit dans cette phrase que l'intention de critiquer les soirées de sa mère et de lui dire quelque chose de désagréable. Depuis longtemps elle avait pris l'habitude d'éviter toute explication avec son mari : elle continua donc de garder le silence.

Chaverny, qui ce soir-là se sentait malgré lui en humeur causeuse, poursuivit au bout de deux minutes :
— J'ai bien dîné aujourd'hui ; mais je suis bien aise de vous dire que le champagne de votre mère est trop sucré.

— Comment ? demanda Julie en tournant la tête de son côté avec beaucoup de nonchalance et feignant de n'avoir rien entendu.

— Je disais que le champagne de votre mère est trop sucré. J'ai oublié de le lui dire. C'est une chose étonnante, mais on s'imagine qu'il est facile de choisir du champagne. Eh bien ! il n'y a rien de plus difficile. Il y a vingt qualités de champagne qui sont mauvaises, et il n'y en a qu'une qui soit bonne.

— Ah ! Et Julie, après avoir accordé cette interjection à la politesse, tourna la tête et regarda par la portière de son côté. Chaverny se renversa en arrière et posa les pieds sur le coussin du devant de la calèche, un peu mortifié [23] que sa femme se montrât aussi insensible à toutes les peines qu'il se donnait pour engager la conversation.

Cependant, après avoir bâillé encore deux ou trois fois, il continua en se rapprochant de Julie : — Vous avez là une robe qui vous sied [24] à ravir, Julie. Où l'avez-vous achetée ?

— Il veut sans doute en acheter une semblable à sa maîtresse [25], pensa Julie. — Chez Burty*, répondit-elle en souriant légèrement.

— Pourquoi riez-vous ? demanda Chaverny, ôtant ses pieds du coussin et se rapprochant davantage. En même temps il prit une manche de sa robe et se mit à la toucher un peu à la manière de Tartufe [26].

— Je ris, dit Julie, de ce que vous remarquez ma toilette. Prenez garde, vous chiffonnez mes manches. Et elle retira sa manche de la main de Chaverny.

— Je vous assure que je fais une grande attention à votre toilette, et que j'admire singulièrement votre goût. Non, d'honneur, j'en parlais l'autre jour à... une femme qui s'habille toujours mal... bien qu'elle dépense horriblement pour sa toilette... Elle ruinerait... Je lui disais... Je vous citais... — Julie jouissait de son embarras, et ne cherchait pas à le faire cesser en l'interrompant.

— Vos chevaux sont bien mauvais. Ils ne marchent pas ! Il faudra que je vous les change, dit Chaverny, tout à fait déconcerté.

Pendant le reste de la route la conversation ne prit pas plus de vivacité ; de part et d'autre on n'alla pas plus loin que la réplique.

Les deux époux arrivèrent enfin rue*** [27], et se séparèrent en se souhaitant une bonne nuit.

Julie commençait à se déshabiller, et sa femme de chambre venait de sortir, je ne sais pour quel motif, lorsque la porte de sa chambre à coucher s'ouvrit assez brusquement, et Chaverny entra. Julie se couvrit précipitamment les épaules [28]. — Pardon, dit-il; je voudrais bien pour m'endormir le dernier volume de Scott... N'est-ce pas Quentin Durward* ?

— Il doit être chez vous, répondit Julie; il n'y a pas de livres ici.

Chaverny contemplait sa femme dans ce demi-désordre si favorable à la beauté. Il la trouvait *piquante**, pour me servir d'une de ces expressions [29] que je déteste. C'est vraiment une fort belle femme ! pensait-il. Et il restait debout, immobile, devant elle, sans dire un mot et son bougeoir à la main. Julie, debout aussi en face de lui, chiffonnait son bonnet et semblait attendre avec impatience qu'il la laissât seule.

— Vous êtes charmante ce soir, le diable m'emporte ! s'écria enfin Chaverny en s'avançant d'un pas et posant son bougeoir. Comme j'aime les femmes avec les cheveux en désordre ! Et en parlant il saisit d'une main les longues tresses de cheveux qui couvraient les épaules de Julie, et lui passa presque tendrement un bras autour de la taille.

— Ah ! Dieu ! vous sentez le tabac à faire horreur ! s'écria Julie en se détournant. Laissez mes cheveux, vous allez les imprégner de cette odeur-là, et je ne pourrai plus m'en débarrasser.

— Bah ! vous dites cela à tout hasard et parce que vous savez que je fume quelquefois. Ne faites donc pas tant la difficile, ma petite femme. Et elle ne put se débarrasser de ses bras assez vite pour éviter un baiser qu'il lui donna sur l'épaule.

Heureusement pour Julie, sa femme de chambre rentra; car il n'y a rien de plus odieux pour une femme que ces caresses qu'il est presque aussi ridicule de refuser que d'accepter.

— Marie, dit madame de Chaverny, le corsage de ma robe bleue est beaucoup trop long. J'ai vu aujourd'hui madame de Bégy, qui a toujours un goût parfait; son corsage était certainement de deux bons doigts plus court. Tenez, faites un rempli avec des épingles tout de suite pour voir l'effet que cela fera.

Ici s'établit entre la femme de chambre et la maîtresse un dialogue des plus intéressants sur les dimensions précises que doit avoir un corsage. Julie savait bien que Chaverny ne haïssait rien tant que d'entendre parler de modes, et qu'elle allait le mettre en fuite. Aussi, après cinq minutes d'allées et venues, Chaverny, voyant que Julie était tout occupée de son corsage, bâilla d'une manière effrayante, reprit son bougeoir et sortit cette fois pour ne plus revenir.

III

Le commandant Perrin était assis devant une petite table et lisait avec attention. Sa redingote parfaitement brossée, son bonnet de police, et surtout la roideur inflexible de sa poitrine, annonçaient un vieux militaire. Tout était propre dans sa chambre, mais de la plus grande simplicité. Un encrier et deux plumes toutes taillées étaient sur sa table à côté d'un cahier de papier à lettres dont on n'avait pas usé une feuille depuis un an au moins. Si le commandant Perrin n'écrivait pas, en revanche il lisait beaucoup. Il lisait alors les *Lettres persanes** en fumant sa pipe d'écume de mer, et ces deux occupations captivaient [30] tellement toute son attention, qu'il ne s'aperçut pas d'abord de l'entrée dans sa chambre du commandant de Châteaufort. C'était un jeune officier de son régiment, d'une figure charmante, fort aimable, un peu fat, très protégé du ministre de la guerre; en un mot, l'opposé du commandant Perrin sous presque tous les rapports. Cependant ils étaient amis, je ne sais pourquoi, et se voyaient tous les jours.

Châteaufort frappa sur l'épaule du commandant Perrin. Celui-ci tourna la tête sans quitter sa pipe. Sa première expression fut de joie en voyant son ami; la seconde, de regret, le digne homme! parce qu'il allait quitter son livre; la troisième indiquait qu'il avait pris son parti et qu'il allait faire de son mieux les honneurs de son appartement. Il fouillait à sa poche pour chercher une clef ouvrant une armoire où était renfermée une précieuse boîte de cigares que le commandant ne fumait pas lui-même, et qu'il donnait un à un à son ami; mais Châteaufort, qui l'avait vu cent fois [31] faire le même geste, s'écria : Restez donc, papa Perrin, gardez vos cigares; j'en ai sur moi! Puis, tirant d'un élégant étui de paille du Mexique un cigare couleur de cannelle, bien effilé des deux bouts, il l'alluma et s'étendit sur un petit canapé, dont le commandant Perrin ne se servait jamais, la tête sur un oreiller, les pieds sur le dossier opposé. Châteaufort commença par s'envelopper d'un nuage de fumée, pendant que, les yeux fermés, il paraissait méditer profondément sur ce qu'il avait à dire. Sa figure était rayonnante de joie, et il paraissait renfermer avec peine dans sa poitrine le secret d'un bonheur qu'il brûlait d'envie de laisser deviner. Le commandant Perrin, ayant placé sa chaise en face du canapé, fuma quelque temps sans rien dire; puis, comme Châteaufort ne se pressait pas de parler, il lui dit : Comment se porte Ourika*?

Il s'agissait d'une jument noire que Châteaufort avait un peu surmenée et qui était menacée de devenir poussive. — Fort bien, dit Châteaufort, qui n'avait pas écouté la question. — Perrin! s'écria-t-il en étendant vers lui la jambe qui reposait sur le dossier du canapé, savez-vous que vous êtes heureux [32] de m'avoir pour ami?...

Le vieux commandant cherchait en lui-même quels avantages lui avait procurés la connaissance de Châteaufort, et il ne trouvait guère que le don de quelques livres de Kanaster* et quelques jours d'arrêts forcés qu'il avait subis pour s'être mêlé d'un duel où Châteaufort avait joué le premier rôle. Son ami lui donnait, il est vrai, de nombreuses marques de confiance. C'était toujours à lui que Châteaufort s'adressait pour se faire remplacer quand il était de service [33] ou quand il avait besoin d'un second.

Châteaufort ne le laissa pas longtemps à ses recherches et lui tendit une petite lettre écrite sur du papier anglais satiné, d'une jolie écriture en pieds de mouche. Le commandant Perrin fit une grimace qui chez lui équivalait à un sourire. Il avait vu souvent de ces lettres satinées et couvertes de pieds de mouche, adressées à son ami.

— Tenez, dit celui-ci, lisez. C'est à moi que vous devez cela. Perrin lut ce qui suit :

« Vous seriez bien aimable, cher monsieur, de venir « dîner avec nous. M. de Chaverny serait allé vous « en prier, mais il a été obligé de se rendre à une partie « de chasse. Je ne connais pas l'adresse de M. le « commandant Perrin, et je ne puis lui écrire pour le « prier de vous accompagner. Vous m'avez donné « beaucoup d'envie de le connaître, et je vous aurai « une double obligation si vous nous l'amenez [34].

« Julie de Chaverny. »

« *P. S.* J'ai bien des remerciements à vous faire pour « la musique que vous avez pris la peine de copier pour « moi. Elle est ravissante, et il faut toujours admirer « votre goût. Vous ne venez plus à nos jeudis; vous « savez pourtant tout le plaisir que nous avons à vous « voir. »

— Une jolie écriture, mais bien fine, dit Perrin en finissant. Mais diable! son dîner me scie le dos; car il faudra se mettre en bas de soie, et pas de fumerie après le dîner!

— Beau malheur, vraiment! préférer la plus jolie femme de Paris à une pipe!... Ce que j'admire, c'est votre ingratitude. Vous ne me remerciez pas du bonheur que vous me devez.

— Vous remercier! Mais ce n'est pas à vous que j'ai l'obligation de ce dîner... si obligation il y a [35].

— A qui donc?

— A Chaverny, qui a été capitaine chez nous. Il aura

dit à sa femme : Invite Perrin, c'est un bon diable. Comment voulez-vous qu'une jolie femme que je n'ai vue qu'une fois pense à inviter une vieille culotte de peau comme moi?

Châteaufort sourit en se regardant dans la glace très étroite qui décorait la chambre du commandant.

— Vous n'avez pas de perspicacité aujourd'hui, papa Perrin. Relisez-moi ce billet, et vous y trouverez peut-être quelque chose que vous n'y avez pas vu.

Le commandant tourna, retourna le billet et ne vit rien.

— Comment, vieux dragon! s'écria Châteaufort, vous ne voyez pas qu'elle vous invite afin de me faire plaisir, seulement pour me prouver qu'elle fait cas de mes amis... qu'elle veut me donner la preuve... de...?

— De quoi? interrompit Perrin.

— De... vous savez bien de quoi.

— Qu'elle vous aime? demanda le commandant d'un air de doute.

Châteaufort siffla sans répondre.

— Elle est donc amoureuse de vous?

Châteaufort sifflait toujours.

— Elle vous l'a dit?

— Mais... cela se voit, ce me semble.

— Comment?... dans cette lettre?

— Sans doute.

Ce fut le tour de Perrin à siffler. Son sifflet fut aussi significatif que le fameux *Lillibulero* de mon oncle Toby*.

— Comment! s'écria Châteaufort, arrachant la lettre des mains de Perrin, vous ne voyez pas tout ce qu'il y a de... tendre... oui, de tendre là-dedans? Qu'avez-vous à dire à ceci : *Cher monsieur?* Notez bien que dans un autre billet elle m'écrivait *monsieur,* tout court. *Je vous aurai une double obligation,* cela est positif. Et voyez-vous, il y a un mot effacé après, c'est *mille;* elle voulait mettre *mille amitiés,* mais elle n'a pas osé; *mille compliments,* ce n'était pas assez... Elle n'a pas fini son billet... Oh! mon ancien! voulez-vous par hasard qu'une femme bien née comme madame de Chaverny aille se jeter à la tête de votre serviteur comme ferait une petite grisette?... Je vous dis, moi, que sa lettre est charmante, et qu'il faut être aveugle pour ne pas y voir de la passion... Et les reproches de la fin, parce que je manque à un seul jeudi, qu'en dites-vous?

— Pauvre petite femme! s'écria Perrin, ne t'amourache pas de celui-là : tu t'en repentirais bien vite!

Châteaufort ne fit pas attention à la prosopopée de son ami : mais, prenant un ton de voix bas et insinuant : Savez-vous, mon cher, dit-il, que vous pourriez me rendre un grand service?

— Comment?

— Il faut que vous m'aidiez dans cette affaire. Je sais que son mari est très mal pour elle, — c'est un animal qui la rend malheureuse... vous l'avez connu, vous, Perrin; dites bien à sa femme que c'est un brutal, un homme qui a la réputation la plus mauvaise...

— Oh!...

— Un libertin... vous le savez. Il avait des maîtresses lorsqu'il était au régiment; et quelles maîtresses! Dites tout cela à sa femme.

— Oh! comment dire cela? Entre l'arbre et l'écorce...

— Mon Dieu! il y a manière de tout dire!... Surtout dites du bien de moi.

— Pour cela, c'est plus facile. Pourtant...

— Pas si facile, écoutez; car, si je vous laissais dire, vous feriez tel éloge de moi qui n'arrangerait pas mes affaires... Dites-lui que *depuis quelque temps* vous remarquez que je suis triste, que je ne parle plus, que je ne mange plus...

— Pour le coup! s'écria Perrin avec un gros rire qui faisait faire à sa pipe les mouvements les plus ridicules, jamais je ne pourrai dire cela en face à madame de Chaverny. Hier soir encore, il a presque fallu vous emporter après le dîner que les camarades nous ont donné.

— Soit, mais il est inutile de lui conter cela. Il est bon qu'elle sache que je suis amoureux d'elle; et ces faiseurs de romans ont persuadé aux femmes qu'un homme qui boit et mange ne peut être amoureux.

— Quant à moi, je ne connais rien qui me fasse perdre le boire ou le manger.

— Eh bien, mon cher Perrin, dit Châteaufort en mettant son chapeau et arrangeant les boucles de ses cheveux, voilà qui est convenu; jeudi prochain je viens vous prendre; souliers et bas de soie, tenue de rigueur! Surtout n'oubliez pas de dire des horreurs du mari, et beaucoup de bien de moi.

Il sortit en agitant sa badine avec beaucoup de grâce, laissant le commandant Perrin fort préoccupé de l'invitation qu'il venait de recevoir, et encore plus perplexe en songeant aux bas de soie et à la tenue de rigueur.

IV

Plusieurs personnes invitées chez madame de Chaverny s'étant excusées, le dîner se trouva quelque peu triste. Châteaufort était à côté de Julie, fort empressé à la servir, galant et aimable à son ordinaire. Pour Chaverny, qui avait fait une longue promenade à cheval le matin, il avait un appétit prodigieux. Il mangeait donc et buvait de manière à en donner envie aux plus malades. Le commandant Perrin lui tenait compagnie, lui versant souvent à boire, et riant à casser les verres toutes les fois que la grosse gaieté de son hôte lui en fournissait l'occasion. Chaverny, se retrouvant avec des militaires, avait repris aussitôt sa bonne humeur et ses manières du régiment; d'ailleurs il n'avait jamais été des plus délicats dans le choix de ses plaisanteries. Sa femme prenait un air froidement dédaigneux à chaque saillie incongrue : alors elle se tournait du côté de Châteaufort, et commençait un aparté avec lui, pour n'avoir pas l'air d'entendre une conversation qui lui déplaisait souverainement.

Voici un échantillon de l'urbanité de ce modèle des époux. Vers la fin du dîner, la conversation étant tombée sur l'Opéra, on discutait le mérite relatif de plusieurs danseuses, et entre autres on vantait beaucoup mademoiselle***. Sur quoi Châteaufort renchérit sur les autres, louant surtout sa grâce, sa tournure, son air décent.

Perrin, que Châteaufort avait mené à l'Opéra quelques jours auparavant, et qui n'y était allé que cette seule fois, se souvenait fort bien de mademoiselle***.

— Est-ce, dit-il, cette petite en rose, qui saute comme un cabri?... qui a des jambes dont vous parliez tant, Châteaufort?

— Ah! vous parliez de ses jambes! s'écria Chaverny; mais savez-vous que, si vous en parlez trop, vous vous brouillerez avec votre général le duc de J***! Prenez garde à vous, mon camarade!

— Mais je ne le suppose pas tellement jaloux, qu'il défende de les regarder au travers d'une lorgnette.

— Au contraire, car il en est aussi fier que s'il les avait découvertes [36]. Qu'en dites-vous, commandant Perrin?

— Je ne me connais guère qu'en jambes de chevaux, répondit modestement le vieux soldat.

— Elles sont, en vérité, admirables, reprit Chaverny, et il n'y en a pas de plus belles à Paris, excepté celles... Il s'arrêta et se mit à friser sa moustache d'un air goguenard en regardant sa femme, qui rougit aussitôt jusqu'aux épaules.

— Excepté celles de mademoiselle D***? interrompit Châteaufort en citant une autre danseuse.

— Non, répondit Chaverny du ton tragique de Hamlet*. — *mais regarde ma femme*.

Julie devint pourpre d'indignation. Elle lança à son mari un regard rapide comme l'éclair, mais où se peignaient le mépris et la fureur. Puis, s'efforçant de se contraindre, elle se tourna brusquement vers Châteaufort : Il faut, dit-elle d'une voix légèrement tremblante, il faut que nous étudiions le duo de *Maometto**. Il doit être parfaitement dans votre voix.

Chaverny n'était pas aisément démonté. — Châteaufort, poursuivit-il, savez-vous que j'ai voulu faire mouler autrefois les jambes dont je parle? mais on n'a jamais voulu le permettre.

Châteaufort, qui éprouvait une joie très vive de cette impertinente révélation, n'eut pas l'air d'avoir entendu, et parla de *Maometto* avec madame de Chaverny.

La personne que je veux dire [37], continua l'impitoyable mari, se scandalisait ordinairement quand on lui rendait justice sur cet article, mais au fond elle n'en était pas fâchée. Savez-vous qu'elle se fait prendre mesure par son marchand de bas?... — Ma femme, ne vous fâchez pas... *sa marchande,* veux-je dire. Et lorsque j'ai été à Bruxelles, j'ai emporté trois pages de son écriture contenant les instructions les plus détaillées pour des emplettes de bas.

Mais il avait beau parler, Julie était déterminée à ne rien entendre. Elle causait avec Châteaufort, et lui parlait avec une affectation de gaieté, et son sourire gracieux cherchait à lui persuader qu'elle n'écoutait que lui. Châteaufort, de son côté, paraissait tout entier au *Maometto;* mais il ne perdait rien des impertinences de Chaverny.

Après le dîner, on fit de la musique, et madame de Chaverny chanta au piano avec Châteaufort. Chaverny disparut au moment où le piano s'ouvrit. Plusieurs visites survinrent, mais n'empêchèrent pas Châteaufort de parler bas très souvent à Julie. En sortant, il déclara à Perrin qu'il n'avait pas perdu sa soirée, et que ses affaires avançaient.

Perrin trouvait tout simple qu'un mari parlât des jambes de sa femme : aussi, quand il fut seul dans la rue avec Châteaufort, il lui dit d'un ton pénétré : — Comment vous sentez-vous le cœur de troubler un si bon ménage! il aime tant sa petite femme!

V

Depuis un mois Chaverny était fort préoccupé de l'idée de devenir gentilhomme de la chambre.

On s'étonnera peut-être qu'un homme gros, paresseux, aimant ses aises, fût accessible à une pensée d'ambition; mais il ne manquait pas de bonnes raisons pour justifier la sienne. D'abord, disait-il à ses amis, je dépense beaucoup d'argent en loges que je donne à des femmes. Quand j'aurai un emploi à la cour, j'aurai, sans qu'il m'en coûte un sou, autant de loges que je voudrai. Et l'on sait tout ce que l'on obtient avec des loges. En outre, j'aime beaucoup la chasse : les chasses royales seront à moi. Enfin, maintenant que je n'ai plus d'uniforme, je ne sais comment m'habiller pour aller aux bals de Madame; je n'aime pas les habits de marquis; un habit de gentilhomme de la chambre m'ira très bien. En conséquence, il sollicitait. Il aurait voulu que sa femme sollicitât aussi, mais elle s'y était refusée obstinément, bien qu'elle eût plusieurs amies très puissantes. Ayant rendu quelques petits services au duc de H***, qui était alors fort bien en cour, il attendait beaucoup de son crédit. Son ami Châteaufort, qui avait aussi de très belles connaissances, le servait avec un zèle et un dévouement tels que vous en rencontrerez peut-être si vous êtes le mari d'une jolie femme.

Une circonstance avança beaucoup les affaires de Chaverny, bien qu'elle pût avoir pour lui des conséquences assez funestes. Madame de Chaverny s'était procuré, non sans quelque peine, une loge à l'Opéra un certain jour de première représentation. Cette loge était à six places. Son mari, par extraordinaire et après de vives remontrances, avait consenti à l'accompagner. Or, Julie voulait offrir une place à Châteaufort, et, sentant qu'elle ne pouvait aller seule avec lui à l'Opéra, elle avait obligé son mari à venir à cette représentation.

Aussitôt après le premier acte, Chaverny sortit, laissant sa femme en tête à tête avec son ami. Tous les deux gardèrent d'abord le silence d'un air un peu contraint : Julie, parce qu'elle était embarrassée elle-même depuis quelque temps quand elle se trouvait seule avec Châteaufort; celui-ci, parce qu'il avait ses projets et qu'il avait trouvé bienséant de paraître ému. Jetant à la dérobée un coup d'œil sur la salle, il vit avec plaisir plusieurs lorgnettes de connaissance dirigées sur la loge [38]. Il éprouvait une vive satisfaction à penser que plusieurs de ses amis enviaient son bonheur, et, selon toute apparence, le supposaient [39] beaucoup plus grand qu'il n'était en réalité.

Julie, après avoir senti sa cassolette* et son bouquet à plusieurs reprises, parla de la chaleur, du spectacle, des toilettes. Châteaufort écoutait avec distraction, soupirait, s'agitait sur sa chaise, regardait Julie et soupirait encore. Julie commençait à s'inquiéter. Tout d'un coup il s'écria :

— Combien je regrette le temps de la chevalerie !

— Le temps de la chevalerie ! Pourquoi donc? demanda Julie. Sans doute parce qu'un costume [40] du moyen âge vous irait bien?

— Vous me croyez bien fat, dit-il d'un ton d'amertume et de tristesse. — Non, je regrette ce temps-là... parce qu'un homme qui se sentait du cœur... pouvait aspirer à... bien des choses... En définitive, il ne s'agissait que de pourfendre un géant pour plaire à une dame... Tenez, vous voyez ce grand colosse au balcon? je voudrais que vous m'ordonnassiez d'aller lui demander sa moustache... pour me donner ensuite la permission de vous dire trois petits mots sans vous fâcher.

— Quelle folie ! s'écria Julie, rougissant jusqu'au blanc des yeux, car elle devinait déjà ces trois petits mots. — Mais voyez donc madame de Sainte-Hermine : décolletée à son âge et en toilette de bal !

— Je ne vois qu'une chose, c'est que vous ne voulez pas m'entendre, et il y a longtemps que je m'en aperçois... Vous le voulez, je me tais; mais... ajouta-t-il très bas et en soupirant, vous m'avez compris...

— Non, en vérité, dit sèchement Julie. Mais où donc est allé mon mari?

Une visite survint fort à propos pour la tirer d'embarras. Châteaufort n'ouvrit pas la bouche. Il était pâle et paraissait profondément affecté. Lorsque le visiteur sortit, il fit quelques remarques indifférentes sur le spectacle. Il y avait de longs intervalles de silence entre eux.

Le second acte allait commencer, quand la porte de la loge s'ouvrit, et Chaverny parut, conduisant une femme très jolie et très parée, coiffée de magnifiques plumes roses. Il était suivi du duc de H***.

— Ma chère amie, dit-il à sa femme, j'ai trouvé monsieur le duc et madame dans une horrible loge de côté d'où l'on ne peut voir les décorations. Ils ont bien voulu accepter une place dans la nôtre.

Julie s'inclina froidement; le duc de H*** lui déplaisait. Le duc et la dame aux plumes roses se confondaient en excuses et craignaient de la déranger. Il se fit un mouvement et un combat de générosité pour se placer. Pendant le désordre qui s'ensuivit, Châteaufort se pencha à l'oreille de Julie et lui dit très bas et très vite : — Pour l'amour de Dieu, ne vous placez pas sur le devant de la loge. Julie fut fort étonnée et resta à sa place. Tous étant assis, elle se tourna vers Châteaufort et lui demanda d'un regard un peu sévère l'explication de cette énigme. Il était assis, le cou roide, les lèvres pincées, et toute son attitude annonçait qu'il était prodigieusement contrarié. En y réfléchissant, Julie interpréta assez mal la recommandation de Châteaufort. Elle pensa qu'il voulait lui parler bas pendant la représentation et continuer ses étranges discours, ce qui lui était impossible si elle restait sur le devant. Lorsqu'elle reporta ses regards vers la salle, elle remarqua que plusieurs femmes dirigeaient leurs lorgnettes vers sa loge; mais il en est toujours ainsi à l'apparition d'une figure nouvelle. — On chuchotait, on souriait; mais qu'y avait-il d'extraordinaire? On est si petite ville à l'Opéra!

La dame inconnue se pencha vers le bouquet de Julie,

et dit avec un sourire charmant : Vous avez là un superbe bouquet, madame ! Je suis sûre qu'il a dû coûter bien cher dans cette saison : au moins dix francs. Mais on vous l'a donné ! c'est un cadeau sans doute? Les dames n'achètent jamais leurs bouquets.

Julie ouvrait de grands yeux et ne savait avec quelle provinciale elle se trouvait. — Duc, dit la dame d'un air languissant, vous ne m'avez pas donné de bouquet [41]. Chaverny se précipita vers la porte. Le duc voulait l'arrêter, la dame aussi; elle n'avait plus envie du bouquet. — Julie échangea un coup d'œil avec Châteaufort. Il voulait dire : Je vous remercie, mais il est trop tard. — Pourtant elle n'avait pas encore deviné juste.

Pendant toute la représentation, la dame aux plumes tambourinait des doigts à contre-mesure [42] et parlait musique à tort et à travers. Elle questionnait Julie sur le prix de sa robe, de ses bijoux, de ses chevaux. Jamais Julie n'avait vu des manières semblables. Elle conclut que l'inconnue devait être une parente du duc, arrivée récemment de la basse Bretagne. Lorsque Chaverny revint avec un énorme bouquet, bien plus beau que celui de sa femme, ce fut une admiration, et des remerciements, et des excuses à n'en pas finir.

— Monsieur de Chaverny, je ne suis pas ingrate, dit la provinciale prétendue [43] après une longue tirade; — pour vous le prouver, *faites-moi penser à vous promettre quelque chose,* comme dit Potier*. Vrai, je vous broderai une bourse quand j'aurai achevé [44] celle que j'ai promise au duc.

Enfin l'opéra finit, à la grande satisfaction de Julie, qui se sentait mal à l'aise à côté de sa singulière voisine. Le duc lui offrit le bras, Chaverny prit celui de l'autre dame. Châteaufort, l'air sombre et mécontent, marchait derrière Julie, saluant d'un air contraint les personnes de sa connaissance qu'il rencontrait sur l'escalier.

Quelques femmes [45] passèrent auprès d'eux. Julie les connaissait de vue. Un jeune homme leur parla bas et en ricanant; elles regardèrent aussitôt avec un air de très vive curiosité Chaverny et sa femme, et l'une d'elles s'écria : — Est-il possible !

La voiture du duc parut ; il salua madame de Chaverny en lui renouvelant avec chaleur tous ses remerciements pour sa complaisance. Cependant Chaverny voulait [46] reconduire la dame inconnue jusqu'à la voiture du duc, et Julie et Châteaufort restèrent seuls un instant.

— Quelle est donc cette femme [47] ? demanda Julie.

— Je ne dois pas vous le dire... car cela est bien extraordinaire !

— Comment ?

— Au reste, toutes les personnes qui vous connaissent sauront bien à quoi s'en tenir... Mais Chaverny !... Je ne l'aurais jamais cru.

— Mais enfin qu'est-ce donc ? Parlez, au nom du ciel ! Quelle est cette femme ?

Chaverny revenait. Châteaufort répondit à voix basse [48] : — La maîtresse du duc de H***, madame Mélanie R***.

— Bon Dieu ! s'écria Julie en regardant Châteaufort d'un air stupéfait, cela est impossible !

Châteaufort haussa les épaules, et, en la conduisant à sa voiture, il ajouta : C'est ce que disaient ces dames que nous avons rencontrées sur l'escalier. Pour l'autre, c'est une personne comme il faut dans son genre. Il lui faut des soins, des égards [49]... Elle a même un mari [50].

— Chère amie, dit Chaverny d'un ton joyeux, vous n'avez pas besoin de moi pour vous reconduire. Bonne nuit. Je vais souper chez le duc.

Julie ne répondit rien.

— Châteaufort, poursuivit Chaverny, voulez-vous venir avec moi chez le duc ? Vous êtes invité, on vient de me le dire. On vous a remarqué. Vous avez plu, bon sujet !

Châteaufort [51] remercia froidement. Il salua madame de Chaverny, qui mordait son mouchoir avec rage lorsque sa voiture partit.

— Ah çà, mon cher, dit Chaverny, au moins vous me

mènerez dans votre cabriolet jusqu'à la porte de cette infante.

— Volontiers, répondit gaiement Châteaufort; mais, à propos, savez-vous que votre femme a compris à la fin à côté de qui elle était?

— Impossible.

— Soyez-en sûr, et ce n'était pas bien de votre part.

— Bah! elle a très bon ton; et puis on ne la connaît pas encore beaucoup. Le duc la mène partout.

VI

Madame de Chaverny passa une nuit fort agitée. La conduite de son mari à l'Opéra mettait le comble à tous ses torts, et lui semblait exiger [52] une séparation immédiate. Elle aurait le lendemain une explication avec lui, et lui signifierait son intention de ne plus vivre sous le même toit avec un homme qui l'avait compromise d'une manière si cruelle [53]. Pourtant cette explication l'effrayait. Jamais elle n'avait eu une conversation sérieuse avec son mari. Jusqu'alors elle n'avait exprimé son mécontentement que par des bouderies auxquelles Chaverny n'avait fait aucune attention; car, laissant à sa femme une entière liberté, il ne se serait jamais avisé de croire qu'elle pût lui refuser [54] l'indulgence dont au besoin il était disposé à user envers elle. Elle craignait surtout de pleurer au milieu de cette explication, et que Chaverny n'attribuât ces larmes à un amour blessé. C'est alors qu'elle regrettait vivement l'absence de sa mère, qui aurait pu lui donner un bon conseil, ou se charger de prononcer la sentence de séparation. Toutes ces réflexions la jetèrent dans une grande incertitude, et quand elle s'endormit elle avait pris la résolution de consulter une femme de ses amies qui l'avait connue fort jeune, et de s'en remettre à sa prudence pour la conduite à tenir à l'égard de Chaverny.

Tout en se livrant à son indignation, elle n'avait pu s'empêcher de faire involontairement un parallèle entre son mari et Châteaufort. L'énorme inconvenance du premier faisait ressortir la délicatesse du second, et elle reconnaissait avec un certain plaisir, mais en se le reprochant toutefois [55], que l'amant était plus soucieux de sa réputation que le mari. Cette comparaison morale l'entraînait malgré elle à constater l'élégance des manières de Châteaufort et la tournure médiocrement distinguée de Chaverny. Elle voyait son mari, avec son ventre un peu proéminent, faisant lourdement l'empressé auprès de la maîtresse du duc de H***, tandis que Châteaufort, plus respectueux encore que de coutume [56], semblait chercher à retenir autour d'elle la considération que son mari pouvait lui faire perdre. Enfin, comme nos pensées nous entraînent loin [57] malgré nous, elle se représenta plus d'une fois qu'elle pouvait devenir [58] veuve, et qu'alors jeune, riche, rien ne s'opposerait à ce qu'elle couronnât légitimement l'amour constant du jeune chef d'escadron. Un essai malheureux ne concluait rien contre le mariage, et si l'attachement de Châteaufort était véritable... Mais alors elle chassait ces pensées dont elle rougissait, et se promettait de mettre plus de réserve que jamais dans ses relations avec lui.

Elle se réveilla avec un grand mal de tête, et encore plus éloignée [59] que la veille d'une explication décisive. Elle ne voulut pas descendre pour déjeuner de peur de rencontrer son mari, se fit apporter du thé dans sa chambre, et demanda sa voiture pour aller chez madame Lambert, cette amie qu'elle voulait consulter. Cette dame était alors à sa campagne à P.

En déjeunant elle ouvrit un journal. Le premier article qui tomba sous ses yeux était ainsi conçu :
« M. Darcy, premier secrétaire de l'ambassade de
« France à Constantinople, est arrivé avant-hier à Paris
« chargé de dépêches. Ce jeune diplomate a eu, immé-
« diatement après son arrivée, une longue conférence
« avec S. Exc. M. le ministre des Affaires étrangères. »

— Darcy à Paris ! s'écria-t-elle. J'aurai du plaisir à le revoir. Est-il changé? Est-il devenu bien raide? — *Ce jeune diplomate !* Darcy, jeune diplomate ! Et elle ne put s'empêcher de rire toute seule de ce mot : *Jeune diplomate*.

Ce Darcy venait autrefois fort assidûment aux soirées de madame de Lussan; il était alors *attaché* au ministère des Affaires étrangères. Il avait quitté Paris quelque temps avant le mariage de Julie [60], et depuis elle ne l'avait pas revu. Seulement elle savait qu'il avait beaucoup voyagé, et qu'il avait obtenu un avancement rapide [61].

Elle tenait encore le journal à la main lorsque son mari entra. Il paraissait d'une humeur charmante. A son aspect elle se leva pour sortir; mais, comme il aurait fallu passer tout près de lui pour entrer dans son cabinet de toilette, elle demeura debout à la même place, mais tellement émue, que sa main, appuyée sur la table à thé, faisait distinctement trembler le cabaret de porcelaine.

— Ma chère amie, dit Chaverny, je viens vous dire adieu pour quelques jours. Je vais chasser chez le duc de H***. Je vous dirai qu'il est enchanté de votre hospitalité [62] d'hier soir. — Mon affaire marche bien, et il m'a promis de me recommander au roi de la manière la plus pressante.

Julie pâlissait et rougissait tour à tour en l'écoutant.

— M. le duc de H*** vous doit cela,... dit-elle d'une voix tremblante. Il ne peut faire moins pour quelqu'un qui compromet sa femme de la manière la plus scandaleuse avec les maîtresses de son protecteur.

Puis, faisant un effort désespéré, elle traversa la chambre d'un pas majestueux, et entra dans son cabinet de toilette dont elle ferma la porte avec force.

Chaverny resta un moment la tête basse et l'air confus.

— D'où diable sait-elle cela? pensa-t-il. Qu'importe après tout? ce qui est fait est fait! — Et, comme ce n'était pas son habitude de s'arrêter longtemps sur une idée désagréable, il fit une pirouette, prit un morceau de sucre dans le sucrier, et cria la bouche pleine à la femme de chambre qui entrait : — Dites à ma femme que je resterai quatre à cinq jours chez le duc de H***, et que je lui enverrai du gibier.

Il sortit ne pensant plus qu'aux faisans et aux chevreuils [63] qu'il allait tuer.

VII

Julie partit pour P... avec un redoublement de colère contre son mari; mais, cette fois, c'était pour un motif assez léger [64]. Il avait pris, pour aller au château du duc de H***, la calèche neuve, laissant à sa femme une autre voiture qui, au dire du cocher, avait besoin de réparations.

Pendant la route, madame de Chaverny s'apprêtait à raconter son aventure à madame Lambert. Malgré son chagrin, elle n'était pas insensible à la satisfaction que donne à tout narrateur une histoire bien contée, et elle se préparait à son récit en cherchant des exordes, et commençant tantôt d'une manière, tantôt d'une autre. Il en résulta qu'elle vit les énormités de son mari sous toutes leurs faces, et que son ressentiment s'en augmenta en proportion.

Il y a, comme chacun sait, plus [65] de quatre lieues de Paris à P..., et, quelque long que fût le réquisitoire de madame de Chaverny, on conçoit qu'il est impossible, même à la haine la plus envenimée, de retourner la même idée pendant quatre lieues de suite. Aux sentiments violents que les torts de son mari lui inspiraient venaient se joindre des souvenirs doux et mélancoliques, par cette étrange faculté de la pensée humaine qui associe souvent une image riante à une sensation pénible.

L'air pur et vif, le beau soleil, les figures insouciantes des passants, contribuaient aussi à la tirer de ses réflexions haineuses. Elle se rappela les scènes de son enfance et les jours où elle allait se promener à la campagne avec des jeunes personnes de son âge. Elle revoyait ses compagnes de couvent; elle assistait à leurs jeux, à leurs repas. Elle s'expliquait des confidences mystérieuses qu'elle avait surprises aux *grandes,* et ne pouvait s'empêcher de sourire en songeant à cent petits traits qui trahissent de si bonne heure l'instinct de la coquetterie chez les femmes.

Puis elle se représentait son entrée dans le monde. Elle dansait de nouveau aux bals les plus brillants qu'elle avait vus dans l'année qui suivit sa sortie du couvent. Les autres bals, elle les avait oubliés ; on se blase si vite ; mais ces bals lui rappelèrent son mari. — Folle que j'étais ! se dit-elle. Comment ne me suis-je pas aperçue à la première vue que je serais malheureuse avec lui ? Tous les disparates, toutes les platitudes de fiancé que le pauvre Chaverny lui débitait avec tant d'aplomb un mois avant son mariage, tout cela se trouvait noté, enregistré soigneusement dans sa mémoire. En même temps, elle ne pouvait s'empêcher de penser aux nombreux admirateurs que son mariage avait réduits au désespoir, et qui ne s'en étaient pas moins mariés eux-mêmes ou consolés autrement peu de mois après. — Aurais-je été heureuse avec un autre que lui? se demanda-t-elle. A... est décidément un sot; mais il n'est pas offensif, et Amélie le gouverne à son gré. Il y a toujours moyen de vivre avec un mari qui obéit. — B... a des maîtresses, et sa femme a la bonté de s'en affliger. D'ailleurs, il est rempli d'égards pour elle, et... je n'en demanderais pas davantage. — Le jeune comte de C..., qui toujours lit des pamphlets, et qui se donne tant de peine pour devenir un jour un bon député, peut-être fera-t-il un bon mari. Oui, mais tous ces gens-là sont ennuyeux, laids, sots... Comme elle passait ainsi en revue tous les jeunes gens qu'elle avait connus étant demoiselle, le nom de Darcy se présenta à son esprit pour la seconde fois.

Darcy était autrefois dans la société de madame de Lussan un être sans conséquence, c'est-à-dire que l'on savait... les mères savaient — que sa fortune ne lui permettait pas de songer à leurs filles*. Pour elles, il n'avait rien en lui qui pût faire tourner leurs jeunes têtes [66]. D'ailleurs il avait la réputation d'un galant homme. Un peu misanthrope et caustique, il se plaisait beaucoup, seul homme au milieu d'un cercle de demoiselles, à se moquer des ridicules et des prétentions des autres jeunes gens. Lorsqu'il parlait bas à une demoiselle, les mères ne s'alarmaient pas, car leurs filles riaient tout haut, et les mères de celles qui avaient de belles dents disaient même que M. Darcy était fort aimable.

Une conformité de goûts et une crainte réciproque de leur talent de médire avaient rapproché Julie et Darcy. Après quelques escarmouches, ils avaient fait [67] un traité de paix, une alliance offensive et défensive; ils se ménageaient mutuellement, et ils étaient toujours unis pour faire les honneurs de leurs connaissances.

Un soir, on avait prié Julie de chanter je ne sais quel morceau. Elle avait une belle voix, et elle le savait. En s'approchant du piano [68], elle regarda les femmes d'un air un peu fier avant de chanter, et comme si elle voulait les défier. Or, ce soir-là, quelque indisposition ou une fatalité malheureuse la privait de presque tous ses moyens. La première note qui sortit de ce gosier ordinairement si mélodieux se trouva décidément fausse. Julie se troubla, chanta tout de travers, manqua tous les traits; bref, le fiasco fut éclatant. Tout effarée, près de fondre en larmes, la pauvre Julie quitta le piano [69], et, en retournant à sa place, elle ne put s'empêcher de remarquer la joie maligne que cachaient mal ses compagnes en voyant humilier son orgueil. Les hommes mêmes semblaient comprimer avec peine un sourire moqueur. Elle baissa les yeux de honte et de colère, et fut quelque temps sans oser les lever. Lorsqu'elle releva la tête, la première figure amie qu'elle aperçut [70] fut celle de Darcy. Il était pâle, et ses yeux roulaient des larmes; il paraissait plus touché de sa mésaventure qu'elle ne l'était elle-même. — Il m'aime! pensa-t-elle; il m'aime véritablement. La nuit elle ne dormit guère, et la figure triste de Darcy était toujours devant ses yeux. Pendant deux jours, elle ne songea qu'à lui et à la passion secrète qu'il devait nourrir pour elle. Le roman avançait déjà lorsque madame de Lussan trouva chez elle une carte de M. Darcy avec ces trois lettres : P. P. C. — Où va donc M. Darcy? demanda Julie à un jeune homme qui le connaissait. — Où il va? Ne le savez-vous pas? A Constantinople. Il part cette nuit en courrier.

— Il ne m'aime donc pas! pensa-t-elle. Huit jours après, Darcy était oublié. De son côté, Darcy, qui était alors assez romanesque, fut huit mois sans oublier Julie. Pour excuser celle-ci et expliquer la prodigieuse différence de constance, il faut réfléchir que Darcy vivait au milieu des barbares, tandis que Julie était à Paris entourée d'hommages et de plaisirs.

Quoi qu'il en soit, six ou sept ans après leur séparation, Julie, dans sa voiture, sur la route de P..., se rappelait l'expression mélancolique de Darcy le jour où elle chanta si mal; et, s'il faut l'avouer [71], elle pensa à l'amour probable qu'il avait alors pour elle, peut-être bien même aux sentiments qu'il pouvait conserver encore [72]. Tout cela l'occupa assez vivement pendant une demi-lieue. Ensuite M. Darcy fut oublié pour la troisième fois.

VIII

Julie ne fut pas peu contrariée lorsqu'en entrant à P... elle vit dans la cour de madame Lambert une voiture dont on dételait les chevaux, ce qui annonçait une visite qui devait se prolonger. Impossible, par conséquent, d'entamer la discussion de ses griefs contre M. de Chaverny.

Madame Lambert, lorsque Julie entra dans le salon était avec une femme que Julie avait rencontrée dans le monde, mais qu'elle connaissait à peine de nom. Elle dut faire un effort sur elle-même [73] pour cacher l'expression du mécontentement qu'elle éprouvait d'avoir fait inutilement le voyage de P...

— Eh! bonjour donc, chère belle! s'écria madame Lambert en l'embrassant; que je suis contente de voir que vous ne m'avez pas oubliée! Vous ne pouviez venir plus à propos, car j'attends aujourd'hui je ne sais combien de gens qui vous aiment à la folie.

Julie répondit d'un air un peu contraint qu'elle avait cru trouver madame Lambert toute seule.

— Ils vont être ravis de vous voir, reprit madame Lambert. Ma maison est si triste depuis le mariage de ma fille, que je suis trop heureuse quand mes amis veulent bien s'y donner rendez-vous. Mais, chère enfant [74], qu'avez-vous fait de vos belles couleurs? Je vous trouve toute pâle aujourd'hui.

Julie inventa un petit mensonge : la longueur de la route... la poussière... le soleil...

— J'ai précisément aujourd'hui à dîner un de vos adorateurs, à qui je vais faire une agréable surprise, M. de Châteaufort, et probablement son fidèle Achate, le commandant Perrin.

— J'ai eu le plaisir de recevoir dernièrement le commandant Perrin, dit Julie en rougissant un peu, car elle pensait à Châteaufort.

— J'ai aussi M. de Saint-Léger. Il faut absolument qu'il organise ici une soirée de proverbes pour le mois prochain; et vous y jouerez un rôle, mon ange : vous étiez notre premier sujet pour les proverbes, il y a deux ans.

— Mon Dieu, madame, il y a si longtemps que je n'ai joué de proverbes, que je ne pourrais plus retrouver mon assurance d'autrefois. Je serais obligée d'avoir recours au « *J'entends quelqu'un** ».

— Ah! Julie, mon enfant, devinez qui nous attendons encore. Mais celui-là, ma chère, il faut de la mémoire pour se rappeler son nom...

Le nom de Darcy se présenta sur-le-champ à Julie. — Il m'obsède, en vérité, pensa-t-elle. — De la mémoire, madame?... j'en ai beaucoup.

— Mais je dis une mémoire de six ou sept ans... Vous souvenez-vous d'un de vos attentifs* lorsque vous étiez petite fille et que vous portiez les cheveux en bandeau?

— En vérité, je ne devine pas.

— Quelle horreur! ma chère... Oublier ainsi un

homme charmant, qui, ou je me trompe fort, vous plaisait tellement autrefois, que votre mère s'en alarmait presque. Allons, ma belle, puisque vous oubliez ainsi vos adorateurs, il faut bien vous rappeler leurs noms : c'est M. Darcy que vous allez voir.

— M. Darcy?

— Oui; il est enfin revenu de Constantinople depuis quelques jours seulement. Il est venu me voir avant-hier, et je l'ai invité. Savez-vous, ingrate que vous êtes, qu'il m'a demandé de vos nouvelles avec un empressement tout à fait significatif?

— M. Darcy?... dit Julie en hésitant, et avec une distraction affectée, M. Darcy?... N'est-ce pas un grand jeune homme blond... qui est secrétaire d'ambassade?

— Oh! ma chère, vous ne le reconnaîtrez pas : il est bien changé; il est pâle, ou plutôt couleur olive, les yeux enfoncés; il a perdu beaucoup de cheveux à cause de la chaleur, à ce qu'il dit. Dans deux ou trois ans, si cela continue, il sera chauve par devant. Pourtant il n'a pas trente ans encore*.

Ici la dame qui écoutait ce récit de la mésaventure de Darcy conseilla fortement l'usage du kalydor*, dont elle s'était bien trouvée après une maladie qui lui avait fait perdre beaucoup de cheveux. Elle passait ses doigts, en parlant, dans des boucles nombreuses d'un beau châtain cendré.

— Est-ce que M. Darcy est resté tout ce temps à Constantinople? demanda madame de Chaverny.

— Pas tout à fait, car il a beaucoup voyagé : il a été en Russie, puis il a parcouru toute la Grèce. Vous ne savez pas son bonheur? Son oncle est mort, et lui a laissé une belle fortune. Il a été aussi en Asie mineure, dans la... comment dit-il?... la Caramanie*. Il est ravissant, ma chère; il a des histoires charmantes qui vous enchanteront. Hier il m'en a conté de si jolies, que je lui disais toujours : Mais gardez-les donc pour demain; vous les direz à ces dames [75], au lieu de les perdre avec une vieille maman comme moi.

— Vous a-t-il conté son histoire de la femme turque

qu'il a sauvée? demanda madame Dumanoir, la patronnesse du kalydor [76].

— La femme turque qu'il a sauvée? Il a sauvé une femme turque? Il ne m'en a pas dit un mot.

— Comment! mais c'est une action admirable, un véritable roman.

— Oh! contez-nous cela, je vous en prie.

— Non, non; demandez-le à lui-même. Moi, je ne sais l'histoire que de ma sœur, dont le mari, comme vous savez, a été consul à Smyrne. Mais elle la tenait d'un Anglais qui avait été témoin de toute l'aventure. C'est merveilleux.

— Contez-nous cette histoire, madame. Comment voulez-vous que nous puissions attendre jusqu'au dîner? Il n'y a rien de si désespérant que d'entendre parler d'une histoire qu'on ne sait pas.

— Eh bien, je vais vous la gâter; mais enfin la voici telle qu'on me l'a contée: — M. Darcy était en Turquie à examiner je ne sais quelles ruines sur le bord de la mer, quand il vit venir à lui une procession fort lugubre. C'étaient des muets [77] qui portaient un sac, et ce sac, on le voyait remuer comme s'il y avait eu dedans quelque chose de vivant...

— Ah! mon Dieu! s'écria madame Lambert, qui avait lu le *Giaour**, c'était une femme qu'on allait jeter à la mer!

— Précisément, poursuivit madame Dumanoir, un peu piquée de se voir enlever ainsi le trait le plus dramatique de son conte. M. Darcy regarde le sac, il entend un gémissement sourd, et devine aussitôt l'horrible vérité. Il demande aux muets [78] ce qu'ils vont faire : pour toute réponse, les muets [79] tirent leurs poignards. M. Darcy était heureusement fort bien armé. Il met en fuite les esclaves et tire enfin de ce vilain sac une femme d'une beauté ravissante, à demi évanouie, et la ramène dans la ville, où il la conduit dans une maison sûre.

— Pauvre femme! dit Julie, qui commençait à s'intéresser à l'histoire.

— Vous la croyez sauvée? pas du tout. Le mari

jaloux, car c'était un mari, ameuta toute la populace, qui se porta à la maison de M. Darcy avec des torches, voulant le brûler vif. Je ne sais pas trop bien la fin de l'affaire; tout ce que je sais, c'est qu'il a soutenu un siège et qu'il a fini par mettre la femme en sûreté. Il paraît même, ajouta madame Dumanoir, changeant tout à coup son expression [80] et prenant un *ton de nez fort dévot** [81], il paraît que M. Darcy a pris soin qu'on la convertît, et qu'elle a été baptisée.

— Et M. Darcy l'a-t-il épousée? demanda Julie en souriant.

— Pour cela, je ne puis vous le dire. Mais la femme turque... elle avait un singulier nom; elle s'appelait Éminé... Elle avait une passion violente pour M. Darcy. Ma sœur me disait qu'elle l'appelait toujours *Sôtir... Sôtir...* cela veut dire *mon sauveur* en turc ou en grec. Eulalie m'a dit que c'était une des plus belles personnes qu'on pût voir.

— Nous lui ferons la guerre sur sa Turque! s'écria madame Lambert; n'est-ce pas, mesdames? il faut le tourmenter un peu... Au reste, ce trait de Darcy ne me surprend pas du tout : c'est un des hommes les plus généreux que je connaisse, et je sais des actions de lui qui me font venir les larmes aux yeux toutes les fois que je les raconte. — Son oncle est mort laissant une fille naturelle qu'il n'avait jamais reconnue. Comme il n'a pas fait de testament, elle n'avait aucun droit à sa succession. Darcy, qui était l'unique héritier, a voulu qu'elle y eût une part, et probablement cette part a été beaucoup plus forte que son oncle ne l'aurait faite lui-même.

— Était-elle jolie cette fille naturelle? demanda madame de Chaverny d'un air assez méchant, car elle commençait à sentir le besoin de dire du mal de ce M. Darcy, qu'elle ne pouvait chasser de ses pensées [82].

— Ah! ma chère, comment pouvez-vous supposer?... Mais d'ailleurs M. Darcy était encore à Constantinople lorsque son oncle est mort, et vraisemblablement il n'a pas vu [83] cette créature.

L'arrivée de Châteaufort, du commandant Perrin et de quelques autres personnes, mit fin à cette conversation. Châteaufort s'assit auprès de madame de Chaverny, et profitant d'un moment où l'on parlait très haut :

— Vous paraissez triste, madame, lui dit-il; je serais bien malheureux si ce que je vous ai dit hier en était la cause.

Madame de Chaverny ne l'avait pas entendu, ou plutôt n'avait pas voulu l'entendre. Châteaufort éprouva donc la mortification de répéter sa phrase, et la mortification plus grande encore d'une réponse un peu sèche, après laquelle Julie se mêla aussitôt à la conversation générale; et, changeant de place, elle s'éloigna de son malheureux admirateur.

Sans se décourager, Châteaufort faisait inutilement beaucoup d'esprit. Madame de Chaverny, à qui seulement il voulait plaire, l'écoutait avec distraction : elle pensait à l'arrivée prochaine de M. Darcy, tout en se demandant pourquoi elle s'occupait tant d'un homme qu'elle devait avoir oublié, et qui probablement l'avait aussi oubliée depuis longtemps.

Enfin, le bruit d'une voiture se fit entendre; la porte du salon s'ouvrit. — Eh! le voilà! s'écria madame Lambert. Julie n'osa pas tourner la tête, mais pâlit extrêmement. Elle éprouva une vive et subite sensation de froid, et elle eut besoin de rassembler toutes ses forces pour se remettre et empêcher Châteaufort de remarquer le changement de ses traits.

Darcy baisa la main de madame Lambert et lui parla debout quelque temps, puis il s'assit auprès d'elle. Alors il se fit un grand silence : madame Lambert paraissait attendre et ménager une reconnaissance. Châteaufort et les hommes, à l'exception du bon commandant Perrin, observaient Darcy avec une curiosité un peu jalouse. Arrivant [84] de Constantinople, il avait de grands avantages sur eux, et c'était un motif suffisant pour qu'ils se donnassent cet air de raideur compassée que l'on prend d'ordinaire avec les étrangers. Darcy, qui n'avait fait attention à personne, rompit le silence le premier. Il parla du temps ou de la route [85], peu importe; sa voix était douce et musicale. Madame de Chaverny se hasarda à le regarder : elle le vit de profil. Il lui parut maigri, et son expression avait changé... En somme, elle le trouva bien.

— Mon cher Darcy, dit madame Lambert, regardez bien autour de vous, et voyez si vous ne trouverez pas ici une de vos anciennes connaissances. Darcy tourna la tête, et aperçut Julie, qui s'était cachée [86] jusqu'alors sous son chapeau. Il se leva précipitamment avec une exclamation de surprise, s'avança vers elle en étendant la main; puis, s'arrêtant tout à coup et comme se repentant de son excès de familiarité, il salua Julie très profondément, et lui exprima en termes *convenables* tout le plaisir qu'il avait à la revoir. Julie balbutia quelques mots de politesse, et rougit beaucoup en voyant que Darcy se tenait toujours debout devant elle et la regardait fixement.

Sa présence d'esprit lui revint bientôt, et elle le regarda à son tour avec ce regard à la fois distrait et observateur que les gens du monde prennent quand ils veulent. C'était un grand jeune homme pâle, et dont les traits exprimaient le calme, mais un calme qui semblait provenir moins d'un état habituel de l'âme que de l'empire qu'elle était parvenue à prendre sur l'expression de la physionomie. Des rides déjà marquées sillonnaient son front. Ses yeux étaient enfoncés, les coins de sa bouche abaissés, et ses tempes commençaient à se dégarnir de cheveux. Cependant il n'avait pas plus de trente ans. Darcy était très simplement habillé, mais avec cette élégance qui indique les habitudes [87] de la bonne compagnie et l'indifférence sur un sujet qui occupe les méditations de tant de jeunes gens. Julie fit toutes ces observations avec plaisir. Elle remarqua encore qu'il avait au front une cicatrice assez longue qu'il cachait mal avec une mèche de cheveux, et qui paraissait avoir été faite par un coup de sabre*.

Julie était assise à côté de madame Lambert. Il y avait une chaise entre elle et Châteaufort; mais aussitôt que

Darcy s'était levé, Châteaufort avait mis sa main sur le dossier de la chaise, l'avait placée sur un seul pied, et la tenait en équilibre. Il était évident qu'il prétendait la garder comme le chien du jardinier gardait le coffre d'avoine*. Madame Lambert eut pitié de Darcy qui se tenait toujours debout devant madame de Chaverny. Elle fit une place à côté d'elle sur le canapé où elle était assise, et l'offrit à Darcy, qui se trouva de la sorte auprès de Julie. Il s'empressa de profiter de cette position avantageuse, en commençant avec elle une conversation suivie.

Pourtant il eut à subir de madame Lambert et de quelques autres personnes un interrogatoire en règle sur ses voyages; mais il s'en tira assez laconiquement, et il saisissait toutes les occasions de reprendre son espèce d'aparté avec madame de Chaverny. — Prenez le bras de madame de Chaverny, dit madame Lambert à Darcy au moment où la cloche du château annonça le dîner. Châteaufort se mordit les lèvres, mais il trouva moyen de se placer à table assez près de Julie pour bien l'observer.

IX

Après le dîner, la soirée étant belle et le temps chaud, on se réunit dans le jardin autour d'une table rustique pour prendre le café.

Châteaufort avait remarqué avec un dépit croissant les attentions de Darcy pour madame de Chaverny. A mesure qu'il observait l'intérêt qu'elle paraissait prendre à la conversation du nouveau venu, il devenait moins aimable lui-même, et la jalousie qu'il ressentait n'avait d'autre effet que de lui ôter ses moyens [88] de plaire. Il se promenait sur la terrasse où l'on était assis, ne pouvant rester en place, suivant l'ordinaire des gens inquiets, regardant souvent de gros nuages noirs qui se formaient à l'horizon et annonçaient un orage, plus souvent encore son rival, qui causait à voix basse avec

Julie. Tantôt il la voyait sourire, tantôt elle devenait sérieuse, tantôt elle baissait les yeux timidement; enfin il voyait que Darcy ne pouvait pas lui dire un mot qui ne produisît un effet marqué; et ce qui le chagrinait surtout, c'est que les expressions variées que prenaient les traits de Julie semblaient n'être que l'image et comme la réflexion de la physionomie mobile de Darcy. Enfin, ne pouvant plus tenir à cette espèce de supplice, il s'approcha d'elle, et, se penchant sur le dos de sa chaise au moment où Darcy donnait à quelqu'un des renseignements sur la barbe du sultan Mahmoud* : — Madame, dit-il d'un ton amer, M. Darcy paraît être un homme bien aimable!

— Oh oui! répondit madame de Chaverny avec une expression d'enthousiasme qu'elle ne put réprimer.

— Il y paraît, continua Châteaufort, car il vous fait oublier vos anciens amis.

— Mes anciens amis! dit Julie d'un accent un peu sévère. Je ne sais ce que vous voulez dire. Et elle lui tourna le dos. Puis, prenant un coin du mouchoir que madame Lambert tenait à la main : — Que la broderie de ce mouchoir est de bon goût! dit-elle. C'est un ouvrage merveilleux.

— Trouvez-vous, ma chère? C'est un cadeau de M. Darcy, qui m'a rapporté je ne sais combien de mouchoirs brodés de Constantinople. — A propos, Darcy, est-ce votre Turque qui vous les a brodés?

— Ma Turque! quelle Turque?

— Oui, cette belle sultane à qui vous avez sauvé la vie, qui vous appelait... oh! nous savons tout... qui vous appelait... son... sauveur enfin. Vous devez savoir comment cela se dit en turc.

Darcy se frappa le front en riant. Est-il possible, s'écria-t-il, que la renommée de ma mésaventure soit déjà parvenue à Paris!

— Mais il n'y a pas de mésaventure là-dedans; il n'y en a peut-être que pour le Mamamouchi* qui a perdu sa favorite.

— Hélas! répondit Darcy, je vois bien que vous ne

savez que la moitié de l'histoire, car c'est une aventure aussi triste pour moi que celle des moulins à vent le fut [89] pour don Quichotte. Faut-il que, après avoir tant donné à rire aux Francs, je sois encore persiflé à Paris pour le seul fait de chevalier errant dont je me sois jamais rendu coupable [90] !

— Comment ! mais nous ne savons rien. Contez-nous cela [91] ! s'écrièrent toutes les dames à la fois.

— Je devrais, dit Darcy, vous laisser sur le récit que vous connaissez déjà, et me dispenser de la suite, dont les souvenirs n'ont rien de bien agréable pour moi ; mais un de mes amis... je vous demande la permission de vous le présenter, madame Lambert, — sir John Tyrrel... un de mes amis, acteur aussi dans cette scène tragi-comique, va bientôt venir à Paris. Il pourrait bien se donner le malin plaisir de me prêter dans son récit un rôle encore plus ridicule que celui que j'ai joué. Voici le fait :

— « Cette malheureuse femme, une fois installée dans le consulat de France... »

— Oh ! mais commencez par le commencement ! s'écria madame Lambert.

— Mais vous le savez déjà.

— Nous ne savons rien, et nous voulons [92] que vous nous contiez toute l'histoire d'un bout à l'autre.

— « Eh bien ! vous saurez, mesdames, que j'étais à Larnaca* en 18... Un jour je sortis de la ville pour dessiner. Avec moi était un jeune Anglais très aimable, bon garçon, bon vivant, nommé sir John Tyrrel*, un de ces hommes précieux en voyage, parce qu'ils pensent au dîner, qu'ils n'oublient pas les provisions et qu'ils sont toujours de bonne humeur. D'ailleurs il voyageait sans but et ne savait ni la géologie ni la botanique, sciences bien fâcheuses dans un compagnon de voyage*.

« Je m'étais assis à l'ombre d'une masure à deux cents pas environ de la mer, qui dans cet endroit est dominée par des rochers à pic. J'étais fort occupé à dessiner ce qui restait d'un sarcophage antique, tandis que sir John, couché sur l'herbe, se moquait de ma passion malheureuse [93] pour les beaux-arts [94] en fumant de délicieux tabac de Latakié. A côté de nous, un drogman [95] turc, que nous avions pris à notre service, nous faisait du café. C'était le meilleur faiseur de café et le plus poltron de tous les Turcs que j'aie connus.

« Tout d'un coup sir John s'écria avec joie : — Voici des gens qui descendent de la montagne avec de la neige; nous allons leur en acheter et faire du sorbet avec des oranges.

« Je levai les yeux, et je vis venir à nous un âne sur lequel était chargé en travers un gros paquet; deux esclaves le soutenaient de chaque côté. En avant, un ânier conduisait l'âne, et derrière, un Turc vénérable, à barbe blanche, fermait la marche, monté sur un assez bon cheval. Toute cette procession s'avançait lentement et avec beaucoup de gravité.

« Notre Turc, tout en soufflant son feu, jeta un coup d'œil de côté sur la charge de l'âne, et nous dit avec un singulier sourire : « Ce n'est pas de la neige. » Puis il s'occupa de notre café avec son flegme habituel. — « Qu'est-ce donc? demanda Tyrrel. Est-ce quelque chose à manger? »

« — Pour *les poissons,* répondit le Turc.

« En ce moment l'homme à cheval partit au galop; et, se dirigeant vers la mer, il passa auprès de nous, non sans nous jeter un de ces regards [96] méprisants que les musulmans adressent volontiers aux chrétiens. Il poussa son cheval jusqu'aux rochers à pic dont je vous ai parlé, et l'arrêta court à l'endroit le plus escarpé. Il regardait la mer, et paraissait chercher le meilleur endroit pour se précipiter.

« Nous examinâmes alors avec plus d'attention le paquet que portait l'âne, et nous fûmes frappés de la forme étrange du sac. Toutes les histoires de femmes noyées par des maris jaloux nous revinrent aussitôt à la mémoire. Nous nous communiquâmes nos réflexions.

« — Demande à ces coquins, dit sir John à notre Turc, si ce n'est pas une femme qu'ils portent ainsi.

« Le Turc ouvrit de grands yeux effarés, mais non la bouche. Il était évident qu'il trouvait notre question par trop inconvenante.

« En ce moment le sac étant près de nous, nous le vîmes distinctement remuer, et nous entendîmes même une espèce de gémissement ou de grognement qui en sortait.

« Tyrrel, quoique gastronome, est fort chevaleresque. Il se leva comme un furieux, courut à l'ânier et lui demanda en anglais, tant il était troublé par la colère, ce qu'il conduisait ainsi et ce qu'il prétendait faire de son sac. L'ânier n'avait garde de répondre : mais le sac s'agita violemment, des cris de femme se firent entendre : sur quoi les deux esclaves se mirent à donner sur le sac de grands coups de courroies dont ils se servaient pour faire marcher l'âne. Tyrrel était poussé à bout. D'un vigoureux et scientifique coup de poing il jeta l'ânier à terre et saisit un esclave à la gorge : sur quoi le sac, poussé violemment dans la lutte, tomba lourdement sur l'herbe.

« J'étais accouru. L'autre esclave se mettait en devoir de ramasser des pierres, l'ânier se relevait. Malgré mon aversion pour me mêler des affaires des autres, il m'était impossible de ne pas venir au secours de mon compagnon. M'étant saisi d'un piquet qui me servait à tenir mon parasol quand je dessinais, je le brandissais en menaçant les esclaves et l'ânier de l'air le plus martial qu'il m'était possible. Tout allait bien, quand ce diable de Turc à cheval, ayant fini de contempler la mer et s'étant retourné au bruit que nous faisions, partit comme une flèche et fut sur nous avant que nous y eussions pensé : il avait à la main une espèce de vilain coutelas... »

— Un ataghan ? dit Châteaufort qui aimait la couleur locale.

« — Un ataghan, reprit Darcy avec un sourire d'approbation. Il passa auprès de moi, et me donna sur la tête un coup de cet ataghan qui me fit voir trente-six... *bougies,* comme disait si élégamment mon ami M. le marquis de Roseville*. Je ripostai [97] pourtant en lui assenant un bon coup de piquet sur les reins, et je fis ensuite le moulinet de mon mieux, frappant ânier, esclaves, cheval et Turc, devenu moi-même dix fois plus furieux que mon ami sir John Tyrrel. L'affaire aurait sans doute tourné mal pour nous. Notre drogman [98] observait la neutralité, et nous ne pouvions nous défendre longtemps avec un bâton contre trois hommes d'infanterie, un de cavalerie et un ataghan. Heureusement sir John se souvint d'une paire de pistolets que nous avions apportée. Il s'en saisit, m'en jeta un, et prit l'autre qu'il dirigea aussitôt contre le cavalier qui nous donnait tant d'affaires. La vue de ces armes et le léger claquement du chien du pistolet [99] produisirent [100] un effet magique sur nos ennemis. Ils prirent honteusement la fuite, nous laissant maîtres du champ de bataille, du sac et même de l'âne. Malgré toute notre colère, nous n'avions pas fait feu, et ce fut un bonheur, car on ne tue pas impunément un bon musulman, et il en coûte cher pour le rosser.

« Lorsque je me fus un peu essuyé, notre premier soin fut, comme vous le pensez bien, d'aller au sac et de l'ouvrir. Nous y trouvâmes une assez jolie femme, un peu grasse, avec de beaux cheveux noirs, et n'ayant pour tous vêtements qu'une chemise de laine bleue un peu moins transparente que l'écharpe de madame de Chaverny.

« Elle se tira [101] lestement du sac, et, sans paraître fort embarrassée, nous adressa un discours très pathétique sans doute, mais dont nous ne comprîmes pas un mot; à la suite de quoi elle me baisa la main. C'est la seule fois, mesdames, qu'une dame m'ait fait cet honneur.

« Le sang-froid nous était revenu cependant. Nous voyions notre drogman s'arracher la barbe comme un homme désespéré. Moi, je m'accommodais la tête de mon mieux avec mon mouchoir. Tyrrel disait : — « Que diable faire de cette femme? Si nous restons ici, le mari va revenir en force et nous assommera; si nous retournons à Larnaca avec elle dans ce bel équipage, la canaille nous lapidera infailliblement. » Tyrrel, embarrassé de toutes ces réflexions, et ayant recouvré son flegme britannique, s'écria : « Quelle diable d'idée avez-vous eue d'aller dessiner aujourd'hui ! » Son exclamation me fit rire, et la femme, qui n'y avait rien compris, se mit à rire aussi.

« Il fallut pourtant prendre un parti. Je pensai que ce que nous avions de mieux à faire, c'était de nous mettre tous sous la protection du consul [102] de France; mais le plus difficile était de rentrer à Larnaca. Le jour tombait, et ce fut une circonstance heureuse pour nous. Notre Turc nous fit prendre un grand détour, et nous arrivâmes, grâce à la nuit et à cette précaution, sans encombre à la maison du consul, qui est hors de la ville. J'ai oublié de vous dire que nous avions composé à la femme un costume presque décent avec le sac et le turban de notre interprète.

« Le consul nous reçut fort mal, nous dit que nous étions des fous, qu'il fallait respecter les us et coutumes des pays [103] où l'on voyage, qu'il ne fallait pas mettre le doigt entre l'arbre et l'écorce... Enfin, il nous tança d'importance; et il avait raison, car nous en avions fait assez pour occasionner une violente émeute, et faire massacrer tous les Francs de l'île de Chypre.

« Sa femme fut plus humaine; elle avait lu beaucoup de romans, et trouva notre conduite très généreuse. Dans le fait, nous nous étions conduits en héros de roman. Cette excellente dame était fort dévote; elle pensa qu'elle convertirait facilement l'infidèle que nous lui avions amenée, que cette conversion serait mentionnée au *Moniteur,* et que son mari serait nommé consul général. Tout ce plan se fit en un instant dans sa tête. Elle embrassa la femme turque, lui donna une robe, fit honte à monsieur le consul [104] de sa cruauté, et l'envoya chez le pacha pour arranger l'affaire.

« La pacha était fort en colère. La mari jaloux était un personnage, et jetait feu et flamme. C'était une horreur, disait-il, que des chiens de chrétiens empêchassent un homme comme lui de jeter son esclave à la mer. Le consul était fort en peine; il parla beaucoup du roi son maître, encore plus d'une frégate de soixante canons qui venait de paraître dans les eaux de Larnaca. Mais l'argument qui produisit le plus d'effet, ce fut la proposition qu'il fit en notre nom de payer l'esclave à juste prix.

« Hélas ! si vous saviez ce que c'est que le juste prix d'un Turc ! Il fallut payer le mari, payer le pacha, payer l'ânier à qui Tyrrel avait cassé deux dents, payer pour le scandale, payer pour tout. Combien de fois Tyrrel s'écria douloureusement : « Pourquoi diable aller dessiner sur le bord de la mer ! »

— Quelle aventure, mon pauvre Darcy ! s'écria madame Lambert, c'est donc là que vous avez reçu cette terrible balafre ? De grâce, relevez donc vos cheveux. Mais c'est un miracle qu'il ne vous ait pas fendu la tête ! »

Julie, pendant tout ce récit, n'avait pas détourné les yeux du front du narrateur ; elle demanda enfin d'une voix timide : « Que devint la femme ?

— C'est là justement la partie de l'histoire que je n'aime pas trop à raconter. La suite est si triste pour moi, qu'à l'heure où je vous parle, on se moque encore de notre équipée chevaleresque [105].

— Était-elle jolie cette femme ? demanda madame de Chaverny en rougissant un peu.

— Comment se nommait-elle ? demanda madame Lambert.

— Elle se nommait Emineh. — Jolie ?... Oui, elle était assez jolie, mais trop grasse et toute barbouillée de fard, suivant l'usage de son pays. Il faut beaucoup d'habitude pour apprécier les charmes d'une beauté turque. — Emineh fut donc installée dans la maison du consul [106]. Elle était Mingrélienne, et dit à madame C***, la femme du consul [107], qu'elle était fille de prince. Dans ce pays, tout coquin qui commande à dix autres coquins est un prince. On la traita donc en princesse : elle dînait à table, mangeait comme quatre ; puis, quand on lui parlait religion, elle s'endormait régulièrement. Cela dura quelque temps. Enfin on prit jour pour le baptême. Madame C*** se nomma sa marraine, et voulut que je fusse parrain avec elle. Bonbons, cadeaux et tout ce qui s'ensuit!... Il était écrit que cette malheureuse Emineh me ruinerait. Madame C*** disait qu'Emineh m'aimait mieux que Tyrrel, parce qu'en me présentant du café elle en laissait toujours tomber sur mes habits. Je me préparais à ce baptême avec une componction vraiment évangélique, lorsque, la veille de la cérémonie, la belle Emineh disparut. Faut-il vous dire tout? Le consul avait pour cuisinier un Mingrélien, grand coquin certainement, mais admirable pour le pilaf [108]. Ce Mingrélien avait plu à Emineh, qui avait sans doute du patriotisme à sa manière. Il l'enleva, et en même temps une somme assez forte à M. C***, qui ne put jamais le retrouver. Ainsi le consul [109] en fut pour son argent, sa femme pour le trousseau qu'elle avait donné à Emineh, moi pour mes gants, mes bonbons, outre les coups que j'avais reçus. Le pire, c'est qu'on me rendit en quelque sorte responsable de l'aventure. On prétendit que c'était moi qui avais délivré cette vilaine femme, que je voudrais savoir au fond de la mer, et qui avais attiré tant de malheurs sur mes amis. Tyrrel sut se tirer d'affaire; il passa pour victime, tandis que lui seul était cause de toute la bagarre, et moi je restai avec une réputation de don Quichotte et la balafre que vous voyez, qui nuit beaucoup à mes succès. »

L'histoire contée, on rentra dans le salon. Darcy causa encore quelque temps avec madame de Chaverny, puis il fut obligé de la quitter pour se voir présenter un jeune homme fort savant en économie politique, qui étudiait pour être député, et qui désirait avoir des renseignements statistiques sur l'empire ottoman.

X

Julie, depuis que Darcy l'avait quittée, regardait souvent la pendule. Elle écoutait Châteaufort avec distraction, et ses yeux cherchaient involontairement Darcy, qui causait à l'autre extrémité du salon. Quelquefois il la regardait tout en parlant à son amateur de statistique, et elle ne pouvait supporter son regard pénétrant, quoique calme. Elle sentait qu'il avait déjà pris un empire extraordinaire sur elle, et elle ne pensait plus [110] à s'y soustraire.

Enfin elle demanda sa voiture, et, soit à dessein, soit par préoccupation, elle la demanda en regardant Darcy d'un regard qui voulait dire : — Vous avez perdu une demi-heure que nous aurions pu passer ensemble. La voiture était prête. Darcy causait toujours, mais il paraissait fatigué et ennuyé du questionneur qui ne le lâchait pas. Julie se leva lentement, serra la main de madame Lambert, puis elle se dirigea vers la porte du salon, surprise et presque piquée de voir Darcy demeurer toujours à la même place. Châteaufort était auprès d'elle; il lui offrit son bras qu'elle prit machinalement sans l'écouter, et presque sans s'apercevoir de sa présence. Elle traversa le vestibule, accompagnée de madame Lambert et de quelques personnes qui la reconduisirent jusqu'à sa voiture. Darcy était resté dans le salon. Quand elle fut assise dans sa calèche, Châteaufort lui demanda en souriant si elle n'aurait pas peur toute seule la nuit par les chemins, ajoutant qu'il allait la suivre de près dans son tilbury, aussitôt que le commandant Perrin aurait fini sa partie de billard. Julie, qui était toute rêveuse, fut rappelée à elle-même par le son de sa voix, mais elle n'avait rien compris. Elle fit ce qu'aurait fait toute autre femme en pareille circonstance : elle sourit. Puis, d'un signe de tête, elle dit adieu aux personnes réunies sur le perron, et ses chevaux l'entraînèrent rapidement.

Mais précisément au moment où la voiture s'ébranlait, elle avait vu Darcy sortir du salon, pâle, l'air triste, et les yeux fixés sur elle comme s'il lui demandait un adieu distinct. Elle partit, emportant le regret de n'avoir pu lui faire un signe de tête pour lui seul, et elle pensa même qu'il en serait piqué. Déjà elle avait oublié qu'il avait laissé à un autre le soin de la conduire à sa voiture; maintenant les torts étaient de son côté, et elle se les reprochait comme un grand crime. Les sentiments qu'elle avait éprouvés pour Darcy quelques années auparavant, en le quittant après cette soirée où elle avait chanté faux, étaient bien moins vifs que ceux qu'elle emportait cette fois. C'est que non seulement les années avaient donné de la force à ses impressions, mais encore elles s'augmentaient de toute la colère accumulée contre son mari. Peut-être même l'espèce d'entraînement qu'elle avait ressenti pour Châteaufort, qui, d'ailleurs, dans ce moment, était complètement oublié, l'avait-il préparée à se laisser aller, sans trop de remords, au sentiment [111] bien plus vif qu'elle éprouvait pour Darcy.

Quant à lui, ses pensées étaient d'une nature plus calme. Il avait rencontré avec plaisir une jolie femme qui lui rappelait des souvenirs heureux, et dont la connaissance lui serait probablement agréable pour l'hiver qu'il allait passer à Paris. Mais, une fois qu'elle n'était plus devant ses yeux, il ne lui restait tout au plus que le souvenir de quelques heures écoulées gaiement, souvenir dont la douceur était encore altérée par la perspective de se coucher tard et de faire quatre lieues pour retrouver son lit. Laissons-le, tout entier à ses idées prosaïques, s'envelopper soigneusement dans son manteau, s'établir commodément et en biais dans son coupé de louage, égarant ses pensées du salon de madame Lambert à Constantinople, de Constantinople à Corfou, et de Corfou à un demi-sommeil.

Cher lecteur, nous suivrons, s'il vous plaît, madame de Chaverny.

XI

Lorsque madame de Chaverny quitta le château de madame Lambert, la nuit était horriblement noire, l'atmosphère lourde et étouffante : de temps en temps des éclairs, illuminant le paysage, dessinaient les silhouettes noires des arbres sur un fond d'un orangé livide. L'obscurité semblait redoubler après chaque éclair, et le cocher ne voyait pas la tête de ses chevaux. Un orage violent éclata bientôt. La pluie, qui tombait d'abord en gouttes larges et rares, se changea promptement en un véritable déluge. De tous côtés le ciel était en feu, et l'artillerie céleste commençait à devenir assourdissante. Les chevaux effrayés soufflaient fortement et se cabraient au lieu d'avancer, mais le cocher avait parfaitement dîné : son épais carrick, et surtout le vin qu'il avait bu, l'empêchaient de craindre l'eau et les mauvais chemins. Il fouettait énergiquement les pauvres bêtes, non moins intrépide [112] que César dans la tempête lorsqu'il disait à son pilote : Tu portes César et sa fortune !*

Madame de Chaverny, n'ayant pas peur du tonnerre, ne s'occupait guère de l'orage. Elle se répétait tout ce que Darcy lui avait dit, et se repentait de ne lui avoir pas dit cent choses [113] qu'elle aurait pu lui dire [114], lorsqu'elle fut tout à coup interrompue dans ses méditations par un choc violent que reçut sa voiture : en même temps les glaces volèrent en éclats, un craquement de mauvais augure se fit entendre; la calèche était précipitée [115] dans un fossé. Julie en fut quitte pour la peur. Mais la pluie ne cessait pas; une roue était brisée; les lanternes s'étaient éteintes, et l'on ne voyait pas [116] aux environs une seule maison pour se mettre à l'abri. Le cocher jurait, la valet de pied maudissait [117] le cocher, et pestait contre sa maladresse. Julie restait dans sa voiture, demandant comment on pourrait revenir à P... ou ce qu'il fallait faire; mais à chaque question qu'elle faisait elle recevait cette réponse désespérante : — C'est impossible !

Cependant on entendit de loin le bruit sourd d'une voiture qui s'approchait. Bientôt le cocher de madame de Chaverny reconnut [118], à sa grande satisfaction, un de ses collègues avec lequel il avait jeté les fondements d'une tendre amitié dans l'office de madame Lambert ; il lui cria de s'arrêter [119].

La voiture s'arrêta ; et à peine le nom de madame de Chaverny fut-il prononcé, qu'un jeune homme qui se trouvait dans le coupé ouvrit lui-même la portière, et s'écriant : — Est-elle blessée ? s'élança d'un bond auprès de la calèche de Julie. Elle avait reconnu Darcy, elle l'attendait.

Leurs mains se rencontrèrent dans l'obscurité, et Darcy crut sentir que madame de Chaverny pressait la sienne ; mais c'était probablement un effet de la peur. Après les premières questions, Darcy offrit naturellement sa voiture. Julie ne répondit pas d'abord, car elle était fort indécise sur le parti qu'elle devait prendre. D'un côté, elle pensait aux trois ou quatre lieues qu'elle aurait à faire en tête à tête avec un jeune homme, si elle voulait aller à Paris ; d'un autre côté, si elle revenait au château pour y demander l'hospitalité à madame Lambert, elle frémissait à l'idée de raconter le romanesque accident de la voiture versée et du secours [120] qu'elle aurait reçu de Darcy. Reparaître au salon au milieu de la partie de whist, sauvée par Darcy comme la femme turque... [121] on ne pouvait [122] y songer. Mais aussi trois longues lieues [123] jusqu'à Paris !... Pendant qu'elle flottait ainsi dans l'incertitude, et qu'elle balbutiait assez maladroitement quelques phrases banales sur l'embarras qu'elle allait causer, Darcy, qui semblait lire au fond de son cœur, lui dit froidement : — Prenez ma voiture, madame, je resterai dans la vôtre jusqu'à ce qu'il passe quelqu'un pour Paris. Julie, craignant de montrer trop de pruderie, se hâta d'accepter la première offre, mais non la seconde. Et comme sa résolution fut toute soudaine, elle n'eut pas le temps de résoudre l'importante question de savoir si l'on irait à P... ou à Paris. Elle était déjà dans le coupé de Darcy, enveloppée de son manteau, qu'il s'empressa de lui donner, et les chevaux trottaient lestement vers Paris, avant qu'elle eût pensé à dire où elle voulait aller. Son domestique avait choisi pour elle, en donnant au cocher le nom et la rue [124] de sa maîtresse.

La conversation commença embarrassée de part et d'autre. Le son de voix de Darcy était bref, et paraissait annoncer un peu d'humeur. Julie s'imagina que son irrésolution l'avait choqué, et qu'il la prenait pour une prude ridicule. Déjà elle était [125] tellement sous l'influence de cet homme, qu'elle s'adressait intérieurement de vifs reproches, et ne songeait plus qu'à dissiper ce mouvement d'humeur dont elle s'accusait [126]. L'habit de Darcy était mouillé, elle s'en aperçut, et, se débarrassant aussitôt du manteau, elle exigea qu'il s'en couvrît. De là un combat de générosité, d'où il résulta que, le différend ayant été tranché par la moitié, chacun eut sa part du manteau. Imprudence énorme qu'elle n'aurait pas commise sans ce moment d'hésitation qu'elle voulait faire oublier !

Ils étaient si près l'un de l'autre, que la joue de Julie pouvait sentir la chaleur de l'haleine de Darcy. Les cahots de la voiture les rapprochaient même quelquefois davantage.

— Ce manteau qui nous enveloppe tous les deux, dit Darcy, me rappelle nos charades d'autrefois. Vous souvenez-vous d'avoir été ma Virginie*, lorsque nous nous affublâmes tous deux du mantelet de votre grand mère ?

— Oui, et de la mercuriale qu'elle me fit à cette occasion.

— Ah ! s'écria Darcy, quel heureux temps que celui-là ! combien de fois j'ai pensé [127] avec tristesse et bonheur à nos divines soirées de la rue Bellechasse ! Vous rappelez-vous les belles ailes de vautour qu'on vous avait attachées aux épaules avec des rubans roses, et le bec de papier doré que je vous avais fabriqué avec tant d'art?

— Oui, répondit Julie, vous étiez Prométhée, et moi le vautour. Mais quelle mémoire vous avez! Comment avez-vous pu vous souvenir de toutes ces folies? car il y a si longtemps que nous ne nous sommes vus!

— Est-ce un compliment que vous me demandez? dit Darcy en souriant et s'avançant de manière à la regarder en face. Puis, d'un ton plus sérieux : En vérité, poursuivit-il, il n'est pas extraordinaire que j'aie conservé le souvenir des plus heureux moments de ma vie.

— Quel talent vous aviez pour les charades!... dit Julie qui craignait que la conversation ne prît un tour trop sentimental.

— Voulez-vous que je vous donne une autre preuve de ma mémoire? interrompit Darcy. Vous rappelez-vous notre traité d'alliance chez madame Lambert? Nous nous étions promis de dire du mal de l'univers entier; en revanche, de nous soutenir l'un l'autre envers et contre tous... Mais notre traité a eu le sort de la plupart des traités; il est resté sans exécution.

— Qu'en savez-vous?

— Hélas! j'imagine [128] que vous n'avez pas eu souvent occasion de me défendre; car, une fois éloigné de Paris, quel oisif s'est occupé de moi?

— De vous défendre... non... mais de parler de vous à vos amis...

— Oh! mes amis! s'écria Darcy avec un sourire mêlé de tristesse, je n'en avais guère à cette époque, que vous connussiez, du moins. Les jeunes gens que voyait madame votre mère me haïssaient, je ne sais pourquoi; et, quant aux femmes, elles pensaient peu à monsieur l'attaché du ministère des Affaires étrangères.

— C'est que vous ne vous occupiez pas d'elles.

— Cela est vrai. Jamais je n'ai su faire l'aimable auprès des personnes que je n'aimais pas.

Si l'obscurité avait permis de distinguer la figure de Julie, Darcy aurait pu voir qu'une vive rougeur s'était répandue sur ses traits en entendant cette dernière phrase, à laquelle elle avait donné un sens auquel peut-être Darcy ne songeait pas.

Quoi qu'il en soit, laissant là des souvenirs trop bien conservés par l'un et par l'autre [129], Julie voulut le remettre un peu sur ses voyages, espérant que, par ce moyen, elle serait dispensée de parler. Le procédé réussit presque toujours avec les voyageurs, surtout avec ceux qui ont visité quelque pays lointain.

— Quel beau voyage que le vôtre ! dit-elle, et combien je regrette de ne pouvoir jamais en faire un semblable !

Mais Darcy n'était plus en humeur conteuse. — Quel est ce jeune homme à moustaches, demanda-t-il brusquement, qui vous parlait tout à l'heure ?

Cette fois, Julie rougit encore davantage. — C'est un ami de mon mari, répondit-elle, un officier de son régiment... On dit, poursuivit-elle sans vouloir abandonner son thème oriental, que les personnes qui ont vu ce beau ciel bleu de l'Orient ne peuvent plus vivre ailleurs.

— Il m'a déplu horriblement, je ne sais pourquoi... Je parle de l'ami de votre mari, non du ciel bleu... Quant à ce ciel bleu, madame, Dieu vous en préserve ! On finit par le prendre tellement en guignon à force de le voir toujours le même, qu'on admirerait comme le plus beau de tous les spectacles un sale brouillard de Paris. Rien n'agace plus les nerfs, croyez-moi, que ce beau ciel bleu, qui était bleu hier et qui sera bleu demain. Si vous saviez avec quelle impatience, avec quel désappointement toujours renouvelé on attend, on espère un nuage !

— Et cependant vous êtes resté bien longtemps sous ce ciel bleu !

— Mais, madame, il m'était assez difficile de faire autrement. Si j'avais pu ne suivre que mon inclination, je serais revenu bien vite dans les environs de la rue de Bellechasse, après avoir satisfait le petit mouvement de curiosité que doivent nécessairement exciter les étrangetés de l'Orient.

— Je crois que bien des voyageurs en diraient autant s'ils étaient aussi francs que vous... Comment passe-t-on son temps à Constantinople et dans les autres villes de l'Orient?

— Là, comme partout, il y a plusieurs manières de tuer le temps. Les Anglais [130] boivent, les Français jouent [131], les Allemands fument, et quelques gens d'esprit, pour varier leurs plaisirs, se font tirer des coups de fusil en grimpant sur les toits pour lorgner les femmes du pays.

— C'est probablement à cette dernière occupation que vous donniez la préférence [132].

— Point du tout. Moi, j'étudiais le turc et le grec, ce qui me couvrait de ridicule. Quand j'avais terminé les dépêches de l'ambassade, je dessinais, je galopais aux Eaux-Douces*, et [133] puis j'allais au bord de la mer voir s'il ne venait pas quelque figure humaine de France ou d'ailleurs.

— Ce devait être un grand plaisir pour vous de voir un Français à une si grande distance de la France?

— Oui; mais pour un homme intelligent combien nous venait-il de marchands de quincaillerie [134] ou de cachemires; ou, ce qui est bien pis, de jeunes poètes, qui, du plus loin qu'ils voyaient quelqu'un de l'ambassade [135], lui criaient : Menez-moi voir les ruines, menez-moi à Sainte-Sophie, conduisez-moi aux montagnes, à la mer d'azur; je veux voir les lieux où soupirait Héro !* Puis, quand ils ont attrapé un bon coup de soleil [136], ils s'enferment dans leur chambre. et ne veulent plus rien voir que les derniers numéros du *Constitutionnel.*

— Vous voyez tout en mal, suivant votre vieille habitude. Vous n'êtes pas corrigé, savez-vous? car vous êtes toujours aussi moqueur.

— Dites-moi, madame, s'il n'est pas bien permis à un damné qui frit dans sa poêle de s'égayer un peu aux dépens de ses camarades de friture? D'honneur! vous ne savez pas combien la vie que nous menons là-bas est misérable. Nous autres secrétaires d'ambassade, nous ressemblons aux hirondelles qui ne se posent jamais. Pour nous, point de ces relations intimes qui font le bonheur de la vie... ce me semble. (Il prononça ces derniers mots avec un accent singulier et en se rapprochant de Julie.) Depuis six ans je n'ai trouvé personne avec qui je pusse échanger mes pensées [137].

— Vous n'aviez donc pas d'amis là-bas?

— Je viens de vous dire qu'il est impossible d'en avoir en pays étranger. J'en avais laissé deux en France*. L'un est mort; l'autre est maintenant en Amérique, d'où il ne reviendra que dans quelques années, si la fièvre jaune ne le retient pas.

— Ainsi, vous êtes seul?...

— Seul.

— Et la société des femmes, quelle est-elle dans l'Orient? Est-ce qu'elle ne vous offre pas quelques ressources?

— Oh! pour cela, c'est le pire de tout. Quant aux femmes turques, il n'y faut pas songer. Des Grecques et des Arméniennes, ce qu'on peut dire de mieux à leur louange, c'est qu'elles sont fort jolies. Pour les femmes des consuls et des ambassadeurs, dispensez-moi de vous en parler. C'est une question diplomatique; et si j'en disais ce que j'en pense, je pourrais me faire tort aux Affaires étrangères.

— Vous ne paraissez pas aimer beaucoup votre carrière. Autrefois vous désiriez avec tant d'ardeur entrer dans la diplomatie!*

— Je ne connaissais pas encore le métier. Maintenant je voudrais être inspecteur de boues de Paris!

— Ah Dieu! comment pouvez-vous dire cela? Paris! le séjour le plus maussade de la terre!

— Ne blasphémez pas. Je voudrais entendre votre palinodie à Naples, après deux ans de séjour en Italie.

— Voir Naples, c'est ce que je désirerais le plus au monde, répondit-elle en soupirant... pourvu que mes amis fussent avec moi.

— Oh! à cette condition, je ferais le tour du monde.

Voyager avec ses amis ! mais c'est comme si l'on restait dans son salon tandis que le monde passerait devant vos fenêtres comme un panorama qui se déroule [138].

— Eh bien ! si c'est trop demander, je voudrais voyager avec un... avec deux amis seulement.

— Pour moi, je ne suis pas si ambitieux ; je n'en voudrais qu'un seul, ou qu'une seule, ajouta-t-il en souriant. Mais c'est un bonheur qui ne m'est jamais arrivé... et qui ne m'arrivera pas, reprit-il avec un soupir. Puis, d'un ton plus gai : En vérité, j'ai toujours joué de malheur. Je n'ai jamais désiré bien vivement que deux choses, et je n'ai pu les obtenir.

— Qu'était-ce donc ?

— Oh ! rien de bien extravagant. Par exemple, j'ai désiré passionnément pouvoir valser avec quelqu'un... J'ai fait des études approfondies sur la valse. Je me suis exercé pendant des mois entiers, seul, avec une chaise, pour surmonter l'étourdissement qui ne manquait jamais d'arriver, et quand je suis parvenu à n'avoir plus de vertiges...

— Et avec qui désiriez-vous valser ?

— Si je vous disais que c'était avec vous ?... Et quand j'étais devenu, à force de peines, un valseur consommé, votre grand-mère, qui venait de prendre un confesseur janséniste, défendit la valse par un ordre du jour que j'ai encore sur le cœur.

— Et votre second souhait ?... demanda Julie fort troublée.

— Mon second souhait, je vous l'abandonne. J'aurais voulu, c'était par trop ambitieux de ma part, j'aurais voulu être aimé... mais aimé... C'est avant la valse que je souhaitais ainsi, et je ne suis pas l'ordre chronologique... j'aurais voulu, dis-je, être aimé par une femme qui m'aurait préféré à un bal, — le plus dangereux de tous les rivaux ; — par une femme que j'aurais pu venir voir avec des bottes crottées au moment où elle se disposerait à monter en voiture pour aller au bal. Elle aurait été en grande toilette, et elle m'aurait dit : *Restons.*

Mais c'était de la folie. On ne doit demander que des choses possibles.

— Que vous êtes méchant ! Toujours vos remarques ironiques ! Rien ne trouve grâce devant vous. Vous êtes toujours impitoyable pour les femmes [139].

— Moi ! Dieu m'en préserve ! C'est de moi plutôt que je médis. Est-ce dire du mal des femmes que de soutenir qu'elles préfèrent une soirée agréable... à un tête-à-tête avec moi ?

— Un bal !... une toilette !... Ah ! mon Dieu !... Qui aime le bal maintenant ?...

Elle ne pensait guère à justifier tout son sexe mis en cause ; elle croyait entendre la pensée de Darcy, et la pauvre femme n'entendait que son propre cœur [140].

— A propos de toilette et de bal, quel dommage que nous ne soyons plus en carnaval ! J'ai rapporté un costume de femme grecque qui est charmant, et qui vous irait à ravir.

— Vous m'en ferez un dessin pour mon album.

— Très volontiers. Vous verrez quels progrès j'ai faits depuis le temps où je crayonnais des bonshommes sur la table à thé de madame votre mère. — A propos, madame, j'ai un compliment à vous faire ; on m'a dit ce matin au ministère que M. de Chaverny allait être nommé gentilhomme de la chambre. Cela m'a fait grand plaisir.

Julie tressaillit involontairement.

Darcy poursuivit sans s'apercevoir de ce mouvement :

— Permettez-moi de vous demander votre protection dès à présent... Mais, au fond, je ne suis pas trop content de votre nouvelle dignité. Je crains que vous ne soyez obligée d'aller habiter Saint-Cloud pendant l'été, et alors j'aurai moins souvent l'honneur de vous voir.

— Jamais je n'irai à Saint-Cloud, dit Julie d'une voix fort émue.

— Oh ! tant mieux, car Paris, voyez-vous, c'est le paradis, dont il ne faut jamais sortir que pour aller de temps en temps dîner à la campagne chez madame Lambert, à condition de revenir le soir. Que vous êtes heureuse, madame, de vivre à Paris ! Moi qui n'y suis peut-être que pour peu de temps, vous n'avez pas d'idée combien je me trouve heureux dans le petit appartement que ma tante m'a donné. Et vous, vous demeurez, m'a-t-on dit, dans le faubourg Saint-Honoré. On m'a indiqué votre maison [141]. Vous devez avoir un jardin délicieux [142], si la manie de bâtir n'a pas changé déjà vos allées en boutiques.

— Non, mon jardin est encore intact, Dieu merci.

— Quel jour recevez-vous, madame?

— Je suis chez moi à peu près tous les soirs. Je serai charmée que vous vouliez bien me venir voir quelquefois.

— Vous voyez, madame, que je fais comme si notre ancienne *alliance* subsistait encore. Je m'invite moi-même sans cérémonie et sans présentation officielle. Vous me pardonnerez, n'est-ce pas?... Je ne connais plus que vous à Paris et madame Lambert. Tout le monde m'a oublié, mais vos deux maisons sont les seules que j'aie regrettées dans mon exil. Votre salon surtout doit être charmant. Vous qui choisissez si bien vos amis [143] !... Vous rappelez-vous les projets que vous faisiez autrefois pour le temps où vous seriez maîtresse de maison [144] ? Un salon inaccessible aux ennuyeux ; de la musique quelquefois, toujours de la conversation, et bien tard ; point de gens à prétentions, un petit nombre de personnes se connaissant parfaitement et qui par conséquent ne cherchent point à mentir ni à faire de l'effet... Deux ou trois femmes spirituelles avec cela (et il est impossible que vos amies ne le soient pas...), et votre maison est la plus agréable de Paris*. Oui, vous êtes la plus heureuse des femmes, et vous rendez heureux tous ceux qui vous approchent.

Pendant que Darcy parlait, Julie pensait que ce bonheur qu'il décrivait avec tant de vivacité, elle aurait pu l'obtenir si elle eût été mariée à un autre homme..., à Darcy, par exemple. Au lieu de ce salon imaginaire, si élégant et si agréable, elle pensait aux ennuyeux que Chaverny lui avait attirés...; au lieu de ces conversations si gaies, elle se rappelait les scènes conjugales comme celle qui l'avait conduite à P... Elle se voyait enfin malheureuse à jamais, attachée pour la vie à la destinée d'un homme qu'elle haïssait et qu'elle méprisait; tandis que celui qu'elle trouvait le plus aimable du monde, celui qu'elle aurait voulu charger du soin d'assurer son bonheur, devait demeurer toujours un étranger pour elle. Il était de son devoir de l'éviter, de s'en séparer..., et il était si près d'elle, que les manches de sa robe étaient froissées par les revers de son habit!

Darcy continua quelque temps à peindre les plaisirs de la vie de Paris avec toute l'éloquence que lui donnait une longue privation. Julie cependant sentait ses larmes couler le long de ses joues. Elle tremblait que Darcy ne s'en aperçût, et la contrainte qu'elle s'imposait ajoutait encore à la force de son émotion. Elle étouffait; elle n'osait faire un mouvement. Enfin un sanglot lui échappa, et tout fut perdu. Elle tomba la tête dans ses mains, à moitié suffoquée par les larmes et la honte.

Darcy, qui ne pensait à rien moins, fut bien étonné. Pendant un instant la surprise le rendit muet; mais, les sanglots redoublant, il se crut obligé de parler et de demander la cause de ces larmes si soudaines.

— Qu'avez-vous, madame? Au nom de Dieu, madame..., répondez-moi. Que vous arrive-t-il?... Et comme la pauvre Julie, à toutes ces questions, serrait avec plus de force son mouchoir sur ses yeux, il lui prit la main, et, écartant doucement le mouchoir : — Je vous en conjure, madame, dit-il d'un ton de voix altéré qui pénétra Julie jusqu'au fond du cœur, je vous en conjure, qu'avez-vous? Vous aurais-je offensée involontairement?... Vous me désespérez par votre silence.

— Ah! s'écria Julie ne pouvant plus se contenir, je suis bien malheureuse! et elle sanglota plus fort.

— Malheureuse! Comment?... pourquoi?... qui peut vous rendre malheureuse? répondez-moi. En parlant ainsi, il lui serrait les mains, et sa tête touchait presque celle de Julie, qui pleurait [145] au lieu de répondre [146]. Darcy ne savait que penser, mais il était touché de ses larmes [147]. Il se trouvait rajeuni de six ans [148], et il commençait à entrevoir dans un avenir qui ne s'était pas encore présenté à son imagination que du rôle de confident il pourrait bien passer à un autre plus élevé [149].

Comme elle s'obstinait à ne pas répondre, Darcy, craignant qu'elle ne se trouvât mal, baissa une des glaces de la voiture, détacha les rubans du chapeau de Julie, écarta son manteau et son châle. Les hommes sont gauches à rendre ces soins. Il voulait faire arrêter la voiture auprès d'un village, et il appelait déjà le cocher, lorsque Julie, lui saisissant le bras, le supplia de ne pas faire arrêter, et l'assura qu'elle était beaucoup mieux. Le cocher n'avait rien entendu, et continuait à diriger ses chevaux vers Paris.

— Mais je vous en supplie, ma chère madame de Chaverny, dit Darcy en reprenant une main qu'il avait abandonnée un instant, je vous en conjure, dites-moi, qu'avez-vous? Je crains... Je ne puis comprendre comment j'ai été assez malheureux pour vous faire de la peine.

— Ah! ce n'est pas vous! s'écria Julie; et elle lui serra un peu la main.

— Eh bien! dites-moi, qui peut vous faire ainsi pleurer? parlez-moi avec confiance. Ne sommes-nous pas d'anciens amis? ajouta-t-il en souriant et serrant à son tour la main de Julie.

— Vous me parliez du bonheur dont vous me croyez entourée..., et ce bonheur est si loin de moi!...

— Comment! n'avez-vous pas tous les éléments du bonheur?... Vous êtes jeune, riche, jolie... Votre mari tient un rang distingué dans la société...

— Je le déteste! s'écria Julie hors d'elle-même; je le méprise! Et elle cacha sa tête dans son mouchoir [150] en sanglotant plus fort que jamais.

— Oh! oh! pensa Darcy, ceci devient fort grave. Et, profitant avec adresse de tous les cahots de la voiture pour se rapprocher davantage de la malheureuse Julie [151] : — Pourquoi, lui disait-il de la voix la plus douce et la plus tendre du monde, pourquoi vous affliger ainsi? Faut-il qu'un être que vous méprisez ait autant d'influence [152] sur votre vie! Pourquoi lui permettez-vous d'empoisonner lui seul votre bonheur? Mais est-ce donc à lui que vous devez demander ce bonheur [153]?... Et il lui baisa le bout des doigts; mais comme elle retira aussitôt sa main avec terreur, il craignit d'avoir été trop loin... Mais, déterminé [154] à voir la fin de l'aventure, il dit en soupirant d'une façon assez hypocrite :

— Que j'ai été trompé! Lorsque j'ai appris votre mariage, j'ai cru que M. de Chaverny vous plaisait réellement.

— Ah! monsieur Darcy, vous ne m'avez jamais connue! Le ton de sa voix disait clairement : Je vous ai toujours aimé, et vous n'avez pas voulu vous en apercevoir. La pauvre femme croyait en ce moment, de la meilleure foi du monde, qu'elle avait toujours aimé Darcy, pendant les six années qui venaient de s'écouler, avec autant d'amour qu'elle en sentait pour lui dans ce moment.

— Et vous! s'écria Darcy en s'animant, vous, madame, m'avez-vous jamais connu? Avez-vous jamais su quels étaient mes sentiments? Ah! si vous m'aviez mieux connu [155], nous serions sans doute heureux maintenant l'un et l'autre.

— Que je suis malheureuse! répéta Julie avec un redoublement de larmes, et en lui serrant la main avec force.

— Mais quand même vous m'auriez compris, madame, continua Darcy avec cette expression de mélancolie ironique qui lui était habituelle, qu'en serait-il résulté? J'étais sans fortune; la vôtre était considérable; votre mère m'eût repoussé avec mépris. — J'étais condamné d'avance. — Vous-même, oui, vous, Julie, avant qu'une fatale expérience ne vous eût montré où est le véritable bonheur, vous auriez sans doute ri de ma présomption, et une voiture bien vernie, avec une couronne de comte sur les panneaux, aurait été sans doute alors le [156] plus sûr moyen de vous plaire.

— Oh ciel ! et vous aussi ! Personne n'aura donc pitié de moi ?

— Pardonnez-moi, chère Julie ! s'écria-t-il très ému lui-même ; pardonnez-moi, je vous en supplie. Oubliez ces reproches ; non, je n'ai pas le droit de vous en faire, moi. — Je suis plus coupable que vous... Je n'ai pas su vous apprécier. Je vous ai crue faible comme les femmes du monde où vous viviez ; j'ai douté de votre courage, chère Julie, et j'en suis cruellement puni !... Il baisait avec feu ses mains, qu'elle ne retirait plus ; il allait la presser sur son sein [157]... mais Julie le repoussa avec une vive expression de terreur, et s'éloigna de lui autant que la largeur de la voiture pouvait le lui permettre. Sur quoi Darcy [158], d'une voix dont la douceur même rendait l'expression plus poignante : — Excusez-moi, madame, j'avais oublié Paris. Je me rappelle maintenant qu'on s'y marie, mais qu'on n'y aime point [159].

— Oh ! oui, je vous aime, murmura-t-elle en sanglotant ; et elle laissa tomber sa tête sur l'épaule de Darcy [160]. Darcy la serra dans ses bras avec transport, cherchant [161] à arrêter ses larmes par des baisers. Elle essaya encore de se débarrasser de son étreinte, mais cet effort fut le dernier qu'elle tenta.

XII

Darcy s'était trompé sur la nature de son émotion : il faut bien le dire, il n'était pas amoureux [162]. Il avait profité d'une bonne fortune qui semblait se jeter à sa tête, et qui méritait bien qu'on ne la laissât pas échapper. D'ailleurs, comme tous les hommes [163], il était beaucoup plus éloquent pour demander que pour remercier. Cependant il était poli, et la politesse tient lieu souvent de sentiments plus respectables. Le premier mouvement d'ivresse passé [164], il débitait donc à Julie des phrases tendres qu'il composait sans trop de peine, et qu'il accompagnait de nombreux baisements de main qui lui épargnaient autant de paroles. Il voyait sans regret que la voiture était déjà aux barrières, et que dans peu de minutes il allait se séparer de sa conquête. Le silence de madame de Chaverny au milieu de ses protestations, l'accablement dans lequel elle paraissait plongée, rendaient difficile, ennuyeuse même, si j'ose le dire, la position de son nouvel amant.

Elle était immobile, dans un coin de la voiture, serrant machinalement son châle contre son sein. Elle ne pleurait plus; ses yeux étaient fixes, et lorsque Darcy lui prenait la main pour la baiser, cette main, dès qu'elle était abandonnée, retombait sur ses genoux comme morte. Elle ne parlait pas, entendait à peine; mais une foule de pensées déchirantes se présentaient à la fois à son esprit, et, si elle voulait en exprimer une, une autre à l'instant venait lui fermer la bouche.

Comment rendre le chaos de ces pensées, ou plutôt de ces images qui se succédaient avec autant de rapidité que les battements de son cœur? Elle croyait entendre à ses oreilles des mots sans liaison et sans suite, mais tous avec un sens terrible. Le matin elle avait accusé son mari, il était vil à ses yeux; maintenant elle était cent fois plus méprisable. Il lui semblait que sa honte était publique. — La maîtresse du duc de H*** la repousserait à son tour. — Madame Lambert, tous ses amis ne voudraient [165] plus la voir. — Et Darcy? — L'aimait-il? — Il la connaissait à peine. — Il l'avait oubliée. — Il ne l'avait pas reconnue tout de suite. — Peut-être l'avait-il trouvée bien changée. — Il était froid pour elle : c'était là le coup de grâce. Son entraînement pour un homme [166] qui la connaissait à peine [167], qui ne lui avait pas montré de l'amour... mais de la politesse seulement. — Il était impossible qu'il l'aimât. — Elle-même, l'aimait-elle? — Non, puisqu'elle s'était mariée lorsqu'à peine il venait de partir.

Quand la voiture entra dans Paris, les horloges sonnaient une heure. C'était à quatre heures qu'elle avait vu Darcy pour la première fois. — Oui, *vu,* — elle ne pouvait dire *revu*... Elle avait oublié ses traits, sa voix; c'était un étranger pour elle... Neuf heures après, elle était devenue sa maîtresse !... Neuf heures avaient suffi pour cette singulière fascination... avaient suffi pour qu'elle fût déshonorée à ses propres yeux, aux yeux de Darcy lui-même; car que pouvait-il penser d'une femme aussi faible [168]. Comment ne pas la mépriser?

Parfois la douceur de la voix de Darcy, les paroles tendres qu'il lui adressait, la ranimaient un peu. Alors elle s'efforçait de croire qu'il sentait réellement l'amour dont il parlait. Elle ne s'était pas rendue si facilement. — Leur amour durait depuis longtemps lorsque Darcy l'avait quittée. — Darcy devait savoir [169] qu'elle ne s'était mariée que par suite du dépit que son départ lui avait fait éprouver. — Les torts étaient du côté de Darcy. — Pourtant, il l'avait toujours aimée pendant sa longue absence. — Et, à son retour, il avait été heureux de la retrouver aussi constante que lui. — La franchise de son aveu, — sa faiblesse [170] même, devaient plaire à Darcy, qui détestait la dissimulation. — Mais l'absurdité de ces raisonnements lui apparaissait bientôt [171]. — Les idées consolantes s'évanouissaient, et elle restait en proie à la honte et au désespoir.

Un moment elle voulut exprimer ce qu'elle sentait. Elle venait de se représenter qu'elle était proscrite par le monde, abandonnée par sa famille. Après avoir si grièvement offensé son mari, sa fierté ne lui permettait pas de le revoir jamais. Je suis aimée de Darcy, se dit-elle; je ne puis aimer que lui. — Sans lui je ne puis être heureuse. — Je serai heureuse partout avec lui. Allons ensemble dans quelque lieu où jamais je ne puisse voir une figure qui me fasse rougir. Qu'il m'emmène avec lui à Constantinople... »

Darcy était à cent lieues de deviner ce qui se passait dans le cœur de Julie. Il venait de remarquer qu'ils entraient dans la rue habitée par madame de Chaverny, et remettait ses gants glacés avec beaucoup de sang-froid.

— A propos, dit-il, il faut que je sois présenté officiellement à M. de Chaverny... Je suppose que nous serons bientôt bons amis. — Présenté par madame Lambert, je serai sur un bon pied dans votre maison. En attendant, puisqu'il est à la campagne, je puis vous voir?

La parole expira sur les lèvres de Julie. Chaque mot de Darcy était un coup de poignard. Comment parler de fuite, d'enlèvement à cet homme si calme, si froid, qui ne pensait qu'à arranger sa liaison pour l'été de la manière la plus commode? Elle brisa avec rage la chaîne d'or qu'elle portait à son cou, et tordit les chaînons entre ses doigts. La voiture s'arrêta à la porte de la maison qu'elle occupait. Darcy fut fort empressé à lui arranger son châle sur les épaules [172], à rajuster [173] son chapeau convenablement [174]. Lorsque la portière s'ouvrit, il lui présenta la main de l'air le plus respectueux, mais Julie s'élança à terre sans vouloir s'appuyer sur lui. — Je vous demanderai la permission, madame, dit-il en s'inclinant profondément, de venir savoir de vos nouvelles.

— Adieu! dit Julie d'une voix étouffée. Darcy remonta dans son coupé, et se fit ramener chez lui en sifflant de l'air d'un homme très satisfait de sa journée.

XIII

Aussitôt qu'il se retrouva dans son appartement de garçon, Darcy passa une robe de chambre turque, mit des pantoufles, et, ayant chargé de tabac de Latakié une longue pipe dont le tuyau était de merisier de Bosnie et le bouquin d'ambre blanc [175], il se mit en devoir de la savourer en se renversant dans une grande bergère garnie de maroquin et dûment rembourrée. Aux personnes qui s'étonneraient de le voir dans cette vulgaire occupation au moment où peut-être il aurait dû rêver plus poétiquement, je répondrai qu'une bonne pipe est utile, sinon nécessaire, à la rêverie, et que le véritable moyen de bien jouir d'un bonheur, c'est de l'associer à un autre bonheur. Un de mes amis, homme fort sensuel, n'ouvrait jamais une lettre de sa maîtresse avant d'avoir ôté sa cravate, attisé le feu si l'on était en hiver, et s'être couché sur un canapé commode.

— En vérité, se dit Darcy, j'aurais été un grand sot si j'avais suivi le conseil de Tyrrel, et si j'avais acheté une esclave grecque pour l'amener à Paris. Parbleu ! c'eût été, comme disait mon ami Haleb-Effendi, c'eût été porter des figues à Damas. Dieu merci ! la civilisation a marché grand train pendant mon absence, et il ne paraît pas que la rigidité soit portée à l'excès... Ce pauvre Chaverny !... Ah ! ah ! Si pourtant j'avais été assez riche il y a quelques années, j'aurais épousé Julie, et ce serait peut-être Chaverny qui l'aurait reconduite ce soir. Si je me marie jamais, je ferai visiter souvent la voiture de ma femme, pour qu'elle n'ait pas besoin de chevaliers errants qui la tirent des fossés... Voyons, recordons-nous. A tout prendre, c'est une très jolie femme, elle a de l'esprit, et, si je n'étais pas aussi vieux que je le suis, il ne tiendrait qu'à moi de croire que c'est à mon prodigieux mérite !... Ah ! mon prodigieux mérite !... Hélas ! hélas ! dans un mois peut-être mon mérite sera au niveau de celui de ce monsieur à moustaches... Morbleu ! j'aurais bien voulu que cette petite Nastasia, que j'ai tant aimée, sût lire et écrire, et pût parler des choses avec les honnêtes gens*, car je crois que c'est la seule femme qui m'ait aimé... Pauvre enfant !... Sa pipe s'éteignit, et il s'endormit bientôt.

XIV

En rentrant dans son appartement, madame de Chaverny rassembla toutes ses forces pour dire d'un air naturel à sa femme de chambre qu'elle n'avait pas besoin d'elle, et qu'elle la laissât seule. Aussitôt que cette fille fut sortie, elle se jeta sur son lit [176], et là elle se mit à pleurer plus amèrement, maintenant qu'elle se trouvait seule, que lorsque la présence de Darcy l'obligeait à se contraindre.

La nuit a certainement une influence très grande sur les peines morales comme sur les douleurs physiques. Elle donne à tout une teinte lugubre, et les images qui, le jour, seraient indifférentes ou même riantes, nous inquiètent et nous tourmentent la nuit, comme des spectres qui n'ont de puissance que pendant les ténèbres. Il semble que pendant la nuit la pensée redouble d'activité, et que la raison perd son empire. Une espèce de fantasmagorie intérieure nous trouble et nous effraye sans que nous ayons la force d'écarter la cause de nos terreurs ou d'en examiner froidement la réalité.

Qu'on se représente la pauvre Julie étendue sur son lit à demi habillée, s'agitant sans cesse [177], tantôt dévorée d'une chaleur brûlante, tantôt glacée par un frisson pénétrant, tressaillant au moindre craquement de la boiserie, et entendant distinctement les battements de son cœur. Elle ne conservait de sa position qu'une angoisse vague dont elle cherchait en vain la cause. Puis, tout d'un coup, le souvenir de cette fatale soirée passait dans son esprit aussi rapide qu'un éclair, et avec lui se réveillait une douleur vive et aiguë comme celle que produirait un fer rouge dans une blessure cicatrisée.

Tantôt elle regardait sa lampe, observant avec une attention stupide toutes les vacillations de la flamme, jusqu'à ce que les larmes qui s'amassaient dans ses yeux, elle ne savait pourquoi, l'empêchassent de voir la lumière. — Pourquoi ces larmes? se disait-elle. Ah! je suis déshonorée!

Tantôt elle comptait les glands des rideaux de son lit, mais elle n'en pouvait jamais retenir le nombre. — Quelle est donc cette folie? pensait-elle. Folie? Oui, car il y a une heure je me suis donnée comme une misérable courtisane [178] à un homme que je ne connais pas.

Puis elle suivait d'un œil hébété l'aiguille de sa pendule avec l'anxiété d'un condamné qui voit approcher l'heure de son supplice. Tout à coup la pendule sonnait : Il y a trois heures, disait-elle, tressaillant en sursaut, j'étais avec lui, et je suis déshonorée !

Elle passa toute la nuit dans cette agitation fébrile. Quand le jour parut, elle ouvrit sa fenêtre, et l'air frais et piquant du matin lui apporta quelque soulagement. Penchée sur la balustrade de sa fenêtre qui donnait sur le jardin, elle respirait l'air froid avec une espèce de volupté. Le désordre de ses idées se dissipa peu à peu. Aux vagues tourments, au délire qui l'agitaient, succéda un désespoir concentré qui était un repos en comparaison.

Il fallait prendre un parti. Elle s'occupa de chercher alors ce qu'elle avait à faire. Elle ne s'arrêta pas un moment à l'idée de revoir Darcy. Cela lui paraissait impossible ; elle serait morte de honte en l'apercevant. Elle devait quitter Paris, où dans deux jours tout le monde la montrerait au doigt. Sa mère était à Nice ; elle irait la rejoindre, lui avouerait tout ; puis, après s'être épanchée dans son sein, elle n'avait plus qu'une chose à faire, c'était de chercher quelque endroit désert en Italie, inconnu aux voyageurs, où elle irait vivre seule, et mourir bientôt.

Cette résolution une fois prise, elle se trouva plus tranquille [179]. Elle s'assit devant une petite table en face de la fenêtre, et, la tête dans ses mains, elle pleura, mais cette fois sans amertume. La fatigue et l'abattement l'emportèrent enfin, et elle s'endormit, ou plutôt elle cessa de penser pendant une heure à peu près.

Elle se réveilla avec le frisson de la fièvre. Le temps avait changé, le ciel était gris, et une pluie fine et glacée annonçait du froid et de l'humidité pour tout le reste du jour. Julie sonna sa femme de chambre. « Ma mère est malade, lui dit-elle, il faut que je parte sur-le-champ pour Nice. Faites une malle, je veux partir dans une heure.

— Mais, madame, qu'avez-vous ? N'êtes-vous pas malade ?... Madame ne s'est pas couchée ! s'écria la femme de chambre, surprise et alarmée du changement qu'elle observa sur les traits de sa maîtresse.

— Je veux partir, dit Julie d'un ton d'impatience, il faut absolument que je parte. Préparez-moi une malle.

Dans notre civilisation moderne, il ne suffit pas d'un simple acte de la volonté pour aller d'un lieu à un autre. Il faut un passeport,• il faut faire des paquets, emporter des cartons, s'occuper de cent préparatifs ennuyeux qui suffiraient pour ôter l'envie de voyager. Mais l'impatience de Julie abrégea beaucoup toutes ces lenteurs nécessaires. Elle allait et venait de chambre en chambre, aidait elle-même à faire les malles, entassant sans ordre des bonnets et des robes accoutumés à être traités avec plus d'égards. Pourtant les mouvements qu'elle se donnait contribuaient plutôt à retarder ses domestiques qu'à les hâter.

— Madame a sans doute prévenu monsieur? demanda timidement la femme de chambre.

Julie, sans lui répondre, prit du papier; elle écrivit. « Ma mère est malade à Nice. Je vais auprès d'elle. » Elle plia le papier en quatre, mais ne put se résoudre à y mettre une adresse.

Au milieu des préparatifs de départ, un domestique entra : — M. de Châteaufort, dit-il, demande si madame est visible; il y a aussi un autre monsieur qui est venu en même temps, que je ne connais pas : mais voici sa carte.

Elle lut : « E. DARCY, *secrétaire d'ambassade.* »

Elle put à peine retenir un cri. — Je n'y suis pour personne! s'écria-t-elle; dites que je suis malade. Ne dites pas que je vais partir. — Elle ne pouvait s'expliquer comment Châteaufort et Darcy venaient la voir en même temps, et, dans son trouble, elle ne douta pas que Darcy n'eût déjà choisi Châteaufort pour son confident. Rien n'était plus simple cependant que leur présence simultanée. Amenés par le même motif, ils s'étaient rencontrés à la porte; et, après avoir échangé un salut très froid, ils s'étaient tout bas donnés au diable l'un l'autre de grand cœur.

Sur la réponse du domestique, ils descendirent ensemble l'escalier, se saluèrent de nouveau encore plus froidement, et s'éloignèrent chacun dans une direction opposée.

Châteaufort avait remarqué l'attention particulière que madame de Chaverny avait montrée pour Darcy, et, dès ce moment, il l'avait pris en haine. De son côté, Darcy, qui se piquait d'être physionomiste, n'avait pu observer l'air d'embarras et de contrariété de Châteaufort sans en conclure qu'il aimait Julie; et comme, en sa qualité de diplomate, il était porté à supposer le mal *à priori,* il avait conclu fort légèrement que Julie n'était pas cruelle pour Châteaufort.

— Cette étrange coquette, se disait-il à lui-même en sortant, n'aura pas voulu nous recevoir ensemble, de peur d'une scène d'explication comme celle du *Misanthrope**... Mais j'ai été bien sot de ne pas trouver quelque prétexte pour rester et laisser partir ce jeune fat. Assurément, si j'avais attendu seulement qu'il eût le dos tourné, j'aurais été admis, car j'ai sur lui l'incontestable avantage de la nouveauté.

Tout en faisant ces réflexions, il s'était arrêté, puis il s'était retourné, puis il rentrait dans l'hôtel de madame de Chaverny. Châteaufort, qui s'était aussi retourné plusieurs fois pour l'observer, revint sur ses pas et s'établit en croisière à quelque distance pour le surveiller.

Darcy dit au domestique, surpris de le revoir, qu'il avait oublié de lui donner un mot pour sa maîtresse, qu'il s'agissait d'une affaire pressée et d'une commission dont une dame l'avait chargé pour madame de Chaverny. Se souvenant que Julie entendait l'anglais, il écrivit sur sa carte au crayon : *Begs leave to ask when he can show to madame de Chaverny his turkish Album**. Il remit la carte au domestique, et dit qu'il attendrait la réponse.

Cette réponse tarda longtemps. Enfin le domestique revint fort troublé. — Madame, dit-il, s'est trouvée mal tout à l'heure, et elle est trop souffrante maintenant pour pouvoir vous répondre. — Tout cela avait duré un quart d'heure. Darcy ne croyait guère à l'évanouissement, mais il était bien évident qu'on ne voulait pas le voir. Il prit son parti philosophiquement; et, se rappelant qu'il avait des visites à faire dans le quartier, il sortit sans se mettre autrement en peine de ce contretemps [180].

Châteaufort [181] l'attendait dans une anxiété furieuse. En le voyant passer, il ne douta pas qu'il ne fût son rival heureux, et il se promit bien de saisir aux cheveux la première occasion de se venger de l'infidèle et de son complice. Le commandant Perrin, qu'il rencontra fort à propos, reçut sa confidence et le consola du mieux qu'il put, non sans lui remontrer le peu d'apparence de ses soupçons.

XV

Julie s'était bien réellement évanouie en recevant la seconde carte de Darcy. Son évanouissement fut suivi d'un crachement de sang qui l'affaiblit beaucoup. Sa femme de chambre avait envoyé chercher son médecin; mais Julie refusa obstinément de le voir. Vers quatre heures les chevaux de poste étaient arrivés, les malles attachées : tout était prêt pour le départ. Julie monta en voiture, toussant horriblement et dans un état à faire pitié. Pendant la soirée et toute la nuit, elle ne parla qu'au valet de chambre assis sur le siège de la calèche, et seulement pour qu'il dît aux postillons de se hâter. Elle toussait toujours, et paraissait souffrir beaucoup de la poitrine; mais elle ne fit pas entendre une plainte. Le matin elle était si faible, qu'elle s'évanouit lorsqu'on ouvrit la portière. On la descendit dans une mauvaise auberge, où on la coucha. Un médecin de village fut appelé : il la trouva avec une fièvre violente, et lui défendit de continuer son voyage. Pourtant elle voulait toujours partir. Dans la soirée le délire vint, et tous les symptômes augmentèrent de gravité. Elle parlait continuellement et avec une volubilité si grande, qu'il était très difficile de la comprendre. Dans ses phrases incohérentes, les noms de Darcy, de Châteaufort et de madame Lambert revenaient souvent. La femme de chambre écrivit à M. de Chaverny pour lui annoncer la maladie de sa femme; mais elle était à près de trente lieues [182] de Paris, Chaverny chassait chez le duc de H***, et la maladie faisait tant de progrès, qu'il était douteux qu'il pût arriver à temps.

La valet de chambre cependant avait été à cheval à la ville voisine et en avait amené un médecin. Celui-ci blâma les prescriptions de son confrère, déclara qu'on l'appelait bien tard, et que la maladie était grave.

Le délire cessa au lever du jour, et Julie s'endormit alors profondément. Lorsqu'elle s'éveilla, deux ou trois heures après, elle parut avoir de la peine à se rappeler par quelle suite d'accidents elle se trouvait couchée dans une sale chambre d'auberge. Pourtant la mémoire lui revint bientôt. Elle dit qu'elle se sentait mieux, et parla même de repartir le lendemain. Puis, après avoir paru méditer longtemps en tenant la main sur son front, elle demanda de l'encre et du papier, et voulut écrire. Sa femme de chambre la vit commencer des lettres qu'elle déchirait toujours après avoir écrit les premiers mots. En même temps elle recommandait qu'on brûlât les fragments de papier. La femme de chambre remarqua sur plusieurs morceaux ce mot : *Monsieur;* ce qui lui parut extraordinaire, dit-elle, car elle croyait que madame écrivait à sa mère ou à son mari. Sur un autre fragment elle lut : « *Vous devez bien me mépriser...** »

Pendant près d'une demi-heure elle essaya inutilement d'écrire cette lettre, qui paraissait la préoccuper vivement. Enfin l'épuisement de ses forces ne lui permit pas de continuer : elle repoussa le pupitre qu'on avait placé sur son lit, et dit d'un air égaré à sa femme de chambre :
— Écrivez vous-même à M. Darcy.

— Que faut-il écrire, madame? demanda la femme de chambre, persuadée que le délire allait recommencer.

— Écrivez-lui qu'il ne me connaît pas... que je ne le connais pas... Et elle retomba accablée sur son oreiller.

Ce furent les dernières paroles suivies qu'elle prononça. Le délire la reprit et ne la quitta plus. Elle mourut le lendemain sans grandes souffrances apparentes.

XVI

Chaverny arriva trois jours après son enterrement. Sa douleur sembla véritable, et tous les habitants du village pleurèrent en le voyant debout dans le cimetière contemplant la terre fraîchement remuée qui couvrait le cercueil de sa femme. Il voulait d'abord la faire exhumer et la transporter à Paris; mais le maire s'y étant opposé, et le notaire lui ayant parlé de formalités sans fin, il se contenta de commander une pierre de liais* et de donner des ordres pour l'érection d'un tombeau simple, mais convenable.

Châteaufort fut très sensible à cette mort si soudaine. Il refusa plusieurs invitations de bal, et pendant quelque temps on ne le vit que vêtu de noir.

XVII

Dans le monde on fit plusieurs récits de la mort de madame de Chaverny. Suivant les uns, elle avait eu un rêve, ou, si l'on veut, un pressentiment qui lui annonçait que sa mère était malade. Elle en avait été tellement frappée, qu'elle s'était mise en route pour Nice sur-le-champ, malgré un gros rhume, qu'elle avait gagné en revenant de chez madame Lambert; et ce rhume était devenu une fluxion de poitrine.

D'autres, plus clairvoyants, assuraient d'un air mystérieux que madame de Chaverny, ne pouvant se dissimuler l'amour qu'elle ressentait pour M. de Châteaufort, avait voulu chercher auprès de sa mère la force d'y résister. Le rhume et la fluxion de poitrine étaient la conséquence de la précipitation de son départ. Sur ce point on était d'accord.

Darcy ne parlait jamais d'elle. Trois ou quatre mois après sa mort, il fit un mariage avantageux. Lorsqu'il annonça son mariage à madame Lambert, elle lui dit en le félicitant : — En vérité, votre femme est charmante, et il n'y a que ma pauvre Julie qui aurait pu vous convenir autant [183]. Quel dommage que vous fussiez trop pauvre pour elle quand elle s'est mariée !

Darcy sourit de ce sourire ironique qui lui était habituel, mais il ne répondit rien.

Ces deux cœurs qui se méconnurent étaient peut-être faits l'un pour l'autre [184].

VARIANTES

CHRONIQUE DU RÈGNE DE CHARLES IX

1. — 1829, 1832 : *Les deux premières éditions portent en épigraphe sur le titre :* « Ce que les Sarazins et barbares iadys appelloyent proesses, maintenant nous appelons briguanderies et meschancetez. » Rabelais. [*Gargantua,* ch. 46.]
2. — 1829, 1832, 1842 : J'avais lu
3. — 1829, 1832 : et je l'avoue
4. — 1829 : facile de décider
5. — 1829, 1832, 1842, 1847 : car à des temps différents
6. — 1829, 1832, 1842, 1847 : qu'ils excitent
7. — 1829, 1832, 1842 : Le meurtrier
8. — 1829 : reparaissait à la cour
9. — 1829, 1832, 1842 : si l'assassinat
10. — 1829, 1832 : de son auteur
11. — 1829 : qu'il a rendu de grands services à son pays
12. — 1829, 1832 : C'est que l'assassinat
13. — 1829 : La majorité des Français prit les armes
1832 : La majorité prit les armes
14. — 1829 : tandis que les sanglantes exécutions de la Terreur ne furent dirigées que par un petit nombre d'hommes cruels. Cette différence selon moi tend à excuser un peu la Saint-Barthélemy.
15. — 1829 : Ce fut
16. — 1829 : des paysans Espagnols
17. — 1829 : la note manque. Ajoutée en 1832.
18. — 1829, 1832, 1842 : l'aurait attaquée
19. — 1829, 1832 : rend
20. — 1829 : *Ce paragraphe manque. Ajouté en 1832.*
21. — 1829 : *Ce paragraphe manque. Ajouté en 1832.*
22. — 1829, 1832, 1842, 1847 : ce n'était pas
23. — 1829, 1832 : et plus de seigneurs puissants.
24. — 1829 : ordonné
25. — 1829, 1832 : de faire attaquer La Rochelle
26. — 1829, 1832, 1842 : je ne puis croire
27. — 1829, 1832, 1842 : méditer
28. — 1829 à 1847 : aussi mal
29. — 1829 : de nouveau
30. — 1829, 1832, 1842, 1847 : devenait maître absolu
31. — 1829, 1832 : jouissaient, à cause du mariage d'une sœur du roi avec un prince

32. — 1829 : qui leur dît
33. — 1829, 1832 : de ce moment seul
34. — 1829, 1832 : et celui du duc de Guise mis en sa place
35. — 1829, 1832 : exprimer
36. — 1829, 1832 : un gros et puissant homme
37. — 1829, 1832 : avec un gros nez
38. — 1829, 1832 : et il n'avait sur lui d'autres armes qu'un large poignard, qu'un homme
39. — 1829, 1832 : un peu plus de soin
40. — 1829, 1832 : figuraient
41. — 1829, 1832, 1842, 1847 : avec des soldats
42. — 1829, 1832 : en présence
43. — 1829, 1832 : se préparait déjà à
44. — 1829, 1832 : détrompé. Le trompette ouvrit
45. — 1829, 1832, 1842, 1847 : ne l'entendissent pas
46. — 1829 : considéra de la tête aux pieds le costume de l'étranger, comme pour y chercher quelque signe
47. — 1829, 1832 : le pauvre animal eût sans doute été privé
48. — 1829 : un des bords
49. — 1829, 1832 : rencontre ici de mes frères
50. — 1829, 1832 : menais
51. — 1829, 1832 : mais il était évident qu'autant qu'un autre il regardait comme criminel ce changement de croyance
52. — 1829, 1832 : l'amiral y est-il arrivé?
53. — 1829 : quand par hasard il le peut
54. — 1829, 1832 : rancuneux
55. — 1829, 1832, 1842, 1847 : hissez-moi
56. — 1829, 1832 : Et il tourne les talons là-dessus.
57. — 1829 : À la grande fenêtre
58. — 1829, 1832 : tous plus affamés
59. — 1829, 1832, 1842, 1847 : d'où vient
60. — 1829, 1832, 1842, 1847 : qui avait conservé
61. — 1829 : il faisait grand jour
62. — 1829, 1832 : lui parût un peu plus faible
63. — 1829, 1832 : les traverser
64. — 1829, 1832, 1842 : et son bonnet dénoué
65. — 1829, 1832, 1842 : La femme
66. — 1829, 1832, 1842, 1847 : Comment s'appelle-t-il?
67. — 1829, 1832 : le plus désespérant et le plus respectueux
68. — 1829, 1832, 1842 : de grands éperons bien pointus
1847 : de grands éperons fort pointus
69. — 1829, 1832, 1842, 1847 : s'il devait le rechercher
70. — 1829, 1832 : à laquelle
71. — 1829 : par des différences dans les opinions religieuses
72. — 1829, 1832 : comme une tache
73. — 1829 : et qui se tenant tous par dessous le bras
74. — 1829 : Derrière ces jeunes gens
75. — 1829 : laquais portant à la main

76. — 1829 : en lui frappant
77. — 1829 : de rencontrer à Paris une cruelle
78. — 1829 : imprévue
1832 : extraordinaire
79. — 1829, 1832, 1842, 1847 : près de sept ans
80. — 1829, 1832, 1842 : et il faut
81. — 1829, 1832 : lui présenta l'un après l'autre tous ses amis
82. — 1829 : ces messieurs de la vache à Colas (*avec la note* « Sobriquet donné aux protestants »).
83. — 1829, 1832 : Je suis libertin parce que je ne puis m'en empêcher
1842 : Si je suis libertin, c'est que
84. — 1829, 1832 : disputeurs théologiques
85. — 1829 : richement vêtues
86. — 1829, 1832, 1842, 1847 : archevêque des Bouteilles
87. — 1829, 1832 : sa vue faible
88. — 1829, 1832 : profitait du moment.
89. — 1829, 1832 : l'aigreur croissante de chaque repartie
90. — 1829 : dans le lieu
91. — 1829 : où depuis fut bâti le château des Tuileries
92. — 1832 : *Ajouté en 1832.*
93. — 1829, 1832 : je ne sais pas ce que
94. — 1829, 1832, 1842 : nous autres huguenots ne pouvons
95. — 1829, 1832 : quand finira donc ce tapage
96. — 1829, 1832, 1842, 1847 : toujours prêt à s'opposer
97. — 1829, 1832, 1842, 1847 : nuire à ma maison
98. — 1829 : il ne laissa pas
99. — 1829, 1832, 1842 : d'autres apportaient de nouvelles bouteilles. Pour Vaudreuil,
100. — 1829, 1832, 1842, 1847 : ayant réclamé le silence
101. — 1829, 1832, 1842, 1847 : de couleurs variées
102. — 1829 : je n'ai fait que
103. — 1829, 1832 : et si j'y croyais
104. — 1829, 1832, 1842 : à une démarche
105. — 1829, 1832, 1842, 1847 : d'un ton de voix
106. — 1829, 1832, 1842 : après moi
107. — 1829, 1832 : bataillon de Suisses
108. — 1829, 1832, 1842, 1847 : et s'approcha de son frère avec intérêt.
109. — 1829, 1832, 1842, 1847 : aussi injuste.
110. — 1829, 1832 : que produisent les haines de religion
111. — 1829, 1832 : Me voici
112. — 1829, 1832, 1842 : avec eux
113. — 1829, 1832 : t'ait entraîné à une démarche
1842 : t'ait entraîné à un coup de tête
114. — 1829, 1832 : peut-être
115. — 1829, 1832, 1842, 1847 : aussi
116. — 1829, 1832 : Mergy eut la franchise de faire
117. — 1829, 1832, 1842 : de son beau

118. — 1829 : l'église de Saint-Jacques
119. — 1829, 1832 : un gros et puissant homme
120. — 1829, 1832 : de gaillard; là, parlez-nous
121. — 1829, 1832, 1842, 1847 : contre une colonne
122. — 1829, 1832 : du vilain feu
123. — 1829, 1832, 1842, 1847 : porte son armet
124. — 1829, 1832 : d'un éclair
125. — 1829, 1832, 1842, 1847 : le laisser partir
126. — 1829, 1832, 1842, 1847 : puisqu'il suffisait qu'il partît des lèvres, et que l'on n'allait pas
127. — 1829, 1832 : l'image de sa maîtresse
128. — 1829, 1832 : à travers lesquels
129. — 1829, 1832, 1842, 1847 : le son des arquebusades
130. — 1829, 1832, 1842, 1847 : de n'avoir pas eu l'occasion
131. — 1829, 1832, 1842, 1847 : de présenter ses remerciements et ses refus
132. — 1829 : N'est-ce pas le capitaine
133. — 1829, 1832, 1842, 1847 : de la gloire à conquérir
134. — 1829, 1832, 1842 : dit un jeune gentilhomme
135. — 1829 : le papier tomba par terre.
136. — 1829, 1832, 1842, 1847 : qui ne s'occupent que de sottises !
137. — 1829 : puis il adressait
138. — 1829, 1832 : connaître individuellement
139. — 1829, 1832, 1842, 1847 : vous prétendez esquiver
140. — 1829, 1832 : C'est la grande route pour un faiseur de romans.
141. — 1829, 1832, 1842, 1847 : de voiture à la porte de l'hôtel
142. — 1829, 1832 : ce gros garçon
143. — 1829, 1832, 1842, 1847 : les discours
144. — 1829, 1832 : de dames
145. — 1829 : Elle était vêtue d'un habillement
146. — 1829, 1832 : et passa en laissant tomber
147. — 1829, 1832 : comment je pratique
148. — 1829, 1832 : Puisque j'ai été insulté
149. — 1829, 1832 : cette mauvaise affaire
150. — 1829 : Mergy s'inclina
151. — 1829, 1832 : tout raide
152. — 1829, 1832 : toutes les dames
153. — 1829, 1832, 1842 : richement vêtus
154. — 1829, 1832 : les aboiements
155. — 1829 : le déplaisir qu'ils lui causaient
156. — 1829, 1832, 1842 : que le roi et la suite parcouraient.
157. — 1829, 1832 : M. de Mergy [1]
158. — 1829, 1832, 1842 : devant nous
159. — 1829, 1832 : mignon de couchette
160. — 1829, 1832 : Bien, pour un gentilhomme

1. La correction « Monsieur », pour M., a été faite systématiquement à partir de 1842. Nous la signalons une fois pour toutes.

161. — 1829, 1832 : à une dame
162. — 1829, 1832, 1842, 1847 : l'Écriture
163. — 1829, 1832 : qui recommencez
164. — 1829, 1832 : souillé
165. — 1829, 1832 : romains avons l'usage?
166. — 1829, 1832, 1842 : toutes sortes
167. — 1829 : comme immobile
168. — 1829, 1832 : sans émotion
169. — 1829 : l'arracha
170. — 1829 : 1er mai 15...
1832 : 1er mai 1539
171. — 1829, 1832, 1842, 1847 : au moyen d'une conversation
172 — 1829, 1832, 1842, 1847 : à quelque chose
173. — 1829 : Croiser
174. — 1829, 1832, 1842, 1847 : sa poitrine nue
175. — 1829, 1832, 1842, 1847 : son sein
176 — 1829, 1832, 1842, 1847 : parallèle à la côte
177. — 1829 : qu'il en perdit l'équilibre et tomba par terre.
178. — 1829 : de sorte que
179. — 1829, 1832 : il a bien une mère
180. — 1829, 1832 : de la dame
181. — 1829, 1832 : avec peine.
182. — 1829, 1832, 1842, 1847 : à l'un des archers
183. — 1829, 1832, 1842, 1847 : qui avaient dépouillé
184. — 1829 : Elle sortit
185. — 1829 : détruire.
186. — 1829, 1832 : où ils devaient
187. — 1829, 1832, 1842, 1847 : il trouva
188. — 1829, 1832, 1842 : de la position de son frère.
189. — 1829, 1832, 1842 : impudente
190. — 1829, 1832, 1842 : Voilà ce qui explique
191. — 1829, 1832 : les dames
192. — 1829, 1832 : entrait
193. — 1829, 1832 : S'il en eût fallu croire
194. — 1829 : Mergy
195. — 1829, 1832 : répandait au loin un doux parfum
196. — 1829, 1832 : Le jaloux
197. — 1829, 1832 : toutes les dames
198. — 1829, 1832 : rancuneux
199. — 1829, 1832, 1842, 1847 : réduit écarté
200. — 1829, 1832 : et qu'il avait
201. — 1829, 1832, 1842 : au bout de
202. — 1829 : dans l'un des fauteuils
203. — 1829, 1832, 1842, 1847 : Que savez-vous si je suis belle
204. — 1829 : bien jolie
205. — 1829 : Je vous croyais de la vache à Colas?
206. — 1829, 1832 : une promesse faite
207. — 1829 : *caro Bernardo!*

208. — 1829 : arrivée de la veille
209. — 1829, 1832, 1842 : et en souriant.
210. — 1829 : elle le passa
211. — 1829, 1832 : à rire de plus belle.
212. — 1829, 1832, 1842, 1847 : de déclarer
213. — 1829, 1832 : guenon
214. — 1829, 1832, 1842 : sa beauté
215. — 1829, 1832 : des peintres
216. — 1829 : La Rodriguez paraissait au Louvre quelquefois, et amusait
217. — 1829, 1832, 1842, 1847 : d'aussi ridicules caprices.
218. — 1829, 1832 : ustensiles
219. — 1829 : le cul sur la selle
220. — 1829, 1832 : je serai
221. — 1829 : affaire où je prenais
222. — 1829 : Du moins, Votre Majesté a donné
223. — 1829, 1832 : qu'elle permît...
224. — 1829, 1832, 1842, 1847 : offensé, ou le diable m'emporte
225. — 1829, 1832, 1842, 1847 : la ramasser. *1853 et les éditions suivantes donnent* « le » *(faute évidente)*.
226. — 1829 : à passer
227. — 1829, 1832 : en appuyant
228. — 1829 : nous sera
229. — 1829, 1832 : quand nous ne pourrons plus faire l'amour...
230. — 1829, 1832 : qui m'en parlais
231. — 1829 : Le roi affectait d'abord
232. — 1829, 1832 : quand il entendit
233. — 1829 : pas loin
234. — 1829, 1832, 1842, 1847 : Mais en voulant
235. — 1829, 1832, 1842, 1847 : à si bon marché d'un aussi mauvais pas.
236. — 1829, 1832 : donnent la loi
237. — 1829, 1832 : dans les rues
238. — 1829, 1832 : superbement vêtu
239. — 1829, 1832 : au capitaine Mergy
240. — 1829, 1832 : nous irons les tuer tous
241. — 1829, 1832, 1842, 1847 : et je vois que je n'ai que des assassins.
242. — 1829, 1832 : dans les flots de son sang.
243. — 1829, 1832, 1842 : où il y a tant de gens qui lui sont ennemis.
244. — 1829 : une croix avec de la craie.
245. — 1829 : que les deux cavaliers semblaient
1832, 1842 : tous les deux semblaient
246. — 1829, 1832, 1842, 1847 : *avant qu'il soit tout à fait nuit.*
247. — 1829 : damas d'un bleu foncé.
248. — 1829, 1832 : avec un baiser.
249. — 1829 : interrompit le jeune protestant
250. — 1829, 1832 : si faible avec toi?

251. — 1829, 1832 : qui décorait un des coins de la chambre
252. — 1829, 1832, 1842, 1847 : devenait
253. — 1829, 1832, 1842, 1847 : montait lentement vers le ciel
254. — 1829, 1832, 1842, 1847 : torches embrasées
255. — 1829, 1832, 1842 : d'inquiétude
256. — 1829 : pour se représenter
257. — 1829, 1832 : Toute la ville a pris les armes.
258. — 1829, 1832 : Cette idée
259. — 1832, 1842, 1847 : il y avait alors à la porte d'entrée
260. — 1829, 1832, 1842, 1847 : précautionneux
261. — 1829, 1832, 1842, 1847 : pour me servir de l'expression
262. — 1829 : je lui ai mis le pistolet à la tête
263. — 1829, 1832, 1842 : On entendait
264. — 1829 : il tomba par terre raide mort.
265. — 1829, 1832, 1842 : sans pouvoir parler.
266. — 1829, 1832 : de lui trouver une nourrice.
267. — 1829 : Et savait-on
268. — 1829, 1832 : exhortaient dans les églises
269. — 1829, 1832, 1842, 1847 : sa méchanceté
270. — 1829, 1832 : assis à une table
271. — 1829 : était un vieillard
272. — 1829 : à barbe grisonnante
273. — 1829, 1832, 1842, 1847 : ce qui parut le plus singulier à dame Marguerite
274. — 1829, 1832, 1842 : timidement
275. — 1829 : qu'elle s'occupa bientôt de mettre en mouvement
276. — 1829 : pour une carcasse
277. — 1829, 1832, 1842 : *batiso*
278. — 1829, 1832 : à vous remontrer votre métier
279. — 1829, 1832, 1842 : un homme presque mort
280. — 1829 : SIÈGE DE LA ROCHELLE
281. — 1829, 1832 : loin de sentir cette résignation
282. — 1829, 1832, 1842 : perfidie.
283. — 1829, 1832, 1842 : est pour des matelots
284. — 1829, 1832, 1842, 1847 : et d'y être reconnu
285. — 1829, 1832 : ou plus dévoué
286. — 1829, 1832, 1842 qui fût incompatible
287. — 1829, 1832 : se dispersa dans la ville
288. — 1829 : brave La Noue
289. — 1829 : Mais, l'affaire
290. — 1829, 1832 : au maire de la ville.
291. — 1829, 1832, 1842, 1847 : quand nous perdons un homme, c'est pour nous plus que si l'ennemi en avait perdu dix.
292. — 1829 : et à nous laisser
293. — 1829 : il est l'heure
294. — 1829 : n'est-ce rien de donner la mort
295. — 1829 : la petite poussière
296. — 1829 : être à l'armée

297. — 1829, 1832, 1842, 1847 : dans les environs de la ville.
298. — 1829, 1832 : La campagne, couverte de cette vapeur
299. — 1829, 1832, 1842, 1847 : à ces tueurs
300. — 1829 : qui coulait dans cette guerre.
301. — 1829, 1832 : de nous dire vrai
302. — 1829 : Peste ! lui dit tout bas Mergy
1832, 1842 : Capitaine ! lui dit tout bas Mergy
303. — 1829, 1832 : menacés partout.
304. — 1829 : avait servi de moulin.
305. — 1829 : leurs mèches
306. — 1829, 1832 : les protestants déjà maîtres du fossé
1842, 1847 : Les protestants déjà maîtres du parapet
307. — 1829, 1832 : raidies
308. — 1829, 1832, 1842, 1847 : n'est pas douteuse
309. — 1829 : tout ce tumulte.
310. — 1829, 1832, 1842 : muséum d'Artillerie
311. — 1829 : sous la tunique
312. — 1829, 1832 : se trouva ayant
313. — 1829 : poursuivaient
314. — 1829 : banda sa blessure
315. — 1829, 1832, 1842, 1847 : ce qu'il va vous commander.
316. — 1829, 1832 : se levant tout à coup.
317. — 1829, 1832 : et s'efforçait même de modérer
318. — 1829, 1832 : Sa figure n'avait point cette expression tranquille que l'on remarquait sur celle du capitaine.
319. — 1829, 1832 : de sa résignation.
320. — 1829, 1832 : du haut d'une tour.
321. — 1829, 1832 : officier catholique
322. — 1829, 1832 : étaient fixés sur tous ses mouvements.
323. — 1829, 1832 : Je ne crois ni à vos messes, ni à vos psaumes.
324. — 1829 : ministres de cultes
325. — 1829, 1832 : non, la peste m'étouffe ! Je ne crois ni à Dieu, ni au diable ! Ainsi retirez-vous
326. — 1829, 1832, 1842, 1847 : les derniers instants d'un soldat.
327. — 1829, 1832 : mais en ce moment
328. — 1829, 1832 : moins que jamais, je suis d'humeur à écouter des sornettes.
329. — 1829, 1832 : un militaire blessé.
330. — 1829, 1832, 1842, 1847 : en montrant
331. — 1829, 1832 : dégoûté des guerres civiles

MATEO FALCONE

En sous titre (Ms. et RP) : Mœurs de la Corse

1. — 1850 : au N.-O., *ajouté en 1850*
2. — Ms., RP, 1833 : c'est la patrie des bergers corses

3. — Ms. : étendue de forêt
4. — Ms. : l'année suivante
5. — Ms., RP : le *Mâquis.*
6. — Ms. : s'y ferait un passage
7. — Ms., RP : si épais et touffus
8. — Ms., RP, 1833 : Ruppa
9. — Ms. : et qui sert
10. — Ms., RP, 1833 : vous vendront du lait et du fromage,
11. — Ms. : en Corse en 181 —.
12. — Ms. : pour le canton
13. — Ms. : espèces
14. — Ms., RP : robuste, mais petit
15. — Ms., RP : Il passait pour aussi bon
16. — Ms., RP : et aumônier
17. — Ms. : mais on contait qu'à Corte
18. — Ms., RP, 1833, 1842 : plusieurs
19. — Ms., RP, 1833, 1842 : le Caporale
20. — Ms., RP, 1833 : Pieva
21. — Ms., RP, 1833 : *La première phrase de la note n'existe pas, elle est ajoutée en 1842.*
22. — Ms., RP, 1833 : fusil succédèrent
23. — Ms., RP, 1833 : proscrit
24. — Ms., RP, 1833 : *La note a n'existe pas; elle est ajoutée en 1842.*
25. — Ms. : pour maintenir la police.
26. — Ms., RP, 1833 : est un habit brun
27. — Ms., RP, 1833 : giberne.
28. — Ms., RP, 1833 : *La note n'existe pas; elle est ajoutée en 1842.*
29. — Ms., RP, 1833 : Le proscrit
30. — Ms. : Puis remarquant
31. — Ms., RP : uniformes
32. — Ms., RP, 1833 : collets jaunes
33. — Ms., RP, 1833 : des proscrits
34. — Ms., RP, 1833 : un bonnet pointu de peau de chèvre
35. — Ms. : tu as vu Gianetto.
36. — Ms., RP, 1833 : une table qui sert de lit
37. — 1842 : ou du ménage. « de ménage » *rétabli en 1845.*
38. — Ms. : disposés à retourner
39. — Ms. : ne feraient
40. — Ms., RP, 1833 : si je ne t'emmenais pas avec moi
41. — Ms., RP, 1833 : six écus
42. — Ms., RP, 1833, 1842 : celle-là
43. — Ms., RP, 1833, 1842, 1845 : le caporale
44. — RP. : le Gianetto
45. — Ms. : cette montre
46. — Ms., RP : lui battait
47. — Ms. : sanglant et le poignard à la main
48. — Ms. : obligés
49. — RP. : sans en être fatigué.

50. — Ms., RP, 1833, 1842, 1845 : du sentier
51. — Ms., RP : un autre fardeau
52. — Ms. : comme l'on dit
53. — Ms., RP, 1833 : il n'y a point de Corse montagnard
54. — Ms., RP, 1833 : sa mémoire
55. — Ms., RP, 1833 : n'y trouve
56. — Ms., RP, 1833, 1842, 1845 : et s'il voulait le défendre
57. — Ms. : c'est Gamba
58. — Ms. : au moment que
59. — Ms. : oui, Gianetto était caché
60. — Ms., RP, 1833, 1842, 1845 : le caporale
61. — Ms. : Arrière de moi !
62. — Ms., RP : redoublé
63. — Ms. : tenait ses yeux de lynx attachés sur lui.
64. — Ms. : le jeta
65. — Ms., RP, 1833, 1842, 1845 : le Caporale
66. — Ms. : à Gianetto !
67. — Ms. : Dieu te pardonne !
68. — Ms., RP, 1833, 1842, 1845 : que l'on dise
69. — Ms., RP, 1833, 1842, 1845 : qu'il vienne

VISION DE CHARLES XI

1. — RP, 1833, 1842, 1845 : toutes les preuves historiques.
2. — RP, 1833, 1842 : l'un
3. — RP, 1833, 1842 : l'un
4. — RP : le comte de Brahé
5. — RP : cacher l'émotion
6. — RP : et la lune ne paraissait pas.
7. — RP : qu'allait-on faire dans une salle
8. — RP, 1833 : une illumination d'apparat.
9. — RP, 1833, 1842 : d'un ton colère.
10. — RP, 1833 : ce bruit étrange qui
11. — RP, 1833 : une table couverte de grands in-folios
12. — RP, 1833 : et de parchemins.
13. — RP : entre le trône et la salle
14. — RP, 1833 : saisir de mots
15. — RP : jusque sur l'estrade
16. — RP, 1833, 1842 : que l'un des témoins
17. — RP, 1833, 1842 : surtout par mon zèle
18. — RP, 1833, 1842 : et à soutenir les intérêts de la religion.

L'ENLÈVEMENT DE LA REDOUTE

1. — RF, 1833, 1842 : au bivouac.
2. — RF, 1833 : les proportions presque gigantesques de sa personne.

3. — RF, 1833, 1842 : bivouac.
4. — RF : un corps d'artillerie
5. — RF : un autre
6. — RF : tous les deux
7. — RF : ils commencèrent
8. — RF, 1833 : un grand danger
9. — RF, 1833, 1842 : je pensai
10. — RF : Madame de Saint-Luxan
11. — RF : que l'axiome *non bis in idem* est un axiome aussi bien
12. — RF, 1833 : et plus honteux
13. — RF, 1833 : et restèrent silencieux
14. — RF : par le fusil élevé.
15. — RF : un boutefeu
16. — RF : étaient encombrés sous des tas
1833 : étaient encombrés par des tas
17. — RF, 1833 : va nous faire

TAMANGO

1. — RP, 1833, 1842 : dans des postes
2. — RP, 1833 : long, étroit comme
3. — RP, 1833, 1842 : du même port.
4. — 1833 : « peut » *manque par erreur.*
5. — RP, 1833 : revêtu
6. — RP, 1833 : qui passe la revue d'un général étranger
7. — RP : frappé en relief.
8. — RP : tomba par terre.
9. — RP, 1833 : dans ce vieillard
10. — RP : un *guisiot*
11. — RP, 1833 : offrit
12. — RP : demeurait.
13. — RP : le moindre mouvement.
14. — RP : douze nègres au plus
15. — RP, 1833, 1842 : et qu'est-ce que c'était donc
16. — RP : qui parle de Mama-Jumbo
17. — RP : ceux qui refuseraient
18. — RP : dans ces harangues
19. — RP : de quelques instants
20. — RP : auprès d'eux
21. — 1865 et 1868 : *donnent par erreur* « des enfers »
22. — RP, 1833, 1842, 1845 : inonde
23. — RP : armée d'un sabre
24. — RP : une quarantaine
25. — RP, 1833, 1842 : eau-de-vie, et sa joie
26. — RP, 1833, 1842, 1845 : se trouvèrent.
27. — RP : en état de service
28. — RP : à côté de sa tête

29. — RP : ses vergues
30. — RP : la carcasse d'un bâtiment démonté
31. — RP, 1833 : comme nègre
32. — RP : on le traita comme les nègres
33. — RP, 1833 : du soixante-quinzième

FEDERIGO

1. — RP : christianisme et une peinture de la vie prise à la fin du moyen-âge.
2. — RP : chasse, ordonna au métayer
3. — RP : Il portait l'un à droite, et l'autre à gauche.
4. — RP : la joie qui perce
5. — RP : Piemonte.
6. — RP : s'amusait avec sa levrette
7. — RP : rempli toute la cheminée

LA PARTIE DE TRICTRAC

1. — RP, 1833 : les habitants
2. — RP, 1833 : qu'il vous parlera d'abord
3. — RP, 1833 : dont il vient
4. — RP, 1833 : il disserte tous les jours sur le
5. — RP, 1833 : l'on n'y peut plus tenir...
6. — RP, 1833, 1842, 1845 : que ce voyage
7. — RP, 1833, 1842, 1845 : n'avait pas été
8. — RP, 1833 : qu'il lui manquait
9. — RP : et des plus rares
10. — RP, 1833, 1842, 1845 : de la mer que soulève un ouragan
11. — RP, 1833 : alla au café, offrit le bouquet
12. — RP, 1833, 1842, 1845 : lui montrâmes
13. — RP, 1833, 1842, 1845 : avec ces lettres d'amour, que Gabrielle
14. — RP : que Gabrielle lui avait sans doute données par méchanceté.
15. — RP, 1833 : à la Gabrielle
16. — RP, 1833 : si outrageants
17. — RP, 1833 : se battit contre trois officiers
18. — RP : que la somme totale
19. — RP, 1833 : Il fut cependant
20. — RP, 1833 : il avait beaucoup bu
21. — RP, 1833 : quatre vingt mille francs
22. — RP, 1833 : quatre vingt mille francs
23. — 1842, 1845 : de nouvelles.
24. — RP, 1833 : le plus fort de ces sentiments
25. — RP, 1833, 1842, 1845 : à l'horrible tentation
26. — RP : tout comme une autre.

27. — RP, 1833 : 80 000 francs
28. — RP, 1833, 1842, 1845 : en interrompant son récit
29. — RP, 1833, 1842, 1845 : mais notre brave capitaine
30. — RP, 1833 : après une heure
31. — RP, 1833 : sans espoir
32. — RP, 1833 : étaient fortement
33. — RP : qui ne tenait à rien
34. — 1842, 1845 : échapper. Réchapper *est rétabli en 1850.*

LE VASE ÉTRUSQUE

1. — RP, 1833 : aux personnes
2. — RP : à lui-même. Pour lui la société se divisait en aimables et en ennuyeux.
3. — RP : en souriant agréablement. On ne pouvait
4. — RP : seigneur et même à un grand homme
5. — 1833 : *Ajoute :* et même à une femme à la mode
6. — RP, 1833 : un lundi à dîner
7. — 1833 : la voit. Revit *rétabli en 1842.*
8. — RP : lui attira
9. — RP, 1833, 1842 : de supprimer
10. — RP : de ce qu'il se reprochait comme un vice.
11. — RP, 1833, 1842 : cacher aux autres
12. — RP : si difficile
13. — RP, 1833, 1842 : de sa société
14. — RP : avoir une réciprocité
15. — RP, 1833, 1842, 1845 : Le soir
16. — RP, 1833 : avec toutes les femmes
17. — RP : son affectation à
18. — RP, 1833 : avant moi et elle n'aimera jamais que moi... » Bientôt
19. — RP : on ne peut pas rester toujours
20. — RP : tous les jeunes
21. — RP : depuis bien longtemps
22. — RP, 1833, 1842, 1845 : pour passer à la politique.
23. — 1833, 1842, 1845 : et voudrais
24. — RP : *eccentric.* Aux premières
25. — RP : avec votre jolie figure
26. — RP : il a choisi
27. — RP, 1833 : était de son vivant l'homme
28. — RP : également
29. — RP : Adolphe de Thémines
30. — RP : dit enfin Saint-Clair
31. — 1833 : de la mettre en presse *(faute évidente)*
32. — RP : passait pour sûre
33. — RP, 1833 : que je n'ai été
34. — RP : la femme la plus spirituelle de France

35. — RP : turc? lui demanda Thémines.
36. — RP : le général ***
37. — RP : Comment a-t-il arrangé son armée?
38. — RP : Le colonel ***
39. — RP : me fait évanouir.
40. — RP : les belles armes
41. — RP : pour Auguste. J'ai aussi un costume superbe. Vous verrez
42. — RP : Melek-Ayatelnefons-Ebu-Esraf.
43. — 1833 : nu-pieds *(faute évidente)*
44. — RP, 1833 : encore plus piquante.
45. — RP, 1833 : vous avez cassé votre montre chez moi, et vous m'avez prié [*sic*] de l'envoyer à mon horloger. La voici. Elle lui remit la montre.
1833 : *Supprime* « chez moi ».
46. — RP : se vit seul dans la campagne.
47. — RP, 1833 : de bijoux !... Des bijoux !... elle en a
48. — RP, 1833 : Dans peu, les mois de deuil de la comtesse allaient finir.
49. — RP, 1833, 1842, 1845 : lier son sort à jamais avec l'ancienne maitresse
50. — RP : Adolphe de Thémines.
51. — RP, 1833, 1842, 1845 : Je sais fort bien
52. — RP, 1833 : De ce moment
53. — RP : je vous l'avoue
54. — RP : Il y a dans votre voix et dans votre sourire quelque chose de diabolique.
55. — RP : Vous avez l'air de vous moquer de moi et de vous-même.
56. — RP : de votre blanchisseuse.
57. — RP, 1833 : tandis que vous ne trouvez
58. — RP, 1833 : des *doñas Juanas*
59. — RP, 1833 : nous dit
60. — RP : Pardonne-moi.
61. — RP : que trop vraie
62. — RP, 1833, 1842, 1845 : un aussi bon.
63. — RP : le docteur Mésentère.

LETTRES D'ESPAGNE I

Les Combats de taureaux

1. — 1831 : 1831 *est ajouté en 1842.*
2. — 1831 : 1830 *est ajouté en 1842.*
3. — RP : le prix élevé des taureaux
4. — RP, 1833 : quand une fois on a résisté
5. — RP : ne s'y rendent la première fois
6. — RP : pour les jeux
7. — RP, 1833 : le premier taureau parut

8. — RP, 1833, 1842, 1845 : je ne pensai — *Corrigé en 1850.*
9. — RP : obéir, et c'est l'affaire
10. — RP : et l'on cite
11. — RP, 1833 : *La note a été ajoutée en 1842.*
12. — RP, 1833 : six pieds
13. — RP, 1833, 1842, 1845 : tout autour — *Corrigé en 1850.*
14. — RP, 1833 : aussi élevés qu'elle
15. — RP : les taureaux morts.
16. — RP : au-dessous, une table
17. — RP : puis sans quitter
18. — RP, 1833, 1842, 1845 : L'arène, avant — *Corrigé en 1850.*
19. — RP, 1833, 1842, 1845 : *La note a été ajoutée en 1850.*
20. — 1833 : Espagnols
21. — RP, 1833, 1842, 1845 : que beaucoup — *Corrigé en 1850.*
22. — RP, 1833 : *La note a été ajoutée en 1842.*
23. — RP : des éperons dont les pointes ont deux pouces, leur lance
24. — RP, 1833 : irrité, à dessein, dans sa cage (par des piqûres et des frictions d'acide nitrique), sort furieux.
25. — RP, 1833 : il l'attaque
26. — RP : prête
27. — RP : pour une audace
28. — RP, 1833, 1842, 1845 : se relever — *Corrigé en 1850.*
29. — RP, 1833 : lancer
30. — RP, 1833 : de les placer
31. — RP, 1833 : en plaçant
32. — RP, 1833, 1842, 1845 : mais les camarades — *Corrigé en 1850.*
33. — RP, 1833 : des petits
34. — RP, 1833 : en frappant
35. — RP, 1833 : oreilles du taureau.
36. — RP, 1833, 1842, 1845 : Ce manteau s'appelle — *Corrigé en 1850.*
37. — RP, 1833, 1842, 1845 : Maintenant pour bien tuer un taureau — *Corrigé en 1850.*
38. — RP : qu'il enlève
39. — RP : les fatiguent
40. — RP, 1833 : qu'il lui porte
41. — RP : tout d'un coup tombe
42. — RP : la tête, s'il s'enfuit
43. — 1842 : bien plus cruel — *Rétabli en 1850.*
44. — RP : poignard, seul épisode d'un combat
1833 : C'est le seul épisode d'un combat
45. — RP, 1833 : matador.
46. — RP, 1833 : Juan Sevilla
47. — RP 1833 : il lui enfonce
48. — RP : appeler
49. — *Les lignes qui suivent n'existaient pas dans la* Revue de Paris; *elles ont été ajoutées en 1842.*
50. — 1842 : de danger
51. — 1842, 1845 : du plus que du moins — *Corrigé en 1850.*

LETTRES D'ESPAGNE II

Une exécution

1. — 1831 *ajouté en 1842.*
2. — RP, 1833, 1842, 1845 : je ne vois — *Corrigé en 1850.*
3. — RP, 1833, 1842, 1845 : je ne vois, dis-je — *Corrigé en 1850.*
4. — RP, 1833, 1842, 1845 : d'autre moyen que de vous parler — *Corrigé en 1850.*
5. — 1833 : redouté par — *Rétabli en 1842.*
6. — RP, 1833, 1842, 1845 : en presque aucun autre — *Corrigé en 1850.*
7. — RP, 1833, 1842, 1845 : injures — *Corrigé en 1850.*
8. — RP : physionomie
9. — RP, 1833 : de la bonne société
10. — RP : n'en fit que rire
11. — RP, 1833, 1842, 1845 : à l'une des extrémités — *Corrigé en 1850.*
12. — RP, 1833 : et sert de porte.
13. — RP : *puerta de Serranos*
14. — RP, 1833 : les plus populeuses
15. — RP : *puerta de Serranos.*
16. — RP : pour voir
17. — RP, 1833 : qu'ils n'ont plus d'attraits pour eux.
18. — RP : ouverte, aussitôt que s'est présentée
19. — RP, 1833 : une corde blanchâtre
20. — RP : avec une culotte et des bas noirs.
21. — RP, 1833 : s'il n'avait pas eu
22. — RP, 1833 : comme s'il avait été longtemps
23. — RP, 1833 : faire aussi bonne
24. — RP : se releva
25. — RP, 1833, 1842, 1845 : et ne devaient — *Corrigé en 1850.*
26. — RP : point oubliées.
27. — RP, 1833 : comme un poltron
28. — RP, 1833 : où l'on le tient
29. — RP : sur la place publique
30. — RP : était bien loin
31. — RP, 1833 : leur robe de soie noire fort propre
32. — RP : au cou du patient
1833 : passait la corde du patient. *Bourdon évident.*
33. — RP, 1833 : à celle
34. — RP : *arriero*
35. — RP, 1833 : enfin le traitait
36. — RP : se révoltent.

LETTRES D'ESPAGNE III

Les Voleurs en Espagne

1. — RP : la chaleur du jour
2. — RP : à une lieue de la Carlota
3. — RP, 1833 : des petits anges
4. — RP, 1833 : une jolie Andalouse
5. — RP, 1833, 1842, 1845 : les coins de sa bouche.
6. — RP : nous pardonne tous
7. — RP, 1833, 1842, 1845 : ils ont tous des fusils.
8. — RP : J'ai fait connaissance à Grenade avec un jeune Anglais qui, pour avoir longtemps
9. — RP : en était venu.
10. — RP, 1833 : de donner
11. — RP, 1833, 1842, 1845 : de toute sa garde-robe
12. — RP : Encore fallut-il endurer
1833 : Encore lui fallut-il endurer
13. — RP : Le propriétaire des chemises
14. — RP : qui me racontait lui-même sa mésaventure, m'avouait
15. — RP : de son linge
16. — 1833, 1842, 1845 : des résultats décisifs.
17. — RP : des voleurs.
18. — RP : les voleurs
19. — 1833, 1842 : leurs subsistances — *Rétabli en 1845.*
20. — RP, 1833 : qui apporte
21. — RP, 1833, 1842, 1845 : le coq de son village
22. — RP : à se jeter
23. — RP, 1833 : d'une dame
24. — RP, 1833, 1842, 1845 : aussi belle
25. — RP : de vingt ans, bien fait
26. — 1842, 1845 : s'introduisait — *Rétabli en 1850.*
27. — RP : fait part
28. — RP : un bonheur continuel
29. — RP, 1833, 1842, 1845 : soixante-dix
30. — RP, 1833, 1842, 1845 : soixante-dix escopettes
31. — RP, 1833, 1842 : en fleurs
32. — RP : au parfum plus substantiel qui s'exhalait
33. — RP, 1833, 1842, 1845 : par ses habillements
34. — RP : ployaient
35. — RP : qu'avez-vous donc fait?
36. — RP, 1833 : deux mois avant
37. — RP, 1833 : s'approcha

38. — RP : vaut bien mieux
39. — RP, 1833 : la bonne société
40. — RP, 1833, 1842, 1845 : plus de mal.
41. — RP : finirait peut-être ses jours
42. — RP : à demi couverte de guenilles
43. — RP : la main de tous les convives
44. — RP : regagna les montagnes.
45. — RP : conduisit *(faute évidente)*
46. — RP : se rencontre avec le vinaigrier
47. — RP : cette pauvre bête
48. — RP : se rendit chez Herrera
49. — *Le post-scriptum ne figure qu'à partir de 1842.*

LA DOUBLE MÉPRISE

1. — 1833 : qu'il lui était non seulement impossible
1842 : non seulement qu'il lui était impossible
2. — 1833 : qu'il lui était bien difficile d'avoir quelque estime pour lui.
3. — RP, 1833 : un fripon
4. — RP, 1833 : encore moins un sot.
5. — RP, 1833 : *La phrase tout entière manque. Ajoutée en 1842.*
6. — RP, 1833 : En interrogeant
7. — RP, 1833, 1842, 1847 : Tout en lui était repoussant à ses yeux.
8. — RP, 1833 : l'espèce de haine
9. — RP, 1833 : de rester tard au bal
10. — RP, 1833 : construire
11. — RP, 1833, 1842 : à unir son sort au sien.
12. — RP, 1833, 1842, 1847 : la moindre gêne
13. — RP, 1833, 1842, 1847 : plus de Champagne
14. — RP, 1833, 1842, 1847 : huit heures
15. — RP, 1833 : fort prudente
16. — RP, 1833, 1842 : son défaut capital
17. — RP, 1833 : « Après tout » *manque.*
18. — RP, 1833 : même heureuse
19. — RP, 1833 : Toute d'instinct comme celle d'un enfant. Elle s'alliait
20. — 1833 : Elle lui parut plus jolie ce soir-là que de coutume
21. — 1833 : L'un et l'autre fut embarrassé.
22. — 1833 : mais il ne lui venait rien à l'esprit.
23. — 1833, 1842 : fort mortifié
24. — 1833 : qui vous va
25. — 1833 : à une de ses maîtresses
26. — 1833, 1842 : Tartuffe.
27. — 1833, 1842 : à leur hôtel
28. — 1833 : Julie se couvrit les épaules précipitamment avec un mouchoir.
29. — 1833 : une de ses expressions

30. — 1833 : attachaient
31. — 1833, 1842, 1847 : l'avait vu déjà cent fois
32. — 1833, 1842, 1847 : vous êtes bien heureux
33. — 1833, 1842 : quand il était de garde
34. — 1833, 1842 : si vous l'amenez.
35. — 1833, 1842, 1847 : si obligation y a.
36. — 1833 : les avaient faites.
37. — 1833, 1842, 1847 : La personne dont je parle
38. — 1833, 1842, 1847 : sur sa loge.
39. — 1833 : et peut-être le supposaient
40. — 1833, 1842 : parce que le costume
41. — 1833 : allez me chercher un bouquet.
42. — 1833 : Pendant toute la représentation, la dame aux plumes parla musique à tort et à travers
1842 : la dame aux plumes se dandinait à contre mesure
43. — 1833, 1842, 1847 : la dame aux plumes roses
44. — 1833 : quand j'aurai fini
45. — 1833 : quelques dames
46. — 1833 : voulant
47. — 1833 : cette dame
48. — 1833 : répondit froidement
49. — 1833 : *Ajoute :* Quarante mille francs par an ne seraient rien.
50. — 1842 : *Ajoute :* Elle a même un mari.
51. — 1833 : Chaverny *(erreur pour Châteaufort)*
52. — RP, 1833 : semblait devoir exiger
53. — RP, 1833, 1842, 1847 : aussi cruelle.
54. — RP, 1833 : qu'elle lui refuserait
55. — RP, 1833, 1842, 1847 : qu'elle se reprochait toutefois
56. — RP, 1833 : respectueux que de coutume
57. — RP : « loin » *manque.*
58. — RP, 1833 : pouvait bien devenir
59. — RP, 1833 : plus éloignée que jamais
60. — RP, 1833, 1842 : avant son mariage
61. — 1842 : *Ajoute :* et qu'il avait obtenu un avancement rapide.
62. — RP, 1833 : politesse
63. — RP, 1833 : aux daims
64. — RP, 1833 : frivole.
65. — RP, 1833 : « plus » *manque*
66. — RP, 1833 : Sa figure, quoique distinguée, n'était pas assez belle pour leur faire tourner la tête.
67. — RP, 1833, 1842 : Ils avaient fait après quelques escarmouches
68. — RP, 1833 : Elle s'approcha du piano
69. — RP, 1833 : quitta le piano tout effarée
70. — RP, 1833 : qu'elle aperçut lorsqu'elle releva la tête.
71. — RP, 1833 : même, s'il faut l'avouer
72. — RP, 1833 : *1842 ajoute :* peut-être bien même aux sentiments qu'il pouvait conserver encore.
73. — RP, 1833 : Elle eut peine à cacher

74. — RP, 1833 : chère belle
75. — RP, 1833 : à mes dames
76. — RP, 1833 : cette dame qui conseillait le kalydor.
77. — RP : des eunuques noirs
78. — RP : aux eunuques noirs
79. — RP : les eunuques noirs
1833 : des eunuques
80. — RP, 1833 : son ton de voix
81. — RP, 1833 : et en prenant un fort dévot
82. — RP, 1833 : de son esprit.
83. — 1833, 1842, 1847 : il n'a jamais vu
84. — RP, 1833 : Nouveau venu et arrivant
85. — RP, 1833, 1842 : Il parla de la route, de la poussière
86. — RP, 1833, 1842 : qui avait été cachée
87. — RP, 1833 : qui indique en même temps les habitudes
88. — RP, 1833 : ôter tous ses moyens
89. — RP, 1833 : « le fut » *manque.*
90. — RP, 1833 : je sois encore victime à Paris de la seule tentative que j'aie faite pour renouveler la chevalerie errante.
91. — RP, 1833 : toute l'histoire !
92. — RP, 1833 : mais nous voulons
93. — RP, 1833 : mon goût
94. — RP, 1833 : pour les arts
95. — RP, 1833 : un domestique
96. — RP, 1833 : un de ces coups d'œil
97. — RP, 1833 : mille étoiles. Je ripostais
1842 : *Ajoute* « comme disait si élégamment mon ami M. le marquis de Roseville. »
98. — RP, 1833 : Interprète
99. — RP, 1833 : *Ajoutent* « lorsque nous bandâmes la détente »
100. — RP, 1833 : produisit
101. — RP, 1833 : Elle sauta
102. — RP, 1833, 1842 : vice-consul
103. — RP, 1833 : les usages des pays
104. — RP, 1833, 1842 : vice-consul
105. — RP, 1833 : *Ajoutent :* à Tyrrel et à moi.
106. — RP, 1833, 1842 : vice-consul
107. — RP, 1833, 1842 : vice consul.
108. — RP, 1833 : pilau.
109. — RP., 1833 : vice-consul
110. — 1833 : elle ne pensait pas
111. — 1833 : servait-il à lui faire excuser à ses propres yeux le sentiment
112. — 1833 : aussi intrépide
113. — 1833, 1842, 1847 : pas dit bien des choses
114. — 1833 : qu'elle avait à lui dire

115. — 1833 : la calèche fut précipitée
116. — 1833, 1842 : et on ne voyait pas
117. — 1833 : injuriait
118. — 1833 : Les gens de madame de Chaverny lui crièrent de s'arrêter et son cocher reconnut
119. — 1842 : *Ajoute :* il lui cria de s'arrêter.
120. — 1833, 1842 : et des secours
121. — 1833 : subir ensuite toutes les questions impertinentes et les compliments de condoléance
122. — 1833 : on ne pourrait
123. — 1833 : Mais trois longues lieues
124. — 1833, 1842 : le nom de la rue
125. — 1833 : Elle était déjà
126. — 1833, 1842 : et qu'elle ne songea plus qu'à lui ôter l'humeur qu'il montrait.
127. — 1833 : je me suis rappelé
128. — 1833 : Mais, j'imagine
129. — 1833 : des souvenirs qu'ils se rappelaient trop bien l'un et l'autre.
130. — 1833 : Les attachés anglais
131. — 1833 : jouent à l'écarté
132. — 1833 : occupation que vous préfériez.
133. — 1833 : je galopais dans l'hippodrome
134. — 1833 : marchands d'huile
135. — 1833 : un secrétaire de l'ambassade
136. — 1833 : un coup de soleil
137. — 1833 : mes pensées intimes.
138. — 1833 : qui se déroulerait.
139. — 1833 : Vous êtes toujours à dire du mal des femmes.
140. — 1833 : *Les deux paragraphes* (*de* « Un bal ! » *à* « son propre cœur »), *manquent. Ajoutés en 1842.*
141. — 1833, 1842 : votre hôtel.
142. — 1833, 1842, 1847 : un jardin magnifique
143. — 1833 : vos connaissances
144. — 1833 : où vous tiendriez maison ?
145. — 1833, 1842, 1847 : qui pleurait toujours
146. — 1833 : au lieu de répondre à ses questions.
147. — 1833 : touché de ses larmes, de sa position.
148. — Il se trouvait rajeuni de six ans, *est ajouté en 1842.*
149. — 1833 : que Julie pourrait bien un jour être à lui.
150. — 1833 : Et elle laissa tomber sa tête sur l'épaule de Darcy
151. — 1833 : il attirait la malheureuse Julie encore plus près de lui
152. — 1833, 1842 : ait tant d'influence
153. — 1833 : votre bonheur
154. — 1833 : Il poursuivit, et, déterminé
155. — 1833 : si vous m'aviez connu
156. — 1833 : aurait été alors

157. — 1833 : Alors Darcy passant un bras derrière elle l'attira tout à fait sur son sein.
158. — 1833 : Sur quoi, Darcy avait son sourire diabolique
159. — 1833 : Vous êtes en toilette, Madame... Pardonnez-moi, j'oubliais votre belle robe.
160. — 1833 : Julie poussa un cri étouffé.
161. — 1833 : et chercha
162. — 1833 : Darcy n'était pas amoureux.
163. — 1833 : Il était d'ailleurs comme tous les hommes
164. — 1833 : « Le premier mouvement d'ivresse passé » *manque. Ajouté en 1842.*
165. — 1833 : ne voulaient
166. — 1833 : S'être donnée à un homme
167. — 1833 : qui ne la connaissait pas
168. — 1833 : facile.
169. — 1833 : Darcy savait bien
170. — 1833 : sa facilité
171. — 1833 : lui apparaissait tout à coup.
172. — 1833, 1842, 1847 : sur ses épaules
173. — 1833, 1842, 1847 : à remettre
174. — 1833 : enfin à réparer toutes les traces du désordre qui auraient pu la trahir.
175. — 1833 : orné d'ambre blanc.
176. — 1833 : sur son lit, car une position commode est aussi nécessaire dans la douleur que dans la joie.
177. — 1833 : se tournant et se retournant sans cesse
178. — 1833 : fille
179. — 1833, 1842, 1847 : elle se trouva tranquille.
180. — 1833 : de ce refus.
181. — 1833 : Depuis longtemps Châteaufort
182. — 1833 : quarante lieues
183. — 1833 : convenir mieux.
184. — 1833 : *Cette dernière phrase manque dans 1833; elle est ajoutée en 1842.*

NOTES

CHRONIQUE DU RÈGNE DE CHARLES IX

Page 11

* « *J'ai voulu faire un extrait de mes lectures...* » Dans un placard publicitaire, publié le 5 mars 1829, par le *Journal des Débats*, par le *Courrier Français* et par *le Constitutionnel*, (nº 64), Mérimée a écrit : « L'auteur de ce livre n'a point eu l'intention d'écrire le récit des événements politiques de l'année 1572. Il a même évité avec quelque soin d'empiéter sur le terrain de l'histoire, en donnant des rôles dans son roman à des personnages dont la vie est trop connue pour qu'il soit permis d'y changer ou d'y ajouter quelque chose. Le seul but qu'il se soit proposé, a été de tracer une esquisse des mœurs des Français sous le règne de Charles IX ; cette époque où la civilisation n'avait pas encore détruit la source des passions énergiques lui a paru offrir quelque intérêt. Les documents originaux sont importants et nombreux. Brantôme, Lanoue, Tavannes, Vieille-Ville, d'Aubigné, Henri Estienne fourmillent d'anecdotes et de traits de caractères. L'auteur, sous la forme d'un roman, a voulu faire un extrait de leurs ouvrages, et cet extrait, il espère l'avoir fait fidèle. *L'auteur du Théâtre de Clara Gazul.* »

* « *Ce n'est point dans Mézeray...* » François-Eudes de Mézeray (1610-1683) a écrit une *Histoire de France depuis Pharamond...* (1643-1646-1651). Augustin Thierry lui a reproché d'avoir « travesti les faits, dénaturé les caractères, imposé à tout une couleur fausse et indécise ». *(Lettres sur l'Histoire de France,* 1820.*)*

* « *... le tua virilement de ses propres mains* ». *Journal de l'Estoile pour le règne de Henri III*. Édit. L.-R. Lefèvre. Paris, Gallimard, p. 152 (septembre 1577). La citation est légèrement inexacte.

Page 12

* « *...peut-être est-ce une action louable dans un temps de barbarie* ». « Dans tous les cas, il faut se garder de juger les actions des hommes du XVIᵉ siècle comme nous jugeons celles du XIXᵉ. Nous ne sommes pas de ceux qui croient que nos aïeux valussent beaucoup mieux que nous; nous ne pensons pas non plus que nous leur soyons très supérieurs en moralité... » P. Mérimée. Préface à son édition des *Œuvres de Branthôme.*

* « *... est-il aussi coupable qu'un homme* éduqué *qui fait une banqueroute frauduleuse?* » « Si l'on pèse dans une balance les meurtres du 24

août 1572 et les friponneries de maint actionnaire de chemin de fer en 1857, je ne sais trop de quel côté la balance penchera. » Mérimée à Mme de la Rochejaquelein, 9 juin 1857. (*Corr. gén.*, t. VIII, p. 313.) — « Les gens du XVIe siècle, dont Brantôme me raconte l'histoire, étaient en général de grands coquins. Ils volaient, pillaient, mais tout cela hardiment, à la face du soleil, ignorant qu'il y eût une autre manière de vivre en ce monde. A tout prendre j'aime mieux le duc de Guise que le duc un tel, présidant un comité d'administration de la société centrale pour l'épuration de l'huile à quinquet. » (*Ibid*, 7 novembre 1856, t. VIII, p. 159.)

* «... *Méhémet Ali règne seul en Égypte.* » Méhémet Ali (en arabe Mohammed Ali), né à Kavala (Roumélie) en 1769; mort à Alexandrie le 2 août 1849, Envoyé par la Porte en Égypte (1799) et gouverneur du Caire (1806), il affermit son pouvoir par le massacre des beys mameluks, Chahin Bey en tête, le 1er mars 1811. Après la bataille de Navarin, où fut détruite la flotte ottomane (20 octobre 1827), il dut faire évacuer la Morée, tournant ses visées sur la Syrie. — Voir M. Sabry, *l'Empire égyptien sous Mohamed-Ali et la Question d'Orient* (1811-1849), Paris, Paul Geuthner, 1930.

* « ... *on dit qu'il est le bienfaiteur de l'Égypte.* » La préoccupation de la France de faire de Mohammed Ali son lieutenant et non son rival en Orient est évidente. *Le Moniteur universel* écrit le 8 septembre 1829 :
« C'est à améliorer le sort de la population arabe qu'il faut songer, c'est à en faciliter l'accroissement, à encourager l'agriculture et à rendre le libre commerce. Tels sont les trois grands pivots qui seuls peuvent devenir la base de la prospérité réelle de l'Égypte et procurer à Méhémet-Ali une gloire immortelle. »

* « ... *Ma per Dio, l'utilità.* » Beaumarchais. *La Mère coupable*, acte II, sc. 8 (26 juin 1792) : « Ce moyen-là n'est pas trop légal. *Ma ! perdio ! l'utilita !* et puis j'ai mes exemples. »

Page 13

* « ... *et obtint ainsi des élections à son goût.* » Allusion à la politique du comte de Villèle, président du conseil du 14 décembre 1821 au 4 janvier 1828. Lors des élections partielles de novembre 1822 et des élections générales de septembre 1827, d'où sortit la « chambre introuvable », Villèle se servit des moyens de pression électorale dont parle ici Mérimée.

* « *La Saint-Barthélemy fut comme une insurrection nationale...* » Mérimée écrira à la comtesse de la Rochejaquelein : « J'ai écrit en mes jeunes ans, sans trop l'avoir étudié que la Saint-Barthélemy avait été un accident comme la révolution de Février. C'est en 1829 que je disais ces belles paroles. Plus j'étudie ce temps et plus je me confirme dans mon opinion. » (*Corr. gén.*, t. VIII, p. 313.) Et plus loin : « ...Vous ne savez pas que dans ma jeunesse, j'ai été honni pour

avoir imprimé que ce massacre était une émeute populaire comme les vêpres siciliennes. » (*Corr. gén.* t. IX, p. 272.)

* « ...*semblable à celle des Espagnols en 1809.* » L'insurrection contre les Français avait débuté à Madrid le 2 mai 1808 à la suite de l'abdication du roi d'Espagne Charles IV en faveur de Napoléon Ier qui donna la couronne à son frère Joseph.

Page 14

* « ... *avant qu'ils eussent le temps de se mettre en défense.* » Le plan de massacre par un « fort dressé à plaisir » est exposé par plusieurs mémorialistes, *Mémoires de l'estat de France,* I, 42; — A. de Thou. *Histoire universelle,* t. IV, liv. LI, 532. — A. d'Aubigné. *Histoire universelle,* II, liv. I, ch. 11; Ruble III, 286-287. Les *Mémoires de l'estat de France* sont seuls à donner pour endroit où le fort serait dressé « le Pré-aux-Clercs ou près des Tuyleries ».

* « ... *qui nous vengera de tous les hérétiques.* » Philippe de Lignerolles, mignon de Monsieur, fut assassiné le 1er septembre 1571 par Georges de Villequier, vicomte de La Guerche. Le duc d'Anjou lui ayant fait confidence de l'affaire du fort, il aurait dit au roi qui se plaignait des protestants : « Sire, prenez patience, cette tour dans peu vous fera raison de ces importuns. » A. de Thou, *l. c.* t. IV, liv. LI, p. 533.
Dans une note du « Discours sur les duels » de Brantôme (t. VIII, p. 236) Le Duchat disait que Charles IX « détermina le duc son frère à faire tuer Lignerolles plus tôt que plus tard, de peur que par son babil les huguenots ne fussent avertis de ce qui se tramait contre eux ». Mérimée-Lacour ajoutent : L'explication de Le Duchat est des plus invraisemblables. Les *Mémoires de Tavannes* [Petitot, t. XXV, p. 198] font connaître la vraie cause de sa mort : « La petite faveur de Lignerolles chassée par la plus grande de Villequier de chez M. d'Anjou, il se donne au roy Charles imprudemment, discourt aux depens de la Royne mère, luy propose de sortir de tutelle. Sa Majesté, non capable de ce grand dessein, le redit à sa mère, laquelle, d'accord avec ses enfants le fit tuer. »

* « ... *de l'invention du chancelier Birague...* » D'après les *Mémoires de l'estat de France sous Charles neuvième,* t. I, p. 42, le projet de la tour aurait été de l'invention de René de Birague.
Mérimée écrit dans son édition des *Aventures du baron de Faeneste,* p. 328 : « René de Birague, exilé italien, accueilli à la cour de France, fut nommé garde des sceaux par Charles IX en 1570, et passe pour avoir conseillé le massacre de la Saint-Barthélemy. Il mourut en 1583. »

Page 16

* « ... *et j'irai la marier en plein prêche.* » L'Estoile a écrit dans ses *Mémoires pour servir à l'histoire de France depuis 1515 jusqu'en 1574* :

« La reine de Navarre étant à Paris, lui [au Roi] parlant un jour de la dispense du pape pour le mariage de son fils avec Madame sœur du roi, et qu'elle en craignait la longueur, et que le pape, à cause de sa religion se ferait tenir : « Non, non, dit-il, ma tante; je vous honore plus que le pape, et aime plus ma sœur que je ne crains. Je ne suis pas huguenot, mais je ne suis pas sot aussi. Si M. le pape fait trop la bête, je prendrai moi-même Margot par la main et la mènerai épouser en plein prêche. » *Journal de l'Estoile* pour le règne de Henri IV. Paris, Gallimard, t. III, appendice, p. 473. — Cité dans *Histoire de la Saint-Barthélemy,* d'après les chroniques, mémoires et manuscrits du XVIe siècle [par Audin]. Paris Urbain Canel, 1826, p. 121.

« Sur les difficultez que le cardinal de Bourbon trouvoit à la dispense du pape pour les cérémonies, le roi disait à l'admiral, demi en colère, demi riant : « Ce vieux bigot avec ses cafarderies fait perdre un bon temps à ma grosse sœur Margot. » Agrippa d'Aubigné. *Histoire universelle,* t. II, livre I, ch. III; édit. de Ruble, t. III, p. 301.

* « *C'est ainsi qu'Assuérus...* » Assuérus, roi de Perse, avait épousé la juive Esther, et sous son influence, révoqua les lettres qu'il avait écrites pour détruire les Juifs et leur donna la permission de s'assembler en armes pour se défendre. Cf. *Liber Esther.*

Page 17

* « *Voyez Brantôme.* » *Branthôme.* Éd. Mérimée-Lacour, t. V, p. 220.

* « *... et qui fut improvisée.* » Il est difficile de ne pas croire à la préméditation de la Saint-Barthélemy. Brantôme d'accord avec la plupart des mémorialistes écrit (*Œuvres,* t. V, p. 221) : « Le massacre général de la Saint-Barthélemy fut arresté et conjuré... » Henri Bordier, *la Saint-Barthélemy et la Critique moderne,* Genève-Paris, 1879, a soutenu avec force la préméditation. Dans son article sur *la Chronique* (*le Globe,* t. VII, nº 33, p. 260) Charles Magnin a d'ailleurs fait remarquer, au sujet de l'opinion de Mérimée « qu'elle n'est presque en rien conforme à ce que l'auteur lui-même a mis en action dans son roman. Là, tout semble partir du Louvre et de la volonté de Charles IX. » — Voir plus haut p. 9.

* « *Jeanne d'Albret morte...* » Jeanne d'Albret, reine de Navarre, mère du futur Henri IV, tomba malade le 4 juin 1572 et mourut le 9, rue de Grenelle-Saint-Honoré, dans l'hôtel de Charles Guillart, évêque de Chartres, qui professait le calvinisme. Cf. A. de Thou, *Histoire universelle,* IV, 541-542.

* « *... une tête de saumon vaut mieux que dix mille grenouilles.* » Ce mot du duc d'Albe aurait été prononcé en avril 1565, lors des conférences de Charles IX et de Catherine de Médicis à Bayonne avec le duc d'Albe, ministre d'Espagne, en avril 1565.

A. de Thou (t. IV, p. 132) écrit pour l'année 1568 : « [Les protestants] ajoutaient qu'ils savaient bien que le Cardinal de Lorraine avoit conseillé au Roi de se saisir de tous les Grands et du prince de Condé même, à quelque prix que ce fût, et de décider ensuite de leur sort de la manière qu'il jugeroit à propos : que ce projet lui avoit été suggéré par le duc d'Albe, de qui l'on citoit une maxime espagnole, dont nous avons déjà parlé : *Que la tête d'un saumon vaut mieux que celle de cinquante grenouilles.* » A. d'Aubigné écrit : « Cependant, tous les hommes d'Estat disoyent de tant de plaintes qu'il n'y avait plus moyen de souffrir deux religions dans un royaume; et les plus licentieux faisoyent leur profit d'un terme du duc d'Albe à Bayonne, « que dix mille grenouilles ne valoyent pas la teste d'un saumon ». (*Histoire universelle,* t. I, liv. IV, ch. v; Ruble, II, 222.)

La Noue parle de « la résolution prise à Bayonne avec le duc d'Albe d'exterminer *les huguenots* de France et les *gueux* de Flandre » (*Mémoires,* Michaud et Poujoulat, pp. 609-610).

A. de Thou (*l. c.* t. III, liv. XXXVII, p. 551) écrit à ce sujet : « François de la Noue assure que plusieurs avoient entendu dire au duc d'Albe, qu'on perdoit son temps à prendre les petites grenouilles; qu'il fallait sérieusement travailler à pêcher des saumons et d'autres gros poissons. »

Page 21

* « *Les reîtres.* » « Reître vient de l'allemand *Reuter,* cavalier. Leurs armures étaient noires. » Brantôme. *Œuvres,* t. V, p. 110, n. 2.

Wolfgang de Bavière, duc des Deux-Ponts, né le 26 décembre 1526; mort le 11 juin 1569, seigneur allemand, prince du Saint-Empire avait conduit les reîtres au secours des huguenots en mars 1569. Ceux-ci furent licenciés après la paix de Saint-Germain. Le roi avait promis deux millions de livres au prince de Navarre pour les renvoyer.

On lit dans Brantôme (*Œuvres,* t. V, p. 261) : « Je scois bien ce que j'en ay veu dire et jurer à M. l'admiral [...] combien cela le fascha d'avoir été contraint de s'estre jamais aidé de ces reistres, et dequoy ilz estoient jamais venus en France; et que, s'il estoit à refaire [...] jamais il n'appelleroit plus de telz gens pour s'en servir; ils estoient trop fascheux, avares, importuns et trop mal à contenter. » — « Le nombre des Allemands estoit de cinq mille lansquenets et de six mille reitres. » La Nouë. *Mémoires.* Michaud et Poujoulat, ch. XXIV, p. 631.

* « *Lord Byron : The deformed transformed.* » « Les bandes noires ont traversé les Alpes et leurs neiges; avec Bourbon le pirate elles ont passé le large Pô. *The deformed transformed,* Partie I, sc. II. *(Song of the Soldiers within)*.

* « ... *club révolutionnaire de Larcy.* » Il faut sans doute lire *Lardy.* A quelques kilomètres au nord d'Étampes, sur la route de Paris, on trouve le bourg de Lardy qui, selon Maurice Levaillant, « s'enorgueillit encore d'un château ancien et d'une église du XIIe siècle ».

Page 22

* « *Gaspard de Châtillon* », comte de Coligny, troisième fils du maréchal de Châtillon et de Louise de Montmorency, né le 16 février 1518 (a.s.), mort le 24 août 1572. Cf. Brantôme. *Œuvres,* t. V, pp. 204-261.

* « ... *la paix était faite entre les deux sectes rivales...* » Édit de pacification du 8 août 1570, dit de Saint-Germain, que Henri de Navarre aurait appelé « la paix boiteuse et mal assise. » Cf. A. d'Aubigné. *Histoire universelle,* Ruble, t. III, p. 268.

Page 23

* « ... *pour la discipline des gens de guerre...* » L'infanterie fut réglée par Gaspard de Coligny, créé colonel-général le 29 avril 1547. « C'est luy qui l'a réglée et pollicée par ses belles ordonnances que nous avons de luy aujourd'hui imprimées [...] » Une note ajoute : « Une ordonnance royale, en date du 20 mars 1550 avait donné force de loi aux règlements de Coligny. » Brantôme. *Œuvres,* t. VII, pp. 164-165.

* « *Son sabre...* » Maurice Maindron (*le Gaulois,* 10 avril 1909) souligne que ce mot de « sabre » n'apparaît guère dans la langue française avant 1576.

Page 24

* « *L'une portait une espèce de corps...* » Corsage. « Partie des vêtements, dit Littré, qui s'applique à la partie supérieure du corps. »

* « *La robe de velours était bohême...* » On disait également « bohême » ou « bohémienne ».

Page 26

* « *Si vous l'avez pour agréable...* » *Trouver bon.* Expression classique employée notamment par Molière (*le Misanthrope,* acte I, scène 1). Mérimée l'utilise souvent dans *Lokis* (voir t. II, p. 448 et 453).

* « *C'est moi qui menai les Enfants-Perdus...* » Les Enfants-perdus étaient des compagnies d'infanterie légère, tirées des différents corps d'armée et réservées aux entreprises périlleuses.

* « ... *à la bataille de Dreux...* » La bataille de Dreux est du 19 décembre 1562. Elle fut gagnée par François de Guise contre le prince de Condé qui fut fait prisonnier.

* « ... *puis à celle d'Arnay-le-Duc.* » Le combat d'Arnay-le-duc (Côte-d'Or) eut lieu le 26 juin 1570 (et non le 25). Cf. A. de Thou, *l. c.,* Liv. XLVII, t. IV, p. 312; A. d'Aubigné, *Histoire universelle,* Ruble, t. III, p. 173. L'amiral de Coligny battit les catholiques commandés par le maréchal de Cossé (Brantôme. *Œuvres,* t. V, p. 234, n. 3).

* « *Je m'appelle Bernard de Mergy.* » M. Dulong fait remarquer que ce

nom a pu être suggéré à Mérimée par les *Mémoires de Jean de Mergey,* à la première page desquels est nommé un Bernard de Mergey, frère de l'auteur.

Page 27

* « *... il était colonel des gens de pied...* » Dans Brantôme (*Œuvres,* livre I, partie II, chapitre XXXII, p. 263) on lit, à propos du prince de Condé : « ... la charge qu'il avait autrefois prise de couronnel de sa belle infanterie et pieds puantz de gens de pied... », avec la note : « Sobriquet des fantassins que les marches échauffent plus que la cavalerie. »

* « *... le premier siège d'Orléans.* » Orléans fut assiégé en 1563 par François de Guise qui y fut assassiné par Poltrot de Méré, le 18 février; et pour la deuxième fois par La Noue, le 28 septembre 1567.

Page 28

* « *... votre frère, le capitaine George.* » A. d'Aubigné (*l. c.* Ruble, p. 90) cite un « capitaine George avec ses chevaux légers ». Mérimée, comme A. d'Aubigné, écrit « George », orthographe anglaise, et non « Georges », orthographe française.

* « *Il arrivait de Blois... comme nous partions.* » Coligny était arrivé à Blois le 12 septembre 1571.

* « *... mais, quoique Gilles...* » Personnage du théâtre de la foire.

Page 29

* « *... il est diablement sévère sur la discipline...* » « Voylà comme sagement ce grand admiral gouverna et ferra fort doucement ces messieurs les reistres, si mal aysés à ferrer [...] Pour quant aux François, parmy eux il se scavoit si bien faire craindre que vous eussiez dit que ce fust un roy, jusques aux grands. » (Brantôme, *Œuvres,* t. V, p. 247.)

* « *Oui,* sacrament ! » Juron allemand.

Page 30

* « *... Lanoue, disent-ils, noue et ne dénoue pas...* » « M. de La Noue [...] fut grandement blamé des siens mesmes, de n'avoir secouru jamais ceux de Lusignan [...] et j'en ay veu plusieurs soldats qui estoient dedans s'en plaindre, disans : « M. de la Noue nous a fort bien noués, mais il nous a mal desnoués. » Brantôme. *Œuvres,* t. IX, pp. 261-262.

* « *... du cure-dent de M. l'Amiral !* » Dans son édition des *Aventures du baron de Faeneste* (p. 44, n. 3), Mérimée écrit : « Les cure-dents de l'amiral de Coligny étaient célèbres. « Dieu nous garde des patenôtres de M. le connétable et du cure-dent de l'amiral ! » proverbe de soldat, cité, je crois par Brantôme. » Brantôme (*Œuvres,*

IV, 133) parle des « patenostres » du connétable de Montmorency, et Mérimée cite en note :

De quatre choses Dieu nous gard,
Des patenostres du vieillard,
De la grand'main du cardinal,
Du cure-dent de l'admiral
Et la messe de l'Hospital

Contes d'Eutrapel, I, 307.

Brantôme (*l. c.*, V, p. 264), cite encore une phrase traduite de l'italien : « Dieu me garde de la douce façon et gentile du prince de Condé, « et de l'esprit et cure-dent de l'admiral ! » parce qu'il en portoit tousjours un, fust en la bouche ou sur l'oreille, ou en la barbe. » On lit dans l'*Histoire universelle* de A. de Thou (Liv. LIII, trad. pp. 646-647) : « On traîna avec eux [Briquemaut et Cavagnes] l'effigie de Coligny faite de paille : on lui avait mis à la bouche par dérision un morceau de bois de lentisque, parce que ce Seigneur avait coutume d'en avoir un à la main pour se nettoyer les dents, et lorsqu'il rêvoit le plus profondément à quelque chose, il le tournoit continuellement dans sa bouche et par habitude, et sans y faire attention. » Et la note du ms. de Sainte-Marthe : « De là étoit venu ce proverbe si commun en France, pour marquer une chose dont on devait se défier : Dieu nous préserve du chapelet du Connétable de Montmorency, de la messe du chancelier de l'Hôpital, du chapeau rouge du cardinal de Châtillon, et du cure-dent de l'Amiral de Coligny. »

* « ... *il faut tuer la picorée...* » « Picorée. Pour maraude, la petite guerre. C'est ce que font les soldats, lorsqu'ils vont pour attraper la poule, ou autres bestiaux dans les villages aux paysans. » Leroux. *Dictionnaire comique,* 1786. — « Les gens du Midi, Gascons et Provençaux, vieux restes des bandes d'infanterie qui avaient fait la guerre au-delà des monts, avaient rapporté d'Italie le goût du pillage. A peine sont-ils entrés dans l'armée huguenote, ils s'empressent de montrer l'exemple de ne ménager ami ni ennemi. Ainsi naît « Mademoiselle la Picorée », dont la Noue déplore les ravages, et qui ruine les campagnes. » H. Hauser (*François de la Noue*. Paris, Hachette, 1892, p. 15) qui cite en note les *Observations sur les troubles,* p. 667.

* « ... *rouge comme une écrevisse cuite.* » « Je me souviens bien quand vous pendites de vos mains Patavast et ses quatre compagnons auprès de Barbezieux, parce qu'ils vouloient que l'hôtesse leur gressat l'engein de beurre... Mais vous leur fites couper la corde, pourtant, par le capitaine Fonsalmois, que nous cachâmes plus de dix jours dans le bagage et au logis, pour ce que vous faisiez semblant de le vouloir tuer. » A. d'Aubigné. *Les Aventures du baron de Faeneste,* liv. III, ch. 1, p. 129.

Page 31

* « ... *qu'on le ferait aujourd'hui.* » Voir plus haut p. 12.

* « ... *au siège de Longnac...* » Le village de « Longnac » n'existe pas. Il faut sans doute lire « Laugnac » (canton de Frayssas, arrd[t] d'Agen, Lot-et-Garonne). Les reîtres ravagèrent tous le pays de Dax à Agen, dans l'automne de 1569. Cf. Montluc. *Commentaires,* édit. de la *Société de l'Histoire de France,* t. V, p. 305; t. III, pp. 366-369.

Page 32

* « ... *tant elles trouvèrent les huguenots de leur goût.* » A propos du sac de Rome (1527) Brantôme (I, 319) écrit : « ... Force religieuses, filles et femmes, en suivirent aucuns à Naples, comme dernièrement firent à Amiens aucunes, sans regretter leur ville ni leur patrie, tant elles se plaisoient en ce doux plaisir. »

* « ... *voir nos argoulets...* » « On appelait argoulets des soldats à cheval armés d'arcs, les arquebuses n'étant pas encore en usage; on les nomma dans la suite arquebusiers à cheval, et puis dragons. » Littré, qui cite A. d'Aubigné, *Hist.*, I, 134.

* « ... *le bon vin des prêtres dans leurs calices d'argent !* » « Les huguenots [...] à la prise de Cahors [par Henri IV, 1580] tant qu'y dura leur séjour, tous les matins et soirs, les palleffreniers qui allaient abreuver leurs chevaux s'habillaient des chappes des églises qu'ilz avoient prises et, montez sur leurs chevaux, allaient à l'abreuvoir, et en tournoient ainsin vestus [...]. » (Brantôme. *Œuvres,* I, p. 317.)

* « ... *à la bataille de Moncontour...* » Le 3 octobre 1569, les protestants furent battus à Moncontour par le duc d'Anjou. Voir plus loin, p. 78.

* « ... *il connaissait la recette de l'onguent qui rend dur...* » Dulong cite à ce propos Schiller. *Camp de Wallenstein,* sc. VI. Sur les emprunts possibles de Mérimée à Schiller et sur l'influence de celui-ci chez les romantiques français, voir Edmond Eggli, *Schiller et le Romantisme français,* Paris, J. Gamber, 1927, 2 vol.
Cf. *les Sorcières espagnoles,* p. 442.

Page 34

* « *l'histoire de cet homme noir et de ces enfants.* » Mérimée introduit ici l'histoire du *Preneur de rats et des enfants de Hameln.* Cette histoire, bien connue, se trouve déjà dans Gœthe, dans Arnim et Brentano, et surtout dans les *Deutsche Sagen* (1816-1818) des frères Grimm. Il est probable que Mérimée n'a connu cette légende que grâce à ceux de ses amis qui savaient l'allemand, Albert Stapfer ou J.-J. Ampère par exemple.

Page 37

* « ... *une vieille chanson huguenote...* » Cette chanson se trouve dans Brantôme. (*Œuvres*, t. V, p. 280.)

Page 38

* « ... *qui avait observé...* » Les éditions de 1829 à 1847 (inclus) donnent la leçon « conservé » qui paraît préférable.

* « Molière, *les Précieuses ridicules* », sc. VII.

Page 40

* « ... *cela vous apprendra à vous anger...* » Du latin *angere,* d'après Richelet. On trouve le mot, sous cette forme, dans Molière. *Monsieur de Pourceaugnac,* acte I, sc. 1 : « Votre père se moque-t-il de vouloir vous anger de son avocat de Limoges. » Littré donne la forme « enger », mot vieilli qui signifie : « embarrasser d'une sotte engeance ».

Page 42

* « *Au lieu de Machaon ou de Podalire...* » Machaon fils d'Esculape, frère de Podalirius, roi de Tricca et d'Ithome en Thessalie, célèbre par ses connaissances en médecine. Chiron lui avait donné de précieuses recettes et il guérit Ménélas blessé d'une flèche. Homère. *Iliade*, IV, 193-220.

Page 45

* Cette chanson de *Jehan Petaquin* ou *Jehan Foutaquin* est signalée par Brantôme dans *Faeneste,* p. 293 et p. 111 avec la note de Le Duchat : « *Jean foutaquin turelurelure* est le refrain d'une chanson, au feuillet 111^b^. de la 2e partie de la traduction française du livre de la Lesine. Par., 1604. »

Page 46

* « Shakespeare, *Cymbeline* », acte II, sc. IV.
JACHIMO... l'anneau est gagné.
POSTHUMUS. Les pierres trop difficiles à obtenir.
JACHIMO. Pas du tout, votre femme étant si facile.

Page 47

* « *Si votre œil droit vous donne un sujet de scandale, arrachez-le.* » Matthieu, XVIII, 9; Marc, IX, 46.

* « ... *si large, qu'elle servait au besoin de bouclier.* » Cf. *Fæneste,* p. 10 : « ce grand duel et ce poignard à couquille » et la note de Mérimée : « On se battait alors en duel avec l'épée et le poignard. La coquille

du poignard étoit très large et servoit à parer les coups de tranchant. Quelquefois la coquille étoit percée de petits trous pour engager la pointe de l'épée de l'adversaire. »

Page 48

* « ... *il te donnera un philtre...* » L'originale (1829) et toutes les éditions jusqu'en 1853 donnent l'orthographe « philtre ». Mérimée (*Fæneste,* p. 65, n. 5) écrit : « Les Bohémiennes vendent encore aujourd'hui des philtres composés d'après cette recette [...] »

Page 49

* « *Le passe-dix...* » Le jeu du passe-dix qui se joue avec trois dés est cité par A. d'Aubigné (*Faneste,* p. 306).

* « ... *allons diner au More...* » « [...] un jeune homme, nommé Miramion [...] lequel après avoir bien dîné et fait bonne chère chez le Petit More, où il avait traité une compagnie à six écus par tête, ainsi qu'on disait, mourut tout soudain [...]. *Journal de l'Estoile pour le règne de Henri IV* (février 1607). Paris, Gallimard, t. II, p. 228. — A. d'Aubigné (*Faneste,* liv. I, ch. III, p. 27) cite « les trois Mores ».

Page 50

* « ... *je ne suis pas si bon religieux que je devrais.* » La réplique de Mergy se trouve textuellement dans A. d'Aubigné (*Faneste,* p. 48).

* « ... *comme messieurs les parpaillots...* » Le texte de 1829 donnait : « Ces messieurs de *la Vache à Colas* ». Mérimée écrit en 1833 au comte de Pastoret (*Corr. gén.*, t. I, p. 265) que l'expression lui a été reprochée car elle doit son origine à une anecdote datant de 1600. On ne pouvait donc l'employer au siècle précédent.
— Édouard Fournier écrit (*Variétés historiques et littéraires,* Paris, Jannet, 1885, t. II, p. 38) : « De l'histoire de la Vache à Colas, le paysan du faubourg de Bourgogne à Orléans, histoire si fameuse au temps des guerres de religion, on avait fait au commencement du XVIIe siècle, une chanson qui sentait bien fort son huguenot. Le clergé, contre qui elle était surtout injurieuse, avait fini par la faire brûler de la main du bourreau et par faire ordonner qu'on eût à n'en plus parler, ce qui fut cause que, pendant plusieurs années, on la chanta de plus belle. »
Sur la défense de chanter cette chanson, voir *Journal de l'Estoile pour le règne de Henri IV,* Paris, Gallimard, t. II, p. 171 (10 septembre 1605).

Page 51

* « ... *messire Petrus de finibus, en français Pierre Séguier...* » Pierre Séguier, seigneur de Sorel (1508-1580) président à mortier du Parlement de Paris en 1554. Un de ses petits-fils fut le chancelier de France Pierre Séguier (1588-1672).

— On lit dans l'Estoile (*Journal du règne de Henri III* (24 octobre 1580), Paris, Gallimard, p. 253) à l'occasion de la mort de Pierre Séguier : « les drôles et médisants du Palais qui lui avaient donné le nom de messire Pierre de Finibus. »

* « *capitaine Brûle-bancs...* » Ce surnom fut donné à Anne de Montmorency, connétable de France, mort de ses blessures après la bataille de Saint-Denis, le 12 novembre 1567. Brantôme (*Œuvres,* t. IV, p. 135) écrit : « M. le connestable commença premier à chasser les ministres de leurs presches et chaires de Paris, et luy mesme alla à Poupincourt, lieu destiné pour eux, et en fit devant luy brusler la chaire de M. le ministre, et tous les bancs où s'assioyent les auditeurs : et pour ce, ils l'appelèrent *le capitaine brusle-banc* [...] »

* « ... *Thoré de Montmorency...* » Guillaume de Montmorency, seigneur de Thoré, colonel général de la cavalerie légère du Piémont, mort vers 1594, fils du précédent. Cf. Brantôme. *Œuvres,* t. IV, p. 224.

* « *L'archevêque de Guise.* » Louis de Lorraine (1527-1578), fils de Claude de Lorraine et d'Antoinette de Bourbon. Il avait été archevêque de Sens. Il mourut le samedi 29 mars 1578. « On appelait ce bon prélat le « cardinal des Bouteilles » pour ce qu'il les aimait fort [...] » L'Estoile, t. I, Paris, Gallimard, p. 184.
Brantôme (*Œuvres,* t. IV, p. 353) nomme Arthus de Cossé le « mareschal des bouteilles ». L'éditeur écrit en note : « Il y avait aussi *le cardinal des Bouteilles.* C'était Louis de Lorraine, cardinal de Guise qu'on désignait par ce sobriquet. Henry Estienne, au chapitre XXII de son *Apologie pour Hérodote,* en dit quelques mots; et de Bèze, dans son *Passavant,* parle du même personnage sous le nom de *cardinalis Lagenifer.* »

* « ... *le brave comte de La Rochefoucauld...* » François III (1531?-1572), comte de la Rochefoucauld et de Roucy, prince de Marcillac, fils de François et d'Anne de Polignac. Il épousa Sylvie Pic de la Mirandole, puis en secondes noces Charlotte de Roye. Il fit ses premières armes en 1551, et fut fait prisonnier à Saint-Quentin; il se signala en 1554 au siège de Metz. Lieutenant de Condé, son beau-frère, puis de Coligny, il avait embrassé la religion réformée et combattit à Dreux, à Jarnac, à la Roche-Abeille. Chef des forces huguenotes en Saintonge en 1570; il fut massacré lors de la Saint-Barthélemy. Cf. D. Touzaud. « Histoire de la réforme en Angoumois. » *Bull. de la Soc. archéologique et historique de la Charente,* t. VI (1915), pp. 145 et sq. Voir plus loin, p. 166.

Page 53

* « *Cette épithète désignait les duellistes de profession.* » Voir plus loin, p. 55.

Page 54

* « ... *l'offensante aigreur de chaque repartie...* » Mérimée avait d'abord écrit, en 1829 : « remarquant l'aigreur croissante de chaque repar-

tie ». En 1842, il cite le texte exact de Molière (*les Femmes savantes,* acte IV, sc. 3) : « Mais l'offensante aigreur de chaque repartie » et il le met entre guillemets.

Page 55

* « ... *tout autre motif aussi légitime.* » Mérimée cite presque textuellement d'Aubigné, *Les Aventures du baron de Fæneste*, ch. IX, p. 42. On lit dans une note au « Discours sur les duels » (Brantôme. *Œuvres,* t. VIII, p. 159) : « Voici comment d'Aubigné a défini les raffinés : « Ce sont gens qui se battent pour un clin d'œil, si on ne les salue « que par acquit, si le manteau d'un autre touche le leur, si on « crache à quatre pieds d'eux, etc. » V. *Fæneste.* [p. 42]. On leur donne ce nom parce qu'ils *raffinaient* sur le point d'honneur. »

* « ... *entre la rue des Petits-Augustins et la rue du Bac.* » « Il y a au-delà d'un Faux bourg de cette ville, qu'on nomme le Faux bourg de Sainc-Germain, une Plaine spacieuse qui s'étend au long de la rivière et que l'Université prétend avoir reçu de la libéralité des Rois de France, ce qui lui a fait donner le nom de *Pré-aux-Clercs.* » A. de Thou. *Histoire universelle,* t. I, p. 450.

* « *Et il le tua bravement.* » « En allant dessus lou prai, l'un demanda à l'autre : N'estes bous pas un tel, d'Aubergne? — Non, dit l'autre, ye suis un tel, de Dauphiné. Pourtant il abisèrent que, puisqu'il y aboit appel, il se fallait tuer, comme ils firent... Et cela s'appelle, rafiné d'haunur. » Aubigné. *Fæneste,* ch. IX, p. 42.

* « ... *le château des Tuileries, commencé en 1564.* » Par un édit du 28 janvier 1564, Charles IX ordonna la démolition du palais des Tournelles où était mort Henri II; au mois de mai de la même année on jeta les fondements des Tuileries. Cf. Jacques Hillairet. *Évocation du vieux Paris,* t. I, p. 347 et sq.

Page 56

* « ... *et beata viscera virginis Mariae quae portaverunt aeterni Patris Filium.* » A. d'Aubigné écrit (*Fæneste,* L. II, ch. I, pp. 61 et 62) : « *Et beata viscera Mariae quae portaverunt aeterni Patris Filium.* Voilà coment je di mes grâces, moi. » Le Duchat a mis en note : « Cette jolie prière n'étoit point à l'usage des courtisans seuls; si on en croit Sainte-Aldegonde dans son *Tableau des différends* (t. I, part. 5, ch. 10; t. II, p. 1, ch. 3) et ailleurs, de grands prélats en usoient aussi. Encore était-ce le plus souvent un laquais qui la disait pour toute la compagnie. » A. d'Aubigné fait ensuite dire à Fæneste (p. 62) : « Pour vous dire, il y a devant : *Laus Deo, pax vivis, requies defunctis. Tu autem, Domine, miserere nobis;* et puis : *Et beata.* Mais je ne dis jamais guères le premier, pour accourcir [...] » En substituant *salutem* à *requies* Mérimée fait, peut-être volontairement, commettre à Vaudreuil une faute de grammaire latine.

Page 57

* « ... *veut que la Sillery...* » Sillery est un bourg situé sur la Vesle, arrondissement de Reims (Marne), à 13 km de Reims. La comtesse Merlin y possédait une propriété. Mérimée connaissait-il, en 1829, la comtesse Merlin ou l'existence de sa propriété? c'est ce que nous ne savons pas. Un commandeur de Sillery (Nicolas Brulart), garde des sceaux, est cité plusieurs fois par l'Estoile.

Page 59

* « ... *cet ennuyeux chevalier, qui m'obsède...* » Maurice Levaillant a rapproché cette lettre du billet où Célimène raille l'amour d'Alceste : « Pour l'homme aux rubans verts, il me divertit quelquefois avec ses brusqueries et son chagrin bourru; mais il est cent moments où je le trouve le plus fâcheux du monde. » Molière. *Le Misanthrope,* acte V, sc. IV.

Page 60

* Molière. *Don Juan,* acte V, sc. II.

Page 62

* « ... *je ne chercherais à en priver les autres.* » Mérimée, par la bouche de George de Mergy, exprime ici ses idées personnelles. Il écrira à la comtesse de la Rochejaquelein : « J'ai tâché de croire, mais je n'ai pas la foi. » (*Corr. gén.,* t. VII, p. 426.) Et plus loin : « Je ne veux pas vous scandaliser, encore moins troubler vos convictions. Il n'y a que deux manières d'être convaincu; par le raisonnement ou par l'instinct, j'ai essayé du raisonnement, qui me donne une solution diamétralement opposée à ce que je désirais, et je n'ai pas d'instinct. Je suis sceptique malgré moi, et ce qu'on appelle la foi est chose qui m'est tout à fait étrangère. » (*Corr. gén.*, t. VIII, p. 158.)

* « *sous bénéfice d'inventaire* » Etienne Jodelle, sieur de Lymodin (1532-1573). « Pour le regard de ses œuvres, Ronsard a dit souvent qu'il eût désiré pour la mémoire de Jodelle, qu'elles eussent été données au feu au lieu d'être mises sur la presse, n'ayant rien de si bien fait en sa vie que ce qu'il a voulu supprimer, étant d'un esprit prompt et inventif, mais paillard, ivrogne, et sans aucune crainte de Dieu, auquel il ne croyait que par bénéfice d'inventaire. » L'Estoile. *Journal du règne de Henri III,* Paris, Gallimard, pp. 58 et 680. Voir Sainte-Beuve. *Tableau de la poésie française* Paris, G. Charpentier, p. 209, n. 2, et La Fontaine. « L'Oracle et l'Impie », *Fables,* IV, 19.

Page 63

* « ... *l'écharpe blanche...* » Voir la note à Brantôme. *Œuvres,* t. V, p. 280 : « Les réformés portaient des casaques blanches. La reine-mère, voyant un jour un escadron de gendarmes protestants, dit au prince de Condé que ses gens étaient des meuniers. Oui, Madame, répondit-il, pour toucher vos asnes. »

* « *Ce petit prince si joli qui toujours baise sa mignonne* » Brantôme, dans sa vie de « M. le prince de Condé » (*Œuvres,* t. V, p. 263) a publié le quatrain suivant :

Ce petit homme tant joly *(bis)*
Tousjours cause et tousjours ry *(bis)*
Et tousjours baise sa mignonne
Dieu gard' de mal le petit homme.

Page 64

* « *Au combat de Jazeneuil...* » L'escarmouche de Jazeneuil (17 novembre 1568) entre le duc d'Anjou et le prince de Condé, est racontée par A. d'Aubigné, *Hist. un.*, t. I, liv. V, ch. VI; Ruble, III, p. 34; et La Noue, *Mémoires,* XXI.

* « ... *l'abandonnèrent à Jarnac...* » La bataille de Jarnac, où fut tué le prince de Condé eut lieu le 13 mars 1569. Le récit de d'Aubigné (*l. c.* t. I, liv. V, ch. VIII; Ruble, III, p. 48) suit Lancelot de la Popelinière qui suit lui-même Jean de Serres.

* « *Omne solum forti patria est, ut piscibus aequor.* » « Toute terre est une patrie pour le brave, comme l'eau pour les poissons. » Brantôme qui cite ce vers d'Ovide (*Œuvres,* IX, p. 295) donne une traduction fantaisiste : « Toute terre est terre, et tout pays est pays, et pareil et tel à un homme généreux, comme toute mer l'est aux poissons. » Cf. Ovide. *Fastes,* I, 493.

Page 65

* « ... *le couvris de mon manteau* » Abandonné et accablé par son cheval qui s'était renversé sur lui, le prince de Condé s'était rendu lorsque Joseph François de Montesquiou « vint au derrière du prince de Condé et le tua d'un coup de pistolet entre ses deux garents. »
« Le corps du Prince fut porté sur une asnesse et exposé à la vue de tous sur une pierre contre un pilier de Jarnac, où Monsieur prit son logis. » D'Aubigné, *l. c.* t. I, liv. V, ch. VIII; Ruble, III, p. 54.
Voir aussi Brantôme. *Œuvres,* t. V, p. 273.

Page 66

* « ... *abstracteur de Quintessence.* » Le titre exact du *Gargantua* de Rabelais (d'ailleurs postérieur au *Pantagruel*) est : « *La Vie très horrificque du Grand Gargantua, père de Pantagruel, jadis composée par M. Alcofribas, abstracteur de Quinte Essence. Livre plein de Pantagruelisme.* »

Page 67

* « ... *un tyran, un Achab*... » Achab, roi d'Israël, qui persécuta les prophètes (Livre des Rois). Voir plus loin, p. 211.

* « ... *accusé par les catholiques de prétendre à la couronne.* » Louis XIII mourut le 14 mai 1643. Il s'agit ici du prince de Condé, mort le 13 mars 1569, et de qui Brantôme dit (*Œuvres,* t. V, p. 267) : « Il devint en telle gloire, qu'il fit battre monnoye d'argent, avecques cette inscription à l'entour, comme un souverain : LOUIS TREIZIESME, ROY DE FRANCE. » Une note déclare : « C'est un conte inventé par les jésuites. »

* « ... *le lâche assassinat de Poltrot.* » On lit dans le *Journal de l'Estoile pour le règne de Henri IV,* Paris, Gallimard, t. III, pp. 460-461 : « Messire François de Lorraine, duc de Guise, fut tué devant Orléans, le 18 février 1563 par Poltrot, que les catholiques français appelaient *Poltron,* et les huguenots au contraire, le Scévole français de Méré : Jean de Poltrot était un gentilhomme angoumoisan petit et pauvre, mais d'un esprit vif et accort; lequel, dès son jeune âge, ayant été en Espagne, en avait tellement appris le langage, qu'avec la taille et la couleur dont il était, on l'eût pris pour un Espagnol naturel : dont il acquit le surnom d'Espagnolet. »
Voir Brantôme. *Œuvres,* t. V, pp. 170 et sq. : « l'admiral fut fort accusé de l'avoir envoyé faire ce coup. M. l'admiral s'en excusa fort et pour ce en fit une *Apologie* respondante à toutes les dépositions dudict Poltrot [...] » Voir aussi, *l. c.*, t. I, p. 13.

* « ... *ces deux mauvais vers*... » « Les huguenots dont ce prince [François de Guise] avait été le fléau aiguisoient leurs plumes contre sa mémoire, et voulurent faire peur aux autres princes lorrains.

Autant que sont de Guisards demeurés
Autant a-t-il en France de Mérés. »

P. de L'Estoile. *Mémoires* (Petitot, LXV, p. 58).

Page 69

* « Rabelais. » *Gargantua.* Ch. XXVII.

Page 70

* « ... *comme pour parer le coup.* » Cette anecdote vient de d'Aubigné (*Fæneste,* liv. IV, ch. VIII, p. 262). On la trouve également dans Henry Estienne. *Apologie pour Hérodote*... La Haye, 1735, t. III, ch. XXXVI, p. 164.

* « *Oh ! père Lubin*... » A. d'Aubigné (*ibid.*, p. 262) cite le frère Lubin.

Page 71

* « ... *vous jurez aussi bien que le roi*... » Voir plus loin, p. 148.

* « ... *d'un ton de nez fort dévot...* » Saint-Évremond. *Conversation du maréchal d'Hoquincourt avec le père Canaye.*

* « .. *nous sommes sauvés et délivrés de l'enfer.* » « Sur vos contes de prescheurs, j'en dirois bien une douzaine des vieux, comme d'un qui commença son sermon par trois juremens : *Par la vertu, par la mort, par la chair, par le sang,* adjoustant toujours : *de Dieu,* et puis après une grande pause... *nous sommes sauvez et délivrez de l'enfer.* » D'Aubigné, *Fæneste,* liv. IV, ch. x, p. 275. Une note de Le Duchat dit : « Tiré du ch. 39 de l'*Apol. d'Hérodote* ». L'anecdote se trouve en effet dans l'*Apologie pour Hérodote,* La Haye, 1735, t. III, ch. XXXVI, p. 167.

Page 72

* « *Quelque sot...* » Même expression dans *l'Abbé Aubain* (voir t. II, p. 435).

* « ... *jeter des perles aux pourceaux...* » « Neque mittatis margaritas vestras ante porcos. » Matthieu, VII, 6.

* « *Et ecce impetu abiit totus grex præceps in mare.* » Matthieu, VIII, 32.

Page 73

* « *Circuit quaerens quem devoret* » « Remarquez-vous, Monseigneur, dit le père Canaye, remarquez-vous comme Satan est toujours aux aguets : *circuit quaerens quem devoret.* » Saint-Evremond. *Conversation du maréchal d'Hoquincourt avec le P. Canaye.* La citation latine vient de la première *Épître* de saint Pierre (V, 8).

* « ... *à Jean-Petit et à l'Anglais...* » « ... Grand Jean, l'Anglois, ni Jean Petit, ne bulent plus tirer avec lui. » Avec la note : « Célèbres maîtres d'armes du temps. » D'Aubigné. *Fæneste,* liv. III, chap. XI, p. 158.

Page 76

* « ... *ses fraises à la confusion...* » « Fraises à confusion, dit Le Duchat, sans gauderons réguliers ni beaucoup d'empois. » Cf. d'Aubigné. *Fæneste,* liv. I, ch. II, p. 17 et liv. II, ch. XVII, p. 113.

* « ... *ses souliers à cric ou à pont levis...* » « Puch après, il bous faut des souliers à cricq ou à pont levedis. » Et la note de Mérimée qui cite Le Duchat. D'Aubigné. *Fæneste,* liv. I, ch. II, p. 14.

* « Shakespeare, *King Richard III.* » Acte V, sc. III, « Jockey de Norfolk, ne sois pas trop hardi, car Dickon ton maître est acheté et vendu. »

Page 78

* « ... *une garde imposante autour de l'Amiral.* » Voir plus haut, p. 22.
* « ... *et cassé plusieurs dents.* » « A la bataille de Moncontour ([3] oct. 1569), l'amiral fut grièvement blessé au visage, par le comte Rhingrave et l'on se vit forcé de l'entraîner loin du lieu du combat. Vingt-cinq ans auparavant, à Cerisolles, il était déjà tombé baigné dans son sang : Branthome le rappelle plus loin. » Brantôme. *Œuvres,* t. V, p. 234, n. 4.
  A. d'Aubigné (*l. c.*, Ruble, III, p. 125) écrit : « Le Rhingrave porte son pistolet dans les dents de ce chef [...] L'admiral blessé voulut couvrir son accident, mais le sang l'étouffant, il lui fut force de se laisser emmener. »
* « ... *la mort du brave Dandelot...* » François de Chastillon, sieur d'Andelot, frère puiné de l'Amiral, né à Chastillon-sur-Loing, le 18 avril 1521, zélé protestant qui convertit son frère à la réforme. Il mourut à Saintes le 7 mai 1569.
* « ... *dont on le raillait souvent.* » Voir plus haut p. 30.

Page 79

* « ... *les ennemis de votre roi et de votre patrie.* » « M. de la Noue [...] m'a juré cent fois qu'il n'y avoit rien au monde qu'il détestat tant que la guerre civille, et que M. l'Admiral la détestoit bien autant, et que jamais plus il n'y retournerait que par force. » Brantôme. *Œuvres,* t. V. p. 220. Voir aussi, *ibid.,* p. 243.

Page 81

* « ... *mesme aux ennemis de cette princesse...* » L'empoisonnement de Jeanne d'Albret par des gants, admis par plusieurs mémorialistes, est mis en doute par de Thou (*l. c.* IV, p. 542) et il est nié par Tavannes : « La royne de Navarre vient hastivement mourir à Paris; la colère, le chaut, l'appréhension dans un esprit subtilisé, causent sa fin sans aucun poison, quoy que l'on ait voulu accuser un parfumeur du roy, maistre René, de l'avoir empoisonné avec une paire de gans. » (Petitot, t. XXV, p. 200.)
  Pour A. de Ruble (*l. c.* t. III, p. 290, n. 6) : « l'empoisonnement de Jeanne d'Albret est une fable inventée par la passion religieuse. »

Page 83

* « ... *peur de nous que nous d'eux.* » Les avertissements ne manquèrent pas à Coligny. On lit dans les *Mémoires* de Tavannes (Petitot, t. XXV, p. 318) : « Plusieurs s'émerveillent que l'admiral de Chastillon, qui avait tant de finesse et artifice, assisté de tant de conseilliers habiles et de tant de ministres versez aux cabales hébraïques qu'ils disoient suivre, que celuy et eux se soient, non seulement venus perdre dans la cour, ains parmy les Parisiens ses mortels ennemis. » Voir aussi

Brantôme. *Œuvres*, t. V, pp. 238-240; A. de Thou. *Histoire universelle*, liv. LII, p. 565.

Page 84

* « ... *d'être toujours battu.* » « Si faut il pourtant advouer que, s'il n'eust conjoinct avecques sa valeur des artifices, astuces et ruses de son grand esprit et jugement, qu'il n'eust faict et parfaict les grandes choses qu'il a faictes, tesmoingtz les grandes entreprises qu'il a faictes et conduictes par son bon sens et là où il ne pouvoit faire venir la peau du lion, il y applicquoit très bien celle du renard, et sur tout en ses pertes de battailles; car, tant qu'il en a donné, il les a toutes perdues [...] » Brantôme. *Œuvres*, t. V, p. 243.
Brantôme fait allusion ici à Machiavel, *Le Prince*; ch. XVIII : « il faut donc être renard pour connaître les filets et lion pour faire peur aux loups. »

Page 85

* « ... *au château de Madrid...* » Rendez-vous de chasse, orné de faïences émaillées, construit dans le bois de Boulogne par François Ier. Cf. *le Château du bois de Boulogne, dit château de Madrid*, par le comte de Laborde. Paris, Dumoulin, 1855 et *Annuaire des artistes et des amateurs* publié par Paul Lacroix, Paris, 1861, p. 215. Le 5 juillet 1572, Charles IX est au château de Madrid. A. de Thou, *l. c.*, liv. LII, p. 565.

* « ... *et vous prétendez vous esquiver...* » Jusqu'en 1853, toutes les éditions donnent « et *vous prétendez* esquiver ».

Page 86

* « ... *et l'on vit paraître...* » On lit dans *Cinq-Mars* (éd. Lemerre, t. I, p. 23) : « ouvrir les doubles battants des grandes portes du salon »; et plus loin (p. 140) : « la porte s'ouvrant rapidement de chaque côté, on vit paraître... »

* « ... *parmi laquelle on distinguait...* » L'expression « on distinguait », ou « il était facile de distinguer », se retrouve souvent dans *Cinq-Mars*.

* « ... *enfin son portrait moral.* » C'est ce que Vigny a fait dans son portrait de Louis XIII (*Cinq-Mars*, éd. Lemerre, ch. VIII, p. 179).
Dans tout ce chapitre, Mérimée se moque des procédés des faiseurs de romans historiques et en particulier de Vigny.

* « ... *au musée d'Angoulême...* » En 1824 « les salles de la sculpture moderne s'ouvrirent pour la première fois au public sous le nom de Galerie d'Angoulême, dans le coin de la cour du Louvre connu

sous le nom de Pavillon de Beauvais. » Les cinq salles d'exposition comprenaient quatre-vingt-quatorze numéros. Dans la salle dite de Jean Goujon figurait : « Charles IX. Buste en marbre, par Germain Pilon, n° 25 (n° 130 du catalogue de 1873). Ce buste, ainsi que plusieurs autres sculptures provenait du Musée des Petits-Augustins supprimé le 18 décembre 1816. La Galerie d'Angoulême compta à peine six années de prospérité. La pensée qui lui avait donné naissance disparut en 1830. Cf. Louis Courajod. *Histoire du département de la sculpture moderne au musée du Louvre,* Paris, Ernest Leroux, 1894.

* « ... *avec laquelle il s'entretient.* » « Les [ambassadeurs] escoutoient fort bien la tête un peu penchante [...] et l'œil bas. » Brantôme. *Œuvres,* t. VI, p. 295.

Page 87

* « ... *faire empoisonner Jeanne d'Albret...* » Voir plus haut, p. 17 ; p. 81.

« Le Roi, qui parut fort affligé de sa mort, prit le deuil, et toute la Cour à son exemple, tant pour marque de la douleur publique, que par la crainte que cet accident n'apportât quelque retardement au projet [la Saint-Barthélemy] dont les préparatifs avançoient. » A. de Thou, *l. c.,* liv. LI, p. 542-543.

* « ... *dans ce petit garçon...* » Henri de Bourbon, futur Henri IV, né à Pau en 1553, avait alors 19 ans.

Page 88

* « ... *Retz...* » Albert de Gondi, maréchal de Retz (1522-1602) « qui estoit un florentin, fin, caut et corrompu, trinquart, grand menteur et dissimulateur ».

* « ... *La Rochefoucauld...* » Voir plus haut p. 51, et plus loin p. 166.

* « ... *Téligny...* » Charles de Téligny, gendre de Coligny, assassiné le 24 août 1572. Voir plus loin, p. 107.

* « ... *Thoré...* » Guillaume de Montmorency. Voir plus haut, p. 51.

* « ... *et Méru...* » « Charles de Montmorency, d'abord comte de Méru, puis duc de Damville (1610), pair et amiral de France, né en 1536, mort en 1612. Il combattit le 10 août 1557 à la journée de Saint-Quentin et se distingua aux batailles de Dreux, de Saint-Denis et de Moncontour. Charles IX le fit en 1562 lieutenant général de l'Isle de France et de la ville de Paris, et en juin 1571 colonel général des Suisses. Il résigna cette fonction en 1596 et fut la même année créé amiral de France. » Note dans Brantôme. *Œuvres,* t. IV, p. 223.

* « Lope de Vega, *El guante de Doña Blanca.* » « Un gant tomba de

la main droite de Doña Blanca, car de la gauche il importe peu, et un fol amour décocha sa flèche à deux gentils hommes. » Acte II, sc. x. Mérimée avait déjà mis la fin de ces vers comme épigraphe à *l'Amour africain.*

Page 93

* « ... *je désire une satisfaction de vous...* » Le défi de Bernard de Mergy à Comminges paraît bien être inspiré de la querelle de J. de Duras de Livarot avec Antoine de Halluin, marquis de Maignelais.

« ... Il avoit pris la querelle pour s'esprouver avec Livarot, qui se tenait pour un mauvais garçon et grand mesprisant des autres despuis l'heureuse yssue de son combat; et pour ce avoit eslu pour maistresse une dame de la cour, belle certes, et ne vouloit qu'aucun la servist que luy, comme jaloux de sa beauté, de son honneur et de son bien. Cedict marquis, tout gentil et tout courageux, en l'aage près de vingt ans, luy présente son service debvant luy. L'autre, haut à la main comme luy, l'attaqua peu à peu de parolles [...] Le marquis ne faillist dans deux coups tuer son homme d'une estoquade franche [...] » Brantôme, *Œuvres,* t. VIII, p. 103. Voir aussi *Journal de l'Estoile pour le règne de Henri III* (1er mai 1581). Paris, Gallimard, p. 264.

Page 96

* « ... *quand vous trouverez votre belle...* » *Trouver sa belle* = trouver une occasion favorable.

Page 97

* « ... *Romeo and Juliet.* » « Il te massacrera un petit bouton de soie ! C'est un duelliste entre les duellistes ! un gentilhomme de toute première maison, et qui connaît la première et la seconde cause des affaires d'honneur ! Ah, la divine passe que la sienne ! Et son coup de revers. » Shakespeare. *Roméo et Juliette,* acte II, sc. IV.

Page 98

* « *son écharpe est de la même couleur que vos rubans* ». Tout de même Gaston de Foix portait les couleurs, gris et noir, de la duchesse de Ferrare, Lucrèce Borgia. Cf. Mérimée. *Étude sur la vie et les ouvrages de Branthôme. Œuvres,* t. I, p. 40, et l'erratum, t. II, p. 295.

Page 100

* « ... *le cor de mon ami Pompignan.* » Mérimée a probablement pris le nom de Blaise de Montluc, seigneur de Pompignan, mort en 1602, petit-fils du célèbre Montluc. Cf. Brantôme. *Œuvres,* t. IV, p. 311. Agrippa d'Aubigné le cite parmi les raffinés d'honneur. *Faeneste,* Livre I, ch. IX, p. 43.

Page 101

* « *... des fraises à la confusion...* » Voir plus haut p. 76.

Page 105

* « *... le haut de son corps étroit...* » Voir plus haut p. 24.

* « *... et passa autour de son cou...* » Sur l'abus des « drogueries, sorcelleries et reliques » dans les duels, voir Brantôme. *Œuvres,* t. VIII, p. 85.

Page 107

* « *... couvrit la figure, les mains et les habits du roi.* » On lit dans Brantôme (*Œuvres,* t. VI, p. 288) : « Pour quant à l'exercice de Diane, je le croy fort bien, car il y estoit trop viollantement addoné, fust à courir et à picquer amprès le cerf, fust à beau pied à le destourner avecques le limier; et y estoit si affectionné qu'il en perdait le dormir [...] » Charles IX avait d'ailleurs écrit un livre de chasse « avecques un très beau et très éloquent langage » [*la Chasse royale,* Paris, 1625, Nic. Rousset]. *Ibid.* p. 298.

* « *... le gendre de l'Amiral, le jeune Téligny.* » « Le même jour [24 mars 1571], [Charles de] Téligny, jeune homme en qui se trouvoient les qualités les plus estimables et qui joignait beaucoup de valeur à une naissance illustre, épousa Louise de Châtillon [née le 28 septembre 1555], fille de Coligny, qui dans ce mariage ne regarda que le mérite personnel de son gendre car il avait peu de bien. Louis de Téligny son père, qui vivait encore, avait épuisé par ses profusions le riche patrimoine qu'il avait hérité de ses ancêtres. » A. de Thou. *Histoire universelle,* livre L, p. 490. — Voir aussi Brantôme. *Œuvres,* t. III, p. 146. La sœur de Charles de Téligny, Marguerite, avait épousé François de La Noue. (La note 1 dans Brantôme. *Œuvres,* t. III, p. 145, est erronée.)

Page 108

* « *The duel of Stuart and Wharton.* »

Car l'un de nous doit rendre son dernier soupir
Avant que de ce champ nous ne bougions d'un pas.

Cette épigraphe provient de *Ministrels of the Scottish border consisting of historical and romantic ballads collected in the southern counties of Scotland...* Edimbourg, 1812 (t. II, p. 316). Ce poème est précédé de quelques pages sur la fureur des duels en France et en Angleterre. (Note empruntée à Gustave Dulong, *loc. cit.*)

Page 109

* « ... *de manière à n'en pas sortir facilement.* » Voir A. d'Aubigné (*Faeneste,* liv. I, ch. 1, p. 10). Mérimée écrit en note : « On se battait alors en duel avec l'épée et le poignard. La coquille du poignard était très large et servait à parer les coups de tranchant. Quelquefois la coquille était percée de petits trous pour engager la pointe de l'épée de l'adversaire. »

Page 110

* « *1er mai 1547 est né mon fils Bernard.* » Dans la 1re édition (1829, p. 166) Mérimée ne précise pas l'âge de son héros. Dans la seconde édition (1832, p. 178) il donne : 1er mai 1539.

Page 112

* « ... *ne pas reculer d'un seul pas.* » Voir A. d'Aubigné (*Faeneste,* Liv. I, ch. 1, p. 11). Mérimée écrit en note : « On se battait sans pourpoint. On défaisait les *jarretières* pour être plus agile à se fendre, et les *rubans du soulier* pour montrer qu'on était résolu à ne pas rompre. Car, avec des rubans traînant à terre, un pas en arrière pouvait entraîner une chute. »

* « ... *nous pratiquons la coutume d'Andalousie.* » Brantôme (Discours sur les duels), t. VIII, p. 91, donne cette coutume comme ayant cours à Naples.
Mérimée écrira dans sa *Vie de Branthôme* (*Œuvres,* t. I, p. 37) : « Nous ne parlons pas de ces duels où l'on entraînait, comme à une fête des seconds ou des tiers qui s'égorgeaient bravement sans avoir rien à démêler dans la querelle. » Brantôme (*Œuvres,* t. VIII, p. 91) fait dire aux seconds : « Et que faisons-nous, nous autres cependant « que nos amys et compaignons se battent? Vrayment il nous fait « beau veoir ne servir icy que de spectateurs à les veoir entretués ! « Battons-nous comme eux. »

Page 113

* « ... *fit voler le fourreau à vingt pas...* » Brantôme (*Œuvres,* t. VIII, p. 111) écrit à propos du duel du baron de Viteaux : « En marchant il fit voller le fourreau en l'air, en le secouant, ce qui est le beau cela, et qui monstrait bien une grâce de combat bien asseurée et froide et nullement téméraire [...] »

* « *Froisser le fer et dégager au corps.* » Il s'agit probablement de ce qu'en terme d'escrime on nomme le *coulé.* « Couler, c'est lorsqu'on se trouve en mesure sur son adversaire, glisser sur le faible de son épée par un frottement vif et sensible et dans le temps qu'il oppose

pour parer, dégager subtilement et tirer droit sur lui. » Danet. *L'Art des armes*. Paris, 1766, t. I, p. 119.
Mérimée avait d'abord écrit « croiser » et non « froisser ».

Page 115

* « *Ce fut la fin de son oraison funèbre.* » Brantôme (*Œuvres,* t. VIII, p. 110) écrit à propos de la mort de Guillaume du Prat, baron de Viteaux, tué en duel par Yves d'Alègre, baron de Milhau, derrière les Chartreux, le 7 août 1583 : « Ainsin mourut encore ce brave baron, vieux routier d'armes et tant de fois victorieux sur d'autres, par la main d'un jeune homme, qui n'avoit que peu ou du tout poinct encore fait de grandes armes, si non que sortant hors d'ostage et de prison en Allemaigne, vint s'esprouver tout du premier coup contre un des vaillans et déterminés de la France ».

Page 116

* « Molière. *Les Amants magnifiques* », acte I, sc. II.

Page 117

* «... *plutôt que de devoir la vie à un huguenot.* » Voir Brantôme. *Fæneste,* p. 146 : « Baumier répondit qu'il l'irait voir comme sa mère, mais qu'il offenserait sa conscience de guérir une hérétique »; et la note de Le Duchat qui cite le duc de Nemours qui « aima mieux mourir que de devoir la vie à un médecin huguenot »

Page 119

* « ... *montrait le bout de son nez...* » Molière. *Le Sicilien ou l'Amour peintre,* sc. I.

Page 126

* « Shakespeare, *King Henry IV* », première partie, acte I, sc. III : Tu le calomnies, Percy, tu le calomnies.
* « ... *le cure-dent qu'il avait à la bouche...* » Voir plus haut, p. 30.

Page 130

* « Molière. *Tartuffe* », acte III, sc. II.

Page 131

* « ... *la Vie très horrificque de Pantagruel...* » Mérimée confond avec le titre du *Gargantua* cité plus haut p. 66. Le titre exact est : *Pantagruel roi des dipsodes, restitué à son naturel avec ses faicts et prouesses espoventables, composé par feu M. Alcofribas, abstracteur de Quinte Essence.*

Page 133

* « *Que de fois ai-je vu d'Ardelay...* » Le baron Bourdeille d'Ardelay était le frère cadet de Brantôme, tué dans Chartres et inhumé dans la cathédrale (Brantôme. *Œuvres* t. VII, p. 76).

* « ... *chacun avec un poitrinal...* » Une note au « Discours sur M. de la Nouë (Brantôme. *Œuvres,* t. IX, p. 312) indique : « *Petrinal* ou *poitrinal* s'est dit du pistolet long devenu le mousqueton de cavalerie comme de la petite arquebuse, parce que la crosse s'appuyait sur la poitrine. » Autre note (*ibid.* t. VI, p. 256) : « [Pestrinalliers], armés d'un poitrinal, arme à feu courte qu'on appuyait sur la poitrine pour ajuster. L'arquebuse ne se mettait pas à l'épaule et se tirait à bras tendus. »

* « ... *force crêtes de coq en pâté...* » Voir Brantôme (« Recueil des Dames », seconde partie, t. XI, pp. 244-245).
— « Pour réveiller la lente chaleur de Vénus, Catherine dévore crêtes et rognons de coq. » *Journal de l'Estoile pour le règne de Henri III,* Paris, Gallimard, p. 90.

Page 136

* « ... *pied mignon chaussé d'un patin...* » Soulier à semelle fort épaisse que les femmes, « courtaudes et nabottes » dit Brantôme (*Œuvres,* t. XI, p. 344) mettaient pour se grandir. Il s'agit sans doute ici du « beau petit patin peu liégé », c'est-à-dire à semelle mince de liège dont parle aussi Brantôme (*Œuvres,* t. XI, p. 343. Voir aussi pp. 356, 357, 359.)

Page 139

* « *Le bonhomme en mourut un mois après.* » Voir plus haut, p. 11.

Page 143

* « Molière. *Amphitryon* », acte II, sc. II.

Page 147

* « *Adieu, mon père...* » On lit dans A. de Thou (*Histoire universelle,* 1740, t. IV, liv. LII, p. 571) : « Deux jours avant que le massacre fut résolu, le Roi s'étant approché de Coligny avec des démonstrations de l'amitié la plus sincère, lui parla ainsi : Vous sçavez, mon père (il l'appelait ainsi à cause de son âge et de son mérite), vous sçavez la promesse que vous m'avez faite de n'insulter aucun des Guises, tant que vous demeureriez à la Cour [...] »
A. d'Aubigné écrit (*Histoire universelle,* t. II, liv. I, ch. 1; édition de Ruble, III, p. 283) : « Le Roi, à l'arrivée, l'appela son père, et

après trois embrassades, la dernière, une joue collée à l'autre, il dit de bonne grâce, en serrant la main du vieillard : « Nous vous « tenons maintenant, vous ne vous eschapperez pas quand vous « voudrez. »

Les *Mémoires de l'estat de France sous Charles neuvième* ajoutent ici : « Ce sont propos à deux entêtes et qui se peuvent prendre aussi soit en bonne que mauvaise part. Si est-ce que l'Amiral confessa peu après que ce langage l'avait fort esmeu craignant qu'il n'y eust embuches [...] »

* « ... *avec le maréchal de Retz.* » Voir plus haut p. 88. Brantôme donne le maréchal de Retz comme « favory et conseil de Charles IX » (*Œuvres,* t. VI, p. 268). Il écrit (*ibidem,* p. 125) : « la feste de la Saint-Barthélemy s'inventa de laquelle M. de Tavannes avecques le comte de Raiz, fut le principal auteur. » On lit aussi dans les *Mémoires de l'Estat de France* (I, p. 401) : « La Royne mère et le comte de Retz avec Birague enflammèrent le Roy. »

Page 148

* « Shakespeare. *Macbeth* », acte II, sc. I. « Trouvez-vous votre patience si grande dans votre nature que vous puissiez laisser les choses aller ainsi? »
* « ... *un gros juron entre les dents.* » « Ainsin avec les loups apprend on à hurler : si bien que le roy apprit de luy [le maréchal de Retz] ce vice, qui s'y accoustuma si fort, qu'il tenait que jurer et blasphémer estoit une forme de parolle et devis, plus de braveté, de gentillesse que de péché [...] » Brantôme. *Œuvres,* t. VI, p. 266.

Page 149

* « ... *qui me fait suer sang et eau.* » « Il voulut sçavoir la poësie et se mêler d'en écrire et fort gentiment [...] » Brantôme. *Œuvres,* t. VI, p. 293.

Page 150

* « ... *toujours en selle...* » Dans l'édition originale (1829) Mérimée avait écrit : « le cul sur la selle ». L'expression se trouve dans Montaigne. Liv. III, ch. IX, édition Plattard, p. 67.
* « ... *m'avait surnommé l'Albanais.* » Brantôme parle à plusieurs reprises des cavaliers albanais, milice assez semblable à celle des cosaques, qui fut imitée ou importée en France au XVIe siècle.

Page 154

* « ... *le surnom de tueur du roi.* » Charles de Louviers, seigneur de Maurevert. Cf. *Journal de l'Estoile pour le règne de Henri III,* Paris, Gallimard, p. 119; Brantôme. *Œuvres,* t. IX, pp. 310-312.

« ... Le sieur de Montravel [ou Maurevel ou Maurevert] qui avait tué paradvant M. de Mouy son maistre, qu'on appelait le *tueur du roy*, ou *le tueur aux gages du roy;* lequel ainsin que M. l'admiral se retirait en son logis, et estant devant celui du chancelier, ledict Montravel, caché en une fenestre d'un meschant petit logis qui estoit là près tira à mondict sieur l'admiral un'harquebusade au bras, ainsin qu'il lisoit une lettre en marchant. » Brantôme. *Œuvres*, t. V, pp. 220-221.

Cf. P. de Vaissière. *Récits du temps des troubles : de quelques assassins.* Paris, 1912.

* « *D. Juan, canto II.* » Il est agréable d'apprendre une langue étrangère, des lèvres et des yeux d'une femme. » Byron. *Don Juan*, II, 164.

Page 155

* « ... *ornés de rosettes de rubans lilas.* » Voir plus haut p. 98.

* « ... *passant par la rue des Assis...* » La rue des Assis (ou des Arcis) allait de la rue Saint-Jacques-la-Boucherie à la rue des Lombards (actuellement rue Saint-Martin).

Page 156

* « ... *rester toujours insensible ?* » La conversation de Mergy avec sa maîtresse est l'écho des conversations de Mérimée avec Mme Lacoste.

Page 157

* « ... *l'amour excuse bien des choses...* » Mérimée écrira à Jenny Dacquin, le 25 septembre [1832], (*Corr. gén.*, t. I, p. 184) : « L'amour fait tout excuser, mais il faut être bien sûr qu'il y a de l'amour. » Voir *les Ames du Purgatoire*, t. II, p. 41.

Page 159

* « *Bene valet triginta.* » Rabelais. *Gargantua*, ch. XLII.

* « ... *mariage de Marguerite avec le roi de Navarre...* » Le mariage du roi de Navarre avec Marguerite de Valois, sœur du roi, eut lieu le 18 août 1572.

Page 160

* « ... *par un scélérat nommé Maurevel.* » Voir plus haut p. 154.

* « ... *le poursuivre avec la dernière rigueur...* » « Marguerite de Valois raconte que l'irritation du roi contre le duc de Guise était telle qu'il voulait le faire arrêter (*Mémoires de Marguerite de Valois*, édit. de la Soc. de l'hist. de France, p. 28). Note de A. de Ruble (*Histoire universelle* d'A. d'Aubigné, t. III, p. 307, n. 2).

Page 161

* « ... *votre courtaud...* » On lit une note dans Brantôme (*Œuvres*, t. V, p. 74). « On appelait *grands chevaux* les chevaux de guerre et *courtauds*

ceux qui servaient pour le voyage et la promenade. Voir aussi (t. XIII, p. 13) : « Les courtauds étaient des chevaux de service, non de bataille; ils remplissaient l'office de nos poneys. »

Page 163

* « Otway, *Venice preserved* » « Celui d'entre vous qui épargne son père, son frère ou son ami est damné. » Otway. *Venise sauvée*, acte III, sc. II.

Page 164

* « ... *l'ancien palais des Tournelles.* » Voir plus haut p. 55.
* « *Les flasques...* » Poire à poudre (cf. Brantôme. *Œuvres*; t. VII, p. 223).

Page 165

* « ... *les huguenots ont pris leur religion de l'Allemagne...* » La Noue a écrit : « Plusieurs qui verront icy escrit, comme pour merveille, qu'une armée étrangère ennemie ait pénétré bien avant dans le royaume de France, ne le trouveront peut-estre si étrange [...] telles expéditions ne sont pas si extraordinaires qu'on voudrait faire croire. Je confesseray pourtant que les guerres civiles ont beaucoup facilité l'entrée aux nations voisines, qui n'eussent osé l'entreprendre sans l'appui d'une des deux parties. » (*Loc. cit.*, Michaud et Poujoulat, ch. XXIV, p. 631.)
* « ... *notamment à Saint-Quentin...* » Philippe II d'Espagne gagna le 10 août 1557 la bataille de Sainct-Quentin sur le connétable de Montmorency qui fut fait prisonnier.
  Brantôme écrit (*Œuvres*, t. V, p. 110) : « Possible, si M. de Guyze fust été hors de là, qu'ils nous eussent pu donner une pareille estrette [difficulté, mauvais pas] que d'autres reistres nous donnarent à la battaile de Sainct-Quantin; car ce furent eux avecques cinq cens lances de Bourguignons, tous conduicts par le comte d'Aiguemont, qui nous desfirent. » Sur les reîtres, voir p. 551, la note de la page 21.

Page 166

* « ... *le comte de La Rochefoucauld...* » Voir plus haut p. 51.
  « Le comte de la Rochefoucauld était à la tête des troupes de Xaintonge et de Poitou et s'était fait calviniste pour épouser la belle-sœur du prince de Condé, qui ne lui avait été promise qu'à cette condition. » *Histoire de Charles IX*, par le sieur de Varillas. Paris, 1684, t. I, p. 278.
* « ... *voilà un cheval rouan...* » Cheval à poil mêlé de bai, de gris, et de blanc.

Page 167

* « ... *leur vieille affaire d'Amboise...* » La Conjuration d'Amboise (mars 1560).

Page 168

* « ... *leur donnent un tour de peigne...* » Locution populaire. On dit plutôt « coup de peigne », pour « combat » « coups », d'où l'expression du bas langage « flanquer une peignée ».

Page 169

* « ... *l'assassin du brave de Mouy...* » Voir plus haut, p. 154. A. de Vaudrey de Mouy fut blessé par Maurevel à Niort en 1569 et mourut peu de temps après à La Rochelle. Cf. Brantôme. *Œuvres,* t. IX, p. 310; A. de Thou, *l. c.*, t. IV, liv. XLVI, p. 230.

* « *Je ne connais point M. de Maurevel.* » « Si fut-il abhorré de tous ceux de nostre armée, si bien que personne ne le voulait accoster, pour avoir ainsy si perfidement et proditoirement tué son maistre et son bienfaiteur [...] » Brantôme, *ibid.* p. 311.

* « *Comme furent exterminés les Madianites par le fort Gédéon...* » Juges, VII, 16-23. Voir plus loin, p. 210.

Page 172

* « Shakespeare, *Julius Caesar.* » « Prends garde aux ides de Mars. » Shakespeare. *Jules César,* acte I, sc. II.

* « ... *le chirurgien Ambroise Paré...* » « Ambroise Paré fut le premier chirurgien qui courut à l'amiral et qui, voyant un commencement de gangrène, acheva de couper le doigt, à quoi il faillit et reprit trois fois. Parmi ces douleurs, le blessé dit à Merlin et à un autre ministre qui le consoloyent : « Ces plaies me sont douces, comme pour le nom de Dieu, priez-le avec moi qu'il me fortifie. » D'Aubigné *Histoire universelle,* livre I, t. II, ch. III; Ruble, III, p. 307. Voir aussi Brantôme. *Œuvres,* t. V, p. 222. — A. de Thou. *Histoire universelle,* t. IV, livre LII, p. 575. A. de Ruble donne la note suivante : « Ambroise Paré, chirurgien du roi, né vers 1516 à Laval, d'abord barbier, puis aide-chirurgien, resta longtemps au service du maréchal de Montejean, du vicomte de Rohan, d'Antoine de Bourbon et enfin de Henri II. Il mourut à Paris le 22 décembre 1590, laissant de nombreux ouvrages de médecine et de chirurgie. Il avait longtemps suivi la réforme. M. le docteur Paulmier a écrit sa vie. (*Ambroise Paré,* 1887, in-8°.) » Voir aussi la préface de Marcel Sendrail à *Textes choisis de Ambroise Paré :* Paris, les Belles-Lettres, 1953.

Page 173

* « ... *danser la sarabande à Montfaucon...* » Après avoir subi « mille

indignités » le corps de Coligny fut porté au gibet de Montfaucon « où il fut pendu par les cuisses avec des chaînes de fer ». François de Montmorency fit enlever le corps et le fit enterrer dans la chapelle du château de Chantilly. Voir A. de Thou (*l. c.*, t. IV, liv. LII), p. 585; d'Aubigné (*l. c.*, t. II, liv. VI, ch. VI; Ruble, III, 318).

* « ... *un mouvement extraordinaire dans les rues de Paris...* » « Quelques personnes attentives ayant remarqué que les ruës et les environs du Louvre étoient pleins de gens en armes qui allaient et venaient; que le peuple était dans l'agitation et le mouvement et qu'on entendait des menaces de tous côtés, jugèrent que tout se préparait à une émotion et ils en donnèrent avis à Coligny. » A. de Thou. *Histoire universelle*, 1740, t. IV, p. 581.

* « ... *il rencontrait des crocheteurs...* » On lit dans les *Mémoires de l'estat de France* (t. I, p. 384) : « On vit aussi entrer ce jour-là six crocheteurs chargés d'armes dans le Louvre. » A. de Thou écrit (*l. c.*, t. IV, p. 582) : « On vint avertir Téligny que l'on avait vu des crocheteurs chargés d'armes que l'on faisait entrer dans le Louvre. » Le mot « crocheteur » ne se trouve pas dans A. d'Aubigné.

* « ... *pour le divertissement...* » « Il y avoit déjà longtemps que les soldats qu'on avoit postés dans les ruës, étaient comme en bataille, attendant impatiemment le coup du signal. Le bruit et le fracas qui s'excita subitement, réveilla les Protestants qui s'étoient venus loger dans le voisinage par ordre du Roi. Ils sortirent de leurs maisons, et allèrent du côté du Louvre, où le gros se rassemblait. En chemin ils demandèrent, pourquoi tant de flambeaux et de gens armés? On leur répondit, comme on en était convenu, qu'on se préparait à un combat pour le divertissement de la Cour, et que la curiosité du spectacle était cause de tout ce concours. » A. de Thou, *l. c.*, t. IV, p. 583.

Même récit dans les *Mémoires de l'estat de France* (t. I, p. 388).

Le mot « divertissement » n'est pas dans A. d'Aubigné qui parle seulement de « préparatifs pour un tournoi » (*Histoire universelle*, (II, liv. I, ch. IV; Ruble, III, 315). Audin (*Histoire de la Saint-Barthélemy*, p. 243) écrit : « [Les gentilshommes protestants] s'habillent à la hâte, descendent dans la rue et demandent ce que signifient ces flambeaux allumés si avant dans la nuit. « Dormez, dormez, leur dit-on; c'est un divertissement nocturne que la cour va donner [...] »

Page 174

* « ... *marquer ainsi les logements ?* » On lit dans les *Mémoires de l'estat de France sous Charles neuvième* (t. I, p. 380) : « Les quarteniers de Paris vont par toutes les hostelleries et logis, prennent par escrit les noms de ceux qui faisoyent profession de la Religion, marquent leurs logis et portent leurs roolles à ceux qui leur en avoyent fait commandement. »

Page 176

* « *C'est une drôle d'enseigne : n'importe !* » « La nuit du jeudi 10 mars [1580] [...] fut ôté et enlevé du lieu où il était, le crucifix surnommé « maquereau », et par les gens du guet porté en l'évêché, et ce, à cause du scandaleux surnom que le peuple lui avait donné, à raison de ce que c'était un crucifix de bois peint et doré, de la grandeur de ceux qu'on voit ordinairement aux paroisses, plaqué contre la muraille d'une maison sise au bout de la Vieille rue du Temple, vers et proche des égouts, en laquelle maison et aux environs se tenait un bordeau, qui donna occasion de donner à ce crucifix le surnom de « maquereau », pour ce qu'il servait de marque et d'enseigne à ceux qui allaient chercher ces bordeliers repaires. » *Journal de l'Estoile pour le règne de Henri III,* Paris, Gallimard, p. 244.

Page 185

* « *Mot du maréchal de Tavannes.* » « M. de Tavannes, comm'on dit, ce jour il se montra fort cruel; et se pourmenant tout le jour par la ville, et voyant tant de sang respandu il disait et s'escryoit au peuple : « Seignez, seignez; les médecins disent que la saignée est aussy « bonne en tout ce mois d'aoust comme en may. » Brantôme, t. VI, p. 126.

Page 186

* « *...conduits sur l'autre rive...* » Audin (*l. c.*, p. 378) signale « les bateliers qui veillaient sur les quais pour empêcher les réformés de passer le fleuve. » Il publie une ordonnance du 13 septembre 1572, accordant dix livres tournois à Nicolas Sagest, passeur d'eau à Paris, pour avoir « fait serrer sur la rivière plusieurs autres bateaux pour empêcher le passage d'icelle. »

* « *... giboyait aux pauvres passants.* » « Ces lettres [celles où Charles IX rejetait sur les Guises la responsabilité du massacre] signées de la mesme main de laquelle ce prince giboyait de la fenestre du Louvre aux corps passans. » A. d'Aubigné, *Histoire universelle,* t. II, liv. I, ch. IV; de Ruble, III, 333.

Brantôme écrit (t. VI, pp. 266-267) : « Il s'en est dict de tant diverses façons, qu'on ne sçait qu'en croire; mais il fust tant poussé de la royne et persuadé du mareschal de Raiz qu'il s'y laissa aller et couler aysement, et y fust plus ardent que tous; si que lorsque le jeu se jouait et qu'il fust jour, et qu'il mit la teste à la fenestre de sa chambre, et qu'il voyait aucuns dans les faubourgs de Sainct-Germain qui se remuoient et se sauvoient, il prit un grand arquebuz de chasse qu'il avoit, et en tira tout plain de coups à eux, mais en vain, car l'harquebuz ne tirait si long. Incessamment criait : *Tuez, tuez !* » Le texte le plus ancien à ce sujet est celui du *Réveille-matin des François* [par Nicolas Barnaud]; reproduit dans les *Mémoires de l'estat de France sous Charles neuvième* [par Simon Goulart].

On connaît les vers d'A. d'Aubigné, dans *les Tragiques* [v. « les Fers »] :

> Ce roy, non juste roy mais juste arquebusier
> Giboyait aux passans trop tardifs à noyer.

La question de l'arquebusade de Charles IX n'est d'ailleurs pas résolue. Cf. Henri Bordier. *La Saint-Barthélémy et la critique moderne*, p. 42. H. de Balzac en a tenté la réfutation dans son étude « *Catherine de Médicis* ». Édit. Houssiaux, t. XV, p. 644.

* « D'Aubigné, *Histoire universelle.* » A. de Thou écrit : « La ville n'était plus qu'un spectacle d'horreur et de carnage; toutes les places, toutes les rues retentissoient du bruit que faisoient ces furieux en courant de tous côtés pour tuer et pour piller : on n'entendait de toutes parts que plaintes et que hurlement de gens, ou déjà poignardés, ou qui étaient prêts de l'être; on ne voyait que corps morts jetés par les fenêtres. Les chambres et les cours des maisons étaient pleines de cadavres. On les traînait inhumainement dans les carrefours et dans les bouës, les ruës regorgeoient tellement de sang, qu'il s'en formait des torrents. Enfin il y eut une multitude innombrable de personnes massacrées, hommes, femmes, enfants et beaucoup même de femmes grosses. » *Histoire universelle,* 1740, t. IV, liv. LII, p. 591.

A. d'Aubigné a traduit ce passage en ces termes : « ... L'air résonnait des hurlements des mourants ou de ceux qu'on dépouillait à la mort; les corps destranchez tomboyent des fenestres; les portes cochères et autres estoyent bouchées de corps achevez ou languissants; le milieu des rues de ceux qu'on traînait non sur le pavé, mais sur le sang qui cerchoit la rivière; on ne pouvait nombrer la multitude des morts, hommes, femmes et enfans, quelques uns sortans du ventre des mères. Je n'ai voulu en ces dernières lignes faire office que de traducteur. » *Histoire universelle,* t. II, liv. I, ch. IV; édit. Ruble, III, 329.

* « ... *et une croix blanche au chapeau.* » « On leur dit, que pour donner le signal, on sonnerait le tocsin avec la cloche de l'horloge du Palais; et que, pour se reconnaître les uns et les autres, ils porteroient une écharpe de toile blanche au bras gauche et une croix blanche à leur chapeau. » A. de Thou. *Histoire universelle,* 1740, t. IV, p. 583.

Page 187

* « ... *dans la Seine par-dessus le pont au Meunier.* » « ... les misérables que [les tueurs] recevoyent et menoyent sur des planches par où on va aux moulins, pour les précipiter entre deux piliers du pont. »

A. d'Aubigné. *Histoire universelle,* t. II, liv. I, ch. IV; Ruble, III, 337.

Le « Pont aux Meuniers » qui datait au moins du XIVe siècle était situé au-dessous du Grand-Pont (Pont-au-Change). Sauval, *Histoire et Antiquités de la Ville de Paris,* 1724, t. l, p. 222) dit qu'il était ainsi nommé « à cause qu'il ne consistait qu'en moulins à eau, habité par des Meuniers. » Cf. Brantôme. *Œuvres,* II, 256.

Le pont fut détruit par un incendie le 22 décembre 1596, selon Dulong.

* « ... *à une des poutres du pont* » A. d'Aubigné écrit : « [...] ils avoient poignardé et précipité une femme, de laquelle ils avoient voulu voir les cheveux avant la tuer et que ses cheveux s'estoyent entortillez en une cheville [du pont] suspendans le corps en l'eau jusqu'aux mammelles qui ne put tomber pour quelques pierres qu'ils lui jettèrent [...] » *Histoire universelle,* t. II, liv. I, ch. IV; Ruble, t. III, p. 337).

* « ... *dans la rue Saint-Josse...* » Il existe seulement sur les plans de l'époque un carrefour Saint-Josse où se trouvait l'église de ce nom. L'église Saint-Josse « exista jusqu'en 1791, au coin des rues Aubry-le-Boucher et Quincampoix. C'était dans l'origine une chapelle qui fut érigée en paroisse en 1260. On la rebâtit en 1679, sur les dessins de Gabriel Le Duc. Sur l'emplacement que cette église occupait, on a bâti, rue Quincampoix, une maison qui porte le nº 1. »
Dictionnaire historique de Paris, par A. Béraud et P. Dufey. A Paris, 1832, t. I, p. 376.

Page 190

* « ... *pour être arrosée d'un sang hérétique !* » Le prétendu miracle de l'aubépine qui fleurit « dans une saison où les arbres ne donnent point de fleurs » dans le cimetière des Innocents, est raconté par tous les mémorialistes. A. de Thou écrit (*l. c.,* t. IV, liv. LII, p. 597) : « Les factieux s'applaudissant de leurs fureurs, ne manquèrent pas de dire, que Dieu marquoit par là, que tout ce qu'ils avoient fait jusqu'alors, lui étoit agréable. »

* « ... *de la cruauté à être humain.* » « A minuit la roine, qui craignait au roi quelque mutation, descend en la chambre de son fils, où se trouvèrent les ducs de Guise et de Nevers, Birague, Tavannes et le comte de Rets, tous menez là par Monsieur. Ayant trouvé au roi quelque doubte, la roine, entre autres propos pour l'encourager, y apporta ces paroles : « Vaut-il pas mieux, dit-elle, deschirer ces membres pourris que le sein de l'Église, espouse de Nostre Seigneur? » Elle acheva par un traict pris aux sermons de l'évesque Bitonte en le citant : *Che pieta lor ser crudele ? che crudelta lor ser pietoso ?* Le roi se résoult et elle advance le tocsain du palais en faisant sonner une heure et demie devant celui de Saint Germain de l'Auxerrois. » A. d'Aubigné, *Histoire universelle,* t. II, liv. I, ch. IV; Ruble, III, 314.

Aubigné écrit aussi dans la *Confession catholique du Sieur de Sancy* (1683), p. 415 : « J'ay leu les braves sermons de l'Evesque de Bizonte [*sic*] qui m'ont préparé le cœur au prochain massacre. Qui a jamais leu une si belle clause que celle-ci : *Che la crudeltà loro era pietosa !* »

Brantôme écrit à son tour (VI, 270) attribuant le mot à Charles IX : « Aussy il avoit ceste rebellion si fort à contrecœur, qu'il disoit et tenoit que : contre les rebelles c'estoit cruauté d'estre humain et humanité d'estre cruel. Certes, en ce cas, il le fust en toutes sortes, et par actes et par spectacles, car il prit fort grand plaisir de veoyr passer soulz ses fenestres, par la rivière, plus de quatre mille corps, ou se noyant ou tuez; dont du despuis il se rendit tout changé, et disoit-on qu'on ne luy voyoit plus au visage cette douceur qu'on avait accoutumé de lui veoyr. »

* « ... *de ces deux hommes un seul avait fait la guerre.* » Antoine Marafin de Guerchy, lieutenant de la compagnie de gens d'armes de l'amiral de Coligny.
« Le sieur de Guerchy vaillant homme, fut tellement surprins, que sans avoir loisir de s'armer, il fut assailli de plusieurs. Mais ayant l'épée au poing et un manteau autour du bras, il fit telle résistance qu'il coucha deux massacreurs à ses pieds. Mais ayant reçu plusieurs coups et les forces lui défaillans, il fut accablé et haché en pièces. » *Mémoires de l'estat de France,* t. I, p. 396. Voir aussi A. de Thou. *Histoire universelle,* liv. LII, p. 587, — A. d'Aubigné. *Histoire universelle,* édit. de Ruble, III, 322. — Taverny « lieutenant de robbe-longue de la Connestablie », fut tué en défendant sa vie. A. d'Aubigné *l. c.,* III, 340.

Page 193

* « ... *ils ont joliment travaillé hier à Orléans...* » « Les exécuteurs se sont vantez d'avoir fait mourir en ce lieu dix huit cents hommes, cent cinquante femmes et plusieurs petits enfants [...] » A. d'Aubigné. *Histoire universelle,* t. II, liv. I, ch. v; Ruble, t. III, p. 343. — A. de Thou, (*l. c.,* t. IV, liv. LII, p. 601), écrit : « Il y eut plus de mille personnes massacrées, hommes, femmes et enfants; on jetta une partie de ces corps dans la Loire; pour ceux qu'on égorgea sur les remparts, on les précipita dans les fossés. »

Page 194

* « ... *feront leurs toiles en temps de jeûne.* » « ... car nous avons tant et trestant par la marine jeuné que les araignes ont faict leurs toiles sus nos dents. » Rabelais. *Le Quart Livre,* ch. XLIX.

* « ... *c'était une énorme emplâtre...* » Le mot « emplâtre » actuellement masculin s'employait souvent au féminin au XVIIe siècle.

Page 196

* « *Et beata viscera virginis Mariae.* » Voir plus haut p. 56.

Page 197

* « ... *faute de remuer les mâchoires.* » « Voyez icy ce bon frère Jan des

Entommeures, [...] la mousse lui est creue on gouzier par faulte de remuer et exercer les badiguoinces et mandibules. » Rabelais. *Le Quart Livre,* ch. XLIX.

* « ... *monsieur Bois-Dauphin.* » Le nom de Bois-Dauphin se trouve dans le *Journal de l'Estoile pour le règne de Henri III,* Paris, Gallimard, p. 581 ; et dans les *Aventures du baron de Fæneste,* liv. I, ch. VII, p. 38 et n. 2, mais il s'agit d'Urbain de Montmorency-Laval, seigneur de Bois-Dauphin, maréchal de France, mort en 1629.

* « ... *Jérôme Crédit est mort...* » « Un marchand dit que chez lui le *crédit est mort.* Pour dire qu'il veut être payé comptant. Manière de parler proverbiale et basse. » Leroux. *Dictionnaire comique* (1786).

Page 199

* « ... *vous me fissiez la grâce de les baptiser.* » Cet épisode est emprunté au *Journal de l'Estoile* à la date du 7 juillet 1589 (Paris, Gallimard, p. 640) : « Et pour faire voir à tout le monde qu'ils n'avaient point du tout de religion, ils contraignaient les prêtres des paroisses, en leur mettant le poignard à la gorge, de baptiser (car ils usaient de ce propre mot) les veaux, moutons, cochons, levrauts, chevreaux, poules et chapons, et leur bailler les noms de brochets, carpes, barbeaux, truites, soles, turbots, harengs et saumons. »

Page 204

* « *Ils demandent vengeance au ciel...* » Maurice Levaillant, dans son édition de la *Chronique* (Paris, Larousse [1926], p. 205) a signalé que ce trait est emprunté à d'Aubigné (*Histoire universelle,* t. II, liv. IV, ch. XXI) : « ... Là elle fait rencontre d'un grand étendard élevé sur deux piques, où était peint au naturel le roi mort et à ses pieds l'enfant emmailloté qui *tendait ses menottes au ciel comme demandant vengeance.* »

* « Moore, *Fudge family.* » « Que toujours espèrent et souffrent tous ceux qui le peuvent. » *Fudge family in Paris,* edited by Th. Brown the younger. London, 1818, lettre IV, p. 30.

Page 205

* « *Le maréchal de Biron...* » Armand de Gontaut, baron de Biron, grand maître de l'artillerie, maréchal de France, mort en 1592. Brantôme. *Œuvres,* t. VI, pp. 130-165.

Page 206

* « ... *qui portaient les enseignes royales...* » « Biron, receu des députés

de la Rochelle à Saint-Jean, devant lesquels les larmes aux yeux, il rendit grâces à Dieu de n'avoir point trempé en la journée sanglante. » A. d'Aubigné, *Histoire universelle,* t. II, liv. I, ch. VII; Ruble, t. III, p. 369; — A. de Thou, *l. c.* (p. 649).

« Biron, qui était à l'arsenal, et qui n'était pas plus aimé des Guises que Cossé, craignant qu'ils ne voulussent s'en venger, fit braquer deux coulevrines contre la ville, pendant que la populace et les soldats de la garde du Roi remplissoient tout de carnage. » A. de Thou, *l. c.,* liv. LII, p. 594.

Biron avait sauvé la vie au jeune Caumont la Force à l'arsenal. Cf. *Mémoires du duc de la Force,* t. I, ch. I.

* « ... *les massacres continuaient à Bordeaux...* » Vendredi 3 octobre 1572. « Pendant que toutes ces lettres s'écrivoient de part et d'autre, arriva le massacre de Bourdeaux, qui acheva de renverser tous les projets de conciliation : en effet les plus pacifiques en furent si irrités qu'ils jugèrent qu'il ne fallait plus songer à la paix [...] » A. de Thou, *l. c.,* t. IV, liv. LIII, p. 651.

* « ... *qu'il avait perdu dans un combat...* » Au siège de Fontenay (25 juin 1570) La Nouë « reçut au bras gauche un coup qui lui cassa l'os. La blessure fut si grande qu'il falut le transporter à la Rochelle; la gangrène s'y mit et il consentit qu'on lui coupa le bras. » A. de Thou, *l. c.,* t. IV, liv. XLVII, p. 321. « Un habile ouvrier lui fit un *bras de fer* avec lequel il pouvait manier son cheval. De là vint le surnom qui ne le quitta plus. » H. Hauser. *François de la Noue* Hachette, 1892, p. 22.

Page 207

* « ... *accompagné d'un prêtre italien...* » Jean-Baptiste Gadagne, dit l'abbé de Gadagne, bourgeois lyonnais d'origine florentine, agent de Catherine de Médicis, espion et négociateur.

« On lui [à La Nouë] donne pour l'accompagner Jean-Baptiste Guadagne Florentin, sous prétexte de mettre à ses ordres un homme de confiance qui viendrait rendre compte à la Cour du succès de la négociation; mais en effet pour lui servir d'espion dans toutes ses démarches. » A. de Thou, *l. c.,* t. IV, liv. LIII, p. 655.

* « *Ce fut à Tadon...* » Tadon, faubourg de la Rochelle ou petit village situé près de la ville à la porte Saint-Nicolas. La Noue et l'abbé de Gadagne y arrivèrent le 19 novembre 1572.

* « ... *vous n'êtes point La Noue !* » On lit dans l'histoire d'A. de Thou t. IV, (liv. LIII, p. 655) :

« Ce fut là que les députés de la Rochelle le reçurent avec une hauteur qui a peu d'exemples. Car après que ce Seigneur leur eut exposé le sujet de sa commission, qu'il leur eut déclaré qu'il avoit à leur parler de la part du Roi, et qu'il eut demandé que les propositions dont il était chargé fussent rapportées au Conseil; on se contenta de lui répondre : « Il est bien vrai que nous sommes venus pour

« conférer avec M. de la Nouë; mais M. de la Nouë ne paraît pas « et nous ne l'appercevons point ici. » Deux jours après on se rassembla au même endroit et ce furent les mêmes propositions et la même réponse. « Je suis étonné, dit alors la Noue, que vous ayez « sitôt oublié celui qui a reçu il y a trois ans tant de blessures pour « vous, et qui a perdu un bras en combattant pour votre défense. « Nous sçavons, dirent les députés, qu'il y a eu un la Nouë, qui a « vécu dans une grande liaison avec nous, mais il n'a jamais fait « auprès de nous le personnage que vous représentez aujourd'hui. « [...] Sourd à toutes les promesses qu'on lui fit alors, il ne nous « flatta jamais de vaines espérances; jamais sous prétexte d'amitié « il ne nous invita à des conférences destinées à nous trahir. Vous « avez ses traits, mais vous n'avez pas son cœur : ainsi retournez « vers ceux qui vous ont envoyé. » La Nouë, dissimulant cet outrage, les pria avec tant d'instances de rapporter ses demandes au Sénat, qu'ils le lui promirent. Enfin on lui permit d'entrer dans la ville [...]. » Suivant Hauser (*l. c.*, p. 42) ce récit est suspect.

Page 208

* « ... *celle qu'il devait à sa religion.* » « Tant qu'il fut parmi eux, il les défendit avec toute la fidélité qu'exigeoit la dignité qu'il avoit acceptée; lorsqu'il n'y fut plus, il montra toujours la même ardeur pour travailler au salut de la ville; et par une grâce singulière de Dieu, il se conduisit de manière, avec les deux partis, que le Roi ne se plaignit jamais qu'il eût manqué à ce qu'il lui devait et que les Rochelois n'eurent aucun sujet de lui reprocher qu'il eût violé la foi qu'il leur avoit donnée ». A. de Thou, *l. c.*, t. IV, p. 657.

* « ... *en s'exposant vingt fois par jour.* » « [La Nouë] cherchait tous les jours dans les occasions périlleuses que présentoient les sorties continuelles, le moyen de se retirer par une mort glorieuse d'un état si embarrassant, et si exposé aux calomnies de l'un et l'autre parti. » A. de Thou, *l. c.*, t. IV, p. 779.

« La Nouë qui faisait l'homme de guerre et le pacificateur, estant irrité, cerchoit la mort à toute occasion. » A. d'Aubigné, *l. c.*, t. II, liv. I, ch. x; Ruble, t. IV, p. 13.

* « D'Aubigné, *Le Baron de Faneste.* » Citation des *Aventures du baron de Faneste.* Livre II, ch. XIX p. 121.

* « ... *les ouvrages avancés de l'armée catholique.* » « La Nouë, à la tête de trente cavaliers, sortit alors à dessein d'insulter les assiégeants qui venoient d'être renforcés par dix-sept compagnies du Régiment de Montluc. » Arcère, *Histoire de la ville de la Rochelle,* I, p. 458.

Page 209

* « ... *avoir pris part au combat.* » « Durant le combat, les femmes Rochelloises s'élevant au-dessus de la timidité de leur sexe, vinrent porter des rafraîchissements aux citoyens qui combattaient : elles les animoient par leurs cris et soulageoient les blessés par des soins

généreux [...] » Arcère, *Histoire de la ville de la Rochelle,* t. I, p. 459. — Voir aussi A. de Thou, *l. c.,* t. IV, p. 777; — A. d'Aubigné, *l. c.,* t. II, liv. I, ch. x; Ruble, t. IV, p. 11; — Brantôme, *Œuvres,* t. XII, pp. 385-387.

* « ... *faussée par une balle...* » A propos d'une action qui eut lieu le 27 février 1573, on lit dans les *Mémoires de l'estat de France sous Charles IX* (t. II, f° 152) : « La meslée fut si furieuse qu'elle dura plus de six heures. Le sieur de la Noue perdit deux chevaux et reçut quelques coups en son corps de cuirasse. » — Arcère écrit (*l. c.,* t. I, p. 459) : « Cette action qui dura près de six heures, coûta bien du sang aux deux partis [...]. La Noue eut deux chevaux tués sous lui; il aurait perdu la vie sans son armure, qui fut faussée de plusieurs coups. »
A. d'Aubigné dit seulement : « Le lendemain de ce parlement inutile, il y eut une sortie de six heures où La Noue courut grand-fortune de sa vie, et Marsac qui exposa sa vie pour lui mourut deux jours après. » *Histoire universelle,* t. II, liv. I, ch. x; Ruble, t. IV, p. 11.

* « ... *gouvernait la bride de son cheval.* » C'est en réalité le bras gauche que la Nouë avait perdu. Voir plus haut, p. 206.
« Car il se servoit fort bien de ce bras [de fer] à tenir et à gouverner la bride de son cheval. » *La Vie de François, seigneur de la Nouë dit Bras de fer...* par M^r^. Moyse Amirault. Leyde, 1641, p. 62.

* « ... *un ministre âgé nommé Laplace.* » La Place, ministre protestant, « né à Bordeaux : c'était un homme de basse naissance, d'une dureté sauvage de mœurs, grand artisan d'intrigues et de cabales; zélé jusqu'à l'excès, ce zèle qu'il faisait tant valoir était moins dans le cœur que dans le tempérament. » Arcère, *Histoire de la ville de la Rochelle...* t. I, p. 421. « Par la considération de la qualité de ministre, marié en ce ressort en la maison du Roullet, bonne et ancienne famille. » *Ibid.,* p. 477.

Page 210

* « ... *il a écouté nos prières.* » « Le ministre répliqua que c'était les défenseurs d'une sainte cause qui pouvoient espérer ces étonnants effets de la bonté divine, prodiges que ne mériteroient pas de lâches déserteurs de la vérité. La voix unanime des pasteurs fit la décision du Conseil. Il fut arrêté que la ville se défendrait jusqu'à la dernière extrémité, si l'on n'offroit que des conditions déraisonnables [...] » Arcère. *Histoire de la ville de la Rochelle...,* t. I, p. 471 (mars 1573).

* « ... *nous adresser de nouvelles sommations.* » [Samedi, dernier jour de février 1573] « Un trompette qui se présenta pour sommer la ville de se rendre, demanda de la part du Duc d'Anjou que la Nouë vînt au camp afin de recommencer les conférences, ajoutant que l'on donnerait Strozzi pour otage. Le conseil s'étant assemblé à ce sujet, les ministres représentèrent que c'était mépriser la loi de Dieu que

de changer de résolution après des sermens solemnels [...] » Arcère, *loc. cit.*, t. I, p. 464. — A. de Thou (*l. c.*, t. IV, p. 778) écrit : « Pendant, que [les assiégés] travailloient [à une brèche] arriva un trompette qui les somma de se rendre. Les Généraux s'étoient persuadés que le peuple, effrayé du fracas du canon, songeroit aussi-tôt à capituler. » Même récit dans les *Mémoires de l'estat de France sous Charles IX*, t. II, f° 152.

* « ... *et ensuite la main de tout le peuple.* » Mérimée met, dans la bouche du ministre, les versets suivants de la Bible : « Egressi sunt filii Belial de medio tui, et averterunt habitatores urbis suo... » Deutéronome, XIII, 13.
— « Sed statim interficies. Sit primum manus tua super eum, et postea omnis populus mittat manum. » Deutéronome, XIII, 9. Mérimée suit la version protestante d'Osterwald.

* « ... *toute l'armée des Madianites...* » Juges, VII, 16-23. Voir plus haut p. 169.

Page 211

* « *La poudre est rare...* » « Les assiégez ne perdoyent plus de coups au loing, sentans la défaillance de leurs poudres. » D'Aubigné. *Histoire universelle*, t. II, liv. I, ch. XI; Ruble, IV, p. 27.

* « *Montgomery...* » Arcère (*l. c.*, t. I, p. 483) écrit : « On reçut vers le même temps [mars 1573] des lettres du Comte de Montgomeri, lequel annonçait le secours attendu. Il promettait d'arriver dans un mois avec une flotte de quarante-cinq vaisseaux sans compter ceux de la Rochelle. Il ajoutait qu'ayant emprunté sur le crédit de la ville une somme de quarante mille livres sans intérêt, il en avait employé la plus grande partie à l'achat des munitions de guerre et de bouche. »

* « ... *l'abondance renaîtra dans la ville.* » La flotte anglaise suivant Arcère (*loc. cit.*, t. II, p. 496) parut devant La Rochelle le 19 avril 1573. Montgomery refusa le combat (cf. Brantôme, *Œuvres*, t. V. p. 36) et son expédition fut désavouée par la reine d'Angleterre.

* « ... *il est notre maître, après tout.* » Le discours de La Noue sur la nécessité de la paix est publié dans Arcère, *l. c.*, t. I, pp. 472-476.

* « ... *son maître le féroce Achab...* » Voir plus haut p. 67.

Page 212

* « ... *sur la joue du vieux capitaine.* » « Outre les raisons que j'ai rapportées de la retraite de la Nouë, on dit que le ressentiment qu'il eut d'une injure particulière, dont on ne lui avait pas donné une satisfaction suffisante avait hâté sa sortie. On prétend qu'ayant un jour parlé vivement dans le Conseil pour engager les habitans à accepter les conditions qu'on leur offroit, il fut suivi en sortant par un

Ministre nommé la Place, qui le poursuivit jusque dans sa maison et que ce furieux, peu content de l'avoir appelé plusieurs fois traître et déserteur, poussa l'outrage jusqu'à lui présenter au visage son poing fermé. La Nouë qui par sa grandeur d'âme était beaucoup au-dessus d'une injure de cette nature, n'en fut que légèrement ému, et la folie de cet homme lui causa plus de pitié que de colère [...] La Nouë se contenta de faire prendre ce Ministre, et de le renvoyer à sa femme, à qui il disoit de tems en tems d'avoir soin de la santé de son mari, qui avoit beaucoup de disposition à devenir furieux, et de ne plus le laisser sortir. En effet ce fut là comme le commencement d'une folie, accompagnée de fureur, qui éclata depuis et qui dura si longtems qu'on fut obligé de le déposer. » A. de Thou. *Histoire universelle,* t. IV, p. 780. — Même récit dans d'Aubigné, *l. c.,* t. II, liv. I, ch. x; Ruble, t. IV, p. 14. — Arcère, *l. c.,* t. I, p. 477.

Page 215

* « *Mort ! pour un ducat, mort !* »
Shakespeare. *Hamlet,* acte III, sc. IV.

Page 216

* « ... *qu'il n'ait donné un réveille-matin...* » Littré cite La Noue, 14 : « Cest arrest ici devroit être suffisant pour servir de réveille-matin aux oppresseurs. »

* « ... *voici le brandevin...* » Eau-de-vie de vin.

Page 217

* « ... *si j'en réchappe.* » Mérimée prête à la Noue et cite presque textuellement une harangue du capitaine Normand, au combat de Luçon (14 juin 1570) : « Compagnons, Monsieur vient de vous dire vrai; recommandons-nous à Dieu et à Nostre-Dame de frappe fort; le premier qui tirera que la bourre n'entre, je le tuerai, si j'en eschappe. » A. d'Aubigné, *Histoire universelle,* t. I, liv. V, ch. XXVI. Édit. Ruble, t. III, p. 193, Voir aussi, *ibid.* III, 72.
Que la bourre n'entre, c'est-à-dire : à bout portant.

* « *Age quod agis.* » « Fais ce que tu fais. »

* « ... *avaient dirigé leurs efforts...* » « Le dernier de febvrier, les batteries commencèrent, l'une au bastion de l'Évangile, l'autre à une tour de Congne sur laquelle deux couleuvrines faisoyent mal dans l'armée. » A. d'Aubigné, *Histoire universelle,* t. II, liv. I, ch. x; Ruble, t. IV, p. 12. « Le principal effort fut au bastion de l'Évangile. » *Ibid.,* II, I, x ; Ruble, t. IV, p. 20.

* « ... *avait été un moulin.* » Le moulin de la Brande à trois cents pas de la contrescarpe.
On lit dans l'*Histoire universelle* d'A. de Thou (t. IV, p. 781) : « Deux jours après on fit quelque changement dans les batteries ; celle qu'on avoit dressée contre le fort de Coureilles fut portée auprès du moulin de la Brande, et pointée contre la porte de Coignes et le bastion de l'Évangile [...] Du côté des assiégeans on poussa jusqu'au bord du fossé la tranchée qui commençait à Paleran, et on y posa des gabions ; mais les assiégés, ayant fait la nuit une sortie, renverserent ces gabions passerent au fil de l'épée le corps-de-garde et repousserent les assiégeans, après leur avoir tué plus de cinquante hommes. »

Page 219

* « ... *Histoire universelle de d'Aubigné.* » On lit en effet dans d'Aubigné (*Histoire universelle,* t. I, liv. V, ch. VII; Ruble, t. III, p. 47) : « Or, durant ces esbats, Briquemaud forçoit la rivière dans Jarnac, avoit mis le feu dans un donjon, où quelques uns, et entre autres le capitaine Lespinette, se voulant jetter par le machicoulis, se trouvèrent engagez et serrez par leurs cuirasses entre les corbelets, si bien que le feu des fenêtres de dessous les brusla dans leurs armes. Et quelques uns remarquoyent, de celui que j'ai nommé, le bruslement de quelques femmes et enfans dans une maison, comme voulant que ce fust une juste punition. »
On lit aussi dans A. d'Aubigné (*ibid.,* IV, p. 18), à propos d'une sortie du 7 avril 1579 : « ... le fossé tout en feu, les ducs de Nevers et du Maine, Clermont et du Gast blessés, plusieurs armez bruslans dans leurs cuirasses. »

* « ... *inventé par Phalaris.* » Phalaris, tyran d'Agrigente, odieux par sa cruauté, avait fait construire un taureau d'airain destiné à faire brûler les condamnés à petit feu.

Page 221

* « Otway, *Venice preserved.* » « Le Père : Pourquoi êtes-vous si obstiné ?
« Pierre : — Pourquoi êtes-vous si tourmentant qu'un pauvre diable ne puisse pas mourir en paix, sans que, comme des corbeaux, vous veniez l'entourer en croassant ? » *Venise sauvée,* acte V, sc. I. — *Le Globe,* t. V, pp. 505 et 524, rend compte des représentations de *Venice preserved,* par Thomas Otway, sur le Théâtre anglais, en 1827.

Page 222

* «... *ami du célèbre Ambroise Paré.* » Voir plus haut, p. 172.

Page 223

* « ... *courage de brebis !* » Rabelais. *Gargantua,* ch. VI.

* « *Or çà, docteur...* » Dulong fait remarquer l'anachronisme de ce titre appliqué à un médecin du XVIe siècle.

* « *... en grec rachis.* » Molière écrit dans *le Médecin malgré lui,* acte II, sc. IV : « le cerveau que nous nommons en grec *nasmus.* »

Page 224

* « *... Zany en tombant du haut du clocher.* » Bouffon de la comédie italienne. Brantôme le cite à quatre reprises.
Voir Mérimée, *Corr. gén.*, t. XIV, pp. 139; 275; t. XIII, p. 580.

Page 226

* « *... de meilleur vin à vous offrir.* » Le maréchal Arthus de Cossé, mort à Gannar en Poitou, parlait à Strozzi « de ces bourreaux médecins qui ne veulent pas laisser boire du bouru ». Brantôme, *Œuvres,* t. IV, p. 361, avec la note : « Vin bourru, nouveau, qui n'a pas achevé de fermenter. »

Page 228

* « *je n'ai que faire de leurs sornettes.* » La mort impie de George de Mergy fait penser à celle du maréchal Strozzi, telle que la raconte Vieilleville, dans ses *Mémoires* (Michaud et Poujoulat, t. IX, p. 265).

Page 229

* « *... la prophétie de la Mila.* » Voir plus haut p. 37.

Page 231

* « *... La Noue quitta La Rochelle...* » La Nouë quitta la Rochelle entre le 11 et le 15 mars 1573. (Cf. Arcère, *l. c.*, t. I, p. 481, note *(a)*.)

* « *... comment se fit la quatrième paix...* » Édit de Boulogne, 15 juillet 1573.

* « *... la mort de Charles IX.* » Charles IX mourut « l'an 1574, le 30 mai, jour et fête de Pentecôte, sans enfants mâles ».

MATEO FALCONE

Page 239

* « ... *le terrain s'élever assez rapidement...* » En se dirigeant vers la forêt d'Ospédale.
* « ... *s'est brouillé avec la justice.* » Voir *le Globe,* 4 juillet 1826. *Lettres sur la Corse.* Numéro 11, p. 442.
* « ... *les cendres des arbres qu'elle portait.* » « Lorsqu'on veut ensemencer [les terres] de nouveau, on coupe les arbustes (makis) dont leur surface est couverte et on les brûle. Les cendres tiennent lieu d'engrais, dont on ne fait pas usage. » Robiquet. *Recherches historiques sur la Corse,* 1835, p. 479.

Page 240

* « ... *sert de couverture et de matelas.* » « Une partie plus ou moins considérable de la population des communes rurales se compose de bergers. Dans quelques cantons, comme ceux du Niolo et de Porto-Vecchio, presque tous les habitans sont pasteurs, mais la plupart sont en même temps agriculteurs. [...] Ils conduisent leurs troupeaux dans les différentes parties du littoral de l'île où ils afferment des paturages, soit des communes, soit des particuliers. Il est rare qu'ils se construisent des cabanes; ils passent la nuit en plein air, enveloppés dans leur *pelone,* manteau à capuchon d'un drap grossier et épais, tissu de poil de chèvre. Au mois de mars, ils regagnent leur canton. » Robiquet, *l. c.,* p. 399.
  Dans une première rédaction Mérimée avait appelé ce manteau à capuchon, *ruppa.* « Mot impropre, dit Courtillier (*art. cit.,* p. 181, n. 1) qui désigne une sorte de redingote à pans. Je ne sais où l'a pris Mérimée. »
* « *Mateo* ». Il est plus correct d'écrire *Matteo.*
* « ... *ou dans l'épaule, à son choix.* » « La prouesse de Mateo Falcone qui n'aurait jamais tiré sur un mouflon avec des chevrotines [...] ressemble singulièrement aux exploits habituels d'Œil de Faucon. » Courtillier (*art. cit.,* p. 178) qui cite plus loin les ouvrages de Fenimore Cooper.

Page 241

* « ... *son oncle le caporal...* » Sur les caporaux, voir *Colomba,* t. II, p. 139.
* « ... *un bonnet pointu...* » La *barretta pinsuta.* Voir *Colomba,* t. II, p. 191.

Page 242

* « ... *une embuscade de voltigeurs corses.* » « L'ordonnance royale du 6 novembre 1822 créa [...] le bataillon de voltigeurs corses qui devait être l'auxiliaire de la gendarmerie... » Courtillier. *Art. cit.* p. 182.
* « ... *un habit brun avec un collet jaune.* » L'uniforme était en effet brun, mais le collet était vert.
* « *de cartouches dans ta carchera.* » « [Le paysan corse] sort rarement sans son fusil, et porte une ceinture de cuir à laquelle est attachée par devant une giberne nommée *carchera,* où il met, outre ses munitions de guerre, tout ce qui est nécessaire pour raccommoder au besoin sa chaussure et ses vêtements. » Robiquet, *l. c.,* p. 260.

Page 243

* « ... *un tas de foin placé auprès de la maison.* » On a fait remarquer que le fourrage n'existe guère dans le maquis et que l'on ne trouve pas de tas de foin à la porte des maisons. Cf. Courtillier. *Art. cit.,* p. 174.

Page 244

* « ... *sur son cheval Piero.* » Piero est le prénom d'un héros de *la Guzla,* Piero Stamati. *(La Belle Hélène.)*

Page 245

* « ... *d'ustensiles de chasse ou de ménage.* » Feydel (*Mœurs et coutumes des Corses,* 1799) a fait longuement l'inventaire du logis des Corses et des objets qu'il contenait. Cf. Courtillier. *Art. cit.,* p. 181.
* « ... *donna un coup de baïonnette...* » Les voltigeurs étaient armés de « carabine, pistolets et sabre » et n'avaient pas de baïonnette. Cf. Courtillier. *Art. cit.,* p. 183.

Page 247

* « ... *mais le proscrit...* » Mérimée, qui a substitué presque partout le mot « bandit » à « proscrit », laisse ici ainsi que plus loin (p. 250), subsister le dernier mot.

Page 249

* « ... *charger les armes de son mari.* » Gustave Charlier (*article cit.* p. 344) écrit : « Cette idée paraît bien inspirée au conteur par certains détails d'une anecdote que l'anonyme [*Revue trimestrielle*] emprunte à Germanês pour laver les insulaires du reproche de lâcheté [...] »

Page 250

* « ... *ce n'était qu'un Français...* » Gustave Charlier (p. 344) cite à ce propos un passage de la *Revue trimestrielle* (p. 131) : « La fierté

du Corse, en lui donnant une estime exagérée de soi-même, lui inspire une sorte de mépris pour les étrangers [...] il lui est même arrivé de dire quelquefois : *Ce n'est qu'un Français !* »

* « ... *lui cria le proscrit...* » Voir plus haut p. 247.

Page 252

* « *Je prierai tant mon cousin...* » Inadvertance de Mérimée. Il a écrit plus haut (p. 246) : « mon oncle le caporal ».

VISION DE CHARLES XI

Page 259

* « Shakespeare, *Hamlet.* » « Il y a plus de choses, Horatio, dans le ciel et sur la terre que n'en rêve votre philosophie. » Shakespeare. *Hamlet,* acte I, sc. v.

* « ... *aient paru l'accomplir.* » Ce procès-verbal, supercherie littéraire composée en 1742 a été publié par Roger Peyre (*Revue d'Histoire littéraire de la France,* janvier-mars 1914, pp. 96-100). Il est signé par Charles Bielke, chancelier; M. W. Bielke, Alexandre Oxentiern, conseillers du royaume, et Peter Grauslen, vice-concierge.

* « *Charles XI* », né le 25 décembre 1655; mort le 16 avril 1697. Il avait épousé, le 16 mai 1680, Ulrique-Éléonore, sœur de Christian V, roi de Danemark. Il est le père du fameux Charles XII, de qui Voltaire a écrit l'histoire. Il monta sur le trône à l'âge de cinq ans en 1660, et la reine-mère gouverna en son nom avec un conseil.

Page 260

* « ... *son chambellan, le comte Brahé...* » Au chancelier Charles Bielke, Mérimée a substitué le comte Pierre de Brahé (1602-1680) sénateur, grand sénéchal et membre du conseil de régence sous Charles XI.

* « ... *le médecin Baumgarten...* » Ce médecin, que Mérimée substitue aux conseillers du royaume, n'existe pas.

Page 261

* « ... *bâtiment en forme de fer à cheval.* » « Le château de Gripsholm, un des plus beaux et des plus originaux de la Suède, avait été construit par Gustave Vasa et avait été sa demeure favorite avant de servir de prison à son fils Eric XIV. » Roger Peyre, *art. cit.* p. 96, n. 2. Le château est sur le bord du lac Maelar (et non Maeler).

* « *Je veux aller moi-même dans cette salle.* » On lit dans le procès-verbal : « Je veux aller voir cependant ce que ceci signifie. »

Page 262

* « ... *une vingtaine de vos trabans.* » Soldats armés de hallebardes, formant la garde royale. Voltaire (à propos de Pultava) écrit « drabans » dans son *Histoire de Charles XII,* livre IV.

Page 263

* « ... *c'est l'enfer que vous voulez que je défie.* » On lit dans le procès-verbal la réponse du conseiller Oxenstiern : « Sire, j'ai bien fait serment à Votre Majesté de risquer ma vie et de verser mon sang pour Elle, mais j'ai de même juré de ne pas ouvrir cette porte. » — Un comte Axel d'Oxenstiern (1583-1654) fut ministre de Gustave-Adolphe.

* « *Avec l'aide de Dieu.* » Formule rituelle d'exorcisme.

* « ... *des soldats de Gustave-Adolphe.* » Sur Gustave-Adolphe (1594-1632), voir Voltaire, *Histoire de Charles XII.* Il régna de 1611 à 1632, ayant péri à Lutzen, au sud-ouest de Leipzig, le 16 novembre.

* « ... *avant que Wasa n'en eût fait un royaume.* » Gustave Wasa (ou Vasa), de son vrai nom Erickson (1496-1560) fut nommé administrateur de la Suède en 1522, et la couronne lui fut donnée en 1523. Il fut sacré à Upsal par l'archevêque luthérien en 1528.

Page 265

* « *Et si ce que je viens de relater... la religion de mes ancêtres.* » Ces lignes ne figurent pas dans le procès-verbal publié par Roger Peyre.

* « ... *la mort de Gustave III...* » Gustave III fut assassiné par Anckarstroem, le 15 mars 1792, dans un bal masqué.

* « ... *le jugement d'Ankarstroem...* » Jean-Jacques Anckarstroem, enseigne des gardes, assassin de Gustave III, fut condamné à mort et décapité le 29 avril 1792.

Page 266

* « ... *le duc de Sudermanie...* » Gustave III, mourut de sa blessure le 29 mars 1792, le nouveau roi Gustave IV, enfant, a pour régent son oncle, né le 7 octobre 1748, et créé duc de Sudermanie. Gustave IV, contraint d'abdiquer le 29 mars 1809, le vieux duc de Sudermanie devient roi, sous le nom de Charles XIII le 5 juin 1809. Celui-ci n'ayant pas d'héritier, adopte en 1810 Charles-Auguste de Holstein-Augustenbourg qui meurt le 29 mai 1810. Charles XIII adopte alors pour fils Bernadotte, âgé de quarante-six ans, qui se fait protestant et prête serment le 1er novembre 1810. Charles XIII mourut le 5 février 1818.

L'ENLÈVEMENT DE LA REDOUTE

Page 273

* « ... *le 4 septembre au soir.* » La bataille de la Moskova eut lieu le 7 septembre 1812; l'enlèvement de la redoute, le 5 septembre 1812.

*« ... *généralB****...»
Peut-être le général de division Bellavéne, inspecteur des études à Saint-Cyr.

* « ... *à la bataille d'Iéna.* » Le 13 octobre 1806.

* « ... *l'école de Fontainebleau...* » « Il aurait fallu dire de Saint-Cyr. Établie en 1803 à Fontainebleau, l'école militaire avait été transférée à Saint-Cyr en 1808. Victor Hugo commettra une erreur semblable en sens inverse en parlant dans « Le Cimetière d'Eylau » *(Légende des siècles)* d'un lieutenant, garçon qui sortait de Saint-Cyr. La bataille d'Eylau est des 7-8 février 1807; il aurait fallu dire Fontainebleau. » (Note de Lucien Pinvert.)

* « ... *Mon lieutenant est mort hier...* » Impossibilité historique. Cf. Ferron (*article cité*, p. 438).

* « *La lune se leva...* » La lune était nouvelle, donc à peu près invisible le 5 septembre 1812 au moment de son lever. Le 4 septembre au soir elle ne pouvait que se coucher, non derrière la redoute, mais à l'ouest derrière les assaillants.

* « ... *derrière la redoute de Cheverino...* » Il faudrait lire « la redoute de Schwardino ». Les noms russes ont été longtemps déformés. Napoléon disait Salamanque pour Smolensk; les *Victoires et Conquêtes des Français* impriment « Chevarino ». Il s'agit de la petite redoute de Schwardino, qu'il ne faut pas confondre avec la grande redoute de Borodino (7 septembre).
L'attaque fut menée par la division Compans qui comprenait les 25e, 57e, 61e et 111e régiments d'infanterie.

Page 274

* « *Vers trois heures...* » L'attaque s'était déclenchée vers 4 heures et à 5 heures la redoute était prise.

Page 275

* « ... *bien en avant de nous.* » Il faudrait lire « bien en arrière ». Le général Compans écrit : « Une batterie polonaise qui depuis quelques instants avait pris position sur un mamelon qui se trouvait à trois ou quatre cents toises en arrière du terrain qu'occupaient en ce

moment mes troupes, faisait un feu assez soutenu sur la redoute [...] » *Ouv. cit.* p. 176.

* « ... *le salon de madame de B***, rue de Provence.* » Mérimée avait d'abord écrit : « Mme de Saint-Luxan ». Sa nouvelle version fait penser à Mme de Boigne, de qui il fréquentait le salon, 12, rue de Provence.

— Lucien Pinvert rapproche cette phrase du *Cinq-Mars* de Vigny (1826) où on lit : « Messieurs nous raconterons cela à nos maîtresses à Paris ! s'écria Locmaria en jetant son chapeau en l'air. »

Page 276

* « ... *leurs noms commençaient toujours par un P.* » P.-J. Boitel, ancien inspecteur de l'Instruction publique, dans un recueil de morceaux choisis écrit en note : « Le jeune lieutenant de Fontainebleau se nommait Pasquier; c'est lui qui raconte cette scène. » Mais un examen serré des contrôles des quatre régiments engagés, montre qu'un seul d'entre eux possédait, en 1812, un officier d'infanterie. Il s'agit de Thomas-Louis Pasquier (1791-1856) qui n'a aucun rapport avec la famille du chancelier Pasquier.

* « ... *sortîmes de notre couvert...* » Terme de l'art militaire.

* « ... *composé de trois bataillons.* » En réalité les régiments comportaient, à ce moment-là, cinq bataillons de guerre (1er, 2e, 3e, 4e et 6e), plus un bataillon de dépôt, le 5e.

* « ... *les Russes poussèrent trois hourras...* » Mérimée écrira à Thomas Carlyle, en 1865 (*Corr. gén.*, t. XII, p. 480) : « Le cri *Oura* (non pas *Hurrah*) a été emprunté aux Suédois par les soldats russes. »

Page 277

* « ... *un homme tenant une lance à feu était auprès d'un canon.* » La lance à feu est une fusée emmanchée qui servait à mettre le feu à une pièce d'artillerie.

* « ... *que six hommes et moi.* » Mérimée exagère les pertes subies. Le régiment pour lequel son récit apparaît le moins infidèle est le 57e.

* « ... *mettant son chapeau...* » Anachronisme. Une ordonnance du 25 mars 1806 avait, pour toute l'infanterie, remplacé le chapeau par le shako.

Page 278

* « ... *car mon sabre...* » Un officier d'infanterie avait une épée et non un sabre.

* « ... *vous commandez en chef...* » Ferron (*article cité*, p. 440) fait remarquer : « Comment sur trois cents hommes, et plus, ne se trouverait présent qu'un seul officier, le plus jeune, le dernier venu? »

* « *le général C***...* » Le général Jean-Dominique Compans, né le 26 juin 1769 à Salies (Haute-Garonne). Pair de France le 17 août 1815; mort à Blagnac, le 10 novembre 1845.
Cf. *le Général Compans (1769-1845)*, d'après ses notes de campagnes et sa correspondance de 1812 à 1813, par son petit-fils M. Ternaux-Compans. Paris, Plon-Nourrit et Cie, 1912.

* « *F..., mon cher, mais la redoute est prise.* » Le *Trésor littéraire de la France* (1865) a remplacé « F... mon cher... » par « Perdu, mon cher... » *Corr. gén.* t. XIII, p. 13, n. 1. Mérimée consulté répondit qu'il n'avait pas autorisé cette correction.
Le verbe dont Mérimée n'a pas imprimé le participe se trouve pourtant dans le *Dictionnaire comique* de Leroux qui en donne l'explication : « Mot sale et indécent, qui n'est proféré d'ordinaire que par des personnes mal élevées, par des brutaux, des polissons, des libertins et des gens sans mœurs. Il signifie faire le déduit [...] » Voir aussi L. Sainéan. *Le Langage parisien au XIXe siècle,* Paris, 1920, p. 413.

TAMANGO

Page 285

* « *Au combat de Trafalgar...* » Le 21 octobre 1805, l'amiral J.-B. Sylvestre Villeneuve, et l'amiral espagnol Gravina, sont battus, à l'entrée du détroit de Gibraltar, près du cap de Trafalgar, par l'amiral anglais Nelson qui fut tué dans ce combat.

* « *La paix...* » Le traité de Paris du 30 mai 1814, suivi par le Congrès de Vienne, dont l'acte final est signé le 9 juin 1815.

* « *... la traite des nègres fut défendue...* » Le Congrès de Vienne avait aboli en principe la traite des nègres, mais celle-ci continua néanmoins jusqu'en 1830.

Page 286

* « *... les bâtiments négriers ont provision...* » Le 12 décembre 1825, à la séance mensuelle de la *Société de la morale chrétienne* on lit une lettre du baron Auguste de Staël « sur la *traite des noirs* et la manière odieuse dont ce commerce se pratique dans le port de *Nantes*. Les détails circonstanciés que renferme cette pièce, détails dont M. de Staël est le témoin oculaire, ont frappé d'horreur l'assemblée. Il en résulte que près de quatre-vingts navires sont régulièrement employés à la traite, qu'on a établi à Nantes des magasins entiers des instruments de torture employés pour enchaîner les victimes. M. de Staël a *vu* et rapporté les *entraves,* les *chaînes,* les *tringles,* les *poucettes* dont

l'application fait jaillir le sang. Il a *respiré* dans les navires l'odeur cadavéreuse que les malheureux Noirs, volés en Afrique, souvent assassinés en mer, et vendus à leur arrivée, laissent dans leur prison flottante. Il a *vu* les trous étroits par lesquels un peu d'air, un peu de l'air embrasé des tropiques, leur est alloué par leur bourreaux; encore ces écoutilles sont bouchées dans les tempêtes; et alors quand on les rouvre, on sépare de la masse vivante les cadavres de ceux qui ont péri étouffés. » *Le Globe,* 10 janvier 1826, t. III, p. 42. Voir aussi 28 mars 1826, t. III, p. 220 et 15 avril 1826, t. III, p. 258. Sur Auguste de Staël, mort le 17 novembre 1827, voir *le Globe,* 27 novembre 1827, t. VI, n° 2, p. 9. (Article nécrologique.)

* « ... *trois pieds quatre pouces de haut...* » Sur le navire anglais, le *Brookes,* dont Thomas Clarkson a donné la gravure, la hauteur des entreponts est de 5 pieds, 8 pouces; sur le brick la *Vigilante* la hauteur des entreponts est de 4 pieds, 4 pouces.
Une planche analogue est jointe à l'*Affaire de la Vigilante,* A Paris, imp. de Crapelet, 1823.

* « ... *deux en largeur pour s'ébattre...* » « Dans les navires les mieux réglés, un homme qui a atteint toute sa croissance, ne peut disposer que de seize pouces anglais en largeur, deux pieds huit pouces en hauteur et cinq pieds huit pouces en longueur. *C'est moins d'espace qu'il n'en occupera dans son cercueil.* Et cependant, il n'y a que peu de navires où l'on *accorde tant d'espace !* Il en est beaucoup où les esclaves ne peuvent se coucher que sur le côté; aucun où ils puissent se tenir debout. » Thomas Clarkson, *le Cri des Africains...* Londres, 1821, ch. IV, p. 37.

* « ... *des hommes comme les blancs.* » Maurice Levaillant a rapproché ce passage de quelques lignes de Montesquieu, de qui Mérimée aurait imité l'âpre ironie. « Ceux dont il s'agit sont noirs depuis les pieds jusqu'à la tête; et ils ont le nez si écrasé qu'il est presque impossible de les plaindre [...] Il est impossible que nous supposions que ces gens-là soient des hommes, parce que, si nous les supposions des hommes, on commenceroit à croire que nous ne sommes pas nous-mêmes chrétiens. » *De l'Esprit des Lois,* liv. XV, ch. V.

* « ... *partit de Nantes un vendredi...* » Mérimée est superstitieux. Il écrira, par exemple à Mme Villot : « Outre que le vendredi est un jour sinistre... » (*Corr. gén.*, t. XVI, p.381.) Sainte-Beuve a écrit dans ses *Cahiers* (p. 39) : « On a beau faire, on ne peut se purger de tout son christianisme. Mérimée ne croit pas que Dieu existe, mais il n'est pas bien sûr que le diable n'existe pas. »

Page 287

* « ... *dans la rivière de Joale...* » « Le port de Joale — ou Joal (colonie du Sénégal, cercle de Thiès) — où aborde le vaisseau négrier et où Tamango conduit des nègres est loin du pays des Mandingues et n'est pas son débouché sur la côte... » (René Musset, *l. c.*, p. 805, n. 8.)

Page 288

* « ... *le plus accompli de Paris ou de Londres.* » Léon Vignols *(art. cit.)* déclare n'avoir jamais rencontré dans les récits des voyageurs le portrait d'un chef noir vêtu de cette manière.

Page 289

* « ... *un gros bâton de six pieds de longueur.* » On trouve dans beaucoup de récits de voyage en Afrique la description de cette fourche de bois dur et résistant, dite bois Mayombe. On lit par exemple dans *Kélédor,* histoire africaine recueillie et publiée par M. le baron Roger, Paris, A. Nepveu, 1828 (Livre IV, pp. 85-86) : « De longues fourches de bois avaient été préparées; on en passa une sur les épaules de chaque captif, en la fermant par derrière avec une traverse, de manière que le cou s'y trouvât pris entièrement. La fourche avait un long manche, reposant sur l'épaule de l'esclave qui marchait en avant; nous formions ainsi, d'une seule file, une chaîne dans laquelle chacun traînait par la tête celui qui le suivait. »
— Voir aussi Louis Lacroix. *Les Derniers Négriers.* Paris, Amiot-Dumont [1952], p. 99.

Page 290

* « ... *la représentation des* Vêpres siciliennes... » *Les Vêpres siciliennes,* tragédie en cinq actes, par Casimir Delavigne, fut représentée pour la première fois, à l'Odéon, avec un grand succès, le 23 octobre 1819.

Page 295

* « ... *faire un* folgar... » La source de ce passage sur le « croquemitaine des nègres » a été indiquée par Alexander Haggerty Krappe (*Revue d'Histoire littéraire de la France,* Avril-Juin 1928, p. 256.) et par René Musset (*Annales de Bretagne,* t. XXXVIII, n° 4, 1929, p. 802.) Elle se trouve dans les lignes suivantes du voyage de Mungo Park :
« Le 8 [décembre 1795], à midi, nous atteignîmes Kolor, ville considérable. En y entrant, je remarquai qu'on avoit suspendu à un arbre, une espèce d'habit de masque fait d'écorce d'arbre, et qu'on me dit appartenir au mombo-jombo [Mumbo-Jumbo]. Cet étrange épouvantail se trouve dans toutes les villes mandingues, et les nègres payens ou Kafirs s'en servent pour tenir leurs femmes dans la sujétion [...]. Cet étrange magistrat, qu'on suppose être le mari lui-même, ou quelqu'un instruit par lui, se déguise sous l'habit dont je viens de parler; et armé d'une baguette, signe de son autorité, il annonce son arrivée en faisant des cris épouvantables dans les bois qui sont auprès de la ville, et se rend au bentang [espèce de théâtre qui sert de halle et de maison commune] où tous les habitants ne manquent pas de s'assembler [...]. La cérémonie commence par des chansons et par des danses qui durent jusqu'à minuit. Alors le mombo désigne la femme coupable. Cette infortunée est saisie à

l'instant, mise toute nue, attachée à un poteau, et cruellement frappée de la baguette du mombo, au milieu des cris et des risées de tous les spectateurs... » *Voyage dans l'intérieur de l'Afrique*... par M. Mungo Park, traduit par J. Castéra. Paris, Dentu, an VIII, t. I, pp. 59-60.

* « ... *faites avec des moitiés de calebasses.* » Mungo Park signale, parmi les instruments de musique des Mandingues : « le *balafou,* instrument composé de vingt morceaux de bois dur, au-dessous desquels sont des gourdes coupées en forme de coquilles, qui en augmentent le son; » et plus loin : « Outre cela, ils font usage de petites flûtes... » (Mungo Park. *Voyage dans l'intérieur de l'Afrique.* t. II, pp. 31-32.) Il faut sans doute lire ici : *balafous.*

Page 297

* « ... *du dialecte des Peules...* » Peuplade de la Sénégambie.

Page 301

* « ... *Tamango saurait le faire obéir.* » Karfa, l'ami de Mungo Park « eut de la peine à comprendre l'usage des mâts, des voiles et des agrès, et il ne concevait pas qu'avec toute l'adresse possible on pût faire mouvoir, à son gré un si grand corps par la seule force du vent. » Mungo Park, *l. c.*, t. II, p. 151.

Page 304

* « ... *inflexible comme Coriolan...* » C. Marcius Coriolan, à la tête des Volsques, vint saccager sa patrie et assiéger Rome (490 av. J.-C.). Les Romains effrayés cherchèrent à le fléchir, mais il resta sourd à leurs prières. Ce fut sa mère Véturie qui réussit à lui faire lever le siège de Rome.

Page 306

* « ... *la Bellone aborda à Kingston...* » Kingston, ville principale et port de la Jamaïque (Antilles anglaises). A noter que Mungo Park termine son premier voyage à Antigoa, île des Antilles anglaises.

FEDERIGO

Page 313

* « ... *les collines de Cava.* » Cava, ville d'Italie, au sud de Naples, à 4 km au N.-O. de Salerne.

* « ... *sa partie d'hombre* » ... Jeu de cartes d'origine espagnole. Voir plus loin, *les Ames du Purgatoire,* t. II, p. 38.

* « ... *dans sa case...* » De l'italien *casa,* maison. L'emploi de ce mot corrobore l'origine italienne de ce récit.

Page 314

* « ... *je l'offre de grand cœur.* » Référence à découvrir.
* « ... *proprio stupendo...* » En italien : *vraiment merveilleux.*

Page 315

* « *Demande-nous trois grâces...* » L'octroi de trois grâces se rencontre dans un grand nombre de contes populaires.

* « *Ti sia concesso.* » « Que cela te soit accordé. »

Page 316

* « ... *du malvoisie et du lacryma...* » Le vin de Malvoisie est un muscat cuit. Le *lacryma christi* est un vin réputé provenant de vignes situées au pied du Vésuve.

Page 318

* « ... *le mont Gibel...* » Gibel (de l'arabe *Djébel,* montagne) nom de l'Etna, célèbre volcan de Sicile.
* « ... *dans le volcan, autant au-dessous...* » Maurice Levaillant a vu ici l'accommodation d'un souvenir de Virgile (*Enéide,* VI, 577-579).

Page 320

* « ... *avaient jusqu'à trois têtes.* » Le chien à trois têtes qui gardait les Enfers. Mérimée compare plusieurs fois Jenny Dacquin à Cerbère, se souvenant de la pièce de Sheridan, *The Rivals.*

LA PARTIE DE TRICTRAC

Page 329

* « ... *du fameux pont d'Essling...* » Le pont qui, en reliant l'île Lobau à la rive gauche du Danube, permit la bataille d'Essling (21-22 mai 1809) où fut tué le maréchal Lannes.

* « ... *l'empereur...* » Napoléon Ier mourut le 5 mai 1821.

* « ... *le dernier numéro du* Constitutionnel... » *Le Constitutionnel* prit ce titre en 1815, fut supprimé en 1817 et reparut en 1819 (2 mai). L'année 1830 marque l'apogée de sa prospérité.

Page 330

* « ... *son évasion du ponton de Cadix !* » Après la capitulation du général Dupont à Baylen (16 juillet 1808), 10 à 12 000 prisonniers français furent entassés dans huit pontons surveillés par des canonnières espagnoles. L'évasion devint le but de tous les efforts et celle du ponton de la *Vieille Castille* est restée célèbre. Cf. *Mémoires* du vice-amiral baron Grivel, 1894.

Page 335

* « *Une frégate hollandaise entra dans le port.* » De 1809 à 1814, le blocus des côtes de France par les Anglais fut très étroit. Il était cependant forcé par des corsaires, ou par des navires de commerce neutres, américains ou hollandais. Voir plus loin p. 34.

* « ... *surtout le trictrac...* » Jeu de hasard et de calcul qui se joue avec des dés sur une table appelée table de trictrac.

Page 336

* « ... *il fallait six quatre.* » Points marqués par les dés.

* « ... *faisait écoles sur écoles...* » Terme de trictrac. « Faire une école, oublier de marquer les points que l'on gagne, ou en marquer mal à propos. » (Littré.)

* « ... *et qui casait...* » « Terme de trictrac. Mettre deux dames sur une flèche. Caser bien, caser mal. » (Littré.)

* « ... *en vous rendant quatre trous...* » La partie de trictrac consiste à gagner douze trous; le trou est un avantage de douze points qui se marque par un fichet placé dans un trou sur la bande latérale du tablier.

Page 338

* « ... *pour son partner...* » Mot anglais, que l'on écrit maintenant « partenaire ».

Page 341

* « *l'escadre anglaise qui bloquait le port.* » Un « Ordre du Conseil » de Londres (16 mai 1806) avait proclamé en état de blocus « toutes les côtes du continent depuis l'embouchure de l'Elbe jusqu'à Brest. » Napoléon avait répondu par le décret de Berlin (22 novembre 1806) sur le blocus continental aggravé par le décret de Milan (17 décembre 1807).

Dans ses lettres à l'amiral Decrès, Napoléon donne à plusieurs reprises l'ordre à des frégates de se rendre dans les mers des Indes et de pousser jusqu'à Batavia. (*Correspondance,* 1810; déc. 1811; août 1833.)

* «... *une belle frégate,* la Galatée... » Une frégate de ce nom figure dans la dictée de Sainte-Hélène sur la campagne d'Égypte. Elle aurait embarqué, dans le port d'Alexandrie, du matériel de siège pour Saint-Jean-d'Acre.

* « ... *se croyait un Jean Bart...* » Jean Bart (1650-1702), intrépide marin.

* « ... *un vaisseau de la compagnie...* » La Compagnie des Indes.

Page 342

* « ... *que lui donnait le détail...* » Service concernant les approvisionnements, les consommations, la police.

* « ... *couché dans son cadre...* » Sorte de lit où, sur les navires, couchent les officiers, les passagers ou les malades.

Page 343

* « *Un certain vendredi, jour de mauvais augure...* » Mérimée est superstitieux. Voir *Tamango,* p. 286. Le mariage de *la Vénus d'Ille* aura lieu un vendredi (t. II, p. 105.)

* « ... *une grosse frégate anglaise,* l'Alceste... » Une frégate de ce nom, lancée à Toulon en 1780, avait été prise par les Anglais, le 18 juin 1799.

LE VASE ÉTRUSQUE

Page 353

* « ... *mademoiselle Sontag.* » Henriette Sontag, née à Coblentz en 1805, morte en 1854. Après avoir chanté à Vienne et à Leipzig, elle débuta à Paris, au Théâtre-Italien, les 15 et 17 juin 1826 (cf. Stendhal, *Mélanges d'art,* Le Divan, p. 357; — L. Vitet. *Le Globe,* t. III, nº 77, p. 412) dans le rôle de Rosina du *Barbier de Séville.* Elle rentre en février 1829, dans *Otello* (cf. L. Vitet. *Le Globe,* VII, nº 15, p. 118 — Castil-Blaze, *l'Opéra italien,* 1856, p. 397). Cf. *Corr. gén.,* t. I, p. 16, n. 2.

* « ... *du plus mauvais ton.* » On pense ici à Mme de Castellane, de qui Mérimée dira en 1860 : « Nous avons eu l'un de l'autre la pire opinion pendant des années, mais je crois que lorsqu'elle est morte,

nous nous connaissions assez bien et nous nous aimions assez. » (*Corr. gén.*, t. IX, p. 412.)

* « ... *un cœur tendre et aimant*... » Sainte-Beuve (*Cahiers,* Paris, Lemerre, pp. 11 à 13) a raconté une anecdote où Mérimée, âgé de cinq ans et puni pour une petite faute, avait demandé pardon à sa mère qui se prit à rire. « A l'instant il se releva et changeant de ton : Eh bien ! s'écria-t-il, puisqu'on se moque de moi, je ne te demanderai plus jamais pardon. » Taine qui a repris inexactement cette anecdote, dans sa préface aux *Lettres à une Inconnue* (p. 11), écrit que « l'idée d'être dupe le révolta et qu'il se jura de réprimer une sensibilité si humiliante et tint parole. »
Dans une entrevue avec Tourneux, le 25 avril 1879, Caignart de Saulcy raconte l'anecdote d'une façon différente. « Mme Mérimée aurait dit *devant lui* : « Que c'est ridicule à un homme de demander pardon. » (Inédit.)

Page 355

* « ... *plein de grâce*... » Ce portrait pourrait être celui de Victor Jacquemont.

* « *Pour conclure leur intimité*... » Tournure du XVIIe siècle.

Page 357

* « *Ce colonel... si brave*... » Peut-être le colonel Brack. Voir *Corr. gén.*, t. I, p. 305 ; — *Journal de Delécluze* (édit. R. Baschet), p. 95.

* «... *coup de sabre sur le front*... » Dans *la Double Méprise* (plus loin p. 483) Darcy présente la même cicatrice au front.

* « ... *changer de conversation.* » Il est très probable qu'il s'agit ici de Stendhal.

Page 358

* « *A Judith Pasta*... » Judith Pasta (née Giuditta Negri) née le 28 octobre 1797; mariée en 1816 avec l'avocat Pasta. Prima donna en juin 1821, au Théâtre-Italien où elle chanta tous les ans jusqu'en 1829. Stendhal, qui l'avait entendue pour la première fois à Milan en 1820, lui fut toujours fidèle. Elle mourut en 1865. Cf. Pierre Maes. *Victor Jacquemont,* Paris, Desclée de Brouwer, [1923], pp. 112-120.

Page 359

* « ... *une faible dose de laudanum.* » Benjamin Constant, dans *le Cahier rouge,* raconte son aventure avec Mlle Pourrat. Il avala une faible dose d'opium et il écrit : « J'avais depuis longtemps dans la tête que, de vouloir se tuer pour une femme, c'était un moyen de lui plaire. »

* « ... *pas plus de trois pieds et demi de haut.* » On peut penser à la petite taille de Thiers.

* « ... *vous ne vous méfieriez jamais.* » Souvenir du conte de La Fontaine, *Joconde,* imité de l'Arioste :

> Je ne suis pas le seul, et puis que mesme on quitte
> Un prince si charmant pour un nain contrefait,
> Il ne faut pas que je m'irrite
> D'estre quitté pour un valet.

Mérimée écrira à Jenny Dacquin : « Comment se fait-il que les hommes les plus indifférents soient les plus aimés? » (*Corr. gén.*, t. I, p. 179), et à Stendhal : « Pourquoi dans toutes les classes les femmes s'amourachent-elles des plus stupides animaux? » (*Corr. gén.*, t. XVI, p. 42.)

Page 360

* « ... *renard qui a la queue coupée.* » La Fontaine. *Fables,* V, v.

* « ... *un habit de Staub...* » Staub, 92 rue Richelieu. Le tailleur à la mode (cf. *Lamiel,* le Divan, p. 91). Stendhal le cite aussi dans *le Rouge et le Noir* (Paris, Garnier [s. d.], liv. II, ch. vi, p. 267).

* « ... *comme Brummel.* » Sur George Brummel (1778-1840) célèbre dandy, voir Barbey d'Aurevilly. *Du Dandysme et de G. Brummel,* 1845, et Jacques Boulenger, *les Dandys,* Paris, Ollendorf, 1907, pp. 1-45.

* « ... *auprès de Fondi ?* » Fondi. Petite ville d'Italie à 88 km au nord-ouest de Naples.
« L'année 1823 vit s'accroître le nombre des bandits, et en 1824, il devint impossible de voyager, sans une imposante escorte de gendarmes dans les Romagnes, dans les provinces de Campagna et de Marittima, dans la Terre de Labour, dans les Abruzzes, dans la Pouille, dans les Calabres [...] Quatre ou cinq [bandes], celle de Furia dans le Napolitain, et celles de Césaris et de Gasparroni dans l'État pontifical, avaient acquis une réputation européenne. » Armand Dubarry. *Le Brigandage en Italie...* Paris, éd. Plon, 1875. *Le Moniteur universel* du 28 décembre 1824 signale par exemple l'assassinat par des brigands, sur la route de Paestum, de M. Hunt, jeune Anglais de 25 à 26 ans, et de son épouse. — Le nom de Thornton est très répandu en Angleterre.

Page 362

* « *Frailty, thy name is woman !* » « Fragilité, ton nom est femme ! » Shakespeare. *Hamlet,* acte I, sc. II, 146.

Page 363

* « ... *celle dont les ouvrages...* » Mérimée pense sans doute à Mme de Staël et à son amour pour M. de Rocca.

* « *Il revenait d'Égypte.* » En 1828 le gouvernement français avait envoyé en Égypte une expédition scientifique sous les ordres de Champollion le jeune. Le 11 août 1828, *le Moniteur universel* avait annoncé le départ de l'expédition et ajoutait : « M. Lenormant, inspecteur au département des Beaux-Arts a profité de cette précieuse occasion de visiter les monuments de l'Égypte. » Champollion envoya au *Moniteur universel,* du 17 octobre 1828 au 30 octobre 1829, quatorze lettres sur son voyage. Charles Lenormant écrivit huit lettres au *Globe,* parues du 22 octobre 1828 au 21 mars 1829. Il quitta l'expédition, revint à Alexandrie le 6 février 1829, repartit pour la Grèce où il débarqua le 29 mars 1829; il revint à Toulon le 17 juillet 1829 et subit, en compagnie de sa femme une quarantaine au lazaret. Cf. Charles Lenormant. *Beaux-Arts et Voyages,* Paris, Michel Lévy, 1861, t. II, pp. 60-209; — Jean-Marie Carré. *Voyageurs et écrivains français en Égypte.* Le Caire, 1932.

* « ... *l'armée du pacha ?* » Le colonel Sève (Octave-Joseph-Anthelme) connu sous le nom de Soliman-Pacha, ancien officier des armées impériales, engagé au service de Méhémet-Ali, depuis 1817, avait été chargé d'organiser l'armée du Pacha et d'y introduire les principes de la tactique européenne. Sur l'organisation de cette armée, voir *le Moniteur universel,* 7 octobre 1829, p. 1624. Sur Méhémet Ali, voir plus haut *Chronique du règne de Charles IX,* p. 12.

* « *la statue de Memnon...* » Débris de la fameuse statue colossale de Memnon, près de Thèbes. Elle rendait, dit-on, des sons harmonieux lorsque le soleil venait la toucher, à l'aurore.

* « *Ibrahim pacha ?* » Fils de Méhémet Ali, né à Kavala (Roumanie) en 1792 ; il s'était signalé par sa cruauté, et ses exactions lors de la campagne de Morée; il mourut le 10 novembre 1848.

* « *Les pyramides !* » Charles Lenormant écrit dans la relation de son voyage (*Beaux-Arts et Voyages,* t. II, p. 119) : « On est tenté (je blasphème) de ranger les pyramides parmi les grandes badauderies dévolues à l'amusement et à l'occupation éternels des sots qui composent la majorité du genre humain. Il y a peut-être un milieu entre ce que j'ai avancé et contre, un moyen terme qui est la vérité, mais pour le moment je proteste contre les pyramides. » La phrase ne figure pas dans *le Globe,* t. VI, n° 121, p. 908.

* « *d'honneur.* » « Ellipse pour *parole d'honneur.* Molière (*le Dépit amoureux,* III, 8) fait dire à Mascarille : « D'homme d'honneur, il est ainsi que je le dis. » Ellipse pour *foi d'homme d'honneur.*

* « *Regular humbug* » Mystification en règle.

* « *n'a que quatre mètres de moins.* » La flèche de la cathédrale de Strasbourg s'élève à 142 m au-dessus du sol.
— « La grande pyramide avait dans son intégrité quatre cent cinquante et un pieds (146 m) [...] Si l'on compare cette hauteur à celles qui viennent immédiatement après dans l'échelle des monuments humains on rencontre d'abord le clocher de Strasbourg; il n'a

que onze pieds (3,56 m) de moins. » *Voyage en Égypte et en Nubie,* par J.-J. Ampère, Paris, 1868, pp. 141-142.

* « ... *pendant que j'étais au lazaret.* » Charles Lenormant écrit : « Il faut voir ce que c'est qu'une quarantaine à la Turque pour le croire. » *Le Globe,* t. VII, n° 23, p. 179. Il avait dû subir une quarantaine au lazaret de Toulon en juillet-août 1829.

Page 364

* « ... *au fameux Mourad bey.* » Mourad Bey (1750?-1801) commandait l'Égypte et commit de nombreuses exactions qui provoquèrent l'expédition d'Égypte, par Bonaparte (1798). Vaincu, il se soumit à Kléber et devint l'allié des Français.

* « ... *mon bournous, mon khaïk.* » Le *djérid* est un bâton long et droit, employé dans les joutes; — le *bournous* est un grand manteau de laine à capuchon, plutôt marocain; — le *khaïk* est une tunique en tissu léger qui se met par-dessus les vêtements. Le *khandjar* est un sabre.

* « ... *elles sont pour rien...* » Mérimée écrira à Jenny Dacquin en 1832 (*Corr. gén.*, t. I, p. 187) : « Les Turcs, qui marchandent une femme en l'examinant comme un mouton gras valent bien mieux que nous qui avons mis sur ce vil marché un vernis d'hypocrisie, hélas! bien transparent. »

* « ... *quel grand homme que Bounabardo !* » Maurice Levaillant rapproche ce mot de la pièce 39 des *Orientales* parue en janvier 1829 : « Souvent Bounaberdi, sultan des Francs d'Europe... » Charles Lenormant avait écrit dans *le Globe* (22 octobre 1828, t. IV, n° 104, p. 776) : « Il est singulier à quel point le pacha a su s'emparer des gens de ce pays; il y a du Bonaparte dans cet homme; il paraît surtout qu'il exerce une séduction d'esprit presque incroyable sur tous ceux qui l'approchent. »

* « *Giourdina, c'est-à-dire Jourdain...* » Molière. *Le Bourgeois gentilhomme,* acte V, sc. 1.

Page 365

* « ... *belle barbe blanche...* » Charles Lenormant écrit : « Rien ne m'a plus étonné que la figure du pacha; j'avais dans la tête celle du tableau d'Horace Vernet et le croquis de M. de Forbin dans son voyage; quelle fut ma surprise de rencontrer, au lieu de cette tête antique, de ce nez aquilin, de cette face idéale un homme d'une taille ordinaire, avec un nez rond, des yeux fins, une barbe de patriarche... » *Le Globe,* t. VI, n° 104, 22 octobre 1828, p. 776.

* « ... *de la prose classique.* » Les spécialistes n'ont pu retrouver aucun poète arabe ou turc portant le nom indiqué par Mérimée qui paraît l'avoir imaginé.

Les *Méditations poétiques* de Lamartine avaient paru le 11 mars 1820.

* « ... *depuis le cèdre jusqu'à l'hysope.* » Mérimée aime cette expression qui vient de la Bible (Rois, I, IV, 33) mais qu'il a sans doute prise dans Molière. *Impromptu de Versailles,* sc. V.

Page 366

* « *L'honneur singulier - D'être le successeur...* » Maurice Levaillant (édit. Larousse, p. 178) renvoie à Molière, *Amphitryon ;* mais la citation ne s'y trouve pas et la référence reste à découvrir.

Page 367

* « *De sa main, elle agitait...* » Maurice Levaillant a signalé ce « raccourci d'expression [qui] sera le procédé favori des frères Goncourt ».

* « ... *une belle gravure anglaise...* » Le *Catalogue* de l'exposition Mérimée à la Bibliothèque Nationale (Paris, 1953, nº 118) signale « Louise, duchess of Portsmouth, gravure anglaise de G. Valck d'après Lesly, vers 1678. — *B. N.*, Est. N. 2. » Il semble que Mérimée a confondu la duchesse de Portland et la duchesse de Portsmouth.

Page 369

* « *L'alouette, cette messagère de l'aurore...* » « It was the lark, the herald of the morn, no nightingale... »
Shakespeare. *The Tragedy of Romeo and Juliet,* acte III, sc. V.

Page 373

* « ... *quand j'avais seize ans.* » Mérimée écrira à Jenny Dacquin en 1832 (*Corr. gén.*, t. I, p. 180) : « Quand j'étais écolier, je reçus d'une couturière un billet surmonté de deux cœurs enflammés [...], de plus une déclaration fort tendre... »

Page 374

* « ... *qu'il achetait chez Schroth...* » Schroth, marchand de tableaux, 353, rue Saint-Honoré.

Page 376

* « ... *rencontra le soir chez Tortoni...* » Mérimée avait écrit dans la 2e lettre d'Espagne (p. 405) : « C'est ainsi qu'à Paris on se montre chez Tortoni le soir d'un duel où l'on a bravement cassé le bras à un impertinent. »

* « ... *exigé que ce fût Thémines.* » Le duel de Mérimée avec Félix Lacoste, mari de sa maitresse, eut lieu à la fin de décembre 1827 ou en jan-

vier 1828. Victor Jacquemont a écrit à ce sujet : « Par respect pour son titre de mari, Mérimée qui avait un complet mépris pour l'homme joua avec une simplicité qui n'avait rien d'affecté le rôle passif de cible. » Mérimée, qui avait refusé de tirer, reçut une balle dans l'avant-bras gauche. Cf. « Précisions sur Mérimée ». *Revue de Paris,* 1er septembre 1932, p. 68.

* « ... *pistolet anglais de Manton...* » Du nom de l'armurier anglais Joseph Manton. Voir plus loin *Colomba,* t. II., p. 158.

LETTRES D'ESPAGNE

I

Page 385

* « ... *patriotisme d'antichambre...* » Forme exagérée et quelque peu ridicule du patriotisme à laquelle on donnera plus tard le nom de « chauvinisme ». « Le patriotisme d'antichambre, écrit Stendhal, est la grande plaie de l'Italie. »

Page 386

* «... *des devoirs de voyageur...* » Mérimée avait écrit à Albert Stapfer, de Séville, le 4 septembre 1830 : « Il est certain qu'il n'y a rien de plus cruel, de plus féroce, que les courses de taureaux [...] Moi qui vous parle, qui ne puis voir saigner un malade sans éprouver une émotion désagréable, j'ai été voir les taureaux seulement pour l'acquit de ma conscience, afin de voir tout ce qu'il y a d'étrange à voir. Eh bien ! maintenant j'éprouve un indicible plaisir à voir piquer un taureau, éventrer un cheval, culbuter un homme [...] » (*Corr. gén.*, t. I, p. 72.)

* « ... *la contemplent à l'abri.* » Réminiscence de Lucrèce (*De natura rerum,* II, 1-2) :
Suave, mari magno turbantibus aequora ventis...

* « ... *des jeux du cirque.* » Ce n'est pas saint Augustin, mais son ami Alypius qui se laissa prendre au charme des jeux du cirque. (*Confessions,* VI, ch. VIII.) Gustave Planche a écrit (*Revue des Deux Mondes,* 1er septembre 1832) : « Je trouve très inutile de chercher à excuser le plaisir qu'il a pris aux combats de taureaux, de citer Saint-Augustin, de s'excommunier, comme il fait, pour sa cruauté prétendue. Mon Dieu ! c'est un malheur sans doute, mais un malheur avéré

que les âmes les plus douces se plaisent au spectacle des luttes sanglantes... »

Page 387

* « ... *des boules à l'extrémité de leurs cornes.* » Il s'agit des taureaux *(toros embolados)* dont les cornes ont été recouvertes d'étuis en cuir rembourrés aux extrémités. Mérimée écrira à A. de Circourt, en 1853 : « Les *toros embolados* sont le spectacle le plus vilain qui se puisse voir. Il n'y a que le danger qui fasse oublier la saleté du sang et des entrailles dispersées. Dès que le danger disparaît on ne voit plus que des garçons bouchers qui martyrisent une pauvre bête. Quand le taureau a les cornes bien pointues et qu'il sait s'en servir les picadors sont des héros. » (*Corr. gén.*, t. VII, p. 144.)

* « ... *dans l'écurie du cirque* (encierro)... » L'*encierro* est la manière de conduire les taureaux de combat de leur corral au corral de l'arène, en les faisant marcher entourés de bœufs.

* « ... *l'amphithéâtre de Ronda...* » Outre la *plaza de Toros* construite à la fin du XVIIIe siècle, on trouve à *Ronda la Vieja* un amphithéâtre dont l'enceinte et les gradins étaient encore intacts, construits en belles pierres blanches, de dimension parfois considérable.
L'école de tauromachie de Ronda, sobre et classique, s'oppose à celle de Séville, variée et fleurie.

* « ... *une porte et des fenêtres.* » Allusion à *Candide* de Voltaire (ch. 1). « Monsieur le baron était un des plus puissants seigneurs de la Westphalie, car son château avait une porte et des fenêtres. » Voltaire. *Romans et Contes,* éd. Henri Bénac. Paris, Garnier [1949], p. 137.

Page 389

* « ... *costume de Crispin...* » Valet de la comédie italienne.

Page 390

* « ... *le rétablissement de la constitution...* » La Constitution publiée à Cadix par les Cortés, le 19 mars 1812, fut abolie en 1814, rétablie le 6 mars 1820, et de nouveau abolie en 1823. Un statut royal du 10 avril 1834 établit la charte de la monarchie constitutionnelle.

* « ... *et les* chulos... » Le terme de *chulo* n'est plus employé aujourd'hui. Les toreros qui travaillent sous les ordres du matador et sont payés par lui se nomment *banderilleros* et *péones.*

* « ... *qu'un pouce de fer environ.* » La *pica* est composée d'une hampe de bois de frêne de 2, 55 m à 2, 70 m. La tête de la hampe est enveloppée de corde et porte une garde de métal qui l'empêche de pénétrer de plus de 108 mm. dans le taureau.

Page 391

* « *... qui entre dans la peau.* » Il s'agit de la *divisa,* cocarde aux couleurs de l'éleveur attachée à un petit harpon d'acier que l'on plante dans le cou du taureau *(morrillo)* à son entrée dans l'arène.

Page 392

* « *... d'environ deux pieds et demi...* » La banderille a d'ordinaire 70 cm de long.

Page 393

* « *... entouré de pièces d'artifice.* » Les « *banderillas de fuego* », munies de pétards, sont placées sur le taureau qui a refusé la rencontre avec le picador.

Page 394

* « *En dépit de messieurs les poètes...* » Mérimée pense ici à lord Byron qui dans le *Pèlerinage de Childe Harold* (chant I, str. LXXV à LXXIX) a décrit le taureau furieux dans l'arène.

* « *... un manteau écarlate...* » Ou plutôt une pièce de serge ou de flanelle écarlate de forme arrondie qui se fixe, pliée en deux, sur un manche de bois

* « *... pour toute la course.* » Il s'agit du *brindis,* salutation officielle ou dédicace du taureau faite par le matador avant la mise à mort. Le salut au président est obligatoire pour le premier taureau que chaque matador tue dans l'après-midi. Le matador peut ensuite dédier son taureau à qui bon lui semble.

Page 395

* « *... appellent la* croix. » *Cruz,* point de croisement de la ligne passant par les sommets des omoplates du taureau et de sa colonne vertébrale.

* « *... on dirait* en seconde... » Terme d'escrime.

* « *... les clairs...* » *Claro* se dit d'un taureau simple et facile à travailler.

Page 396

* « *Aussi, Romero...* » Pedro Romero, né à Ronda le 19 novembre 1754, appartenait à une célèbre famille de toreros. Il perfectionna la « *suerte de recibir* » créée par son aïeul Francisco Romero et suivant certains de ses biographes, aurait tué cinq mille six cents taureaux *recibiendo* entre 1771 et 1779. Quand fut créée, le 28 mai 1830, l'École de tauromachie de Séville, il fut nommé, le 24 juin 1830,

directeur de cette école et remplit cette fonction jusqu'au 15 mars 1834, date à laquelle l'École fut supprimée. Il mourut dans son lit à Ronda, le 10 février 1839, âgé de quatre-ving-cinq ans. Dans un des chapitres de ses *Escenas andaluzas* (Madrid, 1883, p. 209) intitulé « Toros y ejercicios de la jineta », Serafin Estébanez Calderòn cite plusieurs fois Pedro Romero et Delgado et Montès. On connaît plusieurs portraits de Romero par Goya.

Page 397

* « ... *coup de poignard assené sur la nuque...* » C'est le *descabello* qui consiste à tuer le taureau de face quand il a été mortellement blessé par une estocade, en introduisant la pointe de l'épée entre la base du crâne et la première vertèbre pour sectionner la moelle épinière.

* « ... *estocada de volapié...* » Quand le matador attend de pied ferme la charge du taureau, il tue *recibiendo;* quand au contraire il marche vers le taureau, c'est le *volapié,* « vol-à-pied ». C'est la méthode, moins dangereuse que le *recibiendo,* employée de nos jours pour la mise à mort.

* « ... *les jarrets par derrière...* » La « demi-lune » est aujourd'hui passée d'usage.

Page 398

* « *Le fameux Pepe Illo...* » Jose Delgado y Guerra plus connu sous le nom de Pepe Hillo, né à Séville le 14 mars 1754. Il est l'auteur d'un manuel de tauromachie « *Del arte de torear.* » Le 11 mai 1801, le septième taureau de la corrida, *Barbudo,* l'éventra.

* « ... *l'acteur Maïquez...* » Mérimée serait l'auteur des articles du *Globe* (nº 29) 13 novembre 1824 et (nº 30) 16 novembre 1824. Ces articles sont consacrés à l'acteur Mayquez.

Page 399

* « ... *un picador, nommé Francisco Sevilla...* » Francisco Sevilla, dit Troni, célèbre picador. On ignore le lieu de sa naissance que l'on date environ 1809. Il s'était présenté à Madrid dans la course du 4 octobre 1830. José-Maria de Cossio. *Los Toros, tratado tecnico e historico,* Madrid, 1945, t. III, reproduit presque complètement le texte de Mérimée en y ajoutant celui de Théophile Gautier (*Voyage en Espagne,* Paris, Charpentier 1906, pp. 79-82). Alexis de Valon écrit dans « La Decima corrida de toros » (*Revue des Deux Mondes,* 1er avril 1846) : « Le fameux Sevilla, dont M. Mérimée se disait dernièrement l'ami (dans l'émouvant récit de *Carmen*) et dont M. Théophile Gautier a fait un si vivant portrait, a péri misérablement l'année dernière. » George Borrow dans *The Bible in Spain* (London, John Murray, 1914, chap. XII, pp. 176-177) raconte sa rencontre avec Sevilla.

Page 400

* « *C'est à Caravanchel...* » Carabanchel, à 6 km S.-O. de Madrid. C'est là que la comtesse de Montijo avait sa propriété, la *Quinta de Miranda*. Cf. *Corr. gén.* t. VII, p. 158, n. 1.

* « ... *les terribles taureaux de Gaviria.* » Petit village du Guipuzcoa, dépendant de Azpeïta, à 9 km environ de Tolosa sur une hauteur à gauche de la route qui conduit en France.

* « *Une dame espagnole...* » Probablement la comtesse de Montijo. Le maréchal de Castellane a noté dans son *Journal* (III, 104) à la date du 29 juillet 1834 : « Beaucoup d'Espagnols passent à Perpignan; la plupart viennent de Madrid et vont à Toulouse; ils fuient le choléra et la guerre civile. La comtesse de Teba, grande d'Espagne [est passée] aujourd'hui. La comtesse de Teba, femme de trente-cinq ans, d'un esprit supérieur, se rend à Toulouse; elle a une fortune très considérable. Son mari est *proceres* [sic]; il est resté à Madrid pour la session des Cortès [...] »

Page 401

* « ... *le nom de Montès...* » Francisco Paquiro, dit Montès, célèbre torero, né le 13 janvier 1805 à Chiclana, blessé le 21 juillet 1850; mort le 4 avril 1851. Serafín Estébanez Calderón, le cite dans ses *Escenas Andaluzas* et a fait un sonnet sur sa mort. Théophile Gautier (*loc. cit.*, pp. 271-282) a écrit plusieurs pages sur Montès.

* « ... *Pablo Romero...* » Erreur de Mérimée, pour Pedro Romero.

* « ... *relève le bas du manteau.* » Le torero portant sa cape sur les épaules regarde le taureau en arrière, par-dessus son épaule, et se déplaçant en zigzags entraîne l'animal à suivre les mouvements de la partie inférieure de la cape. (*Galleando.*)

Page 402

* « ... *contentement d'esprit et de corps.* » Brantôme, *Œuvres* (édit. Mérimée-Lacour, t. XI, p. 341. *Recueil des Dames*, seconde partie.) Mérimée fera cette citation dans une lettre à Mme de la Rochejaquelein le 18 septembre 1859. (*Corr. gén.*, t. IX, p. 257.) Le texte porte : « du plus que du moins; mais dans la correspondance on lit : « de plus que du moins... »

II

Page 403

* « ... *toujours de plus en plus fort...* » Jean-Baptiste Nicolet (1710-1796) tint d'abord, aux foires de Saint-Germain et Saint-Laurent un

théâtre de marionnettes, tours de force et animaux savants qui eut un très grand succès et donna lieu au dicton populaire : « C'est de plus en plus fort comme chez Nicolet. » En 1764, il fit construire sur le boulevard du Temple, le *Théâtre Nicolet*.

* « *... on est obligé de tout voir...* » Mérimée écrira dans *Carmen* t. II, p. 359 : « En voyage il faut tout voir. »

Page 404

* « *... en aucun autre royaume de l'Espagne.* » Voir la lettre de Mérimée à Henri Beyle, sur Valence, *Corr. gén.*, t. XVI, p. 88.

* « *... une auberge isolée* (venta). » Vieille auberge espagnole dans la campagne, celle des romans espagnols.

* « *... en baisant leur pouce...* » Voir plus loin (p. 418) la troisième lettre d'Espagne.

Page 405

* « *... cassé le bras à un impertinent.* » Souvenir du duel de Mérimée avec Félix Lacoste. Voir *le Vase étrusque*, p. 376. — Tortoni, café-glacier renommé sur le boulevard des Italiens. Jules Lecomte a publié *Le Perron de Tortoni*, Dentu, 1869.

* « *... le duel des pauvres gens...* » Mérimée reprendra cette idée dans ses *Notes d'un voyage en Corse*, p. 41, n. 1.
« La vengeance corse n'est, à proprement parler, qu'une forme ancienne et sauvage du duel [...] sur le continent les gens aisés des villes se battent, mais s'ils vivaient avec le peuple, le peuple se battrait aussi. [...] » Il écrira dans *Colomba :* « La vendette est le duel des pauvres. »

* « *... une langue de bœuf.* » Dans le langage populaire, *lengua de buey* ou *lengua de vaca* se dit d'un couteau, genre *navaja*, dont la lame large à la base va en s'amincissant vers la pointe. On peut traduire l'expression rapportée ici, par *Hacer tragar una lengua de buey.*

* « *... la place du Marché...* » La *Plaza del Mercado*, la plus grande et la plus pittoresque de la ville, très animée le matin pendant le marché. Elle a été autrefois le théâtre de fêtes et de tournois. C'est là que se faisaient les exécutions.

* « *... à peu près un* π. » Un « pi ». Lettre grecque dont la forme représente à peu près une potence.

Page 406

* « *... la puerta de los Serranos.* » Ancienne porte au nord de la ville, donnant sur le rio Turia. Elle est formée par les *Torres de Serranos,*

construction militaire du XIVe siècle, qui servaient de prison. Dans les *Notes d'un voyage dans le Midi de la France* (p. 407), Mérimée parle du castillet de Perpignan et écrit : « Ç'a été une porte fortifiée comme la *Puerta de Serranos* de Valence. »

Page 407

* « ... *la confrérie des agonisants.* » Confrérie des religieux appartenant à des ordres dont le but est de venir en aide aux moribonds.

Page 409

* « ... *je vais à la gloire.* » Maurice Levaillant suppose ici une réminiscence de *Polyeucte* (acte V, sc. 3) :

PAULINE. — Où le conduisez-vous?

FÉLIX. — A la mort.

POLYEUCTE. — A la gloire!

Page 410

* « ... *la confrérie des Desamparados.* » La confrérie des abandonnés de Valence est la plus connue. L'image vénérée de la Sainte Vierge *(Nuestra Señora de los desemparados)*, patronne de Valence se trouve dans la *Capilla de Nuestra Señora de los desemparados,* reliée à l'annexe nord de la cathédrale par une haute arcade de pierre. Cf. J. Almarche. *Nuestra Señora de los desemparados,* Valencia, 1909.

* « ... *je voudrais y croire.* » Ce sentiment de respect, de regret même pour les cérémonies d'un culte auquel il ne croit pas, est à peu près unique dans l'œuvre de Mérimée. Il écrira à la comtesse de La Rochejaquelein (*Corr. gén.*, t. VII, p. 126) : « J'ai tâché de croire, mais je n'ai pas la foi. »

* « ... *qui le tourmenteraient bien davantage.* » « Morsque minus paenae quam mora mortis habet. »
Ovide. *Héroïdes,* V, 82, cité par Montaigne. *Essais,* Livre I, ch. XIV.

Page 411

* « ... *entretenir pendant trois jours...* » Les condamnés à mort, avant leur exécution passaient trois jours en chapelle *(capilla)* avec leurs confesseurs.

* « ... *la Bourse de la Soie* (la Lonja de Seda) » Halle de la soie au nord de la *plaza del Mercado,* édifice de style gothique flamboyant, renferme la salle de la Bourse.

Page 413

* « ... *des* presidios *d'Afrique...* » Les *presidios* étaient des places fortes

où étaient enfermés les condamnés aux travaux forcés. Voir *Carmen* qui fait évader son « rom » du *presidio* de Tarifa.

* « ... *dans de grandes marmites un* puchero... » Pot-au-feu plus petit que la *olla podrida,* composé de viande, de lard, de pois chiches et de légumes.

Page 414

* « ... *un grand homme chaussé d'alpargates...* » *Alpargata,* en français *espadrille.*

* « ... *nous buvions à la même bouteille...* » Mérimée écrira à Jenny Dacquin (*Corr. gén.*, t. I, p. 174) : « J'ai mangé plus d'une fois à la gamelle avec des gens qu'un Anglais ne regarderait pas, de peur de perdre le respect qu'il a pour son propre œil. J'ai même bu à la même outre qu'un galérien. Il faut dire aussi qu'il n'y avait que cette outre et qu'il faut boire quand on a soif. »

Page 415

* « ... *cette fameuse constitution... qu'ils l'ont ôtée...* » La Constitution du 19 mars 1812, abolie en 1823. Voir plus haut p. 390.

III

Page 417

* « ... *de retour à Madrid...* » Cette lettre est donc évidemment antérieure à la lettre II, de Valence.

* « ... *sans en rencontrer un seul.* » Mérimée avait écrit à Sophie Duvaucel, le 8 octobre 1830 (*Corr. gén.*, t. I, p. 77) :
« Je n'ai rien à vous dire des voleurs; on dit que le pays en fourmille, mais je n'en ai pas rencontré. De quoi vivent ces pauvres diables, les voyageurs sont si rares ! Je suis passé dans une *venta* que dix-huit de ces messieurs avaient pillée la veille, à ce que nous disait le *ventero;* mais je ne conçois pas ce que l'on peut prendre dans une *venta*, excepté des bancs de bois et la poêle à frire. »

Page 418

* « ... *hommes de votre escorte* (escopeteros) ... » Hommes armés d'un fusil ou d'une escopette.

* « ... *contre les* rateros... » Filous, petits voleurs.

* « ... *sa montre de Bréguet...* » Mérimée avait une montre en or de Bréguet que l'on retrouve dans *Carmen* (cf. t. II, p. 358). Sur Louis Antoine Bréguet (1776-1858), horloger de la Marine, voir *Corr. gén.*, t. V, p. 40, n. 1.

* « ... *auprès de la Carlota...* » La Carlota, petite ville sur la route de Cordoue à Ecija. Elle est décrite par Théophile Gautier dans son *Voyage en Espagne*, p. 302.

* « ... *entrés à Ecija...* » Ecija, sur la rive gauche du Genil. Théophile Gautier en a fait la description dans son *Voyage en Espagne* (p. 300). Voir aussi *Carmen*, t. II, p. 386.

* « ... *une jeune Andalouse...* » Mérimée écrira à Jenny Dacquin, en août-septembre 1832 (*Corr. gén.*, t. I, p. 182) :
« Je pense en ce moment à une jolie petite Grenadine qui, en montant sur son mulet pour passer dans la montagne de Ronda (route classique des voleurs), baisait dévotement son pouce et se frappait la poitrine cinq ou six fois, bien assurée après cela que les voleurs ne se montreraient pas, pourvu que l'*Inglès* (c'est-à-dire moi), tout voyageur est anglais, ne jurât pas trop par la Vierge et les saints. »

Page 420

* « ... *trois mois après.* » Théophile Gautier écrira dans son *Voyage en Espagne*, p. 304 : « [...] Le brigand espagnol a été pour nous un être purement chimérique, une abstraction, une simple poésie. Jamais nous n'avons aperçu l'ombre d'un *trabuco,* et nous étions devenus, à l'endroit du voleur, d'une incrédulité égale pour le moins à celle du jeune gentleman anglais dont Mérimée raconte l'histoire, lequel tombé entre les mains d'une bande qui le détroussait, s'obstinait à n'y voir que des comparses de mélodrame apostés pour lui faire pièce. »

Page 421

* « ... *qu'il avait fait venir de Londres.* » L'anecdote a été utilisée dans *Carmen* (voir t. II, p. 388).

* « ... *auprès de la Carolina...* » *La Carolina,* dans la sierra Morena, non loin du *Despeñaperros,* à 29 km au nord de Linares. Voir Théophile Gautier. *Voyage en Espagne,* p. 194.

* « ... *toutes les onces...* » *Onza de oro,* ancienne monnaie d'or espagnole, valant à l'époque environ quatre-vingts pesetas.

* « ... *comme Hali du Sicilien...* » Molière. *Le Sicilien ou l'Amour peintre,* sc. 12.

Page 422

* « *En garnisonnant...* » c'est-à-dire, en mettant une garnison dans toutes ces métairies. Le verbe « garnisonner » paraît avoir été forgé par Mérimée.

* « *A todos los desafio - Pues a nadie tengo miedo!* » « Tous, je les défie, car je n'ai peur de rien. » Ces deux vers sont tirés de *El Contrabandista* chanson sur un rythme de danse espagnole *(Tonadilla* ou *Tirana)*. Cette chanson se trouve dans *El poeta calculista,* composé en 1805 par Manuel Garcia. Lorsque celui-ci la chanta dans une représentation à son bénéfice, le 13 mars 1809, à Paris, elle atteignit rapidement un extrême degré de popularité.
— Alfred de Vigny, dans *Cinq-Mars* (ch. XXII, l'Orage) a utilisé cette chanson, et donné en note une partie du texte :

Yo que soy contrabandista
Y campo por mi respeto
A todos los desafio
Pues a nadie tengo miedo.
Ay jaleo ! Muchachas
Quien me merca un hilo negro...

Théophile Gautier a entendu chanter cette chanson à Malaga où « l'orchestre se mit à jouer les airs nationaux : *Yo que soy contrabandista...* » *Voyage en Espagne,* Charpentier-Fasquelle, 1906, ch. XII, p. 276.
Cf. *Encyclopédie de la musique*... de A. Lavignac et Lionel Laurence, t. IV, Espagne-Portugal, Delagrave 1920, p. 2293, (par R. Mitjana). *El Contrabandista* y est reproduit, paroles et musique.
— Manuel (del Popolo Vicente) Garcia, né à Séville, le 22 janvier 1775, mort à Paris, le 2 juin 1832, est le père de la Malibran et de Pauline Viardot.

Page 423

* « ... *le Robin Hood...* » Fameux chef de proscrits qui vivait en Angleterre sous Richard Cœur de Lion et que Walter Scott a rendu célèbre par le portrait qu'il en a fait dans *Ivanhoe.*

* « ... *le Roque Guinar...* » Voir *Don Quichotte*, 2e partie, ch. LX (édit. Bardon, Paris, Garnier, p. 982) et la note 2.

Page 424

* « ... *destiné par ses parents à l'Église...* » Tout de même dans *Carmen* (t. II, p. 366) don José dira : « On voulut que je fusse d'église, et l'on me fit étudier, mais je ne profitais guère. »

* « ... *excuser bien des choses...* » Même expression dans la *Chronique du règne de Charles IX,* p. 157.

Page 426

* « ... *des environs d'Andujar.* » Andujar, sur la rive droite du Guadalquivir, sur la ligne de Madrid à Séville, non loin de Cordoue et de la Carolina.

* « ... *en disposition de bien faire...* » Paul-Louis Courier écrit dans « Pamphlet des pamphlets » (*Collection complète des Pamphlets politiques...* Bruxelles, 1826, p. 465) : « Nous étions à table plusieurs, joyeux, en devoir de bien faire... »

* « ... *faire quelque malheur...* » Même expression dans *Colomba,* t. II, p. 180.

* « ... *mettre un gros...* » Ancienne mesure de poids.

Page 427

* « ... *sans entamer la* olla... » Voir *Don Quichotte* (éd. Bardon, Paris, Garnier, p. 875 et note). « La *olla-podrida* (mot à mot *pot-pourri*) est un mélange fort savoureux de plusieurs sortes de viande, de légumes et d'assaisonnements. Il y entre, parmi bien d'autres ingrédients, du mouton, du bœuf, des *chorizos,* saucissons aux piments rouges, des *garbanzos,* pois chiches, de l'ail, de l'oignon, des choux etc. »

* « ... *un verre de montilla...* » Montilla, la *Munda Betica* des anciens (cf. *Carmen,* t. II, p. 345), entre Cordoue et Ronda, est réputée pour son vin blanc (analogue à celui de Xérès), l'*amontillado.*

Page 428

* « ... *hija de mi alma...* » « Enfant de mon âme. » Mérimée écrira à Jenny Dacquin : « *Mariquita de mi alma* » (*Corr. gén.*, t. I, p. 179), ou « *Mariquita de mi vida* » (*Corr. gén.* t. I, p. 190.)

* « ... *les exploits de Renaud de Montauban...* » Renaud de Montauban, un des *Quatre fils Aymon.* Voir *Don Quichotte,* 1re partie, ch. VI, et notamment l'éd. Bardon, Paris, Garnier, p. 43 : « Voici, dit le barbier, le *Miroir de chevalerie.* — Ah ! je connais déjà sa Seigneurie, dit le curé. On y rencontre le seigneur Renaud de Montauban, avec ses amis et compagnons, tous plus voleurs que Cacus, et les douze pairs de France, et leur véridique historien Turpin. » Cervantes parle plus loin de Bernard del Carpio auquel Mérimée pense ici (cf. *les Ames du Purgatoire,* t. II, p. 11).

Page 429

* « ... *des environs de Campillo de Arenas* », petit village sur la route de Jaen à Grenade, dans la sierra de Lucena.

LES SORCIÈRES ESPAGNOLES

Page 431

* « ... *les antiquités romaines, me touchent peu.* » Mérimée changera d'avis lorsqu'il sera nommé inspecteur général des Monuments historiques ; mais, en 1830, il pense surtout à devenir secrétaire d'ambassade.

Il écrira à Stendhal, le 31 mars 1831 (*Corr. gén.,* t. XVI, p. 15) : « C'est que je tiens à être maître des requêtes, pour être après secrétaire d'ambassade, et qu'il fallait commencer par être chef de bureau. » Voir *la Double Méprise,* p. 501.

* « ... *Murviedro voir ce qui reste de Sagonte.* » Murviedro, sur la ligne de Valence à Tarragone, a été élevée sur les ruines de l'ancienne Sagonte dont le théâtre témoigne de l'antique splendeur romaine. Murviedro est à environ 5 kil. de la mer dont elle est séparée par une grande plaine où on a retrouvé de nombreuses ruines d'édifices romains.

* « ... *sous cet arbre vénérable.* » Théophile Gautier (*Voyage en Espagne,* p. 235) parle de ce cyprès « d'une monstrueuse grosseur, et qui remonte au temps des mores ». Au pied de cet arbre « la favorite de Boabdil, s'il faut en croire la légende, prouva souvent que les verrous et les grilles sont de minces garants de la vertu des sultanes. Ce qu'il y a de certain, c'est que l'if est très gros et fort vieux. » Le « cyprès de la Sultane » qui compterait 600 ans aurait servi de lieu de rendez-vous légendaire entre la femme de Boabdil et l'Abencérage Hamet. Voir aussi Desbarrolles. *Les Deux Artistes en Espagne,* question Paris, Barba, 1865, p. 136.
Mérimée déjeunera, au pied de ce cyprès, avec le duc de Gor, le 10 octobre 1830. (Cf. *Corr. gén.*, t. I, p. 74 et t. XVI, p. 30, n. 1.)

* « ... *grand bavard...* » Dans *Carmen* (t. II, p. 349) le guide Antonio se révélera « comme un bavard sans pareil ». Mérimée écrit de Grenade à Sophie Duvaucel (*Corr. gén.*, t. I, p. 75) : « Vous vous représentez les Espagnols comme des gens fort graves et silencieux et ce sont, au contraire, les plus grands bavards et les plus impitoyables questionneurs, les Andalous surtout. »

Page 432

* « *La Vierge de Peniscola...* » Sur un îlot rocheux relié à la terre ferme par une langue de sable et surnommé le « Gibraltar valencien »; sur la route de Tortosa à Valence.

Page 433

* « ... *celle du Pilier... qui fait tant de miracles ?* » *Nuestra Señora del Pilar* ou la *Virgen del Pilar,* seconde cathédrale de Saragosse. Dans la *capilla* primitive se trouve le célèbre pilier *(pilar)* sur lequel la Vierge apparut à l'apôtre Saint Jacques, qui se rendait à Saint-Jacques de Compostelle. Une ouverture permet aux pèlerins de toucher le pilier.

Page 434

* « ... *des Maures enchantés...* » Mérimée écrira à Mme de Montijo, le 31 juillet 1847 : « Je suis sûr qu'avec vous je verrai le *Moro encantado* que j'ai vainement évoqué autrefois dans le mirador de la Reina. »

* « ... *un certain cheval sans tête...* » La légende du cheval sans tête *(caballo descabezado)* se trouve déjà citée dans *el Coloquio de los Perros* de Cervantes, comme un conte de bonne femme et elle est si bien oubliée de nos jours que Amezüa y Mayo dans sa monumentale édition critique (p. 650) en est réduit à un aveu d'impuissance. Cette légende, ainsi que celle du *velludo* (le fantôme velu) sont pourtant rapportées dans l'ouvrage de Juan de Echeverria, *Paseos por Granada y sus contornos...* (1764). M. Marcel Bataillon les a trouvées dans les *Tradiciones granadinas* de José J. Soler de la Fuente (Granada, 1849) et dans le *Guia de Grenada* de Manuel Gomez Moreno (Granada, 1892.)
Nous possédons une aquarelle de Mérimée représentant le *cheval sans tête,* enfourché par le frère Simon et galopant « au milieu des pierres qui encombrent le ravin entre l'Alhambra et le Généralife », tel que l'histoire en est racontée par Washington Irving dans ses *Contes de l'Alhambra* que Théophile Gautier cite dans son *Voyage en Espagne,* p. 232. Cf. *Corr. gén.,* t. V, p. 131, n. 1.

* « ... *jolie fille, point trop basanée...* » On a voulu voir, dans cette Carmencita, la première esquisse de Carmen.

Page 435

* « ... *je mangeai du gazpacho...* » Théophile Gautier, dans son *Voyage en Espagne* (Paris, Charpentier, p. 268), donne ainsi la recette du *gaspacho :* « L'on verse de l'eau dans une soupière, à cette eau l'on ajoute un filet de vinaigre, des gousses d'ail, des oignons coupés en quatre, des tranches de concombre, quelques morceaux de piment, une pincée de sel, puis l'on taille du pain qu'on laisse tremper dans cet agréable mélange et l'on sert froid. »

Page 436

* « ... *préserver du mauvais œil.* » Sur le « mauvais œil », voir *la Guzla,* « Sur le mauvais œil », pp. 91-100, et dans *Colomba* (t. II, p. 649), les notes de la page 242.

* « ... *natif du Grao...* » *Grao* signifie « port », en espagnol. Le *Grao* est situé à 5 km à l'est de la ville de Valence. Plutôt qu'un port, c'était une plage d'ailleurs peu sûre. Le port est aujourd'hui vaste et bien abrité par deux grandes digues.

* « ... *qui sentent le marrane.* » Nom donné par les Espagnols aux Arabes et aux Juifs convertis.

Page 441

* « ... *nous n'avons pas d'inquisition chez nous.* » Supprimé lors de l'entrée de Napoléon à Madrid (4 décembre 1808), le tribunal de l'Inquisition fut rétabli par Ferdinand VII, en mai 1814 et définitivement aboli le 9 mars 1820.

Page 442

* « *vous rendent* dur, *comme l'on dit.* » Mérimée écrira dans son *Voyage en Corse* (p. 189) : « Il y a un mot pour exprimer cette sorte de charme, c'est *ingermare.* On y croyait beaucoup en France au XVIe siècle, et l'on se rendait *dur,* c'est-à-dire invulnérable, au moyen de certaines amulettes. »
* « ... *perça l'omoplate de Claverhouse.* » John Graham de Claverhouse, vicomte Dundee (1650-1689) fut tué en défendant le passage de Killicrankie (à 3 milles de Pitlochrie, sur la route de Perth à Inverness.) (Cf. *Corr. gén.*, t. VIII, p. 138.) Une légende veut qu'il ait été tué, au moyen d'un bouton d'argent marqué d'une croix dont son serviteur avait chargé son fusil. Walter Scott a fait de Claverhouse le héros de *Old Mortality* et a fait état de la légende dans *Wandering Willie's Tale.*
* « *Juan Coll...* » Toutes les recherches sur ce personnage n'ont donné aucun résultat.
  Mérimée reprendra son nom dans *la Vénus d'Ille* (t. II, p. 88).

Page 443

* « ... *le château de Murviedro...* » Le *Castillo de Sagunto.*

LA DOUBLE MÉPRISE

Page 451

* « ... *pues te pierdes.* » « Jeune fille, plus blanche que les fleurs, blonde aux yeux verts, si tu songes à t'abandonner aux amours, perds-toi bien, puisque tu te perds. »
  Ces quatre vers sont le début d'une *cancion* publiée pour la première fois dans le *Cancionero général que contiene muchas obras de diversos autores antiguos, con algunas cosas nuevas de modernos, de nuevo corregido y impresso.* En Anvers, en casa de Martin Nucio, a la enseña de las dos Cigueñas. (Obras Nuevas, fol. CCCXCV, *verso.*)
* « ... *depuis six ans environ...* » Dans son importante biographie de George Sand (t. I, p. 401, n. 1) Wladimir Karénine écrit : « Beaucoup de personnes ont cru voir dans l'œuvre de Mérimée *La Double Méprise* l'écho de cet épisode tragi-comique. L'histoire de la malheureuse Julie de Chaverny et du sceptique Darcy ne rappelle l'amour éphémère de Mme Sand et de Mérimée qu'en ce que tous deux « se méprirent » sur le compte l'un de l'autre et que l'un croyait

l'autre inférieur à ce qu'il était en réalité. En tout cas, Mérimée dépeint son héroïne sous un aspect très sympathique. »
Le 17 septembre 1822, Casimir Dudevant licencié en droit, sous-lieutenant en non-activité, né le 5 juillet 1795, avait épousé Aurore Dupin, née le 1er juillet 1804. Ce mariage finit en 1836 par une rupture. En avril 1833, une brève aventure réunit Mérimée et George Sand (Cf. *Une expérience de Lélia...* Paris, le Divan, 1934; et « Deux lettres de Prosper Mérimée à George Sand », *Le Divan,* juillet-septembre 1935.) Il est certain que si l'on ne peut voir dans *la Double Méprise* qu'une faible allusion au caprice de Mérimée pour George Sand, celui-ci cependant a utilisé les confidences que George Sand a pu lui faire à cette époque et que le portrait de Chaverny rappelle souvent Casimir Dudevant.
Cf. Thérèse Marix-Spire. *Les Romantiques et la musique. Le cas George Sand.* 1804-1808. Paris, Nouvelles éditions latines, [1955], pp. 300-302.

Page 452

* « *... d'une fortune considérable...* » Casimir Dudevant, fils illégitime, n'avait droit qu'à la moitié de la fortune de son père. Après la mort de celui-ci en 1826, il aurait hérité une somme approximative de 40 000 francs. Cf. Wladimir Karénine, *l. c.,* p. 226, n. 1.

* « *... comme Phrosine...* » Plus exactement « Frosine ».

* « *... avec le grand Turc...* » Molière. *L'Avare,* acte II, sc. v. « Et je crois, si je me l'étais mis en tête, que je marierais le Grand Turc avec la République de Venise. »

* « *... ce qu'on appelle un* bon enfant. » « Votre gendre est un bon enfant ! » disait Casimir Dudevant; et il agréa à Aurore Dupin « comme bon compagnon et jeune homme gai ». W. Karénine, *l. c.,* pp. 221-222.

Page 453

* « *... une indicible expression de dédain.* » Wladimir Karénine, *l. c.,* p. 232, souligne la médiocrité et l'insignifiance de Casimir Dudevant, puis sa grossièreté, sa violence, son ivrognerie, sa profonde immoralité et sa brutalité envers sa femme.

Page 456

* « *Chez Burty...* » Burty (Mln), de la Reine, de Madame Adélaïde et de la grande-duchesse de Bade, châles, broderies or et argent, robes de bal, habits de cour et fantaisies nouvelles, rue de Richelieu, 89.

Page 457

* « *N'est-ce pas Quentin Durward ?* » *Quentin Durward* a paru en 1823.

* « *Il la trouvait* piquante... » Dans *Colomba,* on peut dire : « C'est

piquant », et dans *l'Enlèvement de la redoute* (p. 273), « Un mot piquant me vint sur les lèvres. » — Dans *le Vase étrusque* (p. 368) Mérimée a corrigé « qui la rendait encore plus piquante » en « plus aimable ».

Page 458

* « *Les Lettres persanes* » de Montesquieu, parues en 1721.

Page 459

* « *Comment se porte Ourika ?* » Châteaufort a donné à sa jument le nom de l'héroïne du roman de Mme de Duras, *Ourika* (1823). Cf. Sainte-Beuve. *Revue des Deux Mondes,* 15 juin 1834.
* « *quelques livres de Kanaster...* » Variété de tabac.

Page 461

* « *... le fameux* Lillibulero *de mon oncle Toby.* » « Il faut que vous sachiez que c'était le canal habituel par où ses passions s'évaporaient quand quelque chose le choquait ou le surprenait; mais surtout quand on avait dit quelque chose qu'il jugeait absurde. » *Vie et opinions de Tristram Shandy*, de Laurence Sterne, trad. de Léon de Wailly, Paris, Charpentier, 1848, t. I, ch. XXI, p. 85.
Les éditeurs de Sterne ont donné sur le *Lillibullero* une longue note : Ballade écrite en 1685, à l'occasion de la nomination à la lieutenance d'Irlande, par le roi Jacques II, du général Talbot, enragé papiste. Cette sotte ballade qui traitait les papistes, et surtout les Irlandais, d'une manière fort ridicule avait pour refrain ces mots qu'on dit irlandais : « *Lero, lero, lillibullero.* Elle contribua beaucoup à la révolution de 1688.
Cf. *The Life and opinions of Tristram Shandy, gentleman.* By Laurence Sterne, A. M. Paris, Baudry, 1832, ch. XXI, p. 53 et note.
Sur Sterne, cf. *Laurence Sterne, de l'homme à l'œuvre,* par Henri Fluchère. Paris, Gallimard, 1961. M. Fluchère écrit constamment « Lillabullero », suivant la forme donnée par les éditions anglaises.

Page 464

* « ... *du ton tragique de Hamlet.* » Allusion à Shakespeare. *Hamlet,* acte III, sc. II : « for look you, how cheerfully my mother looks, and my father died within's two hours. » Mérimée avait assisté aux représentations du Théâtre anglais à Paris. Il avait vu jouer *Hamlet* par Charles Kemble, en septembre 1827 (Cf. *le Globe,* 18 septembre 1827, t. V, n° 72, p. 382); et par Macready et miss Smithson, les 15 et 18 juillet 1828 (cf. *le Globe,* 19 juillet 1828, t. VI, n° 77, p. 561 ; et *Corr. gén.*, t. XVI, p. 8, n. 1).
* « *... le duo de Maometto.* » *Maometto secondo,* opéra de Rossini représenté à Naples en 1820. Cet opéra remanié et adapté à un nouveau poème,

fut représenté à l'Opéra de Paris, sous le nom de *Siège de Corinthe,* le 9 octobre 1826. (Cf. *le Globe,* 12 octobre 1826, t. IV, n° 26, p. 134.)

Page 467

* « ... *après avoir senti sa cassolette...* » Petite boîte d'orfèvrerie que l'on porte suspendue à une chaîne et où l'on met des parfums; très à la mode sous l'Empire et la Restauration.
On lit dans *la Mode* (1829, t. I, 7e livraison, p. 174) : « Les cassolettes, suspendues par une chaîne et retenues au doigt par une bague, sont toujours le bijou le plus à la mode. On les porte à *l'index* de la main droite. »

Page 469

* « ... *comme dit Potier.* » Charles Potier, acteur français, né à Paris en 1775; mort à Paris, le 19 mai 1838. Il joua les rôles comiques aux théâtres des Variétés et de la Porte-Saint-Martin, avec un grand succès et devint le favori du public. Ses mots d'esprit ont été réunis dans un *Poteriana.* Paris, s. d.

Page 475

* « ... *permettait pas de songer à leurs filles.* » Voir l'introduction, p. x. Stendhal écrivait à Mérimée, le 26 décembre 1828 : « La jalousie ne tue l'amour que dans un cœur froid de quarante ans, qui désespère. Cette jalousie vous grave à jamais dans le cœur de M[élanie?] Cette cristallisation peut être lente. Vous pouvez la hâter de six mois (+ ou —), en lui disant : « Depuis trois ans je vous adore, mais je n'ai que dix-sept cents francs de rente et ne puis vous épouser. Je n'ai pas voulu mourir fou. » Stendhal. *Correspondance,* Paris, le Divan, 1934, t. VI, p. 257

Page 478

* « *J'entends quelqu'un.* » Le dialogue de la petite comédie, dont devait se dégager un proverbe, était abandonné à l'improvisation. Théodore Leclercq, dans *la Manie des proverbes,* fait dire à un de ses personnages : « Quand vous serez en scène, et que vous ne trouverez plus rien à ajouter, dites : *J'entends quelqu'un;* cela apprendra au personnage qui doit entrer, qu'il est temps qu'il paraisse; par ce moyen il n'y aura point d'interruption. » Et plus loin : « Le mot est devenu proverbe; et, quand un de nous s'embarrasse ou ne sait plus que dire, on lui crie : *J'entends quelqu'un.* » (*Proverbes dramatiques,* 1852, 1re série, pp. 5 et 7.) Th. Leclercq mourut le 15 février 1851 et Mérimée lui a consacré une notice nécrologique, dans la *Revue des Deux Mondes,* le 1er mars 1851.
* « ... *un de vos attentifs...* » Être attentif auprès d'une femme, dit Littré, c'est-à-dire la courtiser. L'adjectif « attentif » ne s'emploie guère substantivement.

Page 479

* « ... *il n'a pas trente ans encore.* » Mérimée aura trente ans le 28 septembre 1833.

* « ... *l'usage du kalydor...* » « Eau de toilette, préconisée surtout pour la fraîcheur du teint, et contre les affections de la peau. Elle se vendait à Londres, chez A. Rowland & Son (Fashionable Toilet Articles, 20, Hatton Garden) qui préparait aussi l'huile de Macassar. Cf. *Royal Blue Book,* 1833 (insertions B). Le nom est évidemment tiré du grec : Καλόν ὕδωρ.

* « *la Caramanie* » est une principauté de Turquie d'Asie sur la côte de Pamphylie et de Cilicie.

Page 480

* « ... *qui avait lu le* Giaour... » *The Giaour a fragment of a Turküsh Tale,* poème de lord Byron (1813). Le poème relate en effet les aventures d'une esclave, convaincue d'infidélité, jetée à la mer suivant la coutume musulmane et qu'un jeune Vénitien, son amant, essaie de venger.

Page 481

* « ... *un ton de nez fort dévot...* » Mérimée a déjà cité ce mot de Saint-Évremond dans la *Chronique du règne de Charles IX,* plus haut p. 71.

Page 483

* « ... *avoir été faite par un coup de sabre.* » Dans *le Vase étrusque,* Camille T*** porte au front la même cicatrice. Plus haut p. 357.

Page 484

* « ... *comme le chien du jardinier gardait le coffre d'avoine.* » Proverbe espagnol : *El perro del hortelano, que ni come las berzas ni las deja comer.* Lope de Vega a intitulé une de ses comédies *El Perro del hortelano.* « On dit d'un envieux qu'il est comme le chien du jardinier, il ne mange point de choux, et ne veut pas que les autres en mangent. » Leroux. *Dictionnaire comique* (1786).

Page 485

* « ... *la barbe du sultan Mahmoud...* » Mahmoud II (1785-1839), sultan des Ottomans.

* « ... *que pour le Mamamouchi...* » Nom burlesque pour désigner, avec Molière (*le Bourgeois gentilhomme,* acte V, sc. 1), une dignité turque imaginaire.

Page 486

* « ... *j'étais à Larnaca...* » Larnaca, ville de l'île de Chypre.

* « ... *nommé sir John Tyrrel...* » Mérimée a pu penser à sir James Tyrrel, petit-fils de sir John Tyrrel, meurtrier des enfants d'Édouard. La tragédie de Casimir Delavigne, *les Enfants d'Édouard*, avait été représentée pour la première fois au Théâtre-Français, le 18 mai 1833. Il connaissait aussi le *King Richard III* de Shakespeare.

* « ... *sciences bien fâcheuses dans un compagnon de voyage.* » Il y a peut-être là une allusion à Hyacinthe Provana de Collegno, géologue et botaniste. (*Corr. gén.* t. I, p. 132, n. 1.)

Page 488

* « ... *le marquis de Roseville.* » Mérimée plaisante sur l'expression familière « voir trente-six mille chandelles »; mais il attribue aussi l'expression déformée, tantôt au baron de Vidille « qui ne pouvait se résoudre à prononcer le mot plébéien de chandelles » (*Corr. gén.*, t. IX, p. 444), tantôt à un certain M. Thirion (*Corr. gén.*, t. IV, p. 452), « qui parlait noblement ».

Page 495

* « *Tu portes César et sa fortune !* » Plutarque, *César,* XXXVIII.

Page 497

* « ... *avoir été ma Virginie...* » Souvenir de Bernardin de Saint-Pierre, *Paul et Virginie :* « Je vis qu'elle [Virginie] tenait Paul, enveloppé presque en entier sous la même couverture, riant l'un et l'autre d'être ensemble à l'abri sous un parapluie de leur invention. Ces deux têtes charmantes renfermées sous ce jupon bouffant me rappelèrent les enfants de Léda, enclos sous la même coquille. »

Page 500

* « ... *je galopais aux Eaux-Douces...* » Promenade favorite des habitants de Constantinople dans la charmante vallée de la rivière Barbyzès qui se jette au fond de la Corne-d'Or.

* « ... *les lieux où soupirait Héro !* » Héro désespérée par la mort de Léandre s'était jetée dans la mer. La légende est contée dans le petit poème grec intitulé *les Amours de Héro et Léandre.*

Page 501

* « *J'en avais laissé deux en France.* » Victor Jacquemont était mort à Bombay le 7 décembre 1832. Désiré Roulin faisait des démarches pour obtenir un poste de consul en Amérique du Sud. Nommé vice-consul en Bolivie, le 28 mai 1832, il ne partit point.

* « ... *entrer dans la diplomatie !* » Le 27 juin 1833 *le Temps* avait donné la fausse nouvelle de la nomination de Mérimée comme secrétaire d'ambassade à Madrid. George Sand lui écrivit à cette occasion : « C'est une bonne nouvelle pour moi puisque c'est une chose que vous désiriez depuis longtemps. » En octobre 1829, Mme Récamier avait proposé à Mérimée d'accompagner le duc de Laval à Londres : « S'il a toujours le désir d'entrer dans la carrière diplomatique [...] », écrit-elle à J.-J. Ampère. Cf. *Corr. gén.*, t. I, p. 50, n. 2.

Page 504

* « ... *votre maison est la plus agréable de Paris.* » Henri Martineau a rapproché ce passage de la petite phrase bien connue de Stendhal : « Un salon de huit à dix personnes dont toutes les femmes ont eu des amants, où la conversation est gaie, anecdotique, et où l'on prend du punch léger à minuit et demi, est l'endroit du monde où je me trouve le mieux. »
Augustin Filon, dans son *Mérimée et ses amis* (1894, p. 93), fait allusion à ce passage et il écrit : « C'est l'esprit de Beyle et jusqu'à son style. »

Page 512

* « ... *avec les honnêtes gens...* » Mérimée aime cette expression qu'il emprunte à Molière. *Le Bourgeois gentilhomme,* acte III, sc. III.

Page 516

* « ... *comme celle du* Misanthrope... » Molière. *Le Misanthrope,* acte V, sc. II. La scène entre Alceste et Oronte.
* « ... *his turkish Album.* » « Se permet de demander quand il pourra montrer son album turc à madame de Chaverny. »

Page 518

* « *Vous devez bien me mépriser...* » Lorsque paraîtra, en 1867, *Monsieur de Camors,* par Octave Feuillet (*Corr. gén.*, t. XIII, p. 653, n. 2 et 654.) Mérimée écrira à Mme de Beaulaincourt : « Croyez-vous qu'il y ait des dames qui après s'être données à leur amant lui disent : « Vous allez bien me mépriser », et des amants qui répondent « parbleu ! » Mérimée fait allusion à la phrase de la jeune Mme de Lescande et à la réponse de M. de Camors. (*Monsieur de Camors*, Première partie, ch. I.)

Page 519

* « ... *une pierre de liais.* » Variété de calcaire compact que l'on trouve dans les environs de Paris. Voir *Arsène Guillot,* t. II, p. 335.

TABLE DES MATIÈRES

ROMANS ET NOUVELLES

IMPRIM'VERT®

Achevé d'imprimer par Corlet Numéric,
Z.A. Charles Tellier, Condé-en-Normandie (Calvados),
en avril 2021
N° d'impression : 171181 - dépôt légal : avril 2021
Imprimé en France